황순원 문학연구

■ 장현숙

No. 1

이날에 지각

黃順元

오늘도 한가을의 쾌청한 날씨다 그에게 있어 날씨가 맑다 깨끗함은 날씨 그것이 그렇잖는 것뿐이고 그 이상의 뜻을 꽃은 건 아니다 꽃씨가 좋다거나 궂다거나 해서 그의 하루 생활의 길이에 일기

황순원 작품집 초판본 표지

첫 시집 『放歌』
(1934.11. 三文社)

제2 시집 『骨董品』
(1936.5.29. 三文社)

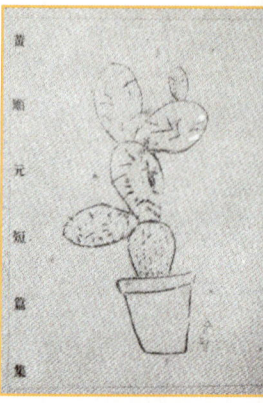

첫 단편집 『黃順元 短篇集』
(1940.8.19. 漢城圖書 발간,
후에 『늪』으로 개제)

제2 단편집 『기러기』
(1951.8.15. 明世堂)

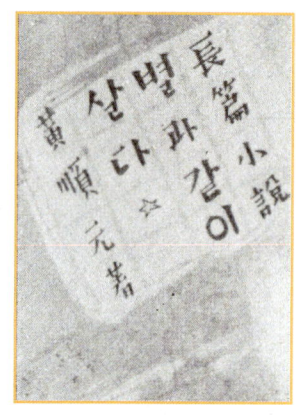

첫 장편소설 『별과 같이 살다』
(「암콤」「곰」「곰녀」 등의 제목으로
분재하다가 1950.2. 正音社)

제3 단편집 『목넘이마을의 개』
(1948.12.7. 育文社)

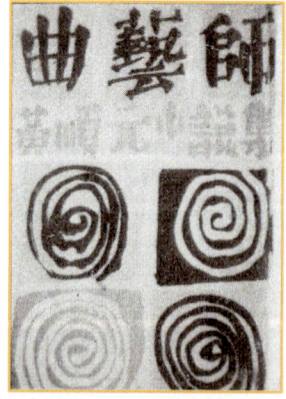

제4 단편집 『曲藝師』
(1952.6.25. 明世堂,
장정 : 金煥基)

제5 단편집 『鶴』
(1956.12. 中央文化社,
장정 : 金煥基)

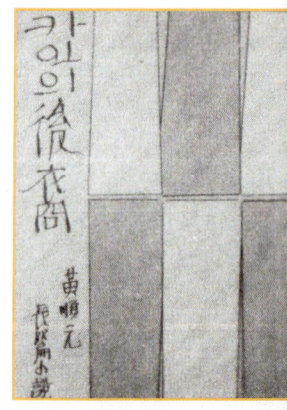

제2 장편소설 『카인의 後裔』
(1954.12.5. 中央文化社,
장정 : 金煥基)

제3 장편소설 『人間接木』
(1957.10. 中央文化社)

제6 단편집 『잃어버린 사람들』
(1958. 中央文化社)

제7 단편집 『너와 나만의 時間』
(1964.5. 正音社)

제4 장편소설 『나무들 비탈에 서다』
(1960.9. 思想界社)

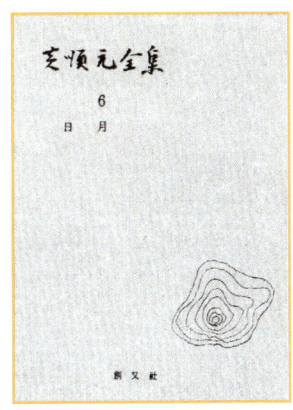
제5 장편소설 『日月』
(1964.12. 創又社)

제8 단편집 『탈』
(1976.7. 문학과지성사,
장정 : 金承鈺)

제6 장편소설 『움직이는 城』
(1973.5. 三中堂)

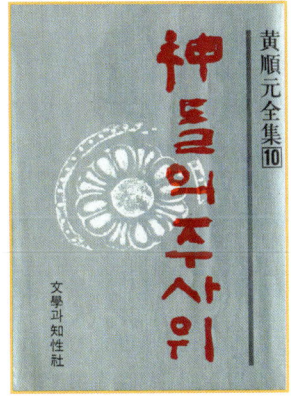
제7 장편소설 『神들의 주사위』
(1982.3. 문학과지성사)

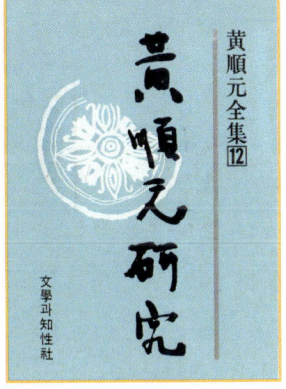
황순원 문학에 대한 연구서
(1985.3. 문학과지성사)

1934년 도쿄에서, 유학시절 때의 모습.
작가와 양정길. 당시 양정길은
나고야 김성여자전문 학생이었다.

1984년 7월 영국 브리티쉬 뮤지움 앞에서.

장남 황동규 시인과 함께.

1987년 제1회 인촌상 수상 기념.

1979년 6월 추천한 제자들과 경희대 캠퍼스에서. 작가 최인호, 이호철의 얼굴이 보인다.

• 1990년대 광릉 수목원에서
  저자, 사모님, 작가, 상기숙 교수와.

• 1980년 4월 대학원
  제자들과. 왼쪽부터
  박남철 시인, 두 번째 저자.

• 1984년 고희연에서.

황순원 문학 연구

장 현 숙

머리말

 2000년 9월 14일, 저자에게 문학의 길에서뿐만 아니라 삶의 길에서도 뚜렷한 지표가 되어 주셨던 황순원 선생님께서 영면하셨다. 이제 황순원 선생님은 생전의 올곧은 모습 그대로 청청한 소나무가 되시어 그의 문학을 통하여 여전히 독자와 만날 것이다.
 저자가 1994년 8월 「황순원 소설연구」로 경희대학교에서 박사학위를 받고 『황순원 문학 연구』를 시와시학사에서 발간한 지도 어느덧 십년 세월이 흘렀다. 이렇게 따지고 보면 저자가 한국현대소설 특히 황순원 문학에 관심을 가지고 공부해온 지도 어느덧 이십년 세월이 흐른 것이다.
 그동안 박사학위 논문들도 나오고 이제 2005년에는 황순원 문학관과 소나기마을도 양평군에 착공될 예정이다. 그럼에도 불구하고 일반 독자들에게 황순원 문학은 「소나기」, 「별」, 「독 짓는 늙은이」, 「학」, 「카인의 後裔」, 「나무들 비탈에 서다」, 「日月」 등 한정된 작품들로만 다가서고 있다. 이에 저자는 아쉬운 마음을 가지게 되어 「황순원 다시 읽기」(2004년, 한국문화사)를 간행한 바 있다. 황순원 문학을 새롭게, 넓게, 깊게 독자들에게 읽히기 위해서였다. 이는 또한 황순원 문학에 대한 저자의 애정이기도 하다.

그렇다면 과연 황순원 문학의 진면목은 무엇인가.

한국 현대소설사에서 황순원 문학은 우리가 반드시 짚고 넘어가야 할 큰 봉우리의 하나이다. 이것은 단지 그의 문학이 지닌 예술적 형상성의 우수함 때문만이 아니다. 또한 그의 문학이 해방 전 소설사와 해방 후 소설사를 지속적으로 연결시켜주는 문학사적 다리이기 때문만도 아니다. 그의 문학은 험난한 역사를 살아가는 우리들에게 끊임없이 인간사랑과 생명사랑 그리고 자유사랑의 불씨를 지펴주기 때문이다. 또한 삶의 어려움 속에서도 끝내 절망하지 않고 부정적 현실을 극복하는 힘과 희망을 불러일으켜 주기 때문이다. 나아가 역사와 현실, 사회와 상황을 직시하고 비판하면서도 여기에 머물지 않고 궁극적으로는 생명주의, 인도주의, 자유주의, 영원주의를 지향해 나아가고 있으며 또한 형이상학적 주제의 진지함을 포괄하고 있다는 점에 그 참된 의미가 있다고 보기 때문이다. 특히 불의와 타협하지 않는 인간적 절조와 민족혼을 밑바탕으로 하면서도 끊임없는 실험정신으로 변모하고 스스로 뛰어넘는 황순원의 예술혼은 그의 투철한 작가정신과 함께 우리에게 소중한 정신적 자산과 덕목으로 자리잡을 수 있으리라 본다.

이점에서 황순원 문학은 시대가 어려울수록 삶이 고단할수록 어두운 밤하늘에 빛나는 별처럼 영원한 불꽃으로 존재하리라 확신한다.

이에 저자는 주제의식의 전개양상과 지향성을 중심으로 황순원 문학을 총체적으로 파악하고자 노력하였다. 또한 이 연구는 근본적으로 황순원 문학이 현실과 역사로부터 벗어난 도피의 문학이 아니라 끊임없이 현실응시와 탐구 속에서 예술적 형상화를 시도해온 작가의 능동적 의지의 소산이라는 인식으로부터 출발하였음을 밝힌다. 이러한 저자의 노력이 한국문학사에서 황순원 문학을 좀더 새로운 시각으로 재평가하는데 조금이라도 기여하였으면 한다. 그리고 독자들에게 황순원 문학과 그의 작가정신에 대한 이해를 넓히고 새롭게 읽혀지기를 기대한다.

2005년 『황순원 문학 연구』를 푸른사상사에서 내면서 여전히 황순원의 생애사적 검증과 한국 작가들에게 끼친 영향관계에 대한 정밀한 연구가 이루어지지 못하여 아쉬움을 느낀다. 다만 작품세계로 본 황순원 연보와 주제별로 본 황순원 단편소설, 1994년 이후 현재까지의 참고문헌을 첨가 수록하였다. 이점 혜량해주시기 바란다.

  그리고 이 책을 낼 수 있도록 배려해 주신 푸른사상사 여러분의 성의에도 깊은 감사를 드린다.

2005년 2월
복정동 연구실에서
장현숙

I. 서론

  1. 문제제기
  2. 연구사
  3. 연구방법과 범위

II. 주제의식의 전개양상과 지향성

  1. 시적 상징화와 민족현실의 반영

   1) 시적 소설과 모더니티 지향성, 단편집 『늪』• 44
      ① '애정'과 '모성'의 접맥 • 45
      ② 가난의 문제와 시대의식 • 62
      ③ 죽음의 문제와 생명의식 • 66

   2) 일제하 민족현실과 극복지향성, 단편집 『기러기』• 71
      ① '어머니'의 상징성과 민족의식 • 72
      ② 민족현실과 이상의 괴리 • 78
      ③ 현실인식과 그 지향성 • 96

   3) 일제하 농민들의 수난상과 그 반영, 장편 『별과 같이 살다』• 111
      ① 농민들의 恨과 땅의 리얼리즘 • 111

 문학연구

② 신분이동현상과 수난의 여인상 • 118
③ 자의식의 확립과 극복의지 • 123
4) 해방 후 민족현실과 비판적 리얼리즘, 단편집『목넘이마을의 개』• 131
① 사회혼란과 리얼리즘의 길 • 133
② 농촌 궁핍화현상과 문학적 대응논리 • 142
③ 해방, 갈등의 확대와 심화 • 150

2. 현실인식과 역사의식의 확대

1) 전쟁의 상흔과 현실인식의 확대, 단편집『曲藝師』• 156
① 생존의 위기와 타산적 인간상 • 157
② 전쟁규탄과 생명의 옹호 • 162
③ 부정을 통한 인간긍정의 철학 • 165

2) 이념의 갈등과 초극의지, 단편집『鶴』• 174
① 상황의 극복의지와 순응적 자세 • 175
② 이념의 갈등과 그 극복 • 184
③ 性의 의미와 모성의 문제 • 188

3) 역사의식의 심화와 인도주의의 추구, 장편『카인의 後裔』• 202
① 토지개혁의 반영과 변모하는 인간상 • 203
② 모성추구와 모성적 사랑 • 211
③ 신분계층의 초월과 인도주의 • 224

문학연구

4) 전쟁고아의 문제와 인간애의 구현, 장편『人間接木』• 229
　① 폐허화된 삶과 사회정의 추구 • 230
　② 사랑의 실천과 구원의 가능성 • 236

3. 생명지향성과 영원주의
　1) 애정의 절대성과 생명주의, 단편집『잃어버린 사람들』• 241
　　① 애정의 절대성과 기존 윤리에의 저항 • 241
　　② 전쟁의 상처와 휴머니즘 • 244
　　③ 4·3사건과 생명지향성 • 249
　2) 아가페적 사랑과 영원주의, 중편『내일』• 254
　3) 생명존중사상과 실존의식, 단편집『너와 나만의 時間』• 268
　　① 방황과 주체적 애정인식 • 268
　　② 이념극복과 생명존중사상 • 271
　　③ 죽음에 대한 항거와 실존의식 • 277
　4) 전쟁의 비극과 사랑의 순수성, 장편『나무들 비탈에 서다』• 284
　　① 피해의식과 죄의식의 문제 • 284
　　② 정신적 사랑과 결벽성의 비극 • 289
　　③ 실존적 허무의식과 모성지향성 • 304

문학연구   차례

4. 실존적 삶의 인식과 형이상의 추구

  1) 사회적 삶과 실존적 삶의 갈등, 장편『日月』• 315
     ① 신분 갈등과 인간조건의 문제 • 315
     ② '파'의 상징성과 실존적 고독 • 326
     ③ 애정추구와 모성회귀 • 336

  2) 실존적 삶의 인식과 삶의 총체성 추구, 단편집『탈』• 344
     ① 생명긍정과 모성인식 • 345
     ② 애정의 강조와 실존의식 • 356
     ③ 4·19와 자의식의 환멸 • 372
     ④ 실존의 위기와 삶의 총체성 회복의지 • 377

  3) 방황과 형이상성의 추구, 장편『움직이는 城』• 382
     ① 전통신앙과 유랑의식 • 382
     ② 사랑의 비극성과 절대의지 • 387
     ③ 소외와 가난의 리얼리즘 • 393

5. 인간구원과 자유에의 길

  1) 구원과 자유의 문제, 장편『神들의 주사위』• 399
     ① 반인간성 고발과 자유의 추구 • 399
     ② 윤리성의 초월과 사랑의 진실성 • 406

  2) 사랑과 구원의 길, 단편「그물을 거둔 자리」외 • 414

Ⅲ. 결론

부록

황순원 작품 목록 • 440
작품세계로 본 황순원 연보 • 454
주제별로 본 황순원 단편소설 • 488
황순원 연구논저 발표연대별 총목록 • 490
참고문헌 • 514
ABSTRACT • 531
찾아보기 • 535

I. 서 론

1. 문제제기

　황순원(1915~2000년)은 1931년 시「나의 꿈」으로 창작을 시작하여, 소설로 일가를 이루어온 작가이다.
　황순원의 문학적 출발은 우리 말과 글을 마음대로 사용할 수 없었던 일제 하의 질곡속에서 시작되었다. 따라서 그의 초기 문학은 암담한 현실을 극복하려는 의지와 한국어를 지키려는 민족혼의 한 반영이었다고 볼 수 있다. 황순원의 문학세계를 설명하는 데 있어서 주목해야 할 이 사실은 일제 강점기 뿐만 아니라 해방 이후 오늘날까지 올곧고 꿋꿋한 작가적 태도로 문학의 길을 걸어왔던 그의 작가정신을 이해하는 데 있어서도 중요한 근거가 된다.
　문학자체만을 고수하면서, 문학작품을 통해서만 자기자신을 증명하려는 그의 작가적 태도는 현실과의 긴장관계속에서 능동적인 의지로 지켜진 것이다. 그의 이러한 문학적 태도는 단호한 의지와 정신적 힘으로 버틴 실존의 결단이었으며 예술정신의 한 승리였다는 점에서 우리 문학사에서 새롭게 평가되어야 한다. 또한 끊임없는 실험정신으로 다양한 기법의 창조와 자기변모를 시도하였다는 점에서 그는 확실히 우리 문단의 정점에 위치한 작가임에 분명하다.

나아가 좌우이데올로기 대립의 해방공간과 해방 후 시대의 흐름속에서 어느 특정한 이념에 함몰되지 않고 문학자체에 전념한 그의 작가적 태도는 문학이 서야 할 본령을 제시한 점에서 그 문단사적 지표로서의 의미를 지닌다. 아울러 특정한 이념과 주의를 거부하며 문학의 순수성을 고수해오면서도, 끊임없이 현실응시속에서 예술적 형상화를 시도해온 점에서 황순원은 해방 후 최대 작가의 한 사람이라고 볼 수 있다. 황순원은 사회와 개인 속에서 역사의식과 예술의식을 적절히 조정하면서, 시대인식과 역사의식을 작품속에 내면화시켰다. 따라서 그의 문학은 일부에서 비판하듯이 현실과 역사로부터 벗어난 도피의 문학[1]이 아니며, 사회 역사와 단절된 문학은 더욱 아니다.

그의 문학은 시대적 상황과 부딪힌 능동적 의지의 소산이며 역사와 현실의 내면화 작업[2]이라는 점에서 이제 더욱 새롭고 깊이있게 천착되고 재조명되어야 할 시점에 이르렀다고 본다.

작가 황순원이 일제하와 해방 후 시대의 굴곡속에서 지속적으로 역사와 사회와 현실에 대한 관심을 가지고 작품화하였으며, 동시에 최근까지 작품활동을 전개해왔다는 점은 결코 소홀히 평가될 수 있는 일이 아니다. 해방 후 이 땅의 사회사와 소설사를 함께 꿰뚫어 내었다는 점에서 황순원 문학은 좀 더 체계적으로, 그리고 정당하게 평가되어야 할 문학사적 시기에 놓여 있다는 뜻이다.

특히 황순원은 분단 후 남쪽 문학사에서 볼 때 역사주의, 현실주의를 바탕으로 하면서도 궁극적으로는 생명주의, 인도주의, 자유주의, 영원주의를 지향하고 있으며, 형이상학적 요소를 포괄한다는 점에서 개성적인 작가의 한 사

---

1) 황순원은 역사주의자들과 리얼리스트들로부터 '초월주의', '정적주의', '진공관의 논리' 등으로 요약되는 내용의 비판을 받아왔다.
조남현, 「우리 소설의 넓이와 깊이-황순원의 『카인의 後裔』」, 『문학정신』(1989.1), p.64.
2) 오생근, 「전반적 검토」, 『黃順元硏究』(서울 : 문학과지성사, 1993), p.12.

람으로 꼽을 수 있다. 아울러 그는 문학작품을 통해서만 자기자신을 증명하려는 올곧은 작가적 태도를 견지해온 많지 않은 작가 중의 한 사람이라는 점도 과소평가될 일이 아니다. 이러한 작가정신의 투철함과 함께 작가 황순원은 해방 전 소설사와 해방 후 소설사를 지속적으로 연결시켜 주었다는 점에서도 한국문학사에서 중요한 위치를 차지한다. 한편 문단사적 기여의 측면에서 볼 때도 황순원은 후배 문인들을 다수 문단에 배출시켰으며, 이른바 문협 정통파에 속하면서도 문단정치에 개입하지 않았다는 점에서도 모범이 되는 개결한 문인의 한 표상으로 평가될 수 있다.

이렇게 황순원은 이땅 정신사는 물론 문학사적 의미에서, 또 문단사적 의미에서 중요한 위치를 점하는 작가임에도 불구하고 생존 작가라는 이유로 체계적이고 본격적인 연구가 유보되어 왔다. 지금까지 황순원 문학에 대한 연구는, 작품론을 위주로 하여 전개되어 왔는 바, 장편을 위주로 한 특정 작품의 분석에 치우쳐 왔다. 또한 체계적인 논문을 통하여 작품의 내밀한 의미와 작가의식의 흐름을 천착하기보다는, 비평적 관점에서 주관적인 평가에 치우친 경향이 많았다.

따라서 본 연구에서는 작품자체의 분석을 중심으로 하면서 작품속에 내재되어 있는 주제의식과 함께 현실인식의 변모과정을 파악하는데 그 목적을 두기로 한다. 왜냐하면 문학적인 가치나 평가기준은 기본적으로 작품자체에서 추출되는 것이지 추상적인 지식이나 이념에서 획득되는 것이 아니기 때문이다. 이러한 작업을 통해서 작가의식의 전개 및 변화의 양상을 살피고 나아가서 작가의 문학적 지향성 및 주제의 방향성을 총체적으로 파악하고자 한다.

이러한 시도는 황순원의 문학이 근본적으로 현실과 사회와 역사와의 끊임없는 조응속에서 반응하여 형성된 역사적 산물이라는 인식으로부터 출발한다. 나아가 한국문학사에서 황순원 문학이 서야 할 올바른 문학사적 위치를 규명하고자 하는 데에도 이 논문의 한 의도가 놓여진다.

2. 연구사

작가 황순원은 시에서 출발하여, 최초의 단편인 「거리의 副詞」를 『創作』 제삼집(1937년)에 발표하면서 소설로 전환, 오늘날까지 104편 가량의 시3)와 단편 104편4), 중편 1편5), 장편 7편6)을 창작하였다. 따라서 황순원의 작품에 관한 비평과 연구는 여타의 생존 작가에 비하여 비교적 다양한 시각과 방법으로 논의되어 왔다.

그러나 기존의 선행연구들에는 평론이 주로 쓰여져 왔으며 총체적인 관점에서 전개한 학술적 차원의 체계적인 논문이 많지 않다는 문제점을 들 수 있다. 또한 초기 단편들에 대한 정밀한 작품분석이 결여되어 있으며, 동시에 특정 단편들에 편중되어 연구되었다는 사실을 지적할 수 있다. 초기 단편에 대한 연구의 미비로 인하여, 황순원 문학의 종합적인 전개양상 및 이에 대응하는 작가의식의 변화와 함께 작가의 문학적 지향성이 체계적으로 포착되지 못했다는 결과를 가져왔다.

또한 단편보다는 일부 장편에 편중되어 하나의 장편을 동일한 시각이나 유사한 내용을 가지고 반복적으로 평가한 평론들이 많았다는 점도 기존의 선행연구들이 지닌 맹점이라 할 수 있다. 동시에 생존 작가이기 때문에, 또 작가 자신이 잡문을 거의 쓰지 않았기 때문에 작가론적 측면에서 접근한 연구가 거의 이루어지지 못했다는 점도 역시 문제점으로 제기된다.

---

3) 『放歌』에 詩 27편, 『骨董品』에 詩 22편, 『空間』에 詩 13편, 『木炭畵』에 詩 10편, 『歲月』에 詩 24편, 『歲月 以後』에 詩 8편이 수록되어 있다. 황순원 작품 목록 참조.
4) 단편집 『늪』에 13편, 『기러기』에 15편, 『목넘이마을의 개』에 7편, 『曲藝師』에 11편, 『鶴』에 14편, 『잃어버린 사람들』에 5편, 『너와 나만의 時間』에 14편, 『탈』에 21편, 기타 4편으로 모두 104편이다. 황순원 작품 목록 참조.
5) 중편 『내일』은 원래 『잃어버린 사람들』에 수록되었었는데 작가의 의도로 독립시켜 『너와 나만의 時間』에 별편으로 넣게 된다.
6) 장편 『별과 같이 살다』, 『카인의 後裔』, 『人間接木』, 『나무들 비탈에 서다』, 『日月』, 『움직이는 城』, 『神들의 주사위』를 일컫는다. 황순원 작품 목록 참조.

황순원 작품에 대한 논의는 해방 전의 단편집 『늪』(한성도서, 1940.8)과 『기러기』(명세당, 1951.8)에 이어 해방공간의 현실의 문제점들을 내재화시킨 단편집 『목넘이마을의 개』(육문사, 1948.12)가 출간되고, 장편 『별과 같이 살다』(정음사, 1950.2.)가 간행된 이후인 1950년대부터 부분적으로 논급되기 시작하였다. 1950년대의 평가로는 김성욱7), 곽종원8), 천이두 등의 단평9)이 황순원의 문학세계에 대해 부분적으로 언급하고 있을 뿐이다.

그러나 작가 황순원이 단편집 『曲藝師』(명세당, 1952.6), 『鶴』(중앙문화사, 1956.12), 『잃어버린 사람들』(중앙문화사, 1958.3)과 장편 『카인의 後裔』(중앙문화사, 1954.12), 『人間接木』(새가정, 1955.12)을 지속적으로 발표 간행하였음에도 불구하고 이러한 단편들과 장편들에 대한 논의가 50년대에는 본격화되지 않는다.

60년대에 들어서자 황순원 문학에 대한 부정적 비판이 제기되기 시작한다. 이어령이 보여준 부정적 시각은10) 백철의 비평11)을 기점으로 확대되어 작가와의 논쟁12)을 거치게 된다. 그럼에도 불구하고 단편들에 대한 체계적인 분석과 논의가 진행되지 않다가 장편 『나무들 비탈에 서다』(사상계사, 1960.9)와 『日月』(현대문학에서 연재 완료, 1965.1)이 발표되자 비로소 활발하게 작품론을 중심으로 논의되기 시작한다.

60년대의 논의 중에서 비교적 괄목할 만한 연구로는, 구창환의 논문13) 을 들 수 있다. 이 논문에서 그는 황순원 문학이 토속적 리리시즘을 바탕으로 하면서 심리적인 수법을 통한 범생명주의적인 휴머니즘의 경향을 보여주고 있

---
7) 김성욱, 「시와 인형」, 『해동공론』(1952.3)
8) 곽종원, 「황순원론」, 『문예』(1952.9)
9) 천이두, 「인간속성과 모랄」, 『현대문학』(1958.11)
10) 이어령, 「식물적 인간상」, 『사상계』(1960.4)
11) 백 철, 「전환기의 작품 자세」, 동아일보(1960.12.10~11)
_____, 「작품은 실험적인 소산」, 한국일보(1960.12.18)
12) 황순원, 「비평에 앞서 이해를」, 한국일보(1960.12.15)
_____, 「한 비평가의 정신자세」, 한국일보(1960.12.21)
13) 구창환, 「黃順元 文學序說」 조선대학교 『어문학 논총』 제6호(1965)

다고 평가한다. 아울러 천이두14)는 황순원이 토속세계에 집착하는 것은 그의 예술적 방법의 한 방편임을 시사한다.

황순원 문학에 대한 연구는, 70년대에 들어오면서 『황순원 대표작 선집』 전6권(조광출판사, 1969.5)과 『황순원문학 전집』 전7권(삼중당, 1973. 12)의 간행을 계기로 하여 황순원 문학세계에 대한 전반적인 논의가 본격화된다. 이보영15)과 천이두16)는 작품론을 중심으로 종합적인 분석과 성찰을 보여줌으로써 황순원 연구에 본격적인 장을 열었다. 한편 김병익17), 김현18), 염무웅19) 등은 황순원 문학이 사회인식과 역사의식의 산물임을 입증하려고 시도한다. 이외에도 문체, 구조, 인간상을 중심으로 연구한 평가들이 있으며, 석사학위 논문20)이 나오기 시작하는 점도 고무적인 현상이라 볼 수 있다.

80년대에 들어서면서 황순원 문학에 대한 연구는 문학과지성사에서 기획한 『황순원전집』(문학과지성사, 1980.12~1985.3)과 황순원 고희 기념집인 『말과 삶과 自由』(문학과지성사, 1985.3), 황순원에 대한 작가론, 작품론을 단행본으로 묶은 『黃順元硏究』(문학과지성사, 1985.3)가 간행됨으로써 대량화 다양화된다. 그러나 평론을 중심으로 한 이들 연구들은 초기 단편에 대한 분석적 연구가 결여되었고 일부 장편에 편중되어 동어반복의 양상을 지닌다는 한

---

14) 천이두, 「토속적 상황설정과 한국소설」, 『사상계』 제188호(1968)
15) 이보영, 「황순원의 세계」(상·하), 『현대문학』(1970.2~3)
16) 천이두, 「황순원의 문학」, 『신한국문학전집 14』(서울 : 어문각, 1970)
  ____, 「시와 산문」, 『한국 대표 문학 전집』 제6권(서울 : 삼중당, 1970)
  ____, 「綜合에의 意志」, 『현대문학』(1973.8)
  ____, 「부정과 긍정」, 『황순원문학 전집』 제2권(서울 : 삼중당, 1973)
  ____, 「서정과 위트」, 『황순원문학 전집』 제7권(서울 : 삼중당, 1973)
  ____, 「원숙과 패기」, 『문학과 지성』(1976. 여름호)
17) 김병익, 「찢어진 동천사상의 복원」, 『황순원문학 전집』 제4권(서울 : 삼중당, 1973)
  ____, 「수난기의 결벽주의자」, 『황순원문학 전집』 제5권(서울 : 삼중당, 1973)
  ____, 「순수문학과 그 역사성」, 『한국문학』(1976)
18) 김 현, 「소박한 수락」, 『황순원문학 전집』 제6권(서울 : 삼중당, 1973)
19) 염무웅, 「8·15 직후의 한국문학」, 『창작과 비평』(1975. 가을호)
20) 박해경, 「황순원 소설의 미학」(이화여자대학교 대학원 석사논문, 1976)

계점을 들 수 있다. 한편 다수의 석사학위 논문들21)이 학계에 제출되고 있으나, 대체로 작품자체에 대한 분석을 주제의식과 심도있게 통합시켜내지 못한 점을 들 수 있다. 80년대의 주목할 만한 연구로는 이태동22), 유종호23), 김치수24), 진형준25), 장현숙26), 김종회27), 조남현28), 신동욱29), 오생근30)의 논고를 들 수 있다.

---

21) 박미령, 「황순원론」(충남대학교 대학원 석사논문, 1980.2) 방용삼, 「황순원 소설에 나타난 애정관」(경희대학교 교육대학원 석사논문, 1981) 안영례, 「황순원 소설에 나타난 꿈 연구」(중앙대학교 교육대학원 석사논문, 1982) 장현숙, 「황순원 작품 연구」(경희대학교 대학원 석사논문, 1982.2) 백승철, 「황순원 소설의 악인 연구」(세종대학교 대학원 석사논문, 1982.2) 김전선, 「나무들 비탈에 서다에 관한 연구」(이화여자대학교 교육대학원 석사논문, 1983) 김종회, 「황순원의 작중인물 연구」(경희대학교 대학원 석사논문, 1985.2) 서경희, 「황순원 소설의 연구―작중인물의 성격을 중심으로」(전북대학교 교육대학원 석사논문, 1986) 권경희, 「황순원소설에 나타난 종교사상 연구」(한양대학교 교육대학원 석사논문, 1986.2) 정창훤, 「황순원 소설의 이미지에 관한 연구」(전북대학교 교육대학원 석사논문, 1986.2) 이호숙, 「황순원 소설의 서술시점에 관한 연구」(이화여자대학교 대학원 석사논문, 1987) 김경혜, 「황순원 장편에 나타난 인간구원의식에 관한 고찰」(숙명여자대학교 대학원 석사논문, 1987) 박진규, 「황순원 초기 단편 연구―「늪」, 「기러기」에 나타난 서정기법을 중심으로」(부산대학교 대학원 석사논문, 1987) 문영미, 「황순원 문학의 작가정신 전개양상 연구」(경희대학교 대학원 석사논문, 1988.2) 배선미, 「황순원 장편소설 연구―전쟁에 의한 피해양상 및 극복의지를 중심으로」(숙명여자대학교 교육대학원 석사논문, 1990)
22) 이태동, 「실존적 현실과 미학적 현현」, 『현대문학』(1980.11)
23) 유종호, 「겨레의 記憶」, 황순원전집 제2권(서울 : 문학과지성사, 1981)
24) 김치수, 「소설의 사회성과 서정성」, 『말과 삶과 自由』(서울 : 문학과지성사, 1985)
25) 진형준, 「모성으로 감싸기, 그에 안기기―황순원론」, 『세계의 문학』(서울 : 민음사, 1985. 가을호)
26) 장현숙, 「황순원 작품 연구」(경희대 대학원 석사논문, 1982.2)
        , 「황순원 초기 작품 연구―단편집『늪』을 중심으로」, 『경원공업전문대학 논문집』 제7집(1986)
27) 김종회, 「삶과 죽음의 존재양식―단편집『탈』을 중심으로」, 『경희대학교 대학원 고황논집』 제2집(1987)
28) 조남현, 「우리 소설의 넓이와 깊이」, 『문학정신』(1989.1~5)
29) 신동욱, 「황순원 소설에 있어서 한국적 삶의 인식 연구」, 『동양학』 제16집(서울 : 단국대학교 동양학 연구소, 1986)
30) 오생근, 「전반적 검토」, 『黃順元研究』(서울 : 문학과지성사, 1985.3)

90년대에 들어서면서 작가의 창작활동은 시 몇편에 머무르고 있다. 한편 황순원 소설을 분석심리학적 시각으로 연구한 박사학위 논문이 양선규31)에 의해 제출되었다. 또 전통시학의 방법론을 적용하여 황순원 시와 소설을 평가한 연구에는 박양호32)의 박사학위 논문이 있다. 황순원연구에 대한 전반적 검토가 오생근33)에 의해 다시 정리되고 있으며 구인환34), 우한용35), 현길언36), 이정숙37), 장현숙38) 등이 지속적으로 황순원 연구에 관심을 쏟고 있다.

황순원 문학에 대한 연구는 이제까지 고찰해 온 바와 같이 대량화, 다양화되는 반면 동어반복의 양상을 크게 벗어나지 못하고 있다.

황순원 문학에 대한 연구는 방법론적 면에서 다음 몇가지 유형으로 묶어 볼 수 있다.

1) 먼저 역사주의 비평(the historical criticism)39) 방법에 의한 연구이다. 역사

---

31) 양선규,「황순원 소설의 분석심리학적 연구」(경북대학교대학원 박사논문, 1992. 2)
32) 박양호,「황순원 문학 연구」(전북대학교 대학원 박사논문, 1994.2)
33) 오생근,「전반적 검토」,『黃順元研究』(서울 : 문학과지성사, 1993)
34) 구인환,「「별」의 이미지와 空間」,『봉죽 박붕배박사 회갑기념 논문집』(1986)
　　　　 ,「황순원 소설의 극적 양상」,『선청어문』제19집, 서울대학교 사범대학 국어교육과(1991)
35) 우한용,『한국현대소설 구조 연구』(서울 : 삼지원, 1990)
36) 현길언,『한국소설의 분석적 이해』(서울 : 문학과 비평사, 1991)
37) 이정숙,『한국현대 장편소설 연구』(서울 : 삼지사, 1990)
38) 장현숙,「황순원, 민족현실과 이상과의 괴리-단편집『기러기』를 중심으로(Ⅰ)」,『경원전문대학 논문집』제13집(1991.4)
　　　　 ,「황순원 소설에 나타난 현실인식과 지향성-단편집『기러기』를 중심으로(Ⅱ)」,『경원전문대학 논문집』제13집(1991.4)
　　　　 ,「해방후 민족현실과 해체된 삶의 형상화-단편집『목넘이마을의 개』를 중심으로」,『어문연구』제21권, 제1.2호(77.78 합병호)(1993)
　　　　 ,「전쟁의 상흔과 인간긍정의 철학-단편집『曲藝師』를 중심으로」,『경원전문대학 논문집』제16집(1993)
39) Grebstein, *Perspectives in Contemporary Criticism* (New York : Harper & Row, 1968) Edmond Wilson, *Historical Criticism, An Introduction to Literary Criticism*, K. Danziger & W.S. Johnson

주의적 연구란 작가에 대한 생애를 연구하는 전기적 연구와 서지비평(textual criticism)을 포괄한 개념이다. 그러나 황순원의 생애사를 집성한 자료로는 황순원이 생존한 작가여서인지『黃順元硏究』에 기재되어 있는 자세한 연보 이외에는 발견되지 않는다.

전기적 연구로는 원응서[40], 김동선, 최정희, 오유권, 서정범, 이호철이 부분적으로 언급하고 있다. 원응서는 단편집『기러기』를 중심으로 고찰하면서 작가의 초기 작품들속에는 일제하에서의 작가의 정신적 자세가 반영되어 있으며 작가의 내적 절규가 내재해 있음을 밝힌다. 아울러 한국문학에서 문장은 작품집『기러기』에 이르러 확립을 보았다고 평가한다.

김동선[41]은 작가의 가문과 일화를 서술하면서 작가론에 접근해가고 있다. 그러나 이러한 자전적 연구와 기록은 작가와의 대담이나 확인을 통해 보완되어져야 하며 지속적으로 이루어져야 하리라 본다.

한편 최정희[42], 오유권[43]은 작가의 인간적 면모를 밝혔으며, 서정범[44]은 작가의 창작태도에 있어서의 성실함과 치밀함을 말한다. 이호철[45]은 황순원이 그를 문단에 추천하여 등단시키게 되기까지의 이야기와 당시 문단의 시대적 배경에 대해 언급하고 있다.

한편 역사주의적 연구에서 서지비평은 중요한 의미를 지닌다. 특히 황순원은 끊임없이 개작을 하는 작가로서 유명하다. 따라서 판본들의 차이를 비교 분석하는 작업은 작가의 의식의 변화와 주제의식의 변이 등을 밝혀내는데 중요한 역할을 하므로 이 부분에서도 본격적인 연구가 이루어져야 하리라 본

(Boston : D.C, Heath And Company, 1968), pp.277~287.
40) 원응서,「그의 인간과 단편집『기러기』」,『황순원문학 전집』제3권(서울 : 삼중당, 1973)
41) 김동선,「황고집의 미학, 황순원 가문」,『정경문화』(1984.5)
42) 최정희,「황순원과 나」,『말과 삶과 自由』(서울 : 문학과지성사, 1985)
43) 오유권, 위의 책.
44) 서정범, 위의 책.
45) 이호철, 위의 책.
　　　　,「문학을 숙명으로서 받아들이는 자세」,『현대문학』(1966.12)

다. 조남현46)은 『카인의 後裔』의 판본 비교를 통해 작가의 개작 의도를 천착해낸다.

2) 다음으로는 형식주의 비평(the formalistic criticism)47) 방법에 의한 연구를 들 수 있다. 이것은 언어와 형식, 문체 등 주로 문학작품의 미학적 구조와 방법론에 대한 분석적인 연구를 말한다.

황순원 문학의 언어에 대한 연구는 아직 고찰된 바 없으며, 이미지 연구에는 천이두48)와 정창횐49), 구인환50) 등의 논고가 있다. 천이두는 선의의 미덕과 한국적 이미지의 추구에 작가가 집중하고 있다고 평가한다. 특히 꿈에 관한 이미지 연구에는 안영례51)와 이용남52), 박양호53)의 논고가 있다. 상징연구에는 장현숙54)과 조남현55)의 평가가 있다. 장현숙은 황순원 초기 단편집 『늪』의 특질로서, 상징적 수법과 감각적 언어를 들고 있으며 또한 황순원 문학의 기저에는 애정과 모성의 절대성, 생명의식, 선성(善性)의식 등이 이미 커

---

46) 조남현, 「우리 소설의 넓이와 깊이, 황순원의 『카인의 後裔』」, 『문학정신』(1989.1.2)
47) Grebstein, 앞의 책, pp.75~146. L.T.Lemon & M.J. Reis, *Russian Formalist Criticism.* (Lincoln : Univ. of Nebraska Press, 1965)
48) 천이두, 「청상의 이미지-오작녀」, 『한국현대소설론』(서울 : 형설출판사, 1983)
_____, 「恨과 인정」, 위의 책.
_____, 「시와 산문·황순원」, 『綜合에의 意志』(서울 : 일지사, 1974)
_____, 「황순원의 「소나기」-시적 이미지의 미학」, 『한국현대소설 작품론』(서울 : 문장, 1993)
49) 정창횐, 「황순원 소설의 이미지에 관한 연구」(전북대학교 교육대학원 석사논문, 1986.2)
50) 구인환, 「「별」의 이미지와 空間」, 『봉죽 박붕배박사 회갑기념 논문집』(1986)
51) 안영례, 「황순원 소설에 나타난 꿈 연구」(중앙대학교 교육대학원 석사논문, 1982)
52) 이용남, 「調信蒙의 소설화 문제-「잃어버린 사람들」「꿈」을 중심으로」, 『관악어문연구』 제5집(1980)
53) 박양호, 「황순원 문학 연구」(전북대학교 박사논문, 1994)
54) 장현숙, 「황순원 초기 작품 연구-단편집『늪』을 중심으로」, 『경원공업전문대학 논문집』 제7집(1986)
55) 조남현, 「우리 소설의 넓이와 깊이, 『나무들 비탈에 서다』, 그 외연과 내포」, 『문학정신』(1989.4.5.)

다란 부분으로 수용되어 있어 황순원 문학세계의 단초를 마련해 준다고 평가한다.
 한편 인물성격에 대한 연구로는 김현·김윤식56), 이정숙57), 백승철58), 김종회59), 서경희60) 등의 논고가 있다. 김현·김윤식은 황순원의 작중인물들을 낭만주의자들로서 특징짓는다.
 구성에 대한 연구로는 김치수61), 구인환62), 우한용63), 김교선64)의 평가를 들 수 있다. 김치수는 장편『神들의 주사위』를 분석하면서 에피소드 하나하나가 보다 큰 구조속에서 서로 상관관계를 갖고 있어서 작가의 탁월한 구성력을 확인하게 한다고 평가한다.
 시간적 배경에 대한 연구에는 김용성65)의 평론이 있을 뿐이다. 또한 서술시점에 대한 연구에는 이호숙66), 박양호67)의 논문이 있다.
 문체에 대한 연구로는 권영민68), 김상태69), 김현70), 장현숙71), 이유식, 정

---

56) 김현·김윤식, 「황순원 혹은 낭만주의자의 현실인식」, 『한국문학사』(서울 : 민음사, 1984)
57) 이정숙, 「황순원 소설에 나타난 인간상」, 『서울대학교 대학원 논문집』(1975)
58) 백승철, 「황순원 소설의 악인 연구」(세종대학교 대학원 석사논문, 1982)
59) 김종회, 「황순원의 작중인물 연구」(경희대학교 대학원 석사논문, 1985)
60) 서경희, 「황순원 소설의 연구-작중인물의 성격을 중심으로」(전북대학교 교육대학원 석사논문, 1986)
61) 김치수, 「소설의 조직성과 미학-황순원의 소설」, 『문학과 비평의 구조』(서울 : 문학과지성사, 1984)
　　　　, 「소설의 조직성」, 황순원전집 제10권 (서울 : 문학과지성사, 1982)
62) 구인환, 「소설의 극적 구조의 양상」, 『국어국문학』 제81호(1979.12)
　　　　, 「황순원 소설의 극적 양상」, 『선청어문』, 서울대학교 사범대학 국어교육과 (1991)
63) 우한용, 「소설의 양식차원과 장르차원-황순원의 별과 같이 살다」, 『한국현대소설 구조 연구』(서울 : 삼지원, 1990)
64) 김교선, 「성층적 미적 구조의 소설」, 『현대문학』(1966.5)
65) 김용성, 「한국 소설의 시간의식」, 『현대문학』 통권 397호, 398호(1988.1.2)
66) 이호숙, 「황순원 소설의 서술시점에 관한 연구」(이화여자대학교 대학원 석사논문, 1987)
67) 박양호, 「황순원 문학 연구」(전북대학교 대학원 박사논문, 1994)
68) 권영민, 「황순원의 문체, 그 소설적 미학」, 『말과 삶과 自由』(서울 : 문학과지성사,

과리, 김윤식72), 박진규, 노대규 등의 논고가 있다. 또한 다른 평론들과 논문들에서도 작품내용과 부분적으로 연결시키면서 문체에 관해 활발한 연구를 행하고 있다. 권영민은 작품의 서술방식과 그 언어 표현 사이의 상관관계를 규명함으로써 그의 소설세계에 내재해 있는 미적 구조를 밝히려 한다. 김상태는 황순원 소설이 불란서 소설의 자유간접화법을 연상시킨다고 말한다. 김현은 단편집 『늪』과 『기러기』의 문체적 특질을 비교 검토하고 있으며 소설의 구조적 단단함은 과거와 현실, 안과 밖의 복합적 인식에서 기인된다고 말한다. 동시에 황순원의 문학은 과거체로 쓰여진 문체라고 지적하면서 그의 소설은 심리적인 추이나 배경묘사에는 탁월한 능력을 발휘하지만 대신 행동자체가 주는 박진력이 결여되어 있다고 평가한다. 장현숙은 단편집 『늪』과 『기러기』를 중심으로 문체론적 측면을 살펴보면서 작품자체의 미적 구조와 작중인물들과의 갈등이 어떻게 접맥되고 있는지를 고찰한다. 김윤식은 황순원 초기 작품의 한 특징으로 묘사의 거부와 문체의 설화성을 들고 있다.

한편 김현·김윤식73)은 황순원 문체의 특징을 낭만주의적 성격을 잘 드러내는 함축성 있는 서정적인 것이라고 평가한다. 이유식74)은 6·25 전의 소설들이 대화소설의 경향임을 상기하면서, 특이한 스타일(지문소설)을 시험한 작가로서 황순원을 들고 있다. 정과리75)는 황순원의 문체를 현실인식과의 관계

1985)
69) 김상태, 「한국 현대소설의 문체변화」, 『말과 삶과 自由』(서울 : 문학과지성사, 1985)
70) 김 현, 「안과 밖의 변증법」, 황순원전집 제1권(서울 : 문학과지성사, 1980)
_____, 「소박한 수락」, 『황순원문학 전집』 제6권(서울 : 삼중당, 1973)
_____, 「계단만으로 된 집」, 『말과 삶과 自由』(서울 : 문학과지성사, 1985)
71) 장현숙, 「황순원초기작품 연구-단편집 『늪』을 중심으로」, 『경원공업전문대학 논문집』 제7집(1986) 장현숙, 「황순원, 민족현실과 이상과의 괴리-단편집 『기러기』를 중심으로(Ⅰ)」, 『경원공업전문대학 논문집』 제13집(1991.4)
72) 김윤식, 「묘사의 거부와 생의 내재성」, 『한국 현대 문학사』(서울 : 일지사, 1976)
73) 김현·김윤식, 『한국문학사』(서울 : 민음사, 1984)
74) 이유식, 「전후소설에 나타난 문장변천」, 『한국 소설의 위상』(서울 : 이우출판사, 1982)
75) 정과리, 「사랑으로 감싸는 의식의 외로움」, 황순원전집 제5권(서울 : 문학과지성사, 1984)

속에서 조명하면서 그의 매끄러운 문체안에는 개인적 고통뿐 아니라 사회적인 비극, 민족의 역사적 비극이 숨겨져 있다고 평가한다. 반면 기호학적 연구에는 우한용76)의 논고가 있다.

3) 사회문화적 비평(the sociocultural criticism)77)은 문학을 사회적 산물로 보고 문학의 사회적, 역사적 기능 및 현실 사회와의 관련성을 주로 연구한다. 따라서 이 연구방법은 문학의 사회성·역사성·현실성·사상성에 관한 연구에 힘을 기울인다.

황순원 연구에 있어서 이러한 방법에 의한 연구는 작가의 문학이 현실을 도피한 순수문학이라는 비판을 시정하고 그의 순수 문학적 성향의 바른 의미를 해명하는데 크게 기여한다.

조남현78)은 그의 초기 소설은 역사와 사회로부터의 외면 혹은 초월을 보여준다고 말한다. 또한 작중인물들이 역사적 사건, 시대의 분위기, 도덕적 질서 등과는 처음부터 아무 상관이 없는 진공상태 속에 서식하는 인물들인지 모른다고 비판하면서 작가는 인간의 본질적인 문제에 접근한다고 지적한다. 그러나 『카인의 後裔』 등을 통하여 역사의식, 사회의식, 시대의식이 반영되고 있다고 긍정적으로 평가한다. 이러한 조남현의 초기작품에 대한 비판은 작품자체의 상징성과 시대상황과의 연계속에서 구조적으로 분석될 때 시정될 수 있으리라고 필자는 본다.

한편 황순원의 순수문학이 현실을 외면하거나 초월하려는 예술지상주의의 문학이 아니라 사회현실의 반영이라는 측면에서 입증하려한 연구에는 곽종원79), 오생근80), 김병익81), 신동욱82), 이태동83), 김치수84), 권영민85), 조남현

---

76) 우한용, 「소설구조의 기호론적 특성-황순원의 神들의 주사위」, 『한국 현대소설 구조 연구』(서울 : 삼지원, 1990)
77) Grebstein, 앞의 책, pp.161~226.
78) 조남현, 「황순원의 초기 작품」, 『문학과 정신사적 자취』(서울 : 이우, 1984)
79) 곽종원, 「황순원론」, 『문예』(1952.9)
80) 오생근, 「전반적 검토」, 『黃順元研究』(서울 : 문학과지성사, 1993)

86), 천이두87), 송하섭88), 김선학89), 염무웅90), 현길언91), 장현숙92), 정과리93), 김현94), 김인환95), 김현·김윤식96) 등을 들 수 있다.

　김병익은 황순원 문학이 결코 현실과 유리된 문학이 아니며 현실의 복잡 미묘한 갈등에 폭넓게 대결97)한다고 평가한다. 또한 그의 창작법의 정통적 순수성은 문학과 현실간의 지난한 관계를 동시에 포착하는 방법론적 선택인 것이라고 지적한다. 김병익의 이 평가는 황순원 문학이 현실의 바탕위에 서 있음을 거의 최초로 지적한 점에서 괄목할만하다고 보지만, 역사의 내면화가

---

81) 김병익, 「찢어진 동천사상의 복원」, 『황순원문학 전집』 제4권(서울 : 삼중당, 1973)
　　　, 「수난기의 결벽주의자」, 『황순원문학 전집』 제5권(서울 : 삼중당, 1973)
　　　, 「순수문학과 그 역사성」, 『한국문학』(1976)
82) 신동욱, 「황순원 소설에 있어서 한국적 삶의 인식 연구」, 『동양학』 제16집(단국대학교 동양학 연구소, 1986)
83) 이태동, 「실존적 현실과 미학적 현현」, 『현대문학』(1980.11)
84) 김치수, 「소설의 사회성과 서정성」, 『말과 삶과 自由』(서울 : 문학과지성사, 1985)
　　　, 「소설의 조직성」, 황순원전집 제10권(서울 : 문학과지성사, 1982)
85) 권영민, 「일상적 경험과 소설의 수법」, 황순원전집 제4권(서울 : 문학과지성사, 1982)
86) 조남현, 「순박한 삶의 파괴와 회복」, 황순원전집 제3권(서울 : 문학과지성사, 1981)
87) 천이두, 「밝음의 미학-'人間接木論」, 『한국소설의 문제작』(서울 : 도서출판일념, 1985)
88) 송하섭, 「황순원 : 역사의식 포용의 서정」, 『한국현대소설의 서정성 연구』(서울 : 단대출판부, 1989)
89) 김선학, 『현실과 언어의 그물』(서울 : 민음사, 1988)
90) 염무웅, 「8·15 직후의 한국문학」, 『창작과 비평』(1975. 가을호)
91) 현길언, 「변동기 사회에서 <집>과 <토지>의 문제」, 『한국소설의 분석적 이해』(서울 : 문학과비평사, 1991)
92) 장현숙, 「해방 후 민족현실과 해체된 삶의 형상화」, 『어문연구』 제21권, 제1.2호 (77.78 합병호)(1993)
　　　, 「전쟁의 상흔과 인간긍정의 철학」, 『경원전문대학 논문집』 제16집 (1993)
93) 정과리, 「현실의 구조화」, 『말과 삶과 自由』(서울 : 문학과지성사, 1985)
94) 김 현, 「해방후 한국사회와 황순원의 작품세계」, (경희대학교 대학주보, 1980.9.15 (상), 9.22(하))
　　　, 「소박한 수락」, 『황순원문학 전집』 제6권(서울 : 삼중당, 1973)
95) 김인환, 「인고의 미학」, 황순원전집 제6권(서울 : 문학과지성사, 1981)
96) 김현·김윤식, 『한국문학사』(서울 : 민음사, 1984)
97) 김병익, 「찢어진 동천사상의 복원」, 『황순원문학 전집』 제4권(서울 : 삼중당, 1973), pp.380~381.

어떻게 이루어진 것인지에 대한 치밀한 분석과 이론이 보완되어야 한다고 본다. 또한 김병익은『카인의 後裔』를 논하면서, 문학적 의미뿐 아니라 해방과 더불어 체험하게 되는 정신사적, 사회사적 변화를 읽을 수 있다[98]고 평가한다.

신동욱은 황순원 작품의 전개양상을 고찰하면서, 초기 작품세계에서 작가의 시대인식이 어떻게 소설적 미학으로 형상화되고 있으며, 해방 후에는 어떻게 역사적 문제에 접근하고 있는가를 작가인식과 작품과의 관계속에서 분석한다. 특히 신동욱은 황순원 문학의 특질로서, 역사의 주류에 참여하는 주체자의 자아 확대적 발전과 문제 해결보다는, 역사적 체험의 개인화 현상을 서사적 초점으로 다룬다고 평가한다. 이와 같은 신동욱의 평가는 황순원의 전반적 작품세계와 작가인식을 연결시켜 고찰한 점에서 큰 의의가 있다고 본다.

또한 염무웅은 단편「황소들」,「술 이야기」,「아버지」,「두꺼비」를 분석하면서, 해방공간의 사회현실과 함께 여기에 대응하는 작중인물들의 현실인식이 훌륭하게 묘파되었다고 평가한다. 현길언도 황순원의 단편「술」,「두꺼비」,「집」은 해방 직후의 한국사회의 여러 문제 가운데 '집'과 '토지'를 집중적으로 논의하고 있다는 점에서 의미가 있다고 평가하면서, 그것은 동시대의 삶의 양식과 사회 실상을 구조적으로 설명하기 때문이라고 말한다. 이 평론은 해방공간의 시대적 상황과 이에 대응하는 작중인물들의 의식의 변모과정을 천착한 점에서 의미가 있다고 본다. 장현숙은 단편집『목넘이마을의 개』를 중심으로, 비판적 리얼리즘의 측면에서 작가의 현실주의적 인식태도와 작중인물의 현실대응 논리를 살폈다. 이 논문은 황순원 문학의 한 부분이 비판적 리얼리즘의 시각으로 포착되었다는데 그 의의가 있다고 본다.

아울러 황순원이 일제하에서 창작을 시작한만큼 그의 문학이 민족의식과 조국애의 한 반영임을 논증하려는 연구들이 있다. 김윤식[99], 장현숙[100], 이인

---

98) 김병익,「수난기의 결벽주의자」,『황순원문학 전집』제5권(서울 : 삼중당, 1973)

복101)의 논고들이 이에 해당한다.

김윤식은 황순원 문학의 특징을 설화성 문체와 현실인식의 반영이라고 평가하면서, 그의 작품은 한민족의 정신사를 추구하고 있으며 이는 곧 원시적 생명력으로서의 민족의식을 지칭한다고 말한다. 장현숙은 어머니의 존재나 별과 같은 이미지의 추구가 작가의 민족의식과 시대인식의 소산임을 입증하려 한다. 이인복은 황순원이 반산문적 문체를 통하여 죽음과 조국을 서정적으로 형상화하고 있다고 평한다.

4) 비교문학적 방법(the comparative study)102)은 문학작품 분석과 연구에 새로운 가능성을 던져주었다. 비교문학은 원래 각국 문학이나 작가와 작품간의 원천과 영향(source & influence)에 관한 연구를 바탕으로 하여 문학작품을 올바르게 평가하고 문학사를 정확히 기술하려는 목적에서 비롯되었다. 황순원 문학에 대한 비교문학적 연구는 작가가 와세다대학에서 영문학103)을 전공했음에도 불구하고 거의 연구된 바가 없다. 다만 이보영과 장현숙이 단편적으로 언급하고 있을 뿐이다.

이보영104)은 도스토예프스키의 작품을 거론하면서 그와의 영향관계를 제시한다. 황순원이 실제로 단상『말과 삶과 自由』105)에서 도스토예프스키의

---

99) 김윤식,「묘사의 거부와 생의 내재성」,『한국현대문학사』(서울 : 일지사, 1976)
100) 장현숙,「황순원, 민족현실과 이상과의 괴리」,『경원전문대학 논문집』제13집 (1991)
_____,「황순원 소설에 나타난 현실인식과 지향성」,『경원전문대학 논문집』제13집(1991)
101) 이인복,「황순원의「별」「독짓는 늙은이」「목넘이마을의 개」」,『한국문학에 나타난 죽음의식의 사적 연구』(서울 : 열화당, 1979)
102) R. Wellek & A. Warren, *Theory of Literature* (Harmondsworth : Penguin Books, 1962)
103) 황순원 연보에 의하면 작가는 1936년 3월(22세)에 와세다대학 문학부 영문과에 입학하여 1939년 3월(25세)에 졸업한 것으로 되어 있다.
오생근편,『黃順元硏究』(서울 : 문학과지성사, 1993)
104) 이보영,「황순원의 세계」(상·하),『현대문학』(1970.2.3)
105) 황순원,『말과 삶과 自由』, 황순원전집 제11권(서울 : 문학과지성사, 1993)

저작과 사상에 관해 많이 언급한 것을 고려할 때 도스토예프스키와의 영향관계가 본격적으로 이루어져야 하리라 본다. 또한 장현숙106)은 일본작가 志賀直哉와의 연계성에 대해 부분적으로 언급하고 있지만, 좀더 구체적이며 깊이 있게 연구되어야 할 과제라 본다.

5) 신화비평(the mythopoeic criticism)107)적 각도에서의 연구도 단편적으로 보인다. 신화비평의 가장 기본적인 방향은 장르론과 원형론으로 구분된다. 황순원 소설 이외의 다른 문학 장르에 관한 연구에는 시·설화에 관한 연구가 있다. 시에 대한 연구로는 조연현108), 김주연109), 최동호110), 노귀남111), 박양호112)의 평가가 있다.

김주연은 그의 시에는 생명존중사상이 내재되어 있다고 말한다. 최동호는 그의 시세계는 열정에서 원숙으로 향하는 작가완성에로의 길이라고 그 특징을 밝히고 시대나 역사에 대한 지향도 담겨 있다고 말한다. 한편 박양호는 황순원의 시집들을 중심으로 하여 시의식의 변모과정을 살피고 있다. 나아가 황순원 소설의 서정성과 토속성이 그의 소설 전체를 시적으로 느끼게 한다고 파악하고 있다. 황순원이 시에서 출발하여 소설로 전환하였지만 오늘날까지 지속적으로 시를 써오고 있다는 점에서 볼 때, 그의 시세계에 대한 본격적이며 집중적인 연구가 병행되어야 하리라 본다.

설화와 황순원 소설의 연계성에 대해 언급한 연구에는 유종호113), 장덕순

---

106) 장현숙, 「전쟁의 상흔과 인간긍정의 철학」, 『경원전문대학 논문집』 제16집(1993)
107) Grebstein, 앞의 책, pp.311~370.
    N. Frye, *Anatomy of Criticism* (Princeton Univ. Press, 1972)
108) 조연현, 『한국현대작가론』(서울 : 새문사, 1981)
109) 김주연, 「싱싱함, 그 생명의 미학」, 황순원전집 제11권(서울 : 문학과지성사, 1985)
110) 최동호, 「동경의 꿈에서 피사의 사탑까지」, 『말과 삶과 自由』(서울 : 문학과지성사, 1985)
111) 노귀남, 「황순원 시세계의 변모를 통해서 본 서정성 고찰」, 『고황논집』 제6집(경희대학교 대학원, 1990)
112) 박양호, 「황순원 문학 연구」(전북대학교 대학원 박사논문, 1994)

114), 김윤식115), 홍정선116), 이동하117), 이정숙118), 박양호119)의 논고가 있다.

유종호는 황순원 문학에서 옛말이나 옛이야기의 활용은, 작중인물의 조형이나 세부의 진실에 기여하면서 동시에 우리의 옛 전통과 이어줌으로써 황순원으로 하여금 겨레의 기억의 전수자로서의 위치를 굳혀주게 한다고 평가한다.

김윤식은 황순원이 그의 문학에서 민담을 창작방법의 원리로 삼고 있음에 주목한다. 이동하는 식민지 말기의 어두운 상황에 대한 작가 나름의 적극적 응전이 단편집 『기러기』를 통해 전통의 세계에 대한 집착으로 나타난 것이라 보면서 설화성을 강조하는 수법이 도입된다고 지적한다.

한편 원형적 연구(archetypal study)로서, 장수자120)와 이재선121), 이동하122)의 논고가 주목된다. 장수자와 이재선은 황순원의 문학이 삶의 제전적(祭典的) 과정과 밀접히 연관되고 있으며, 특별히 성숙을 향한 통과제의의 충격이나 아픔들의 문제에 초점을 맞춘다고 말한다.

또한 심리주의적 비평(psychological criticism)의 방법을 적용한 연구에는 양선규123)의 논문이 있다. 양선규는 황순원 소설 미학의 심리학적 동기를 심층

---

113) 유종호, 「겨레의 記憶」, 황순원전집 제2권(서울 : 문학과지성사, 1981)
114) 장덕순, 『한국설화문학 연구』(서울대학교 출판부, 1981)
115) 김윤식, 「민담, 민족적 형식에의 길」, 『소설문학』(1986.3)
    _____, 「묘사의 거부와 생의 내재성」, 『한국 현대 문학사』(서울 : 일지사, 1976)
116) 홍정선, 「이야기의 소설화와 소설의 이야기화」, 『말과 삶과 自由』(서울 : 문학과지성사, 1985)
117) 이동하, 「전통과 설화성의 세계-황순원의 「기러기」」, 『물음과 믿음사이』(서울 : 민음사, 1989)
118) 이정숙, 「민요의 소설화에 대한 고찰-「명주가」와 「비늘」을 중심으로」, 『한성대학교 논문집』 제9집(1985)
119) 박양호, 「황순원 문학 연구」(전북대학교 대학원 박사논문, 1994)
120) 장수자, 「Initiation Story 연구」, 『전국대학생 학술논문대회 논문집』 제3호(이화여자대학교, 1978)
121) 이재선, 「황순원과 통과제의의 소설」, 『한국 현대 소설사』(서울 : 홍성사, 1979)
122) 이동하, 「입사 소설의 한 모습」, 『물음과 믿음사이』(서울 : 민음사, 1989)
123) 양선규, 「황순원 소설의 분석심리학적 연구」(경북대학교 대학원 박사논문, 1992.2)

적으로 분석하여 텍스트의 미학적 구조를 밝히는 한편, 창작심리학적 작가의 상상력을 해명하려고 시도하였다. 그는 심리소설로서의 황순원 소설이 에로티시즘과 나르시시즘, 원시주의(原始主義)로 주제화되는 심리학적 동기를 지니고 있다고 말한다. 이는 근원적으로 작가의 모성(母性) 콤플렉스와 자기실현(自己實現)의 무의식적 의지에 기반을 둔 것으로서, 무의식적 욕구에 대한 탐닉(眈溺)과 그것으로부터의 탈피(脫皮)를 의도하는 작가의 심리 내적 에너지의 변환 과정을 현시하는 것이라고 파악한다. 이 논문은 황순원 소설을 심리주의적 방법으로 접근하려 한 점에서 큰 의의가 있다고 본다. 그러나 작품자체의 분석보다는 융의 심리학과 프로이트의 심리학 이론에 편향되어 있어 황순원 소설이 가지는 주제의식과 작가의식을 제대로 포착해내지 못한 점을 한계점으로 들 수 있다. 또한 꿈을 위주로 한 부분적 분석에 김현124), 장현숙125), 안영례126)의 논고들이 있으며, 상징을 위주로 한 분석에는 이부영127)의 연구가 있다. 한편 샤머니즘과의 연관하에서 언급한 논문에 우한용128)의 연구를 들 수 있다.

6) 사상·철학적 비평으로는 이태동129), 천이두130), 이상섭131), 송상일132), 이정숙133) 등의 평론을 들 수 있다.

---

124) 김현, 「계단만으로 된 집」, 『말과 삶과 自由』(서울 : 문학과지성사, 1985)
125) 장현숙, 「황순원 작품 연구」(경희대학교 대학원 석사논문, 1982)
126) 안영례, 「황순원 소설에 나타난 꿈 연구」(중앙대학교 교육대학원 석사논문, 1982)
127) 이부영, 「심리학적 상징으로서의 동굴」, 『문학과 비평』(1987.가을호)
128) 우한용, 「현대소설의 고전수용에 관한 연구-『움직이는 城』과 서사무가 '七公主'의 관련성을 중심으로」, 『국어국문학』 제23집(1983)
_____, 「민족성의 근원추구-황순원의 『움직이는 城』」, 『한국 현대 소설 구조 연구』(서울 : 삼지원, 1990)
129) 이태동, 「실존적 현실과 미학적 현현」, 『현대문학』(1980.11)
130) 천이두, 「綜合에의 意志」, 『현대문학』(1973.8)
131) 이상섭, 「'유랑민 근성'과 '창조주의 눈'」, 황순원전집 제9권(서울 : 문학과지성사, 1980)
132) 송상일, 「순수와 초월」, 황순원전집 제7권(서울 : 문학과지성사, 1981)

이태동은 황순원 문학은 결코 시대적 현실과 유리된 문학이 아니라 역사적인 배경속에 자연주의와 리얼리즘을 함축성 있게 수용한 후 거기에 낭만주의적이고 초월적인 인간정신과 인간가치를 확대시켜 양면성을 가진 실존적 색채가 짙은 상징주의 문학을 이루었다고 말한다.

천이두는 황순원의 문학적 과제가 두가지 방향에서 지속되어 왔음을 주목한다. 하나는 한국적인 아름다움을 추구하려는 노력이며, 다른 하나는 인간의 숙명적인 고독의 의미 및 인간관계의 의미를 밝히려는 노력이라고 말한다.

이상섭은 『움직이는 城』을 논하면서, 우리 민족성을 유랑민 근성으로 파악한다. 나아가 사랑을 성취하기 위해 괴로워하는 눈을 '창조주의 눈'으로 설명하면서 이것은 바로 '하나님의 눈'이라고 말한다. 그러나 이들 비평들은 심도있는 사상과 철학성으로 작품을 꿰뚫지 못하고 작중인물들의 말들을 그대로 답습하고 있다는 한계점을 남긴다.

한편 기독교 사상을 기반으로 하고 있는 평가에는 김병익[134], 권경희[135]와 이동하[136]의 논고를 들 수 있다. 그러나 이들의 평가 역시 작품과 기독교 사상과의 긴밀한 연관관계를 천착하지 못하고 있다. 또한 작가의 종교관, 신앙의 깊이 등이 어떻게 작품속에 투영되고 있으며 어떠한 양상으로 변모 발전해 나아가는가에 대한 구체적 분석이 결여되어 있다. 이러한 경향의 연구는 아직 시작의 단계에 불과하나 황순원 문학 연구에 깊이와 넓이를 제공해 줄 수 있다는 점에서 앞으로의 가능성이 기대된다.

---

133) 이정숙, 「자아인식에의 여정―황순원 『움직이는 城』」, 『한국현대장편소설 연구』 (서울 : 삼지사, 1990)
134) 김병익, 「한국 소설과 한국 기독교」, 김주연편, 『현대문학과 기독교』 (서울 : 문학과지성사, 1984)
135) 권경희, 「황순원 소설에 나타난 종교사상 연구―『日月』과 『움직이는 城』을 중심으로」(한양대학교 교육대학원 석사논문, 1986)
136) 이동하, 「소설과 종교」, 『한국문학』(1987.7.8.9)

7) 테마비평은 주제론적 관점으로서의 비평을 말한다. 황순원 문학에 대한 테마비평은 주로 생명, 사랑, 고독, 비극, 죽음, 구원의 문제에 대해 집중적으로 논의되어 왔다.

황순원 문학을 생명주의로 파악한 연구에는 천이두137), 조연현138), 구창환139), 김주연140), 송하섭141) 등의 논고가 있다. 천이두는 황순원 문학을 범생명주의, 휴머니즘, 파토스의 세계로 평가하여 황순원 연구의 한 단초를 열어주었다는 점에 그 의의가 있다고 본다.

한편 황순원 문학에 투영된 사랑에 관한 연구는 남녀간의 애정을 다룬 연구와 모성의 문제를 다룬 연구로 나누어진다. 황순원 소설에 투영된 작가의 애정관에 대해 언급한 연구에는 방용삼142), 장현숙143) 등의 논고가 있다. 한편 모성의 문제를 언급한 연구에는 진형준144), 천이두145), 장현숙146), 김인환147) 등의 논고가 있다. 장현숙은 애정의 문제와 모성의 문제를 접맥시키려고 시도한다.

---

137) 천이두,「인간속성과 모랄」,『현대문학』(1958.11)
　　　　,「시와 산문」,『한국대표문학전집』제6권(서울 : 삼중당, 1970)
　　　　,「원숙과 패기」,『한국소설의 관점』(서울 : 문학과지성사, 1980)
138) 조연현,「서정적 단편」,『문학과 그 주변』(서울 : 인간사, 1958)
139) 구창환,「황순원 문학 서설」,『조선대학교 어문학 논총』제6호(1965)
　　　　,「황순원의 생명주의 문학」,『한국언어문학』통권 제4호(한국언어문학회, 1976)
140) 김주연,「싱싱함, 그 생명의 미학」, 황순원전집 제11권(서울 : 문학과지성사, 1985)
141) 송하섭,「황순원 : 역사의식 포용의 서정」,『한국현대소설의 서정성 연구』(서울 : 단대출판부, 1989)
142) 방용삼,「황순원 소설에 나타난 애정관」(경희대학교 교육대학원 석사논문, 1981)
143) 장현숙,「황순원 작품 연구」(경희대학교 대학원 석사논문, 1982)
　　　　,「황순원 초기작품연구-단편집『늪』을 중심으로」,『경원공업전문대학 논문집』제7집(1986)
144) 진형준,「모성으로 감싸기, 그에 안기기-황순원론」,『세계의 문학』(서울 : 민음사, 1985. 가을호)
145) 천이두,「원숙과 패기」,『한국소설의 관점』(서울 : 문학과지성사, 1980)
146) 장현숙,「황순원 작품 연구」(경희대학교 대학원 석사논문, 1982)
147) 김인환,「인고의 미학」, 황순원전집 제6권(서울 : 문학과지성사, 1981)

또 작중인물의 비극의 문제를 인간의 숙명적 고독의 의미와 연관시켜 고찰한 연구로는 원형갑148), 천이두149), 구창환150), 성민엽151), 이형기152), 배선미153) 등의 논고를 들 수 있다. 구원의 문제를 중심으로 고찰한 연구로는 김치수154), 이보영155), 홍정운156), 이동하157), 김경혜158), 한승옥159) 등의 논고가 있다. 나이에 대한 인식과 죽음의 문제에 대해 언급한 연구에는 천이두160), 김종회161) 등의 논고를 들 수 있다. 한편 황순원 작품의 전개양상을 살피면서 문학세계를 개괄한 연구에 이보영162), 신동욱163), 이정숙164) 등의 논고가 있다. 또한 작가정신의 전개양상을 개관한 연구에 문영희165)의 논문을

---

148) 원형갑, 「『나무들 비탈에 서다』의 背地, 『현대문학』(1966.1.2.3.)
149) 천이두, 「황순원의 문학」, 『신한국문학전집 14』(서울 : 어문각, 1970)
　　　, 「『나무들 비탈에 서다』의 기점」 상·하, 『현대문학』(1961.12~1962.1)
　　　, 「부정과 긍정」, 『황순원문학 전집』 제2권(서울 : 삼중당, 1973)
150) 구창환, 「상처받은 세대」, 『조대문학』 제5집(1964)
151) 성민엽, 「존재론적 고독의 성찰」, 황순원전집 제8권(서울 : 문학과지성사, 1983)
152) 이형기, 「유랑민의 비극과 무상의 성실」, 『황순원문학 전집』 제1권(서울 : 삼중당, 1973)
153) 배선미, 「황순원 장편소설 연구」(숙명여자대학교 교육대학원 석사논문, 1990)
154) 김치수, 「외로움과 그 극복의 문제」, 『문학』 제1권, 제8호(1966.8)
155) 이보영, 「황순원의 세계」(상·하), 『현대문학』(1970.2.3)
　　　, 「인간회복에의 물음과 해답」, 『문예총서 12·황순원』(서울 : 지학사, 1985)
156) 홍정운, 「황순원론-『움직이는 城』의 실체」, 『현대문학』 제27권, 제7호(1981.7)
157) 이동하, 「한국 소설과 구원의 문제」, 『현대문학』(1983.5)
　　　, 「황순원론, 파멸의 길과 구원의 길-『별과 같이 살다』에 대하여」, 『문학사상』(1988.3)
158) 김경혜, 「황순원 장편에 나타난 인간구원의식에 관한 고찰」(숙명여자대학교 대학원 석사논문, 1987)
159) 한승옥, 「황순원 장편 소설 연구-원죄의식을 중심으로」, 『숭실어문』 제2집(숭전대학교 국어국문학회, 1985)
160) 천이두, 「원숙과 패기」, 『문학과 지성』(1976. 여름호)
161) 김종회, 「삶과 죽음의 존재 양식-황순원 단편집 『탈』을 중심으로」, 『고황논집』 제2집(경희대학교 대학원, 1987)
162) 이보영, 「황순원의 세계」(상·하), 『현대문학』(1970.2.3)
163) 신동욱, 「황순원 소설에 있어서 한국적 삶의 인식 연구」, 『동양학』 제16집 (단국대학교 동양학 연구소, 1986)
164) 이정숙, 「지속적 자아와 변모하는 삶」, 『한국 근대 작가 연구』(서울 : 삼지원, 1985)

들 수 있다.

그러나 이들 주제비평이 더 발전하기 위해서는 작품자체의 의미를 중심으로 하여 정밀한 구조적 분석이 선행되어야 하며, 작가의식의 전개 및 변화의 양상이 총체적으로 파악될 때 심도있는 황순원 문학세계에 대한 고찰이 이루어지리라 본다.

8) 문학사적 연구의 면에서 볼 때 초기 문학사에서 황순원의 문학에 대한 평가는 소극적이었다. 백철[166]은 황순원이 『斷層』(1939~1940)의 동인이었음을 지적하면서 『황순원 단편집』과 「별」 「그늘」 등 초기 작품들은 「단층파」의 심리주의적 경향을 이어받아 심리추묘(心理追描)의 심리적 수법을 취하였고 특히 연상과 환각을 중시하였다고 설명할 뿐 문학사적 위치에 대한 성찰은 보여주지 못했다. 조연현[167]도 1936년을 전후하여 『斷層』, 『三四文學』(1934년 창간), 『創作』(1936년 창간) 등의 동인지가 나타나게 된 배경과 문학적 경향을 설명한다. 조연현은 이들의 문학적 경향은 넓게는 모더니즘 계통을 이어간 동인지이나 신심리주의적 초현실적 경향과 주지적 시각적 경향이 짙으며 한국의 근대문학에 현대문학적인 성격을 부여한 점에서 중요한 문학사적 의의가 있다고 평가한다. 그러나 1940년대 이후까지 지속적으로 문학활동을 계속한 사람으로는 황순원과 조풍연 정도일 뿐이라고 말한다. 조연현 역시 황순

---

165) 문영희, 「황순원 문학의 작가정신 전개양상 연구」(경희대학교 대학원 석사논문, 1988.2)
166) 백철・이병기, 『국문학전사』(서울 : 신구문화사, 1981), p.439.
그러나 작가와 필자와의 대담을 통하여 황순원은 『斷層』에 작품을 발표했을 뿐 동인은 아니었다고 말한다.(필자와 작가와의 대담, 작가의 사당동 자택에서, 1993.12.22)
167) 조연현, 『한국현대문학사』(서울 : 성문각, 1980), pp.503~509.
황순원 연보에 의하면 황순원은 동경에서 1934년(20세) <동경학생예술좌>를 창립하였고, 1935년(21세)에 서울에서 발행하는 『三四文學』의 동인이 되었으며 1936년(22세)에 일본 와세다대학 영문과에 입학하여 동경에서 발행하는 『創作』의 동인이 되었다고 밝힌다.
오생근편, 『黃順元硏究』(서울 : 문학과지성사, 1993)

원 개인의 문학사적 위치에 대해서는 언급하지 않는다.

장덕순[168]은 1938년을 전후하여 신구세대들이 교체되기 시작하였는데 구세대 작가들이 사회성·현실성을 작품의 리얼리티로 삼아왔다면 신세대 작가들은 눈앞의 현실에서가 아닌 좀더 토착된 현실에서 소재를 구하려는 점에 그 특징이 있다고 말한다. 대표 작품으로 김동리, 정비석의 작품과 황순원의 「독 짓는 늙은이」 등을 들고 있다.

김윤식[169]은 황순원을 문협정통파도 아니고 문맹계도 아닌 중간계에 위치시킨다. 또 치밀한 언어구사 능력과 구성력을 가진 작가로서 작품을 통해 한 민족의 정신사를 추구한다고 평가한다. 또 원시적 생명력으로서의 민족의식을 문학에서의 사상성으로 파악한 곳에 황순원 문학의 본질이 발견된다고 언급한다.

황순원의 문학적 공적에 대한 평가는 김우종에 의해 이루어진다. 김우종[170]은 해방 후 분단된 조국현실에 대해 비교적 누구보다도 작가적 관심을 기울이고 대작을 시도한 50년대 작가로 황순원을 들고 있다. 김우종은 황순원이 50년대는 물론 해방 후 한국의 작가군 속에서 가장 많은 문학적 공적을 남겼으며 『카인의 後裔』 『나무들 비탈에 서다』 『日月』 등을 통해 역사적 현실과 함께 인간의 정신적 상황을 포괄하여 이를 탐구하려는 내적 리얼리즘의 의도를 나타냈다고 말한다.

김윤식·김현[171]은 황순원은 그의 낭만주의적 성격을 구극으로 밀고 나가면서 거기에 적절한 규제를 가하려 한 작가라고 평가하면서 세태묘사에 탁월한 능력을 과시한다고 말한다. 그러나 역시 문학사적 위치에 대한 언급은 제시하지 않는다.

---

168) 장덕순, 『한국문학사』(서울 : 동화출판사, 1977), p.379.
169) 김윤식, 『한국현대문학사』(서울 : 일지사, 1979), pp.169~186.
170) 김우종, 「3·8선의 문학과 황순원」, 『한국현대소설사』(서울 : 성문각, 1980), pp.314~322.
171) 김윤식·김현, 「황순원 혹은 낭만주의자의 현실인식」, 『한국문학사』(서울 : 민음사, 1984), pp.232~239.

전광용172)은 해방을 전후하여 소설문단에 주목을 받은 작가로 황순원을 꼽으면서 황순원은 해방 후에 『카인의 後裔』 등의 장편을 발표하면서 그 자신의 소설적 관심을 사회적 현실의 제반 문제로 폭넓게 확대시켜 나아갔다고 평가한다.

한편 이재선은 황순원의 문학은 어떤 의미에 있어서는 삶의 제전적(祭典的) 과정과 밀접히 연관되어 있으며 이는 어둠의 초극과 확실한 자아발견의 한 과정을 암시하는 것이라고 말한다.173) 이재선은 해방 직후의 작품174) 들은 황순원 문학의 전개과정에 있어서 흔들림과 잠재력이 교차하는 준비의 단계에서 씌어졌다고 본다. 그러나 민족의 고난 및 그 극복으로서의 핏줄의식과 역사적 연계성을 그린 「목넘이마을의 개」는 해방 후 소설에서 매우 탁월한 의의를 지닌다고 강조한다. 그러나 역시 황순원의 문학사적 위치에 대한 성찰은 결여되었다.

한편 권영민175)은 해방 직후의 소설문단을 진보적 리얼리즘 계열과 순수문학 계열로 나눈다. 문학의 계급적 실천이 리얼리즘론을 무색하게 하고, 순수문학이 반역사적 관념에 함몰될 수 있는 위험성을 드러낸 것이 정치적 상황성의 영향이라고 할 때, 이를 비켜 나가고자 했던 이른바 <중간파>에 황순원을 놓는다. 그는 황순원이 해방과 함께 보다 적극적으로 현실의 문제에 접근하고 있으며, 50년대 중반 이후 새로운 작품세계의 모색과 작가적 변모를 꾀하고 있다고 평가한다. 특히 장편 『카인의 後裔』, 『人間接木』, 『나무들 비탈에 서다』 등을 통하여 역사의식과 현실인식이 치열하게 맞부딪치고 있으며, 『日月』(1965), 『움직이는 城』(1973) 등을 발표함으로써 한국 현대 소설

---

172) 전광용, 『한국현대소설사 연구』(서울 : 민음사, 1984)
173) 이재선, 『한국현대소설사』(서울 : 홍성사, 1979), p.465.
174) 이재선은 해방직후의 작품들로서 「술 이야기」「아버지」「담배 한 대 피울 동안」「목넘이마을의 개」「검부러기」「산골아이」「맹산할머니」「노새」를 들고 있다. 단 여기에서 「목넘이마을의 개」는 제외시켜 언급하고 있다.
이재선, 『현대한국소설사』(서울 : 민음사, 1991), p.77.
175) 권영민, 『한국현대문학사』(서울 : 민음사, 1993), pp.85~148.

의 기법과 정신을 확대 심화시키는데에 기여한다고 주장한다. 또한 그는 황순원 작품세계의 특징을 논한 후 황순원의 문체는 서사적 속성을 살려내는 특이한 감응력을 지니고 있기 때문에, 한국 현대 소설에 있어서 산문문장의 또다른 전형을 보여주고 있다고 평가함으로써 황순원 문학의 소설사적 위치를 강조하였다.

또 구창환은 황순원이 토속적인 리리시즘의 작가이지만, 결코 현실의 모습에서 눈을 돌린 작가는 아니라고[176] 평가하면서, 이 토속적 리리시즘의 경향은 소설사적 각도에서 이효석, 김유정, 이태준, 황순원, 오유권으로 연결된다고 말한다.

한편 송하섭[177]은 황순원 소설의 서정성은 전대의 효석과 유정을 함께 수용한 것으로 소설의 서정성에 있어 새로운 지평을 열었다고 평가한다. 즉 한국에 있어서 1930년대에 형성된 소설의 서정성이 초기에는 순수 그것에만 매달려 현실도피 소설이라는 평을 면치 못했는데, 순원에 이르러서 현실의식을 포괄하는 서정성으로 발전되었다고 평한다.

이외에도 황순원에 대한 문학사적 평가는 부분적으로 제시되고 있다.[178] 그럼에도 불구하고 전체적인 면에서 황순원 문학에 대한 문학사나 소설사 등에서의 문학사적 평가는 소극적인 것이다. 따라서 황순원 문학에 대해 종합적 관점에서 체계적인 평가가 이루어져야 하리라고 본다. 아울러 한국 문학사에서 황순원 문학이 서야 할 올바른 문학사적 위치를 규명하고 나아가 문단사적 기여의 측면과 영향관계를 체계적이고 정당하게 평가하는 작업이 함

---

176) 구창환, 「상처받은 세대」, 『조대문학』 제5집(1964)
177) 송하섭, 「황순원 : 역사의식 포용의 서정」, 『한국 현대 소설의 서정성 연구』(서울 : 단국대학교 출판부, 1989)
178) 원응서, 「그의 인간과 단편집 『기러기』」, 『황순원문학 전집』 제3권 (서울 : 삼중당, 1973.12)
천이두, 「한과 인정」, 『한국현대소설론』(서울 : 형설출판사, 1973)
최동호, 「동경의 꿈에서 피사의 사탑까지」, 『말과 삶과 自由』(서울 : 문학과지성사, 1985)

께 병행되어야 할 과제라고 본다.

3. 연구방법과 범위

연구사에서 언급한 것도 있지만, 부족하나마 지금까지 필자가 황순원 문학에 관해 전개한 논의는 다음과 같다.

먼저 필자는 '모성'의 문제가 다루어진 작품을 분석하면서 황순원 문학속에 모성의 절대성이 애정의 절대성과 함께 자리잡고 있음을 살펴보았다. 동시에 '애정' 속에 '모성'의 양상이 어떻게 접맥되고 있는지를 분석하면서 '모성'의 성격과 특질을 밝혔다. 동시에 작중인물의 '모성' 추구는 좀더 영원하고 완전한 사랑을 지향하기 위한 것이라는 점을 파악하였다.[179] 이어서 단편집 『늪』에는 황순원 문학에서 발견할 수 있는 애정의 문제, 모성의식, 생명의식, 선(善)지향성 등이 이미 커다란 부분으로 수용되어 있어, 황순원 문학세계의 기초를 마련해주고 있다고 평가하였다. 동시에 상징적 수법과 감각적 언어사용을 단편집 『늪』의 특질로서 파악하였다.[180] 또한 단편집 『기러기』를 중심으로 문체론적 측면을 살펴보면서 작품자체의 미적 구조와 의미가 작중인물들의 갈등과 어떻게 접맥되어 있는지를 고찰하고 아울러 어머니의 존재나 별과 같은 이미지의 추구가 작가의 민족의식과 시대인식의 소산임을 입증하려 하였다.[181] 나아가 일제하 민족현실과 이상의 괴리 사이에서 작중인물들이 느끼는 갈등의 양상과 현실인식이 어떠한 양상으로 반영되고 있으며 또 극복되고 있는가를 살펴보면서 이와 함께 작가의식의 궁극적인 지향성을 작품속에서 추출해내고자 하였다.[182] 이러한 시도는 작가정신의 전개양상을 파

---

179) 장현숙, 「황순원 작품 연구」(경희대학교 대학원 석사논문, 1982.2)
180) 장현숙, 「황순원 초기작품 연구-단편집 『늪』을 중심으로」, 『경원공업전문대학 논문집』 제7집(1986)
181) 장현숙, 「황순원, 민족현실과 이상과의 괴리-단편집 『기러기』를 중심으로(Ⅰ)」, 『경원전문대학 논문집』 제13집(1991.4) 오생근편, 『黃順元硏究』(서울 : 문학과지성사, 1993) 재수록.

악하는데 그 의미가 있다고 본다.

또한 단편집 『목넘이마을의 개』를 중심으로 하여 비판적 리얼리즘의 측면에서 작가의 현실주의적 인식태도와 현실대응의 논리를 살펴보았다.[183] 나아가 단편집 『曲藝師』를 중심으로 분석하면서, 전쟁의 상흔속에서 한 개인이 어떻게 생존해 나아가야 하는가 라는 극복의 문제를 다루고 있음을 고찰하였다.[184] 또 『曲藝師』에서 일관되게 나타나는 작가의 현실 극복 의지는 궁극적으로 작가가 지닌 인간긍정의 정신에 기인되고 있음을 확인하였다.

따라서 필자는 지금까지의 논의를 바탕으로 하여 초기작부터 최근작에 이르기까지 황순원 문학의 전개양상과 현실인식의 변모과정 및 작가의식의 흐름을 살펴보려고 한다. 이를 위하여 황순원 소설을 통시적인 각도에서 다섯 시기로 나누어 고찰하고자 한다. 이와 같이 시대순으로 정리하는 분류방법은 주제의 방향성과 함께 각 시기별로 주제의식의 공통점과 변별점을 가려냄으로써 작가의식의 전개 및 작가의 문학적 지향성을 추출해내는데 효과적일 수 있을 것으로 판단되기 때문이다.

첫째, 제1기의 문학(1930~1949년)[185]이란 작가가 시로 등단하여 소설을 쓰기 시작한 해방 전의 초기 작품들과 6·25 이전에 창작된 해방공간의 작품들을 통합해서 일컫는다. 이 시기는 황순원 문학이 전개되고 발아하는 때로서 황순원 문학 세계의 기저를 형성한다. 즉 일제하에서 창작된 단편집 『늪』, 『기러기』와 해방공간에서 창작된 장편 『별과 같이 살다』, 단편집 『목넘이마

---

182) 장현숙, 「황순원 소설에 나타난 현실인식과 지향성-단편집 『기러기』를 중심으로 (Ⅱ)」, 『경원전문대학 논문집』 제13집(1991.4)
183) 장현숙, 「해방후 민족현실과 해체된 삶의 형상화-단편집 『목넘이마을의 개』를 중심으로」, 『어문연구』 제21권, 제1·2호(77·78 합병호)(한국어문교육연구회, 1993)
184) 장현숙, 「전쟁의 상흔과 인간긍정의 철학-황순원 단편집 『曲藝師』를 중심으로」, 『경원전문대학 논문집』 제16집(1993)
185) 제1기는 작가의 나이 대략 16세에서부터 35세에 이르는 시기를 말한다. 제2기는 대략 35세에서부터 40세까지의 시기, 제3기는 대략 41세에서부터 49세까지의 시기, 제4기는 대략 50세에서부터 60세까지의 시기, 제5기는 대략 61세에서부터 79세 현재까지의 시기를 말한다.

을의 개』를 중심으로 한 시기로서 모더니즘적 경향과 리얼리즘적인 현실인식이 혼재해 있는 경향을 보여준다.

둘째, 제2기의 문학(1950~1955년)은 황순원 문학이 확대되는 시기로 6·25전쟁 발발부터 약 5년간에 걸쳐 창작된 작품들을 일컫는다. 즉 단편집『曲藝師』,『鶴』, 장편『카인의 後裔』, 장편『人間接木』을 중심으로 한 시기로서 전쟁의 상흔과 분단시대 속에서의 대립과 갈등 그리고 화해와 초극의지를 보여준다. 이 시기에는 현실인식이 확대되고 있으며 이념의 갈등과 이데올로기 극복의 문제가 주로 제기된 시기이다.

셋째, 제3기의 문학(1955~1964년)은 분단역사의 현실속에서 야기된 갈등과 아픔을 치유하고 포용할 수 있는 방법을 본격적으로 모색한 시기이다. 작가는 이 작품들을 통하여 애정의 절대성과 영원성 그리고 생명에 대한 존엄성을 강조하고 있다. 단편집『잃어버린 사람들』, 중편『내일』, 단편집『너와 나만의 時間』, 장편『나무들 비탈에 서다』를 중심으로 한 시기이다.

넷째, 제4기의 문학(1964~1975년)은 작가의식이 사상, 철학적으로 깊이 침잠하면서 실존적 삶에 대한 인식과 형이상의 문제를 탐색한 시기이다. 이 시기에는 제3기에서 보여주었던 애정과 생명의식을 심도있게 내면화시키고 나아가 실존적 자의식의 문제와 죽음과 구원의 문제를 천착한다. 장편『日月』, 단편집『탈』, 장편『움직이는 城』을 중심으로 한 시기이다.

다섯째, 제5기의 문학(1976~2000년)은 작가의 창작시기를 통해서 볼 때 마무리 단계에 속해 있는 작품들로서 장편『神들의 주사위』와 단편「그물을 거둔 자리」, 「그림자풀이」, 「나의 竹夫人傳」, 「땅울림」이 창작된 시기이다. 이 시기에는 늙음과 죽음의 문제, 통일의 문제, 공해의 문제 등이 제기되고 있으며 자유에 대한 지향성이 나타나고 있다. 동시에 영원한 사랑이 인간구원의 한 방법이며 자유에 이르는 길임을 보여준다. 따라서 황순원 문학의 궁극적 지향점은 역시 인간구원으로서의 사랑에 놓여있음을 명백히 드러내는 시기이다.

이와 같은 시대구분을 바탕으로 하여 본고에서 필자가 탐구하고자 하는 것은 다음과 같다.

첫째, 앞에서 살펴본 것처럼 황순원 연구사에 비판적 성찰을 가함으로써 기존연구가 내포한 문제점을 지적해 본다. 아울러 선행의 연구들을 방법론적으로 분류하여 논점의 특징과 한계점을 살펴본다.

둘째, 작품자체의 분석을 중심으로 하여 미적 형상화 방법에 대해 살피고 구조적 특성 및 이미지의 상징적 의미를 고찰한다. 이를 통하여 작품의 주제의식 및 작품 전개양상에 따른 주제의 방향성을 파악한다. 또한 각각의 시기별 문학적 특질 및 작품세계의 경향을 살핀다.

셋째, 작품의 전개양상을 고찰함으로써 작가의식의 전개 및 변화의 양상을 살펴보고 작가의 정신적 자세와 시대적 배경을 함께 파악하고자 한다.

넷째, 작가의 문학적 지향성 및 작가의식의 전개양상을 중심으로 하여 작가의 문학관과 인생관을 고찰하고자 한다.

다섯째, 황순원 문학이 근본적으로 현실과 사회와 역사와의 관계속에서 형성된 능동적 작가의식의 산물이며 내면화 작업이라는 것을 입증하고자 한다.

마지막으로, 작품론과 작가론적 종합을 통하여 한국문학사에서 황순원 문학이 자리해야 할 올바른 문학사적 위치를 규명하고자 한다.

한편 본고에서 대상으로 삼을 자료는 기본적으로 황순원 소설의 전작품을 대상으로 하되, 본 연구의 목적에 밀접하게 관련되어 있는 작품을 중심으로 논의하기로 한다. 그 텍스트는 작가 황순원이 끊임없이 개작을 하는 작가라는 점을 고려하여 가장 최근에 간행된 『黃順元全集』[186] 전 12권을 자료로 선택한다.

---

[186] 『黃順元全集』 전 12권(서울 : 문학과지성사, 1993) 참조.
　　　문학과지성사에서 간행된 전집 중에서 가장 최근의 것은 1989년도에서부터 순차적으로 발간되기 시작하여 1993년도에 완간된 가로 활자본이다.
　　　참고문헌 중 기본자료 참조.

Ⅱ. 주제의식의 전개양상과 지향성

1. 시적 상징화와 민족현실의 반영

황순원 문학을 통시적으로 살펴볼 때, 제1기(1930년~1949년)에 해당하는 작품으로는 일제 하에서 창작된 단편집『늪』(한성도서, 1940.8)과『기러기』(명세당, 1951.8) 그리고 해방공간에서 창작된 장편『별과 같이 살다』[1](1946.11), 단편집『목넘이마을의 개』(육문사, 1948.2)를 들 수 있다.

제1기는 황순원 문학이 발아하고 전개되는 시대로서 황순원 문학세계의 기저를 형성하는 시기이다. 특히 황순원 문학의 전개양상을 파악하는데 있어서 일제하에서 창작한 단편집『늪』과『기러기』는 중요한 의미를 지닌다. 단편집『늪』과『기러기』의 중요성은 황순원의 문학적 출발이 일제 말기에 이루어졌다는 점에 있다. 왜냐하면 일제 말기의 시대적 상황은 황순원 초기 문학의 형식적, 내용적 특질을 결정짓게 한 동인이 되었기 때문이다. 또한 이 시기의 작품들을 통해서 보여주는 작가의 정신세계와 의식의 흐름은 황순원의 문학적 지향성과 작가의식의 전개양상을 파악하는데 중요한 몫을 차지하기

---

1) 본고에서는 작품의 간행년도 보다는 창작년도를 중심으로 고찰하고자 한다. 왜냐하면 작품의 주제의식이나 작가의식의 변모양상을 살필 때는 창작년도가 더 적확하다고 판단되기 때문이다.

때문이다. 또한 해방공간에서 창작된 장편『별과 같이 살다』와 단편집『목넘이마을의 개』에는 작가의 현실인식이 드러나고 있으며 민족현실이 비판적 시각으로 포착되고 있다는 점에서 그 의의가 있다.

1) 시적 소설과 모더니티 지향성, 단편집『늪』

단편집『늪』[2]은 작가가 시에서 소설로 전환하여 쓴 최초의 단편들로서, 시적 소설[3]과 모더니티 지향성을 그 특질로 들 수 있다. 특히 일제하의 시대상황속에서 작가가 심혈을 기울여 작품을 매만진 만큼 이 초기 단편들은 황순원 문학에 있어서 어느 시기의 작품들보다도 응축되고 정련되어져 시적으로 승화되고 있음을 발견할 수 있다. 이 단편집에서 보여주는 상징적 수법과 감각적 언어 활용은 작가자신이『三四文學』,『創作』의 동인[4]이었다는 점과도 무관하지 않을 것이다.

한편 단편집『늪』에는 황순원 문학의 기저가 되고 있는 애정의식, 모성의식, 생명의식, 선(善)지향성 등이 이미 커다란 부분으로 수용되어 있어 황순원 문학세계의 단초를 마련해 주고 있다는 점에서 그 의미가 있다고 본다.

---

2) 단편집『늪』(한성도서, 1940.8)에는 모두 13편이 수록되어 있다. 최초의 단편「거리의 副詞」를『創作』제3집(1937.7)에 발표하면서부터 약 3년간 주로 와세다대학 문학부 유학시절(1936년 입학~1939년 졸업)에 쓴 작품들로서 처음 간행 당시에는『黃順元 短篇集』(漢城圖書, 1940.8.19)으로 묶어내었으나 후에『늪』으로 개제하였다. 연보에 의하면 황순원은 1936년(22세)에 早稻田大學 문학부 영문과에 입학하여, 1939년(25세)에 졸업한 것으로 되어 있다.
오생근편,『黃順元硏究』, 황순원전집 제12권(서울 : 문학과지성사, 1985)
3) 작가는 "소설에서 우리가 감동하게 되는 것은 그 작품 속에 깔려있는 시와 마주치기 때문이다."(황순원,「말과 삶과 自由·Ⅱ」,『현대문학』(1986.5), p.60.)라고 말한다. 이점에서 그의 소설속에 시적 서정성이 뛰어나게 내재화되는 것은 우연한 일이 아니며 작가의 이러한 의식이 밑바탕된 데에서 기인한다고 본다.
4) 서론의 주 166번과 167번 참조.

① '애정'과 '모성'의 접맥

 단편집 『늪』은 작가가 23세에서 26세에 걸쳐 창작한 작품들인 만큼, 젊은 세대들의 섬세한 애정의 문제와 함께 시대적 상황에 적응하지 못하고 방황하는 젊은이들의 허무적 내면세계가 심리적 수법으로 포착되어 있다.
 애정의 문제를 반영한 작품으로는 단편 「늪」, 「配役들」, 「소라」, 「風俗」 등을 들 수 있다.
 특히 단편 「늪」5)은 1930년대의 시대상황에서는 파격적일 수 있지만 진정한 사랑을 위해서라면 어떠한 기존의 조건과 윤리도 과감히 깨뜨릴 수 있어야 한다는 작가의 애정관이 제시되고 있는 작품이다. 단편 「늪」은 객관적 시점으로 쓰여져 극적 방법(dramatic method)으로 묘사된 본격적 성격소설(novel of character)이라고 할 수 있다. 이 작품은 늪을 중심으로 하여, 소녀와 태섭과 소녀의 어머니 사이에서 빚어지는 감정의 미묘한 갈등이 직접적인 대화 없이 지문만으로 표현되어 있다. 소녀는 소년을 사랑하면서부터 어머니에 대한 친화감에서부터 이탈하기 시작한다. 즉 남자를 경계하라는 어머니에게 반발감을 가지게 되면서부터 소녀는 태섭에게 소년과의 사랑을 동조해 주기를 희망한다. 그러나 태섭은 소녀에게 "소년의 신경질스러운 얼굴이 남을 속일 것 같지는 않지만 요즘 남자들의 속을 누가 알 수 있느냐"6)는 말로 오히려 반발감을 불러일으킨다. 소녀는 태섭에게 늪에서 만날 것을 요청한다. 이로써 이 작품은 절정에 달한다.
 오지 않는 소녀를 기다리며 태섭이 그리는 환영은 유기적으로 연관되면서 점차적으로 가속화된다. 사랑을 상징하는 '원앙새' 뜬 무늬의 치마로 허리를 묶고 소녀와 태섭은 늪에 뛰어든다. 그러나 가속화되고 있던 일련의 환영은 현실의 세계가 인식되면서 반전되기 시작한다. 늪밑의 차가운 샘물이 둘의

---

5) 장현숙, 「황순원 초기 작품 연구-단편집 『늪』을 중심으로」(경원공업전문대학 논문집 제7집, 1986), pp.122~124. 참조.
6) 황순원, 「늪」, 『늪』 황순원전집 제1권(서울 : 문학과지성사, 1992), pp.18~19.

등을 스치고 지나가면서 정신이 들어 늪 속을 헤어나오려 한다. 소녀가 태섭을 허리에 단 채 헤엄쳐 늪 밖으로 나오면 태섭 자기는 "소녀가 허리를 풀어놓는 대로 추워서 덜덜 떨 밖에 없고-사실 태섭은 떨고 있었다."(pp.20~21)라고 묘사되고 있다. 상승되고 있던 극적 긴박감이 현실에 대한 인식으로 말미암아 급속히 하강된다. "-사실 태섭은 떨고 있었다."라는 문장은 환영 속에서의 떨림과 실제로 현실속에서의 태섭의 떨림이 연결되면서 강한 리얼리티를 부여하고 있다.

태섭이 앓고 난 어느 날 소녀는 '풍랑이 일어난 바다 무늬' 치마를 입고 나타난다. 여기서 바다의 이미지[7]는 영원한 사랑 곧 무한한 생명에로의 복귀 또는 잉태를 상징한다. 곧 소녀가 소년과의 영원한 사랑을 찾아 떠나려 하는 것의 상징이다. 소년이 머리칼을 잘라 자기에게 보냈더라는 말을 하는 소녀에게 태섭은 "짐짓 엄한 어조로, 그런 광대놀음을 하는 소년 가운데 더 불량한 애가 많다."고 말한다.(p.22) "소녀는 태섭이 자기의 어머니와 똑같은 말을 할 줄은 몰랐다고 하며 눈을 빛내었다."(p.22) "태섭이 이번에는 소녀에게 나타나는 어떤 새 힘을 깨달으면서 불쌍한 어머니를 어떻게 하려느냐"(p.22)고 한다. 이 때 소녀는 사실은 소년과 함께 어디로 떠나는 길이라고 한다. 태섭은 "일부러 냉랭한 어조로, 소년과 함께 떠난대도 멀지 않아 불행해질 것"(p.22)이라고 한다. 소녀가 자기네는 행복해 보이겠다고 소리치고는 나가버렸다. 이때 태섭은 "무언가 안정된 심정으로"(p.22) 화분에 물을 주기 시작한다. 이 마지막 대목에 이르러 비로소 작가가 이 작품에서 제시하려는 이면적 의도를 유추해낼 수 있다. 곧 태섭은 소녀의 강한 생명력에 매혹당하나 소녀가 소년을 사랑하는 줄 알고부터는 소녀의 어머니와 같이 남자를 경계하라는 말을 함으로써 의도적으로 소녀에게 반발감을 사게 한다. 그래서 그들로

---

[7] 바다 : 모든 생의 어머니; 영혼의 신비와 무한성 : 죽음과 재생 : 무궁과 영원 : 무의식.
윌프레드 L. 게린外, 『문학의 이해와 비평』, 정재완·김성곤역(서울 : 청록출판사, 1981), p.122.

하여금 진정한 사랑과 자유를 찾아 떠나가도록 유도하는 것이다. 따라서 소녀가 소년과 함께 떠나간다고 했을 때, "무언가 안정된 심정으로" 화분에 물을 줄 수 있었던 것이다.

이 작품은 애정의 문제를 둘러싸고 빚어지는 섬세하고 미묘한 주인공들의 심적 상황을 감각적인 묘사와 환영 등을 통하여, 상징적이며 복합적 구조를 통하여 보여준다. 소녀와 태섭, 소녀의 어머니, 그리고 소년과의 복잡한 관계가 끊임없이 긴축된 상태에서 릴레이식으로 연결확대되어, 극적 긴장감을 유발시키다가 결말에 이르러서야 비로소 "안정된 심정"이라는 압축된 언어로써 완전히 극적 긴장감을 이완시켜 허탈감을 야기하고 있다.

특히 이 작품에서는 섬세한 심리상황을 감각적 언어로써 포착하고 있는 것이 특징이다. 나아가 환영과 환각을 도입함으로써 미적 리얼리티를 불러일으키고 있는데, 이것은 작가가 『三四文學』[8], 『創作』[9]의 동인이었음과 깊이 연관된다고 본다. 즉 이들은 모더니즘 계열에 선 동인지들로서 1936년을 전후하여 대중문학에 합류되기를 거절하는 순수문학적 의욕과 정열이 구체화되어 나타났다. 이들은 기존의 틀에서 벗어나 참신함을 강조했던 동인지로서 이들 동인지의 덕택으로 이 땅의 근대 문학적 성격이 현대문학적 성격으로

---

[8] 『三四文學』은 모더니즘 계통을 이어간 동인지로서 특히 중심 동인인 申百秀와 李時雨는 김기림이나 김광균의 서정적 요소에 불만을 품고 슈리알리즘을 주장하였다. 그들은 지성적, 시각적 요소와 비판적 시각으로 한국 현대시의 새로운 일국면을 개척하였다.
조연현, 『한국현대문학사』(서울 : 성문각, 1980), p.503.
편집체제의 참신한 맛과 현대적 감각은 『斷層』과 일맥상통되는 요소도 있었으나, 『斷層』처럼 동인이 확립되어 있지도 않고 그 문학적 경향에도 통일성이 없고, 지극히 저널리스틱한 요소가 많았으며, 황순원은 1935년(21세)에 동인이 된다. 그러나 1935년 12월에 종간하였다.
조연현, 『한국현대문학사』, pp.510~512.

[9] 『三四文學』이 해산 상태에 있을 때 1936년에 『創作』과 『探求』의 두 동인지가 나온다. 황순원은 다시 『創作』의 동인이 된다. 『創作』이 1936년 4월에 2호로서 다시 폐간상태에 이르자 1936년 5월에 과거의 『三四文學』 중심동인과 『創作』 중심동인들이 결합하여 새로 내놓은 것이 『探求』였다.
조연현, 『한국현대문학사』, p.511.

전환되었다10)고 조연현은 평가하고 있다.

단편「늪」은 작가의 절대적 애정관이 제시된 대표적 작품이다. 작가는 기존의 모랄에 만족하지 않고 끊임없이 새로운 모랄을 창조해 낼 수 있어야 한다. 이렇게 볼 때 단편「늪」은 새로운 모랄을 창조해냄으로써 작가로서의 역량을 인정하게 하는 작품이라고 볼 수 있다.

단편「配役들」11)은 애정의 갈등이 빚어놓은 미묘한 인간의 내면세계와 고독하고 허무한 인간실존의 양상을 극적 방법으로 포착하고 있다. 이 작품은 작가가 '그'라는 인물을 이동시켜가면서 몇 가지의 다른 인물의 유형을 보여준다. 즉 독자로 하여금 다각적인 위치에서 사건을 바라보도록 하는 이동서술법(moving narration)을 쓰고 있다. 불행하게 삶을 살아가고 있는 주변인물을 통해서 '그' 역시 그 속에서 아파하고 고통스러워하는 자기자신의 모습을 발견하는 심리의 내면풍경을 연속적으로 보여준다.

작가는 이 작품에서 인간이란 인생이라는 하나의 연극무대 위에서 저마다 아파하고 허무해하면서도 어쩔 수 없이 고독하게 살아갈 수밖에 없는 존재들로서, 제가끔 자신에게 배당된 하나의 배역을 연출하며 살아가는 존재임을 암시하고 있다. 정신적으로 어디에서도 안주하지 못하고 방황하는 용재, 부인과 이혼하고 난 후의 허탈감을 가식과 체면으로 위장하려는 대웅, 사랑하면서도 경제적으로 일어서지 못하고 그 사랑을 잃을까 두려워하며 고통스러워하는 조훈, 도망간 아내를 찾아 나서는 그는 인생에 있어서 하나의 '배역'을 연출하는 존재들이다.

이 작품은 구성에서 성공하고 있을 뿐만 아니라, 문체에서도 새로운 시도를 하고 있음을 알 수 있다. 작가는 1930년대의 작가들이 즐겨 쓰던 전도법이나 가정법 등을 철저히 배제하고,12) 시적인 생략법과 모던한 감각으로 문장

---

10) 조연현,『한국현대문학사』, pp.508~515.
11) 장현숙,「황순원 초기 작품 연구-단편집『늪』을 중심으로」, pp.124~128.
12) 원웅서,「그의 인간과 단편집『기러기』」,『황순원문학 전집』제3권(서울 : 삼중당, 1978), p.372.

을 재치와 위트로써 처리했음을 여러 곳에서 발견할 수 있다. 마치 영화의 자막이 순간순간 바뀌어지는 듯한 착각을 불러일으킬 정도의 시적 뉘앙스를 풍기며 연극의 대본 같이 간결하게 묘사되어 있다.

    예1) 오르는 엘리베이터, 지하실로 내려가는 1층과 1층으로 내려가는 2층과. 3층이 선다. 한 여인이 엘리베이터 안으로 빨리어든다. 낯이 익다. 여인이 먼저 웃는다. 덧니가 드러난다.13)
    예2) 옥상으로 오르는 5층과 5층으로 오르는 4층과 4층으로 오르는 3층과 3층으로 오르는 2층. 1층이 멎는다.14)

단편 「配役들」은 애정의 양상과 함께 작중인물들의 허무의식이 섬세하게 포착되고 있다. 「配役들」에서 볼 수 있는 이러한 허무의식은 단편 「소라」, 「風俗」 「지나가는 비」 「허수아비」 「거리의 副詞」 등에서 지속적으로 나타나고 있다. 이러한 현상은 황순원 초기 소설의 한 특질로 파악된다. 다시 말하면 천이두가 지적했듯이, 작가 황순원이 가진 인간에 대한 맹목적이고 긍정적인 시선의 이면15)에는 삶에 대한 허무의식과 부정의식이 동시에 공존하고 있음을 발견할 수 있다. 즉 황순원의 초기소설에는 인간에 대한 신뢰와 선의가 나타나 있으며 동시에 인생에 대한 허무의식과 부정의식이 공존하며 관류하고 있음을 그 특질로 들 수 있다. 작중인물들의 내면에 깔린 짙은 허무감은 어두운 일제하의 시대상황속에서 작가자신이 느낄 수밖에 없었던 허무의식의 한 반영일 수 있다. 단편 「配役들」에서 볼 수 있듯이, 고독하고 허무한 생을 살아가는 삶의 양상은 확대 심화되어 장편 『日月』을 통하여 외로움과 실존적 고독의 문제로 뚜렷이 나타나고 있다.

단편 「소라」16)는 사랑의 진실성과 허위의 세계를 연극의 형식으로써 묘사

---

13) 황순원, 「配役들」, p.59.
14) 위의 책, p.60.
15) 천이두, 「시와 산문·황순원」, 『綜合에의 意志』(서울 : 일지사, 1974), pp.133~135.
16) 장현숙, 「황순원 초기작품 연구-단편집 『늪』을 중심으로」, pp.128~133.

한 매우 독특하고 아름다운 심리소설이라 할 수 있다. 이 작품은 어두운 밤 검은 바다를 배경으로 청년과 여자와 또하나의 청년의 대화를 중심으로 엮어져 있다. 이 작품에서 또하나의 청년은 청년의 분신이며 진정한 아니마(anima)[17]로서, 청년의 내적 심리상황이 또하나의 청년의 독백으로서 현현되어 독특한 미적 긴장감을 유발시키고 있다. 또하나의 청년은 청년에게 다음과 같이 말함으로써 자아와 또하나의 자아의 대치 갈등을 암시적으로 상징하고 있다.

> 밤이면 낮에 그렇게 따겁든 이 모래가 이렇게 싸늘해지기두 하잖습니까. 내일 낮이면 이 모래가 다시 따가워질 겝니다만.
> 청년은 다시 검은 바다만 바라보고 섰다.
> 역시 밤이면 이렇게 검기만 한 바다가 낮에는 막 푸르게 되는 거와 마찬가지지요.[18]

즉 '낮'과 '밤'에 따라 '모래'나 '바다'가 변화하는 현상은 곧 이율배반적인 인간실존의 비극적 상황을 암시한다. 월이를 사랑하면서도 사랑하지도 않는 은경과 거짓 결혼 생활을 하고 있는 이율배반적인 청년의 모습을 '모래'와 '바다'라는 상징물로써 비유하였다. 이러한 비극적 상황은 또 하나의 청년의 회상으로써 서술되고 있다. 특히 주목할 것은 그들의 사랑이 계절에 따른 자연의 순환과 유기적으로 연관되면서 극적으로 전개되고 있다는 점이다.

소라로 상징되는 또하나의 청년과 해조로 상징되는 월과의 사랑은 여름 심록색의 바다[19]를 배경으로 펼쳐진다. 여름은 사랑의 결합을 상징하고 있으

---

[17] anima는 융의 원형 가운데서 가장 복잡한 것으로서, '영혼의 이미지'(soul-image)이거나, 사람의 생명의 열정의 근원이거나, 생의 힘 즉 생명의 활력이다. 또 anima는 '自我' 즉 의식하는 의지나 생각하는 자신과 무의식 즉 개인의 내면세계 사이의 중재자이다. persona는 '自我'와 외부세계 사이를 맺어주는 anima의 또 한 면이다. ego를 동전으로 빗대어 말해 본다면 한 쪽 모습은 anima이고 다른 쪽은 persona라고 할 수 있다. persona는 우리가 바깥 세상에 나타내는 배우의 가면이다. 이것은 사회적 인격, 가끔 진실한 자기자신과는 아주 다른 인격이다.
윌프레드 L. 게린外, 앞의 책, pp.139~140.
[18] 황순원, 「소라」, 앞의 책, p.72.

며 바다는 영원한 사랑을, 심록색은 희망을 상징한다. 이렇게 심록색의 바다에서 결합된 그들은 침묵속에서도 행복하였다. 곧 그들의 관계는 해조를 먹으며 서식하는 소라와 해조와의 관계처럼 필수불가결한 불가분의 관계로 얽어져 있다. 이렇게 초여름 심록색의 바다에서 결합된 월이와 또하나의 청년과의 사랑은 '고기새끼'로 상징되는 적극적인 성격의 은경이 등장함으로써 위기를 맞게 된다. 떡갈나무잎이 누렇게 물들기 전인 가을에 그들 모두는 바다가 아닌 거리(육지)로 돌아옴으로써, 우울과 어둠과 거짓이 있는 세계로 들어선다. 이 소설에서 바다는 진실과 무의식의 표상이지만, 바다에 대치되고 있는 육지는 거짓과 의식의 표상이다. 즉 월과 또하나의 청년에게 있어서의 바다는 진정한 사랑의 상징이지만, 육지(거리)는 진정한 사랑을 왜곡시키는 장소로서 설정되어 있다. 또 봄과 여름은 탄생과 희망, 정점, 사랑의 결합을, 가을과 겨울은 우울, 고독, 죽음, 사멸을 상징한다. 고독과 희생을 상징하는 어느 늦가을 날 어느새 가랑비가 내리고 있는 저녁20) 월이 또하나의 청년을 혼자 찾아온다. 그들은 침묵속에서 뒷거리를 끝까지 걷다가 강이 있는 쪽으로 접어든다. 그 곳에는 못쓰게 된 보트와 강물에 거꾸로 비친 전등불과 돛대의 그림자가 가랑비에 젖고 있었다. 극적인 정점이라고 할 수 있는 이 대목에 이르러 이 소설이 드러내고 있는 분위기는 우울, 고독 그것이다. 타락과 죽음을 상징하는 일모가 가을과 밀접하게 연관되고 있으며 우울을 상징하는 비, 뒷거리, 못쓰게 된 보트, 거꾸로 비친 전등불 등이 비극적인 분위기를 암시하고 있다. 그러나 "어둡고 긴 뒷거리를 지나서, 그리구 길바닥에 녹아내려서까지 빛나는 네온 거릴 끝까지 걸었지요. 우린 가을비 맞는 강을 보구 싶었는지

---

19) 神話·原型批評에서 초록의 의미는 성장;감동;희망을 상징한다. 여름은 정점, 결혼, 승리를 상징하며, 바다는 무궁과 영원;죽음과 재생;영혼의 신비와 무한성을 상징한다고 보고 있다.
   윌프레드 L. 궤린外, 앞의 책, pp.122~124.
20) 神話·原型批評에서는 4계절을 하루의 시간과 결부시켜서, 새벽 : 봄·출생 정점 : 여름·승리 일모 : 가을·죽음 어둠 : 겨울·해체로 상징하고 있다.
   위의 책, pp.124~125.

도 모릅니다"라는 또하나의 청년의 말은 매우 중요한 의미를 지니고 있다. 즉 서로 사랑하면서도 소극적인 성격으로 인해서 갈등을 거듭하는 그들이 이제 완벽하게 결합하든지, 결별하든지 어느 한 쪽으로 명백하게 결정되어져야 하기 때문이다. 그래서 그들은 사랑의 방황을 상징하는 어둡고 긴 거리를 끝까지 걸었던 것이다. 드디어 끝이라는 종착점에 다다른 것이다. 그것은 어쩌면 방황의 끝을 기구하고 있는 두 사람의 내면적 의도이기도 하다. 그래서 그들은 다시 사랑의 방황이 끝나고 사랑의 재생을 상징하는 강으로 접어들었던 것이다. 그들은 가을비 내리는 강에서 그들의 사랑을 확인하고 재결합해야 했었다. 그러나 그들은 또다시 말없이 "이젠 또 어두운 뒷거리 뿐이 남은 곳"으로 되돌아옴으로써 영원한 파멸과 비극을 맞게 된다. "이젠 또 어두운 뒷거리뿐이 남았을 따름이었지요. 월이가 먼저 섰어요. 나두 따라 섰습니다. 월이는 수그린 고갤 약간 더 수그리구 나선 한 손으로 바바리코트깃을 세워 쥔 채 옆길루 갈라져 몇 걸음 들어갔습니다. 그러나 월이는 돌아서구야 말았지요. 다시 내게루 왔습니다. 그리구 나더러 은경일 어떻게 생각하느냐는 것이었습니다. 나는 나두 모르게 그만 사랑한다구 했지요. 어둠속에서두 월이의 얼굴이 떨린 것같이 느껴지구, 그리구 해조같은 웃음이 떠올랐습니다. 이번엔 내가 옆으로 갈라져 걸었지요. 나는 몇번이구 속으루 왜 거짓말을 했느냐구 외치면서두 월이처럼 돌아서지는 않구 말았지요."21) 즉 청년의 페르소나 (persona)가 자신의 자아와 외부세계를 중재한 데에 부적합한 것처럼, 아니마 (anima)는 그의 내부세계와 관련을 맺는데 실패하고 만다. 곧 청년의 페르소나는 월에게 진실이 아닌 거짓을 말하게 함으로써 비극과 파멸에 이르고 만다. 어둠과 거짓을 상징하는 뒷거리(육지)와 옆길이 완전히 빗나가버린 운명을 상징하고 있다. 드디어 어둠과 해체를 상징하는 겨울에 또하나의 청년과 은경이 결혼을 함으로써 월과의 사랑은 비극으로 끝난다. 이렇게 비극으로 끝난 월과 또하나의 청년의 해후는 함박눈이 아닌 진눈깨비가 오는 날 이루

---

21) 황순원, 「소라」, 앞의 책, p.75.

어진다. 진눈깨비의 이미지는 곧 월의 불행한 결혼생활과 연관되고 있으며 이것은 다시 은경과 또하나의 청년과의 애정 없는 부부관계로 유기적으로 결합되면서 확산된다. 따라서 월, 은경, 또하나의 청년은 그들 자신의 불행한 결혼생활을 인식하고 바다를 동경한다. 바다는 그들 모두에게 순수와 행복 그 자체였기 때문이다. 드디어 월에 대한 그리움 때문에 바다를 찾은 또하나의 청년은 "지금, 은경이두 나와의 부부생활을 거짓으로 하구 있기 쉽다"는 것을 인식하고, 그 거짓을 깨뜨리기 위해 월을 바다로 부르려고 결심한다.

그러나 또하나의 청년은 "월이가 설사 이곳으루 온대두 이번엔 또 해조를 들여다보는 게 아니라 고기새낄 내려다본다는 거짓이 있기 쉽다"라는 사실을 인식함으로써 그 결심은 무너지고 만다. 결국 월의 사랑을 찾아서 또하나의 청년이 아닌 청년이 해조가 있는 밤 바다로 뛰어듦으로써 그들의 사랑은 비극적인 파국으로 치닫고 만다. 이 작품에서 청년은 곧 또하나의 청년의 본체(identity)로서 설정되어 있다. 또하나의 청년에게 있어서 바다만이 월과의 사랑을 재결합시킬 수 있는 유일한 장소일 뿐이다. 그것도 밤 바다에서만이 그들은 소라가 밤에 해조를 서식하듯이 진정한 모습으로 결합할 수 있다. 곧 청년은 죽음을 통해서 월과의 진정한 사랑을 회복함으로써 재생할 수 있었던 것이다. 이 소설의 결말은 청년이 바다로 사라지고 또하나의 청년과 여자(은경)와의 짧은 대화, 흐느낌 그리고 서두에서 보여진 것과 같은 죽음의 냄새를 짙게 풍기는 배경묘사로써 끝맺어져 있다.

이 단편을 통하여 작가는 미묘하고 복잡한 애정의 심리상황을 밤과 낮, 거리(육지)와 바다, 소라, 해조, 고기새끼 등의 모티프를 써서 매우 낭만적이며 상징적으로 보여주고 있다. 특히 계절의 자연적 순환과 함께 사랑의 탄생, 이별, 죽음, 그리고 죽음을 통한 재생의 환원적 구조를 연극과 같은 극적인 형식으로 보여줌으로써 강한 리얼리티와 아름다움을 유발시킨다.

단편 「風俗」은 1930년대의 시대상황에서 실행은 하지 못하고 늘 심신이 피로해 있는 인텔리의 울적한 내면세계를 일인칭 시점으로 포착한 작품이다.

동시에 재래적이고 봉건적인 한 가정을 통하여 진정한 애정이 결여된 가족 간의 관계를 조응하면서 작가는 이렇게 옛날부터 답습되고 있는 '풍속'을 어떻게든 벗어나야 한다는 주인공의 몸부림을 반영하고 있다.

이 소설에서 주인공인 화자는 일인칭인 '나'이어도 좋고, 삼인칭인 '그'로 대치되어도 전혀 어색하지 않도록 설정되어 있다. 이 작품의 서두는 배경묘사로 시작되지 않고 행동으로 바로 들어서고 있다. 즉 진정한 애정이 결여된 주인공과 아내와의 관계가 애를 매개로 한 아내의 행동묘사로써 단적으로 드러난다. 이러한 주인공과 아내의 관계는 실질적으로 아버지와 어머니의 관계에서부터 답습되어 오고 있다. 남편의 사랑을 받지 못하는 설움과 남편에게로 향한 애정을 아들인 애에게 투사하고 있는 아내는, 역시 아버지에게서 참다운 애정을 받지 못하고 오히려 두려워하고 있는 어머니와 같은 모델(model)이다. 또한 주인공 역시 그런 아버지에게 반발하면서도 아버지와 같은 언어와 행동을 아내에게 보여주는, 아버지와 같은 유형의 또 한 모델이라고 할 수 있다. 곧 진정한 애정이 결여된 아버지와 어머니와의 관계는 그대로 '풍속'처럼 남편인 주인공과 아내의 관계에서 답습되고 있다. 이러한 공허한 관계는 또다시 어머니와 주인공의 관계로 유기적으로 연관되면서 확산된다. 한편 주인공은 어머니와 자기의 애정없는 대화가 이후 아내와 애의 대화에서 반복되어서는 안된다고 생각한다. 즉 아버지, 어머니, 주인공의 애정없는 공허한 관계는 그대로 주인공, 아내, 애의 관계로 대비되면서 확산된다. 즉 아버지에게 그 자신이 반발감을 느끼듯이, 자기 아들 역시 자기에게 반발을 느낄지 모르는데 그렇게 되어서는 안된다고 인식한다. 따라서 주인공은 이러한 공허한 관계에서 벗어나야만 한다는 안타까운 마음을 가지고 있다. 따라서 주인공은 예전과는 달리 자꾸만 비감해만 하는 아버지에게 "공부시킨다는 건 곡식을 심는 것과는 달러요" "난 아마 토지두 어느 게 우리 건지 몰라서 다 잃어버리구 말 게야. 선산까지두" 등의 말로 반발함으로써 오히려 아버지를 분노시켜 분발하게 하려는 지극한 아들의 애정이 이면적으로 내포되고 있다는 점도 주목할만 하다. 또한 어머니가 아버지를 두려워하여 복종하며 살아왔듯이 똑같은 형태로 그 아내 역시 어머니처럼 되어가는 데 대해 주인공은 분노한다. 따라서 주인공은 적어도 아내에 대해 완전히 무관심하지 않고 어떤 애정을 가지고 있다고 볼 수 있다. 주인공과 아내와의 심리적 갈등은 아내의 행동이 어머니의 행동과 동일시되면서 조응되어질 때, 주인공인 그가 아내에게 울화를 터뜨리며 분노하는 모습에서 잘 나타나고 있다. 따라서 남편에게 잘 보이려고 머리를 자른 아내를 향하여 그냥 자연스러운 그대로 두지 못하고 그런다고 나무라며, 언제나와 같이 아버지가 어머니에게 하던 말을 뇌까리며 집을 나서는 주인공의 모습은 매우 아이러니컬하다. 특히 늘 어지럽고 피곤한 주인공의 심리상황은, 천정에서 줄을 치는 거미를 쳐다보며 아내에게 "거미가 제 어미 잡아먹는 거 알어? 그래 저런 거미 많이 불에 궈먹으면 어지럼증두 멎구 살두 찐다는데, 알어?"라는 식으로 자기자신을 '거미'로 비꼬아 표현하는 것에서도 볼 수 있다. 이 작품에서 '거미'22)는 악과 파괴와 죽음을 상징하며, 이것은 거미의 호전적 성격에 기인한다. 동시에 거미는 정력을 상징한다. 따라서 거미를 구워먹으면 어지럼증도 멎는다고 자조적으로 주인공은 말한다. 이렇게 말할 정도로 어지럼증을 느낄 수밖에 없는 주인공의 내면 풍경을 보여준다고 할 수 있다. 동시에 거미로 상징되는 주인공의 모습은 공중에 떠있는 중간적 존재자로서의 실존적 방황과 미로속에서 헤매는 실존적 자아의 고통을 암시적으로 드러낸다고 볼 수 있다. 즉 주인공은 까닭 모를 우울과 답답함과 그로 인한 무위로 인해 방황하면서 1930년대를 살아가는 인텔리의 모습을 대표한다고 볼 수 있다.

특히 이 작품은 1930년대의 시대상황속에서 늘 어지럽고 심신이 피곤해 있는 인텔리의 내면세계를 매우 감각적으로 묘사하고 있다. 나아가 이러한 내적 상황에서 벗어나려고 몸부림치는 지식인의 고통이 섬세하게 포착되고 있

---

22) 거미는 파괴적인 힘과 정력을 상징한다.
    J.E. Cirlot, A Dictionary of Symbols (Philosophical Library Inc., 1962), p.290.

다. 이러한 지식인의 심리상황에는 일제하라는 밀폐되고 억압된 공간속에서 작가가 느낄 수밖에 없는 무위, 권태, 허무의식 등이 반영되었다고 볼 수 있다. 또한 단편 「風俗」은 진정한 애정이 결여된 부부관계, 부모자식 관계가 또 다시 옛부터 내려오는 하나의 '풍속'처럼 만연되어서는 안된다는 것을 제시한 매우 상징적인 작품이다.

이상으로써 작가가 단편 「늪」「配役들」「소라」「風俗」을 통하여 역설적으로 애정의 절대성을 강조하고 있음을 살펴보았다.

한편 애정의 절대성[23]과 함께 황순원 문학의 또 한 기저를 형성하고 있는 주제로서 모성의 절대성[24]을 들 수 있다. 그 대표 작품으로 단편 「사마귀」를 들 수 있다.

단편 「사마귀」[25]는 모성애의 결핍으로 인해 야기되는 비극을 다룬 작품이

---

[23] 황순원의 단편에서 애정의 절대성을 강조한 대표 작품에는 「늪」, 「불가사리」(1955.10), 「잃어버린 사람들」(1955.11), 「링반데룽」(1958.2), 「차라리 내목을」(1967.2), 「그물을 거둔 자리」(1977.7), 「그림자풀이」(1983.11) 등을 들 수 있다.

[24] 황순원의 단편에서 모성의 절대성을 강조한 대표 작품에는 「사마귀」, 「별」(1940.가을), 「기러기」(1942.봄), 「왕모래」(1953.10), 「참외」(1950.10), 「어머니가 있는 六月의 對話」(1956.6), 「조그만 섬마을에서」(1956.8) 등을 들 수 있다.
'母性'에 대한 개념은, 어머니에게 속하는 모든 속성과 성질을 말한다. 이 논문에서는 주로 아이를 가질 수 있는 존재로서의 어머니, 자식을 사랑하는 존재로서의 어머니를 지칭한다. 때로는 모성과 어머니를 동일한 개념으로 사용하기도 한다. 또한 남녀의 애정속에서 어머니를 추구하는 경향을 '모성추구' 또는 '모성에 대한 추구'라 표현했다. 한편 '모성애'는 어머니가 자식에게 투여하는 헌신적 사랑을 지칭한다. '모성적 사랑'은 어머니가 자식에게 투여하는 것과 같은 사랑을 지칭한다. 다시 말하면 이 논문에서 여성이 남성에게 어머니와 같은 자기희생적이며 헌신적인 사랑을 투여하는 것을 간혹 지칭하기도 한다. 필자는 근본적으로 작가가 모성을 자기희생적이며 헌신적인 사랑, 무한히 수용을 하는 긍정적 의미에서의 모성을 추구하고 있다고 본다. 경우에 따라서 작가는 그의 작품속에서 정염을 찾아 자식을 버리는 부정적 모성상(「왕모래」 등)을 제시하기도 하지만 이것은 모성의 절대성을 강조하기 위해서라고 파악한다.
옥스포드 사전에 의하면, Maternity : The quality or condition of being a mother : The character or qualities properly belonging to a mother : motherliness.
The Oxford English Dictionary vol. IV. (Oxford at the Clarendon press, 1993), pp.232~233. 참조.

다. '사마귀'라는 상징적 매개체를 이용하여 악순환되고 있는 비극의 양상을 보여주면서 역설적으로 모성애의 중요성을 강조한 작품이다. 이 작품은 부정적 모성상을 중심으로 하여, 작중인물들의 심리상황을 대화없는 지문만으로 보여준다. 또한 상징적이고 복합적인 구조의 연결로써 극적 긴장감을 유발시킨 독특하고 아름다운 소설이다.

'사마귀'는 제 새끼를 잡아먹는다든가 제 어미를 잡아먹는다. 이 작품에서 사마귀와 같은 인간관계는 먼저 주인마누라와 젊은 여인 사이에서 볼 수 있다. 주인마누라는 매춘을 해서 버는 딸의 돈으로 생활을 유지하면서도 어머니로서의 아픔이나 도덕적인 책임 및 양심의 가책을 느끼지 않는다. 주인마누라 스스로가 젊은 여인을 죽게 만드는 사마귀와 같은 존재임에도 불구하고, 어미 토끼가 사마귀와 같이 제 새끼를 잡아먹었다고 욕질을 한다. 나아가 벙어리 사내애에게 "코가 그렇게 발딱하니 하늘로 터졌으니 부몰 아편장이로 만들어 잡아먹지 않고 별 수 있느냐"고 말하는 아이러니를 보여준다. 주인마누라 스스로가 모성애가 결핍된 부정적인 모성상의 한 전형이다. 또한 주인마누라의 사랑을 받지 못하는 젊은 여인 역시 자기의 딸인 계집애에게 어머니로서의 사랑을 주지 못한다. 젊은 여인 역시 계집애에게는 사마귀와 같은 존재로서, 딸을 정신적으로 죽게 만드는 부정적인 모성상일 뿐이다. 이렇게 계집애에게 사마귀와 같은 존재인 젊은 여인과 계집애의 대립관계는 그대로 계집애와 벙어리인 사내애에게까지 확대된다. 아편장이인 아버지에게 혀를 잡아당기워 벙어리가 된 사내애에게는 같이 놀아줄 어머니가 없다. 그래서 사내애는 계집애를 찾아와 사금파리와 조개껍데기를 갈아바친다. 그런데 저도 모르게 침을 흘리자 계집애는 더럽다고 하며 놀아주지 않는다. 사내애에게 있어서 역시 계집애는 사마귀와 같은 존재일 뿐이다. 즉 사마귀로서 상징되는 주인마누라와 젊은 여인의 관계는 똑같은 형태로 젊은 여인과 계집애의 관계에서 답습되고, 이러한 관계는 계집애와 사내애의 관계로까지 확대 발전한다.

---

25) 장현숙, 「황순원 초기 작품 연구-단편집 『늪』을 중심으로」, pp.139~142. 참조.

이들은 정신적으로 서로가 서로를 죽게 만드는 사마귀와 같은 존재이다.

한편 하숙생 현은 계집애에게 사랑을 주지 않는 젊은 여인에게 분노한다. 그래서 젊은 여인의 사랑을 독차지하고 있는 고양이에게 증오를 느끼고 공원의 여인에게 갖다 주리라 생각한다. 그런데 술 취한 여인은 현더러 "애 버리러 왔지 뭐냐고"하며 자기는 "사내와 계집애 쌍둥이를 낳아서 여기 버렸다."고 하며 속 빈 웃음을 웃는다. 술 취한 여인 역시 주인마누라와 젊은 여인과 벙어리 사내애의 어머니와 같이 모성애가 결여된 부정적 모성상을 대표한다고 볼 수 있다. 이때 현은 술 취한 여인에게 고양이를 준다는 것은, 젊은 여인에게 고양이를 주는 일이 된다는 것을 깨닫고 공원에다 고양이를 놓아버린다. 그런데 고양이가 어느결에 하숙집에 돌아와 붕어에게까지 손을 댈 때, 현은 고양이의 목에 힘을 준다. 이러한 현의 행위에는 생명을 죽이는 고양이에 대한 분노와 함께 계집애에게 향해져야 할 젊은 여인의 모성애를 고양이가 독차지하는데 대한 증오가 표출되고 있다고 볼 수 있다. 그러나 현은 그만 고양이의 목에서 손을 놓고 만다. 그리고 어항의 물을 갈러 하수관가에 갔다가 고기새끼를 발견하고 어항에 넣어가지고 올라온다. 이 고기새끼는 계집애가 모성애를 받지 못하고 살아왔듯이, 하수구 개천의 더러움 속에서 살아왔던 것이다. 그러나 고기새끼에게는 눈알이 없었으며 따라서 고기새끼는 곧 죽어버린다. 이는 곧 정신적으로 죽어버릴 계집애의 또 한 모습을 암시한다고 볼 수 있다. 이 고기새끼를 고양이가 가로채어 간다. 계집애에게 향할 모성애를 고양이가 가로채는 것과 동일한 것이라 볼 수 있다.

그런데 현은 이제까지 고양이가 죽인 줄로 알았던 토끼새끼를 사내애가 갖고 놀아서 죽어간다는 사실을 발견한다. 함께 놀 사람이 없는 사내애는 계집애마저 같이 놀아주지 않자, 몰래 토끼새끼를 가져다 어머니 대용으로 소꿉놀이를 하고 있었던 것이다. 사내애는 바로 모성애를 갈구하는 외로운 인간의 모습이기도 한 것이며 이런 의미에서 토끼새끼는 모성애의 결핍이 낳은 실질적인 희생물이다. 이런 토끼새끼를 또다시 고양이가 채어가고 그 뒤를 사내애와 현이가 뒤쫓아 달리는 것으로 이 작품은 끝을 맺고 있다. 즉 이 작품에서는 사마귀, 고양이, 인형, 꽃, 토끼새끼, 고기새끼 등이 서로 긴밀하게 연관 상징되면서, 부정적인 모성상을 중심으로 하여 서로가 서로에게 사마귀와 같은 존재로서 악순환되고 있음을 아이러니컬하게 보여주고 있다. 주인마누라, 젊은 여인, 계집애, 사내애가 똑같은 유형으로 사마귀와 같은 존재로 설정되면서 결국 토끼새끼라는 희생물이 모성애의 결핍에 의해 남겨지게 된다.

이 작품에서 작가는 모성애의 결핍이 얼마나 무서운 것인가 그리고 얼마나 인간을 고독하게 만드는 것인가를 보여준다. 또한 부정적 모성상을 보여주면서, 역설적으로 모성애가 얼마나 인간에게 귀중한 것이며 근원적인 사랑인가를 보여주고 있다.

아울러 '애정'과 '모성'이 접맥되고 있는 양상은 단편 「지나가는 비」, 「허수아비」, 「피아노가 있는 가을」에서 나타나고 있다.

단편 「지나가는 비」는 어머니의 이미지를 중심으로 하여 애정의 양상을 통해서 나타나는 젊은이들의 고독과 사랑 그리고 어머니에 대한 동경을 주제로 다루고 있다. 연희와 섭과 대현의 관계속에서 어머니의 이미지는 복합적으로 연결 확대되고 있다. 섭은 연희를 통하여 어느 바의 여급이었을 어머니를 연상한다. 이러한 연상은 매의 어머니와 사생아를 낳은 매에게로까지 확대 연결된다. 모델인 매는 사생아를 낳아 공원에 버리고 만다. 그러면서도 자식에 대해 어머니로서의 사랑을 느끼기보다는 사생아를 낳게 한 남자와 아이에 대해 원망하는 마음을 가진다. 그러나 "젖가슴이 탄력이 없다"는 말에 모델을 그만두고 나서야 비로소 어머니로서의 사랑을 인식하게 되면서 애가 어디서나 잘 자라길 비는 마음으로 바뀐다. '젖가슴'이라는 것이 근본적으로 어머니의 이미지를 대표한다고 볼 때, 자식을 낳은 흔적인 '탄력없는 젖가슴'이라는 말을 통하여 오히려 이전에는 느끼지 못했던 모성애를 강하게 인식하게 되었다는 사실은 매우 역설적인 아이러니인 것처럼 보인다. 한편 모성에 대한 인식은 사생아인 섭을 통하여 강하게 부각된다. 그는 자기 자신이 사생아라는 사실을 인식하면서 항상 어머니를 동경하고 있다. 모성에 대한 강한 인식은 이성과의 애정관계에서도 확대되어 반영된다. "육체적으루 헐어갈수록 정신만은 깨끗할 수 있는 여자, 육체를 거쳐 다음에 정신적인 사랑으루 들어가는 여자"를 갈구하는 것은, 어쩌면 어머니를 애타게 갈구하는 그로서는 필연적인 심적 상황의 결과인지 모른다. 즉 섭은 '육체'를 상징하는 '여성'으로서 보다는 '정신'을 상징하는 '모성'을 더욱 더 강조하고 있는 것이라 볼 수 있다. 연인에게서 여성 이상의 모성적인 사랑까지를 갈구하고 있음을 이 말을 통하여 간접적으로 암시하고 있다. 그에게 있어 어머니의 존재는 정신을 대표하는 것으로서 숭고, 완전, 존귀 그것이다. 따라서 섭이 교원자리를 그만두고 붓꽃포기를 내려놓는 행위는 그의 이와 같은 심적 상황에 비추어 볼 때 필연적인 귀결이라 볼 수 있다. 어머니의 사랑을 받지 못하고 정신적으로 방황하는 자신이 미래에 어머니가 될 여학생을 잘 가르칠 수 있을런지에 대해 그리고 하잘 것 없는 붓꽃이나마 제대로 키울 수 있을런지에 대해 의문을 가진다. 왜냐하면 그에게 있어 생명을 기르고 보살피는 행위 즉 모성 행위는 그만큼 완전한 것, 영원하고 숭고한 것으로 인식되어져 왔기 때문이다. 섭이 가지고 있는 모성의 절대성에 대한 강한 인식은 이 소설의 결말 부분에서 또다시 강조되고 있다.

또한 「허수아비」[26]는 생명이 없는 허수아비와 같은 존재인 주인공이 생명에 대해 갖는 경외감과 동경의 심리상황을 객관적 시점으로 묘파한 작품이다. 폐병을 앓고 있는 준근은 생명에 대한 동경과 미련을 갖고 있으면서 동시에 그런 자신의 모습을 거부하는 모순된 심리상태에 빠져있다. 죽음과 애정의 문제에 대해 변화하는 준근의 심리적 상황을 더듬어 보면 첫째, 죽음에 대한 거부 둘째, 죽음에 대한 도전 시도 셋째, 생에 대해 아직도 미련을 가지고 있는 자기 자신을 거부 넷째, 허수아비와 같은 존재임을 확인하는 자기인식

---

26) 장현숙, 「황순원 초기 작품 연구-단편집 『늪』을 중심으로」, pp.136~139. 참조.

의 단계 다섯째, 죽음을 수용 여섯째, 모성에 대한 인식으로 애정을 포기하는 것으로 나타나고 있다.

준근은 이 작품의 결미에 이르러 중대한 결심을 한다. 참새, 메뚜기, 높은 하늘, 햇볕 등 모든 자연과 생물이 가지는 신선한 생명력속에서 죽음에 대해 생각하고 있던 준근이, "잠자리의 꼬리가 지어놓은 썩은 물의 약한, 그리고 둔한 파문을 지켜보면서 거리의 남숙에게 다시 온전한 여인이 되라고 하리라는 결정"을 짓는다. 비록 날개는 째졌지만 알을 낳기 위해 썩은 물에 꼬리를 담그는 잠자리의 모성행위는 준근으로 하여금 사랑을 위해 피임조절로 모성의 자격을 포기하고 있는 남숙을 연상하게 만든다. 즉 준근은 모성의 절대성에 대해 강하게 인식하면서 남숙에게 허수아비와 같은 자기를 떠나 생명을 잉태할 수 있는 완전한 여성 즉 모성의 자격을 가진 여성으로 돌아가라고 말하리라 결심하게 된다. 남숙에게로 향한 열렬한 애정에도 불구하고 모성에 대한 인식으로 인하여 애정을 포기하려는 준근의 결심은 바로 생명에 대한 무한한 신뢰와 동경에 기인한 것이라 볼 수 있다.

특히 이 작품의 결미에서는 삶의 공허를 상징하는 허수아비의 이미지가 준근 자신의 모습과 동일시되면서 찬란한 생명들이 준근이 그리는 환영과 함께 텅 빈 내면으로 환치되고 있다. 그러나 이러한 텅 빈 공허는 또다시 잠자리의 이미지와 연결시키면서 애정과 모성의 문제가 접맥되는 교차점을 마련한다. 작가는 이 작품의 총체적 구조속에서 이미지의 대치, 격돌, 도입, 교차를 통하여 복합적이며 상징적인 효과를 가함으로써, 소설이 이룩할 수 있는 최고의 감동과 아름다움을 구현하고 있다.

단편 「피아노가 있는 가을」은 극적인 대화를 통하여 애정의 내면세계를 예리하게 그린 일종의 심리소설이다. 이 작품에서 장송소나타는 사랑과 죽음을 동시에 상징한다. 장송소나타에 의해 구현과의 사랑을 시작한 종숙은 장송소나타와 함께 죽음을 선택함으로써 비극적인 사랑의 막을 내린다. 사랑을 찾아 남편과 자식까지도 버리려 했던 종숙이 사랑까지도 포기하고 자살하고 마는 이유는 딸의 "엄마 무서"라는 한마디 말에서 기인한다. 딸의 말은 그녀의 존재가 얼마나 무서운 어머니였으며 아내였던가를 철저히 인식하게끔 했기 때문이다. 모성에 대한 인식 때문에 결국 종숙은 사랑을 포기한 채 죽음을 선택하게 된다. 다시 말해서 종숙의 죽음은 역설적으로 상실되었던 모성을 회복시키고 있다.

　단편집 『늪』 속에는 모성애의 결핍이 낳은 비극을 다룬 작품 「사마귀」 뿐만 아니라, 모성에 대한 인식으로 말미암아 방황하는 작중인물들의 내면세계를 그린 작품 「지나가는 비」, 그리고 애정속에서 모성의 문제가 교묘하게 접맥된 작품 「허수아비」, 「피아노가 있는 가을」이 포함되어 있다. 즉 작중인물이 상대방에게 애정을 가지고 있음에도 불구하고, 투철한 모성에 대한 인식으로 말미암아 애정을 포기하는 경향으로 나타나고 있다. 이것은 바로 작가가 모성을 절대적으로 인식하고 있음을 반영한다. 따라서 작가가 19세에 이미 시(詩) 「强한 女性」을 발표했고, 나아가 「별」, 「기러기」 등의 많은 작품 속에서 모성의 문제를 다룬 것은 우연한 일이 아니다. 또한 장편 『카인의 後裔』 『나무들 비탈에 서다』 『日月』에서의 남주인공들이 여성에게 여성만이 아닌 모성까지를 추구했던 것[27]은 황순원 문학에 있어서 한 뚜렷한 특질로서 파악된다.

　② 가난의 문제와 시대의식

　문학이 어떤 의미로든 그 시대를 반영하고 나아가 그 시대의 고통과 아픔을 제시해야 한다고 보면서 혹 평자들[28]은 황순원의 문학을 일러 현실을 도피한 순수문학으로서 그의 문학에는 시대의 고통이나 아픔의 문제들이 제거되어 있다고 평가하기도 한다. 그러나 필자는 그의 문학을 면밀히 검토해 본

---

27) 장현숙, 「황순원 작품 연구」, 경희대학교 대학원 석사논문(1982.2)
28) 김병걸은 황순원 문학에는 사회의식이 결여되어 있다고 평가했다.
　　김병걸, "억설의 분노", 『현대문학』 제11권, 제7호(1965.7), pp.272~283.

결과, 시대의 상황과 생활상들이 작중인물들의 대화와 지문을 통하여, 직접적이 아닌 간접적인 방법으로써 제기되어 있음을 파악할 수 있었다. 즉 황순원은 시대의 아픔이나 고통들을 직접적으로 드러내어 놓고 외치는 것이 아니라 시대의 아픔을 문학이라는 하나의 구조속에서 이면적으로 상징화시켰다. 특히 단편「돼지系」,「갈대」에는 1930년대의 가난한 생활상이 잘 반영되고 있다. 또한 1930년대에 유행하던 특정한 이즘29)에도 구애됨이 없이 그 시대의 상황들이 이면적으로 내재해 있다. 또한 황순원은 소설이란 이러한 스토리로 구성되어져야 한다든가, 구성은 이러해야 한다든가 하는 획일적인 형식주의의 틀을 벗어나서, 작가가 나타내고자 하는 사상이나 감정 또는 사건 등이 작가의 자유로운 어떤 질서속에서 잘 조화될 수 있다면 그것 또한 훌륭한 소설일 수 있다는 것을 1930년대에 이미 체득하였다. 이러한 그의 예술관을 그대로 형상화시킨 작품이「돼지系」,「갈대」 등이라 볼 수 있다.

단편「돼지系」30)는 무식하고 가난한 농민들의 생활상을 간결한 대화와 상황 묘사만으로써 소묘처럼 보여준다. 제목이 시사하듯, '돼지系'는 돼지처럼 못사는 사람들의 '계통'을 의미하는 것으로서, 가난에 찌든 무식한 농민들을 지칭한다.

이 작품에서는 모두 12개의 장면들이 한결같이 하나의 문제를 중심으로 하여 집약적이며 유기적으로 연결지어져 있다. 가난한 농가의 모습은 먹이를 둘러싸고 벌이는 동물들의 행태와 어른들의 성화를 통하여 단적으로 드러난다. 비가 오지 않자 논에 댈 논물 때문에 서로 다투는 어른들의 싸움을 통해서도 그 시대의 농민들의 생활상이 묘사된다. 특히 우점네는 가난 때문에 딸을 시집보내고 받은 돈으로 돼지를 산다. 그러나 비가 오지 않자 기우제를 지내려고 돼지를 잡는다. 딸은 돼지를 사기 위한 가난의 희생물로서 결국은 기

---

29) 이즘(主義)이란, 1920년대의 창조, 폐허, 백조를 중심으로 한 자연주의, 낭만주의, 사실주의를 말하며, 1920년대 후반의 신경향파 문학과 나아가 1930년대의 소설이 주로 자연주의와 사실주의를 표방한 것을 일컫는다.
30) 단편「돼지系」는『作品』제1집(1938.10)에 발표됨.

우제를 위한 제물이 되고 만다. 즉 딸을 기우제로 제사 지낼 만큼 가난하고 미신적이며 무식한 농민들의 당시 생활상을 이면적으로 보여준다. 농민들의 미신적 사고는 무당에게 '묻개질'하는 것에서도 보여지며 "기우제 드리구 얼마나 비가 왔기 그러니"하는 용태네의 말에서도 드러난다. 이렇게 가난한 농가의 현실은 "하긴 외아들 죽는건 봐두 낟알 타디는 건 못본단 말이 있디요"라는 우점네의 말로써 단적으로 드러난다. 시든 쑥대에 앉은 잠자리나 온통 호박꽃 가루를 묻힌 채 떨어지는 벌을 통해서도 가난한 현실이 상징적으로 묘사되고 있다. 먹이를 구하기 위해 남새(채소)밭 바자를 맴도는 돼지의 그림자가 "여월 대로 여위었다"라는 표현에서도 간접적으로 나타난다. 단편집 『목넘이마을의 개』가 해방 후 우리 민족의 경제적 어려움과 정치적 혼란을 다룬 작품들이라면, 단편 「돼지系」는 해방전 가난에 찌든 우리 농촌의 현실과 생활상을 반영한 작품이라 볼 수 있다.

단편 「갈대」는 가난한 빈민의 세계를 대화가 없이 객관적 시점으로 보여준 일종의 상황소설이라 할 수 있다. 빈민의 처참한 생활상은 비루먹은 개, 갈대, 공지에 있는 웅덩이, 장구벌레, 뼈다귀, 소녀의 종아리의 부스럼, 소녀네 움집, 아편을 맞고 있는 소녀의 아버지, 썩은 통나무, 거리의 여인 등에서 간접적으로 시사된다. 각각의 장면 하나하나는 마치 판토마임처럼 침묵속에서 서로서로 유기적으로 연결되면서 극화되어져 점층적인 의미의 확산을 시도한다. 특히 비루먹은 개를 중심으로, 뼈다귀를 핥으며 돌아가는 개→개에게 흙덩이를 던지는 소녀→소녀의 아버지를 희멀건 혀로 핥으며 돌아가는 개→죽어넘어진 개→죽은 개를 안고 달아나는 거리의 여인 등 일련의 상황들이 연쇄적으로 연결 확산되어져 극적으로 가속화되는 긴박감과 함께 강한 미적 쾌감을 불러일으킨다. 한편, 소녀가 성에 눈떠가는 의식의 과정을 란도셀 멘 소년, 다른 란도셀 멘 소년, 또다른 란도셀 멘 소년과의 관계속에서 감각적으로 부각시켜준다. 특히 도망간 소녀의 어머니와 아편을 맞으며 죽어가는 소녀의 아버지 그리고 거리의 여인 등을 통하여, 자식에게 올바른 애정을 주지 못하는 어른들의 세계와 귀신들려 어머니가 도망가고 아버지가 죽어간다고 생각하는 소녀의 순진한 내면세계가 이면적으로 나타나고 있다. 또한 갠날과 비오는 날의 대비와 점층적이며 반복적인 언어의 구사(란도셀 멘 소년, 다른 란도셀 멘 소년, 또다른 란도셀 멘 소년)는 섬세하고 예리하게 반짝이는 독특한 문장을 이룩하는데 기여한다.

특히 이 작품을 통하여 작가는 예술이란 작중인물을 통하여 인생의 어떤 면을 작가의 개성이나 체질대로 얘기하는 것으로서, 여기에 바로 예술의 존재이유가 있음을 이면적으로 보여준다. 즉 문학을 똑같은 형태나 유형으로 획일화시킨다거나 또는 작가가 특정한 이즘에 구애되어 주의주장을 표면적으로 내세우는 것은 예술로서의 가치가 없는 것이라는 그의 예술관을 이 작품을 통하여 훌륭하게 구현시키고 있음은 주목할 만하다.

단편「거리의 副詞」[31]는 일본에 거주하는, 있어도 좋고 없어도 좋은 부사와 같은 존재로서의 한국 학생들의 위치를 객관적 시점으로 형상화시킨 작품이다. 조선인이라는 데 자각을 가지고 살아가는 승구, 공부를 하기 위해 구두닦이를 하는 지운, 그림을 그리는 웅, 조선인임을 역이용하고 남의 물건을 훔쳐가는 훈세, 이들 모두는 일제하에서 정착하지 못하고 불안과 초조속에서 방황하는 조선인 학생들의 모습을 대표하는 인물들이다. 즉 그들은 제나름대로의 방식으로 그들이 당면해 있는 가난과 시대를 이겨나가고자 노력한다. 작가는 불안하고 초조한 그들의 내면적 상황을 대화를 독립시키지 않고 지문 속에 포함시킴으로써 특이한 묘미를 보여 준다. 특히 작가는 시각적이며 감각적인 언어로써 작중인물의 심리를 묘사하는데 성공하고 있다. 심리상황에 따라 변화하는 사물의 움직임을 마치 작중인물의 의식의 흐름처럼 모던하고 시적인 감각으로 묘사하고 있다. 이러한 예는 지진의 흔들림에 대해 "누웠던 위층, 위층 아래 아래층, 아래층 아래 분명히 땅속에서 오는 흔들림이다. 지

---

[31] 단편「거리의 副詞」는 『創作』 제3집(1937.7)에 발표된 작품으로, 작가 황순원이 시에서 소설로 전환해 쓴 최초의 단편이다.

진이다. 그러나 밀리어 와서는 등을 흔들고 사라지는 첫지진을 승구는 무서움보다도 상쾌하게 느낀다."라는 작중인물의 심리묘사를 통해서도 드러나며, "빗줄기가 누워내린다. 유리창 너머로 우산이 빗줄처럼 누워 떠다닌다. 비안개가 지붕보다 높다."와 같은 문장에서도 나타난다. 단편「거리의 副詞」에서 보여주는 섬세하고 시적이며 낭만적인 문장표현은, 이 작품이 시에서 전환해 쓴 최초의 단편임을 고려하지 않더라도 단편집『늪』속의 어느 작품보다도 시적 편린이 강하게 느껴지고 있는 데에 주목할 필요가 있다.

③ 죽음의 문제와 생명의식

단편집『늪』속에는 죽음의 문제와 함께 황순원 문학의 기저에 놓여있는 생명의식, 선(善)지향성 등이 이미 커다란 부분으로 수용되어 있음을 살펴볼 수 있다.

단편「닭祭」는 닭을 상징적 매개물로 설정하여 선(善)과 악(惡), 생(生)과 사(死)의 이원적 대립속에서 성숙해가는 유년의 내면세계를 복합적, 상징적 구조체계로써 보여준 작품이다. 아직 삶에 대한 의식이 확립되지 못한 소년의 시련은 선으로 표상되는 제비와 악으로 표상되는 뱀과의 대치에서부터 시작된다. 미신적인 사고체계를 가진 반수영감은 소년의 집에 있는 늙은 수탉이 뱀으로 변신할 것이라고 말한다. 이에 소년은 수탉이 뱀이 되어 제비새끼를 잡아먹을까 두려워 수탉의 목을 매어 죽인다. 그리고 병이 들어 앓기 시작한다. 소년은 수탉을 죽임으로써 그 자신이 상징적 죽음의 세계에 돌입하게 된다. 소년의 병은 다름아닌 자의식이 성숙하는 과정에서 필연적으로 거쳐야 하는 죽음의 세계 앞에서의 두려움이며 시련이다. 비록 선(善)으로 표상되는 제비를 살리기 위해서 악(惡)(뱀)이 될 매개물인 수탉을 제사 지내긴 했지만 아직 완전히 자의식이 확립되지 못한 소년은, 생명자체(수탉)를 죽인데 대해 죄의식을 필연적으로 느낄 수밖에 없다. 그것은 소년이 인식하고 있는 생명에 대한 존엄성에서 기인한다. 왜냐하면 소년에게 있어서 생명의식은 선(善)과 악(惡) 이전의 좀 더 근원적이고 본질적이며 원초적인 성질의 것이기 때문이다. 생명을 죽인 사실 때문에 죄의식의 병을 앓고 있는 소년의 시련은 미신적 사고체계를 가진 어른들을 대표한다고 볼 수 있는 반수영감에 의해 가속화된다. 반수영감은 수탉이 죽어 뱀으로 변신해 독기를 소년에게 뿜는 것이라면서, 뱀의 독기(惡)를 제거하기 위해 생담뱃내를 소년에게 내뿜고 복숭아나무가지로 소년을 매질한다. 이것은 곧 소년이 새로운 탄생을 위해 필연적으로 거쳐야만 하는 시련인 것이라 볼 수 있다. 소년의 육체적 시련은 합리적 사고체계를 가진 교사에 의해 일시 회복된다. 그런 어느 날 소년은 수탉을 목매어 던진 곳으로 가서 죽은 수탉을 확인하고 안심된 빛을 띠우며 쓰러진다. '안심된 빛'을 띠운 것은 일련의 정신적 육체적 갈등과 시련을 거쳐 어느 정도 선(善)의 입문에 들어섰음을 의미한다. 즉 수탉을 죽임으로써 상징적 죽음을 체험하고 죄의식에 사로잡혀 있던 소년은 악(惡)(뱀으로 화할 수탉)의 죽음을 재확인하고, 선(善)(제비)의 안전을 확인할 때, '안심된 빛'을 띠울 수 있었던 것이다. 비록 악한 생명(수탉)일지라도 생명 그 자체를 죽였다는 죄의식에서 벗어나 소년은 선악(善惡)으로 혼돈이 된 이 세상에서 선(善)을 자유의지로 선택할 수 있는 성숙된 자의식을 소유하게 된 것이라 볼 수 있다. 곧 소년이 가지고 있는 강렬한 선(善)지향성이 제비를 살리기 위해서 수탉을 죽인 행위를 스스로 인정하고 용납할 수 있게 만든 것이다. 이로써 소년은 상징적 죽음과의 대결을 통해 선(善)과 악(惡)의 이원적 대립 갈등속에서, 선(善)을 택함으로써 좀 더 성숙한 자의식을 형성하게 된다. 곧 소년이 제비의 비상을 보고 띠운 미소는 새로운 생명(제비새끼)이 탄생한 데에 대한 기쁨의 미소이며 안도의 미소이다. 이것은 바로 선과 악의 이원적 대립속에서 선을 택할 수 있었다는 증거로서 자유의지의 승리인 것이며, 참삶을 향한 새로운 탄생을 의미한다고 볼 수 있다. 다시 말하면 이로써 소년은 자의식이 성숙하게 되는데 이것은 근본적으로 소년이 가지고 있는 생명에 대한 경외감과 선(善)지향성에 기인한다고 볼 수 있다.
　나아가 작품의 결미에서 작가는 선(善)과 악(惡)이 어우러져 있는 어른들이, 순수한 선성(善性)으로만 존재해 있는 소년의 내면세계를 이해하지 못하는 아이러니를 명쾌하게 지적한다. 소년이 "언제쯤 제비새끼가 날게 되느냐'고 물을 때, 소년의 어머니는 헛소리를 한다고 눈물을 흘린다. 드디어 제비새끼가 나는 날 소년이 미소를 띄우는 것을 보고 '마지막 웃음'을 웃는다고 울음을 터뜨리는 소년의 부모와 이모를 통하여 아이와 어른의 세계 사이에 놓여있는 격리와 단절의 거리를 이 작품은 암시적이며 상징적으로 보여준다. 또한 작가는 미신적 사고체계를 가진 반수영감과 합리적 사고체계를 가진 교사와의 대립을 통하여, 마을에서 일어나고 있는 일들과 그 시대상황을 이면적으로 보여준다. 특히 반수영감의 증손녀와 교사의 조카가 그들의 사랑을 찾아 마을을 떠나는 것은 매우 아이러니컬한 일로써, 어떠한 어른들의 대립이나 기존의 인습에도 구애됨이 없이 진정한 사랑은 기필코 이룩되어져야 한다는 작가의 애정관이 제시되었다고 본다. 갈밭에 떨어진 '붉은 댕기'는 기존의 인습을 탈피하고 사랑의 결합을 상징하는 구체물이라 할 수 있다.
　이로써 단편 「닭祭」는 수탉을 희생물로서 제사지냄으로써 소년이 선과 악의 이원적 대립을 통하여, 자의식이 성숙해가는 과정과 그에 따른 심리의 추이를 보여주고 있다. 동시에 순수한 아이와 순수하지 못한 어른의 내면세계 사이에 놓여 있는 단절감을 복합적인 구조로써 보여주고 있는 함축적인 소설이다.
　단편 「園丁」은 죽음을 눈앞에 둔 아내와 결과적으로는 헛될지 모르지만 아내와 함께 그 죽음을 벗어나보려는 남편의 애정어린 심층세계를 상징적으로 섬세하게 포착한 일종의 심리소설이다. 이 작품에서의 '園丁' 곧 정원사는, 한 가정을 '정원'에 비유해 볼 때, 아내를 다독이고 보살피는 '원정'으로서의 남편을 지칭한다고 볼 수 있다. 따라서 이 단편에는 애정의 절대성을 강조하는 작가의 애정관이 제시되어 있으며, 동시에 죽음의 문제와 생명의식이 함께 다루어지고 있다.

단편집 『늪』에 수록된 작품들을 분석하면서 필자는 작품의 주제의식과 작가의식을 고찰하였다. 우선 단편집 『늪』 속에서 작가는 애정의 문제와 그에 따른 고독, 허무의 문제에 시선을 돌리며 관조하고 있다. 작가는 단편 「늪」 「配役들」 「소라」 「風俗」 등에서 진정한 사랑은 어떠한 시대적 제약이나 어떠한 기존의 윤리도 타파할 수 있어야 한다는 애정관을 제시하고 있다. 동시에 애정의 양상과 함께 인생에 대한 허무의식과 부정의식이 관류되고 있는 것도 중요한 성격의 하나임을 발견할 수 있다.

또한 단편 「지나가는 비」 「허수아비」 「피아노가 있는 가을」에서와 같이 남녀의 애정속에서도 모성의 문제가 교묘하게 접맥되어져 있으며 또한 모성에 대한 인식으로 인하여 애정을 포기하는 경향이 농후하게 나타나고 있다는 점을 들 수 있다. 이로써 작가가 모성의 절대성을 강조하고 있으며 인간에게 있어 가장 근원적이고 원초적인 속성으로서 모성을 파악하고 있음을 알 수 있다. 이렇게 작가가 모성의 절대성을 강조하는 이유로써 필자는 모성 즉 어머니야말로 인간에게 있어 가장 근원적으로 돌아가야 할 고향이며 생명의 근원이라고 작가가 인식한 데에서 기인한다고 본다. 작가가 그의 작품을 통하여 모성을 추구하고 있으며, 나아가 아무런 허식도 없는 어린애를 통하여 인간에 대한 신뢰감을 보여주고 있다는 사실은 생명의 근원적인 어떤 것을 작가가 추구하고 있음을 시사한다고 볼 수 있다. 이러한 작가의 의식은 궁극적으로 생명에 대한 무조건적인 경외감에서 비롯된다고 추정할 수 있다.

생명에 대한 경외감 또는 생명에 대한 의식은 죽음의 문제와 함께 단편 「닭祭」와 「園丁」을 통하여 나타나고 있다. 특히 다른 작가들에게서는 볼 수 없는 현상으로서, 수다한 동물들이[32] 그의 전작품을 통하여 소재로 등장하는 것은 작가의 생명에 대한 긍정의식 또는 범생명주의적인 사고[33]에서 기인된

---

[32] 유종호는 작가가 동물을 소재로 하여 작중인물이나 인간의 세계를 암시적으로 보여준다고 말하면서 "작가의 생명존중은 짐승세계로 열려 있다."라고 언급한다. 유종호, 「겨레의 記憶」, 황순원전집 제2권(서울 : 문학과지성사, 1981)

다고 본다. 이러한 특질은 작가의 선(善)지향성과 평화애호의식으로까지 확대시켜 생각할 수 있다.

나아가 단편「돼지系」,「갈대」,「거리의 副詞」등을 통하여, 인류사회의 보편적 현실인 가난의 문제와 시대상황들을 1930년대에 유행했던 특정한 이즘에도 구애됨이 없이 작품속으로 용해시켜 이면적으로 보여주고 있다.

간혹 평자들이 황순원의 문학에서 역사적 사회적 현실을 간과해버리고 있는 사실은 그의 문학이 외면의 현실보다는 인간 내면의 세계에 치중해 있으며, 가장 근원적인 인간의 본질을 탐구하기 때문인 것과도 무관하지 않다. 특히 그의 소설에서 나타나고 있는 문장미나 구조적 미가 더욱 그의 문학을 현실의식이 제거된 순수문학이니 현실도피 문학이라는 그릇된 평가를 낳게 하는 소이가 되고 있다. 그의 문학에는 현실의 고통이나 문제 등이 표면적으로 내세워지거나 직접적으로 드러나기보다는 작품의 내적 구조속에서 간접적인 방법으로써 투영되어 나타나기 때문이다. 다시 말하면, 작품의 내면과 외관이 완전한 하나의 구조속에서 서로 긴밀하게 연관되어진 채 용해되어 뚜렷한 골격을 이룸으로써, 소설이 이룩할 수 있는 최상의 미를 창조하고 있다는 뜻이다. 이러한 미적 현현은 단편집『늪』을 통하여 더욱 뚜렷이 표출되고 있다. 곧 단편집『기러기』의 특질을 서정성과 전통성34)으로 본다면, 단편집『늪』은 낭만적이면서도 비극적인 허무의식과 함께 상징성 및 작품구조의 미적 현현을 뚜렷한 특질로 들 수 있다. 특히 작품의 구조적 미는 작가의 언어표현 방식과 치밀한 구성 방식에 기인한다. 즉 작품에 삽입되는 장면 하나 하나는,

---

33) 천이두는 황순원 단편들이 "순수한 휴머니티가 빚어내는 파토스의 교감"을 보여준다고 언급하면서 황순원 문학을 범생명주의로 규정짓는다.
천이두,「인간 속성과 모랄」,『현대문학』(1958.11)
황순원 문학을 생명주의로 파악한 연구에는 천이두, 조연현, 구창환, 김주연, 송하섭 등의 논고가 있다.
서론 주 137번부터 141번까지 참조.
34) 김현은 단편집『기러기』의 특질로서 서정성과 전통성을 들고 있다.
김현,「안과 밖의 변증법」, 황순원전집 제1권(서울 : 문학과지성사, 1992)

암시적인 이미지를 지니면서 서로서로 복합 연결되어 작품의 총체적 구조에 이바지함으로써 미적 리얼리티(reality)를 야기하고 있다.

동시에 작가가 단편집 『늪』에서 스토리 중심의 사건전개 서술방식 보다 오히려 현재의 순간적인 감정 상태나 인물의 심리적 추이를 모던한 감각으로써 간접적으로 묘파하고 있다는 점을 특질로 들 수 있다. 따라서 그의 문장은 섬세하고 상황묘사에 강하다. 특히 이러한 경향은 현재법 문장으로 쓰여진 단편 「거리의 副詞」, 「配役들」, 「소라」, 「피아노가 있는 가을」, 「사마귀」, 「風俗」, 「돼지系」에서 더욱 뚜렷하게 나타나고 있다. 그러나 이러한 현재법의 문장이 단편 「닭祭」, 「늪」, 「허수아비」, 「갈대」, 「지나가는 비」, 「園丁」에서 볼 수 있듯이 과거 시제를 활용하면서부터 後(後) 황순원 소설은 묘사적 문장과 서술체 문장이 교차35)되는 가운데 이야기의 진전과 함께 특정한 상황에 독자의 시선을 집중시켜 이야기의 진전을 가로막게 함으로써 작품의 내적인 긴장체계를 유지하여 강한 미적 리얼리티를 야기하고 있다.

또한 작중인물의 심리상황이나 심리적 추이를 보여주기 위하여, 이미지를 직접적으로 시각화시키거나 대화로써 나타내지 않고 투영되는 물체-강물, 거울, 창, 비에 녹아 흐르는 전등불-를 통하여 심리의 파장을 재투영시킴으로써, 이미지의 이중적 처리로 인한 독특한 아름다움을 유발시키는 것도 표현상의 특질이라 볼 수 있다. 이외에도 감성적이면서도 간결한 문체, 순객관적 시점, 그리고 간접적인 극적 방법으로써 심리를 묘사하는 것도 단편집 『늪』의 형식상의 특질이면서, 동시에 황순원 문학의 한 뚜렷한 특질이 되고 있다.

2) 일제하 민족현실과 극복지향성, 단편집 『기러기』

단편집 『기러기』(명세당, 1951)36)는 우리 글을 발표할 수 없었던 일제하의

---

35) 권영민, 「황순원의 문체, 그 소설적 미학」, 『말과 삶과 自由』(서울 : 문학과지성사, 1985), p.156.

질곡속에서 작가가 명멸하는 그 자신의 생명의 불씨를 일구며, 어두운 시기를 견뎌 낸 투지의 결실이라 볼 수 있다. 그런만큼 이 단편집 속에는 삶의 어두운 양상을 드러낸 일련의 단편들(「노새」「그늘」「머리」「세레나데」)을 중심으로 하여 민족현실과 이상의 괴리가 빚어내는 갈등의 양상들이 내재되어 있다. 동시에 어머니에 대한 그리움(「별」)과 잃어가는 우리 고유의 전통에 대한 안타까움 같은 것들이(「그늘」) 조국애와 상징적으로 연결되어 있음을 살펴볼 수 있다. 즉 단편집 『기러기』에는 황순원 문학의 기저에 자리하고 있는 모성의식이 민족의식과 연결되고 있음을 주목할 수 있다.

특히 단편집 『기러기』에 수록된 단편들이 일제하의 밀폐된 현실속에서 작가가 어떻게 그 시대를 인식하고 갈등했으며 극복하려 했는가에 대한 실질적인 집적물들임을 상기할 때, 이들 작품들에 대한 올바른 평가는 작가의 문학적 지향성과 작가의 정신적 자세를 파악하는데 중요한 몫을 차지하리라 본다. 나아가 단편집 『기러기』를 파악함에 있어서 놓치지 않아야 할 점은 황순원 소설에 나타난 현실인식과 함께 작가의식의 흐름을 파악하는 지향성의 문제라고 본다. 따라서 작품자체의 미적 구조와 주제의식을 파악하고 작품속에 내재해 있는 갈등의 양상과 현실인식이 어떻게 투영되고 있는지를 살펴보고자 한다. 나아가 이러한 갈등양상이 어떠한 양상으로 극복되고 있는가에 초점을 맞추면서, 이들 작품속에 투영된 작가의 내면의식과 작가의식의 궁극적인 지향성을 추출해내고자 한다.

① '어머니'의 상징성과 민족의식

단편 「별」(1940.가을)[37]은 어둠속에 빛나는 '별'의 이미지를 아름답고 절대

---

36) 단편집 『기러기』(명세당, 1951)는 황순원의 최초의 단편집 『늪』과 함께 해방 전에 창작된 두번째의 단편집이다. 단편집 『기러기』는 단편집 『늪』 간행 이후, 단편 「별」(1940)을 포함하여, 「눈」(1944)에 이르기까지 약 5년간에 걸쳐 쓰여진 단편들로서 모두 15편에 이르지만, 「별」과 「그늘」을 제외하고는 일제의 한글말살정책으로 인하여 활자화되지 못하고, 해방 후에야 비로소 간행되었다.

적인 어머니의 이미지와 접맥시킨 작품으로서 여기서의 '빛' 곧 '별'은 '이상'을 상징하며, '어둠'은 '현실'을 상징한다고 볼 수 있다.

이 작품에서 누이는 죽은 어머니와 같은 애정으로 아이에게 사랑을 베푼다. 그런데 밉게 생긴 누이가 어머니와 닮았다는 말을 듣는 순간부터, 아이는 누이를 강하게 거부하기 시작한다. 왜냐하면 아이에게 있어서 어머니의 존재는 이 세상에서 가장 예쁘고 별처럼 아름다운 절대적인 존재로 인식되었기 때문이다. 그리하여 아이는 누이가 아이에게 준 애정의 상징물인 예쁜 각시 인형을 땅에 묻으며, "인형인가 누이인가 분간 못할 서로 얽힌 손들이 매달리는 것 같음"을 느끼지만, 아이는 "어머니와는 다른 그 손들을 쉽사리 뿌리칠 수 있었던 것"[38]이다 라는 지문에서처럼 누이가 베푸는 애정을 강하게 거부한다.

즉 아이가 절대적으로 아름답다고 인식하는 어머니의 존재는 관념적인 이미지로서가 아니라, 아이의 내면에서 항상 살아 숨쉬는 실재하는 어머니로 존재하는 것이다. 아이에게 있어서 어머니의 존재는, 끝없는 꿈과 희망과 아름다움과 구원을 표상하는 이상화된 존재로서 현실속에서 같이 호흡하고 살아 숨쉬는 구체화된 실체로 존재하는 아름다운 어머니이다. 따라서 아이는 어떠한 회의나 갈등도 없이 밉게 생긴 누이를 거부할 수 있었다. 아이는 자기를 감싸주는 누이에게서 어머니의 애정 같은 것을 느끼면서 더욱 강하게 누이를 거부한다. 이것은 어쩌면 아이의 자의식이 미성숙한 단계에 머물러 있기 때문이라고 생각할 수도 있겠으나 아이의 자의식이 완전히 성숙한 후에까지도 아름다운 어머니일 것이라는 절대적인 믿음은 변치 않고 드러난다.

자의식이 싹트는 열네살 때 소녀가 입술을 요구할 때, 아이는 "이 소녀도 어머니가 아니라는 생각"을 하며 돌아선다. 또 누이가 연애사건을 일으켰을 때 아이는 "돌아간 어머니까지 들추어내게 하는 일을 저질렀다가는 용서"하

---

37) 단편 「별」은 『人文評論』(1941.2)에 발표됨.
38) 황순원, 「별」, 『기러기』, 황순원전집 제1권(서울 : 문학과지성사, 1992), p.165.

지 않겠다고 주먹을 쥔다. 그러다가 아이는 누이가 돌아간 어머니까지 더럽힌다고 생각하여 누이를 아버지의 말처럼 초매(치마)로 묶어 강물에 집어넣으려고 생각한다. 그러나 아이는 "누이가 죽는 한이 있더라도 아무 항거 없이 도리어 어머니다운 애정으로 따라할 것만 같은 생각이 들며, 누이가 돌아간 어머니와 같은 애정을 베풀어서는 안 된다고"까지 생각하게 된다. 자의식이 성숙한 아이가 밉게 생긴 누이로 하여금 자기에게 어머니와 같은 애정을 베풀게 해서는 안 된다는 것, 그것은 달리 말하면 어머니에 대한 그리움의 극치라고 설명할 수 있다. 어느 누구도 손상시킬 수 없고 침해할 수 없는 신성하고 절대적인 존재가 바로 아이가 인식하는 어머니의 존재이다.

아름다운 어머니에 대한 그리움은 밉게 생긴 누이에 대한 강한 거부와 반발로 나타나고, 결혼한 누이의 부고장을 받고야 비로소 아이는 눈물을 흘리며 "우리 닐 왜 쥑엔!"하고 소리지른다. 그러나 항상 "어머니와 같은 애정"으로 아이를 돌보아 준 누이의 죽음에 직면해서까지도, 아이는 아무래도 누이는 "어머니와 같은 아름다운 별이 되어서는 안된다고 머리를 옆으로 저으며 눈을 감아 눈속의 별"을 내몬다. 누이의 죽음으로까지도 상쇄되어질 수 없는 아름다운 '별', 그것은 곧 아름다운 어머니의 절대적 표상으로서 아이가 누이의 별을 내모는 행위는 아름다운 어머니에 대한 그리움과 애정의 극치를 표백한 것이라 볼 수 있다.

  그리고 아이는 당나귀에게나처럼, 우린 닐 왜 쥑엔! 왜 쥑엔! 하고 소리 질렀다. 당나귀가 더 날뛰었다. 당나귀가 더 날뛸수록 아이의, 왜 쥑엔! 왜 쥑엔! 하고 지름소리가 더 커갔다. 그러다가 아이는 문득 골목 밖에서 누이의, 데런! 하는 부르짖음을 들은거로 착각하면서, 부러 당나귀 등에서 떨어져 굴렀다. 이번에는 어느 쪽 다리도 삐지 않았다. 그러나 아이의 눈에는 그제야 눈물이 괴었다. 어느새 어두워지는 하늘에 별이 돋아났다가 눈물 괸 아이의 눈에 내려왔다. 아이는 지금 자기의 오른쪽 눈에 내려온 별이 돌아간 어머니라고 느끼면서, 그럼 왼쪽 눈에 내려온 별은 죽은 누이가 아니냐는 생각에 미치자 아무래도 누이는 어머니와 같은 아

름다운 별이 되어서는 안된다고 머리를 옆으로 저으며 눈을 감아 눈속의 별을 내몰았다.39)

이것은 곧 사랑하는 누이의 죽음으로도 따라갈 수 없는 어머니에 대한 애정의 절대성을 드러내는 것으로서, 어머니에 대한 그리움의 한 정점을 표출시킨 것이다. 누이의 죽음으로 인한 아이의 눈물과 그 눈물 속에서 빛나는 눈속의 별이 어두워가는 하늘의 빛나는 별과 교합되면서 어머니의 이미지와 환치된다. 이 작품의 미적 리얼리티는 이 결미 부분에 이르러 극에 달한다고 볼 수 있다. 아이의 눈속으로 내려오는 누이의 별과 그 별을 다시 몰아내는 상승감은 이 작품 전체를 더욱더 돋보이게 하며 미적 리얼리티를 유발시킨다. 동시에 어머니에 대한 그리움을 어둠 속에 빛나는 별의 이미지로 현현시키고 있다. 현실(어둠, 누이와 닮은 밉게 생긴 어머니)과 이상(밝음, 별, 아름다운 어머니)의 괴리사이에서, 아이는 어머니가 아름다웠을 것이라는 절대적인 믿음을 가지고 현실 즉 밉게 생긴 누이를 망설임 없이 거부한다. 밤 하늘에 명멸하는 아름다운 별 그것은 절대적으로 아름다운 어머니의 이미지이기 때문에, 결코 누이의 죽음으로까지도 획득할 수 없는 표상으로 아이에게는 존재했던 것이다.

그렇다면 이렇게 누이의 죽음으로까지도 획득되어질 수 없었던 별 곧 절대적인 어머니의 모습이 황순원의 단편 「왕모래」(1953.10)에서는 어떻게 드러나고 있는가. 절대적으로 아름다운 어머니를 그리던 「별」에서의 아이는, 「왕모래」에서 돌이로 변신하여 나타난다.40) 돌이의 어머니는 돌이를 버리고 정염을 찾아 떠나간다. 그런 어머니를 돌이는 못내 그리워하면서 애타게 기다린다. 그러나 「별」에서의 아이가 아름다운 '별'로서 그토록 그리워하던 어머니는 「왕모래」에서 아름다운 모습으로서가 아니라 추한 모습 곧 아편장이가

---

39) 황순원, 「별」, p.173.
40) 장현숙, 「황순원 작품 연구」, 경희대학교 대학원 석사논문(1982.2), pp.92~94. pp.102~103. 참조.

되어 돌아온다. 그러면서도 자식에 대한 애정 때문이 아니라 결국 아편을 얻기 위해 돌아오는 타락한 어머니의 모습으로 변질되어 돌아온다. 이럴 때 돌이는 절대적으로 아름다운 어머니에 대한 아이덴티티를 상실하면서 어머니의 목에 힘을 준다. 곧 작품 「왕모래」에서 어머니가 추한 아편장이로 돌아왔을 때, 죽은 어머니를 아름다운 별로서 미화시키던 「별」의 아이는 돌이로 변신하여 어머니를 살해할 수밖에 없다. 즉 「별」에서의 아이가 누이의 죽음으로까지도 용납하지 않았던 절대적으로 아름다운 어머니의 이미지에 대한 추구 곧 '이상'의 세계가, 「왕모래」에 와서 추한 '현실'로 돌아왔을 때 오히려 작가는 돌이로 변신하여 추한 모습으로 돌아온 어머니를 살해할 수밖에 없었던 것이다. '이상'과 '현실'의 세계가 괴리되어질 수밖에 없었을 때, 돌이는 슬프면서도 결연히 어머니를 살해하게 된다. 이것은 바로 「별」의 아이가 「왕모래」에서 볼 수 있듯이 끝까지 추한 모습으로 돌아온 어머니 곧 현실을 수용하지 않으려는 강한 거부의 몸짓이면서 각오에 다름아니다. 달리 말하면, 현실을 강하게 부정하는 것만큼의 커다란 어머니에 대한 애정의 깊이 곧 애정의 극치라 할 수 있다.

이 작품을 우리 민족의 시대적 상황과 연관시켜볼 때 무엇을 의미하는 것일까. 「별」에서의 아이가 그토록 그리워했던 절대적으로 아름다운 어머니의 모습은 일제하에서 우리 민족 또는 작가가 그토록 그리워하던 해방된 우리 조국의 모습이기도 하다. 그러나 해방을 그리워하고 있던 우리 민족 또는 작가에게로 돌아온 조국의 모습은 아름다운 조국이 아닌 실망과 기만을 함께 가져다 준 조국의 모습으로 돌아온다. 곧 해방과 함께 우리 민족에게로 돌아온 조국이 6·25를 거쳐 남·북의 분단이라는 돌이킬 수 없는 실망을 안겨주었을 때 작가는 「왕모래」의 돌이로 변신하여 아편장이로 돌아온 어머니를 살해할 수밖에 없었던 것이다. 곧 「별」(1940.가을)에서의 아이가 그토록 그리워하던 '어머니' 곧 '모국'(母國)이 6·25를 거치면서 「왕모래」(1953.10)에서 볼 수 있듯이 추한 '어머니' 곧 남·북의 분단이라는, 우리가 기대하지 않았던

'모국'으로 변질되어 돌아왔을 때 '어머니' 곧 '모국'을 죽일 수밖에 없었던 것은 역설적으로 작가의 지극한 '조국애'의 발로라 볼 수 있다. 따라서 단편 「별」과 「왕모래」는 작가의 민족의식과도 연결시킬 수 있는 작품들이라 볼 수 있다.

한편 단편 「기러기」[41]도 모성의식 뿐 아니라 작가의 민족의식을 함께 유추해 볼 수 있는 작품이다. 단편 「기러기」(1942.봄)는 일제하의 암울한 시대를 배경으로 이면적으로는 잃어가는 조국에 대한 안타까움과 함께 상당수의 농민들이 이농을 하지 않으면 안되는 시대상을 보여주고 있다. 또한 자식을 위해 무섭고 싫은 남편을 찾아 나서는 모성상을 보여준 작품이다.[42] 사랑하는 아버지를 잃고, 남편이 만주로 떠나간 "그날 밤부터 이상이도 마음이 놓여지는" 쇠네였지만, "애에게만은 아비 없는 자식을 만들어서는 안될 것"같은 마음으로 남편을 찾아 나서기로 결심한다.

> 그날 밤 쇠네는 아랫목에 애를 재워놓고 어두운 등잔불 아래서 남편이 전에 입던 다 낡은 옷가지를 꺼내어 여기저기 손질하기 시작했다. 좀만에 한번씩 생각난 듯이 바늘 든 손을 멈추고 잠든 애를 바라보고 나서는 어서어서 하는 듯 다시 재게 손을 놀리는 것이었다.
> 이 밤은 얼마나 깊었는지, 어디서 봄기러기 날아가는 소리가 들려왔다.[43]

우리 글을 발표할 수 없었던 일제하에서 작가는 어둠속에서 언제 빛을 볼지 모르는 작품을 쓰면서 "이 밤은 얼마나 깊었는지, 어디서 봄기러기 날아가는 소리가 들려왔다."로 표현하고 있다. 아이 때문에 남편을 찾으러 떠나가기로 결심한 쇠네가 "어서어서 하는 듯" 바늘 든 손을 재게 놀리는 모습은 어쩌면 절박한 현실속에서나마 희망을 버리지 않고, 조국의 광복을 애타게 열망하는 작가의 모습을 반영한다고도 볼 수 있을 것이다.

---

41) 단편 「기러기」는 『文藝』(1950.1)에 발표됨.
42) 장현숙, 「황순원 작품 연구」, pp.83~85. 참조.
43) 황순원, 「기러기」, 『기러기』, p.211.

② 민족현실과 이상의 괴리

단편 「머리」(1942.가을)는 식민지 한국이라는 불안하고 우울한 시대상황속에서 폐쇄되고 무위한 삶을 파행적으로 살아가는 지식인의 내면 풍경을 묘파한 일종의 상황소설이다.

작중인물 그는 탈출구가 없는 밀폐된 현실속에서 항상 뭔가 욕구불만에 차있는 자기자신의 내면을 들여다보며 더욱 못마땅해하고 불쾌해 하는 인물로서, 이는 1940년대를 살아가는 한국인들의 폐쇄된 자아를 대표한다고 볼 수 있다.

이 작품에서 그가 처해 있는 현실세계란, 항상 "어지러운 꿈의 계속인 듯 그냥 이마며 머리 전체가 무거운" 그러한 폐쇄된 세계이다. 자유롭게 비약하고 싶은 이상의 세계와 탈출하고 싶지만 탈출구가 없는 닫혀진 현실세계와의 괴리속에서 공연히 그는 가족들에게 그의 불쾌한 감정을 표출시키고 그런 자신의 모습에 더욱더 불쾌해 할 수밖에 없는 인물로 설정되고 있다. 이러한 그의 불쾌감은 꿈에서까지도 더욱 불쾌하게 되풀이되곤 하는데 이는 곧 그의 삶 자체가 무위와 불쾌, 그것임을 상징한다고 볼 수 있다. 꿈속에서 방아깨비의 촉수를 담뱃불로 지져대는 '검은 안경잡이 사내'는 항상 자신의 실체를 드러내지 않으면서 타인을 구속하는 자, 자유를 박탈해 가는 자, 약자의 생명을 죽이고 기만하는 자를 상징한다고 볼 수 있다. 곧 사내는 선한 자와 약한 자를 죽이고 횡포를 일삼는 강자이며 침입자이다. 그리하여 검은 안경잡이 사내가 지지는 것은 '방아깨비의 촉수'가 아닌 약자인 '자기의 이마' 곧 그의 이마로 인식된다. 강자에 의해 불의의 습격을 당한 그는 사내에게 항거할 손발이 없다. 그래서 그는 "누구 좀 구원해 줄 사람"이 없느냐고 외친다. "머리가 온통 불에 데어 죽고 말리라"는 절박함속에서 구원을 요청할 때 그가 발견한 사람은 "그게 다른 뉘가 아니고 자기"임을 발견한다. "그러나 서서 보고 있는 자기는 이편을 구해주고 싶다는 생각은 하면서도 오금이 말을 듣지 않는다." 그는 사내의 횡포를 보다 못해 달아나고 만다. 탈출구가 막혀버린 절박한 삶속에서 탈출을 시도하고 싶지만 이미 그에게는 현실적으로 항거할 힘이 없다. 그리하여 자기를 구원해 달라고 외치며 발견한 사람은 바로 다른 사람 아닌 '또하나의 자기' 곧 '자기의 또다른 분신'이다. 즉 대항할 실제적인 힘과 능력을 가진 '이상적인 자기'이다. 그러나 '또하나의 자기' 역시도 사내의 무력적인 횡포와 악마성 앞에 항거하지 못하고 달아나버릴 때, 그는 "그냥 이마와 머리 전체가 무겁고 불쾌"할밖에 없다. 폐쇄된 시공에서 개방된 시공으로 자유롭게 탈출하고 싶지만 현실적으로 불가능할 때 그는 그런 자신이 한껏 불쾌할 수밖에 없다.

이 작품에서 사내는 일방적인 횡포와 독단과 폭력으로 정상적인 삶을 살 수 없게 만드는 일본을 표상한다고 생각해 볼 수도 있다. 진정한 자유를 빼앗겨버린 어두운 시대상황속에서, 건강한 삶과 생명력이 말살되어 가는데 대한 안타까움과 불안속에서, 그가 현실적으로 이 어둠을 탈출할 수 없을 때, 이상과 현실의 괴리속에서 '자기'와 '또하나의 자기'는 분열될 수밖에 없다. 따라서 짙은 무력감과 불쾌감이 내재할 수밖에 없는 그의 내면상황을 이 소설은 보여주고 있다. 이 '방아깨비의 꿈'은 어렸을 때의 경험이 투영된 것으로서, '검은 안경잡이 사내'는 악의 세계를 표상하고, 일방적으로 피해를 당하기만 하는 어렸을 때의 '그'는 선의 세계를 표상한다고 볼 수 있다. 나아가 악이 존재하는 어른의 세계와 선성으로만 존재하는 아이의 세계와의 대립 또는 단절을 상징한다고도 볼 수 있다.

그는 피곤하고 무거운 머리를 낫게 하기 위해 돼지고기를 구해 오라고 성화하고, 이것이 여의치 않자 그것이 "꼭 아내의 탓인 듯이 불쾌"함을 느낀다. 이러한 파행적인 삶속에서의 불쾌감은 일상에서 부딪치는 빈곤을 접할 때 더욱 심화된다. 배고파 훌쩍이며 우는 이웃집 아이들에게 "뭐든 먹을 것을 줘야만 한다는 생각"이 든 그는 아내에게 볶은 콩을 갖다 주라 하나 비 때문에 갖다주지 못한다. 그러나 "그 집앞을 지나면서 닫힌 문 가득히 따뜻한 불빛이 비친 걸 보고" 어떤 안도감까지 느끼는 감상적인 그 자신에게 한없이 불쾌를 느낀다. "그것은 어제오늘 꿈속에서 보는 검은 안경잡이 사내의 손에 발이 떨어지고 촉수가 타는 방아깨비를 보고 달아나는 것만도 못한 감상을 자신에게서 본 때문"이었다. 이러한 그의 내면상황은 실제로 행동하지 못하는 자기자신의 무력감에 대한 분노이면서, 그런 자기 자신에 대한 거부와 조소이기도 한 것이다. 또 실제로 행동하지도 못하면서 타인의 불행에서 느끼는 한순간의 감상조차도 용인하지 못할 정도의 결벽성과 비꼬인 그의 내면세계를 표출시킨 부분이기도 하다. 이러한 그의 심리상황은 "어느 집 광 안에 가득히 매달려 있는 돼지 다리를 아무리 세어도 끝이 안 나 쩔쩔매는 꿈"을 꾸고는 더욱 "머리가 무겁고 불쾌"했다는 지문을 통해서 또다시 드러나고 있다.

> 이 밤은 몇 시나 됐을까. 그는 그저 이 밤이 다음날이 아니고 낮과 같은 오늘 밤이기만 바랐다. 그리고 이것으로 오늘의 악마의 날은 아주 끝나주기를 바랐다.[44]

끝없는 무위와 어둠과 절망과 불쾌감만이 있는 오늘 악마의 날이 아주 끝나고 다음 날이 아닌 오늘밤으로 고통이 영원히 끝나주기를 바란다. 이러한 그의 내면적 세계는 오늘의 현실세계에 대한 강한 거부에서 비롯되며, 오늘의 현실에 대한 고통과 절망과 불쾌감은 극도에 달해서 더이상의 어떤 고통도 용인할 수 없을 정도로 지쳐버린 절박함으로 나타난다. 곧 이상적인 삶과 죽음의 현실이 파행적으로 맞물려 돌아갈 때 그는 죽음의 현실속에서 탈출을 시도하려 하지만 탈출구가 없다. 따라서 그의 삶은 균열될 수밖에 없고, 폐쇄적일 수밖에 없으며 그리하여 내내 불쾌할 수밖에 없다. 그는 고통이 있는 내일이기보다는 차라리 오늘로서 이 고통의 세계가 아주 끝나주기를 바란다. 곧 그의 삶은 열려진 삶이 아니라, 밀폐된 삶, 폐쇄된 삶을 상징한다고 볼 수 있다. 단편「머리」는 이러한 폐쇄된 삶속에서 늘 심신이 피곤해 있고, 한없이 불쾌할 수밖에 없는 지식인의 내면적 의식의 흐름을 모던한 감각으로 예리하

---

[44] 황순원,「머리」,『기러기』, p.249.

게 포착한 일종의 심리소설이라 볼 수 있다.
　단편「세레나데」(1943.봄)는 무당에 관한 몇 토막의 이야기를 연결시켜 어두운 현실속에서 필연적으로 겪어야만 하는 작중인물 그의 내면풍경과 지향점을 리얼하게 보여주고 있다. 이 작품에서 나타나는 단편적인 무당의 이야기는 그가 처해 있는 현실속에서의 내면적 고통과 아픔 그리고 의지를 효과적으로 부각시키기 위한 의도적인 장치이다. 왜냐하면 무당에게 있어서는 내면적인 고통을 겪은 뒤에 신이 내리기 때문이며, 그 내면적 고통은 현실적으로 작중인물 그가 잃어버린 조국에서 느끼는 현실적 고통과 대응하기 때문이다. 따라서 무당에 관한 이야기의 도입은 작중인물의 현실적 고통에 더욱 리얼리티를 부여하고자 한 의도이며, 잃어져가는 한국적 모습을 작품속에 반영시키기 위한 작가의 세심한 배려이다.
　신이 내리면서 눈이 멀었다는 소경의 절망적인 고통과 아픔은 그대로 일제하에서 어둠의 시대를 살아가고 있는 그의 아픔과 대응되고 있다. 무당이라는 운명을 거부할래야 거부할 수 없는 소경 처녀애의 애처로운 생명은, 바로 오늘날 절망적인 현실속에 서 있는 그의 애처로운 생명과 동일시된다. 그리고 이것은 또 그대로 이제 만주로 떠난다는 친구에게로 연결된다. 곧 소경의 고통은 그의 고통과 동일시되고 나아가 그대로 가난과 절박한 어둠만이 있는 조국을 등지고 만주로 떠나야만 하는 친구의 아픔과도 동일시되어 확대되고 있다. 어쩌면 이러한 아픔은 우리 민족 전체에 해당되는 것이기도 하다.

　　　그는 눈을 감았다. 어쩌면 지난날 옆 집 계집애의 오오늘날이야! 하며 치뜨던 때의 눈보다 더 보기 흉할 오늘의 자기의 눈을 감았다. 그리고는 걸었다. 도시 지난날 그 소경 처녀애를 본떠 걸을 때만큼도 잘 걸어지지 않았다. 술 때문만이 아니었다. 앞에 놓인 길이 지난날 젊은 여인의 가느다란 가슴이 갈라내던 베필처럼 펼쳐져 있는 때문이었다. 그리고 얼마 전 색시무당이 탔던 작둣날인 양 놓여있는 때문이었다. 그러나 그렇다고 버릴 수는 없는 길이었다. 어떻게 해서든지 걸어 가야만 할 길이었다. 눈물도 없이, 이런 그의 귓전을 어둠 속으로부터, 우리 술 한잔 더 하자는 친

구의 말소리가 머언 바람소리처럼 스치고 지나갔다.[45]

　오늘 자기의 눈은 고통의 눈을 표상한다. 이는 어두운 현실속에서 절망과 고통으로 비틀거리며 살아가는 자기자신의 삶을 반영한 것에 다름아니며, 현실에 대한 강한 부정의식이 표출된 것이라 볼 수 있다. 그리하여 그는 술 때문만이 아닌 비틀걸음으로 걷게 된다. 그것은 그의 앞에 놓인 현실이 젊은 여인의 가느다란 가슴이 갈라내야만 했던 베필처럼 힘겨운 고통의 길로서 펼쳐져 있기 때문이요, 색시무당이 아슬아슬하게 타야만 했던 작둣날인양 위태롭게 조국의 앞날이 놓여있기 때문이다. 분명 1943년 봄 우리 조국의 상황은 일본이 제2차 세계대전에 뛰어들어(1941) 거칠고 예측할 수 없는 절박한 상황이었다. 그런 현실 상황속에서 헤쳐나가야 할 '그' 아니 우리 민족의 삶은, 소경 처녀애나 색시무당이 타야 할 작둣날과 같은 것이다. 그러나 그는 암담한 상황속에서 삶을 포기하지 않고 필연적으로 걸어가야만 하는 길로서 의연히 그 고통의 길을 헤쳐나아갈 것을 결심한다. 이러한 그의 의지는 "그러나 그렇다고 버릴 수는 없는 길이었다. 어떻게 해서든지 걸어가야만 할 길이었다. 눈물도 없이"라는 지문에서 잘 드러나고 있다. 이 작품에서 그는 억압된 현실, 절박한 어둠의 현실에서 필연적으로 겪어야만 하는 아픔과 고통의 내면을 들여다보면서 갈등한다. 그것은 곧 현실과 이상의 괴리가 빚어내는 갈등에 다름 아니다. 나라를 잃어버린 암담한 현실속에서의 비참한 삶과 그러나 그러한 비참한 삶이라도 영위해야만 한다는 것에 대한 고통인 것이다. 그러나 그는 어둡고 절망적이지만 결코 삶 자체를 포기하지는 않는다. 왜냐하면 그의 삶은 "버릴 수 없는 길"이며, "어떻게 해서든지 걸어가야만 할 길", 당위적인 '길'이기 때문이다.

　이 작품의 결미에서 '그'를 통하여 작가의 민족의식이 표출되고 있음을 살펴볼 수 있다. 절망적으로 치닫는 현실의 상황을 어떻게든 의지로써 감내하

---

[45] 황순원, 「세레나데」, 『기러기』, pp.255~256.

고 걸어가야만 하는 길로서 의식한 그의 결연한 의지는 조국의 광복을 맞기 위하여 어떻게든 이 위기의 상황을 헤쳐나아가야만 한다는 작가의 확고한 의지가 반영된 것이라 볼 수 있으며 이는 곧 작가의 조국애의 투영에 다름아니라 본다. 이렇게 일제하의 파행적인 삶을 극복해 나아가려는 투지와 민족의식이 작가로 하여금 일제하의 절박한 시대를 훼절하지 않고 끝까지 견뎌내게 했던 원동력이 되었다고 생각한다.

단편 「노새」(1943.늦봄)46)는 가난으로 인하여 빚어지는 울분에 찬 사람들의 생활을 긴박한 구성과 짧은 대화로써 예리하게 보여준 매우 짜임새 있는 단편이다. 이 단편은 노새를 중심으로 하여 빚어지는 노새주인과 유청년과 영감의 제각기 다른 심리상황이 섬세하게 묘사되고 있다. 또한 단절되어 있고 이해타산만이 팽배해 있는 어른들의 내면세계를 아이러니하게 보여주면서 작가는 가난이 빚어놓은 그 시대의 보편적 삶의 모습을 사실적으로 리얼하게 묘파하고 있다.

이 작품의 작중인물인 유청년은 영악한 노새주인의 계략으로 인해 누이동생을 술집에 판 돈으로 비싸게 노새를 사게 된다. 곧 가난 때문에 누이동생과 노새를 바꾸게 된 것이다. 그러나 누이동생을 술집에 판 돈으로 산 노새가 제대로 제 몫을 다하지 못하고 힘겨워할 때, 유청년은 "자기가 직접 당하는 일이나처럼" 고통스러워한다. 곧 유청년에게 있어서 노새의 존재는 유청년의 존재와 동일시되고 있으며, 누이동생의 삶과 유청년 가족 모두의 삶 그 자체를 표상한다고 볼 수 있다.

과도한 짐과 사고로 노새가 부상을 입게 되어 제 몫을 다하지 못하자 유청년은 자기네 식구에게 있어서 생존의 도구인 노새에게 드디어 채찍을 내리기 시작한다. 그것은 가난의 현실에 대한 분노의 표출이면서 누이동생을 술집에 팔 수밖에 없었던 자기자신에 대한 분노와 절망의 표출에 다름아니다. 가난의 현실이 빚어놓은 슬픔은 이 작품의 결말에 접어들면서 가속화되어 극적

---

46) 단편 「노새」는 『文藝』(1949.12)에 발표됨.

긴박감을 상승시키고 있다.
  노새와 바꾼 누이동생의 삶마저도 온전하지 못하고, 누이동생이 병들어 누워있다는 소식을 들었을 때, "어떤 형용할 수 없는 노여움"과 분노로 유청년은 "노새 잔등에다 몽둥이를" 내리친다. 이런 유청년의 몽둥이 든 팔을 전 노새주인이 붙잡으면서, 두 사람의 싸움은 시작된다. 노새를 판 돈으로 리어카를 사 밥벌이를 시작하려 했던 전 노새주인도 사실 며칠째 밥벌이를 제대로 하지 못하고 "알지 못할 울분에 가슴을 썩이며" 집으로 돌아오던 참에, 유청년이 노새에게 몽둥이질을 하는 것을 목격하고, 제가끔의 울분 때문에 서로 싸움이 붙는다. 그리하여 노새를 사이에 두고 유청년과 전 노새주인과 이들의 싸움을 말리는 영감이 맴을 돌기 시작한다. 유청년과 전 노새주인의 울분이 서로 마찰하면서 폭발하여 터져버릴 때, 소설이 가지는 극적 긴박감과 리얼리티가 야기된다. 동시에 "─이 사람들, 말루 하라구 응? 말루들 하라구!"라는 영감의 말로써 상승하고 있던 작품의 호흡을 다시 급격히 하강시키면서, 소설이 가질 수 있는 여운과 미적 리얼리티를 획득하고 있다.
  특히 이 단편에 도입되고 있는 다음과 같은 에피소드는 그 어려운 시대의 현실을 살아가는 우리 민족의 삶을 표상한 점에서 매우 상징적이다.

    낮이 기울어 대동강 다리 아래에 자그마한 짐을 하나 실어다 부리고 돌아오다였다. 무심코 다리 쪽으로 고개를 돌린 유청년의 눈에 거기 다리 한가운데를 이리로 질주해오는 한마리의 말이 보였다. 말은 뒤에다 짐 실은 네통 달구지를 단 채였다. 갈기를 곤두세우고 흰 이빨을 시리 물고 달려오는 폼이 아무래도 예사롭지가 않았다. 달구지에 실었던 짐짝이 다리 위에 내동댕이 쳐졌다. 말은 자기를 해치려고 뒤쫓아오는 적에게나 대하듯 뒷발로 달구지 바짓살을 걷어찼다. 그리고는 발에 채는 달구지가 성가신 듯 다시 차고 또 차면서 달렸다. 말이 조선은행 앞을 지나 평양역 쪽으로 꺾이는데 달구지 뒷바퀴가 제가끔 떨어져 옆 상점으로 굴러들어갔다.
    다음날 아침 서평양역에 모인 말꾼들의 이야기로는 그 말이 처음부터 힘에 부친 짐을 실었다가 선교리 쪽 다릿목 비탈에 와서는 움직이지 않게 되자 말 주인과 짐 주인은 말이 꾀를 부리는 거라고 매질을 해 가까스로 고비를 넘기긴 했으나 웬일인지 거기서 말은 화다닥 내달리기 시작한 게 달리면서 달구지 바짓살을 차 그만 뒷발통 회목 하나가 부러져나갔는데도 그냥 달리며 자꾸 뒤의 바짓살을 차서 나중엔 남은 발통마저 부러져 나갔지만 말은 그렇게 뒷발통 둘이 없이도 얼만큼을 더 달려 법원 앞에까지 가서야 그만 쓰러져 죽고 말았다는 것이다.47)

과도한 짐에 견디지 못한 말이 달구지 바짓살을 차 발목이 부러져 나갔으면서도, 질주해가다 죽음에 이른 것은 무엇을 상징하는 것일까. 그것은 바로 구속에서 벗어나고자 하는 의지이며 자유에 대한 갈망이다. 말은 과도한 짐과 매질에서 벗어나려고 바짓살을 차서 발통마저 부러져나갔지만 죽음으로써 저항하여 자유로와지고 싶어한 것이다. 이것은 어쩌면 가혹한 일제하에서 죽음의 현실을 벗어나고자 갈망하는 우리 민족 또는 작가자신의 자유에 대한 추구를 암시한다고 보아도 될 것 같다. 곧 일제하의 절망적인 현실, 구속적인 현실속에서 탈출하고픈 작가의 열망과 자유에 대한 갈망이 이렇게 '말로써' 형상화된 것인지 모른다.

단편 「노새」에서의 유청년과 노새주인은, 생존하기 위해 어떻게든 가난한 현실을 이겨내려 하지만 그것조차도 여의치 않게 될 때, 이상과 현실의 괴리 사이에서 갈등할 수밖에 없는 인물들이다. 특히 작가는 이 작품을 통하여 인류의 보편적인 문제라 할 수 있는 가난의 문제를 간결하면서도 긴박한 구성을 통하여 극적으로 묘파하고 있다. 이런 점에서 단편 「노새」는 리얼리즘의 한 대표적 작품이라 볼 수 있다.

단편 「그늘」(1941.여름)48)은 밀려드는 새로운 문물속에서, 잃어져가고 있는 한국적인 것들에 대한 그리움과 함께 전체적으로 흘러간 질서 곧 재래적인

---

47) 황순원, 「노새」, 『기러기』, pp.268~269.
48) 장현숙, 「황순원, 민족현실과 이상과의 괴리」, 『경원전문대학 논문집』 제13집(1991.4), pp.81~87. 참조.
  단편 「그늘」은 『春秋』(1942.3)에 발표됨.

관습과 전통 사이에서 갈등하는 청년의 내면심리를 감각적이며 서정적인 언어로써 묘파한 상징적인 작품이다. 떨쳐버려야만 할 재래적인 습성이나 관습을 이성적으로는 거부하면서도, 자기 내면의 한 부분에서는 흘러간 토속적인 것 내지는 전통이나 한국적인 것에 대한 향수를 가질 수밖에 없는 작중인물의 모순된 심리상황을 보여준다. 따라서 이 작품은 무수히 갈등하고 분열하는 자의식의 내면세계를 상징적으로 표출시킨 일종의 심리소설이다.

이 작품의 주무대는 항상 구석구석 그늘이 깃들어 있는 선술집을 배경으로 한다. 이 작품에서 그늘은 무엇을 상징하는 것일까. 이 그늘은 1941년 우리 민족의 어두운 현실상황이라고 볼 수 있으며 그늘 속에 묻혀 있는 우리 민족의 삶이라 볼 수도 있다. 또한 인간의 실존적 고독이라 보아도 좋을 것이다. 이 그늘에서 청년은 술냄새가 아닌 할아버지의 냄새를 맡는다. 이 작품에서 아들을 먼저 잃고 손자인 청년에게 술을 붓게 하시던 할아버지는 고독한 실존적 인간을 표상한다. 또 상투를 자른 아들을 향해 내 자식이 아니라고 노하기만 하시던 할아버지는 전통이나 재래적 인습 또는 관습을 표상하는 인물이다. 이에 반해 상투를 자르고 서울로 도망간 아버지는 서구의 문물 또는 진보를 표상하는 인물이다. 그러나 진보를 표상하던 아버지가 죽은 후에 손수 손자인 청년의 머리채를 잘라주면서, "네 아비가 장하다"고 하는 할아버지의 모습에서 점차로 시대의 흐름에 변모하며 대응해가는 인간의 고독한 모습을 발견할 수 있다.

지금 목로상 바깥 그늘 속에서 할아버지의 냄새를 그리워하며 술을 마시는 청년의 고독은, 아들을 잃고 어두운 그늘이 깃든 저녁에 손자인 청년에게 잔을 붓게 하던 할아버지의 고독과 동일시되고 있다. 이렇게 고독한 실존적 인간의 모습은 이 작품에서 청년과 할아버지에 이어 남도사내의 등장으로 확대되면서 동일범주에 놓이게 된다. 이들은 모두 잃어가는 한국적인 것, 전통적인 것 또는 재래적인 인습을 고수하려고 몸부림치거나 마음 한구석에서 그리워하는 인물들이기 때문이다. 한국적인 전통을 상징하는 상투를 자른 아들의 죽음 앞에서 노하기만 하시던 할아버지는 재래적인 전통을 고수하려고 몸부림쳤던 인물에 다름아니며, 그런 할아버지의 외로운 모습을 그늘과 함께 그리워하는 청년의 모습은 잃어져가는 한국적인 것, 전통적인 것을 그리워하는 것과 다름아니기 때문이다. 또한 몰락한 양반의 후예인 듯한 남도사내가 전통과 관습과 한국적인 것을 표상하는 주영구슬을 받아들고 감격의 눈물을 흘리는 행위 역시 전통에 대한 그리움과 잃어가는 한국적인 것들에 대한 향수 때문이라 볼 수 있다.

선술집의 어두운 그늘 속에서 돌아가신 할아버지의 냄새를 생각해내곤 하던 청년은 어느덧 선술집 단골이 되고 여기서 남도사내를 발견하게 되면서 청년은 남도사내에게 묘한 이끌림을 갖게 된다. 청년은 남도사내를 보면서 아버지의 상투 자른 머리둘레를 연상하게 되고, 나아가 손자인 자기의 머리채를 잘라주던 할아버지와 "네 애비가 장하다" 하시던 할아버지의 모습을 연상한다. 이 작품에서 남도사내는 인간의 실존적 고독을 표상하는 인물임과 동시에 전통이나 한국적인 것을 대표하는 인물이다.

청년은 옛날 곤전에서 하사가 있었다는 지금은 퇴색했을 주영구슬과 함께 갓끈을 떠올리게 되면서 남도사내에게 관심을 갖게 된다. 청년이 남도사내에게 끌리는 이유는 무엇일까. 그것은 시대의 진보와 함께 점차로 사라져가고 있는 퇴색되어져 가는 것들에 대한 향수를 남도사내를 통해 느끼기 때문일 것이다. 곧 갓끈, 주영구슬 등이 표상하는 전통적인 것, 한국적인 것은 이미 시대의 진보와 함께 배면으로 사라져가는 퇴색되어져 가는 전통일 뿐이다. 이런 것들에 대한 향수를 퇴색한 듯한 남도사내의 귓속과 얼굴, 걸음걸이에서 문득 느꼈기 때문이다. 한때는 지체 높은 양반의 후예였을 남도사내의 모습에서 청년은 시대의 배면으로 밀려난 고독하고 쓰라리기까지 한 위엄을 발견한다. 그리고 이것들은 이미 시대의 배면으로 밀려나고 있는 전통적인 것들로서, 퇴색된 것으로 청년이 인식했기 때문이다. 다시 말하면 점차로 잃어져가는 한국적인 것, 전통적인 것에 대한 안타까움과 그리움이 남도사내를 보면서 되살아나기 때문일 것이다. 동시에 막걸리의 맛을 음미하는 남도사내가 "음미한 결과 같은 것을 나타내지 않고 전에 자기가 마셔온 것보다 분명히 못한 경우일지라도 단념하고 마는 듯한 그런 음미"를 하는 일종의 체념 같은 것을 보면서 청년은 자기 스스로가 사라져가는 전통에 대한 그리움과 향수를 지니면서도, 한편으로 이것들을 체념하는 자신의 또다른 분신을 남도사내의 모습을 통하여 느끼기 때문일 것이다. 이것은 곧 사라져가는 전통적인 것과 한국적인 것에 대한 끝없는 향수와 그리움이 청년의 내면에 있다는 말과 다름아닙니다. 그리하여 남도사내가 선술집에서 보이지 않자, 청년은 "자기의 그림자 같은 것을 잃고서" 느끼는 그런 서운함을 느끼게 된다. 곧 청년에게 있어서 남도사내는 청년안에 내재해 있는 자기자신의 분신이며 그림자이다.

이렇게 전통적인 것 또는 한국적인 것에 대해 향수를 느끼면서도, 한편으로 청년은 시대에 밀려나고 있는 전통 또는 과거의 습성에 매달려 있는 초라한 자신의 모습을 발견할 때, 오히려 그런 자신의 모습을 거부하게 된다. 즉 전통에 대한 그리움과 함께 퇴색해가는 오랜 습성에 매달려 있는 '또하나의 자기'를 발견할 때, 이를 부정하면서 갈등하게 된다. "남도사내의 귓속과 걸음걸이처럼 퇴색한 이런 습성 역시 자기의 어느 한 구석에도 물림받았다는 것"을 느낄 때, 청년은 남도사내를 자신의 그림자라고 느끼며 그리워했던 감정에서 벗어나 오히려 불쾌감을 느끼는 심정적 변화를 겪게 된다. 할아버지와 남도사내를 연상하면서 전통적인 것, 한국적인 것을 그리워하는 심정과 이와는 달리 재래적인 것, 전통적인 것을 "떨쳐버려야 할 습성"으로 인식하면서, 자신의 내면속에서 긍정과 부정을 되풀이하는 일련의 양상은 이 작품 속에서 반복적으로 나타난다. 곧 전통이나 한국적인 것에 대해 그리움을 느끼는 청년은 할아버지와 남도사내를 중심으로 하여 동일계열에 서 있다. 반면 서구의 문물과 함께 새로운 것을 받아들이려는 청년의 또다른 자아는 할아버지의 허락없이 상투를 자른 아버지와 동일계열에 서 있다고 볼 수 있다.

그리하여 청년은 오랜 습성이나 관습을 버리려는 자아와, 이와는 반대로 전통이나 한국적인 것을 그리워하는 또다른 자아로 분열되어져 갈등하게 된다. 이리하여 청년의 자아는 분열된 채 충돌하면서 이 작품 전체를 이끌고 가지만 결국 청년은 썩은 금붕어들의 역한 냄새를 "할아버지의 담뱃내"로 채우리라 결정한다. 이것은 곧 자신의 내면에 잔존해 있는 전통에 대한 그리움, 지나가 버린 것들에 대해 연연해하는 자기자신의 한 부분을 긍정하고 수용한 것이라 볼 수 있다.

그리하여 그는 낡은 함에서 할아버지의 담뱃대를 꺼내려다 문득 주영구슬과 청사단령을 발견한다. 그리고 할아버지가 쓰시던 큰 붓을 발견하고 할아버지의 상투로 착각하면서 할아버지를 그리움과 함께 회상한다. "그리고 저녁그늘속에서 어두워가는 청사단령의 조각과 희미한 주영구슬 알들과 담뱃대를 내려다보았다. 그러나 오늘은 청년의 눈에 눈물이 어리지는 않았다."라는 지문속에는, 전통에 대한 그리움과 이와는 반대로 오랜 습성에서 벗어나고픈 자기자신의 내면적 갈등에서 무수히 분열하던 청년이 이제 전통에 대한 향수를 긍정하면서 안정을 되찾을 때 오는 평온한 마음의 상태를 이 지문은 제시하고 있다.

이런 청년이 대동강가에서 남도사내를 발견하게 된다. 과거라면 지체 높았을 양반의 후예에 걸맞지 않게 오늘의 현실속에서는 더러운 하수구 앞에서 못이며 깡통을 주워 생존해야만 하는 남도사내의 모습을 보면서, 문득 먼지가 앉은 남도사내의 귓속이 생각나 청년은 "갑자기 터져나오려는 웃음"을 느낀다. 그것은 현실을 살아가는 남도사내의 모습이 너무나 양반의 후예다운 얼굴과 태도에 걸맞지 않았기 때문에 나오는 돌발적인 웃음인 것이다. 그러나 청년은 어쩐지 웃을 수가 없었고, 그리하여 그곳을 떠나고 만다. 이상과 현실의 괴리 사이에서 단념 비슷한 표정을 어리운 채 고독하게 서 있는 남도사내의 모습이 청년에게 어떤 아픔으로 다가왔기 때문이다.

남도사내의 고독한 모습은 1940년대초의 현실상황에 대응하는 자기실존에 대한 일종의 체념이나 단념같은 것에서 기인된다고 볼 수 있다. 또한 남도사내의 고독은 1940년대를 살아가는 청년의 아픔과 고독에 다름아니다. 그리하여 청년은 선술집으로 가 한국적인 전통을 표상하는 주영구슬을 내민다.

> 그러나 다음 순간 남도사내의 손이 가늘게 떨렸는가 하자 그만 구슬꿰미를 떨어뜨리고 말았다. 구슬꿰미는 시멘트 바닥에 떨어지면서 끈이 끊어져 구슬알이 사면으로 흩어졌다. 남도사내가 허리를 굽히고 돌아가며 구슬알을 줍기 시작했다. 같이 허리를 구부리고 남도사내가 줍는 구슬알을 받아드는 청년은 구슬알들이 깨지지 않고 그냥 온전함에 그만 소리를 내어 웃기 시작했다. 그리고 청년은 웃음 사이사이, 아 너무 웃었드니 눈물이 다 난다, 눈물이 다 난다, 하고 혼자 중얼거렸다. 사실 청년의 눈에는 눈물이 괴어있었다. 그러다가 청년은 무심코 구슬을 주워주는 남도사내를 보고, 노형은 웃지두 않았는데 웬 눈물이요? 했다. 남도사내의 눈에도 어느새 물기가 어려있었다. 청년은 그늘 속에 희미하게 빛나는 온전한 구슬알들을 남도사내에게서 받아들고는 그냥 눈물 섞인 웃음을 웃곤웃곤 하였다.[49]

주영구슬의 온전함에 소리를 내어 웃으며 눈물을 맺는 청년과 남도사내의 모습에는 바로 한국적인 것 또는 전통적인 것이 온전해 있음을 볼 때 느끼는 반가움과 그리움이 반영되어 있다. 동시에 점차로 소멸해가는 한국적인 전통에 대한 사무친 안타까움이 표출되어 있다고 볼 수도 있다. 특히 "그늘속에 희미하게 빛나는 온전한 구슬알들"이 표상하는 것은 무엇일까. 그것은 바로 일제하의 어두운 그늘속에서나마 꺼지지 않고 빛나는 우리 민족의 얼이며 우리의 온전한 조국을 표상한다고 볼 수 있다. 달리 말하면, 현재는 나라를 잃어버린 일제하의 암울한 시대상황에 있지만 결코 우리 민족의 얼과 조국은 잃어지지 않을 것이고, 잃어버려서는 안 될 것이라는 작가의 갈망과 작가의 민족의식이 투영된 것이라 볼 수 있다. 특히 깨어지지 않고 그냥 온전한 구슬

---

49) 황순원, 「그늘」, p.196.

알을 줍는 남도사내와 청년의 눈물 섞인 웃음에는 잃어가는 전통에 대한 향수와 더불어 한국적인 것 또는 전통 또는 조국을 지키려는 안타까운 몸부림 같은 것이 표백되어 있다.

작품 「그늘」은 밝음과 어둠의 음영이 교차하는 그늘속에서 암울한 시대를 살아가는 지식인의 섬세한 내면의 심층세계를 모던한 감각으로 상징적이며 복합적인 구조로써 묘파하고 있다. 동시에 배면으로 사라져가는 전통에 대한 그리움 또는 낡은 한국에 집착하려는 보수주의와 그와 상응해서 부정할 수만은 없는 서구 사조와의 대립에서 오는 갈등의 문제를 보여준다. 즉 이 작품은 이상과 현실 사이에서 빚어지는 괴리속에서, 현실이나 시대에 일치하지 못하는 자아의 내향적 의식을 표현하고 있다. 자아의 내향적 의식이 시대의 배면인 어둠속에 있는 그늘을 배경으로 펼쳐지고 있다. 동시에 이 작품에서의 그늘은 점차로 밀려나고 있는 과거 한국인의 인습적인 삶 또는 그늘속에 묻혀 있을 수밖에 없는 일제하에서의 우리 민족의 삶을 표상한다고도 볼 수 있다.

남도사내, 할아버지를 매개로 한 과거로 지향하는 자아와 아버지를 중심으로 하여 서구문물에 나름대로 대응할 수밖에 없는 또다른 자아 사이에서 빚어지는 청년의 내면풍경을 거부와 긍정의 끊임없는 갈등속에서 작가는 보여주고 있다. 작가는 이 갈등의 양상을 '밝음' '빛'과 '어둠' '그늘'을 배경으로 하여 묘파해주면서 궁극적으로는 잃어져가는 한국적인 것, 전통적인 것에 대한 안타까움과 향수를 상징적이며 복합적인 구조체계속에서 특이하면서도 개성적인 작품으로 완성시키고 있다.

단편 「병든 나비」(1942.봄)[50]는 현실에 적응하지 못하고 죽음만을 동경하는 노인의 내면적 풍경을 섬세하게 묘파한 작품이다. 「병든 나비」에서 정노인은 일상속에서 생활의 기쁨을 잃어버린 '병든 나비'로 표상된다. '나비'가 기쁨을 상징하고 영혼, 죽음, 부활, 불멸성을 상징[51]한다고 볼 때, 정노인은

---

50) 단편 「병든 나비」는 『彗星』(1950.2)에 발표됨.
51) 나비는 동양에서는 기쁨, 여름의 상징이며 부부금슬의 상징이다. 서양에서는 영혼, 죽음, 부활, 불멸성, 변화무쌍, 사랑 등을 상징한다.

현실에서 기쁨을 잃어버리고 죽음만을 편안한 것으로 인식하는 병든 나비이다.

젊은 날의 정노인은 관을 두려워하고 꺼려했었다. "이런 정노인이 그 뒤 사십이 가까워 아버지 어머니의 입관을 보고, 작년 봄에 아내의 입관을 보고는 웬일인지 자기가 먼저 들어가야 할 자린걸, 하는 생각과 함께 관 속에 드는 것이 한껏 편안하리라는 생각까지 들게 된 것이었다."52) 그는 "늙은 마누라가 먼저 세상을 떠나 관 속에 드는 것을 보고 어쩐지, 아 이제는 편안하겠다는 생각을 한 뒤부터" 죽음을 꺼림직한 것으로 인식하는 것이 아니라, 편안한 것으로 인식하게끔 된다. 즉 그는 투쟁의 연속인 현실적 삶이나 고통의 삶에서 벗어나, 자기가 탄생하기 이전의 상태와 같이 따뜻이 보호되고 평온만이 있는 어머니의 태내속으로 퇴행하고 싶어한다. 세상사에 대한 번거로움과 부담감에서 벗어나고 싶어 오히려 죽음을 갈망하고 있는 그의 내면적 상황은 생동하는 생명감을 감당하지 못하고 현기증을 느끼는 그의 심리상태와 연결되고 있다. 곧 정노인은 살아있는 생명체의 약동감이나 생명감까지도 감당하지 못하고 현기증을 느낄 만큼 쇠약해 있고 병들어가는 존재이다. 그리하여 그는 생명을 가진 꽃을 가꾸는 일이나 사군자치기까지도 이제는 감당하지 못하고 현기증을 느끼면서, 자신이 죽은 후 들어갈 관을 짜맞추어 놓고는 죽음을 동경한다. 정노인에게 있어서 죽음이란 바로 편안함과 평화의 표상으로 인식된다. 이러한 정노인의 죽음에 대한 의식은 노장사상에서 말하는 죽음의 식과도 상통한다고 볼 수 있다. 정노인이 죽음에서 느끼는 편안함이란 바로 희·노·애·락 그리고 죽음까지를 대자연의 이치에 따른 결과로서 보고, 그것을 받아들일 때 얻을 수 있는 마음의 평화인 것으로 이는 장자가 얘기하는 지락(至樂)의 상태라 볼 수 있다. 곧 정노인에게 있어 죽음이란 어머니의 자궁 속에서와 같이 '보호된 상태' '가장 근원적 상태로의 회귀'를 뜻하며, 이는 자

강혜자역, 「東西詩學의 상징비교」, 『문학과 비평』 통권 제1호(1987.봄.창간호), pp.403~404.
52) 황순원, 「병든 나비」, 『기러기』, 황순원전집 제1권(서울 : 문학과지성사, 1992), pp.214~215.

연에 대한 영원한 회귀를 의미한다. 이렇게 현재의 문제나 현실을 피해서 자꾸 편안한 상태를 추구하는 정노인의 내면적 상황은 이 작품 결미에 이르러 극적으로 상승되면서 정노인이 실제로 죽음에 이르는 사건으로 반전되고 있다.

  그러면서였다. 정노인이 멈칫 발걸음을 멈춘 것은. 무어 별다른 일은 아니었다. 줄넘기 하던 계집애 중의 한 애가 달려왔다고 생각했다. 그리고 그 애가 쭈그리고 앉았다고 생각했다. 그리고는 급한대로 거기서 소변을 보는 거로 알았다. 그뿐이었다.
  그런데 웬일일까. 정노인은 무슨 뜻밖의 것이나 발견한 듯이 걸음을 멈추고 그 한곳으로 눈을 주는 것이었다. 그러는 정노인은 자기 몸 어느 한군데에서 부르짖는 소리를 들은 듯했다. 꽃! 저게 정녕 꽃이 아닐까. 꽃!
  정노인이 자기의 눈을 의심하듯, 또는 무엇에 끌리듯이 그리로 발걸음을 옮기기 시작했다. 그러나 곧 그는 눈앞이 아찔해지며 걸음을 멈추고 말았다. 앞의 계집애가 일어나 저 놀던 곳으로 달려간다. 정노인은 그 자리에 주저앉으며 눈을 지긋이 감았다. 그 모양을 하고 숨을 거두기라도 한듯이.
  사실 다음날 목공소 주인이 관을 가지고 정노인을 찾았을 때에는 그는 이미 이세상 사람이 아니었다.[53]

 이 작품에서 정노인은 점차로 살아있는 생명들에게 부담감을 느끼고 나아가 현기증을 느끼는, 자의식이 병들어가는 병든 나비로 등장한다. 이 작품에서 '나비'는 무엇을 상징하는가. 그것은 생명, 재생, 부활을 상징한다고 볼 수 있다. 나비는 꽃을 찾아가야 한다. 그러나 정노인은 살아있는 삶의 꽃을 찾아가는 것이 아니라 죽음을 통한 '모체속으로의 회귀' 즉 '어머니의 자궁' 속으로의 퇴행을 통해 평안을 갈구한다. 이는 프로이트의 '자궁회귀본능'과 상통한다고 볼 수 있다.
 계집애가 운동장에 쭈그리고 앉아 소변을 볼 때에, 땅에서 꽃처럼 번져가

---

[53] 위의 책, p.220.

는 물기의 번짐, 그리고 자궁의 이미저리가 꽃의 이미저리와 교묘하게 접합되면서, 정노인은 "꽃! 저게 정녕 꽃이 아닐까. 꽃!"하고 경탄한다. 땅 곧 대지는 어머니를 상징54)하며 대지 위에 쭈그리고 앉아 있는 계집애의 모양은 곧 모체속에 있는 태아를 연상하게 하고, 그리하여 정노인도 "그 자리에 주저 앉으며 눈을 지긋이 감았"던 것이다. 정노인은 '모체속에 있는 태아'의 모습을 하고 죽어 간다. 대지 위에 쭈그리고 앉아 소변을 보는 계집애의 모습은 바로 어머니의 자궁속에 있는 태아를 상징하는 것으로서 이것이 '꽃'55)으로 인식되었다는 것은, 정노인이 내면 깊숙이에서 '모체속으로의 회귀' 또는 '모체속으로의 퇴행'을 갈망하고 있었음을 단적으로 드러낸 것이라 볼 수 있다. 현실에서 행복을 찾을 수 없어 자꾸만 현실에서 도피하고자 하는 정노인, 죽음을 통해서 평안함을 갈구하는 정노인에게 있어서 자궁속으로의 회귀야말로 진정한 생명과 재생과 부활이 이룩되는 곳으로 인식된다. 이럴 때, 정노인은 "꽃! 저게 정녕 꽃이 아닐까. 꽃!"이라고 하며 절규하는 것이다.

인간은 아무리 나이가 먹더라도 어머님의 품속에 안기고 싶어하고 자기가 탄생하기 전에 따뜻이 보호된 상태로 있던 어머니의 자궁속으로 들어가고 싶어하는 심리상태를 벗어날 수 없다. 이와 같은 심리는 더 극단의 경우 죽음에 대한 끈기 있는 충동으로 나타난다. 한 생물체로서의 인간의 가장 근본적인 욕망은 삶의 연장이지만 그러한 욕망이 강하면 강할수록 그와 동시에 죽음에 대한 강한 충동을 면치 못한다.56) 이렇게 볼 때 현실에 적응하지 못하고 죽음을 갈망하는 정노인의 무의식속에는 진정한 생명에 대한 강한 동경이 역설적

---

54) 훌륭한 어머니, 인자한 어머니, 땅의 어머니 : 탄생, 포근함, 보호, 비옥함(생산력), 성장, 풍요와 관련됨 : 무의식.
   윌프레드. L 게린 외, 앞의 책, p.123. 참조.
55) 프로이트의 꿈 해석의 예를 따름으로써 정신분석적 비평가는 모든 오목한 이미지(못・샘・꽃・컵이나 꽃병・동굴・구멍같은)를 여성이나 자궁의 상징으로 보려 들고 모든 길쭉한 이미지(탑이나 산봉우리・뱀・칼・창・검)는 남성이나 男根의 상징으로 보려든다. 위의 책, p.100. 참조.
56) 박이문, 『老莊思想』(서울 : 문학과지성사, 1981), p.100.

으로 자리하고 있다고 볼 수 있다. 그는 움직이는 것, 소란스러움, 생명감 같은 것에 현기증을 느끼면서도 죽음이 임박한 극적인 순간에 계집애의 자궁이미지를 통해 진정한 생명으로서의 꽃을 인식하게 된다. 진정한 생명이란 바로 '모체속으로의 회귀' 또는 '모체속으로의 퇴행' 곧 죽음을 통해서 획득될수 있는 것으로 그는 인식한다. 진정한 꽃, 진정한 생명에 대한 추구는 부담스럽고 번거로운 이 세상을 떠나 어머니의 태내 곧 자궁회귀에서 가능하다는것을 인식한 바로 그 순간, "그는 눈앞이 아찔해지며" 실제로 죽음에 이르게된다.

　그렇다면 이 작품에서 작가가 정노인을 통해서 보여주는 죽음의식은 어떠한 시대적 상황하에서 말미암은 것일까. 그것은 바로 1942년 일제하에서의닫혀진 현실속에서 탈피하여 자유롭게 날아오르는 한 마리의 생명 있는 나비가 되고픈 작가의 열망이 정노인이라는 병든 나비를 통하여 역설적으로 표출된 것이 아닐까. 또는 현실의 암울한 상황에서 도피하여 아무에게도 구속받지 않고, 부담을 느낄 필요가 없는 자꾸만 편안한 상태로 나아가고 싶다는 작가의 내면세계가 모체속으로의 퇴행을 갈망하는 정노인으로 표출된 것은 아닐까. 분명 정노인은 모체회귀속에서, 곧 죽음속에서 진정한 자기자신의 부활과 재생, 진정한 생명을 발견할 수 있다고 인식한 것이다. 이러한 정노인의내면세계는 그대로 일제하의 밀폐된 삶속에서 느끼는 작가의 내면세계와 대응된다고 볼 수 있다. 그렇다면 이렇게 자꾸만 편안한 상태를 갈망하는 정노인을 단순히 현실 도피주의자라고 규정해 버릴 수 있을까.

　오히려 작가는 일제하에서의 절박한 시대상황속에서 정노인이라는 인물을내세워 '모체속으로의 퇴행' 즉 죽음을 통해 오히려 어두운 현실을 저항하고부정한 것이라고 볼 수는 없을까. 「병든 나비」에서의 정노인과 같이 '모체회귀'를 통하여 오히려 새로운 자아를 찾으려는 희망이 표출된 것이라고 볼 수는 없을까. 다시 말해서 정노인의 '모체회귀' 욕구는 단순히 현실을 외면하고도피하려는 것이 아닌, 현실에서의 도피지만 좀더 나은 무엇인가를 위한 도피라 볼 수 있다. 1942년 일제하의 죽음과도 같은 닫힌 현실에서 작가의 분신이라 할 수 있는 정노인은 그 엄청난 위화감과 갈등속에서 차라리 죽음과 같은 현실을 거부하고 저항하며 영원한 평안과 안온이 있는 '모체속으로의 회귀', '모체속으로의 퇴행'을 갈망했던 것이다. 정노인은 어둡고 밀폐된 죽음의 현실속에서 한 송이 '꽃'을 찾아 헤매는 '나비'가 되어 세속을 벗어나 영원한 평화의 세계로 돌아가고 싶었던 것이다. 그러나 현실속에서 진정한 생명과 행복을 표상하는 '꽃'을 발견할 수 없었던 정노인은 분명 '병든 나비'일 수밖에 없다. 아니면 정노인으로 하여금 '병든 나비'로 존재할 수밖에 없도록 만든 현실이 이미 굴절되고 왜곡된 닫혀진 공간인지도 모른다. 여기에 현실의 고통을 잊고 나아가 죽음으로써 자유로워지고 싶었던 작가 황순원의 고뇌가 이 작품속에는 담겨 있다.

시인 정지용이 죽음의 현실에서 벗어나 훨훨 청산을 넘는 호랑나비에게 자기자신을 비겨 정신의 자유를 갈망했듯이(시「호랑나비」, 1941년), 작가 황순원은 고통스러운 세속을 탈출하고자 하는 무의식적 상념을, '꽃'을 찾는 한 마리 '병든 나비'를 통해서 드러내고 있다. 이렇게 볼 때, 작품「병든 나비」역시도 일제하라는 그 어둠의 시대를 살아가며, 죽음을 인식하고 고통스러워 했던 작가의 정신적 갈등과 자유에 대한 갈망이 투영된 작품이라 할 수 있다.

③ 현실인식과 그 지향성

「산골아이」(1940년. 겨울)[57]는 '도토리'로 연명하며 겨울을 나는 가난한 산골 사람들의 피폐한 삶을 이면적으로 보여준다. 동시에 가난을 상징하는 '도토리'를 실에다 꿰어 눈 속에 묻었다 먹는 산골아이가 할머니의 옛이야기를 통해 자의식이 성숙해가는 모습을 '크는 아이'로써 상징적으로 보여준다.

여우옛이야기에서 볼 수 있듯이 꽃같은 색시가 총각애에게 입맞추고 넣어

---

57) 단편「산골아이」는 『民聲』(1949.7)에 발표됨.

주는 구슬은 곧 현실의 삶 속에서 어른이 겪어야 하는 고통이나 위험을 표상하는 하나의 통과제의적 상징물이다. 이러한 통과제의적 위험을 구슬을 삼켜 여우를 물리친 총각애처럼, 산골아이 역시 꿈을 통하여 무의식적으로 통과제의를 겪으며 성장한다. 그러면서 꿈 아닌 현실에서는 구슬 대신 도토리알을 물고 잠들어 있는 가난한 현실상황으로 환치되고 있다. 이렇게 도토리를 군음식으로 하면서 할머니의 옛이야기를 통하여 자의식이 성숙해가는 산골아이의 모습은 후반부 '크는 아이' 부분에 이르러서 더욱 잘 나타나고 있다. 곧 짚세기를 팔러간 아버지의 안전을 걱정할 정도로 자의식이 커가는 아이의 모습을 이면적으로 섬세하게 보여주고 있다. 돌아오지 않는 아버지를 기다리다 잠이 든 산골아이는 꿈속에서 백호 한 마리가 아버지를 물고 올라가는 것을 보고 "그렇지만 내 저놈의 호랑이를 잡아메치고 아버지를 빼앗고야 말리라"고 결심한다. 한데 "난데없는 눈덩이가 날아와 면상을 맞힌다. 증손이다. 붉은 코피가 이번에도 흰 눈에 떨어진다. 눈물이 난다. 그러나 울어서는 못쓴다."라고 다짐한다. 아버지를 호랑이로부터 구출하려는 결연한 의지와 함께, 지난해와는 달리 증손이가 던진 눈덩이에 면상이 맞았음에도 불구하고 "그러나 울어서는 못쓴다."고 자기자신을 타이를 정도로 아이는 자의식이 성숙해 있다.

함박눈을 기다리면서 아버지의 귀가를 기다리는 아이의 심경은, 일제하에서 1940년 겨울을 넘기는 작가의 심경과 연결시켜 볼 때, 이는 어떠한 정신의 투영일까. 이 작품에서 눈과 아버지가 표상하는 것은 무엇일까. 눈은 자유 또는 해방을 표상하고, 아버지는 온전해야 할 우리의 조국을 표상한다고 볼 수 있다. 아버지를 구하기 위해 백호의 허리를 잡고 "네 허릿동강이를 끊어버리고야 말겠다."라고 다짐하는 꿈속의 아이의 절박한 모습은 조국의 해방을 기원하며 몸부림치는 작가자신의 한 분신일 수 있다. 그런 아이가 깜짝 깨어 현실로 돌아오면서 느끼는 것은 무서움이다. "아, 마음이 놓인다. 이젠 아주 자야지, 그러는데 불현듯 무섬증이 난다. 아버지의 코고는 소리가 꿈속의 호랑이 울음처럼 무섭다. 아버지의 코고는 소리 새새 바깥 수수깡 바자의 눈이 부스러져 떨어지는 소리가 다 무섭다. 이불을 땀에 젖은 머리 위까지 쓴다. 요에서 굴러 떨어지는 도토리까지 무섭다. 이제는 어서 잠이 들었으면 좋겠다."58) 아버지가 돌아와서 안심하고 있던 아이에게 불현듯 무섬증이 느껴지는 이유는 무엇일까. 여기에서 아이가 느끼는 무섬증은 작가자신의 내면세계와 일치한다고 볼 수 있다. 아이의 아버지는 돌아왔지만, 작가에게 있어 아버지의 진정한 실체는 진실로 돌아왔을까. 조국은 있지만 진정한 자유속에서 우리 민족 또는 작가자신이 기대하는 조국의 실체는 현실속에 실재하는가. 물론 그렇지가 않다. 따라서 아이가 꿈속이 아닌 현실로 돌아왔을 때 무서움을 느끼는 것이다. 이 무서움은 잃어버린 조국에 대한 작가의 현실인식의 반영이며 거기에서 기인되는 고독이며 두려움이다. 여기서 "수수깡 바자의 눈이 부스러져 떨어지는 소리"는 파열된 자유를 표상한다. 그리하여 그 어둠의 현실, 죽음의 현실, 밀폐된 현실속에서 벗어나 아이는 "이제는 어서 잠이 들었으면 좋겠다."고 생각한다. 이는 곧 무서운 현실에서 벗어나고픈 작가의 내적인 열망이라 볼 수 있으며, 동시에 '평안한 안식의 세계'인 '잠의 세계' 또는 현실이 제거된 '꿈의 세계'로 도피하고 싶은 것인지도 모른다. 이는 고통없는 평화의 세계가 도래하기를 기구하는 작가의식의 한 반영이라 볼 수 있다.

단편「산골아이」에는 현실과 이상의 괴리가 빚어내는 갈등의 양상이 현실과 꿈, 여우와 구슬, 어둠과 밝음, 무서움과 잠을 통한 평안 등의 대립 이미지를 통하여 드러나고 있다. 동시에 이 작품속에는 밀폐된 삶속에서 절박한 어둠의 시대를 살 수밖에 없었던 작가가 1940년 겨울을 넘기며 느껴야만 했던 고독감과 함께 오늘의 현실과 미래에 대한 불안감, 두려움 같은 것들이 아이의 무서움을 통하여 이면적으로 나타나고 있다. 또 '도토리'가 표상하는 우리 민족의 피폐한 삶과 '크는 아이'로 표상되는 자의식이 성숙되어가는 아이의 모습을 통하여 자유와 평화와 평안을 추구하는 작가의식을 투영시킨 작품이

---

58) 황순원,「산골아이」,『기러기』, p.183.

라고 볼 수 있다.

단편 「저녁놀」(1941.첫가을)은 가난하고 피폐한 삶 속에서도 저녁놀처럼 피어나는 따뜻한 인간애를 서정적으로 묘사한 작품이다. 단편 「黃老人」「孟山할머니」「물 한 모금」「눈」에서 나타나듯 가난한 현실과 핍진한 삶속에서도 인간의 근원적인 마음 한가운데에서는 불씨와 같은 따뜻한 사랑과 인간애가 자리하고 있음을 작가는 보여준다. 곧 생의 어두움속에서도 인생을 풍요롭고 삶답게 살아갈 수 있게 하는 것은 역시 인간 내면 깊숙한 곳에서 내재하고 있는 뜨거운 사랑과 인간과 인간 사이에서 빚어지는 정(情)의 교차임을 작가는 이 작품속에서 제시하고 있다.

단편 「黃老人」(1942.가을)59)은 작가자신의 조부를 모델로 하여, 작가가 28세의 청년기에 쓴 작품으로서, 황순원 문학을 특징지을 수 있는 새로운 인간형을 창조하였다는 점에서 주목해야 할 작품이다. 환갑을 맞는 황노인(黃老人)이라는 작중인물을 작가가 28세의 젊은 나이에 이 작품속에서 살아있는 실체로서 구현시켰다는 점에서 작가의 생에 대한 직관적인 투시력과 함께 작가의 역량을 가늠하게 하는 작품이다. 특히 황노인이 빈틈없는 성격과 검소하면서도 결곡한 정신자세를 소유하였으면서도 그 내면 깊숙이에는 따뜻한 인간애와 자상함을 간직했다는 점을 상기할 때, 이 작품속의 황노인은 작가의 조부의 모습이자 또한 미래에 있을 작가자신의 한 모습을 형상화했다고 볼 수 있다. 따라서 이 작품속에는 작가자신의 정신세계가 표출되어 있을 것이라는 점에서 주목을 요하는 작품이기도 하다.

또한 이 작품 전체를 흐르고 있는 시적 여운과 문장의 독특한 리얼리티는 황노인이 재니에게 보여주는 휴머니티와 함께 이 작품을 더욱 돋보이게 하고 있다. 풀피리 불고 타령을 부르던 소년들을 그리워하며 눈을 감는 황노인의 모습을 통하여 작가는 세속적인 현실의 벽을 뛰어넘어 우정과 사랑과 인간의 정(情)의 교차를 확인한다. 즉 인간의 정(情)과 사랑의 교차가 없다면, 인생의

---

59) 단편 「黃老人」은 『新天地』(1949.9)에 발표됨.

행로는 짜장 무한한 평행선과도 같을지 모르는60) 삶속에서 궁극적으로 작가 자신이 추구했던 것은 바로 인간에 대한 절대적 신뢰와 긍정정신이라는 점이다. 작가의 인간에 대한 절대적 신뢰와 긍정정신이 죽음과 같은 일제하의 삶속에서 무수히 절망하면서도 끝끝내 일제에 훼절하지 않고 작가자신을 지탱시켜준 굳건한 디딤돌이 되었다고 생각한다. 피폐한 삶과 어수선한 현실속에서도 항상 뒷짐을 지고 손대어 할 일을 찾고 있는 황노인의 모습속에는 바로 어둡고 절박한 삶속에서도 부동하지 않고 자신의 절대고독을 응시하며, 자기자신을 지키려고 애쓰는 작가자신의 모습이 투영되어 있다고 볼 수 있다. 곧 황노인은 작가 자신의 투지와 지조의 정신세계가 빚어놓은 인간형인 것이다. 단편 「黃老人」은 끝까지 부동하지 않고 자신을 지키려는 작가자신의 정신세계를 반영한 작품이라는 점에서 「독 짓는 늙은이」와 함께 주목해야 할 작품이라 볼 수 있다. 또한 어둡고 피폐한 현실 세계속에서도 인간의 내면 깊숙이에서 피어나는 것은 바로 사랑이라는 것 그리고 이 인간의 사랑과 정(情)의 교차만이 어두운 삶을 밝게 밝혀줄 불씨임을 확인시켜 준 작품이라는 점에서 황순원의 대표적 작품이라 본다.

단편 「애」61)와 「독 짓는 늙은이」는 일제하의 어둡고 고통스러운 시대상황 속에서 어떻게 작가가 일제에 훼절하지 않고 자기자신을 지킬 수 있었는가를 유추해 볼 수 있다는 점에서 주목할 만한 작품들이다. 왜냐하면 이 작품들속에는 어둠과 절망과 절박함만이 있는 그 시대를 견뎌내야만 했던 고독한 작가의 정신세계와 결연한 투지가 투영되어 있기 때문이다.

단편 「독 짓는 늙은이」(1944.가을)62) 역시 「애」에서와 마찬가지로 표면적으로는 자식을 매개로 하지만 이면적으로는 일제 말기의 폭압적인 고통의 현

---

60) 원응서, 「그의 人間과 단편집 『기러기』」, 『黃順元硏究』 황순원전집 제12권(서울 : 문학과지성사, 1985), p.160.
61) 장현숙, 「황순원 소설에 나타난 현실인식과 지향성-단편집 『기러기』를 중심으로 (Ⅱ)」, 『경원전문대학 논문집』 제13집(1991.4), pp.96~99.
62) 단편 「독 짓는 늙은이」는 『文藝』(1950.4)에 발표됨.

실속에서 탈출하여 자유를 추구하려는 작가자신의 정신적 고뇌와 투지가 내포된 작품이다. 배경묘사 없이 바로 사건으로 돌입하는 이 소설은, 송영감의 잠꼬대에서부터 극적으로 시작된다.

> 이년! 이 백번 죽에두 쌀 년! 앓는 남편두 남편이디만, 어린 자식을 놔두구 그래 도망을 가? 것두 아들놈같은 조수놈하구서…… 그래 지금 한창나이란 말이디? 그렇다구 이년, 내가 아무리 늙구 병들었기루서니 거랑질이야 할 줄 아니? 이녀언! 하는데, 옆에 누웠던 어린 아들이, 아바지, 아바지이! 하였으나 송영감은 꿈속에서 자기 품에 안은 아들이, 아바지, 아바지이! 하고 부르는 것으로 알며, 오냐 데건 네 에미가 아니다! 하고 꼭 품에 껴안는 것을, 옆에 누운 어린 아들이 그냥 울먹울먹한 목소리로 아버지를 불러, 잠꼬대에서 송영감을 깨워놓았다.[63]

집중 잡히지 않는 병으로 앓아 누운 송영감과 함께 살다가는 필경 "거랑질을 할 게 무서워" 도망갔을 아내의 행위는 결국 가난의 현실상황이 빚어놓은 비극적 결과이다. 즉 이상(행복한 가정)과 현실(가난한 현실)의 간극이 빚어놓은 결과(아내의 도망) 사이에서 송영감은 고통과 갈등을 겪는다. 그러나 이러한 고통과 갈등속에서도 송영감은 독 짓기를 그만두려고 하지 않는다. 왜냐하면 '독'은 아들과 함께 살아가야 할 생활의 방편이자 그 이상의 것이기 때문이다. 송영감에게 있어서 독은 그 자신의 생명과도 같은 절대적인 가치이며 자존심이며 희망인 것이기 때문이다. 송영감에게 있어서 당손이가 그 자신의 생명과 같은 존재이듯이, 독 역시 그에게는 자신의 또다른 생명이며 분신으로 인식된다. '독'은 그 자신의 열정 그 자체이며 의지의 결정체이다.

"자기가 병만 나아 일어나는 날이면 아직 일등 호주라는 칭호아래 얼마든지 독을 지을 수 있다."는 희망속에서 송영감은 지어진 독만으로라도 한 가마 구워내리라 결정한다. "도망간 조수와 자기의 크기같은 독이 되도록 아궁이

---

63) 황순원, 「독 짓는 늙은이」, 『기러기』, p.285.

에서 같은 거리에 나란히 놓이게만' 힘쓰면서 "한결같이 불질하는 것을 지키고 있는 송영감의 두 눈"속에서는 불길이 타고 있다. 이 불길은 송영감 자신의 생명이 발하는 불길이며 희망과 갈망의 불길이다. 그러나 송영감의 희망과 갈망은 현실적으로 "뚜왕! 뚜왕!" 하고 터져나가는 자신의 독으로 인하여 파괴되면서 그만 송영감은 어둠속에 쓰러지고 만다. 조수의 독보다 자신이 빚은 독이 더 나으리라는 이상과 그러나 자신이 빚은 독이 터져나가는 현실의 간극 사이에서, 송영감은 "지금 자기는 죽어가고" 있음을 자인하는 강한 현실인식을 보여준다. 그래서 송영감은 자신의 유일한 핏줄이며 희망이며 빛인 당손이를 결국 양자로 보낸다. 그러는 송영감의 눈에서는 "썩은 물같은, 그러나 뜨거운 새 눈물줄기"가 흘러내린다. 이런 송영감의 눈앞에 독가마가 떠오르면서 그는 가마 안쪽으로 기기 시작한다. 그리하여 그는 자신의 의지의 결정체이며 생명의 표상인 독을 찾아 단정히 무릎을 꿇고 앉는다.

지금 마지막으로 남은 생명이 발산하는 듯, 어둠속에서 찾는 그 무엇은, 이제 마지막 남은 생명의 불씨를 일구며, 절망속에서도 한 줄기 빛과 희망을 찾으려는 집념에 다름아니다. 그것은 작가와 대응시켜 볼 때 무엇을 표상하는가. 열어젖힌 곁창으로 새어들어오는 늦가을 맑은 햇빛 속에서 터져 나간 송영감 자신의 독 조각들 앞에서 조용히 몸을 일으켜 단정히 아주 단정히 무릎을 꿇는 송영감의 모습은 암울하고 절박한 일제하의 상황속에서나마 언젠가 늦가을 맑은 햇빛처럼 스며들어올 해방의 그 날을 기원하며, 생명을 태워 경건하게 조국을 위해 죽음으로써 저항하려는 작가의 모습으로 비유될 수 있다.

"그 자신이 터져나간 자기의 독대신이라도 하려는 것처럼" 무릎을 꿇고 앉아 죽음에 임하는 송영감의 모습은 죽음에 순응하고 있는 것이 아니라, 오히려 온 몸으로써, 온 생명으로써 터져나간 독을 대신하고자 한 것으로서, 이는 그만큼의 강한 독에 대한 애정인 것이다. 역설적으로 말하면 죽음에 대한 강한 저항이며 도전인 것이다. 송영감은 죽음을 통해 현실에 패배하고 순응해버린 것이 아니라 오히려 현실을 정면으로 대결하려 했고 극복하려 했던 것이다. 그의 죽음은 모든 것을 파괴시키는 황폐한 현실에 대한 도전이며 저항이며 이를 극복하려는 결연한 의지의 역설적 표현인 것이다. 이렇게 볼 때 단편「독 짓는 늙은이」는 죽음을 통해 오히려 삶의 지평을 활짝 열어놓은 작품이라 볼 수 있다.

그렇다면 일제 말기의 폭압적인 억압속에서 터져나간 독은 작가와 대응시켜 볼 때 무엇을 상징하는 것일까. 그것은 바로 죽음의 현실속에서 파행적인 삶을 살 수밖에 없었던 우리 겨레의 모습이거나 우리 조국의 모습일 것이다. 그리하여 죽음으로써 온 생명을 태워 송영감이 자신의 터져나간 독을 대신하려 했듯이, 작가는 "늦가을 맑은 햇빛" 속에서 우리 조국의 해방을 기원하며, 문학이라는 작업을 통해 언제 빛을 볼 지 모르는 우리 말과 글을 지키기 위해 자신의 생명을 불태우는 것이다. 이는 곧 죽음으로써 온 생명을 태우며 조국의 광복에 대신하려는 작가의 내적 절규이며 울부짖음일 것이다. 작가가 일제하의 잃어버린 산하에서 터져나간 자기의 독을 대신하듯이 자신의 잃어버린 조국에 대신하여 온전히 자신의 온 생명을 바치려는 것 그것은 바로 뜨거운 조국에 대한 사랑이며, 잃어버린 조국을 되찾고자 하는 열망이며, 결연한 의지라고 할 수 있다.

여기에서 우리는 일제하의 막바지를 살아가며, 그 어둠의 시대를 극복하려 했던 작가자신의 고독한 내면세계와 결연한 의지를 감지할 수 있다. 이런 점에서 단편「독 짓는 늙은이」는 단편「애」와 함께 주목해야 할 작품이라 생각한다. 특히 단편「독 짓는 늙은이」는 죽음과 삶의 반추를 통하여 또 어둠과 밝음의 이미지를 통하여 현실과 이상의 괴리속에서 갈등하는 작중인물의 내면적 심리상황을 대화를 독립시키지 않고 지문속에 포함시킨 채 묘사한 작품이라 할 수 있다. 또한 배경묘사 없이 바로 사건으로 돌입하는 이 작품의 서두 부분은 생략되고 절제된 만큼 강한 긴박감을 야기해 작품 전체를 생동감 있게 끌고 간다는 점에서, 그 당시로서는 획기적인 소설기법의 실험이면서,

황순원 문학의 한 스타일로서 완성되었다고 필자는 본다.

「孟山할머니」(1943.가을)64), 「물 한 모금」(1943.늦가을), 「눈」(1944.겨울) 역시 「黃老人」에서 볼 수 있듯이 가난과 피폐한 삶 속에서도 꺼지지 않고 피어나는 신뢰와 사랑을 작가가 인간에 대한 따뜻한 긍정적 시선으로 서정적으로 묘파한 단편들이다. 이들 작품에서 볼 수 있는 가난한 삶의 양상은 맹산할머니가 사는 낡은 기와집의 묘사에서 단적으로 나타나기도 하고, 또 단편 「물 한 모금」에서 추수를 해도 양식 걱정을 하며 살아가야만 하는 가난한 농가의 생활을 통해 이면적으로 보여주기도 한다. 이렇게 작가가 일제하의 절박하고 피폐한 삶의 양상속에서도 인간에 대한 꿈과 희망을 잃지 않고, 인간에 대한 무한한 신뢰와 긍정의 시선으로 인간 상호간의 정(情)의 교감을 시적 서정성으로 묘파한 대표적 작품에 단편 「눈」(1944.겨울)을 들 수 있다. 이 작품은 일제하에서 씌여진 작품 중 그 마지막 단편이라는 점에서 또 어둠의 시대를 견디려는 작가의 정신적 자세가 어느 작품보다도 뚜렷이 반영된 점에서 그 의미는 더욱 크다고 본다.

단편 「눈」(1944.겨울)은 일제하에서 공출과 징용 등으로 어려운 생활을 해야만 했던 우리 민족의 삶의 양상과 함께 인간애가 빚어놓은 정감을 시적으로 승화시킨 매우 아름다운 작품이다. 이 짧은 단편속에는 생명에 대한 존엄의식과 민족의식이 이면적으로 내재되어 있다.

이 작품속에서 드러나는 시대적 상황과 고향의 피폐한 삶의 양상은 "모여 앉았댔자 별 신통한 이야기가 있을 리 없었다. 시기가 시기니만큼 우리들의 얘기는 대개가 공출과 징용에 관한 얘기였다. 모두 남의 걱정을 제 걱정처럼, 제 걱정을 남의 일처럼 얘기했다."65)라는 지문에서 나타나고 있다. 억압이 가속화되어 가는 일제하에서 점차로 잃어져가고 있는 우리 민족의 생명과 우리 선조들의 호흡을 찾으며 이를 경건하게 기리기 위해 고개 숙이는 작가의 정

---

64) 단편 「孟山할머니」는 『文藝』(1949.8)에 발표됨.
65) 황순원, 「눈」, 『기러기』, p.295.

신적 자세는 다음의 지문속에서 꺼지지 않는 등불처럼 빛나고 있다. "스러져 가는 질화로의 잿불을 돋우어가며 나는 이 고향사람들과의 이야기 속에서 아직 내 몸 어느 깊이에 그냥 남아 있는 농사꾼으로서의 할아버지와 반농사꾼으로서의 아버지의 호흡을 찾고, 그 속에 고향사람들과 나 자신의 생명을 바라보며 고개 숙이는 것이었다."66)에서 볼 수 있는 스러져가는 질화로는 점차로 일제의 폭압적인 횡포속에서 잃어져가는 우리 조국의 모습을 표상한다. 그런 질화로의 잿불을 돋우어가며 할아버지, 아버지의 호흡을 찾는다는 것은, 바로 우리 민족의 얼을 되새기며 조국의 광복을 기구하는 작가의 모습에 다름아니다. 밀폐되고 절박한 현실의 어둠속에서도 민족혼을 추구하면서 어떻게 하면 이 시대를 견뎌낼 수 있는가에 대해 골몰하는 작가자신의 민족의식과 직결된다고 본다. 어둡고 절망적인 삶 속에서도 굴하지 않고 "어떻게든 이 겨울을 무사히 나야" 한다는 작가의 정신적 자세는 곧바로 절박한 일제하의 현실속에서도 밝은 해방의 그날이 오기까지 생명을 지키며 견뎌내야 한다는 작가의식과 대응한다. 이러한 작가의 정신적 자세는 일년내내 피땀어리게 농사지어도 공출로 빼앗기고, 먹을 것이 없어 헐벗는 우리 민족의 피폐한 삶의 모습과 함께 이 단편의 끝부분에서 더욱 뚜렷이 드러나고 있다.

> 일간에 모인 사람들은 잠시 말을 끊고 묵묵히 앉아 있었다. 보답되지 않는 내년 농사에나마 한가닥 희망의 줄을 이어보며 어떻게든 이 겨울을 무사히 나야 할 궁리에 잠긴 듯. 나는 또 다 스러져가는 질화로의 재를 몇번이고 돋우어 올렸다.67)

"어떻게든 이 겨울을 무사히 나야 할 궁리"에 잠긴 채, "다 스러져가는 질화로의 재를 몇번이고 돋우어" 올리는 작가의 모습은 어떻게든 이 난국을 헤쳐 나아가야 한다는 결심의 반영에 다름아니다. 이렇게 볼 때 분명 황순원의

---

66) 위의 책, p.295.
67) 위의 책, p.297.

문학은 작가의 문학행위에 대한 집념과 투지의 소산이라 볼 수 있다. 문학에 대한 열정과 투지 그리고 우리 글을 지켜야 한다는 그의 민족의식이 그를 일제하의 질곡속에서 그 자신을 지키게 했던 버팀목이 아니었을까 한다.

한편 단편 「눈」 속에는 우리 민족이 겪어야 했던 현실상황 뿐 아니라 가난과 황폐한 삶 속에서도 그것을 극복하며 피어나는 인간애와 인간에 대한 신뢰와 긍정 그리고 절대 선으로 향하는 인간의 의지가 내포되어 있다. 함경도 삼수갑산의 눈사태를 중심으로 펼쳐지는 이야기를 통하여, 작가는 인간을 절대 선의 경지로까지 끌어올리고 있다. 양식이 떨어져 식량을 구하러 떠나간 남편과 겨울내내 한 방에서 콩나물을 길러 겨울을 난 주인여편네와 나그네, 그리고 나그네와 남편의 만남속에서 나타나는 인간에 대한 신뢰와 믿음은 오늘날 거친 삶을 살아가고 있는 우리들에게 강한 감동을 느끼게 한다. 아내와 나그네에 대한 의심이 철저히 배제된 채, 한 겨울 내내 자기 아내가 굶어죽지 않도록 보살펴 준 데 대해 치하해 마지않는 남편은 가난한 삶 속에서도 찌들지 않고 순수를 지킬 수 있었던 절대 선을 표상하는 인물이다. 여기에 황순원 문학이 지향하는 지향점이 있다고 본다. 곧 현실의 어둠을 감싸고 안으로부터 피어나는 것은 바로 인간에 대한 무한한 신뢰이며 긍정이며 희망이다.

그렇다면 황순원의 단편 「눈」에서 '눈'이 상징하는 세계는 무엇일까. 이 작품에서 삼수갑산의 '눈'이 표상하는 공간은 오히려 죽음의 현실을 극복하고 세속을 뛰어넘어 순수한 삶의 지평을 향해 열려있는 열림의 공간이다. 또한 삼수갑산의 '눈'은 일제하에서의 죽음의 현실과 가난한 삶속에서도 그 고통과 어둠을 덮어주는 희망, 순수한 삶, 사랑, 따뜻한 인간애를 표상한다. 죽음의 현실속에서 파행적인 삶을 살 수밖에 없었던 작가에게 있어서 그래도 가슴 한가운데에 피어나는 것은 바로 희망과 따뜻한 인간애와 사랑과 정(情)이라는 것을 단편 「눈」 속에서 남편의 모습을 통하여 투영시키고 있다.

황순원 문학의 지향점이란, 바로 어둠속에서도 꺼지지 않고 피어나는 불씨와 같은 삶에 대한 희망과 진실하고 순수한 삶에의 열정 그리고 따뜻한 인간애이며, 인간에 대한 신뢰인 동시에 어두운 현실을 끝까지 이겨 나아가려는 작가자신의 투지와 같은 것들이다. 곧 황순원이 추구하는 이상적 세계는, 바로 어둠의 현실을 뛰어넘어 영원과 순수와 사랑으로 지향하는 절대선의 세계이다. 이 지향점이 바로 작가 황순원을 일제하의 질곡속에서 꿋꿋이 견뎌내게 했던 동인이었다고 필자는 생각한다. 이렇게 볼 때, 단편 「눈」의 결미 부분은 이와 같은 작가의 정신적 자세를 반영한 점에서 매우 상징적이라고 본다.

단편집 『기러기』 속에는 삶의 어두운 모습을 드러낸 일련의 단편들(「노새」, 「그늘」, 「머리」, 「세레나데」)을 중심으로 하여 이상과 현실의 괴리가 빚어내는 갈등의 양상들(「별」, 「머리」, 「세레나데」, 「노새」, 「그늘」, 「병든 나비」, 「애」, 「독 짓는 늙은이」)이 내재되어 있다. 동시에 어머니에 대한 그리움(「별」)과 잃어져가는 우리 고유의 전통에 대한 안타까움 같은 것들이(「그늘」) 조국애와 상징적으로 연결되고 있음을 발견할 수 있었다. 또한 단편집 『기러기』에는 황순원 문학의 기저에 자리하고 있는 모성의식이 민족의식과 연결되고 있음을 주목할 수 있다.(「별」) 즉 죽은 어머니의 아름다운 이미지를 찾아 방황하는 「별」의 아이는, 일제하에서 자꾸만 말살되어가는 우리 조국을 찾아 헤매는 작가자신과 대응시켜 볼 수 있다. 그리하여 "이런 글들이나마 적음으로써 다름아닌 내 명멸하는 생명의 불씨까지를 아주 스러뜨리지는 않을 수 있었다."[68]라는 작가의 술회는, 바로 일제하에서 그 어둠의 시기를 견디려고 했던 작가의 정신적 자세를 감지해 볼 수 있게 한다. 이러한 작가의 정신자세는 그의 민족의식과 조국애와 직결하는 것일 것이다.

해방 전에 창작된 작품들로서 단편집 『늪』과 『기러기』의 공통적인 특질을 든다면 황순원 문학의 기저에 깊숙이 자리하고 있는 모성의식과 가난의 문제가 이면적으로 내재하고 있다는 점이다. 반면 단편집 『기러기』가 『늪』에서와 달리 크게 대별되는 특질은 바로 전통성의 추구에 있다고 본다. 단편집 『늪』에서 볼 수 있는 애정의 문제와 허무의식이 단편집 『기러기』에 와서 점차로

---

68) 황순원, 「책머리에」, 『기러기』(서울 : 문학과지성사, 1992), p.162.

사라지면서, 이상과 현실의 괴리 사이에서 갈등하는 젊은이들의 내면세계가 (「머리」「세레나데」「그늘」) 작가의 민족의식과 연결되면서 확대되고 있다. 특히 단편집『늪』에서의 작중인물들이 대부분 젊은이들이었다면,69) 단편집『기러기』의 작중인물들은 아이와 노인70)이 대부분임에 주목할 수 있다. 그렇다면 작가가 유독 단편집『기러기』에서, 작중인물로서 아이와 노인을 자주 등장시킨 이유는 무엇일까. 이 이유를 살펴보는 것은 절박한 일제 말기의 시대를 살았던 작가자신의 현실인식과 정신적 자세를 유추해 볼 수 있다는 점에서 중요하다.

단편집『늪』은 일제하에서나마 1940년에 간행될 수 있었다. 그러나 단편집『기러기』는 일제의 한글말살정책과 태평양전쟁으로 말미암아 활자화될 수 없었던 더욱 절박한 시기에 창작되었다. 따라서 작가는 애정의 문제보다는 그 시대의 절박하고 파행적인 현실속에서 느끼는 고통을 작중인물을 통하여 구체화시켰다고 볼 수 있다. 따라서『기러기』에서 등장하는 젊은이들은 이상과 현실의 괴리 사이에서 빚어지는 갈등으로 괴로워할 수밖에 없었을 것이다.(「머리」「세레나데」「그늘」) 또한 젊은이들을 통하여 일제에 직접적으로 항거하는 인물을 내세울 수 없었을 때, 작가는 차라리 아이와 노인을 작중인물로서 내세웠던 것이 아닐까. 왜냐하면 아이와 노인에게서는 현실의 문제가 직접적으로 개입되지 않아도 좋고, 또 현실사회에 대한 강한 비판의식과 행동성이 결여되어져도 무방할 것이기 때문이다. 곧 작가가 젊은이들을 주인공으로 할 때, 거기에는 분명 강한 현실사회에 대한 비판의식과 행동성이 내재해 있을 때 살아있는 인물로서 구현되어질 수 있다. 그러나 일제하의 시대상황은 작가로 하여금 직접적으로 항일을 할 수 있게 허락하지 않았고, 작중인

---

69) 단편집『늪』속의 13편 중「닭祭」「사마귀」「갈대」에서만 소년과 소녀를 등장시키고 있으며, 그 이외의 작품은 젊은 층을 작중인물로 주로 내세웠다.
70) 단편집『기러기』속의 15편 중 7편(「별」「산골아이」에서는 아이를 주인공으로 삼고 있으며,「병든 나비」「애」「독 짓는 늙은이」「黃老人」「孟山할머니」의 주인공은 노인이다)이 아이와 노인을 주인공으로 하고 있다. 이것은 황순원의 다른 단편집에서는 찾아볼 수 없는 현상이다.

물들로 하여금 저항하는 행동성을 갖추도록 허용하지도 않았다. 이럴 때 작가는 차라리 노인과 아이에게로 시선을 돌려 극복과 초월, 꿈과 순수에로의 지향을 기도했던 것이 아닐까. 극복, 초탈, 은일, 인내 등을 표상하는 노인과 꿈, 희망, 순수를 표상하는 아이에게로 시선을 돌려 작가는 일제말기의 질곡을 견뎌내려한 것이 아닐까. 이렇게 볼 때 작가가 젊은이가 아닌 아이와 노인을 통해 작가의 꿈과 이상을 투영시킨 것은 단순한 현실도피이기보다는 좀더 나은 무엇인가를 얻기 위한 극복과 초월로의 지향을 의미한다고 봄이 타당하다.

이렇게 작가가 꿈과 영원과 이상과 초월을 지향하고자 하는 내면상황은 「병든 나비」에서 굴절되어 나타나고 있다. 죽음의 순간에 모체속으로의 퇴행을 통해서 생명의 꽃을 발견하는 자의식이 병든 '나비' 즉 정노인의 모습에는 절박한 죽음의 현실속에서 벗어나 새로운 탄생을 희구하는 작가의 무의식적 욕구가 반영되어 있다.

죽음의 현실에서 벗어나 어떻게든 이 시대를 투지로써 견뎌내고자 하는 작가의 정신적 자세는, 「애」, 「黃老人」「독 짓는 늙은이」 등을 통하여 지속적으로 드러난다. 바로 자기자신이 터져나간 자기의 독 대신이라도 하려는 것처럼 단정히 무릎을 꿇고 죽음에 임하는 송영감의 모습은 바로 죽음으로써 잃어져가는 우리 조국을 되찾아야 한다는 작가의 투지와 내적 절규에 다름 아니다.

그렇다면 많은 문인들이 일제에 훼절한 채, 역사에 오점을 남기고 만 암울한 시대상황속에서, 작가 황순원이 자신의 문학과 조국에 대한 사랑으로, 자기자신을 꿋꿋이 지켜낼 수 있었던 그의 투지는 근본적으로 어디에서 기인되는 것일까. 그것은 바로 단편 「저녁놀」「黃老人」「孟山할머니」「물 한 모금」「눈」 등에서 볼 수 있듯이 인간에 대한 강한 신뢰와 희망을 버리지 않는 작가의 인생관, 그리고 작가의 결곡한 성격에 기인한다고 본다. 작가 황순원이 작품을 창작하는 방법과 태도는 리얼한 관점에 있지만, 그의 지향점은 영원・사랑・꿈・이상으로 향하고 있는 것이다. 이점에서 분명 작가 황순원은 리얼리즘의 작가이기보다는, 로맨티시즘에 가까이 접근해 있는 작가인지 모른다.

작가의 작품에서 살펴볼 수 있듯이 '현실/어둠/가난/죽음'의 세계 한가운데에서 하나의 불씨처럼 피어나는 세계는 '이상/밝음/인간애/삶'의 세계이다. 즉 작가의 내면에서 피어나는 것은 어둡고 고통스러운 현실속에서나마 저녁놀처럼 피어나는 인간에 대한 무한한 신뢰와 사랑 그리고 따뜻한 인간애인 것이다. 이러한 작가의 절대적 인간긍정정신과 인간에 대한 신뢰감이 결국 일제하의 어둠의 시대를 견뎌낼 수 있게 한 원동력이 되었다고 생각한다.

단편집『기러기』에서 살펴보았듯이 어떠한 절망에서도 굴복하지 않고 이겨 나아가려는 결연한 의지와 투지 그것은 영원・꿈・이상・희망을 지향하려는 그의 작가의식에서부터 기인되는 것일 터이다. 이 점에서 작가 황순원은 이상주의자임에 분명하다. 이렇게 작가가 추구하는 영원・이상・꿈은 그의 작품속에서 때로는 애정의 절대성을 강조하는 것으로 나타나기도 하고 때로는 어머니에 대한 깊은 그리움으로 내재화되기도 한다. 나아가 민족의식을 반영하며 작품속에 육화되기도 한다. 그렇다고 하여 황순원의 문학을 현실인식이 제거된 순수문학이니 현실도피 문학이라고 하면서 매도해버릴 수는 없다. 그의 문학에는 현실이나 역사 또는 사회의 모습이 거세되어 있는 것이 아니라, 작품의 배면에 간접적으로 용해되어 있기 때문이다. 그러면서도 현실이 어두울수록 작가의식의 한가운데에서 불씨처럼 피어나는 것은, 바로 따뜻한 인간애이며 삶에 대한 순수한 열망과 희망임을 단편집『기러기』는 보여준다. 이것은 단편집『기러기』가 서사적 소설이라고 하기보다는 오히려 이상과 꿈과 영원성을 지향하면서 시적 서정성[71]을 더욱 많이 내포하고 있는 소설이

---

71) 황순원의 소설은 거의 예외없이 과거체로 쓰여지고 있으며 그의 문장에 시적 서정성이 많은 것도 묘사체로서의 과거시제와 무관하지 않다. 왜냐하면 과거체로 쓰여진 문장은 심리적인 추이나 배경묘사에 탁월한 능력을 발휘하기 때문이라고 김현은 말한다.

라는 점과 연관된다.

피폐한 삶 속에서도 따뜻하게 피어나는 인간애가 가장 두드러지게 나타난 작품이 단편 『눈』이라고 본다. 이 작품에는 우리 민족이 겪어야 했던 현실상황 뿐 아니라 가난과 어려운 삶 속에서도 그것을 극복하며 피어나는 인간애와 인간에 대한 신뢰와 긍정 그리고 절대선을 지향하는 인간의지가 내포되어 있다.

이런 점에서 단편집 『기러기』는 이상과 현실의 괴리 사이에서 빚어지는 갈등들이 영원·이상·꿈으로 지향해가면서, 작가의 따뜻한 인간애로써 통합되어가는 과정을 보여준다. 아니 오히려 작가의 내면 깊숙이에서 꺼지지 않고 명멸하던 인간애의 불씨가, 어두운 현실을 이겨내고 밝은 불꽃으로 확산되어감을 단편집 『기러기』는 보여준다. 따라서 단편집 『기러기』에는 일제하의 민족현실이 반영되어 있으며, 이상과 현실의 괴리 사이에서 빚어지는 갈등들이 작가의 따뜻한 인간애로써 극복되고 있음을 발견할 수 있다.

3) 일제하 농민들의 수난상과 그 반영, 장편 『별과 같이 살다』

① 농민들의 恨과 땅의 리얼리즘

장편 『별과 같이 살다』(1946.11)[72])에는 일제하에서부터 해방까지의 시기를 중심으로 소작농민들의 결핍상황과 땅을 매개로 하여 빚어지는 신분이동의 양상이 나타나고 있다. 나아가 제도와 가난의 희생물이라 할 수 있는 수난의 여인상들을 통하여 역사속에 굴절되는 비극적 삶의 양상들을 보여주고 있다.

이 작품의 서두는 일제하에서 뿐만 아니라 조상 대대로 가난하게 살아오는 소작농민들의 삶의 모습을 리얼하게 보여주고 있다.

김현, 「소박한 수락」, 『황순원문학 전집』 제6권(서울 : 삼중당, 1978), p.375.
72) 장편 『별과 같이 살다』는 「암콤」(『백제』, 1947.1), 「곰」(『협동』, 1947.3), 「곰녀」(『대호』, 1949.7) 등의 제목으로 산발적으로 분재하다가 그것들이 미발표분과 합쳐져 『별과 같이 살다』의 제목으로 正音社(1950.2)에서 간행되었다.

이십호 남짓한 마을이었다. 마을 가는 곳마다 옹달샘이 솟아 이름도 샘마을이라 불리우는 이 동네는 어느 먼 조상 한 분이 동네 살림이 이 샘물의 몇 만분의 하나만 된데도 걱정 없으련만 하고 탄식했듯이, 예나 이제나 땅 파먹는 사람만이 살고 있는, 그리고 너나없이 가난한 사람만이 살고 있는 마을이었다. 대구에서 동북쪽으로 한 이십리 가량 떨어져있는 이 마을은 이렇게 이룰 수 없는 먼 조상의 탄식을 가슴속 깊이 간직한 채 황토 위에 엎드려있었다.73)

인용한 바와 같이 땅은 먼 조상의 탄식을 간직한 이룰 수 없는 동경과 꿈의 대상이었다. 동시에 획득될 수 없었던 한의 응결체였다. 대대로 가난한 소작농민들의 삶의 양상은, 한국 봉건 경제체제의 모순에 기인한다. 동시에 이들의 가난은 악덕 지주들의 횡포에 의해 가속화되었으며 일제의 식민지 수탈 경제에 의해 극도74)에 달하게 되었다. 이 작품에서 작가는 가난한 소작농민들의 궁핍한 삶과 지주와의 관계 등을 이면적으로 보여주면서 동시에 황폐화되어 가는 여인들의 수난상을 직접, 간접적으로 묘파하고 있다.

특히 이 작품에서 보여주는 작가의 악덕 지주에 대한 시각은 매우 냉소적이다. 비록 가주는 갈릴지라도 대대로 가난한 소작농민들에게 있어서 지주 김만장이나 거부가 된 한명인은 '그대로 하나의 무서운 존재'일 밖에 없었으며, 그들을 "받고 살아가는 백성일 밖에 없었다." 즉 소작농민들에게 있어서 이들은 "무서운 지주이자 무서운 아버지요 조부" 격으로 군림할 수밖에 없다. 이러한 제도적 모순과 악덕 지주에 대해 작가는 "또다른 하나의 이런

---

73) 황순원,『별과 같이 살다』, 황순원전집 제6권(서울 : 문학과지성사, 1992), p.11.
74) 일본은 한반도를 완전 식민지로 만든 후 식민지 경제체제를 확립하는 방법의 하나로 '토지조사사업'을 실시, 토지 조사국을 설치(1910.9) 하였다. 그 목적은 막대한 총독부소유지를 확보하여 식민지 지배의 경제적 기반을 마련하는 데 있었다. 토지조사사업은 조선에 침입한 일본인의 토지 소유를 급격히 증가시키는 결정적 계기가 되었다. 따라서 그만큼 조선인이 토지를 상실하게 되었으며 조선인 지주보다 자작농 및 자소작농이 주로 약탈의 대상이 되었다.
강만길,『한국현대사』(서울 : 창작과비평사, 1990), pp.90~92.

존재"라는 표현을 통해서 볼 수 있듯이 냉소적이며 비판적인 시각으로 언급한다.

이 작품에서 주요인물이라 할 수 있는 곰녀나 산옥이가 지주 김만장이나 한명인에 의해 여자로서의 최하의 길로 접어드는 것은 작가의 악덕지주에 대한 비판을 드러낸 것이라 볼 수 있다. 지주 김만장이나 한명인은 계산과 타산에 밝은 인물로서 황순원 소설속에 자주 등장하는 전형적 인물상[75])에 해당한다. 특히 한명인은 점쟁이로부터 시작하여 부락민의 지주이며 빚쟁이로 옮아 앉은 인물로서, 소작농민들에게 두려운 존재로 부각된다. 그는 '복도깨비'이야기나 소 찾은 이야기로써 자신을 신격화시켜 우둔하고 미련하고 미신에 젖어 있는 농민들을 기만하여 자신의 이익과 실속을 채우는 인물이다. 이 작품 속에서 작가는 미신적 사고에 묶여있는 소작농민들의 우둔함과 어리석음을 단편적으로 보여주면서, 소작농민들의 가난이 미신적 사고에서도 기인되고 있음을 비판적으로 지적한다. 또 이 미신을 이용해 거부가 된 한명인과 같은 인물도 재치있게 그려내는데 성공하고 있다.

한국 경제체제의 제도적 모순(지주와 소작농민의 신분계급의 차이)과 소작농민 자신들의 우둔함 그리고 전 근대성(미신 신봉)은 옛날부터 대대로 이들에게 가난한 살림을 살 수밖에 없게 만든다. 설상가상으로 이들 농민들을 더욱 비참한 생활고로 옭아맨 것은 바로 일제의 식민지 수탈정책이었음은 물론이다. 일제의 식민지 수탈정책이 가장 노골적으로 철저하게 자행된 곳이 바로 농촌[76])이었기 때문이다. 즉 땅은 일제의 경제 침탈과 착취 그리고 농민과 농촌의 피폐화를 대표적으로 표상하는 가장 구체적인 상징물이었다. 일제의 토지조사사업으로 인한 전통적인 경작권의 상실, 동양척식회사(東洋拓殖會社)의 조직적인 농민 수탈과 토지 강점, 지주의 토지소유권 비대화에 따른 고율

---

75) 황순원은 노인을 묘사할 때, 선성과 지혜와 올곧은 의지와 인간애를 가지고 있는 인간상으로 자주 묘사한다. 반면 한명인이나 김만장과 같이 타산과 실리에 밝은 부정적 인간상도 자주 보여준다.
76) 조남철, 「일제하 한국 농민 소설 연구」(연세대학교 박사논문, 1985), p.13.

의 소작료, 소작권의 빈번한 이동들은 농민들을 농노적 빈민층으로 몰락시켰고 그들 삶의 붕괴를 촉진77)시켰다. 따라서 소작농민들은 식량과 새로운 삶의 터전을 찾아 고향을 등질 수밖에 없었고 유이민(流移民)으로 떠돌게 된다. 이렇게 하여 땅과 고향을 상실할 수밖에 없는 샘마을 소작농민들의 참상은 다음과 같은 지문속에서 잘 드러나고 있다.

그러다 밤 깊어 헤어져 돌아가는 길에 누가 있어 혹 오늘밤에 그 명인처럼 복도깨비라도 만나면 내 두말없이 돈을 꾸어주리라 하는 어이없는 생각을 먹어본다 치더라도 실은 가난한 이 사람의 몸에는 그 복도깨비에게 꾸어줄 귀떨어진 동전 한 닢도 없는 것이다. 그러한 가난한 사람들에게 정말 무슨 도깨비라도 나서듯이 눈앞을 절벽 같은 것이 탁탁 가로막곤 하는 것이었는데, 그것은 아무것도 아닌 그저 이들이 하도 오래 오래 비린 것이라고는 입에 대보지 못한데서 오는 밤눈 어두운 증세인 것이었다. 그래 그냥 허청허청 걸어가며 이들은 중얼거리는 것이다-도깨비란 흔히 봄 여름에 나도는 게지 이런 가을에나 삼동에는 나돌지 않지.
그리고 이렇게 헤어져 돌아간 다음날, 이들 가운데는 마을에서 뵈지 않게 되는 수가 있었다. 물론 그 사람 혼자뿐 아니고 그의 온 가족이 다 뵈지 않는 것이었다. 집으로 가 보면 다 쓰러져가는 오막살이가 남아있을 뿐. 대개 그 해 지은 낟알을 들에 남겨둔 채이기가 일쑤였다. 묻지 않아도 서간도 아니면 북간도로 떠난 것이었다.
밤중에 몰래 떠나는 사람은 간혹가다 여름철에도 있는 것이었다. 서로 한창 분주할 때는 하루이틀 옆집 사람이 어디로 떠난 것도 모르는 수도 있었다. 참말 한창 분주할 무렵엔 집에 남은 사람이라곤 호밋자루 쥘 수 없는 어린애나 늙은 병인밖에 없었으니까.

---

77) 1921년에서 1932년 사이에 소작 농가의 호수는 41.6%의 증가를 보이고 있다. 또한 주로 수확된 곡식을 바치는 현물지대의 형태인 소작료는 50%가 넘는 고율을 유지하고 있으며 지주들은 소작권의 이동을 무기로 삼아 자신들이 지불해야 할 각종 세금을 소작인에게 부담시켰다. 또한 농가의 70% 이상이 1년간의 소작권 밖에 지니고 있지 못했다는 것은 소작농의 농노적·농업노동자적 성격을 말해주고 있다. 한국민중사 연구회편,『한국민중사·Ⅱ』(풀빛, 1986), pp.158~160. 참조.
변정화,「1930년대 한국 단편소설 연구」(숙명여자대학교 대학원 박사논문, 1985), p.13.

그래 어린애들이 긴긴 낮을 혼자 울다 혼자 지쳐서 울음을 그치고, 바람벽이라든가 구들바닥의 흙을 긁어먹으며 혼자 놀다 지치면 다시 혼자 울기 시작하곤 하는 것이었는데, 이런 애들이 가다 어른들이 물것을 없애느라 굽도리로 돌아가며 짓이겨 발라논 할미꽃뿌리를 뜯어먹고 아무도 모르게 혼자 죽어가는 수도 있었다. 그러나 누구네가 이런 일을 당한 것을 보고도 다음날은 역시 자기네의 이런 어린애를 남겨둔 채 모두 들로 나가야 하는 그들이었다. 혹 그렇게 죽은 애가 자식이라도 많은 집 애일 경우엔 속으로들, 되레 그 집에서는 한입 덜어서 시름놓았다는 말까지 하면서.
이렇게 샘마을 사람들이란 가난한 족속의 하나였다.78)

영양실조에 걸려 서간도와 북간도로 몰래 이동79)해 갈 수밖에 없는 소작농민들의 참상과 어린 자식의 생명조차도 방치할 수밖에 없는 농민들의 슬프고 가난한 삶의 모습을 작가는 보여주고 있다. "일년내내 소처럼 부지런히 피땀을 흘려가며 지은 낟알을 토지와 묵은 빚으로 다 내주고 빈손을 털다시피하며"80) 돌아서는 소작농들의 모습은 그 시대 어느 농촌에서나 흔히 발견할 수 있었던 양상이었다.

땅을 소유하는 것이 조상 대대로의 꿈이며 한이었음에도 불구하고 이것이 달성되지 않고 땅의 노예로서, 지주의 노예로서 구속되어질 수밖에 없을 때, 또한 생존의 극한적 위기에 봉착할 수밖에 없을 때, 일제가 제시하는 유혹은 분명 하나의 탈출구로서 우둔한 소작 농민들에게 다가온다.

곰녀아버지 곰이는 일제의 속임수에 의해 죽음의 비극으로 전락하는 인물

---

78) 황순원, 『별과 같이 살다』, pp.15~16.
79) 식민지 농업정책의 결과로 절대적인 빈곤에 빠진 농민들은 결국 농촌을 떠나지 않을 수 없었다. 1925년의 경우를 예로 들면 1년간에 농촌을 떠난 인구는 15만명 이상이었으며 이후에도 이농(離農)인구는 계속 증가했다. 이농인구는 최악의 경우 걸인이 되거나 아니면 산으로 들어가 화전민이 되었으며 혹은 일본 만주 시베리아의 노동시장으로 흘러들어가 국내의 각 도시로 일자리를 찾아 모여드는 이른바 토막민(土幕民)이 되었다. 강만길, 『한국현대사』, p.100.
80) 황순원, 『별과 같이 살다』, p.102.

로 이 작품속에서 등장한다. 일본은 전쟁이 장기화됨에 따라 일본 국내의 노동력이 부족하게 되었다. 일제는 조선인들을 강제로 끌고가 광산·철도 건설 등의 토목공사·조선·철강 기업에서의 노예적 노동에 종사시켰다.81) 따라서 일본에서 삼년 계약으로 탄광부를 모집한다는 소문이 들리자 젊은이들은 "모두 한결같이 어떤 소망에 들뜬 얼굴로" 지원하기를 희망한다.82) 일본 탄광부 지원은 농촌 젊은이들에게는 가난에서 탈피하기 위한 유일한 길로 인식된다. 곰녀아버지 역시 "무서운 지주이자 무서운 아버지요 조부격"인 김만장의 만류에도 끝내 고집을 버리지 않고 탄광부 지원에 응모한다. 그만큼 곰녀 아버지가 가난에서 벗어나고자 하는 열망은 큰 것이었다. 그러나 결국 곰녀 아버지는 시간외까지 돈을 벌려고 굴에 들어갔다가 죽고 만다. 곰녀아버지는 일제의 속임수와 악랄한 노동인력정책에 희생당하고 마는 것이다. 일본이 노동인력을 수용하기 위해 위장한 속임수는 다음과 같은 지문속에서 매우 잘 드러나고 있다.

막상 그 구주 탄광이란 데를 간즉 여기서 광부를 모아 갈 때의 말과는 틀려 월급이 아니고 일급이더라는 것, 그래 어떤 일이 있어서 굴에 들어가지 못했던간에 굴에 들어가지 않은 날은 일일이 품삯을 깎더라는 말과 먹고 자는 것도 거저라더니 꼭꼭 받더라는 것, 그리고 대체 일본이라는 데는 비가 많이 온다는 곳이지만 그해는 예년에 없이 더 심한 장마를 만나 하고한 날 다른 건 그만두고 밥값이라도 벌어야 할 텐데 하고들 탄식

---

81) 박세길, 『다시 쓰는 한국현대사·1』(서울 : 돌베개, 1988), pp.17~18. 참조.
1939년부터 일본 정부는 일본에서 광산과 토목사업을 경영하는 업자들이 조선인을 집단적으로 연행하는 것을 인가하였으며, 이에 따라서 '모집'형식으로 조선인을 동원하는 계획이 세워졌다. 모집이란 말 뿐이었고 실제로는 기업의 신청에 기초하여 총독부가 조선의 각 도와 군에 동원할 조선인 수를 할당한 후 말단의 면사무소에서는 유지, 경찰 등이 하나가 되어 조선인을 '사냥'한 것이었다. 1942년이 되면 이같은 '모집' 형식조차 조선총독부 각 지방청의 '관 알선에 의한 공출'이라는 형식으로 바뀌었으며 이윽고 1944년부터는 강압적인 '징용령'이 시행되었다.
박세길, 『다시 쓰는 한국현대사·1』, p.18.
82) 황순원, 『별과 같이 살다』, p.17.

만 하던 끝이라 굴에 들 수 있은 날 시간 외까지 들어갔다가 그만 굴이 무너앉았다는 이야기[83]

곰녀아버지의 죽음은 결국 곰녀어머니와 곰녀의 운명을 비극적으로 치닫게 한다. 곰녀어머니가 점점 가중되는 식량난에 허덕이게 되자 범이는 소 한 마리만 사주면 곰녀네가 짓는 농사를 도와주겠다고 제안한다. 결국 곰녀어머니는 집을 김만장에게 판다. 그리고 곰녀아버지의 부의금과 곰녀아버지가 일본에서 부쳐온 돈을 모두 털어 소 한마리를 산다. 곧 '소'는 곰녀아버지의 목숨과 생활의 터전이었던 집의 대체물이다. 그런데 그 소마저 우역이 들어 죽고 만다. "이 일이 있은 뒤에 마을 아낙네들은 벌써 전에 곰녀어머니가 남편을 잃었건만 이번에야말로 아주 남편이 죽었다는 듯이"[84] 개가하기를 권한다. 소가 죽자 "장차 어떻게 생계를 이어가느냐는" 배나뭇집 할머니의 말에 꺾이워 곰녀어머니는 지주 한명인의 땅을 소작하는 소작농민에게 개가를 한다. 그러나 곰녀어머니는 해산하고 난 직후 죽고 만다. 결국 곰녀는 배나뭇집 할머니에게로 업혀오게 되고 곰녀 의붓아버지는 어디 살 곳을 찾아 북쪽으로 떠나고 만다.

가난의 한에서 벗어나려 했던 소작농민(곰녀아버지)의 꿈은 일제의 속임수와 악랄한 노동인력정책에 의해 파괴되어 버렸고 연쇄적으로 가난한 여인(곰녀어머니)의 죽음까지를 요구하였던 것이다. 나아가 가난한 여인의 딸 곰녀까지도 지주 김만장의 요구로 상노애로 들어감으로써 곰녀의 일생은 망가지기 시작한다. "마을에선 누구나 김만장의 청을 거역할 수는 없었으므로"[85] 배나뭇집 할머니도 곰녀를 보낼 수밖에 없었다. 다시 말하면 곰녀 역시 가난의 희생물이었으며 악덕 지주가 소작인에게 가한 횡포의 희생양이었던 것이다. 옛날부터 대대로 가난한 소작농민이 가난의 한(恨)을 풀기 위해 또 자신의

---

83) 위의 책, p.35.
84) 위의 책, p.36.
85) 위의 책, p.44.

땅을 소유하기 위해 시도하지만 결국 자신과 아내의 죽음 그리고 딸의 운명까지도 비극적으로 끌고 가는 동인이 되고 만다. 곰녀아버지의 죽음은 곰녀에게 어머니와 할머니와 고향까지를 상실하게 만드는 계기가 된다.

② 신분이동현상과 수난의 여인상

이 작품속에서 지주 김만장은 지주계층의 전형을 보여주는 인물이다. 신흥부자인 한명인은 신분상승을 위해 갖은 수단과 노력을 다하는 치밀하고 타산적인 인물로 설정되고 있다. 지주 김만장이 가문의 명예와 체면을 중시하는 인물이라면 신흥지주로 군림한 한명인은 출세와 영달에 뛰어난 지략을 발휘하는 인물로 서로 대치되고 있다. 지주 김만장은 토지를 매개로 하여 동네 사람들을 자기자신의 테두리에서부터 벗어나지 못하도록 구속시키는 인물이다. 한편 점쟁이였던 한명인은 자신의 가문을 승격시키기 위해 김만장과 사돈을 맺자고 말할 정도로 타산에 밝은 인물로서, 농민들의 무지와 미신 신봉을 이용해 자신을 신격화시킴으로써 거부가 된다.

지주 김만장에 의해 소작농민의 딸이었던 곰녀는 술집작부로 전락하면서 신분이 하락된다. 소작농민의 딸 산옥 역시 군수와 신흥부자인 한명인에 의해 사회의 밑바닥 생활을 하게 된다. 즉 곰녀와 산옥은 악덕지주에 의해 희생당하는 수난의 여인상을 대표한다. 역사의 질곡속에서 수난을 당하는 곰녀의 운명은, 그녀의 이름이 바뀌는 것과 함께 타의적으로 진행된다. 이 작품의 중심인물이라 할 수 있는 곰녀는 미운 외모를 가지고 있으며 우둔하고 미련한 성격으로 그저 맹종과 인내만을 할 줄 아는 인물로서 황순원 소설에서는 드물게 자의식이 성숙되어 있지 않은 인물로 설정되어 있다. 즉 회의와 갈등이 거의 나타나지 않는 인물이다. 이러한 인물설정은 작가가 가난하고 우둔하고 무지한 농민의 딸들을 곰녀를 통해 전형적으로 부각시키려고 한 것인지도 모른다.

그러나 같은 농민의 딸이면서도 산옥이와 주심이는 영리하고 지혜로우며 깨어있는 인물로 설정되어 있다. 청루로 팔려온 여인들이 그곳으로 온 연유는 조금씩 달랐지만 "농사꾼의 딸이란 점에선 한결같은 것이었다."86)라는 지문에서 볼 수 있듯이 일제하에서 수탈이 가장 극심했던 곳이 농촌이었음을 작가가 제시해 주고 있는 부분이다.

곰녀는 지주와 소작농민의 딸이라는 신분관계가 빚어놓은 희생물로서 결국 매춘까지를 하게 됨으로써 성(性)의 상품화로 전락하게 된다. 매춘을 하는 가난한 여인들 역시 인신매매의 희생자이거나 1930년대의 극단적으로 궁핍한 현실이 낳은 희생자들이다. 이들 가난한 여인들의 전락은 자의적이든 타의적이든 소작농민의 궁핍으로부터 탈피하기 위한 몸부림에서부터 파생한다. 또한 그들은 도착화되고 전도된 파행적 삶이 빚은 희생자들이다.

산옥 역시 지주 한명인과 군수의 횡포에 의해 비극적 운명으로 전락하게 된 여인이다. "무슨 일이 있더라도 주인을 거역해서는 안되는 것이었다."에서 볼 수 있는 곰녀의 미성숙된 자의식과는 달리 산옥은 자의식이 뚜렷한, 깨어있는 여인을 대표한다. 따라서 그녀는 단지 소작농민의 딸이라는 이유로 군수에게 바쳐질 성(性)의 제물로서 선택된 자신의 운명에 과감히 저항하면서 도망쳐버린다. 결국 그녀는 술집에 나갈 수밖에 없게 되지만 "기왕 이런데 온 김에 돈이나 벌어갖고 돌아가겠다."고 한명인에게 말할 정도로 활달한 여인이기도 하다. 한명인이 돈 50원을 내놓고 가자 산옥은 한명인의 빚을 갚느라 갖은 고생을 다하고 있을 귀돌이에게 돈을 보낸다. 귀돌이 아버지가 빚을 갚지 못하고 죽자, 한명인은 귀돌이 아버지가 빚을 못 갚은 것이 한이 되어 무덤에서 나와 가족에게 빚을 갚아달라고 하더란 얘기를 꾸민다. 즉 한명인은 죽은 자의 혼까지를 이용해 자신의 이익과 영리를 챙기려는 타산과 계략에 뛰어난 무서운 인물로 이 작품에서 등장한다. 동시에 작가는 한명인의 말을 그대로 믿는 순박하고 우둔하고 미신에 빠져있는 농민들의 모습을 형상화시키고 있다. 또 학질을 떼기 위해 벌이는 농민들의 미신적 방법을 보여주면서

---

86) 황순원, 『별과 같이 살다』, p.65.

작가는 농민들의 미신신봉을 비판한다. 미신타파가 우리 민족에게 있어 시급한 과제임을 이면적으로 보여준다고 볼 수 있다.

산옥이와 귀돌이의 사랑은 이 작품에서 진달래꽃으로 표상되고 있다. 진달래꽃은 희생적 사랑과 함께 이별의 한을 담은 꽃으로 상징된다. 귀돌이에 대한 산옥의 사랑은 귀돌이가 학질을 앓고 난 후 벙어리가 되고 나서도 지속된다. 그런 가운데 군수의 행차가 있게 되고 산옥은 한명인의 소작인이라는 이유로 성(性)의 제물로 지명된다. 산옥의 도망으로 결국 귀돌이와는 이별하게 되지만 산옥은 돈을 벌어 고향으로 돌아갈 생각을 했다. 그러나 귀돌이가 산옥의 돈을 되돌려 보내는 것을 계기로 산옥은 영원히 사랑과 고향을 상실할 수밖에 없는 비극적 여인으로 전락하고 만다. 그녀의 사랑도 결국 소작인의 딸이라는 가난한 신분 때문에 깨어지고 마는 것이다. "그래 가난한 사람들이 무엇은 제 마음대로 할 수 있느냐고" 되뇌는 산옥의 말처럼 그녀는 가난의 희생자였던 것이다. 따라서 산옥은 귀돌이에 대한 사랑과 진실이 귀돌이에게서 받아들여지지 않자 야속함에 분노하게 되고 결국 자진해서 평양 아랫거리 청루로 팔려오게 된다. 그래서 산옥은 고향과 사랑을 상실할 수밖에 없는 영원한 수인(囚人)이 된다. 산옥이는 자의식이 깨어있는 여자인 만큼 끊임없이 현실에 대한 갈등과 고향상실에 대한 상처와 귀돌이에 대한 정신적 갈망 사이에서 괴로워할 수밖에 없다. 즉 그녀에게 세상은 속임과 소외로 다가올 밖에 없다. 이런 그녀에게 '강(江)'87)은 유일한 안식처요 정화의 장소이며 자신을 수용해주는 진실의 공간으로 인식된다. 세상이 끊임없이 자기자신을 속임으로써 피해의식과 소외로 방황하는 산옥에게 있어서, 강(江)은 자유와 정화와 영원한 사랑으로의 회귀를 상징함으로써 그녀에게 유일한 안식처가 되어

---

87) 물 : 창조의 신비; 탄생·죽음·부활(소생) ; 정화와 속죄 ; 풍요와 성장. 융(Carl Jung)에 따르면 물은 무의식의 일반적인 상징이기도 하다. 바다 : 모든 생의 어머니 ; 영혼의 신비와 무한성 ; 죽음과 재생 ; 무궁과 영원 ; 무의식 강 : 역시 죽음과 재생(세례) ; 시간의 영원한 흐름 ; 생의 순환의 변화상 ; 諸神의 화신.
윌프레드 L.궤린, 『문학의 이해와 비평』, 정재완·김성곤역(서울 : 청록출판사, 1981), p.122.

준다.
 세상에 속았다는 피해의식과 이에 대한 그녀의 분노는 다음과 같은 삽화 속에서 상징적으로 부각된다.

> 산옥이는 무엇에 속았다는 생각이 듦을 어찌할 수가 없었다. 죽던 아나요, 아바지 한번만 용서해 달라우요, 아이고 오마니 나 좀 살래주소고레, 하던 젊은 여자에게 속은 것이다. 그리고 그네의 아버지와 어머니에게도. 그런데 이들은 자기만을 속인 것같지 않았다. 다른 누군가도 속인 것 같았다. 누굴까. 옳지. 강물이다. 강물까지 속인 것이다. 오늘은 또 별나게 파아라니 아름답던 그 강물까지를 이들은 속인 것이다.
> 그중에서도 산옥이는 자기 낫세의 젊은 여자가 강물을 속였다는 데에, 바로 젊은 여자 낫세인 자기가 강물을 속인 것처럼 느껴지는 것이었다. 뭔가 분한 생각이었다. 비에 옷이 젖는다는 건 아무것도 아니었다.
> 전금문에 오니 좀전의 세 사람이 거기서 비를 긋고 있었다. 연신 몸의 빗물을 털어내는 것이었다. 그만 산옥이는 게서 비를 그을 생각도 않고 그냥 지나치고 말았다.[88]

 시집살이가 힘들어 강물에 자살하려는 딸을 차라리 죽어버리라고 머리를 처박는 아버지, 살려달라는 딸. 그리고 비가 오자 비를 맞지 않기 위해 결사적으로 뛰는 그들의 모습에서 산옥은 무엇에 속았다는 생각이 든다. 이러한 산옥의 심리상황은 이 세상에서 무수히 속아온 자기자신의 아이덴티티가 그들에게 분노와 거부감을 느끼게 한 결과라 볼 수 있다. 그들의 행동은 산옥뿐 아니라 강물까지를 속인 것으로 인식된다. 진실과 정화의 공간인 강물이 거짓의 공간으로 왜곡될 때 산옥은 분노할 수밖에 없다. 역설적으로 말하면 산옥 자신이 그만큼 세상에서 속임을 당해왔다는 데 대한 분노에 다름아니다. 고향과 육체의 깨끗함을 잃었다는데 대한 상실의식과 세상에 속았다는 피해의식은 해방과 더불어 더욱 가속화되면서 산옥에게 인식된다. 해방이 되면서 부모 형제를 찾아 뿔뿔이 고향이나 저 갈길로 가는 다른 여자들과는 달리 산

---

88) 황순원, 『별과 같이 살다』, p.130.

옥은 갈 곳이 없어 방황한다. 해방 역시도 산옥이에겐 속임수로 인식될밖에 없다.

> "흥, 해방됐다꼬. 사회부서 나왔다카는 여자가 말했것다. 지끔 당장 여서 나가도 좋다꼬. 그래 우리가 나와서 갈 데가 어딨노. 해방됐다카는 것도 빛존 개살구지 머꼬."
> 산옥이는 잠이 깨어있었던 게 분명해 이번에는 어둠속에서 곰녀를 바라보며,
> "복실아, 그래도 나는 갈 데가 있다. 어데 갈 줄 아노? 고향으로 갈란다. 이 지랄 해도 거어 가서 할란다. ……귀돌이도 만나겠재. 전에 귀돌이는 내가 오라꼬 손짓을 하고 가차이 가믄 내빼고 캤는데 지끔 만나믄 내쪽에서 피하게 되까. ……고향 갈란다. 그까짓 삼팔선은 문제없다. 내 갈라카믄 몬 갈끼 머꼬. ……그른데 그동안 귀돌이도 장개들고 얼라 놓고 했겠재. ……앙그르까. ……"89)

육체까지도 더럽혀진 산옥은 고향을 찾아갈 수가 없는 것이다. 또 3·8선을 넘어 고향에 간다고 해도 귀돌이와의 사랑이 성취될 기미가 보이지 않을 때 그녀는 더욱 절망할 수밖에 없다. 육체적으로 병들고 더럽혀졌다는 피해의식과 그런 자신에 대한 가학증세는 극심한 상실감을 낳게 되고 결국 현실이 감옥소로 인식된다. 감옥소와 같은 현실을 벗어날 탈출구가 없을 때 산옥은 대동강에 투신함으로써 비극적 죽음을 맞는다. 현실속에서의 그녀는 무력한 이방인이었으며 감옥소에 갇힌 수인(囚人)일 뿐이었다. 그녀에게는 현실의 삶이 끝없이 자기자신을 기만하고 이로 인한 갈등으로 방황하게 하는 미로에 불과했던 것이다. 결국 그녀는 강물에 투신함으로써 정화되고 싶었으며 자유를 획득하고 싶었던 것이다. 닫혀진 사회에서 빚어진 갈등이 그녀를 정신적, 육체적으로 병들게 하고 결국 죽음이라는 탈출구를 향해 치닫게 할 수밖에 없었던 것이다. 그녀에게 있어서 현실이라는 감옥소를 벗어나는 길은 죽음밖

---

89) 위의 책, pp.154~155.

에 없었다. 그녀에게 강물은 정화의 공간이며 자신의 진실을 그대로 수용해 주는 포용의 공간이었던 것이다. "나는 내가 젤 좋아하는 강으로 갈라카니까요, 강물한테 가서 내 몸을 좀 깨끗이 씻어달라고나 할랍니다."90)라고 유서에 적는다. 진실한 자아를 찾아 그리고 이루지 못한 사랑과 꿈을 찾아 부자유스럽고 구속된 닫힌 현실속에서 탈출하기 위해 대동강으로 뛰어든다. 어쩌면 산옥이가 강속으로 투신하는 행위속에는 자신과 귀돌이의 행복했던 유년시절로의 회귀 욕구가 투영되어 있다고 볼 수도 있을 것이다.

이렇게 가난하고 불쌍한 여인들의 수난상은 비인간적이고 타산적인 주인에게 아이를 빼앗기고 어디론가 팔려간 홍도 등의 모습을 통하여 이 작품속에서 지속적으로 드러나고 있다. 이렇게 볼 때, 이 작품의 기저에 놓여있는 작가의식은 일제하의 소작농민의 피폐한 삶 뿐만 아니라, 이들의 삶이 역사속에서 어떻게 굴절해 나가고 있는가를 보여주는데 있다고 본다. 물론 작가가 문제 해결을 위한 적극적 대응 방법론을 제시해 주고 있지는 않다. 다만 이들을 통하여 우리 민족의 수난상과 궁핍한 실상을 비교적 사실적으로 묘사해 나가면서 소작농민에게 해방의 의미가 무엇인가를 제시해주고 있을 뿐이다. 즉 해방공간에서 쓰여진 이 작품은 해방의 의미가 이들 가난한 여인들에게 있어서 속임으로 인식될 뿐 작품속에서 깊이있게 다루어지지 않는다. 해방의 의미는 단편집 『목넘이마을의 개』에 와서 좀 더 깊이 있게 천착되고 있다. 아마도 『별과 같이 살다』에서 해방의 의미를 천착하기란 작가에게는 시기상조였을지 모른다. 왜냐하면 해방직후의 정국이 불투명했기 때문일 것이다.

③ 자의식의 확립과 극복의지

이 작품에서 곰녀의 수난사는 곧 우리 한민족의 수난사를 암시한다고 볼 수 있다. 왜냐하면 곰녀는 우리 한민족의 시조인 단군의 어머니 웅녀를 지칭하고 있기 때문이다. "곰녀라? 그럼 곰 웅짜, 계집 녀짜, 웅녀루군."91)라고 하

---

90) 위의 책, p.156.

는 하르반의 말로써 확인할 수 있다. 따라서 '별과 같이 살다'라는 표제는 우리 민족이 끊임없이 외세와 일제 강점하의 어둠속에서나마 꺼지지 않고 명멸하는 별처럼 끈질기게 이어져 내려온 민족사를 상징한다고 볼 수 있다. 다시 말하면 곰녀가 겪게 되는 삶의 과정을 통하여 우리 민족의 삶의 역정을 고찰할 수 있다는 말이다. 특히 단군신화에서 곰이 사람으로 화하기 위해 인내하였듯이, 이 작품에서 곰녀[92]는 우둔하고 미련함에도 불구하고 소처럼 부지런하고 인내하는 인물로 설정되어 있다. 이 작품은 현실에 대해 단순하고 무지한 곰녀의 시선을 통하여 오히려 지주들의 횡포와 궁핍한 삶의 질곡들을 선명하게 부각시키는 효과를 얻고 있다.

참담한 현실속에서 대응하는 곰녀의 의식을 살펴보면 무조건적인 순종과 수용의 자세로 일관되고 있음을 발견할 수 있다. 그녀는 삶의 무게에 눌려있으면서도 항거하거나 분노하지 않는다. 이러한 미성숙된 자의식은 노동에 대한 끝없는 몰두로 나타난다. 이러한 곰녀를 각성시켜주는 인물이 바로 산옥[93]이와 주심이다. 그러나 이러한 곰녀의 미성숙된 자의식은 해방 후에 하르반이 곰녀의 곁을 떠날 때 비로소 좀더 성숙된 자의식으로 확립된다. 곰녀의 이름이 타의에 의해 삼월이, 유월이, 복실이로 바뀌고 창씨개명[94]에 의해

---

[91] 위의 책, p.125.
[92] 김현은 곰녀의 미덕을 체념하지 않고 운명을 그대로 받아들이는 소박함에 있다고 본다. 또 곰녀가 한민족의 알레고리로 쓰이고 있다고 지적한다. 즉 곰녀의 수난을 통해, 식민지 치하에서 해방에 이르는 사이의 한민족의 궁핍화현상이 그대로 노출된다고 말한다. 동시에 한 시대의 전면적인 모습을 한 개인의 생활사를 통해 훌륭하게 드러내고 있다고 평가한다.
김현, 「소박한 수락」, p.376.
[93] 우한용은 곰녀로 하여금 환경이 가하는 압력에 대해 무작정의 순종과 일에의 본능적 몰두에서 벗어나도록 촉구시켜 주는 인물로서 산옥을 들고 있다.
우한용, 「소설의 양식차원과 장르차원-황순원의 『별과 같이 살다』」, 『한국 현대 소설 구조 연구』(서울 : 삼지원, 1990), p.143.
[94] 민족성 말살을 위한 정책의 일환으로서 1938년 4월을 기해 국어사용을 전면 금지시켰고 창씨개명 및 신사참배를 강요함과 동시에 우리 민족을 일본 민족의 일부로 취급하는 소위 '일선동조론'이라는 가당치 않은 이론을 유포시키기도 하였다. 박세길, 『다시 쓰는 한국 현대사 · 1』, p.16.

후꾸짱에서 후꾸꼬로 바뀔 무렵, 곰녀는 하르반을 만나게 된다. 곰녀와 하르반과의 만남은 일제 말기에서 부닥칠 수밖에 없는 극심한 석탄난과 장작난을 해소시키기 위한 주인의 의도적인 술수에 의해 비롯된다.

곰녀가 하르반을 만난 일제 말기의 시대상황은 이 작품의 곳곳에서 드러나고 있다.

> 일본이 미국과도 전쟁을 일으켜 이곳 병기창을 확장할대로 확장하고 수많은 조선 청소년을 동원시키자부터는 사내들은 또 이런 데 와서 이렇게 싸움이라도 하지 않고는 무슨 재미로 살라는 거냐는 듯이, 아랫거리엔 한층 더 싸움이 잦았는데, 산옥이는 또 산옥이대로 이들 사내들 싸움속에 뛰어드는 도수가 좀더 심해지고 잦아진 것이었다.[95]
>
> 그 옷에서 기계기름 냄새를 피우는 소년과 청년이 많이 보이는 것만은 아랫 거리에 비겨 지지 않았다. 따라서 싸움질이 잦은 것도 아랫거리에 지지 않았다.[96]

위 인용은 1930년대 이후 본국의 경제공황에 쫓긴 일본 독점자본의 조선 침투가 한층 더 적극화하고 일본 제국주의의 대륙침략이 본격화됨에 따라 조선이 병참기지화되면서 공업구조 전체가 군수 공업체제로 바뀌어 간 것[97]을 작가가 이면적으로 반영하고 있는 대목이다. 특히 중일전쟁 이후에는 국가총동원법을 공포하고 곧이어 국민징용령을 실시(1939)하여 많은 조선인을 침

---

95) 황순원, 『별과 같이 살다』, p.84.
96) 위의 책, p.119.
97) 강만길, 『한국 현대사』, p.121.
　　1930년대 이후부터 경제공황의 돌파구를 찾기 위해 그리고 대륙침략의 병참기지를 삼기 위해 한반도 안의 값싼 노동력과 수자원 및 지하자원을 겨냥한 일본의 독점자본이 본격적으로 침입하여 식민지 공업화를 이루어 나갔다. 따라서 1930년대 이후 조선의 공업은 일본 독점자본에 의해 완전히 장악된 군수공업중심이어서 조선인의 자본 및 기술 발달과는 무관했으며, 식민지 공업 일반이 가지는 집중성 파행성 편재성 등의 특징을 철저히 드러내고 있었다.
　　강만길, 『한국 현대사』, p.89.

략전쟁 수행을 위한 노동력으로 강제동원했다.98) 따라서 아직도 나이 어린 청소년들이 강제동원되어 기계기름 냄새를 피우며 싸움으로 그들의 울분을 터트리는 것이다. 이런 그들에게 8·15가 왔다. 그러나 "8·15의 흥분은 흥분대로 곰녀네는 그대로 몸을 내줘야 했다. 그것도 이번에는 모색 다른 손들한테까지. 그건 또 무서운 일이 아닐 수 없었다."99)에서 볼 수 있듯이 8·15 당시의 시대상이 이 작품속에는 비교적 객관적으로 잘 드러나고 있다. 더욱 주목할 사실은 이제까지 속임과 상실만을 주었던 현실이 해방 후에도 이들 가난한 여인들에게 지속된다고 하는 점이다. 그 대표적 수난의 인물이 곰녀이다. 신탄상회 서사였던 하르반은 8·15 직후 일본인 주인이 물러나자 그 상회를 접수해 가지고 곰녀와 딴 살림을 하게 되지만, 결국 그녀를 버린다. 곰녀와 같은 전신(창녀)을 가진 여자를 본처로 맞을 수는 없다는 생각에서 였다. 곰녀는 또 한번의 속임을 당하여야 하는 것이다. "곰녀는 덜컥 가슴이 내려앉았다. 그러면서 그녀는 종내 와야 할 것이 왔구나 하는 생각이었다. 자기가 남의 본여편네가 되고, 남의 어머니가 되다니? 꿈에라도 그런 마음을 먹다니? 안될 일이었다."100)에서 볼 수 있듯이 8·15 이후에도 지속되고 있는 속임의 현실에서 곰녀는 비로소 자의식이 확립되어 간다. 이러한 자의식의 성숙은 불쌍한 산옥이의 죽음에서 영향받은 것이며, 또 불쌍한 산옥이는 바로 다른 사람이 아닌 자기자신임을 인식한 데에서 비롯된다. 산옥이의 죽음은 바로 또하나의 자신의 죽음이기도 했던 것이다.

    한 달에 한 번씩은 하르반이 자기를 찾아주리라. 하르반이 친히 못 오게 되면 오늘처럼 다른 사람을 대신 보내기라도 하리라. 보내온 쌀을 다

---

98) 1939년부터 1945년 전쟁이 끝날때까지 노동력으로 강제동원된 조선인은 113만 명으로 통계된 자료가 있는가 하면 146만 명으로 통계된 자료도 있다. 1백만이 훨씬 넘는 조선인이 침략전쟁 말기에 강제동원되었으며, 이들은 탄광에 제일 많이 투입되었고 다음은 금속탄광, 토건공사, 군수공장 등에서 혹심한 노동에 투입되었다. 강만길, 『한국 현대사』, p.36.
99) 황순원, 『별과 같이 살다』, p.133.
100) 위의 책, p.161.

먹는 동안에는…… 그리고 그것은 하르반의 말대로 자기가 어디 좋은 데로 시집갈 때까지 계속될는지도 모른다. 그래 자기가 어디 좋은 데로 시집을 가? 어디로?…… 그러면 이렇게 살다 늙어 죽는 수밖에 없지 않은가. 그것도 하르반의 아들딸의 눈에 뵈지 않는 데 숨어서. 그러는 자기가 어쩐지 죄를 짓는 것 같았다. 지금 당장 죄를 짓고 있는 것 같았다. 그래서는 안된다, 그래서는 안된다. 그러지 않아도 보잘 것 없는 자기가 그렇게까지 해서는 안된다. 그럼 어떡한다? 죄를 짓고라도 살아가는 도리밖에? 곰녀는 자꾸만 가슴이 떨렸다.
　그러다가 곰녀는 깜짝 놀라고 만다. 이 떨리는 가슴속으로부터 이상한 소리가 들려온 것이다. 빙신, 빙신, 하고. 그것은 산옥이의 목소리 같기도 하고 주심이언니의 목소리같기도 했다. 그러나 기실은 산옥이의 목소리도 주심이언니의 목소리도 아니었다. 곰녀 자신의 가슴속으로부터 속삭여진 소리였다. 이 소리가 이어 속삭이는 것이다. 주심이언니한테로 가그라, 주심이언니 한테로 가그라.
　잠시 곰녀는 숨도 크게 못 쉬고 서있었다. 그러는 곰녀의 해쓱해진 얼굴에 갑자기 화기가 내돋히기 시작했다. 왜 자기는 여태 이 생각을 못했을까? 바보, 바보! 이번에는 입밖에 내어 중얼거리건만 놀라지 않았다. 그저 아지 못할 그런 바람으로 해 가슴만이 두근거릴 뿐이었다. 이 두근거리는 곰녀의 가슴속에도 뭔가 강둑의 아지랑이같은 것이 피어올랐다.101)

　미성숙되어 있던 자의식이 죄에 대한 인식과 도덕의식에 의해 진정한 자기자신을 발견하게 된 순간을 위 인용문은 보여주고 있다. 무지했던 곰녀는 자기자신을 항상 보잘것없는 것으로 인식한다. 이러한 인식은 조상 대대로 가난한 사람들이 가질 수밖에 없었던 자격지심과 피해의식이며 현실로부터 받아온 굴종적 삶의 결과이다. "그러지 않아도 보잘 것 없는 자기가 그렇게까지 해서는 안된다."에서 나타나듯 자신에 대한 비하의식이 죄에 대한 거부의식으로 인해 자기 극복의 길을 발견하게 된다. 따라서 "곰녀의 가슴속에서도 뭔가 강둑의 아지랑이 같은 것이 피어오른다." 이 작품에서 아지랑이는 미래에 대한 희망과 극복을 상징한다. 그래서 곰녀는 봉사단체인 민호단에 가입

---

101) 위의 책, pp.169~170.

할 것을 결심한다. 곰녀에게서 볼 수 있는 이러한 자의식의 확립과 극복의지는 바로 타인과의 삶속에 자신의 삶을 투여시키는 열린 삶으로서의 지향102)을 의미한다. 이점에서 장편『별과 같이 살다』역시 단편집『기러기』에서처럼 작가의 극복의지가 투영된 작품이라 볼 수 있다.

이 작품에서 작가는 일제하에서의 소작농민의 참상과 제반 모순을 다루고 있다. 동시에 8·15 직후의 우리 조국이 곰녀의 삶처럼 새로이 태어나길 기원하는 데에 작가의식이 놓여 있다고 볼 수 있다. 8·15 이후의 우리 조국이 과거를 답습하는 조국이 아니라 무지와 빈곤과 미신에서 벗어나 공동 운명체로서 새롭게 깨어나기를 곰녀의 자의식의 성숙과정을 통하여 제시한다고 볼 수 있다.

단편집『기러기』에서 나타나고 있는 민족현실의 양상은 간접화되어 나타나지만, 장편『별과 같이 살다』에 이르러서는 식민지하 농민들의 수난상과 궁핍한 농촌의 실상이 직접적으로 표출되고 있다. 그 이유로는 이 장편이 해방 후에 쓰여졌기 때문에 일제강점하 농민들의 황폐화한 생활상과 경제적 수탈 및 노동력의 착취를 비교적 객관적으로 드러낼 수 있었기 때문이라고 파악된다.

이 작품은 네 가지 측면에서 황순원 문학에서 중요한 의미를 갖는다.

첫째, 작가가 단편소설에서 장편소설로 확대시킨 최초의 작품이라는 점이다. 다시 말하면 이 작품의 구조 및 문체를 통하여 황순원 소설의 구조적 특징 및 문체적 변화103)를 살필 수 있다는 점에서 중요하다.

---

102) "곰녀는 황순원이 창조한 인물들 중에서 희귀하게 타인과 현실 앞에 자기를 열어놓은 인물이다. 외로움·불안·고통은 술로 극복되지 않는다. 그것은 타인 앞에 자신을 열어놨을 때 극복된다. 그것이 곰녀의 교훈이다."라고 김현은 말한다.
김현, 「소박한 수락」, p.378.
103) 전지적 작가 시점으로 쓰여진 이 작품에서 작가가 직접 '나로 등장해 개입하고 있는 부분이 두 군데 나타나고 있다.
"나는 여기서 잠깐 이 한명인에 대한 이야기를 해두는 것도 무방할 것 같다. 뒤에 이 사람이 우리 이야기와 관계가 없는 것도 아니니"(p.11) "나는 여기서 산옥이가 한 이야기 가운데, 곳에 따라서는 좀 첨가하여 상세히 적기로 한다. (이하

둘째, 황순원 소설에서 즐겨 다루고 있는 전형적 인물이 창조되고 있다는 점이다. 즉 황순원 소설에서 노인들의 모습은 올곧고 깔끔한 의지적 인간상(「黃老人」의 황노인, 「독 짓는 늙은이」의 송영감, 『카인의 後裔』의 당손이 할아버지, 「집」의 막동이 할아버지 등)으로 창조되는 한편 속임과 타산과 계략에 뛰어난 인간상(「노새」의 노새주인, 「집」의 전필수, 「무서운 웃음」의 민턱영감, 『별과 같이 살다』의 김만장과 한명인, 『카인의 後裔』의 도섭영감, 『神들의 주사위』의 문진 영감 등)으로 형상화되고 있다. 장편 『별과 같이 살다』와 같은 초기 작품에서 이미 김만장과 한명인 같은 인물이 형상화되었다는 사실은 주목할 만하다. 이것은 작가가 인간을 선성(善性)으로만 보지 않는다는 증거이다. 다시 말하면 작가가 그의 작품에서 즐겨 추구하는 생명경외사상이나 인간긍정의식, 선성의식 등은 부정과 갈등을 거친 후에 체득하고 선택한 지향성인 것이지 인간의 부정적 요소를 외면한 긍정의식이 아니라는 점을 말해준다.

셋째, 해방 전에 출발한 작가로서 일제하에서의 민족현실을 작가가 해방 후에 어떠한 시각으로 형상화시켰는가를 보여준 점에서 중요한 의미를 갖는다. 우한용[104]은 이 작품이 해방공간에서 쓰여졌으나, 이데올로기의 대립을 포함하고 있지 않아 산문예술로서의 소설에 대한 독자들의 기대에 접근되지 못한다고 지적하고 있다.

그러나 필자는 작품의 구조가 비교적 잘 짜여져 있으며 특히 한명인, 산옥 등이 보여주는 참신한 개성은 이 소설을 재미라는 측면에서 성공시킨 작품이라 본다. 또한 이데올로기의 문제나 일제에 대한 저항정신이 작중인물을 통해 문제적으로 행동화되지는 않지만, 조상 대대로 가난한 농민들의 참상이 담담하게 묘사된 점과 일제의 수탈정책에 굴절하는 인물들의 정신적 상태를 반영한 점으로 볼 때 한국문학사에서 한 위치를 점하여야 할 작품이라 평가

생략)"(p.87) 이러한 장면들은 작가가 직접 '나로 등장해 나서지 않는 것이 총체적 구조의 측면에서 훨씬 효과적이라고 본다.
104) 우한용, 『한국 현대 소설 구조 연구』(서울 : 삼지원, 1990), p.139.

한다. 아울러 일제강점하의 농촌 수탈상 및 노동력 착취의 양상과 역사적 사실(창씨개명 등)들을 생경하게 그려내지 않고 인물들의 행동과 사건속에 육화시켰다는 점에서 성공한 작품이라 본다.

넷째, 작가가 작품 배경을 농촌에서 시작하고 있으며 농민들의 가난한 삶과 수난의 과정을 이 작품속에서 지속적으로 드러내고 있는 것은, 이미 작가가 초기 작품에서부터 농민의 삶에 지대한 관심과 애착을 가지고 있음을 증거한다. 황순원이 농민에 대해 가지고 있는 관심은 기존의 평자들에 의해 거의 언급이 되지 않았다. 필자는 작가가 우리 민족의 터전이라 할 수 있는 농촌, 산촌을 상당히 많은 작품의 배경으로 설정하고 있음을 발견하였다. 이것은 바로 농민이나 빈민 또는 소시민의 삶과 소외된 삶에 대한 작가의 관심과 애정의 결과라고 본다. 이렇게 농민[105])이나 빈민[106]) 들에게 애정을 가지는 작가의 모습은 그의 후기 단편 「나의 竹夫人傳」(1985.7)에서 작중인물의 말을 통해 드러나고 있다. "농민과 노동자에 대해 뭔가 두려움을 느끼며 빚을 지고 있는 느낌"[107])이라고 직접적으로 작중화자가 말한다. 이것은 작가의식의 한 반영이라고 볼 수 있다. 즉 이 지문을 통하여 지주 계급[108])에 속해 있던 작가

---

105) 황순원의 전 작품을 통해서 볼 때 농촌을 배경으로 한 작품은 상당수에 달한다. 특히 농촌의 가난과 문제점에 관심을 보인 작품은 다음과 같다. 「돼지系」, 「산골아이」(1940.겨울), 「기러기」(1942.봄), 「노새」(1943.늦봄), 「집」(1946.8), 『별과 같이 살다』(1946.11), 「황소들」(1946.12), 「목넘이마을의 개」(1947.3), 「청산가리」(1948.8), 「솔메마을에 생긴 일」(1951.2), 『카인의 後裔』(1954.5), 「내 故鄕 사람들」(1961.1), 「비늘」(1963.7), 「아내의 눈길」(1965.7), 「탈」(1971.9), 『움직이는 城』(1972.8), 『神들의 주사위』(1982.3), 「나의 竹夫人傳」(1985.7) 등.
106) 황순원은 가난의 문제를 지속적으로 보여주고 있는데, 그 대표적 작품은 다음과 같다. 「갈대」, 「돼지系」, 「산골아이」(1940.겨울), 「기러기」(1942.봄), 「세레나데」(1943.봄), 「노새」(1943.늦봄), 「눈」(1944.겨울), 「두꺼비」(1946.7), 「집」(1946.8), 『별과 같이 살다』(1946.11), 「황소들」(1946.12), 「담배 한 대 피울 동안」(1947.1), 「아버지」(1947.2), 「목넘이마을의 개」(1947.3), 「帽子」(1947.11), 「몰이꾼」(1948.3), 「참외」(1950.10), 「솔메마을에 생긴 일」(1951.2), 「골목 안 아이」(1951.6), 「매」(1952.10), 「두메」(1952.8), 「온기있는 破片」(1965.4), 「原色 오뚜기」(1965.11), 「피」(1966.11), 『움직이는 城』(1972.8), 「탈」(1971.9), 「이날의 遲刻」(1974.12), 「주검의 場所」(1975.10)
107) 황순원, 「나의 竹夫人傳」(서울 : 문학과지성사, 1990), p.277.

가 끊임없이 자신의 삶과 소작농민이나 빈민들의 삶 또는 노동자들의 삶과의 괴리 사이에서 갈등하고 있었음을 단편 「나의 竹夫人傳」을 통하여 유추해 볼 수 있다.

따라서 황순원의 문학이 사회현실이나 역사에서부터 도피하였다는 일부 편향된 시각은 시정되어야 한다고 본다. 작가가 농민의 삶을 지속적으로 형상화하고 있다는 점에서 오히려 황순원 소설이 김유정이나 이무영과 같이 농민문학의 계열에 위치되어야 하는가에 대한 문제가 제기되어야 한다고 본다.

장편 『별과 같이 살다』는 작가가 일찍부터 농민의 삶과 농촌에 대한 문제점에 관심109)을 보여주고 있다는 점에서 중요한 작품이라고 본다.

4) 해방 후 민족현실과 비판적 리얼리즘, 단편집 『목넘이마을의 개』

황순원 문학에 대한 선행연구110)는 사회적 역사적 측면에서 보다는 오히려 현실이 배제된 순수문학이라는 측면에서 주로 전개되어 왔다. 이러한 평가는 황순원 문학이 시대적, 역사적 현실의 모순을 직접적으로 표출하기 보

---

108) 황순원은 이조 영조 때 참봉을 지낸 효자 황집암의 8대손이다. 작가의 선친은 숭실중학교 사감으로 있다가 조림사업과 작답(作畓)사업에 정열을 쏟은 것으로 알려지고 있다. 김동선, 「황고집의 미학, 황순원 가문」, 『정경문화』(1984.5)
109) 황순원이 일찍부터 보인 농민에 대한 관심은 톨스토이의 문학에서 영향을 받았다고 본다. 인도주의사상을 대표하는 톨스토이는 농민이나 향토의 검소한 농군들에 대해 깊이 공감하였으며 농촌 어린이들의 교육에 깊은 관심을 보였다. 그는 농노제 폐지를 주장하였으나 농노들의 불신과 적대감 때문에 그의 견해는 받아들여지지 않았다. 그러나 결국 정부에 의해 농노제 폐지는(1961.2.19) 공포되었다.
J. 라브린, 『톨스토이』(서울 : 삼성문화문고 · 62, 1972)
특히 천진한 아이들에게 보내는 톨스토이의 사랑은 황순원의 그것과 공통성을 가진다. 이점에서도 톨스토이와 황순원은 비교 연구되어야 한다고 본다. 또 작가가 발자크, 메리메, 체홉, 톨스토이, 도스토예프스키의 작품을 많이 읽었다는 점을 감안할 때 톨스토이와의 영향관계는 더욱 깊이 천착되어야 한다고 본다.
황순원, 「유랑민 근성과 시적 근원」, 『문학사상』 제1권, 제2호(1972.11), p.321.
110) 연구사 참조. pp.6~28.
오생근, 「전반적 검토」, 『黃順元硏究』(서울 : 문학과지성사, 1985), pp.11~16.

다 오히려 서정적 문체와 간접화된 작중인물의 심리묘사를 주로 포착하기 때문인 것으로 간주된다. 동시에 이상과 영원을 추구하는 그의 지향점과 긍정적 인생관에 연유하는 것으로 해석할 수 있다. 따라서 황순원의 작품속에서 어떠한 방법으로 사회 역사적 의미망을 파악하는가는, 얼마만큼 그의 문체와 현실인식사이의 긴장관계를 깊이있게 천착하는가와 대응한다고 본다.

단편집 『목넘이마을의 개』(육문사, 1948.12)[111])에는 해방 후 정치 사회적 혼란과 빈곤속에서 허덕일 수밖에 없는 현실상황의 모순과 비리가 비판적 리얼리즘의 시각으로 형상화되고 있다. 작가는 부정적 현실속에서 감당해야만 하는 삶의 무게를 직시하고 증언하면서 작중인물을 통해 현실에 대한 적극적 대응의지를 보여주고 있다. 따라서 현실세계에 대한 예리한 비판의식과 현실인식들이 이들 작품속에 절제되어 표현되고 있음에 주목할 필요가 있다. 이것은 어쩌면 작가의 비판적 리얼리즘[112])의 길과도 연결될 수 있을 것이다.

그렇다면 해방 직후의 어둡고 혼란한 현실속에서 삶의 모습과 갈등들은 어떻게 표출되고 있으며, 어떠한 인간상들로 형상화되고 있는가. 또 부정적 현실속에서 갈등하는 이들 작중인물들을 통하여 작가가 보여주려는 현실대

---

111) 단편집 『목넘이마을의 개』(육문사, 1948.12.7)는 황순원의 세번째 단편집으로 해방 후에 창작된 작품들이다. 이 작품집에는 「술」「두꺼비」「집」「황소들」「담배 한 대 피울 동안」「아버지」「목넘이마을의 개」 7편이 수록되어 있다. 이들 단편들은 해방 후에서부터 시작하여 1946년 5월 월남하여 쓴 작품들로써 1950년 6·25 이전에 쓰여진 작품을 묶었다고 볼 수 있다. 따라서 시기적으로 볼 때, 단편 「帽子」(1947.11), 「몰이꾼」(1948.3), 「이리도」(1948.5), 「청산가리」(1948.8), 「무서운 웃음」(1949.4), 「여인들」(1948.9)은 이 단편집에 들어있지 않으나, 제1기에 해당하는 작품으로 보아 여기에서 다루고자 한다.
112) 필자는 "비판적 리얼리즘이란 엥겔스의 리얼리즘관을 계승하여 고리끼가 만든 용어인데 특히 19세기 봉건제도와 자본주의 사회의 부정면을 사실적으로 묘사 비판하여 독자로 하여금 이 부정적 측면에 눈뜨게 함으로써 현실인식을 강화시키자는 것이다."라고 한 정의(張師善, 『한국리얼리즘문학론』, 새문사, p.15)와 "비판적 리얼리즘은 부르조아 사회의 결점을 비판하는 리얼리즘이다."(村上嘉隆, 유염하역, 『계급사회와 예술』, 공동체, 1987, pp.58~59)라는 개념에 기초를 둔다. 특히 본고에서는 일제하와 해방 전후의 부정적인 현실속에서 작품속에 내재해 있는 작가의 비판의식과 현실인식을 드러내고자 하였다.

응의 논리란 어떠한 내용성을 지니는 것인가. 필자는 단편집 『목넘이마을의 개』를 통해 이러한 문제들을 살펴보려 한다. 이러한 의도는 어쩌면 부정적인 현실속에서 작가가 궁극적으로 어떠한 세계관을 가지고 현실을 극복하려 시도하고 있는가. 즉 당대에 있어서 작가의 지향점과 작품이 지닌 문제적 특질은 어떠한가를 고찰해봄으로써 황순원의 전체 문학세계에 접근하고자 한다.

비판적 리얼리즘의 측면에서 작가의 현실주의적 인식방법과 현실대응의 태도 및 그 논리를 규명하려는 필자의 의도는 근본적으로 황순원의 문학이 역사와 현실과의 밀접한 맥락속에서 이루어졌다는 가설과 전제에서 출발한다.

① 사회혼란과 리얼리즘의 길

해방 후 민족현실과 혼란상은 단편 「술」(1945.10), 「두꺼비」(1946.7), 「집」(1946.8), 「담배 한 대 피울 동안」(1947.1), 「帽子」(1947.11)[113]에서 보다 직접적으로 드러난다. 이들 작품들은 해방 후의 사회적 혼란과 생활고속에서 회의하고 갈등하는 인물군을 예리하게 포착한 점에서 비판적 리얼리즘을 반영[114]한다. 비인간화되어가는 사회현실과 척박한 삶의 현장 속에서 나름대로 갈등하고 대응할 수밖에 없는 인물들의 행동양상들을 작가는 다각적인 시선으로 바라본다. 이점에서 단편집 『목넘이마을의 개』는 황순원의 어느 단편집보다도 작가의 현실에 대한 감응력과 비판의식이 돋보인다. 작가의 현실에 대한 예리한 감응력과 비판의식은 단편 「술」에서 작중인물들의 행동 및 심리묘사와 지문들을 통하여 표출된다.

---

113) 단편 「帽子」는 단편집 『曲藝師』에 수록되어 있으나, 1947년 작품이라는 점에서 『목넘이마을의 개』의 작품들과 동년대로 판단되어 여기에서 다루기로 한다.
114) 염무웅은 황순원의 문학이 현실 도피적인 순수문학이 아니라 현실과 깊게 결부되어 있는 리얼리즘의 문학임을 해방 후 단편집 『목넘이마을의 개』속의 작품 등을 중심으로 분석하면서 입증하려 한다.
염무웅, 「8·15 직후의 한국문학」, 『창작과 비평』(1975.가을호)

단편 「술」(1945.10)[115]의 배경은 해방 직후 평양 서성리이다. 이 작품에는 해방 직후 북한지역에서 일어나고 있었던 적산의 처리문제, 조합의 형성문제, 이데올로기의 갈등 그리고 조선인과 일본인의 대립감정들이 섬세하게 포착되고 있다. 이 작품의 작중인물인 준호와 건섭은 일본인이 운영하던 적산 양조장의 대표자리를 두고 갈등한다. 개인자격으로 적산 양조장의 대표가 되려는 준호와 운영권을 개인이 아닌 조합에 맡겨 자신이 대표가 되려는 건섭과의 갈등이 첨예하게 제시된다. 준호는 "개인의 손으로 할 수 있는 일이면 개인의 손으로 할 것이지 왜 하필 번거롭게 조합에만 의탁할 것이냐"(p.33)라고 반문하는데 반해, 건섭은 "우리 종업원 전부가 다 같이 자금을 내서 경영하지 못하는 바에는 어느 개인의 자본을 대느니보다 조합에 맡겨 운영하는 게 옳은 길"(p.33)이라고 주장한다. 즉 준호가 자본주의 체제에 익숙해 있다면, 건섭은 사회주의 체제로 나아가려는 사상적 불씨를 가지고 있는 인물이다. 준호와 건섭의 대립양상은 "그래 젊은놈이 양조장을 위해 열을 내어 일할 생각은 않고 자리 탐만 내? 조선사람은 이래서 망하는 거야!" "어디 그뿐인가! 양조장 안 어중이떠중이 전부가 날보고 동무라 부르겠다? 원 벤벤치도 않은 것들이!"라고 하는 건섭이의 자조 어린 독백에서 예리하게 드러난다. 이렇게 작중인물들의 대립양상을 통하여 작가는 해방 직후 이미 북한에서는 이데올로기의 갈등과 대립이 일어날 수 있는 사회적 배경과 여건이 조성되고 있음을 제시한다.

일본인들이 조선에서 경영하던 적산 사업체의 양조장, 정미소 등이 접수되면서 어떻게 조합의 운영권이 갈려지게 되었는가의 사회화과정을 보여준 점에서 단편 「술」은 우리 문학의 사회사에서 중요하게 논의되어야 할 작품임에 분명하다.

---

115) 작가는 이 작품을 이북에서 써가지고, 1946년 5월 월남하였다고 한다. 단편 「술」의 배경이 평양 서성리라는 것은 필자와의 대담(필자와 작가와의 대담, 작가의 자택에서, 1992.7.11)에서 한 작가의 말이다.
단편 「술」(발표시의 제목「술 이야기」)은 『新天地』(1947.2)에 발표됨.

특히 작가는 8·15 직후의 경제적 정치적 혼란[116] 속에서 자신들의 이익을 챙기기 위해 현실에 기민하게 반응하고 대처하는 타산적 인간상들을 보여준다. 표면적으로는 강한 듯하나 내면적으로는 나약한 성품을 지닌 준호, 반면에 사회주의 사상을 어느 정도 가지고 있으면서 냉철하고 강하게 행동하는 건섭, 피복업자 필배, 안경잡이 사나이, 이들 모두는 "남을 속이지 않고는 못사는 세상이 아니냐"(p.24)는 준호의 독백처럼 8·15 해방 직후의 정치적, 사회적 혼란속에서 저 나름대로 자기자리를 찾고 생존하기 위해 절박한 몸부림을 치는 인간상들에 해당한다. 마흔고개를 넘기며 양조장을 지키기 위해 노력해왔던 준호나, 양조장을 조합이 책임지게끔 하자고 주장하는 건섭, 이들 모두는 해방 후의 이데올로기의 대립과 혼란속에서 나름대로 자기 삶의 방향을 모색하는 그 시대의 보편적이고 전형적인 인물들이면서 동시에 그 시대를 표상하는 상징적 개인들이다.

그러나 이러한 작중인물들을 형상화하는 작가의 시선과 방법은 지극히 객관적이며 냉철하다. 이러한 작가의 예리한 시선은 패잔한 일본인들과 일제하에서 시달림받던 조선인들의 입장이 역전되면서 드러나는 작중인물들의 심리묘사를 섬세하게 포착하는데서 구체적으로 나타나고 있다.

동시에 작가는 단결심이 부족한 우리 민족성과 해방 후 사회적 혼란상에

---

[116] 일본총독부는 여운형을 행정권의 인수책임자로 선택하여, 1945년 8·15일 저녁 여운형은 건국준비위원회를 조직, 8월 말경에는 전국적으로 14개의 건국준비위원회 지부가 등장, 인민위원회로 신속히 전환하여갔다. 많은 지방 인민위원회는 지방의 일본인 재산의 경영권 이전이나 명칭변경을 서약하는 증서를, 떠나는 일본인들로부터 받아내는데 성공했다. 대부분 공장에서는 노동조합이 신속히 결성되었고 조합노동자들은 공장을 접수하여 자주적으로 관리해 나갔다. 또한 농민들은 모든 곳에서 농민조합을 결성한 뒤 일본인과 친일지주들로부터 빼앗긴 토지를 되찾거나 소작료 인하를 단행하였다. 그러나 1945년 미군이 남한땅에 진주한 것이 9월 8일로, 조선총독부는 8월 18일 오후 여운형에 대한 행정권 이양을 취소한다고 발표하였고, 일단 인계하였던 신문사와 학교를 다시 접수하였다. 1945년 9월 7일 맥아더사령부는 38선 이남에 대한 점령정책을 명시한 「조선인민에게 고함」이라는 포고 제1호를 발표함으로써, 미군정 시대의 막을 올리게 되었다.
박세길, 『다시 쓰는 한국현대사·1』(서울 : 돌베개, 1988), pp.33~50.

대한 비판적 현실인식을 이면적으로 드러내 보여준다. "이렇게 조선사람들은 저희끼리 잡아먹으려다 망하는 것이다!"(p.23) "남을 속이지 않고는 못사는 세상이 아니냐"(p.24)라는 준호의 독백은 해방 후 혼란한 사회현실속에서 작가가 우리 민족에게 토해내는 울분인 동시에 절망감의 한 반영일 것이다. 이러한 절망감은 "조선사람이란 그것이 원수인 경우이라도 일단 그 원수가 가엾은 처지에 떨어지게 되면 도리어 이편에서 동정하지 않고는 못배기는"(p.19) 우리 민족성에 대한 연민과 함께 분노로 이어지고 있다.

단편「술」이 작가가 이북에서 겪었던 해방 직후의 현실상황을 제시한 것이라면 단편「두꺼비」,「담배 한 대 피울 동안」,「帽子」등은 작가가 월남해서 겪어야만 했던 전재민들의 고달픈 삶과 현실모순 및 비리를 직접적으로 반영한 작품들에 해당한다.

특히「두꺼비」(1946.6)[117]에서 작가는 '두꺼비'의 이미지를 끌어다가 월남민들의 설움과 아픔을 희화시켜 보여줌으로써 작중인물의 형상화에 성공하고 있다. 이 작품에서 신앙으로 위장한 김장로나, 자기가 방을 얻으려고 의도적으로 현세로 하여금 광대놀음을 하게 하는 두갑이는 훅훅 독기를 뿜는 두꺼비의 모습으로 비유된다.

해방이 되어 북지에서 돌아온 전재민인 현세에게 두갑이나 김장로는 독기를 훅훅 뿜는 두꺼비와 같은 존재로서 다가온다. 친구를 속여서 자신의 이익을 챙기는 두갑이나 울대뼈를 들먹이며 전재민을 내어쫓으려는 김장로는 다같이 가난한 현실속에서 인간성이 마멸되어가는 인간군상을 대표한다고 하겠다.

그러나 작가는 이들 작중인물에 대한 비판보다는 "현세네에게 살아나갈 길을 주지 않는"(p.38) 바로 고국의 현실[118] 그 자체에 대한 절망을 보여준다.

---

117) 단편「두꺼비」는 『우리公論』(1947.4)에 발표됨.
118) 미군정 통치하의 남한에서 그 무엇보다도 심각한 것은 식량문제였다. 반봉건적 지주제도의 광범위한 온존과 비료 등 농업자재 공급의 절대적 부족 및 값의 폭등은 전반적인 농업생산성을 감퇴시켜 급기야는 사상 초유의 식량위기를 초래한

이러한 절망은 현세의 심리묘사를 통해 묘파된다.

> 어떻게 해서 밖에 나갔다 들어오는 사람은 또 지금 마포가 떴느니, 평택이 떴느니 하는 말에 이어, 이 장마가 사십년만에 처음인 큰 장마로 아직도 비가 더 오리란다는 무서운 소식을 전하는가 하면, 쌀 한 말에 오백원에도 없어서 못 사느니, 감자 한 관에 팔십원을 하느니 하는 기막힌 소리뿐이었다.
> 현세는 누워서 자기네에게는 전쟁이 끝난 것이 아니고 지금 한창 하는 중이라는 생각을 하곤 했다. 마포가 물에 잠기고, 평택이 떴다는 소식도 전쟁으로 어느곳이 함락되었다는 것만 같았다. 그래 지금 자기네는 피난 온 것이다. 고국 아닌 어느 곳으로.119)

이렇게 현세가 해방이 된 조국의 현실에서 느끼는 절망감은 집주름 영감이나 구렁이 노파의 경우와 같이 경제적 힘이 없으나 그래도 살아야만 하는 모든 가난한 백성들이 공유하는 감정들에 해당한다. 감자조차로도 끼니를 때우지 못하는 가난한 사람들, 기거하는 집을 구하지 못해 현기증을 느끼는 전재민들. 이들이 느끼는 현실상황은 사람이 사람답게 살 수 있는 최소한의 생계권까지 박탈당하고 마는 전장 바로 그 곳으로 감지된다. 그러면서도 "이러는 동안에 현세는 가슴속 한가운데에서 분명히 나도 살아야 한다. 나도 살아야 한다는 부르짖음 소리를 듣고 있었다."(p.66)에서 볼 수 있듯이 우리 민족은 어떻게든 이 가난하고 궁핍한 해방 후의 현실을 벗어나야만 한다는 당위론이 제기된다. 해방 후의 조국이 민족 대다수에게 살 길을 제시해 주지 못할 때 작가는 현세의 절망과 고통을 통해서 현실모순 및 굶주림과 비리를 고발한다.

또한 작가는 단편 「담배 한 대 피울 동안」(1947.1)120)에서 해방 후 조국현

다. 또한 극단적으로 높은 물가상승과 실업률도 극에 달했다. 한 자료에 의하면 1946년 11월 30일 현재 서울시 인구의 97%가 안정된 직장을 갖지 못한 것으로 나타난다. 박세길, 『다시 쓰는 한국현대사・1』, pp.65~71.
119) 황순원, 「두꺼비」, 『목넘이마을의 개』(서울 : 문학과지성사, 1992), p.54.

실의 모순을 예리하게 묘파한다. 일제 강점하에서 일본은 '토지조사사업', '산미증식계획', '공출제도' 등으로 식민지 농업정책을 펴면서 조선을 일본의 식량 공급지로 묶어두려 하였다.121) 이에 절대적 빈곤에 빠진 농민들은 결국 농촌을 떠나 일본, 만주, 시베리아의 노동시장으로 흘러가거나 국내 각 도시로 일자리를 찾아 모여드는 토막민이 되었다. 최악의 경우 걸인이 되거나 화전민이 되었다.122) 일본으로 흘러들어간 조선인의 대부분은 육체노동에 종사하면서 극심한 민족적 차별대우속에서 연명해 나간다. 해방을 맞아 이들은 조국을 찾아 들어온다. 그러나 해방된 조국은 조국의 품으로 찾아든 근로자들과 부녀자들에게 일거리를 제공해 주지 못한다. 따라서 이들은 또다시 일거리를 찾아 일본으로 밀항하게 된다.

이 작품에서는 돌아온 조국에서 살 길을 찾지 못하고 다시 조국을 떠나 일본으로 밀항하는 참담한 조국현실의 가난과 모순을 예리하게 증언하고 고발한다. 재판소 견습서기인 그는 담배 한 대 피울 동안 신문을 본다. 그 속에서 밀항자의 재판광경을 읽는다. 밀항하다 붙잡혀 재판을 받는 여자의 얘기는 그로 하여금 목로집에서 본 거리의 여자를 연상시킨다. 이것은 또다시 수암선생의 가난한 생활고로 연결되면서 마침내는 그의 생활고로 귀착된다. 이는 곧 밀항자와 거리의 여자와 수암선생의 가난이 그들 개인만의 고통으로 국한되는 것이 아님을 말해준다. 이것은 바로 미군정 하에서 겪어야만 했던 우리 민족 전체의 가난이며 고통인 바, 결국 민족 개개인 곧 그의 삶의 모습이며 고통임을 작가는 제시한다. 즉 작가는 "그저 춥다는 생각에 자기네는 이 남은 겨울을 어떻게 나느냐"하며 걱정하는 그라는 개체적 인물을 강조함으로써 역설적으로 사회 전체의 가난123)과 모순을 상징적으로 드러내 보이는데 성공하

---

120) 단편 「담배 한 대 피울 동안」은 『新天地』(1947.9)에 발표됨.
121) 강만길, 『한국현대사』(서울 : 창작과비평사, 1990), pp.88~102.
122) 위의 책, p.100.
123) 공업생산의 파탄 및 반봉건적 소작관계의 온존과 비료공급의 절대부족으로 인한 농업 생산력의 정체 등으로 전반적인 물자공급이 축소되자 미군정은 통치비용의 조달을 목적으로 화폐를 무더기로 찍어냄으로써 물가는 하늘 높은 줄 모르고 치

고 있다.

특히 일제에 아첨했던 수다한 지식자층과 식민지 통치에 직접 간접으로 협력했던 총독부 관리들 그리고 경찰 행정부의 실무자들이 해방 후 미군정하에서 비판받고 축출되기는커녕 오히려 행정 실무자로서 자리를 굳히고 있는 사회현실의 모순과 비리[124]가 이 작품속에서는 재판관이라는 인물로써 상징적으로 제시된다. 밀항하려다 잡힌 여자에게 내려진 벌은 벌금형이었다. 돈이 없다고 하자 노역장에 유치한다는 언도가 내려진다.(p.122) 이는 바로 해방 후 조국 현실이 얼마나 답답하고 살벌하고 모순으로 가득찬 현실인가를 반영한다. 또 우리 민족의 비참한 삶이 일부 특권층에 의해 어떠한 방식으로 철저하게 도외시되고 있는가 하는 점을 단적으로 보여준다. 양공주들이 먹다버린 깡통을 줍기 위해 달려드는 검은 그림자, 그들은 객차 속에서 던져주는 나무밥곽을 얻으려는 과거의 소년들과는 달리, 어른들이라는 점에서 과거보다 더욱 살벌하고 궁핍한 현실을 리얼하게 제시해 준다.

해방 후의 궁핍화현상은 단편 「帽子」(1947.11)[125]에서도 위트와 패러독스로써 희화화되어 제시된다. 작중인물 장은 김장돈을 봉급에서 가불하기 위해

솟아 올랐다. 1945년 12월에 이르러서는 이전의 8월에 비해 물가가 무려 70배 수준에 도달했다. 반면 노동자들의 임금 인상폭은 물가에 비해 형편없이 뒤떨어졌기 때문에 1945년 이후의 실질임금은 1935년도 일제시대의 기아임금에 비해 3분의 1 이하로 하락해 있었다. 그 결과 노동자들은 한 달에 쌀 두세 말 값의 임금을 받기 위해 1주일에 100여 시간이나 되는 장시간의 고된 작업에 시달렸다.
박세길, 『다시 쓰는 한국현대사·1』, p.68.
124) 미군정은 스스로가 일본의 총독부와 동일시했고 일본이 이 땅 위에 설치해 놓은 모든 기구를 고스란히 인수하여 다시 사용하였다. 친일경력이 분명한 자들이 미군정의 주위에 포진하였고(미군정에 협력했던 대표적 세력 중의 하나는 친일 지주들을 중심한 한민당이었음) 미군정 정책의 결과 경찰간부의 8할은 과거 일제의 주구노릇을 하던 자들로 채워졌으며 특히 그 중에는 북한으로부터 쫓겨내려 온 친일파 중 상당수가 포함되어 있었다. 이러한 이유로 경찰의 횡포는 이루 말할 수 없이 극심하였다. 반면 미군정은 일본인에 의해 투옥된 경력이 있는 사람은 자격을 박탈함으로써 진정한 애국자들의 참여를 엄격히 배제하였다.
박세길, 『다시 쓰는 한국현대사·1』, pp.61~62.
125) 단편 「帽子」는 『新天地』(1950.3)에 발표됨.

사장댁을 방문한다. 어젯밤 집안에 떨어져 있는 모자를 쓰고서. 그 모자로 인해 장은 회사 사람들에게서 "뒤꿍꿍이가 있는 양반"이라고 조롱당한다. 장은 자기의 구차스런 살림형편과 모자가 생긴 이유에 대해서도 말하지 못한다. 회사에서 보자던 사장은 아무 얘기가 없다. 그래서 또다시 큰 맘을 먹고 사장댁을 방문한다. 그러나 뜻밖에도 사장은 "오라, 전번 그 일루 왔군. 그건 좀 어렵겠소. 아다시피 요새 돈이 잘 돌지 않아서……"라고 일축해버린다. 그리고는 장의 모자를 보고 동생을 부른다. 그 모자는 바로 사장동생의 모자였던 것이다. 사장동생은 술과 빗기분에 뒤집 담너머루 장난삼아 던지다 잃어버린 자기의 모자라며 좋아한다. 덧붙여 "자기만큼 인정받을 수 있는 사람"이 이런 장난도 해야 믿어준다고 하며 유쾌해한다. 그의 웃음소리를 들으며, 장은 비틀거리며 돌아설 수밖에 없다. 이는 바로 '가진 자'의 '장난'에 의해 어이없이도 상처받을 수밖에 없는 '못 가진 자'의 '절망'이며 '현기증'인 것이다.

이 작품에서 '모자'는 가난한 현실상황을 가리우고 은폐시키는 상징적 매개물이다. 체코슬로바키아산인 이 모자의 주인공은 사장족들이기 쉽다. 그들은 타인의 가난이나 아픔을 외면해버리는 인간성이 상실되어버린 인간상들이라 할 수 있다. 이 작품은 모자를 매개로 하여 가난의 상황을 다분히 감상과 낭만적 비애로써 묘사한 것이 특징이다. 또한 장이 사장에게서 느껴야만 했던 배신감과 굴욕감이 내재해 있으며 사장의 동생이 보여주는 속물근성, 우월감 같은 것들이 대사속에 용해되어 있다. 작가는 이 작품에서 생활고에 허덕이며 갈등하는 장의 절박한 내면세계를 낭만적 비애를 느끼게 하는 문장으로써 포착하고 있다. 특히 구성에서 보여주는 탁월한 반전의 묘미는 유머, 위트와 함께 이 작품의 리얼리티를 상승시키는데 크게 기여한다. 가난으로 인해 굴욕당하고 상처받는 자의식의 섬세한 내면세계를 유머, 위트, 역설적 아이러니로써 명쾌하게 풍자한다. 이 작품은 작품전반을 흐르는 낭만성과 함께 고골리의 「외투」나 모파상의 「목걸이」에서 느낄 수 있는 것 같은 짙은 페이소스를 내포하고 있다는 점에서, 또 소설이 가져야 할 재미와 리얼리티를 획득하고 있다는 점에서 작가의 역량이 돋보이는 우수작이라고 평가할 수 있다.

해방 후의 혼란하고 가난한 민족현실과 해체된 삶에 대한 작가의 비판의식은 단편「몰이꾼」(1948.3)[126]에서 더욱 직접적으로 드러난다. 특히 작가는 이 단편에서 비정한 어른들의 내면세계와 군중심리에 의해 변모하는 군중들의 심리변화의 추이에 초점을 맞추면서 궁핍한 시대의 삶의 양상을 내밀하게 보여준다. 해방 후의 가난하고 혼란된 현실속에서 피폐할 대로 피폐해져 있는 군중들의 심리세계를 모던한 감각으로 포착해 낸다. 이점에서 단편「몰이꾼」은 심리소설의 계열로 포함할 수 있다.

한 중년신사는 거리의 애들(거지애)이 하수도 구멍을 통해 도둑질하러 들어간 것을 보고 지나가던 사람들에게 이 사실을 떠벌리게 된다. 군중심리에 의해 사람들은 하수도 구멍으로 물을 대게 하여 거지애들이 흘러나오게 유도한다. 그러나 가난을 상징하는 두 조각의 걸레(옷)만 떠내려오고 깍쟁이놈은 나타나지 않는다. 또다시 물을 하수구로 내보낸다. 사람들은 이제나 저제나 깍쟁이놈이 나오기를 기다린다. 그때 하수구의 물이 줄고 피가 흘러나온다. 그러자 로이드 안경잡이는 "손톱발톱으루다 시멘트바닥을 긁어서 나오는 피"일 거라며 걱정말라고 한다. 하수도 구멍으로 다시 새로운 물이 쏟아져 나오기 시작한다. 핏물도 곧 그 물에 씻겨 없어진다. "그러자 문득 사람들의 마음도 변하고 만다. 여지껏은 이제 깍쟁이놈이 하수도 구멍으로부터 기어나오고야 말리라는데 흥미와 호기심을 일으켜온 대신에, 이번에는 깍쟁이가 영악하려거든 끝까지 영악해서 한번 죽는 한이 있더라도 나오지 말아보아라 하고, 좀더 오래오래 견디라는데 흥미를 붙이는"[127]쪽으로 군중심리가 변화한다.

---

126) 단편「몰이꾼」(발표시의 제목「검부러기」)은 『新天地』(1949.2)에 발표됨.
127) 황순원,「몰이꾼」,『鶴/잃어버린 사람들』, 황순원전집 제3권(서울 : 문학과지성사, 1991), pp.88~89.
「몰이꾼」은 1948년 3월 작품으로 단편집『鶴』에 수록되어 있으나, 시대순으로 볼 때 단편집『목넘이마을의 개』와 같은 시기로 보여져 여기에서 다루었다.

어린 생명을 걱정하기 보다 오히려 생명을 담보로 해서까지 "좀더 오래오래 견디라는데" 흥미를 붙이는 군중들의 심리상황은 피폐한 현실속에서 오기와 악만이 남아있는 황폐한 어른들의 내면세계를 적나라하게 표출시킨 한 단면으로 풀이된다.

이 작품에서 작가는 군중심리라는 것이 생명을 담보로 해서까지도 흥정을 하며 잔인해 질 수 있는 것이라는 점을 예리하게 포착해 낸다. 결국 잔인한 군중심리에 의해 한 어린아이의 생명이 검부러기처럼 죽어서 떠오른다. 작가는 군중심리에 의해 희생당하는 어린 생명을 얘기하면서, 단편「이리도」(1948.5),「청산가리」(1948.8),「무서운 웃음」(1949.4)에서와 같이 역설적으로 생명에 대한 존엄성과 절대성을 강조한다. 동시에 청계천 속에서 깡통이니 쇠줄이니 못나부랭이 같은 것을 주워 가난한 생계를 꾸려나가는 거지애들의 모습, 갓난애의 시체 유기, 소매치기 하는 아이들의 이야기 등을 통하여 해방 후 우리 민족이 치를 수밖에 없었던 경제적 혼란과 빈궁한 세태상을 보여준다.

이상의 작품들「술」「두꺼비」「담배 한 대 피울 동안」「帽子」「몰이꾼」에서 작가는 해방 후 정치 사회적 혼란과 빈곤속에서 허덕일 수밖에 없는 현실의 모순과 비리를 비판적 리얼리즘의 시각으로 형상화하고 있다.

② 농촌 궁핍화현상과 문학적 대응논리

작가가 해방 후 이북에서 일어나고 있는 민족현실(「술」)과 월남한 전재민들의 피폐한 삶의 양상을「두꺼비」에서 보여주고 있다면, 단편「집」「목넘이 마을의 개」에서는 공출로 인한 농촌의 궁핍화 문제를 다루고 있다. 또 단편「황소들」에서는 농민들이 농촌의 문제점을 능동적으로 인식하고, 그 모순을 딛고 일어서서 스스로의 손으로 자신들의 길을 찾아 현실을 극복해 가려는 적극적 현실인식을 보여준다. 말하자면 리얼리즘적 응전력을 획득하고 있는 것이다.

단편 「집」(1946.8)은 일제하에서 가혹한 공출[128]로 인해 자작농이 소작농으로 떨어져갈 수밖에 없었던 농촌분해과정을 보여준다. 따라서 이 작품은 일제하의 농촌경제사 및 사회사에 깊게 결부되어 있다. 동시에 일제하에서 공출로 인해 황폐해져가는 농민들의 삶과 함께 해방이 되면서 새로운 지주가 농토를 넓혀가는 과정을 리얼하게 보여주고 있다.

작가는 그가 즐겨 다루는 전형적인 인물유형을 복합적인 구조로 엮어나감으로써, 재미와 리얼리티를 높이고 있다.

첫번째 인물유형은 새지주 전필수이다. 그는 셈이 빠르고 치밀하며 타산적인 인물로서, 「두꺼비」에서의 두갑이, 「노새」에서의 노새주인, 「무서운 웃음」의 민턱영감과 동일계열에 해당하는 인물이다. 그는 8·15 직후 일본인의 물건을 교묘하게 사고팔아 큰 돈을 잡은 후 농토를 사들이기로 작정한다. 이 인물을 통하여 작가는 8·15 직후 어떻게 많은 사람들이 거부가 되어가는가 하는 과정을 보여준다. 전필수는 막동이네 집과 채전을 사들이려고 작정한다. 이 계산에 걸려든 사람이 바로 막동이아버지이다.

두번째는 막동이아버지와 같은 인물 유형으로서 선하지만 의지력이 약하고 충동적인 성격이다. 그는 막동이할아버지가 소 사오라고 한 돈으로 투전을 하여 날려보내고, 터전까지 전필수에게 몽땅 팔아버린다. 투전으로 딴 돈

---

[128] 일본은 '산미증식계획'을 통해 일본의 식량조달 문제를 해결하는 데 성공했지만 조선농민의 궁핍화는 심화하여 농촌의 세민호(細民戶) 및 궁민호(窮民戶)가 급증했다. 궁핍화의 심화에 따라 조선농민의 저항운동이 치열해지는 한편 일본의 대륙침략이 본격화하여 '만주사변'(1931)을 도발함으로써 조선총독부의 농업정책에도 일련의 변화가 일어났다. 일본 제국주의의 침략전쟁이 중일전쟁·태평양전쟁으로 확대되면서 일본의 조선농민에 대한 농산물 수탈은 한층 더 강화되었고 그 구체적인 방법으로 나온 것이 공출제도였다. 중일전쟁으로 전시체제에 들어간 일본은 조선미곡 배급조정령을 제정(1939)하고 곧 임시 미곡 배급규칙을 실시하여 (1940) 조선농민으로 하여금 자가소비용과 종자를 제외한 쌀은 모두 의무적으로 조선총독부에 일정한 가격으로 바치게 함으로써 쌀의 자유시장을 완전히 폐쇄시켰다. 즉 배급제도·공출제도가 실시되었다. 1940년부터 실시된 공출제도는 잡곡에까지 적용되어 전체 생산량의 40퍼센트에서 60퍼센트 이상이 강제 공출되었다. 강만길, 『한국현대사』, pp.97~99.

으로 다시 터전을 찾긴 했으나 결국 술에 취한 채 죽음에 이르게 된다. 만약 그대로 살아있다간 투전을 끊지 못하고 또다시 터전을 팔게되리라는 것을 인식하고 막동이아버지는 술에 취한채 자살한 것이라고 풀이된다.

세번째 인물유형은 막동이할아버지처럼 부지런하고 의지적이며 올곧은 인물로서 작가가 그의 다른 작품속에서도 즐겨다루는 전형적 인물유형이다. 그는 「기러기」에서의 쇳네아버지, 「독 짓는 늙은이」에서의 송영감, 「黃老人」에서의 황노인과 동일계열에 놓여있는 인물이다. 막동이할아버지는 어엿한 자작농이었으나 아들의 투전과 공출로 인해 소작농으로 떨어지고 만다. 빚을 갚기 위해 샘논을 전지주 민창호에게 넘긴다. 그리고 개똥밭을 팔고 야산을 사 최문이(개간)를 하여 완전한 밭을 만들려고 한다. 왜냐하면 최문이 땅에 한해서는 3년간 공출이 없다고 했기 때문이다. 그러나 거름이 부족해 결국 공출을 내기 위해 확실히 낟알이 보장되는 원밭에다 거름을 낸다. 따라서 최문이 땅은 개간이 늦어지고 설상가상으로 없다던 공출이 최문이 땅에까지도 나오게 된다. "면에서 하는 말이 금년에는 군에서 배당된 공출량이 워낙 세어서 최문이 땅에까지 부담시키지 않을 수 없게 됐다는 것이었다."(p.77) 결국 "내년의 공출이 무서워서도" 헐값으로 최문이땅을 민창호에게 팔 수밖에 없고 그 결과 민창호의 토지를 소작으로 부치게 된다.

이런 가운데 8·15 해방이 된다. "8·15가 왔다는 것은 다른 농민에게서처럼 막동이네에게 있어서도 공출이 없어진다는데 뜻이 있었다."(p.79)라는 지문은 일제하에서의 공출129)이 얼마나 농민들을 시달리게 했는가를 보여준다.

---

129) 공출제도는 전쟁확대로 재정 및 식량사정이 악화됨에 따라 쌀뿐 아니라 잡곡으로, 소작농민에게로 확대되었다. 할당제, 부락책임공출제가 강행되었다. 그 해의 공출량을 군·면을 통해 각 농가에게 미리 할당하여 공출을 강행하는 한편, 할당된 공출량을 부락마다의 연대책임 아래 전액 납부하도록 강제 농회로 하여금 광범위한 권한을 가지고 각 농가마다의 공출량을 할당하게 한 후 행정력과 경찰력을 동원하고 농민 상호의 감시를 통해 할당량을 수탈해 갔다. 공출제도는 농민의 최소한의 식량까지도 빼앗은 가혹한 제도였다.
강만길, 『한국현대사』, pp.98~99.

또 극한적인 가난과 공출에 시달릴대로 시달린 농민에게 있어서 과연 해방의 의미가 무엇인가를 제시한다. 해방의 의미란 척박한 농촌현실 속에 부대끼며 살아온 농민들에게 공출이 없어진다는 것 이외에 아무 의미도 내포하지 않는다. 그만큼 황폐화한 농촌의 현실상을 역설적으로 반증한다. 이것은 해방이라든가 조국이라는 이념적인 문제 이전에, 당장 오늘도 생명을 지탱해 나아가야만 하는 궁핍한 농촌의 현실상을 반영한다.

그러나 해방이 되면 공출이 없어지리라던 기대는 일거에 무너진다. 일제하에서 수탈당했던 농민들의 삶은 결코 개선되지 않았으며 미군정하에서도[130] 공출은 그대로 지속된다. 이렇게 해방 전후 궁핍한 현실속에서 공출로 인해 시달리는 농민들의 참상을 작가는 외면하지 않는다. 그만큼 작가가 역사의식과 비판의식을 지니고 있었다는 사실을 뜻한다고 하겠다. 결국 "작가는 농민에게 있어 해방이란 무엇을 의미하는가? 이들에게 가장 절실한 문제는 무엇인가?"라고 의문을 제시하면서 생존조차도 해결되지 못하고 있는 당대의 궁핍화된 현실을 고발한다.

이렇게 농촌의 현실과 문제점을 밀도 있게 부각시켰다는 점에서 작가 황순원은 결코 리얼리즘과 무관한 작가가 아니다. 당대의 어느 작가보다도 그가 농민문제 농촌문제에 일찍부터 깊은 관심을 가져왔음을 확인할 수 있다. 이러한 사실을 뒷받침해줄 수 있는 한 방증으로 우리는 '민향(民鄕)'[131] (백성

---

[130] 미군정하에서도 계속된 공출은 급기야 1946년 1월 25일 '미곡수집령'을 발표함으로써 가속화된다. 강탈과 같은 양곡 수집은 남한지역의 농민들로부터 심각한 저항을 불러일으켰다. 미군정은 중무장한 미군의 호위하에 경찰과 관리들로 '탈취대'를 구성. 강제적인 공출에 나선다. 공출에 저항하는 농민은 그 즉시 수갑이 채워져 경찰서에 연행되었다. 유치장에서는 터무니없이 비싼 값으로 경찰들이 파는 것 이외에는 아무런 음식도 먹을 수 없었다. 1947년 5월 1일까지 8600 여명의 농민들이 미곡수집 위반자로 체포형을 받았다.
박세길, 『다시 쓰는 한국현대사·1』, p.70. 참조.
[131] '民鄕'이라는 호는 작가 스스로 지었다고 한다. 그만큼 작가자신이 백성과 농민 그리고 민족에 대한 애정이 컸던 것으로 유추할 수 있다. 작가는 그의 아내인 양정길여사에게 '曉鄕(효향)이라고 호를 지어 주었다고 한다. 황순원선생의 字는 '晩岡'(만강)으로 그의 아버님이 지어주셨다고 한다.(필자와 작가와의 대담, 작가

의 고향)이라는 그의 호를 예거해볼 수도 있겠다. 이 아호는 그가 젊은 시절부터 백성 또는 민중에 대해 관심이 높았음을 증명하는 하나의 예가 되기 때문이다. 또한 작가 스스로 '백성의 고향이 되겠다는 작가자신의 의지의 반영일 것으로 해석된다는 점에서 그러하다.

작가가 농촌의 현실에 눈을 돌리고 농촌의 문제점을 제시한 또다른 작품으로 단편「황소들」(1946.12)을 들 수 있다. 채만식의「논이야기」(1946)가 역사의 모순에 짓밟힌 농민을 보여준다면,[132] 황순원의「황소들」은 그 모순을 딛고 일어서서 농민들 스스로의 손으로 과감하게 현실을 개척하려는 현실대응의 논리를 보여준다는 점에서 의미가 드러난다. 농민들은 농촌의 문제가 자기자신들이 아닌 다른 어느 누구의 손으로도 올바르게 해결될 수 없음을 깨닫고 능동적인 현실인식으로써 과감하게 분노하며 황소들처럼 분연히 일어나 궐기한다.

이 작품은 일제시대와 해방 후의 농민들의 삶이 열 세살 난 소년 바우의 시선으로 관찰되어 서술된다. 따라서 농민들이 들고나온 문제가 명시적으로 제시되어 있지는 않지만, 이 작품의 이면에는 해방이 되어도 농민에게는 아무런 생활의 보장과 혜택이 돌아오지 않고 여전히 공출로 인해 곤궁한 삶을 영위하는 농민들의 모습이 암시적으로 나타난다. 해방 전 해 겨울 공출 때, 바우의 아버지는 왜놈순사에게 맞아 허리를 상한다.(p.92) 또 춘보는 밀보리공출이 미납되어 매를 맞고 어깨를 잘 쓰지 못하게 된다. 그러나 농민들로 하여금 굶주림으로 허덕이게 만드는 공출은 해방 후에도 미군정하에서의 정치권력층과 지주에 의해 지속되었으며 이로써 농민들의 생계를 불가능하게 만들어주었다. 따라서 바우의 아버지가 "누구에게라없이 분한 듯, 이놈의 세상은 또 속게만 매련이야"(p.89)라고 말하는 것 또한 당연한 일이다. 또한 "엊그제 어디선가 공출관계로 많은 농사꾼이 붙들려갔다는 소문이 났을 때 지렁이

의 자택에서, 1992.6)
132) 염무웅,「8·15 직후의 한국문학」,『民衆時代의 文學』(서울 : 창작과비평사, 1979), p.266.

도 밟히면 꿈틀거린다."(pp.89~90)라고 말할 수밖에 없게 된다. 더구나 지주들은 공출해 얻은 쌀을 광 속에 가뜩 쌓아 놓고 몰래 일본이나 다른 데로 팔아먹는다.133) 그 결과 밤낮 없는 사람만 들볶아대는 정부에 대해 농민들은 울분과 분노를 느끼고 마침내 경찰서에 불을 지르고 지주들의 쌀광을 습격하면서 결연히 궐기하는 것이다.134)

> 그러는 아버지와 동네사람들의 눈에 빛나는 게 있었다. 눈물이었다. 그리고는 모두 꿈틀거린다. 마치 지렁이도 밟히면 꿈틀거린다는 듯이, 그리고 모두 울부짖는다. 이대루 가단 아무래두 다 굶어죽을 목숨여. 누가 공출을 안 하겠다는 건 아니여. 공평하게 해달라는 거지. 어떤 사람은 광속에 쌀가마니를 가득 들이 쌓아놓구 몰래 일본이나 다른 데루 팔아먹게 왜 내버려두느냐 말여. 밤낮 없는 사람만 들볶아 댔자 뭐가 나올거여. 아무래도 이대루 가다간 다 죽을 목숨여. 이 울부짖음은 모두 동네사람들이 벌써부터 하던 말들이다.135)

'불공평한 공출'로 인해 생계를 유지할 수 없는 농민들의 분노는 결국 모순된 정치권력과 악덕지주들에 대한 반발을 낳게 한다. 그러기에 그들은 드디어 '황소들'처럼 묵묵하게, 그러나 결연하게 능동적인 현실인식을 바탕으로 이러한 모순에 항거하는 것이다. 따라서 이 단편은 해방 후 농민들의 삶의 실상을 보여주면서, 능동적으로 현실의 모순을 타파하기 위해 저항하는 적극

---

133) 식량공급의 절대적 부족하에서 미군정의 비호를 받는 일부 친일파들은 높은 물가 상승을 악용하여 양곡을 매점매석하였고 미군정당국은 식량을 비밀리에 일본으로 반출함으로써 이러한 위기를 더욱 가중시켰다. 식량부족으로 인한 민중들의 고통은 참혹하기 그지없었다. 박세길, 『다시 쓰는 한국현대사·1』, p.69.
134) 강탈과 같은 양곡수집은 남한 전역의 농민들로부터 심각한 저항을 불러일으킨다. 미군정은 중무장한 미군의 호휘하에 경찰과 관리들로 '탈취대'를 구성하여 강제적인 공출에 나선다. 공출에 저항하는 농민은 연행되었다. 이러한 군정의 강제공출 및 제반정책에 대한 저항은 전국적인 규모로 1946년 10월 1일 '10월 인민항쟁'(대구폭동)을 유발시킨다. 박세길, 위의 책, pp.70~81.
135) 황순원, 「황소들」, 『목넘이마을의 개』(서울 : 문학과지성사, 1992), p.98.

적인 농민들을 설정하여 현실대응의 논리를 제시한다. 이점에서 문학사 및 사회사에서 중요하게 언급되어야 할 작품임에 분명하다. 동시에 이 작품은 직접적으로 현실의 모순과 비리에 저항하는 인물들을 보여주었다는 점에서도 황순원 문학에 있어서 비판적 리얼리즘을 대표한다고 할 수 있다. 작가의 능동적인 현실인식과 적극적인 세계관을 엿볼 수 있게 하는 우수한 작품으로 간주된다는 뜻이다.

독립지사가 오히려 매도당하고[136] 친일파가 득세하는 해방 후의 도착된 현실속에서 일본과 만주를 유랑하다가 고국이라고 찾아온 전재민들은 방 한 간 얻지 못하고 풍찬노숙을 하는데(「두꺼비」), 악덕모리배들은 적산을 불하받고 힘없는 사람들 등을 쳐서 배를 불리는 해방 후의 기막힌 현실을 묘파하면서 작가는 우리 민족에게 '8·15'는 무엇을 의미하는가라는 아픈 질문을 정면으로 제기하는 것이다. 나아가 해방이 농민에게 무엇을 주어야 하는가? 또는 우리가 진정 무엇으로부터 해방되어야 하는가에 대한 문제를 제기하면서 나름대로 해결방안을 추구한다. 가난한 농민들에게 있어서 해방은 공출로부터의 해방을 의미한다. 그들을 공출로부터 해방시켜 최소한의 생계를 꾸려나갈 수 있는 대책을 마련해주어야 한다는 점을 작가는 역설한다. 이점에서 단편 「황소들」은 사회현실의 비리와 모순을 직시하고 타파함으로써 작가의 능동적 현실인식을 강하게 표출시킨 리얼리즘계열의 대표작 중의 하나라 평가할 수 있다.

단편 「목넘이마을의 개」(1947.3)[137]는 일제하의 민족현실과 생명에 대한 경

---

136) 미군정은 일본인에 의해 투옥된 경력이 있는 사람은 자격을 박탈함으로써 진정한 애국자들의 참여를 엄격히 배제하였다.
박세길, 앞의 책, p.62.
137) 단편 「목넘이마을의 개」는 『開闢』(1948.3)에 발표됨.
이재선은 황순원의 「목넘이마을의 개」가 앞서의 작품들이 지닌 경직성을 되도록 배제해 가면서 식민지시대의 민족의 유리와 가난 및 절망하지 않는 역사관 등을 성공적으로 정리하고 있다고 말한다.
이재선, 「해방의 의의와 분단기의 소설」, 이재선·조동일편, 『한국현대소설 작품론』(서울: 문장, 1993), p.36.

외감 그리고 조국의 해방이 갖는 의미가 무엇인가를 암시적으로 보여준다. 작가의 외가가 있는 목넘이마을은 일제하에서 생계를 유지하지 못한 우리 민족이 고향을 떠나 서북간도로 가기 위해 들러 지나가는 길목에 위치한 마을이다. 이 작품에는 우리 민족이 감당해야 했던 가난한 삶의 모습이 암시적으로 제시되어 있으며, 이러한 삶의 모습은 먹이를 찾아 헤매이는 '목넘이마을의 개'로써 표상된다. 먹이를 찾아헤매는 '신둥이'(흰둥이의 평안도 사투리임)는 '백의'를 상징하는 우리 민족을 표상한다고 해석해 볼 수 있다. 서북간도 나그네인 주인이나 신둥이개는 모두 가난한 현실의 상징적 매개물이다.

동네 사람들은 "금년 농사 이야기며 햇보리 나기까지의 양식 걱정"을 하던 끝에 신둥이개를 미친 개로 오해한다. 그러나 간난이할아버지만은 신둥이개가 미치지 않았다고 확신한다. 간난이할아버지는 이 작품속에서 연륜과 지혜를 갖추고 있는 인물로 설정되어 있다. 그는 신둥이개가 새끼를 뱄다는 사실을 깨닫고 도망가게 한다. 간난이할아버지는 생명을 중시하고 모성을 중시하는 인물로서 작가자신이 항상 추구하는 생명사랑을 대표하는 인물로 볼 수 있다. 얼마 후 신둥이개는 다섯 마리 강아지를 낳게 되고 간난이할아버지는 강아지를 한 마리씩 안아다 이웃에 나눠준다. 그리고 그 새끼가 번성해 갈 때, 간난이할아버지는 미소를 띠운다.

일제하에서 조국의 해방을 그리워하며 민족의 번성을 갈구하던 작가가 무궁무진하게 뻗어가는 우리 민족의 한 상징물이라 할 수 있는 신둥이새끼를 형상화시킨 것은 작가의 민족정신과도 깊게 결부되고 있다고 본다. 그러나 해방된 조국의 모습은 우리가 기대했던 조국의 모습이 아닌 변질된 조국의 모습으로 돌아왔다. 따라서 신둥이개가 "그해 첫겨울 어느 사냥꾼의 총에 맞아 죽었다는 소문이 있었는데 사실 그 후로는 통 보지를 못했다는 것이었다."(p.154)라는 결미부분은 매우 암시적이다. 즉 해방된 조국의 미래가 정치

「목넘이마을의 개」에 나오는 목넘이마을은 작가 황순원의 외가가 있었던 평안남도 대동군 재경면 천서리를 지칭한다.

적, 경제적으로 혼란을 거듭하며 불확실하게 나타날 때, 작가는 '신둥이개'의 행방을 묘연하게 처리할 수밖에 없었을 것이다. 이는 처음부터 작가가 의도적으로 신둥이개를 우리 조국 또는 민족의 한 모습으로 상징화시켰다는 반증이 될 수 있으리라. 즉 1945년 해방 이후 조국의 현실이 정치적 이념의 혼란과 극심한 가난속에서 갈등을 거듭할 때, 작가는 미래에 대한 불확실성을 암시하기 위해 신둥이개의 죽음을 상징화시킨다. 이점에서 이 작품에는 작가의 민족의식과 조국애가 내포되어 있으며 작가의 현실인식이 리얼하게 투영되어 있다고 하겠다. 곧 신둥이개가 죽었다는 소문은 우리 민족현실의 어둠을 상징하고 있으며 조국의 미래가 밝지만은 않다는 작가의 현실인식에 다름아니기 때문이다.

즉 작가는 이 작품에서 해방이 우리 민족에게 어떤 의미를 부여하고 있는가에 대한 물음을 제기하고 있다고 본다. 이 물음의 제기는 황순원의 작품속에서 해방의 의미를 구체적 분석을 통해 살펴야 할 당위성을 갖게 한다.

③ 해방, 갈등의 확대와 심화

황순원 문학에 있어서 해방의 의미는 한국현대사의 전개과정과 맞물려 있다. 조선인들에게 있어서 해방의 의미는 일제의 수탈과 만행에서 벗어나 우리의 손으로 진정한 조국을 수립하는 것이었다. 그러나 실제로 다가온 해방된 조국의 모습은 경제적, 정치적, 이념적 혼란 그 자체였다. 이렇게 왜곡되고 굴절된 해방공간의 현실상은 황순원 문학에서 곧잘 '속임과 속힘'에 기반을 둔 갈등의 양상으로 포착된다. 공출이 없어지리라는 기대(「집」, p.79)는 무너지고 미군정하에서 공출로 인해 여전히 가난하고 수탈당할 수밖에 없는 현실상황이 단편 「황소들」(1946.12), 「술」(1945.10)에서 '속임과 속힘'[138]의 갈등관계로 파악되기 때문이다. 이렇게 해방된 조국이 우리 민족에게 살길을

---

138) 「황소들」에서 "이놈의 세상은 또 속계만 매련이야"(p.89)라고 나타난다. 「술」에서 "남을 속이지 않고는 못사는 세상이 아니냐"(p.24)라고 지문에 나타나고 있다.

제대로 마련해 주지 못하고 혼란을 거듭하는 현실의 모순상은 작중인물들로 하여금 정신적 방황과 갈등을 야기한다. 이러한 갈등양상이 단편 「두꺼비」(1946.7)에서는 "살 길을 주지 않는 고국"(p.38)으로 인식되기도 하고, '고국' 아닌 '어느 곳으로' '피난온 것으로(p.54) 파악되기도 한다.

이러한 정신적 갈등양상은 '속임과 속힘'의 관계속에서 더욱 극대화되어 나타난다. 해방이 되어 북지에서 고국이라고 찾아들었으나 결국 친구의 속임수에 넘어가 이용만 당하는 현세(「두꺼비」)는 그 대표적 인물이다. 나아가 작가는 「담배 한 대 피울 동안」(1947.1), 「帽子」(1947.11), 「몰이꾼」(1948.3)을 통하여 해방 후의 척박한 삶속에서 좌절하며 갈등하는 인물들을 형상화시켰다. 특히 적산 양조장의 인수문제를 두고 갈등하는 준호와 건섭이와의 이념대립은(「술」) 해방 직후 북한에서 실시되던 '토지개혁'[139]의 문제와 함께 중요하게 다루어져야 할 부분으로 여겨진다.

이런 갈등양상은 단편 「아버지」(1947.2)[140]에서 드러나고 있듯이 정치적 이념의 문제가 개입될 때 더욱 혼란스럽게 나타난다. 단편 「아버지」(1947.2)에서는 '신탁통치'의 찬·반을 두고 혼란스러워하는 농민들의 갈등양상이 표출되고 있기 때문이다.

이 작품에는 3·1 운동 당시의 상황이 남강 이승훈선생, 안세환씨 그리고

---

139) 북한에서의 전면적인 개혁은 1946년 2월 '북조선 임시인민위원회'가 발족되고부터이다. 임시인민위원회가 가장 먼저 착수한 사업은 토지개혁이었다. 토지개혁은 1946년 3월 5일 「북조선 토지개혁에 관한 법령」이 공포되고 이를 추진할 수 있는 '농촌위원회'가 만들어짐으로써 본격화되었다. 농촌위원회의 주도하에 일본인, 민족반역자, 5정보 이상을 소유한 대지주의 땅은 모두 몰수되어 토지가 없거나 부족한 농민에게 가족수에 따라 무상 분배하였다. 지주라도 과거 항일독립운동에 공이 있는 경우는 일정한 토지를 소유한 채 고향에 사는 것이 허용되었으나, 반항하는 지주들에 대해서는 규정에 따라 가차없이 토지를 몰수하였고, 다른 지역으로 강제이주시켰다. 이리하여 44000여명의 북한지주들이 완전히 토지를 몰수, 나머지 지주들도 상당히 큰 면적의 토지를 빼앗겨만야 했다. 재분배된 토지면적은 전 북한 농지면적의 50% 이상이었다.
박세길, 앞의 책, pp.81~88. 참조.
140) 단편 「아버지」는 『文學』(1947.2)에 발표됨.

작가의 아버지이신 황찬영씨를 중심으로 서술되면서 해방 직후의 가난한 현실상황과 신탁통치의 문제가 반영되어 있다. 바람중으로 앓는 어머니를 보며 스스로를 조소하는 작가자신의 갈등양상은 아버지의 이야기를 통해 해방 후의 정치적 혼란상과 연결되면서 자연스럽게 남도 청년의 이야기와 접맥되고 있다. 이 작품은 기미년 만세 때, 작가의 아버지와 함께 감옥에 있었던 청년과의 해후를 통해 신탁통치의 찬·반을 두고 우리 민족이 갈등해야 했던 당시의 시대적 상황을 보여준다.141) 그 당시 의식이 있는 사람들에게 있어서 찬탁 반탁의 결정은 큰 갈등으로 부각되었던 것이 사실이다. 남도 청년은 신탁통치를 찬성해야 옳을지 반대해야 옳을지 종잡을 수가 없어서 서울로 올라왔노라고 하면서 "어느 모루든 왜놈식의 무단정티가 이땅에 다시 활개를 테서는 안된다."(p.128)고 말한다. 이런 청년의 모습을 보며 아버지는 그 청년이 "어뜨케나 환히 터다뵈든지, 그리구 말하는 거라든디 생각하는 게 어띠나 젊었든디, 나까지 막 다시 젊어디는 것같드라"(pp.128~129)라고 말씀하신다. 이렇게 말씀하시는 아버지를 보며 작가는 "아버지도 늙으실수록 아름다와지는 유의 남자임을 안 것 같았다."(p.129)라고 독백한다.

이 단편속에서 작가는 신탁통치 문제가 야기한 혼란상과 갈등을 보여주면서 동시에 "어느 모루든 왜놈식의 무단정치"가 이 땅에 또다시 활개를 쳐서는 안됨을 역설한다. 곧 "왜놈식의 무단정치"가 있어서는 안된다는 청년의 말은 그대로 작가의 아버지의 말이면서 작가자신의 말이기도 한 것이다. 여

---

141) 얄타회담에서 한반도에 대한 신탁통치를 결정한 연합국은 제2차 세계대전의 전후 문제를 토의하기 위해 모스크바 3상회의(1945.12.28)를 열고 한반도의 신탁통치 문제를 비로소 공개했다. 미국 영국 소련의 외상이 모였던 이 회의에서는 한반도 문제에 대해 첫째, 민주주의적 원칙 아래 독립국가를 건설하기 위한 임시 조선민주주의 정부를 수립하고 둘째, 임시정부 수립을 원조하기 위한 미소공동위원회를 설치하며 셋째, 미국·영국 소련 중국 등 4개국 정부가 공동관리하는 최고 5년 기한의 신탁통치를 실시할 것을 결정 발표했다. 3상회의 결정이 전해지자 국내에서는 우익의 반탁과 좌익의 찬탁이 맞서서 좌우대립이 급격히 심화되어 갔고, 그런 분위기 속에서 미국과 소련은 3상회의 결정에 따른 제1차 미소공동위원회를 서울에서 열었다.(1946.3.20) 강만길, 『한국현대사』, p.170.

기에서 작가의 강한 민족의식과 현실인식이 내재해 있다고 하겠다. 해방 후의 민족현실속에서 작가가 직시하고 있는 부정적 현실과 갈등의 양상은 국가와 개인과의 관계속에서 '속임과 속힘'의 사회적 관계로 포착되기도 하고 개인과 개인과의 관계속에서 '가해자'와 '피해자'의 갈등관계로서 드러나기도 한다. 이러한 부정적 현실에 대해 작가는 냉정하게 비판하기도 하고 때로는 절망과 조소를 드러내기도 한다. 나아가 우리 민족성에 대해 분노하기도 한다. 이와 같은 작가의 비판의식은 근본적으로 그의 작가의식이 지적 냉철함에 바탕을 두고 있음을 말해준다. 그러나 이러한 비판적 성찰의 저변에는 생에 대한 긍정적인 철학과 생명, 이상, 영원을 지향하는 그의 인생관이 내재해 있다고 봄이 타당하다. 그의 문학에서는 '부정적 현실'이 '부정'으로만 머물지 않고 '부정'이 '긍정'으로 전화하는 힘을 갖는다.

　이렇게 부정과 비판을 통해서 긍정에 이르는 생의 철학은 단편 「아버지」의 결미부분에서 단적으로 드러난다. "어느 모루든 왜놈식의 무단정티가 이 땅에 다시 활개를 테서는 안된다."라고 하며, 강하게 극복의지를 다지고 있는 청년의 모습이 아버지의 눈을 통하여 환히 쳐다보이는 것은 아버지와 청년이 공감대를 형성하고 있다는 것에 다름아니기 때문이다. 또한 그런 아버지를 보며 "아버지도 늙으실수록 아름다와지는 유의 남자"임을 확인하는 작가 역시 그들과 똑같은 공감대 위에 서 있음을 반증한다. 청년의 말은 부정적 현실을 극복하려는 극복의지의 단적인 표현이며 이것은 바로 아버지의 극복의지이기도 하면서 작가의 극복의지이며 민족의식이고 현실인식의 한 반영이기 때문이다. 이렇게 부정적 현실을 극복하고자 하는 작가의 능동적인 의지는 궁극적으로 그의 긍정적인 인생관의 한 반영임에 분명하다.

　필자는 해방 후의 단편집 『목넘이마을의 개』를 중심으로 비판적 리얼리즘의 측면에서 작가의 현실주의적 인식태도와 현실대응의 논리를 살펴보았다. 이를 통해서 이들 작품속에서 드러나고 있는 부정적인 현실상을 살피면서 그것들이 '속임과 속힘'의 관계, '갈등'의 관계로 포착되고 있음을 알 수 있었다. 아울러 해방 후 민족현실의 혼란상과 궁핍화 현상에 대한 작가의 비판의식을 직시하면서 이러한 비판의식이 단편 「황소들」, 「아버지」 등을 통하여 현실주의적 응전력으로 드러나고 있음을 살펴보았다.

이로써 필자는 황순원의 문학을 현실이 거세된 순수문학이라고 규정하는 것은 그의 문학을 깊이 있게 천착하지 않고 단정지은 오류의 결과라고 본다. 다시 말해서 작가 황순원은 결코 현실을 외면한 것이 아니라 현실인식의 바탕위에서 부정과 갈등을 통하여 체득된 '인간긍정의 철학'을 기반으로 하여 현실을 극복하고자 함을 확인할 수 있었다. 이상에서 살펴 본 바와 같이 단편집 『목넘이마을의 개』에서 작가는 다른 어느 시기의 작품들에서 보다 강하게 해방공간의 부정적 현실을 냉정하게 비판한다. 이와 같은 작가의 비판의식은 그의 작가의식이 지적 냉철함에 바탕을 두고 있음을 말해준다. 이런 점에서 특히 단편집 『목넘이마을의 개』의 작품들은 비판적 리얼리즘을 반영하는 황순원의 대표적 단편들이면서 해방공간의 문학사에서 뚜렷하게 그 위치를 차지해야 할 문제적 작품들이라고 판단된다.

이로써 제1기의 문학에는 단편집 『늪』과 『기러기』를 중심으로 한 모더니즘적 계열의 작품들과 장편 『별과 같이 살다』, 단편집 『목넘이마을의 개』를 중심으로 한 리얼리즘 계열의 작품들이 혼재해 있음을 살펴보았다. 동시에 애정의식, 모성의식, 생명의식, 현실인식이 민족의식과 함께 작품세계의 기저에 놓여있음을 발견하였다. 이러한 사실은 작가가 이미 초기에서부터 사회와 개인, 역사의식과 예술의식을 병립시키면서 시대인식과 역사인식을 작품속에 내면화시켰음을 보여준다.

특히 단편집 『늪』에서 보여주던 뛰어난 예술의식 이면에서 내재화되고 있던 작중인물들의 허무의식이(「거리의 副詞」, 「風俗」, 「配役들」, 「소라」, 「허수아비」, 「지나가는 비」) 단편집 『기러기』에 와서 단편 「머리」, 「세레나데」, 「병든 나비」 등을 중심으로 하여 더욱 심화되는 경향을 보이고 있다. 특히 단편 「머리」에서 볼 수 있는 불안, 무위, 불쾌, 권태의 감정들은 일제 말기에서 지식인이 느낄 수밖에 없었던 작가의식의 한 반영이라 볼 수 있다.

그러나『늪』에서 보여주던 허무적 자의식의 세계는 단편집『기러기』속의 「별」,「그늘」을 통하여 잃어가는 전통과 조국에 대한 안타까움으로 표출되고 있다. 즉 민족현실과 이상의 괴리 사이에서 빚어지는 갈등의 양상과 함께 민족의식이 단편집『기러기』에서 제고되고 있는 것이다. 특히「별」「기러기」에서 나타나는 모성의식은 작가의 민족의식과 접맥되고 있음을 살펴보았다. 나아가 이러한 작가의 민족의식은 단편「독 짓는 늙은이」등을 통하여 암울한 시대를 견뎌내려는 작가의 투지와 극복정신으로 반영되어 있음을 파악하였다. 이러한 작가의 정신적 자세는 궁극적으로 작가가 가지고 있는 인간에 대한 신뢰와 사랑, 따뜻한 인간애에 기인하고 있음을 단편「눈」을 통하여 파악하였다.

해방이 되면서 작가는 장편『별과 같이 살다』를 통하여 본격적으로 사회와 역사속에서 고통당하는 소작농민들의 모습과 일제의 수탈상을 묘사한다. 필자는 이 작품을 통하여 작가가 이미 초기에서부터 농민과 빈민, 노동자에 대해 관심을 기울여왔고, 농촌의 제반 문제에 시선을 돌리고 있었음을 고찰하였다. 이것은 바로 작가가 역사와 현실에 대해 깊은 관심을 가져왔음을 반증한다고 본다.

단편집『늪』,『기러기』를 통해서 이면적으로 내재화되어 있던 작가의 현실인식은 해방 후 장편『별과 같이 살다』에서 보다 직접적으로 묘사되기 시작한다. 나아가 해방 후 민족현실의 혼란상이 단편집『목넘이마을의 개』에 와서는 가속화되어 비판적 리얼리즘으로 표출되고 있다. 특히 단편집『목넘이마을의 개』에서 나타나는 작가의 치열한 현실인식과 예각화된 비판정신은 그의 어느 시기의 작품들에서보다도 뚜렷하게 드러나고 있음을 살펴보았다.

2. 현실인식과 역사의식의 확대

황순원 문학을 통시적으로 살펴볼 때, 제2기의 문학(1950년~1955년)은 황순원 문학이 확대되는 시기로 6·25 전쟁 발발부터 약 5년간에 걸쳐 창작된 작품들을 일컫는다.

이 시기의 작품으로는 단편집 『曲藝師』(명세당, 1952.6), 『鶴』(중앙문화사, 1956.12), 장편 『카인의 後裔』(1954.5), 『人間接木』(1955.12)을 들 수 있다. 따라서 이들 작품들은 대부분 전쟁을 소재로 하고 있으며 분단 역사의 현실을 배경으로 하고 있는 작품들이 많다는 점을 그 특질로 들 수 있다.

단편집 『曲藝師』에 수록되어 있는 작품들속에는 작가의 현실인식이 강하게 내재되어 있으며 전쟁의 상흔과 생명옹호의 정신이 반영되어 있다. 단편집 『鶴』은 좌우이데올로기의 대립보다는 오히려 우정이나 따뜻한 인간애로 갈등을 뛰어넘는 화해와 극복의지를 보여준다. 역사의식이 확대되고 있는 장편 『카인의 後裔』는 이데올로기의 갈등과 극복의 문제를 제기하고 있다. 장편 『人間接木』은 전쟁이 야기한 폐허화된 삶의 양상과 구원으로서의 사랑을 제시한다.

따라서 이데올로기의 갈등과 대립 그리고 전쟁, 분단이라는 역사적 현실 앞에서 작가가 어떻게 당대의 현실을 인식했으며 갈등하고 전쟁의 폭력성에 분노하였는가. 또 어떻게 현실을 극복하려 하였는가라는 문제를 제2기의 문학을 통해서 천착해 볼 수 있다.

1) 전쟁의 상흔과 현실인식의 확대, 단편집 『曲藝師』

황순원 단편집 『曲藝師』(명세당, 1952)[142]는 해방 직후의 민족현실을 형상

---

142) 단편집 『曲藝師』에 수록된 작품은 총 11편으로 1950년 6·25 전쟁 이후 쓰여진 작품이 8편이다.(「아이들」, 「메리 크리스마스」, 「솔메마을에 생긴 일」, 「어둠속에 찍힌 版畵」, 「목숨」, 「曲藝師」, 「골목 안 아이」, 「그」) 단편 「帽子」(1947.11), 「이리

화한 단편집 『목넘이마을의 개』에 이어 네번째로 나온 단편집이다. 단편집 『목넘이마을의 개』가 월남민의 아픔을 다루었다면, 단편집 『曲藝師』는 6·25전쟁으로 인한 피난민의 설움과 상처가 구체화되어 있다. 따라서 이 단편집에는 황순원의 어느 시기의 작품보다도 작가의 자전적 요소가 짙게 드러난다.

필자는 작품속에 내재해 있는 주제의식과 작가의 현실의식을 천착하고 나아가 작가가 6·25전쟁을 어떻게 보았는가라는 문제와 함께 전쟁에서 기인한 부정적 현실을 작가가 어떻게 극복해 나아가려 시도하고 있는가를 규명하고자 한다.

① 생존의 위기와 타산적 인간상

6·25전쟁은 작가들의 시각과 방법에 따라 다양하게 소설로 형상화되었다. 작가 황순원에게 있어서도 6·25전쟁은 피를 나눈 같은 민족끼리의 전쟁이라는 점에서 충격으로 작용했으며, 이 전쟁이 결과적으로 분단상황을 초래했다는 점에서 절망감과 분노를 불러일으키게 된다. 6·25의 전쟁체험은 그의 전 생애를 통해 커다란 억압관념으로 자리잡게 되고 동시에 그의 문학세계에서 뚜렷한 하나의 분기점을 이루게 된다.

그의 문학에서 '전쟁'이란 소재는 단편집 『曲藝師』(1952년), 『鶴』(1956), 『너와 나만의 時間』(1960.5)을 위시하여 장편 『人間接木』(1955.12), 『나무들 비탈에 서다』(1960.5) 등을 통하여 지속적으로 다루어진다. 특히 평양인 고향을 등지고 자유를 찾아 내려온 월남민의 고통이 채 가시기도 전에 또다시 치루어

도」(1948.5), 「무서운 웃음」(1949.4)은 1950년 이전에 씌어져 시기 구분상 단편집 『목넘이마을의 개』에 넣는 것이 타당하다고 본다. 단편집 『曲藝師』에 수록된 작품들은 주로 1947년부터 1951년 사이에 씌어진 작품들이다. 단편 「이리도」와 「무서운 웃음」은 필자가 쓴 논문을 참조할 것.
장현숙, 「전쟁의 상흔과 인간긍정의 철학」(경원전문대학 논문집 제16집, 1993), p.517.

야만 했던 6·25전쟁 체험은 작가로 하여금 역사와 현실, 개인과 사회와의 관계속에서 감당해야만 했던 정신적 갈등과 절망감을 그의 문학속으로 이끌어 들이게 되는 직접적인 계기가 될 수밖에 없었을 것이다. 작가는 "「曲藝師」이것을 쓰면서 나는 나 개인의 반감, 증오심, 분노 같은 것을 억제하기에 저으기 노력해야만 했다."143)라고 술회하고 있다. 따라서 단편집『曲藝師』에는 황순원의 초기 단편집『늪』『기러기』에서 볼 수 있었던 상징성보다는 오히려 자전적 체험이 빚어내는 직정성이 더 많이 표출되고 있음을 알 수 있다.

전쟁의 상흔과 함께 부정적 현실속에서 보여지는 인간성이 마멸된 타산적 인간상은 단편「어둠속에 찍힌 版畵」「曲藝師」등에서 특히 구체적으로 드러난다.

단편「어둠속에 찍힌 版畵」(1951.2)144)는 전쟁의 상흔이 작중화자인 나의 가슴속에 판화처럼 각인되는 현실인식을 다루고 있다. 6·25전쟁 상황하에서 느낄 수밖에 없는 쫓기는 자로서의 불안의식, 초조 그리고 생존에 대한 위기의식과 함께 한 가정의 가장으로서 느낄 수밖에 없는 자책감 같은 감정들이 이 작품속에 내재되어 있기 때문이다. 사랑하는 어린 자식들까지 신문팔이를 시켜야만 하는 참혹한 현실속에서 나는 어두운 밤이면 "자꾸 무엇에 쫓기는 심사"를 가질 수밖에 없다. 이 작품에서 어둠은 죽음과도 같은 현실을 상징한다. 인간이 최소한 누려야 할 의식주 문제 등 기본적인 생존권마저 유린당할 수밖에 없도록 만든 전쟁에 대해 나는 분노를 느낀다.

전쟁으로 인해 빚어진 나의 정신적 갈등양상은 이 작품에서 주인사내의 갈등양상과 맞물려 있다. 아내 몰래 총알이 든 조그만 상자를 안고 "그것을 감출 적당한 장소를 찾아 이리저리 어둠속을 헤매고 있는" 사내의 모습은 인생의 의미를 잃고 방황하는 '어둠속에 찍힌 판화'에 해당한다. 인생의 목표를 잃고 또는 인생의 의미를 찾아 어둠속을 헤매는 주인사내의 모습은, 그대로

---

143) 황순원,「책끝에」,『曲藝師』, 황순원전집 제2권, p.252.
144) 단편「어둠속에 찍힌 版畵」는『新天地』(1951.1)에 발표됨.

전쟁의 피폐한 삶 속에서도 자식들과 함께 생존을 위해 어둠속을 헤매이는 나의 모습과 동일시된다. 동시에 어둠속을 몇 장의 신문을 안고 헤매다 돌아온 어린 것의 모습은 어두운 밤이면 더욱더 짙게 나의 가슴속에 각인되는 '어둠속에 찍힌 판화'로서의 의미를 지닌다.

그러나 나는 끝내 그 어둠속에서만 머물지 않는다. 작중화자인 내가 어둠속에서 느끼는 전쟁의 상처와 아비로서 느낄 수밖에 없는 자책감은 이 작품의 결미에서 반전을 이루게 된다. "나는 이 판화속 사내가 들어오기를 기다릴 것이 아니라 어서 뜰아래 우리 방으로 돌아가고만 싶었다. 돌아가 이날 밤도 같은 어둠속을 몇 장의 신문을 안고 헤매다 돌아온 우리 두 어린것의 이불자락이라도 여며주고만 싶었다."145)에서 볼 수 있듯이 전쟁으로 인해 빚어진 생존에 대한 위기감과 절망감은 아버지로서의 사랑과 책임의식으로 인하여 부정적인 현실을 극복하고 초극하는 힘으로 전화한다. 이런 의미에서 단편 「어둠속에 찍힌 版畵」는 부정적인 현실을 초극하는 작가의 정신적 힘과 지향성을 보여주는 작품이다. 이것은 궁극적으로 작가가 가지고 있는 '인간긍정의 철학'에 기인된다고 본다. 또한 이 작품에는 황순원 특유의 범생명주의, 생명사랑의 정신이 반영되어 있음을 알 수 있다.

전쟁의 비극적 상황속에서 불안과 초조와 위기의식을 느끼는 작중인물의 내면상황은 단편 「曲藝師」(1951.5)146)에서 더욱 리얼하게 묘파된다. 「曲藝師」는 대구와 부산으로 피난가서 한 가족이 겪을 수밖에 없었던 고통과 굴욕, 분노 같은 것들을 객관적인 응시자로서의 모습보다는 직정적인 현실인식을 바

---

145) 황순원, 「어둠속에 찍힌 版畵」, 『曲藝師』, 황순원전집 제2권, p.196.
146) 단편 「曲藝師」는 『文藝』(1952.1)에 발표됨.
　　가령 김병익은 「曲藝師」가 사소한 자전체를 띠고 있지만 50년대 한국 단편 문학의 문제작으로 평가될 수 있었던 것은 개인적 불행, 私的 고난의 묘사를 통해 한국인, 한국역사 전체가 피에로적이라는 비극적인 현실인식 때문이라고 긍정적으로 평가한다.
　　김병익, 「수난기의 결벽주의자」, 『황순원문학 전집』 제5권 (서울 : 삼중당, 1978), p.381.

탕으로 서술하고 있다.

　권영민은 이 작품에서 "작가는 전쟁체험을 개인의 삶의 차원에서 수습하고 있을 뿐, 역사의 흐름에 정면으로 대결할 만한 의지를 보여주지 못하고 있다. 작가는 삶을 뿌리채 뒤흔들어 놓은 역사적 상황에 대해 분노하기보다는 전쟁의 현실을 있는 그대로 받아들이고자 노력하고 있다."147)고 말한다. 권영민의 이 평가는 작가 황순원이 역사의 흐름에 정면으로 대결할 만한 의지를 보여주지 못한 점에서 설득력을 가진다. 그러나 작가자신이 전쟁의 역사적 상황에 대해 분노하고 있다는 점에서 권영민의 이 평가는 일부 시정되어야 한다고 본다.

　이 작품에서 작중화자인 나는 인간다운 삶을 허물어버리는 전쟁에 대한 분노와 함께 전쟁으로 인해 파괴되어가는 인간성을 비판한다. 자기들만의 안일을 위해 피난민들의 고통과 절박함을 외면해버리는 가진자들의 이기주의와 왜곡된 가치관에 대해 분개한다. 동시에 작중화자는 인간성이 상실되어버린 가진자들에게 아쉬운 소리를 해야만 하는 그 자신의 비참한 상황을 인식하고 분노를 느낄 수밖에 없다. 전도된 가치관에 의해 인간성이 고갈된 가진자들의 몰인정에 직면하면서, 전쟁으로 손상된 자신의 삶을 인식할 때 나는 비감해질 수밖에 없다. 생존에 대한 위기감과 존재론적 불안, 그리고 작중화자가 처해 있는 손상된 삶속에서 "과연 인간다운 삶이란 어떠한 성질의 것이어야 하는가"를 반문한다. 그러나 이러한 반문은 단순한 질문이 아니라 인간성을 상실해버린 사람들에 대한 경고이며 비판에 해당한다. 아울러 나로 하여금 가진자들로부터 굴욕과 모멸을 당할 수밖에 없도록 만든 전쟁의 폭압성에 대한 고발이며 항거로서의 의미를 지닌다.

　　　인생이란 하다못해 요맛 정도라도 안일하게 늙어가야 할 종류의 것인지도 몰랐다.148)

---

147) 권영민,『한국현대문학사』(서울 : 민음사, 1993), p.147.
148) 황순원,「曲藝師」, 황순원전집 제2권, p.198.

변호사영감이 우리들더러 인간이 아니라는 건 벌써 대구서 그 노파한테 낙인을 찍힌바니 별반 놀라운 사실이 아니다.149)

하여튼 우리가 염치없다는 건 우리가 방을 속히 얻는 재주가 없다는데서 오는 것뿐이었다.150)

좋은 취미다. 인생이란 이렇듯 한 포기의 초목까지도 아끼고 사랑하면서 유유자적할 수 있는 생활을 해야 할 종류의 것인지도 모른다. 나는 무엇에 쫓기듯이 그곳을 빠져나왔다.151)

앓는 사람의 나이와 같은 사람의 신발 한 짝을 가져다 어찌 어찌 하면, 그 앓는 사람의 병이 신발주인에게로 옮아간다는 것이다. 그러면서 아내는 이댁에 우리의 선아만한 애가 하나 며칠전부터 무얼로 앓아누웠다는 말이 있었는데, 그래서 신발 한 짝이 없어진 거나 아닌지 모르겠다는 것이다. 불안스럽고 노엽고 슬프기까지한 아내의 표정이었다.
나는 그럴리가 없다고 했다. 그러면서도 나 역시 아내에게 못지않게 불안스럽고도 무엇에 노여운 감정이 가슴속에 움직임을 어찌할 수 없었다. 그게 아무 근거없는 미신의 짓이라 하자, 그리고 아무리 보잘것없는 사람의 자식이라 하자, 자기네 애가 귀하면 남의 자식도 귀한 법이다. 더우기 우리의 선아는 네 애 중에 그중 약한 애다. 이렇게 피난까지 나와 병이라도 들리면 구완할 길이 그야말로 막연한 것이다.152)

이 구절들은 작중화자의 분신이라 할 수 있는 작가자신이 겪은 피난살이의 설움을 자조적으로 표현한 대목들이다. 이러한 자조는 궁극적으로 인간성의 파멸에 대한 작가의 예리한 비판의식을 뜻한다. 전쟁이 야기한 참혹한 현실을 비판하고 실존의 어려움을 보여주면서 오히려 인간성 회복 내지는 인간성 옹호를 역설적으로 강조한다. 이것은 다시 말하면 전쟁의 폭력성에 대항

---

149) 황순원,「曲藝師」, 위의 책, p.202.
150) 황순원,「曲藝師」, 위의 책, p.203.
151) 황순원,「曲藝師」, 위의 책, p.207.
152) 황순원,「曲藝師」, 위의 책, p.199.

하여 인간의 진정한 존재의의와 가치를 옹호하려는 휴머니즘의 발로라 볼 수 있다.

피난의 체험속에서 '곡예사'와도 같은 삶을 직시하면서 작중화자의 분신이라 볼 수 있는 작가는 "그저 원컨대 나의 어린 피에로들이여, 너희가 이후에 각각 자기의 곡예단을 가지게 될 적에는 모쪼록 너희들의 어린 피에로들과 더불어 이런 무대와 곡예를 되풀이하지 말기를 바란다."(p.211)라고 기구한다. 인간다운 삶을 허물어버린 이런 '무대'와 이런 '곡예'는 전쟁이 낳은 슬픈 역사의 상흔이다.

그러나 작중화자는 이러한 부정적 현실에서 결코 좌절하지 않는다. 전쟁의 가열함속에서도 "내일을 기대해 주십시오"라는 말로써, 인간성을 회복하고 이를 수호해 가고자 하는 작중화자의 실존적 자의식이 분출된다. 동시에 내일에 대한 전망이 제시된 점에서 작중화자의 분신이라 할 수 있는 작가 황순원은 결코 니힐리스트는 아니다. 이렇게 희망으로 절망을 초극해내려는 힘은 작가 황순원의 삶의 자세와 의지를 반영한 것이라 볼 수 있다. 또한 작가가 근본적으로 가지고 있는 인간긍정의 철학과 무관하지 않을 것으로 여겨진다.

② 전쟁규탄과 생명의 옹호

천이두(千二斗)는 황순원 문학을 '범생명주의(汎生命主義)'[153]로 규정하면서 황순원 작품에는 생명에 대한 무조건적인 경외감이 내재해 있다고 평가한다. 이러한 평가는 타당하다. 왜냐하면 작가자신이 생명을 살해하는 전쟁을 증오하며, 비록 짐승일지라도 생명을 죽이는 행위에 대해 심한 거부감과 결벽성을 드러내보이기 때문이다. 따라서 황순원은 낚시나 사냥 등의 취미를 즐겨

---

153) 천이두는 "黃順元의 이러한 범생명주의는 가령 로렌스와 같은 작가에 있어서의 바이탈리즘(vitalism)과는 본질적으로 다르다."라고 하면서 "黃順元의 그것은 오히려 정신이니 육체니 하는 것을 나누어 생각할 수 없는 보다 카오스적인 생명 그 자체를 바탕으로 하고 있는 것이다."라고 말한다.
천이두,「시와 산문·황순원」,『綜合에의 意志』(서울 : 일지사, 1974), p.136.

하지 않는다.154) 이렇게 비록 동물일지라도 생명자체에 대해 그가 가지고 있는 경외감은 그의 다른 많은 작품속에 편재되어 있다. 그 대표적 작품이 단편 「목넘이마을의 개」(1947.3), 「이리도」(1948.5), 「청산가리」(1948.8), 「아내의 눈길」(1965.7) 등이라 할 수 있다. 특히 황순원이 가지고 있는 생명에 대한 경외감은 그의 단상 『말과 삶과 自由』속에 직접적으로 나타나고 있다. 작가는 '생의 외경'이라 불리는 철학을 지녔던 슈바이처가 6백만의 유태인을 학살한 히틀러의 잔학성에 대해 한마디의 언급이 없었다는 점에 의구심을 가지면서 "그렇다고 하여 우리도 히틀러의 잔학성에 대해 침묵할 까닭은 없다"155)고 말한다. 이러한 작가의 평화애호와 생명의 옹호사상은 단편 「메리 크리스마스」(1950.12), 「아이들」(1950.12), 「목숨」(1951.4)에서도 지속적으로 드러난다.

단편 「메리 크리스마스」(1950.12)156)는 피난살이의 고달픔과 현실인식이 드러난 작품이다. 피난살이의 고단함 속에서 발견한 생명의 존엄성은 결국 작가로 하여금 냉혹하고 참담한 현실을 이겨 나갈 수 있는 강한 저항의식을 가지게 한다. "물가가 부산이 대구에 비겨 곱이나 된다"는 이유로 대구에 머무르고 있는 가족을 만나기 위해 주인공 나는 부산진 역전 광장으로 간다. 거기에서 '크리스마스트리'를 발견한다. 그 곳에서 나는 전쟁의 폐허에서 느낄 수밖에 없는 황량함속에서 오히려 눈물겨운 따뜻함을 감지하게 된다. 그리고 전쟁으로 폐허화된 삶속에서나마 크리스마스트리 밑에서 해산을 하고 자기의 갓난애를 위해 솜눈을 긁어모으는 산모의 모습을 보며 생명에 대한 존엄성을 느낀다.

그러나 이러한 아름다운 정경도 현실의 냉혹함으로 인하여 나의 의식속에서 잠시 머무를 수밖에 없다. "그저 동트기 전의 냉랭한 추위만이 느껴질 뿐

---

154) "결국 이렇게 내가 낚시질에 끌려들어가지 못한 것은 인내심의 부족과 게으름과 무엇을 낚아낸다는 데에 도무지 흥미를 못 느끼는 성미탓이라고 할 수밖에 없다." 황순원, 「마지막 잔」, 『탈』(서울 : 문학과지성사, 1990), p.187.
155) 황순원, 『말과 삶과 自由』(서울 : 문학과지성사, 1985), p.22.
156) 단편 「메리 크리스마스」는 『領南日報』(1950.12)에 발표됨.

이었다. 그것은 여인이 자기 갓난애의 품에 넣어준 솜눈같은 것으로도 도저히 어쩌지 못할 추위였다." 이 추위는 바로 전쟁이 가져다준 파행적인 삶속에서 우리 민족 모두가 느낄 수밖에 없는 현실의 모습을 암시적으로 보여준다. 그러나 이러한 비극적 인식은 이 작품의 결미에서 보여주듯 좌절로 귀결되지만은 않는다. "나는 이 추위와 대항이라도 하듯이 중얼거렸다.-메리 크리스마스!"157) 즉 여기에서 부정적 현실을 뚫고 극복하려는 작가의 현실 대응의지가 표출되고 있다. 부정적 현실속에서 허물어지고 손상된 삶을 극복하려는 응전력을 가지고 있다는 점에서 작가 황순원은 이상주의자임에 틀림없다. 그러나 현실을 외면하고 도피한 이상주의자는 아니다. 그의 이상주의는 부정적 현실을 직시하고 그 속에서 좀더 바람직한 삶에로 나아가고자 하는 실존적 몸부림이 내재해 있는 그런 이상주의라 할 수 있다.

작가 황순원은 인간존엄성, 생명에 대한 옹호정신, 평화애호사상을 드러내 보이기 위해 곧잘 어린아이들을 등장시키곤 한다. 왜냐하면 어린아이들이야말로 현실에 때묻지 않은 인간본연의 본성인 순수와 평화와 선(善)을 상징하기 때문이다.

단편 「아이들」(1950.12)에서도 작가는 전쟁의 살벌함속에서 순진무구한 아이들의 세계를 보여줌으로써 미래에 대한 희망과 인간긍정의 정신을 드러낸다.

단편 「목숨」(1951.4)158) 역시 전쟁의 극한 상황속에서 부딪칠 수밖에 없는 생존의 몸부림과 생명의 존엄성을 보여주고 있다. 죽음의 공포와 배고픔속에서 14세의 어린 소년과 42세의 강서방은 둘다 인민군으로 전쟁에 끌려나왔다. 부대에서 이탈된 그들은 이심전심으로 부대가 움직인 쪽과는 다른 방향으로 움직인다. 인가를 되도록 멀리하면서 고향인 평안남도 강동과 양덕 쪽으로 어머니와 가족을 찾아 움직인다. 기아에 허덕이다 물도 토해내는 아사

---

157) 황순원, 「메리 크리스마스」, p.186.
158) 단편 「목숨」은 『週刊文學藝術』(1952.5)에 발표됨.

지경에 이른 그들은 생존을 포기한다. 그러나 작품 결미에 이르면서 강서방은 생명의 존엄성에 대한 인식에 새로이 눈뜨게 된다. "사람의 목숨이 이렇게 죽어서 된단 말이냐. 그건 무엇에 노한 부르짖음과도 같은 것이었다"(p.180)에서 볼 수 있듯이, 목숨의 존엄성에 대한 인식을 통해 인간의 존재의의를 부정하는 전쟁에 대해 분노와 항거를 표출한다. 다시 말해서 인간의 존재의의와 생명을 옹호하려는 휴머니즘을 분출하고 있다는 뜻이다. 이 휴머니즘이야말로 전쟁의 폭력성에 대한 응전력에 해당하며, 비극적 현실을 극복하는 힘으로서 작용한다.

그리하여 이탈자로 낙인찍힐지도 모르지만 강서방은 소년을 업고 "사람 살레라! 사람 살레라!"하고 부르짖으며 '목숨'을 건지기 위해 인가로 찾아든다. 목숨의 존엄성 앞에서 이념과 구속과 모든 규범은 물러설 수밖에 없었던 것이다. 이점에서 단편 「목숨」은 전쟁의 가열함속에서 인간의 존엄성과 생명옹호를 설득력 있게 묘파한 작품이라 볼 수 있다.

③ 부정을 통한 인간긍정의 철학

단편 「이리도」(1948.5)와 「목숨」(1951.4)이 전쟁규탄과 생명의 옹호사상을 역설적으로 드러내보인 작품이라면, 단편 「무서운 웃음」(1949.4)은 잔학한 인간상을 통해 생명의 존엄성을 역설적으로 강조한 작품이다.

단편 「무서운 웃음」159)에는 어린아이의 눈에 비친 비정한 어른세계에 대한 무서움과 함께 어린아이들의 세계와 어른세계 사이의 단절감이 내재해 있다. 어린아이의 세계와 어른의 세계사이에서의 단절감은 단편 「닭祭」, 「매」 (1952.10) 등의 작품에서 드러난 바 있다. 이 작품에서 볼 때 턱에 수염이 없고 밋밋한 민턱영감은 생명의 존귀함을 파괴하는 잔학성을 가진 인물로 상징

---

159) 단편 「무서운 웃음」(발표시의 제목 「솔개와 고양이와 매와」)은 『新天地』 5.6월 합병호에 발표됨(1949.6). 단편 「이리도」, 「무서운 웃음」은 단편집 『曲藝師』에 들어 있으나 시기상으로 제1기의 문학에 포함된다.

된다. 자기 자식을 가지지 못해 진정한 인간애를 느끼지 못할지도 모르는 그는 '매'를 기르고 사냥을 즐긴다. 이 작품은 두가지의 사건이 중심 모티프가 되고 있다. 첫번째 사건은 '솔개'와 '고양이'와의 관계에서 나타나고 있는데, 오히려 조는 듯 했던 '고양이'에게 솔개가 역습당해 물리는 사건이다. 두번째 사건은 '매'와 '고양이'와의 관계에서 나타나고 있는데, 졸던 매에게 고양이의 눈알이 뽑히는 사건이다. 그리고 이 광경을 보고 황홀한 웃음을 짓는 민턱영감에게서 나는 무서움을 느낀다. 이것은 바로 비정하고 잔학한 어른세계에 대해 아이가 느끼는 단절감과 공포감을 상징한다.

이 작품은 가해자와 피해자의 관계가 속임수와 술수에 의해 반전됨으로써 소설적 긴장감과 놀라움을 불러일으킨다. 이러한 반전을 보며 느끼는 나의 놀라움과 소름끼치는 경악이 민턱영감에게는 오히려 만족과 황홀한 웃음으로 드러날 때 나는 어른세계와의 사이에서 괴리감과 단절감을 느낄 수밖에 없다. 작가는 이 단편을 통하여 어린아이의 순진성과 어른세계의 잔학성을 대비시키면서, 생명을 사랑할 줄 모르고 오히려 생명을 파괴하는 어른세계에 대한 분노를 보여준다.

따라서 단편 「이리도」 등과 함께 「무서운 웃음」 역시 생명의 존엄성과 범생명주의를 역설적으로 강조한 단편들이다. 단편 「이리도」에서의 일본인 객이나 「무서운 웃음」의 민턱영감은 생명의 존엄성을 파괴하고 인간성을 말살하는 오만과 술수와 잔학성을 가지고 있는 인간상들이다. 이점에서 일본인객이나 민턱영감은 작가가 즐겨 다루는 인간성이 마멸된 인간상에 해당한다. 작가는 이들 타산적 인간상들을 통하여 역설적으로 인간의 선성(善性)과 생명옹호사상 및 휴머니티를 고양시키고 있다. 이러한 생명옹호사상은 단편 「골목 안 아이」(1951.6)에서 또다시 강조된다. 가난한 현실에서 아이가 보여주는 심리의 추이가 '고양이새끼'를 매개로 하여 포착되고 있다.

그렇다면 작가가 이렇게 타산적이고 잔학한 인간상(「이리도」에서의 일본객, 「무서운 웃음」의 민턱영감 등)들을 즐겨 보여주는 이유는 무엇인가? 그것은 작가가 지니고 있는 '인간사랑', '생명사랑'을 역설적으로 강조하기 위한 의도로 볼 수 있다. 즉 작가는 부정적 현실을 외면하는 것이 아니라 부정적 현실을 직시하고 나아가 극복하여 이상적인 세계에 도달하고자 하며, 부정적인 인간상들을 통하여 오히려 인간긍정의 세계를 지향하는 것이다. 이는 근본적으로 작가가 인간에 대해 가지고 있는 인간신뢰, 인간사랑, 인간긍정의 철학을 반영한 것이라고 하겠다. 이런 의미에서 작가 황순원은 허무주의자도 아니며 현실을 도피한 낭만주의자는 더욱 아닌 것으로 해석된다.

황순원의 문학은 현실인식의 바탕 위에서 부정과 갈등을 통해 생명주의, 이상주의, 영원주의로 나아가려는 극복의지의 산물이라 볼 수 있다. 이러한 극복의지는 작가자신이 궁극적으로 그의 내면에 가지고 있는 '인간긍정의 철학'에 기인한다. 이 인간긍정의 철학이란 다시 말해서 작가자신이 가지고 있는 인간에 대한 무한한 신뢰, 사랑, 그리고 긍정적 세계관을 의미한다. 이러한 '인간신뢰', '인간사랑', '긍정적 세계관'이 잘 반영되어 있는 또다른 작품으로 단편「솔메마을에 생긴 일」을 들 수 있다.

「솔메마을에 생긴 일」(1951.2)은 작가의 고향에 있는 사람들을 모델로 하여 사건을 윤색한 글로서 인간긍정의 정신[160]을 바탕으로 풋풋한 인간애를 그린 작품이다. 작가는 그의 창작집 가운데 유일하게 스스로의 작품을 소개한 '책

---

[160] 작가는 궁극적으로 인간을 긍정적으로 본다고 말한다.(필자와 작가와의 대담, 작가의 사당동 자택에서, 1993.8.14). 이러한 작가의 생각은 끊임없이 인간에 대한 신뢰와 인간긍정의 정신을 작품속에서 형상화시키고 있는 것에서도 확인할 수 있다.
작가 황순원이 러시아 작가의 영향을 많이 받았고 그 중에서도 도스토예프스키, 톨스토이, 뚜르게네프의 영향을 받았다는 점(필자와 작가와의 대담, 작가의 사당동 자택에서, 1993.8.14)을 생각할 때, 작가가 보여주는 인간신뢰는 도스토예프스키에게서부터 많은 영향을 받았다고 본다.
도스토예프스키의 인간에 대한 신뢰는 시베리아 유형 때 유형수들과 공동생활을 하는 사이에 얻어졌다. "말하자면 이를 데 없이 황량한 유형수들에게도 《깊은, 굳센, 아름다운 성격을 지닌 사람들이 있다.》(1854년 2월 22일 형 미하일에게 밀송한 편지에서)"라고 도스토예프스키는 밝히고 있다.
황순원, 「말과 삶과 自由・Ⅵ」, 『현대문학』(1988.3), p.40.

끝에'에서 이들 작중인물에 대해 "내 사랑하는 부류의 인간들"161)이라고 소개하고 있다. 특히 닭, 개, 삵괭이를 매개로 한 작중 인물들의 심리의 묘사와 반전의 묘미, 해학성은 소설이 가져야 할 재미와 미적 가치를 높이는데 기여한다. 또한 이 작품은 작중인물에 대한 뛰어난 성격묘사, 구성의 긴박감, 입담이 빚어내는 재미 등으로 인하여, 황순원 문학에서는 드물게 해학적162)이라는 점에서 주목할 만하다.

단편「솔메마을에 생긴 일」이 인간긍정의 철학을 반영한 대표적 작품이라면, 단편「이리도」「어둠속에 찍힌 版畵」「목숨」「曲藝師」는 전쟁이라는 부정적 현실을 드러내 보이면서 역설적으로 '인간사랑', '생명사랑'의 정신을 강조한 작품이다.

특히 작가는「아이들」(1950.12),「골목 안 아이」(1951.6),「무서운 웃음」(1949.4)에서 '어린아이'의 선성(善性)과 순진성을 보여주면서, "전쟁은 악(惡)이다"163) 라는 명제를 부각시키고 있다. 이렇게 작가가 단편「닭祭」「별」「산

---

161) 황순원,「책끝에」,『曲藝師』, 앞의 책, p.251.
162) 황순원의 작품속에는 짙은 해학이 거의 담겨져 있지 않다고 작가 스스로 평한다. 황순원은, "한국문학에 있어서의 해학의 특성"이란 주제로 국제 펜 클럽 37차 서울대회에서 발표한 바 있다.
황순원, "한국문학에 있어서의 해학의 특성",『黃順元硏究』, 황순원전집 제12권(서울 : 문학과지성사, 1993), pp.320~322.
163) "전쟁은 惡이다"라는 명제를 내건 작가에 일본작가인 志賀直哉(しがなおや)를 들 수 있다. 황순원은 일찌기「暗夜行路」의 작가인 志賀直哉를 雪國의 작가 川端康成보다 우위에 두고 있다고 말한다.
황순원,「流浪民根性과 詩的 根源」,『文學思想』, 제1권, 제2호(1972.11), p.317.
志賀直哉(1883~1971)는 白樺파의 동인으로서, 영원과 이상을 지향하고 인간의 자유와 사회부정에 대한 미움 같은 것을 다룬 작가이다. 또한 그는 그리스도교인으로서 전쟁을 규탄하고 사회정의를 강조한 작가이며 동물을 다룬 작품「動物小品」(1966.5)을 간행하였다. 황순원이 이상주의와 영원주의를 지향하고 있으며 동물에 대한 관심이 많다는 점에서, 志賀直哉와 깊은 관련성이 있다고 본다. 이 두 작가의 상관관계는 앞으로의 과제이다.
紅野敏郎 외,『志賀直哉』(일본 : 新潮社, 1991) 참조.
李玉順,『日本文學史』(부산, 동아대학교 출판부, 1985), p.159.
申鉉夏 편저,『日本文學史』(서울 : 學文社, 1986) 참조.

골아이」, 「매」 「소리그림자」 등과 장편 『人間接木』 『움직이는 城』에 걸쳐서 어린아이들을 자주 등장시키면서 선성(善性)과 희망의 상징164)으로서 부각시키는 근저에는 성경의 영향이 크게 자리했다고 필자는 본다. 왜냐하면 성경에서는 어린아이들을 겸손과 천진함과 선(善)의 상징으로 제시하고 있기 때문이다. 따라서 기독교 가정에서 자라난 작가에게 있어서 의식적이든 무의식적이든 기독교는 작가의 내면세계에 큰 영향을 끼쳤으리라 본다. 나아가 작가가 가진 생명사랑, 인간사랑의 정신과 부정적 현실을 '인간긍정의 철학으로 극복하려는 의지 역시도 성경의 영향과 작가의 기독교적 가정환경과 무관하지 않다고 본다.

그럼에도 불구하고 단편집 『늪』 『기러기』 『목넘이마을의 개』에 이르기까지 작가가 기독교를 주제로 해서 쓴 작품은 거의 발견되지 않는다.

단편 「그」(1951.10)165)에 이르러 비로소 작가는 겟세마네 동산에서의 예수의 모습을 형상화시키고 있다. 신학적으로 볼 때 '예수'는 사람의 아들로서 인간과 똑같은 형상과 육체를 가진 '완전한 인간'이면서, 동시에 하나님과 동등한 '완전한 신'이라고 해석한다. 그러나 작가는 이 작품에서 예수의 모습을 완전한 신으로서의 모습보다는 사람의 아들인 완전한 인간의 모습에 초점을

---

164) 황순원은 스스로 "「아이들」 나만큼 아이들 이야기를 쓴 사람도 드물게다. 아이들 것을 쓸 때는 언제나 즐겁다."(황순원, 「책끝에」, 『曲藝師』, 서울, 문학과지성사, 1992, p.251)라고 말한다. 이렇게 작가가 아이들을 즐겨 등장시키는 이유는 아이들의 善性과 순진성이 좋아서라고 볼 수 있겠다. 이러한 의식의 저변에는 성경의 연관도 무시할 수 없으리라 본다. 왜냐하면 성경에서 어린아이는 겸손과 천진함, 순수한 수용성, 善으로 상징되기 때문이다.(마태복음 : 19장 13절~15절, 18장 3절~4절 참조) 황순원은 기독교 집안에서 태어나 작가자신은 어려서부터 神의 존재를 믿었다고 말한다.(필자와 작가와의 대담, 작가의 자택에서, 1989.8.17)
165) 기독교를 주제로 한 작품은 없으나, 단편 「두꺼비」(1946.7)에서의 김장로를 통하여 바람직하지 못한 신앙인들의 모습을 보여준다. 이렇게 부정적인 신앙인들을 그리고 있는 경향은 단편 「소리그림자」(1965.1), 장편 『日月』 등에서 자주 나타나고 있다. 따라서 작가가 왜 신앙인들의 모습을 부정적 시각으로 자주 드러내고 있는가. 또 그것은 어떠한 의도에서인가. 작가가 가지고 있는 종교관, 신앙의 깊이 등이 어떻게 변화 확대 발전해가는가를 추적하는 것도 앞으로의 과제라 본다.

맞추고 있다. 예정된 십자가의 죽음을 목전에 두고 슬픔과 괴로움속에서 "오늘의 이 맵고 쓰라린 짐을 면할 길은 없겠나이까"라고 하나님에게 간구하는 인간예수의 모습을 이 단편에서 압축적으로 형상화166)시키고 있다. 회개하지 않는 이스라엘 백성의 죄를 구속(救贖)하기 위해서 예정된 십자가의 죽음을 면하게 해달라고 예수는 눈물과 통곡으로 간구한다. 그러나 운명적으로 예정된 죽음에 대하여 예수는 "인자가 세상에 태어나면서 벌써 약속되었던 짐"이라고 인식한다.

이 작품에서 인자에게 저주받은 '무화과나무'는 회개하지 않는 '이스라엘 백성'을 상징한다. 회개하지 않는 이스라엘 백성을 보며, 언젠가 십자가에 달려 죽어야만 하는 예수자신의 고통과 함께 인간세계를 떠나야만 한다는 슬픔과 괴로움이 "그대로 한 그루의 무화과나무"를 말리어버린 것으로 서술된다. 인간의 피를 대속해야만 하는 실존적 존재자로서의 예수가 감당해야 할 짐은 예수 혼자만이 져야 할 짐인 것으로 인식된다. 이것은 예수가 가지고 있는 책임의식과 소명의식의 발로이다. 동시에 완전한 인간의 형상이면서 신의 아들인 예수의 실존적 고독을 상징한다고 볼 수 있다. 인간의 형상을 똑같이 가진 예수는 불완전한 인간존재들의 슬픔을 외면할 수가 없어서 인간세계에 더 머무르고 싶어한다. 그러나 인간세계에 더이상 머무를 수 없을 때, 예수는 고통과 괴로움을 느낀다. 이것은 예수가 인간에 대해 가지는 연민이며 사랑으로

---

166) 작가는 단편 「그」를 쓰게 된 배경에 대하여 다음과 같이 설명한다. "「그」 유월절 엿새전으로부터 십자가에 못박히기까지의 예수를 그려보리라는 것은 내 생각해 오던 바의 하나다. 그것이 여기서는 그의 마지막 기도 한 장면만으로 압축되었다." 황순원, 「책끝에」, 『曲藝師』, p.253.
작가는 "수많은 능력을 행한 예수가 십자가를 지고 골고다로 향해 가면서 너무 힘에 부쳐 종내 감당해내지를 못하고 다른 사람에게 대신 지게 한 연약한 인간의 모습을 보이고, 십자가 위에서 나의 하나님, 나의 하나님, 어찌하여 나를 버리셨나이까 하고 크게 외친 연약한 인간의 본성을 드러냄으로써 오히려 참다운 예수다워지는 이적을 우리는 본다."라고 인간적인 예수의 모습에 대해 언급하고 있다.
황순원, 「말과 삶과 自由·Ⅱ」, 『현대문학』(1986.5), p.54.

해석할 수 있다.

이 작품에서 작가는 모든 인간은 고독한 존재일 수밖에 없으며 따라서 슬픔의 존재임을 암시하고 있다. "인간만이 지닐 수 있는 슬픔" 그것은 바로 실존적 존재자로서의 고독과 슬픔을 상징하며 이 작품에서는 '그 눈'을 통하여 상징화되고 있다. 죄악과 불완전성과 죽음을 지니는 인간의 존재는 슬픔의 존재이며 그것은 바로 인간의 실존적 본질이라고 볼 수 있다. 인간을 사랑하면서 동시에 인간에 대해 지극히 연민을 느끼는 예수는 인간이 지닌 그 슬픔의 눈을 끊기가 고통스러울 수밖에 없다. 그리하여 예수는 "오늘밤 인자가 이렇듯 땅에 이마를 비비며 괴로와하지 않으면 안되는 것은 무엇 때문이오니까"(p.248)라고 하나님께 반문한다. 그리고 '그 눈' 때문이라고 스스로 답변한다. '그 눈'이란 "인간만이 지닐 수 있는 슬픔의 눈"이다. 즉 하나님에게 비추어 볼 때 인간은 모순투성이이고 이율배반적이며 선과 악이 뒤엉켜 있는 그러면서도 죽을 수밖에 없는 존재이다. 따라서 "인간만이 지닐 수 있는 슬픔의 눈"이란 바로 '고독한 실존적 존재자로서의 슬픔'을 상징한다. 여기에서 우리는 작가 황순원이 인간의 존재를 실존적으로 고독한 존재이며 슬픔의 존재로 파악하고 있다는 사실을 알게 된다.

하나님께서 예수에게 실존적 슬픔을 가진 인간과의 관계를 끊고 그 눈을 멀리 내려다보라 할 때, 예수는 고통스러울 수밖에 없다. 왜냐하면 예수 자신이 슬픔의 존재인 인간들을 너무나 사랑하기 때문이다. 인간의 죄를 대속하기 위하여 사랑하는 인간을 떠나야 함을 인식한 예수는 "가련한 양들아, 시몬아, 요한아, 야곱아, 그만들 일어나거라, 때가 이르렀다."(p.249)라고 하며 하나님의 뜻을 따르려는 결단의 의지를 보여준다. 이제 겟세마네의 고뇌는 끝난 것이다.

인간세상에 좀더 머물러 있기를 갈구하는 예수를 하나님은 오히려 십자가의 고통을 통하여 인간 구원의 속죄양으로 이끌어 올리고 있다. 곧 '예수'는 하나님이 인간으로 하여금 '인간만이 지닌 슬픔'(죄악, 죽음, 불완전성을 지닌 존재로서의 슬픔을 상징한다)을 극복할 수 있도록 인간에게 보낸 하늘의 메신저로서 구원과 사랑을 상징하는 인물이다. 이 작품속에서 황순원은 인간적인 고뇌와 슬픔을 보여주고 있는 예수의 모습167)을 아름답게 형상화시키고 있다. 동시에 작가는 나약한 인간존재로서 스승을 배반하면서도 끊임없는 갈등속에서 번민하다 결국 자신의 죄를 회개하는 유다의 모습을 예시적으로 형상화시키고 있다. 즉 유다는 선과 악, 진실과 허위속에서 갈등하는 불완전한 인간존재를 표상하는 인물168)이다. 동시에 이 작품은 작가의 종교관이 어떠한 양상으로 변모 발전해 나아가는가169)를 탐구하는데 있어서 중요한 시발점이 되고 있어 주목할 필요가 있다고 본다.

단편집 『曲藝師』는 황순원 문학에서 한 분기점에 서 있는 작품집이다. 왜냐하면 초기 단편집 『늪』『기러기』에서의 모더니즘적 경향과 단편집 『목넘이마을의 개』의 리얼리즘적 경향이 해방 전후 작품세계의 기저를 형성하며 혼재해 있을 때, 6·25전쟁은 황순원에게 분단이라는 역사와 대면하게 함으

---

167) 황순원은 문학적 단상 『말과 삶과 自由』(Ⅱ.Ⅳ.Ⅴ.Ⅵ)를 통하여 神과 종교의 문제에 대해 자주 언급하고 있다. 또한 황순원은 '사랑'을 표상하는 그리스도의 아름다운 인간상에 매료당해 있는 도스토예프스키의 모습과 도스토예프스키가 얼마나 성경을 애독하였는가라는 점을 도스토예프스키의 작품과 서한을 통하여 지적하고 있다. 특히 황순원은 도스토예프스키의 작품 『카라마조프의 형제』 속의 '대심문관'을 인용하면서 기독교에 대해 관심을 나타내고 있다.
황순원, 「말과 삶과 自由·Ⅳ」, 『현대문학』(1987.1), pp.58~63.
또 도스토예프스키와 그의 작품에 대해 언급한 부분은 작가 황순원과 도스토예프스키의 영향관계를 규명하는데 중요하다고 필자는 본다.
168) 성경에서 유다는 자신의 죄를 뉘우치고 목매어 자살한다. "때에 예수를 판 유다가 그의 정죄함을 보고 스스로 뉘우쳐 그 은 삼십을 대제사장들과 장로들에게 갖다주며 가로되, 내가 무고한 피를 팔고 죄를 범하였도다 하니 저희가 가로되 그것이 우리에게 무슨 상관이 있느냐 네가 당하라 하거늘 유다가 은을 성소에 던져 넣고 물러가서 스스로 목매어 죽은지라."(마태복음 27장 : 3절~5절 참조) 유다는 예수를 팔고 회개하였으나 자살함으로써 영원히 구원받지 못하는 인물로 성경에서 설정되고 있다.
169) 단편 「그」에서 보여지는 눈(eye)의 상징은, 장편 『움직이는 城』에서 '창조주의 눈'으로 다시 상징화되어 나타난다. 그러나 '눈' 상징이 어떻게 변모하면서 발전해 나아가는지에 대한 고찰은 다음으로 미룬다.

로써 리얼리즘의 확대와 심화를 유도한 동인이 되었기 때문이다. 즉 작가는 분단의 모순과 좌우이데올로기의 대립과 갈등, 인간존엄성의 문제와 전쟁의 폭력성에 대한 분노, 역사와 사회속에서 표류할 수밖에 없는 인간성과 개인성의 상실, 박탈당한 자유의지에 대한 항거, 이산가족의 문제들에 봉착할 수밖에 없게 되면서, 이러한 문제들이 단편집 『曲藝師』 이후에도 지속적으로 드러나기 때문이다.

그러나 단편집 『曲藝師』에서는 좌우이데올로기의 대립과 갈등의 문제 보다는 전쟁이 빚어낸 아픔과 상처, 그리고 한 개인이 어떻게 생존해 나아가야 하는가에 대한 현실 극복의 문제에 오히려 초점이 맞추어져 있다.(「어둠속에 찍힌 版畵」「曲藝師」「목숨」「메리 크리스마스」) 이렇게 전쟁이 빚어낸 아픔과 상처, 분노의 감정들은 비교적 단편집 『曲藝師』에서 직정적으로 드러나고 있는데, 단편 「鶴」(1953.1), 「모든 榮光은」(1958.5)에서는 좌우이데올로기를 우정과 사랑으로 초극하는 것으로 나타난다. 또한 단편 「가랑비」(1961.3)에서는 인간애로써 이데올로기를 뛰어넘는 휴머니즘을 보여주고 있다. 다시 말하면 단편집 『曲藝師』에서는 전쟁의 상흔이 주로 토로되고 있지만 점차 좌우이데올로기를 우정과 사랑과 휴머니즘으로 초극하는 양상을 보여줌으로써 좀더 객관화되고 있다.

특히 단편집 『曲藝師』를 통해 볼 때, 6·25를 바라보는 작가의 시각은, 6·25가 일어난 동기 및 배경과 분단극복을 위한 방법론을 객관화시키기 보다는 오히려 6·25가 빚어낸 부정적 현실과 그로 인한 대립과 갈등의 문제에 초점이 맞추어졌음을 알 수 있다. 이러한 시각은 50년대 작가에게서 흔히 발견될 수 있다. 또 이러한 경향은 작가 황순원이 모든 문제에 있어서 배경과 방법보다는 본질에 더 큰 관심을 두는 그의 작가적 자세와도 연관된다고 할 수 있다.

그러나 50년대 작가들이 가지는 한계성에도 불구하고 황순원의 우수성은 6·25로 인한 부정적 현실과 그로 인한 대립과 갈등을 극복하고자 하는 점에 있다. 대립과 갈등을 통한 '화해', 좌우이데올로기의 대립보다는 오히려 이를 '사랑'으로써 뛰어넘으려는 '휴머니즘', 즉 부정을 통한 '인간긍정의 철학'이 그의 문학속에는 나타나고 있다.(「鶴」(1953.1), 「山」(1956.6), 「모든 榮光은」(1958.5), 「너와 나만의 時間」170)(1958.7), 「가랑비」(1961.3))

결국 작가 황순원은 '이데올로기'나 '이즘'같은 생경한 구호보다는 본질적이며 원초적인 생명, 사랑, 자유를 통한 인간구원의 문제에 좀더 밀착되어 있는 작가라 볼 수 있다.

단편 「이리도」「아이들」에서 보여주듯 전쟁에 대한 규탄을 통해 역설적으로 인간의 존재의의와 가치를 옹호하려는 작가정신 곧 그의 휴머니즘은 기독교와의 상관성속에서도 재고될 수 있다. 이점에서 단편 「그」는 황순원의 신관(神觀), 인간관(人間觀) 및 황순원 문학에서의 기독교의 영향관계를 규명하고, 어떻게 신관(神觀)이 그의 문학속에서 확대 심화되어 가는가를 고찰하게 하는 실마리가 된다는 점에서 주목을 요하는 작품이라 본다.

이로써 단편집 『曲藝師』에서 일관되게 나타나는 부정적 현실에 대한 작가의 '극복의지'는 궁극적으로 '부정'을 통한 '인간긍정의 철학'에서 기인함을 밝혔다. 즉 작가는 부정적 현실을 외면하지 않고 철저하게 직시하면서 '인간에 대한 절대 존엄성', '평화애호사상', '정의에 대한 의지'로써 부정적 현실과 불의를 초극하려고 시도하였음을 살펴보았다. 이러한 '극복의지'는 작가가 지향하는 '영원주의'와 '이상주의'에 기인하고 있으며 생명과 사랑과 자유정신과 밀접하게 연관되고 있다.

2) 이념의 갈등과 초극의지, 단편집 『鶴』

단편집 『鶴』(중앙문화사, 1956.12)171)에는 6·25전쟁 상황하에서 쓰여진 작

---

170) 「너와 나만의 時間」에는 전쟁상황속에서의 인간들이 직면할 수밖에 없는 죽음의식과 실존적 내면상황이 밀도있게 그려지고 있다. 동시에 생명의 존엄성과 휴머니즘을 보여준 작품이다.

품(「소나기」, 「두메」, 「매」, 「寡婦」, 「鶴」, 「盲啞院에서」)과 휴전협정 조인 (1953.7.27) 이후에 쓰여진 작품(「사나이」, 「왕모래」, 「부끄러움」, 「筆墨장수」)이 포함되어 있다. 따라서 단편집 『鶴』 역시 단편집 『曲藝師』에서처럼 전쟁을 배경으로 한 작품들(「참외」, 「鶴」, 「盲啞院에서」, 「왕모래」, 「부끄러움」, 「筆墨장수」)이 다수 포함되어 있다.

그러나 단편 「소나기」, 「두메」, 「매」, 「寡婦」, 「사나이」에서처럼 전쟁을 배경으로 하지 않은 작품들도 창작되었다. 이들 작품들은 전쟁의 상처와 이데올로기의 갈등에서 벗어나 영원성과 아름다움을 추구하려는 작가의 심리상황 속에서 창작되었다고 본다. 특히 단편집 『曲藝師』에서 보여주던 현실에 대한 부정적 시각과 비판이 단편집 『鶴』에 와서는 전쟁으로 인한 갈등상황에서 초월하고자 하는 욕구로 전환되고 있음을 살펴볼 수 있다(「鶴」). 동시에 황순원 소설에서 성(性)의 모티프가 본격적으로 개입되면서 소설화되고 있음(「두메」, 「寡婦」, 「사나이」)을 알 수 있다. 이러한 현상은 40대에 다가가는 작가의 내면속에서 성(性)에 대한 의식과 의미가 제기되고 있었다는 한 증거라고 본다.

① 상황의 극복의지와 순응적 자세

6·25 전쟁상황속에서 황순원은 단편 「참외」(1950.10), 「소나기」(1952.4), 「두메」(1952.8), 「寡婦」(1952.12), 「鶴」(1953.1), 「盲啞院에서」(1953.5)를 창작한다. 특히 전쟁을 소재로 하지 않은 단편 「소나기」172)에는 사춘기에 접어드는

---

171) 단편집 『鶴』에는 모두 14편의 단편이 수록되어 있다. 그러나 「몰이꾼」(1948.3), 「청산가리」(1948.8), 「여인들」(1948.9)은 시기적으로 보아 제1기에 해당하는 작품이라 본다. 따라서 이들 단편들은 단편집 『목넘이마을의 개』에 포함되어져야 하며 『목넘이마을의 개』에서 부분적으로 고찰하였다. 또 「참외」(1950.10) 역시 시기적으로 보아 단편집 『曲藝師』에 포함되어야 하리라 본다. 따라서 단편집 『鶴』에 수록된 작품들이 창작된 시기는 「소나기」(1952.4)에서부터 「筆墨장수」(1955.4)가 창작된 시기로 1952년부터 1955년경으로 간주할 수 있다.
172) 단편 「소나기」는 『新文學』 제4집(1953.5)에 발표됨. "「소나기」에 나오는 '개울'은 내 고향에 있는 농머리(龍머리)를 배경으로 한 것이다."라고 작가는 말한다. "「소

소년과 소녀의 풋풋한 사랑이 형상화되고 있으며, 「두메」와 「寡婦」에는 작중 인물들의 현실상황에 대한 극복의지와 순응적 자세가 반영되어 있다.

단편 「두메」(1952.8)는 가난과 성(性)과 운명의식이 복합되어 있는 작품이다. 이 단편은 숯을 구어 생계를 유지하는 가난한 산촌에서 벌어지는 사건을 중심으로 짜여져 있다. 가난의 운명을 타개하고자 시도하지만 결국 두메를 벗어나지 못하고 좌절당하고 마는 비극적 여인상을 중심으로 하여 작가는 복합적인 구성과 반전의 묘로써 뛰어나게 형상화시킨다.

이 작품속에서 칠성네(23세)는 그의 남편 작대영감(40세)과 대조적으로 "산토끼모양 그늘진 데가 없는"여자로서 성적 매력이 생동하는 모습으로 형상화된다. 이런 그녀에게 평양손님의 방문은 그녀의 남편이 '숯귀신'으로만 여겨지고 그녀 역시 '숯귀신'이 되고 말 것이라는 공포감과 함께 두메를 떠나야겠다는 생각을 갖도록 만드는 결정적인 계기가 된다. 다시 말해서 평화의 안식처였던 두메가 이제는 칠성네에게 공포와 구속의 장소로 인식되기 시작하는 것이다. 이 공포와 구속의 장소를 탈출하기 위해 칠성네는 평양손님에게 평양으로 그녀를 데리고 가 달라고 애원한다.

이제 칠성네에게 있어서 '눈(雪)'의 이미지는 순결과 평화와 안식의 표상으로 다가오지 않고 구속과 밀폐와 부자유의 표상으로 인식된다. 또한 '뻐꾸기', '소쩍새'도 칠성네에겐 더 이상 삶의 동반자로 인식되지 않는다. 이렇게 '두메'의 공간은 칠성네를 끝없이 구속하고 밀폐시키는 장소로 표상된다. 따라서 두메 산골을 암시적으로 부각시키는 '눈'과 뻐꾸기', '소쩍새' 등은 그대로

나기」는 피난 중에 쓴 작품으로 단편 「曲藝師」에서 보여주던 전쟁의 상처와 갈등에서 벗어나고 싶어서 쓰게 된 작품으로 전쟁과 무관한 아름다운 작품을 쓰고 싶었다."라고 작가는 말한다.
황순원, 경희대학교 대학원 석사과정, 소설론 강의시간 중에서(1980.5)
천이두는 「소나기」를 평하면서 "여리고 순결한 어린 소년 소녀 사이의 마음의 교류를 그린 점에서 아련한 서정시적 여운을 풍겨주는 작품임에도 불구하고, 인간의 보편적인 정감의 세계에로 연결"되고 있다고 말한다.
천이두, 「黃順元의 「소나기」-시적 이미지의 미학」, 이재선·조동일편, 『한국 현대 소설 작품론』(서울 : 문장, 1993), p.194.

칠성네에겐 억압과 권태와 무위 등을 의미할 수밖에 없다. 특히 평양손님을 기다리는 그녀에게 있어서 긴 겨울 동안 내리는 눈은 죽음과 같은 지루함을 의미할 수밖에 없고 또 해빙기의 '뻐꾸기', '소쩍새'의 울음 소리는 그녀의 성적(性的) 욕구를 부채질하는 동인이 된다.

두메에서 벗어나기 위해 칠성네는 급기야 남편을 살해하려고 마음 먹는다. 남편을 살해하면서까지 숯귀신이 될 운명에서 벗어나려는 욕구와 그런 무서운 생각을 하는 자신과의 갈등사이에서 그래도 "숯귀신이 되지 않으려면 무슨 짓이라도 해야 한다."는 비장한 결심을 하게 된다. 그리고 이러한 비장한 결심을 다지기라도 하듯 느닷없이 칠성네는 엽총으로 수탉을 잡는다.

> 부엌문이 벌컥 젖혀지며 칠성네가 뛰어나와 건넌방으로 들어간다. 그리고 다시 돌쳐 나오는 손에는 엽총이 들렸다. 닭장 있는 데로 달려간다. 총부리에서 불이 토해졌다. 칠성네가 푸덕이는 붉은 수탉의 목을 잡는다.
> ─아니 베란간 닭은 왜?
> 작대 영감이 곰방대를 허리춤에서 뽑다 말고 눈이 휘둥그레진다.
> ─오늘이 당신 생일날 아니우?
> 칠성네는 닭모가지 잡은 손을 연신 후들거렸다.173)

위 인용 부분은 칠성네의 심정적 갈등과 내면적 욕구를 예리하게 포착한 부분이다. 이 대목에서 '붉은 수탉'은 작대영감을 표상한다. 칠성네가 엽총으로 수탉을 잡는 행위는 이제 작대영감을 죽음으로 몰아넣으려는 자신의 의도를 확인하고 실험하는 행위이다. 다시 말해서 엽총으로 붉은 수탉을 살해함으로써, 칠성네는 미리 남편살해를 실험하게 된다. 이러한 행위는 남편 살해에 대한 두려움을 떨치려는 무의식적 심리상태의 반어적 표출이라 볼 수 있다.

칠성네가 남편의 생일날을 핑계삼아 남편에게 닭고기에 술까지 먹인 후 정수리에 큰 못을 박아 죽게 한 "이날 밤, 두메에는 첫눈이 내렸다."174) 칠성

---

173) 황순원, 「두메」, 『鶴』, 황순원전집 제3권, p.117.
174) 황순원, 「두메」, p.118.

네가 남편을 살해한 날 내린 첫눈은 작대영감의 비참한 죽음과 칠성네의 죄를 은폐시키는 역할을 담당한다.

이 작품속에서 지속적으로 나타나고 있는 '눈'의 이미지는 상반된 양의성(兩意性)을 지닌다. 칠성네에게 있어서 '눈'의 이미지는 자기자신을 꼼짝 못하도록 구속시키고 분방하게 생동하는 성적 욕구를 억압하는 표상으로 인식된다. 또한 눈은 진실을 은폐시키는 역할을 담당하기도 하면서 반어적으로 진실을 밝히는 '눈'으로서의 역할을 담당한다. 다시 말해 칠성네가 작대영감을 죽인 날 온 '첫눈'은 진실을 은폐하는 역할을 하지만, 작대영감의 친구가 작대영감을 찾아가다 만난 '함박눈'은 결국 작대영감이 칠성네에 의해 살해되었음을 밝히는 결정적인 역할을 담당한다.

또한 칠성네에게 있어서 구속과 부자유를 표상하는 '눈'은 탈출의 계기를 유도하는 동인이 된다. 그러나 남편을 살해하고 평양손님과 함께 밤차를 탈 예정으로 길을 떠나가다 만난 '함박눈'은175) 그녀로 하여금 자유로부터 환원하여 그녀를 또다시 두메에 묶어두는 구속의 이미지로서 반전되고 있다. '함박눈'은 '숯귀신'의 운명에서 벗어나고자 시도했던 그녀의 현실극복 의지와 욕구를 좌절시켜 버리는 장애와 구속의 '눈'으로 또다시 전환된다. 눈에서 벗어나려 하면 할수록 깊어만 가는 눈의 수렁속에서 칠성네는 방향을 잃고 환상방황(링반데롱) 상태에 빠지고 만다. 그러다가 결국 도달한 장소가 바로 남편과 함께 숯섬을 나르다가 다리쉼을 하곤 하던 홰나무고개임을 칠성네는 깨닫게 된다. 여기에 충격을 받은 칠성네는 자기의 몸속에 이미 숯귀신이 들어앉아 있다고 말하며 탈출을 포기한 채 절망적인 체념을 한다. 이 작품에서 '홰나무고개'는 남편과 칠성네의 끊을래야 끊을 수 없는 '숯귀신'으로서의 공동체적 운명을 표상하고 있다. '홰나무고개'는 작대영감과 칠성네의 질긴 인연을 운명적으로 묶어주는 장소로 설정된다. 특히 이 작품속에서 보여주는

---

175) 순백의 눈은 정결과 고결함의 색채적인 상징이다. 한편 '눈'과 '겨울'은 변화와 변덕의 표상이기도 하다.
이재선, 『한국문학주제론』, pp.426~429.

긴박한 구성176)과 반전의 묘는 '눈'이 빚어내는 아련한 분위기와 함께 이 소설로 하여금 재미와 극적 리얼리티를 가지게 하는데 크게 기여하고 있다.

이 단편은 가난한 두메의 삶을 이면적으로 보여주면서 두메에서 벗어나기 위해 몸부림치다가 결국 운명에 순응하고 마는 비극적 여인상을 보여준다. 이 작품에서 칠성네는 사랑이나 정염 때문에 남편을 죽이고 두메를 떠나가려고 하기보다는 "그저 자기가 숯귀신이 되어서는 안된다"는 일념 때문에 두메를 벗어나고자 한다. 따라서 칠성네에게 있어서 평양에로의 '길'은 가난으로부터의 탈출이며 운명에 대한 저항이며 새로운 삶으로의 지향을 의미했다. 그러나 '함박눈'과 '홰나무고개'로 인하여 그녀는 거부할래야 할 수 없는 '숯귀신'으로서의 운명을 인식하게 되면서 두메를 떠나지 못하게 된다. 김소월의 '눈'(시 「三水甲山」)177)이 자유의 공간을 시적 화자로 하여금 '님'계신 '고향'에 가지 못하게 가두는 갇힘의 공간으로 만들어버리듯, 단편 「두메」에서 '함박눈'은 탈출구를 닫아버림으로써 결국 칠성네로 하여금 운명에 체념하고 순응하도록 만들어버린다.

황순원의 초기 단편 「눈」178)(1944.겨울)에서 희망과 인간신뢰 및 절대 선으로 표상되었던 '눈'의 이미지는 단편 「두메」(1952.8)에 와서 칠성네를 통하여 구속과 운명의 '눈'으로 표상되고 있다. 또한 작대영감 친구에게는 진실을 밝혀주는 '눈'으로 상징되기도 한다. 나아가 단편 「모든 榮光은」(1958.5)에 이르러서 '눈'의 이미지는 이데올로기의 갈등을 덮어버리는 화해와 사랑과 축복의 이미지로 표상되고 있으며, 장편 『나무들 비탈에 서다』(1960.5)에서는 순수와 정화를 표상하는 이미지로서 상징되기도 한다. 이렇게 '눈'의 이미지는 황순원 소설에서 다양한 의미를 지닌채 지속적으로 나타나고 있음을 발견할

---

176) 단편 「두메」에서 보여주는 긴박한 구성과 추리력, 반전의 기교 등은 작가가 추리소설을 즐겨 읽었다는 점에서 기인된다고 본다.
 황순원, 「말과 삶과 자유·Ⅲ」, 황순원전집 제11권(서울 : 문학과지성사, 1993), p.215.
177) 장현숙, 「황순원 소설에 나타난 현실인식과 지향성」, pp.112~114.
178) 위의 논문, pp.111~114.

수 있다. 이런 점에서 황순원은 하나의 이미지를 하나의 의미만으로 규정하려는 작가가 아니라 끊임없이 새로움을 추구하고 다양성을 실험하려는 작가이며 기존의 형식과 틀에 얽매이지 않고 자유를 지향해 나아가려는 작가임을 확인할 수 있다.

단편 「두메」에서 나타나고 있듯이 현실 순응 내지는 운명에 체념하는 여인상은 단편 「寡婦」(1952.12)[179]에서도 형상화되고 있다. 단편 「寡婦」에서의 소년과부 역시 기존의 인습을 타파하고 사랑을 쟁취하고자 하나 가문과 인습에서 벗어나지 못하고 운명에 순응하는 여인이다.

이 작품에는 두 소년과부의 성격과 일생이 대조적으로 형상화되고 있다. 이 작품속에서 한씨부인은 남성에 대한 거부반응과 함께 내면 깊숙이에서는 성(性)을 무의식적으로 갈망하는 인물로 형상화되고 있다. 혼례도 치르기 전에 신랑이 죽어 "칠순이 가까운 오늘날까지 차돌같은 처녀과부"로 늙어온 한씨 부인은 "사내를 무슨 더러운 물건이나처럼" 대한다. 또한 성(性)의 결합에 의해 탄생하는 어린애 역시 좋아하지 않는다. 지나치게 남성을 거부하는 한씨 부인의 태도를 통해 볼 때 성(性)에 대한 동경이 그녀의 무의식 속에 잠재되어 있음을 알 수 있다. "열 때문만이 아닌 소녀다운 홍조를 볼 위에 내돋치면서 무엇에 놀란듯이" 남성을 거부하는 그녀의 내면 깊숙이에는 성에 대한 동경이 자리하고 있다. 그러면서도 한씨부인은 "한평생 부끄럽지 않게 깨끗이" 살았다고 자부하는 여인이다. 이렇게 볼 때 한씨부인은 인습과 사회제도에 희생당한 여인을 대표한다고 볼 수 있다.

한편 같은 소년과부이면서도 박씨부인의 일생은 인고와 한의 세월로 점철되었다고 볼 수 있다. 아기 새서방에게 시집간 박씨부인은 남편이 죽자 "때때로 남편의 장지글씨를 꺼내어 보며, 이렇게 일생을 살아가는게 자기의 팔자거니"하고 체념하며 살아간다. 이런 박씨부인에게 남편의 먼 시형뻘 되는 청년이 남자로서 다가온다. 사나이의 눈에서 박씨부인은 남자를 느끼고 얼굴을

---

[179] 단편 「寡婦」는 『文藝』(1953.1)에 발표됨.

붉혀오던 터에 청년이 박씨부인의 방에 들어온다. 박씨부인 역시도 청년에게 연정을 느꼈지만 인습에 대한 두려움과 정조관념 때문에 "흙탕물 냄새 풍기는 사내의 피부 밑에서 모든 문제는 자기가 죽으면 그만이라고" 생각한다. 정조를 더렵혔다는데 대한 죄의식과 가문과 인습에 대한 두려움으로 죽음을 택하려 했던 그녀는 그러나 결국 죽음을 단념하고 만다.

'양잿물'을 매개로 하여 나타나는 소년과부의 심리변화는 "다음 장날 꾸어 갔던 양잿물이 오자 소년과부는 그날로 빨래를 다 삶고 말았다. 그리고는 언제부터인가 어두운 밤을 기다리는 몸이 되었다."180)라는 지문속에서 단적으로 드러나고 있다. 결국 그들의 사랑은 기존의 인습과 윤리를 초월하게 되었으며 죽음까지도 뛰어넘게 된 것이다. 그리하여 그들은 '그믐밤'을 택하여 사랑의 도피행을 하기로 작정한다. 그러나 안방쪽에서 나지막하나마 엄하게 들려오는 시아버지의 말소리를 들으며 소년과부는 가문의 명예를 위하여 도망을 단념하고 만다. 여름철 조각달이 걸린 어느날 밤 소년과부는 해산을 하고 시아버지의 배려로 아이는 외조카딸에게로 보내진다.

> 어디까지나 조용한 말씨였다. 그저 종잇조각을 내미는 손만이 조각달 빛 속에서 후들후들 떨리었다.
> 사내는 사내대로 두 눈을 확 빛내이더니 말없이 종잇조각을 받아 들고 돌아섰다.
> ―아가, 너는 어서 들어가 뉘라.
> 뒤이어 시아버지가 손수 아궁이에 불 지피는 소리가 들렸다.
> 이밤따라 밤새도록 앞 벌에서 개구리가 무성히 울어댔다.
> 달포쯤 지난 어떤날 시아버지가 소년과부에게, 거기 보낸 애는 젖도 많고 해서 잘 자라니 그리 알라고 했다.
> 제돌이 되자 또 시아버지는, 거기 보낸 애는 며칠 전에 제 아비가 와서 찾아갔다는 말이 있으니 그리 알라고 했다. 그날밤도 하늘에는 조각달이 걸리고 앞 벌에서 밤새도록 개구리가 울어 댔다.181)

---

180) 황순원, 「寡婦」, 『鶴』, 황순원전집 제3권, pp.140~141.

이 작품속에 지속적으로 나타나는 '조각달'[182)과 '개구리'[183)의 울음소리는 비극성을 가중시킨다. 하강하는 조각달과 상승하는 개구리의 울음소리는 묘하게 대조되면서 비극적 사랑의 슬픔과 애끓는 모정의 비탄을 한껏 고양시킨다. 곧 사라질 '조각달'은 사랑하는 님과의 이별과 한(恨)과 그리고 비통함을 표상한다. 동시에 '개구리'는 성적 욕망을 표상한다. 즉 사랑을 합일시키지 못하고 이별할 수밖에 없는 슬픔이 개구리의 무성한 울음소리로 암시된다. 또한 사랑이 성취되지 못한 소년과부의 한과 사나이와 자식에 대한 그리움의 감정이 성적 욕망을 배면에 깔면서 개구리의 울음소리로 내밀하게 형상화된다.

이 작품에서 소년과부의 단지는 구성면에서 중요한 역할을 담당한다. 남편을 살리기 위해 왼손가락을 단지한 소년과부는, 시아버지를 회생시키기 위해 오른손 마저 단지를 한다. 가문의 체면 때문에 며느리인 자기자신을 희생시킨 시아버지는 박씨부인에게 있어서 그저 어렵고 무서운 존재에 불과했다. 그러나 "그저 집안 체면"만 생각했던 자신의 잘못을 깨닫고 애 아비의 행방을 탐문해 보았지만 통 알 길이 없었다고 며느리에게 말하며 고통스러워 하는 인간적인 시아버지의 모습을 보며 박씨부인은 시아버지의 회생을 위해 단지한다. "시아버지를 그처럼 괴롭힌 것은 다른 사람 아닌 자기였다는" 생각을 하며 박씨부인 자신에 대한 회한과 함께 시아버지에 대한 연민의 감정을 박씨부인은 느끼게 된다. 이제 그들은 용서와 이해를 바탕으로 한 따뜻한 인간

---

181) 위의 책, pp.142~143.
182) 달은 스스로의 운명을 따르면서 그 자신의 본체로 부터 재생한다.(p.172)
　　달은 그 존재양식에 의하여 무수한 현상이나 운명을 하나로 묶는다.(p.201)
　　달은 주기적 재생을 상징하며, 뱀이나 그 밖의 모든 月動物의 심볼리즘이다.(p.204)
　　하계(下界), 어둠의 세계는 기우는 달로 비유적으로 표현되고 있다.(p.205)
　　멜시아 · 엘리아데, 『종교형태론』(서울 : 형설출판사, 1979)
183) 개구리는 lunar animal로서 달과 연관되고 있다. 또 개구리는 다산과 생산력, 창조와 부활을 상징하기도 한다.
　　J.E. Cirlot, A Dictionary of Symbols, pp.114~115.

애로 결합된다.

　아들이 박씨부인을 찾으러 왔을 때, 시아버지를 위해 단지한 박씨부인의 오른손은 결국 아들로 하여금 어머니를 알아보지 못하도록 만드는 결정적 동인이 된다. 박씨부인이 나그네의 어머니라는 사실이 밝혀지려는 바로 그 순간에 박씨부인이 단지한 오른손을 내밀게 되면서 이 작품의 호흡은 급속히 하강되면서 반전된다. 따라서 '단지한 손'은 작가가 구성의 묘와 반전의 묘를 살리기 위해 설정한 매개물이 되고 있다.

　자신이 나그네의 어머니임을 밝히려는 내면적 욕구와 밝히지 않으려는 갈등 사이에서 결국 박씨부인은 자신의 잘못을 깨닫고 고통스러워하던 시아버지의 모습을 떠올리면서 진실을 은폐시킨다. 박씨부인은 자기에게서 가장 귀중한 것(자식)을 아주 잃어버리면서까지 가문의 명예를 지켜주려 한다. 다시 말해 시아버지에 대한 신의를 지키기 위해서 박씨부인은 자신에게 주어진 운명에 순응하려 한다. 그러나 박씨부인의 이러한 숙명적 순응의 자세와 인고의 자세는 그녀가 자유의지로써 선택한 결단이라는 점에서 비극적 아름다움을 느끼게 한다.

　아들을 만났으나 시아버지의 모습을 떠올리며 진실을 밝히지 못하는 박씨부인의 설움과 슬픔은 또다시 이 작품속에서 '조각달'과 '개구리'의 무성한 울음소리로 암시된다. "개구리 울어대는 밤이면 언제나 뜰에 나와 밤이 깊은줄두 모르"고 앉아있었던 사나이의 처절한 비애와 고통의 삶이 개구리 울음소리를 배경으로 하여 박씨부인의 삶과 아들의 삶과 동화되고 있다. '개구리 울음소리' 그것은 속절없는 세월속에서나마 사랑의 질긴 끈으로 결속된 그러나 이루어지지 못하는 안타까운 정한을 표상한다. 또한 애정의 대리표상이라 할 수 있는 손자애들을 '개구리'의 이미지로 형상화함으로써 작가는 그들의 비극적 사랑을 부각시킨다. 결합되지 못했던 그들의 사랑은 결국 당시대의 유교적 도덕관과 가문의 체면에 의해 밀려난 희생의 대가였던 것이다.

　이 작품은 가문의 체면과 기존의 윤리에서 탈피하여 사랑을 쟁취하려고 하나 결국 운명에 순응함으로써 사랑과 자식을 상실한 채 살아가는 한 여인의 슬픈 인생을 비극적으로 그려내는데 성공하고 있다. 특히 이 작품에서 보여주는 극적 긴장감과 결말에서 보여주는 반전의 묘 등이 '조각달'과 '개구리' 등의 이미지와 함께 총체적으로 어우러짐으로써 비극미를 유발시키고 있다.

이상으로써 작중인물들이 단편「두메」와「寡婦」에서 보여주던 상황의 극복의지는 그들이 운명과 인습에 순응함으로써 좌절되고 있음을 살펴보았다.

② 이념의 갈등과 그 극복

전쟁의 체험과 전후의식 등 일련의 전쟁상황과 밀접하게 관련되어 있는 50년대 소설은 이데올로기의 배타성에 대한 휴머니즘의 고양화로서 그 주요성격이 규정된다. 이는 궁극적으로 한국전쟁의 특수성이 이데올로기가 파생시킨 분극화에서 비롯되었으며 또 이에 의해서 남북의 갈등이 심화되었다는 사실과 깊이 연관된다. 그래서 당대 소설은 이데올로기의 고발 및 인간성을 옹호하려는 휴머니즘을 증대시켰다.[184] 황순원 역시 생존의 위기와 손상된 삶속에서 감당해야 했던 분노의 감정을 전쟁규탄과 생명옹호사상에 접맥시키면서 휴머니즘을 고양시키고 있었음을 단편집『曲藝師』에서 살펴보았다.

그런데 이재선은 이들 50년대 소설이 "탈이데올로기적인 경향이라기 보다는 다분히 반공이데올로기적 성향을 띠지 않을 수가 없었던 것이다."[185]라고 말하면서 그 대표작품으로 황순원의「鶴」을 들고 있다.

그러나 황순원의「鶴」이 반공이데올로기적 성향을 띠고 있다는 지적에는 수긍이 가지 않는다. 왜냐하면 이 작품에서 성삼이가 국군으로 등장하고 있기는 하지만, 작가의 관심이 좌우이데올로기의 문제에 집중되어 있다고 하기보다는 좌우이데올로기의 문제를 초월하는 그들의 우정에 초점이 맞추어져

---

184) 이재선,「전쟁체험과 50년대 소설」,『현대문학』통권409호 (1989.1), pp.269~270.
185) 위의 책, p.269.

있기 때문이다. 특히 덕재가 농민동맹 부위원장을 지내긴 하지만 이것은 그의 자유의지로 선택한 자리가 아니며 지명을 받은 것으로 설정되어 있다. 이렇게 볼 때 덕재는 좌우이데올로기에 대한 개념이 거의 없는 인물이다. 이런 덕재에게 성삼이 역시 우파적인 이데올로기를 애써 주입시키려 하지 않는다는 점에서 이 작품은 반공 이데올로기적 성향을 띤 작품으로 보기보다는 탈이데올로기적인 경향을 띤 작품으로 보아야 타당하다고 본다.

따라서 단편 「鶴」(1953.1)[186]은 좌우이데올로기의 대립보다는 오히려 이를 우정으로써 뛰어넘는 휴머니즘을 보여준 작품이다. 이 작품은 6·25 당시 삼팔접경의 마을을 배경으로 하고 있다. 국군인 성삼이가 농민동맹 부위원장을 지낸 어릴적 친구 덕재를 호송해가면서 학사냥을 미끼로 전쟁이 빚은 갈등의 상황을 우정으로 극복하려 시도한다.

이 작품에서 '학'[187]은 전쟁이 일방적으로 부여한 이데올로기의 갈등 상황을 해소시켜 주는 매개물로서 작용한다. 덕재의 손에 묶여있던 포승줄이 학을 잡는 올가미로서의 구실을 하게 됨으로써 구속이 아닌 자유를 표상하는 반어적 이미지의 역할을 담당한다. 어릴 때에 "그저 자기네의 학이 죽어서는 안된다는 생각"으로 사냥꾼의 손을 피해 단정학을 푸른 하늘로 날려보낸 그들의 생명사랑정신은 이데올로기가 빚어낸 현실의 갈등 상황을 우정의 화합으로써 극복하게 하는데 기여한다. 특히 "이 자식아, 그동안 사람을 몇이나 죽였냐."라고 묻는 성삼이에게 "그래 너는 사람을 그렇게 죽여봤니?"라는 덕재의 말을 들으며 "가슴 한복판이 환해짐"을 느끼고 "막혔던 무엇이 풀려내리는 것만 같은"[188] 감정을 느끼는 성삼이는 생명의 존엄성을 지키려는 대표적 인물로 표상된다. 이점에서 성삼이가 학사냥을 구실로 하여 덕재를 살려

---

186) 단편 「鶴」은 『新天地』(1953.5)에 발표됨.
187) 학은 고고한 자태, 가장 장수하는 새이다.
  고고하고 고적한 학의 자태는 세속에 물들지 않은 仙의 분위기를 느끼게 한다.
  구미래, 「한국인의 상징세계」(서울 : 교보문고, 1992), pp.182~185.
  이 작품에서 '학'은 세속에 물들지 않은 仙을 표상한다고 필자는 본다.
188) 황순원, 「鶴」, p.53.

주려는 행위는 어쩌면 필연적인 행위라고 볼 수 있다.

> 저만치서 성삼이가 홱 고개를 돌렸다.
> "어이, 왜 멍추같이 게 섰는 게야? 어서 학이나 몰아오너라!" 그제서야 덕재도 무엇을 깨달은 듯 잡풀 새를 기기 시작했다.
> 때마침 단정학 두세 마리가 높푸른 가을하늘에 큰 날개를 펴고 유유히 날고 있었다.189)

어릴적 그들이 놓아주었던 '단정학'은 어른이 된 지금까지도 그대로 우정의 표징으로 수용되면서 성삼이와 덕재에게 현실의 갈등을 극복하게 하는 자유와 평화의 새로서 표상된다. 이 소설의 결미에서 보여주는 '단정학' '높푸른 가을 하늘' '유유히' 등의 표현은 이데올로기가 빚은 갈등의 현실상황을 뛰어넘는 우정과 생명사랑과 자유와 평화를 암시적으로 나타내고 있다.

한편 문학평론가 김윤식은 성삼이가 덕재를 풀어주는 행위는 "직무유기에 다름아니다. 학사냥을 빙자하여 그런 행위를 저지르는 일은 합리적 논리를 바탕으로 하는 세계에서는 결코 용납될 수 없다."190)라고 말한다.

이에 대해 작가 황순원은 "《합리적 논리를 바탕으로 하는 세계에서는 결코 용납될 수 없는 것》을 다룰 수 있는 게 오히려 소설의 세계가 아닌가."191) 라고 말하며 김윤식의 작품 해석을 비판하고 있다. 특히 황순원은 김윤식이 「鶴」을 샤머니즘과 민화의 세계에 결부시켜 얘기하면서 단편 「鶴」을 소설이라 부르기 어렵다고 말한 부분에 대해 당혹스러움을 표시한다. 이러한 황순원의 견해는 타당하게 보인다.

반면 신동욱, 조남현, 송하섭 등이 단편 「鶴」에 대해 긍정적으로 평가하고 있다.

신동욱은 "민족 분열의 비극적 현실을 분열 이전의 공동 생활체의 경험을

---

189) 위의 책, p.56.
190) 김윤식, 「민담, 민족적 형식에의 길」, 『소설문학』(1986.3), pp.203~204.
191) 황순원, 「말과 삶과 自由・Ⅲ」, 『현대문학』(1986.9), pp.62~65.

통하여 회복시킴으로써 치유하는 인간애의 정신을 펼쳐보이고 있다. ……어렸을 때의 통합된 삶을 온전히 회상케하는 혹부리 할아버지의 고함소리, 밤나무, 소녀 꼬맹이, 학사냥 등 단순하고도 값진 향리의 어렸을 때의 삶을 통하여 분열의 상처를 회복하는 한 치유의 슬기로 보여주고 있다."192)라고 평가하면서 "민족분단의 고통과 슬픔의 극복도 문화의 동질적 바탕에 두고 이루어질 때 보다 쉽게 또는 바람직하게 이룰 수"193) 있음을 제시한다. 이러한 신동욱의 평가는 성삼이와 덕재가 과거 공동생활체의 경험을 토대로 우정을 확대 지속시키고 있음을 지적했다는 점에서 설득력을 가진다고 본다.

또한 조남현은 "「鶴」에서 황순원이 정작 강조하고자 했던 것은 대립과 분열로서의 현재가 아닌, 화해와 동심(同心)으로서의 과거였다. ……학사냥 놀이를 시작함으로써 학사냥 놀이가 상징하는 과거, 평화와 순박성과 일체감이 감돌고 있는 과거로 복귀할 뜻을 분명하게 내보인 것이 된다. '학'의 상징적 의미를 잠깐 떠올리기만 해도 대립과 탐욕의 세계를 뛰어넘고자 하는 작가의 열망이 얼마나 절실한 것인지를 쉽게 짐작하게 된다."194)라고 언급하고 있다.

나아가 송하섭은 황순원 소설의 서정성에 대해 언급하면서 "「鶴」은 사회체제라는 이데올로기적 의식을 넘어서는 인간생명의 소중함을 서정적으로 그리고 있다."195)라고 긍정적으로 평가한다. 나아가 황순원 소설속에 현실의식과 역사의식이 포용되어 있음을 지적하고 "이런 뜻에서 순원(順元)소설의 서정성은 효석(孝石)과 유정(裕貞)을 함께 수용한 것으로 소설의 서정성에 있어 새로운 지평을 열은 것으로"196) 평가한다.

이렇게 단편 「鶴」에서 보여주듯 이념의 갈등상황을 우정과 생명사랑의 정

---

192) 신동욱, 「황순원소설에 있어서 한국적 삶의 인식 연구」, 『삶의 투시로서의 문학』 (서울 : 문학과지성사, 1988), p.190.
193) 위의 책, p.190.
194) 조남현, 「우리 소설의 넓이와 깊이」, 『문학정신』(1988.12), p.256.
195) 송하섭, 「황순원 : 역사의식 포용의 서정」, 『한국현대소설의 서정성 연구』(서울 : 단국대학교 출판부, 1988), p.125.
196) 위의 책, p.125.

신으로 극복하려는 작가의 현실극복의지는 단편「筆墨장수」(1955.4),「盲啞院에서」(1953.6)를 통하여 지속적으로 보여주고 있다. 단편「筆墨장수」197)는 따뜻한 인간애로써 현실의 어두운 삶을 극복하고 있는 작품이다. 또「盲啞院에서」198)는 전쟁의 상처와 현실의 고통을 모성의식으로 극복하고 있는 작품으로 단편「부끄러움」(1954.10)199)과 함께 작가의 생명존엄사상이 반영된 작품이다.

단편「鶴」,「筆墨장수」,「盲啞院에서」에는 전쟁이 야기한 어두운 현실속에서나마 우정과 따뜻한 인간애와 모성의 절대성으로써 현실에 절망하지 않고 극복해 나아가고자 하는 작가의식이 반영되어 있다고 필자는 본다.

③ 性의 의미와 모성의 문제

한국문학속에서 성(性)은 양면성을 지닌 채 다루어져왔다. 추한 인간의 동물적인 충동 또는 욕구표출로서의 성(性)과 건강하고 창조적인 생명력으로서의 성(性)200)이 그것이다.

기존의 선행연구에서 황순원 소설속에 나타난 성(性)의 성격과 특징201)은 별반 논의되지 않았다. 이것은 아마도 황순원 소설속에서 성(性)의 문제가 중

---

197) 단편「筆墨장수」는『現代文學』(1955.6)에 발표됨.
198) 단편「盲啞院에서」(발표시의 제목「胎動」)는『文化世界』(1953.11)에 발표됨.
199) 단편「부끄러움」(발표시의 제목「무서움」)은『現代文學』(1955.2)에 발표됨.
200) 이태동,「獸性에서 심미주의까지-한국문학속의 性」,『문학사상』통권203호 (1989.9)
201) 조남현은 황순원 소설에 나타나는 性의 문제에 대해 부분적으로 언급하고 있다. 그는 "황순원이 남녀사이의 사랑에 있어서 윤리의식이라는 프리즘만을 통해서 음미하려 했다고는 보기 어렵다."고 말한다. 왜냐하면 "황순원은 유교주의보다는 오히려 이효석류의 발상법에 가깝게 性의 문제에 접근하고 있기 때문"이라고 말한다. 그리고 "그만큼 황순원은 인간의 性에 관한 문제를 자연스럽게 다루려고 했던 것으로 보인다. 좀더 확대 해석해서 보자면 그는 性에 대한 욕구를 우선 인간적인 현상으로 받아들이려 했던 듯싶다."라고 언급한다. 조남현의 이와 같은 지적은 매우 타당성을 가진다고 필자는 본다.
조남현,「황순원의 초기 단편소설」,『한국 현대 소설사 연구』(서울 : 민음사, 1984), p.385.

심이 되어 형상화된 작품이 많지 않기 때문이라고 본다. 따라서 필자는 황순원 소설에서 나타나고 있는 성(性)202)의 성격과 특질을 살펴보고자 한다. 이것은 곧 작가가 성(性)을 어떻게 인식하고 있는가의 문제와 연관된다고 볼 수 있다.

작가는 제1기 문학에서부터 남녀 사이에서 빚어지는 애정의 문제를 단편 「늪」, 「소라」, 「配役들」, 「피아노가 있는 가을」, 「허수아비」, 「잃어버린 사람들」, 「비바리」, 「링반데룽」, 「自然」 등을 통하여 지속적으로 형상화하였다. 그러나 단편 「사나이」(1953.9)에서처럼 성(性)이 에로티시즘으로 화하고 있는 경우는 나타나지 않는다. 다만 작가는 성적 매력에 압도당하는 작중인물의 내면세계에 대해 묘사한다든지(단편 「늪」) 또는 성(性)이 상품화된 매춘의 행위속에서 여인들의 수난상을 보여준다든지(『별과 같이 살다』) 할 뿐 성(性)을 에로티시즘으로까지 발전시키지 않는다. 단지 황순원의 제1기 작품속에 포함되어 있는 단편 「갈대」에서 성(性)에 눈떠가는 소녀의 의식이 단편적으로 묘사되고 있을 뿐, 단편 「사나이」(1953.9)에 와서야 비로소 성의 문제가 본격적으로 다루어지고 있다.

그렇다면 작가가 그의 전 작품을 통하여 성(性)의 문제를 중점적으로 형상화하지 않는 이유는 무엇일까. 이것은 바로 작가가 성(性)의 문제를 정신적 사랑에 자연히 수반되는 부차적인 것으로 인식하였기 때문이라고 본다. 다시 말해서 황순원은 정신적 사랑을 우선시하고 있으며 육체적 쾌락이나 성적 욕구는 부차적인 것으로 인식하고 있다고 본다. 이러한 작가의 의식은 중편 『내일』에서 볼 수 있듯이 작가가 사랑에 있어서는 육체보다 정신을 중시한 점에서 기인하고 있음을 알 수 있다. 정신적 사랑을 육체적 쾌락이나 성적 욕구보다 우선시 하는 작가의 의식은 진정한 애정이 있는한 어떠한 기존의 모랄이나 조건까지도 뛰어넘을 수 있어야 한다고 생각하는 작가의 애정관과도

---

202) 본고에서 다루려는 성(性)의 의미는 인간이 원초적으로 가지고 있는 본능적 성욕에 한하여 지칭한다.

깊이 연관된다. 즉 애정의 절대성을 강조하는 작가의 애정관은 작가로 하여금 육체적 쾌락이나 성의 묘사보다는 정신적 사랑에 초점을 맞추게 하였을 것으로 판단된다. 따라서 황순원 소설에서 성행위의 묘사는 거의 드러나지 않고 있으며 이러한 현상은 작가의 이와 같은 성관(性觀)에 비추어 볼 때 자연스런 결과라고 간주된다.

성(性)의 문제가 개입되어 있는 단편「두메」,「寡婦」,「盲啞院에서」에서도 성행위에 대한 묘사는 직접적으로 묘사되지 않고 있으며 지극히 암시적으로 제시되고 있을 뿐이다. 단편「두메」에서는 "-이놈의 허리통을 놓구 내가 어뜨게 사노" "-아, 숨이 넘어가는 것같애요. 아니 돛와요. 이대루 죽구파요."[203]라고 묘사되고 있다. 단편「寡婦」에서는 "소년과부는 흙탕물냄새 풍기는 사내의 피부 밑에서, 모든 문제는 자기가 죽으면 그만이라고 생각했다."[204]로 묘사되고 있다. 또 단편「盲啞院에서」에는 "달빛 아래 그것은 사람의 육체가 분명했다."[205]라고 묘사되고 있을 뿐이다.

이렇게 작가가 육체적 결합보다는 정신적 사랑을 우위에 놓고 있는 경향은 중편『내일』, 장편『카인의 後裔』,『나무들 비탈에 서다』,『움직이는 城』등에서 지속적으로 드러난다. 중편『내일』에서 육체를 거부하고 정신을 지향하는 젊은 여자에게 동화되어 "이세상 남녀 이전의 남녀 혹은 이세상 남녀의 마지막 남녀"[206]가 되고 싶다고 하며 "그것이 조금도 서글프지가 않고 오히려 통쾌하오."라고 독백하는 중년 남자의 심리상황 역시 아가페적 사랑을 추구하고 있음을 증명한다.『카인의 後裔』에서도 박훈은 병을 앓는 오작녀를 간호하며, "그러나 다시는 그 물결치는 젖가슴에 손을 가져갈 수가 없었다. 그러면서 훈은 웬일인지 오늘 자기는 이 오작녀가 여태까지 지켜온 깨끗함을 이렇게 더럽히고 있다는 느낌"[207]을 가진다. 이 대목을 통하여 그들의 사랑

---

203) 황순원,「두메」, p.41.
204) 황순원,「寡婦」, p.140.
205) 황순원,「盲啞院에서」, p.41.
206) 황순원,『내일』, 황순원전집 제4권(서울 : 문학과지성사, 1991), p.260.

이 육체의 결합보다는 정신적 사랑을 우위에 두고 있음을 알 수 있다.『나무들 비탈에 서다』에서 동호 역시 육체의 쾌락에 자기자신도 모르게 무의식적으로 끌려 들어가고 있음을 발견할 때 이를 자살로써 거부한다. 동호의 자살은 정신적 사랑을 지향하는 의식의 표현[208]이라 본다.『움직이는 城』에서 준태는 무당에 의해 육체적으로 시달림을 당한다. 준태가 그녀의 육체를 거부함으로써 결국 무당은 자식을 버리고 준태의 곁을 떠나가버린다. 준태 역시 정신적 사랑이 없는 육체 관계를 거부했던 것이라 볼 수 있다.

이렇게 남녀의 애정속에서 드러나고 있는 정신지향적 사랑은 작중인물로 하여금 대체로 애정이 없는 성적 결합을 거부하게 하는 동인으로 작용한다. 그러나 정신적 사랑이 있는 경우에는 도덕이나 윤리, 인습에 속박되지 않고 육체적 결합이 이루어지는 것으로 나타난다. 그 대표적 인물이『日月』의 인철과 나미,『움직이는 城』의 준태와 지연,『神들의 주사위』의 한수와 진희, 세미 등이다. 이들은 결혼 전의 성적 결합에 대해 전혀 두려움이나 죄의식 또는 부담감을 느끼지 않는다. 다만,『나무들 비탈에 서다』에서의 장숙과 동호는 제외된다.

따라서 애정속에서 드러나는 황순원 소설의 특징은 대부분의 작중인물이 정신적 사랑이 없는 경우 육체관계를 거부하고 있으나, 정신적 사랑이 있는 경우는 대체로 도덕이나 윤리, 인습을 뛰어넘고 있음을 고찰할 수 있다. 즉 애정이 있는 한 성적 결합은 지극히 자연스럽게 이루어지고 있음을 살펴볼 수 있다. 여기에 대해 조남현도 황순원이 "성에 대한 욕구를 우선 인간적인 현상으로 받아들이려고 했던 듯 싶다."라고 말하며, 황순원의 성관(性觀)은 "유교주의 보다는 오히려 이효석류의 발상법에 가까운 것으로 드러나고 있

---

207) 황순원,『카인의 後裔』, 황순원전집 제6권(서울 : 문학과지성사, 1992), p.238.
208)『나무들 비탈에 서다』의 동호는 현태로 인해 거의 강제로 옥주와의 결합을 가진 후 심한 구토와 함께 거부반응을 일으킨다. 끝내 그는 숙에 대한 죄의식과 결벽증에서 벗어나지 못하고 육체에 끌려드는 자기자신을 용납하지 못해 자살하고 만다.

다."209)라고 말한다. 또한 애정속에서 나타나는 정신적 사랑의 추구는 작중인물들이 무의식속에서 추구하는 '모성'에 대한 갈망과 깊이 결부되고 있음을 발견할 수 있다.

위에서 고찰하였듯이 작가 황순원이 정신적 사랑을 육체적 결합보다 우위에 둔다고 하여, 성(性)을 불결한 것으로 간주하거나 또는 터부시하지 않는 것도 또하나의 특징이라 볼 수 있다. 오히려 황순원은 성(性)을 우주의 근원적인 힘이 되고 있는 건강한 생명력의 원천으로서 인식하고 있다. 성(性)을 건강한 생명력의 원천으로 인식하고 있다는 점에서 황순원의 성관(性觀)은 휘트먼이나 D.H. 로렌스가 인식하는 성관(性觀)210)과 공통성을 가진다고 볼 수 있다. 즉 성(性)을 죄악시하지 않고 건강한 생명력의 발현으로 인식한 점에서 공통점을 지니는 것이다. 황순원 소설에서 성(性)이 원초적 생명력과 근원적 힘으로 상징되면서 도덕과 기계문명에서 벗어나 야성적 생명의 신비로 승화되고 있는 대표적 작품이 단편「비바리」(1956.9)이다.

작가는 단편「갈대」에서 성(性)에 눈떠가는 소녀를 형상화시키고 있으며, 단편「두메」211)「寡婦」에서 성(性)을 개입시키지만 본격적으로 성(性)을 중심

---

209) 조남현,「황순원의 초기 단편소설」,『한국 현대 소설사 연구』(서울 : 민음사, 1984), p.385.
210) 휘트먼과 D.H. 로렌스의 性觀에는 공통점과 차이점이 있다. 휘트먼과 D.H. 로렌스의 性觀에서의 공통점은 근대 자본주의 문명이 빚어낸 과학에의 저주와 기계화되어 잃어버린 인간성의 상실에 대하여 性 즉 전인적 생명의 연소를 통하여 고양시키려 한 점을 들 수 있다. 그들은 원시적 생활에의 동경을 추구 하였으며 왜곡된 문명으로부터의 인간 해방을 추구하였다. 그들은 육체를 떠난 애욕을 불건강한 것이라고 비판하였으며 육체에 대해 찬미하였다. 특히 D.H. 로렌스는 사랑 중에서도 남녀 간의 육체를 통한 사랑을 가장 높은 사랑이라고 보았다. 남녀 간의 사랑에 있어 그 정신적인 면을 거부하는 것은 아니지만 어디까지나 그 사랑의 완전함, 그 근원은 육체에 시종하지 않으면 안된다는 것이며, 육체를 떠난 애욕은 불건강한 것이라고까지 신랄하게 비판하고 있다. 동시에 D.H. 로렌스는 정신적 사랑이 없는 性도 부정하였다. 性은 인간 생명 전부를 덮지 못하므로 性은 위대한 목적을 가진 창조적 활동에 협력해야 한다고 생각한다.
D.H 로렌스,『성과 문학』, 김병철역 (서울 : 정음사, 1977), pp.210~218. 참조.
211)「두메」에서 칠성네가 두메를 떠나고자 했던 가장 큰 이유는 평양손님과의 性的

으로 하여 형상화시킨 작품은 단편 「사나이」(1953.9)[212]이다.

이 작품속에서 김서방은 바보스러울 정도로 미련하고 무던한 인물로 형상화되고 있다. 그는 그의 어머니가 가지고 있는 도착된 모성애와 육체(性)에 대한 동경 사이에서 갈등하고 있는 인물이다. 그의 어머니는 아들을 며느리에게 빼앗기지 않으려는 왜곡된 모성애로 인해 아들과 며느리 사이에다 잠자리를 깐다. 따라서 김서방은 아내와의 육체적 접촉을 가질 수가 없다. 이 작품속에는 육체적 관계를 갈망하는 아들 내외와 그리고 아들 내외의 육체적 관계를 방해하려는 어머니의 내면적 상황이 심리적인 묘사로써 묘파되고 있다. 특히 남편과의 성행위를 갈망하는 아내와 이를 방해하려는 시어머니의 대립감정이 간접적인 묘사로써 암시된다.

> 김서방 어머니는 언뜻 부엌에로 귀를 기울이고 나서 짐짓 큰 소리로,
> "이르다뿐이겠소. 요즘 젊은애치구 그만큼 일 잘하는 애가 다시없죠."
> 부엌에서는 며느리가 콩나물 동이에 물주는 소리가 좌알 하고 들려왔다.
> "이제 복둥일 하나 나놓면 성님두 상팔자요."
> 김서방 어머니는 한층 목소리를 돋구어,
> "쟤들이 또 의가 이만저만 좋아야지. 꼭 비둘기 한쌍이구려."
> 부엌에서는 좀전보다 더 크게 좌알좌알 하고 물소리가 들려왔다.
> 김서방은 뜰에서 지게멜빵을 고치다 말고 멍하니 하늘만 바라보았다.[213]

시어머니가 "짐짓 큰 소리로" 또는 "한층 목소리를 돋구어" 며느리에게 들리도록 하는 의도적인 거짓말에 대해 며느리는 반발한다. 며느리가 시어머니

관계 때문이라고 하기 보다는 가난 즉 숯귀신에서 벗어나고자 하는 일념 때문이었다고 본다. 「寡婦」에서 박씨부인과 사내와의 관계는 단순한 성욕 때문에 맺어진 관계가 아니고 性을 기반으로 한 성숙한 남녀의 사랑 때문에 맺어진 관계라고 본다. 이런 점에서 단편 「두메」나 「寡婦」는 性을 중점적으로 다룬 작품은 아니다.
212) 단편 「사나이」는 『文學藝術』(1954.2)에 발표됨.
213) 황순원, 「사나이」, p.106.

에 대해 가지고 있는 반발감은 콩나물 동이에 물주는 소리가 "좌알 하고 들려왔다."로 묘사되다가 "좀전보다 더 크게 좌알좌알"하는 물소리로 점층적으로 묘사됨으로써 암시되고 있는 것에서 알 수 있다. 결국 아들에 대한 도착된 어머니의 모성애에 의해서 며느리가 거부됨으로써 며느리는 다른 데로 시집가버리고 만다. 어머니는 아들에게 운명하면서 "나는 사내라군 네 아버지와 너밖에 모른다. 너두 이 어미 말구 딴 여잘 믿어선 안된다."라고 말하며 자신의 왜곡된 성관(性觀)을 주입시킨다.

식당 심부름꾼으로 들어간 김서방은 주인 노파의 딸을 병구완하게 된다. 부인병이 고질이 나있는 여인은 성(性)에 대해 민감한 반응을 보인다. 이 여인 역시 인간의 원초적 욕구라 할 수 있는 성(性)을 외면적으로는 거부하지만 무의식적으로는 동경하고 있는 인물이다. "병인의 손이 김서방의 손을 끌어다" 등 아닌 "등허리를 긁게 했다. 자꾸 자꾸 세게 긁게 했다."라는 지문에서 볼 수 있듯이 여인은 분출되지 못하는 성적 욕구를 우회적으로 표현하고 있다. 여인이 가지고 있는 성(性)에 대한 동경이 병으로 남편에 의해 채워질 수 없을 때, 그녀는 죽어가면서 김서방에게 "그러지 말고 가슴을 안아 달라"고 한다. 즉 김서방은 남편의 대리역할을 하는 것이다. 그녀는 "남편허구 자식두 날 버리구 부모꺼정두 날 끄렸지만 김서방만이 끝까지 돌봐줬지. 여기 가락지와 비녀가 있으니 나 죽거든 김서방이 가지우"라고 말한다.

김서방은 가락지와 비녀를 가지고 가락국수 장사를 시작한다. 손이 모자라 젊은 색시를 들인다. 그러나 김서방은 젊은 색시와 성(性)에 대해 무관심하다. 이러한 김서방의 심리상황은 왜곡된 성관을 가진 그의 어머니로부터 무의식적으로 강요받은 일종의 자기방어기제에 의한 것인지도 모른다. 그러나 그의 내면 깊숙이에는 역시 성(性)에 대한 욕구와 동경이 자리하고 있다. 젊은 색시 역시 자신의 성적 욕구를 적극적으로 표현한다. 젊은 색시의 유혹에 의해 무의식속에서 잠자고 있던 김서방의 성적 욕구는 깨어나기 시작한다. 그리하여 '구름다리'에 발을 올려놓는다. 이 작품속에서 '구름다리'는 성적 관계를 실현시키는 상징적 매개체로 설정되고 있다.

그러나 젊은 색시는 돈주머니를 가지고 도망가고 만다. 김서방은 단골손님의 말대로 사내 구실을 못해 그리 됐으리라는 생각에 부끄러움을 느낀다. 반면 "김서방은 무엇에서 놓여난 심정이었다."에서와 같이 자유로움을 느낀다. 아내나 젊은 색시의 도망은 결국 그로 하여금 여자에 대한 두려움과 불신감을 갖게 하는 동인이 된다. 그의 어머니가 "여잘 믿어선 안된다."라고 한 말이 그대로 적중한 것이다. 그러나 김서방이 가지고 있는 여자에 대한 불신감과 거부감은 또다시 엄습해오는 성(性)적 욕구에 의해 반전되기 시작한다. "그것은 젊은 여자를 집에 들이기 전에는 맛보지 못했던 감정"이라고 서술되고 있다. 결국 김서방은 일손이 부족하다는 이유로 딸까지 딸린 서른이 지난 여인을 구해 들인다. 이 여인 역시 성적 표현에 있어 이 작품의 다른 여자들처럼 김서방보다 적극적이다. 김서방은 "여인에게 무관심하려" 하지만 성(性)에 이미 젖어든 김서방에게 있어서 성적 욕구를 억제한다는 것은 쉬운 일이 아니다. 그래서 저녁마다 마시는 주량만 늘어간다. 이것은 김서방이 여자에 대한 거부와 두려움의 감정을 가지고 있음에도 불구하고 성(性)에 대한 동경과 욕구를 떨쳐내지 못하고 있음을 반증한다. 더구나 여인이 김서방을 유혹한다. 김서방은 "내일 아침이면 이 여자가 또 자기의 생활을 헝클어 놓을지도 모른다."는 생각을 하면서도 "내일 일은 내일 보자."고 하며 떨리는 다리를 구름다리에 올려놓는다. 이 작품의 결미는 김서방이 여자에 대해 잠재적으로 가지고 있는 불신과 육체에 대한 동경 사이에서 갈등하다 결국 성(性)에 접근해 가는 내면세계를 심리적 수법으로 잘 포착한 것이 특징이다.

단편 「사나이」에서 살펴보았듯이, 김서방은 성(性)을 결코 죄악시하거나 불순한 것으로 치부하지 않는다. 오히려 성(性)의 결핍은 "날이 갈수록 어딘가 자기 생활 한 구석이 비어진 듯한 느낌"과 "모처럼 손에 넣었던 귀중한 물건을 놓쳐버린 심정"을 김서방에게 갖게 한다.

따라서 황순원 소설에서 볼 수 있는 성(性)의 의미는, 건강하면서도 원초적인 생동감있는 생명력으로서의 성으로 특징지을 수 있다. 즉 인간 본성의 가장 밑바닥에 깔려있는 무의식적 욕구로 표현되고 있다. 나아가 야성적인 신비감과 순수함으로 충만된 원초적이며 본질적인 생명력으로 표상되고 있다. 따라서 황순원의 성관(性觀)은 D.H. 로렌스나 휘트먼에게서 발견할 수 있는 성관(性觀)과 공통성을 지닌다.

한편 황순원 소설에 나타나고 있는 애정의 양상214) 속에는 성(性)의 문제와 함께 모성의 문제가 개입되고 있음을 알 수 있다. 그 대표적 작품이 「사나이」 「幕은 내렸는데」 「허수아비」 「自然」 『카인의 後裔』 『나무들 비탈에 서다』 『日月』 『움직이는 城』 등이다. 특히 작가는 단편 「사나이」에서 우매하면서도 고지식한 김서방이 성(性)에 접근해가는 심리적 추이를 매우 잘 포착하고 있다.

한편 단편집 『鶴』에는 성(性)의 문제와 함께 모성의 문제가 결합된 작품(「사나이」) 이외에도 어머니에 대한 그리움(「왕모래」)을 형상화한 작품이 있다. 또한 작가의 모성의식이 투영된 작품(「참외」)이 있으며, 동시에 전쟁의 상처와 현실의 고통을 모성의식으로 극복해가는 작품(「盲啞院에서」)이 있다.

그렇다면 단편 「참외」(1950.10)에서 작가자신이 인식하고 있는 모성은 어떻게 투영되고 있는가. 또한 단편 「왕모래」(1953.10)에서 모성의 성격과 특질이 어떻게 드러나고 있는가를 살펴보고자 한다. 단편 「참외」에는 모성의 절대성이 강조되고 있다. 이 작품속에서 직접적으로 묘사되고 있는 작중화자 나의 어머니는 작가 황순원의 어머니라고 볼 수 있다. 작중화자 나의 어머니는 "욕심이 전혀 없는 어른"이며 "제 물건을 남 주시긴 좋아하여도 남의 물건이라면 여하한 물건이건 안중에 두는 일이 없으신 어른이다."라고 묘사되고

---

214) 황순원 소설에는 김동리 소설에서처럼 애정의 양상속에서 혈연적 性관계로 인해 비극에 이르는 작품(「驛馬」, 『사반의 十字架』)은 보이지 않는다. 한편 황순원 소설에서 나타나는 애정속에는 '모성'이 결부되어 있음을 발견할 수 있다. 이러한 현상은 작가가 '모성'을 통하여 '영원성'을 추구하고 있다고 볼 수 있다.
장현숙, 「황순원 작품 연구」, 경희대학교 대학원 석사논문 (1982)

있다. 이런 어머니가 피난시절 손자들을 위해 값을 치르지 않고 참외밭에서 청참외를 따왔다는 게 밝혀질 때 나는 분노한다. "이런 어머닐수록 당신이 무슨 이유에서고 오늘같은 일을 하셨다는 것은 여지껏 감춰었던 어머니의 추한 면을 엿보는 것 같아 한층더 불쾌한 것이었다."라고 표현되듯이 나는 울분을 터뜨린다. 따라서 나는 어머니에게 반발한다.

> 무슨 항의라도 하듯이 어머니편으로 고개를 돌렸다. 어머니의 눈이 있다가 내 눈을 받았다. 순간, 나는 나도 모르는 새 아주 험악한 소리를 지를 뻔했다. 아니 고함은 이미 쳐진 듯싶었다. 내 눈을 받는 어머니의 눈이 그걸 말하고 있었다.215)

위 인용에서 드러나듯 어떤 상황하에서도 어머니의 존재는 절대적이며 신성한 존재이어야 했다. 그런 어머니가 이런 행동을 했다는 것은 도저히 용납할 수가 없다. 절대적으로 생각했던 어머니에 대한 아이덴티티(identity)가 무너졌을 때, 작중화자인 나는 분노할 수밖에 없다. 그러나 어머니에 대한 분노는 또다시 자기자신에 대한 꾸짖음으로 반전된다.

> 어머니가 더 거기 서있을 수 없다는 듯이 다시 밖으로 나가신다. 씻지 않은 얼굴의 물방울은 그냥 물방울이 아니라 새로 흘리신 땀방울만 같았다. 말할 수 없이 수척한, 말할 수 없이 슬픈 얼굴로만 보였다. 순간 나는 어머니의 몸 전체가 이런 말을 하고 있음을 느꼈다. 아들아, 그 참외는 결코 값없이 손에 넣은 물건이 아니다. 그 값은 넉넉히 갚았다. 이미 갚았을 뿐만 아니라 지금도 갚고 있고 앞으로도 더 갚을 작정이다. 그 값에 지나칠 만큼 그렇게 얼마든지.
> 문득 내 가슴속에 복받쳐올라오는 것이 있었다. 요 세상에 빼뚤어진 놈아, 어쩌자고 네가 이처럼 어머니 마음을 상해놓느냐. 어서 어머니께 사과를 드려라.
> 그러나 나는 다시한번 어머니에게 심술이나 부리듯 소리를 질렀다.

---

215) 황순원, 「참외」, 『鶴』, 황순원전집 제3권(서울 : 문학과지성사, 1991), p.69.

"얘, 선차미 그만들 먹어라!"216)

위 인용에서처럼 나는 어머니의 독백을 헤아리며 스스로를 꾸짖는다. 그럼에도 불구하고 "얘, 선차미 그만들 먹어라!"하고 소리를 지르고 만다. 이 대목에서 보여주듯 어머니의 행동에 대한 나의 태도는 결벽에 가깝다. 작중화자 나의 말대로 빼뚤어져 있다. 그러나 어머니에 대한 나의 분노는 근본적으로 어머니에 대한 절대적 사랑과 신뢰에 기인하는 것이다. 다시 말해서 그의 분노는 어머니에 대한 지극한 사랑이 내재해 있기 때문에 발하는 분노이다. 이렇게 단편 「참외」에서 볼 수 있듯이 '모성'에 대한 절대성은 단편 「왕모래」(1953.10)에서 역설적으로 강조되고 있다.

단편 「왕모래」(1953.10)217)는 부정적인 모성상을 보여줌으로써 역설적으로 모성의 절대성을 강조하고 있는 단편이다. 이 단편은 어머니를 향한 그리움과 그 그리움이 현실속에서 추한 아편장이의 모습으로 돌아온 어머니로 인해 좌절될 때 야기되는 비극을 조명한 작품이다.

이 작품에서 '왕모래'의 이미지는 가난과 매춘을 동시에 표상한다. 아버지가 낮에 버럭짐을 지면서 묻혀 가지고 다니던 왕모래는 가난을 표상하고 있으며, 어머니가 밤마다 고무신 속에 넣어가지고 오는 왕모래는 매춘을 표상한다. 따라서 '왕모래'의 이미지는 가난에 의한 죽음(아버지의 죽음)과 도덕적인 타락에 의한 죽음(어머니의 죽음)을 동시에 상징한다고 볼 수 있다. 이 작품은 돌이의 성숙의 단계 즉 "모른다" "알 수 없다"로 일관되는 무지의 단계와 "알 수 있을 것 같았다"로 표현되는 인식의 단계를 거쳐 어머니에 대한 그리움이 어떠한 행위로 나타나는가를 조명해간다.

돌이에게 있어서 '요강'은 어머니를 표상하는 매개체가 되고 있다. 즉 "안주인이 요강마저 밖으로 내 가는 것을 보고야 저것마저 없애면 정말 어머니

---

216) 위의 책, p.70.
217) 단편 「왕모래」(발표시의 제목「윤삼이」)는 『新天地』(1954.1)에 발표됨.

는 안 돌아올 것만 같아 그만 울음을 터뜨리고 말았다."218)라는 지문속에서 볼 수 있듯이 돌이에게 있어서 '요강'은 어머니의 대리표상으로 인식된다.

　이 작품을 통하여 작가는 인생의 부조리를 미성숙한 돌이의 의식을 통하여 '모른다' '알 수 없다'라는 말로써 표현하고 있다. 이렇게 미성숙된 돌이의 의식은 그의 성장과 함께 아버지가 죽은 원인과 어머니의 매춘을 인식하게 된다. 그러나 돌이는 어머니가 매춘했다는 사실을 강하게 거부한다. 이렇게 돌이에게 있어서 어머니의 존재는 절대적으로 아름다운 존재로서 자리잡고 있었던 것이다. 그러나 도둑으로 오해받으면서까지 어머니를 안타깝게 그리워하던 돌이에게 어머니는 아편장이의 추한 모습으로 돌아오게 된다. 더구나 자식에 대한 사랑 때문이 아니라 아편 때문에 돌아온다. 그리고 어머니는 아편약을 사기 위해 돈지갑까지 훔친다. 나아가 돌이에게 너 때문에 내가 이 꼴이 되었다고 원망한다. 그러다가 금방 애원조로 변해 아편약을 구해 오라고 애걸한다. 돌이는 아편약을 힘들게 구해온다. 그리고 어머니의 목에 힘을 준다.

　　　어머니는 돌이의 손에서 약병을 빼앗듯이 하여 미리 간수해두었던 주사기에 옮기기가 바쁘게, 후들거리는 손으로 가죽만 남은 젖가슴을 찔렀다. 오, 역시 내 아들이구나.
　　　돌이는 슬픈 얼굴이면서도 무엇을 결심한 낯빛이었다. 여관 주인한테 가서, 오늘 저녁 잃은 손님의 돈은 자기가 갚겠노라고 했다.
　　　돌아와보니, 어느새 어머니는 숨소리도 고르게 잠이 들어있었다. 전등을 끄고 자기도 그 곁에 누웠다. 그리고 팔로 조용히 어머니의 목을 안았다. 손이 뿌리쳐지지 않았다. 돌이는 팔에 점점 힘을 주었다. 여윈 어머니의 몸이 목 비틀린 잠자리모양 떨렸다. 숨이 괴로운 것이다. 그러나 돌이는 그냥 팔에다 힘주기를 멈추지 않았다.219)

　즉 돌이가 그렇게도 그리워하던 어머니가 추한 아편장이로 돌아왔을 때,

---

218) 황순원, 「왕모래」, 『鶴』,위의 책, p.24.
219) 황순원, 「왕모래」, p.34.

그리고 자식에 대한 애정 때문이 아니라 아편약 때문에 돌아왔을 때, 절대적 존재로서의 어머니에 대한 아이덴티티(identity)를 상실하면서, 돌이는 어머니를 살해할 수밖에 없게 된다. 돌이가 어머니를 살해하는 행위는 신성하고 영원한 모성상을 회복하기 위한 몸부림의 한 반영이라고 볼 수 있다. 끝까지 자식에 대한 사랑 때문이 아닌 아편 때문에 찾아오는 어머니를 살해하는 행위는 자신이 그리던 아름다운 어머니의 모습을 회복하려는 의도이며 이것은 어머니에 대한 지극한 사랑의 역설적 표출로 볼 수 있다.

이 작품을 통해서 작가가 정염 때문에 자식을 버리고 떠나간 어머니가 끝내 아편 때문에 자식에게 돌아오는 타락한 모성상을 보여주고 있는 이유는 무엇일까. 이것은 바로 부정적 모성상을 통하여 역설적으로 모성애의 중요성을 강조하려는 작가의 의도라고 볼 수 있다.

한편 이 단편은 시대적 상황과 연결시켜 볼 때, 작가의 민족의식이 모성의식과 결부되고 있는 작품이다. 곧 「별」(1940.가을)에서의 아이가 그토록 그리워하던 '어머니' 곧 '모국'이 6·25를 거치면서 「왕모래」(1953.10)에서 볼 수 있듯이 추한 어머니 곧 남·북의 분단이라는 우리가 기대하지 않았던 '모국'으로 변질되어 돌아왔을 때, 이 '어머니' 곧 '모국'을 죽일 수밖에 없었던 것은 역설적으로 작가의 지극한 '조국애'의 발로라고 볼 수 있다.

단편 「盲啞院에서」(1953.5)[220]는 6·25 피난 중 파편을 맞아 소경이 된 영이의 슬픈 운명과 모성애를 다룬 작품이다. 사랑을 배반당한 영이는 태어날 아기가 소경일까봐 두려워한다. 그러나 곧 아기가 차라리 소경일 것을 원한다. 왜냐하면, "성한 사람과 병신은 부모자식 사이라도 종내는 새가 벌어지고 만다."는 생각이 들었기 때문이다. 마침내 부모와 자식간에 새가 벌어질 관계라면 "뱃속에 들어 있을 때, 어떻게든지 자기 마음대로 해버려야 한다."고 마음먹고 바다에 귀를 기울인다. 영이의 심리적 갈등은 '고요한 바다'와 '거센 바다'에 의하여 반복된다. 즉 바다는 영이의 내적 세계와 동일시되는 상징물

---

220) 장현숙, 「황순원 작품 연구」, pp.85~86.

이다. 드디어 고요한 바다를 선택하여, 목에 돌을 매달고 죽음의 바다속으로 들어간다. 그러나 태동을 느끼고 죽음을 포기한다. 비록 "뱃속에 든 것이건만 벌써 자기 마음대로는 할 수 없다."는 생각이 들었기 때문이다. 이것은 생명에 대한 무한한 경외감에서 기인된 생각이라고 볼 수 있으며 모성애의 발로라 볼 수 있다. 즉 모성애에 의해 영이의 생명은 정당화되어지고 재생되어진다. 바다로 암시되는 죽음과 재생의 심리적 갈등이 모성애에 의해 재생으로 회복된다. 이미 그녀의 생명과 육체는 그녀의 것이 아닌 태아의 것이기도 한 것이다. 이 작품을 통하여 작가는 죽음까지도 극복하는 모성애의 절대성과 생명의 존엄성을 역설하고 있다.

이상으로써 단편 「참외」, 「왕모래」, 「盲啞院에서」를 통하여 작가가 모성의 절대성을 강조하고 있음을 살펴보았다. 그렇다면 황순원 소설에서 나타나고 있는 모성의 성격과 특질은 어떠한가. 단편 「왕모래」에서 고찰하였듯이, 황순원 소설에서 나타나는 모성의 성격은 인간에게 있어서 가장 근원적인 곳에서 출발하는 뿌리와 같은 존재로서 가장 귀중한 것으로 인식되고 있음을 알 수 있다. 따라서 절대적인 존재이어야 할 어머니의 존재가 자식을 버리고 정염을 찾아 떠나간다거나 추한 모습으로 왜곡되어 돌아올 때, 돌이처럼 분노할 수밖에 없다. 그리하여 어머니를 살해할 수밖에 없는 것이다.

이로써 볼 때 모성은 어떠한 것에 의해서도 신성함을 침범당하지 않아야 하며, 타락된 존재여서도 안된다는 절대성을 작가는 부여하고 있다. 인간에게 있어서 가장 귀중한 사랑 중의 하나가 바로 모성애임을 강조하고 나아가 모성은 철저한 책임, 관용, 보호, 헌신, 사랑 그것이어야 함을 강조하고 있다.

작가는 작품속의 지문을 통하여 모성의 성격을 드러내 보여주고 있다. 『카인의 後裔』에서 훈은 어린시절의 회상을 통해 "무서웠다. 어머니 품속으로 파고 들었다. 그 따뜻하고 아늑한 피난처, 그제는 아무 것도 무섭지 않았다."[221] 라고 표현하기도 하고, 『人間接木』의 종호의 독백을 통하여 "모성애란 별 것

---

221) 황순원, 『카인의 後裔』, p.209.

아니다. 친히 궂은 것을 주무르고 매만지는 데서 생기는 것이다. 그러나 그게 말은 쉬워도 실천에 옮기기란 여간 힘든 일이 아닐 것이다. 거울에 낀 때에 따라서는 좀처럼 닦아서 지지 않는 수도 있는 것이다. 인내가 필요하다."222) 라고 말하기도 한다. 특히 유일하게 직접적으로 작가 황순원의 어머니의 모습이 투영된 단편「참외」를 통하여서 모성의 절대성을 강조하고 있다.

3) 역사의식의 심화와 인도주의의 추구, 장편『카인의 後裔』

작가가 단편집『曲藝師』에서 보여주던 현실인식의 확대는 단편집『鶴』에 이르러 전쟁의 상처와 이데올로기의 갈등에서 초월하려는 것으로 나타나고 있음을 살펴보았다. 이러한 작가의식은 장편『카인의 後裔』(1954.5)223)에 이르러 역사의식을 심도있게 보여주면서 인도주의를 지향해 나아가고 있음을 발견할 수 있다.

『카인의 後裔』는 작가가 해방 직후 북에서 겪어야 했던 정치적, 경제적 혼란기를 배경으로 하여 역사의 변화에 따라 변모하는 인간상과 지주들의 수난상을 묘파하고 있다. 동시에 자유와 생명과 사랑을 통한 인도주의를 추구한 작품이다.

---

222) 황순원,『人間接木』, p.116.
223) 『카인의 後裔』는 휴전 직후인 1953년 9월호『文藝』지에 연재되기 시작했다. 그러나 연재 5회 만에 이 잡지의 폐간으로 발표가 중단되었고 작가는 그 다음 부분을 전작으로 집필, 이듬해 5월에 탈고했고 그해 12월에 단행본으로 출간했다.(中央文化社, 1954.12.5. 장정 : 金煥基) 50년대 대표작이 된 이『카인의 後裔』는 이듬해 제1회 亞細亞自由文學賞을 작가에게 안겨주었고 1968년에는 영화화, 1975년에는 영역(장영숙, Robert Miller 공역)되었다.
황순원,「카인의 後裔」, 황순원전집 제6집(서울 : 문학과지성사, 1992)
『카인의 後裔』는 작가의 고향인 평남 대동군 재경면 빙장리가 무대였다고 한다.
전상국,「黃順元작『카인의 後裔』의 오작녀」,『일간스포츠』(1981.6.29)

① 토지개혁의 반영과 변모하는 인간상

장편『카인의 後裔』는 이북에서의 토지개혁224)을 배경으로 하여 카인의 후예 즉 농민의 후예들이 당하는 고통과 갈등 및 역사적 상황에 따라 변모하는 인간상들을 형상화하고 있다.

이 작품의 표제가 되고 있는 '카인의 後裔'는 아벨을 죽인 인류 최초의 살인자로서의 카인을 상징225)하기보다는 농민으로서의 카인을 상징한다. 따라서 장편『카인의 後裔』는 조상 대대로 땅 파 먹고 사는 농민의 후예들이 당

---

224) 북한에서 보다 본격적이고도 전면적인 개혁이 일어난 것은 1946년 2월 '북조선임시인민위원회'가 발족되고부터이다. 임시인민위원회는 3월 23일 '일제 잔재의 숙청', '국내 반동 세력과의 투쟁', '기본권의 보장', '대기업의 국유화 및 개인 상공업의 장려', '지주의 토지몰수', '8시간 노동제 확립' 등을 주요 내용으로 한 20개 정강을 발표함으로써 이후 개혁의 방향을 제시하였다.
임시인민위원회의 주도 하에 가장 먼저 착수된 사업은 토지개혁이었다. 당시 북한은 남한과 마찬가지로 전체 인구 중에서 농민이 차지하는 비중이 매우 컸다. 그러한 가운데서 농가의 4% 밖에 안되는 지주가 총 경지면적의 60%나 차지하고 있는 반봉건적 지주소작제도는 농민뿐만 아니라 전체 민중을 빈곤과 굴종속으로 몰아넣는 사회발전의 결정적 장애물로 간주될 수밖에 없었다. 따라서 토지개혁은 임시인민위원회가 스스로 표방하였던 '반제 반봉건 혁명'을 수행함에 있어 첫번째 관문에 해당하는 것이다.
토지개혁은 1946년 3월 5일「북조선 토지개혁에 관한 법령」이 공포되고 이를 직접 추진할 수 있는 담당조직으로서 빈농과 농업노동자로 구성된 1만 1500여 개의 '농촌위원회'가 만들어짐으로써 본격화된다. 농촌위원회의 주도하에 일본인, 민족반역자, 그리고 5정보 이상을 소유한 대지주의 땅은 모두 몰수되어 토지가 없거나 부족한 농민에게 가족수에 따라 무상으로 분배되었다. 이 당시는 개인 영농을 기본으로 해서 토지분배가 이루어졌다. 북한에서 토지에 대한 사회주의적 집단화가 이루어진 것은 한국전쟁 이후의 일이다.
박세길,『다시 쓰는 한국현대사 · 1』, pp.85~86.
225) 김병익은 "『카인의 後裔』가 포착하는 시대와 장소는 오늘의 한국이 가장 통절한 수난을 감수하게끔 하는 역사의 비극적 현장이며 그 비극성은 동생 아벨을 죽인 구약 창세기의 인물 카인을 표제로 사용, 골육상쟁의 처참한 진상을 드러냄으로써 더욱 강렬하게 부각되어 온다."라고 하면서 '카인'을 인류 최초의 살인자로서 그리고 골육상쟁을 일으킨 인물로서 그 의미를 포착하고 있다.
김병익,「수난기의 결벽주의자」,『황순원문학 전집』제5권(서울 : 삼중당, 1978), p.371.

대에서 어떠한 삶과 사랑과 갈등을 겪고 있는가를 보여준다.

이 작품은 서북지방인 평양에서 조금 떨어진 가락골을 배경으로 하고 있다. 이 작품의 시간적 배경은「북조선 토지개혁에 관한 법령」이 공포(1946.3.5)된 직후인 1946년 3월 중순께로 설정되고 있다. 1946년 2월 '북조선 임시 인민위원회'가 발족되면서 임시 인민위원회의 주도 하에서 가장 먼저 착수된 사업이 토지개혁이었다.226) 따라서『카인의 後裔』에는 해방 직후 북에서 실시되었던 토지개혁의 실상과 이에 대응하는 지주계급과 마름, 소작농민들의 심정적 갈등이 매우 잘 그려지고 있다.

지주의 아들 박훈은 보람을 가지고 지난 넉달 동안 운영해오던 야학을 당에서 나온 공작대원에게 사전예고 없이 접수당한다. 토지개혁을 앞두고 박훈은 정치적 상황에 따라 변모하는 인간들을 대하면서 끊임없이 엄습하여 오는 신변의 위협과 불안감 및 누군가에게 미행당하는 듯한 공포감을 느낀다.

그렇다면 토지개혁의 실상과 이에 대응하는 지주계급과 마름, 소작농민들의 모습이 이 작품속에서 어떻게 반영되고 있는가. 토지개혁의 실시에 대해 농민들은 반신반의와 함께 설렘과 그리고 죄스러움을 동시에 느낀다.

> 이날 밤, 비석거리 탄실네 집 앞마당에는 화톳불을 둘러싸고 마을꾼이 모여 있었다.
> "강계 따에서는 벌써 토디개혁이란 게 됐다믄서?"
> 칠성이아버지가 강목수를 건너다보며 하는 말이었다.
> "넝변 따에서두 했다드군."227)
>
> "그래 그 토디개혁이란 게 되믄 어뜨케 되는 겐가?"
> 탄실이아버지가 혼잣말처럼 중얼거렸다.
> 무어 새로 듣는 말이 되어 그러는 게 아니었다. 이제 토지개혁이란 게 실시되면 농사꾼에게 거저 논밭을 나눠준다는 말은, 지난 초닷새 날짜로

---

226) 박세길,『다시 쓰는 한국현대사・1』, p.85.
227) 황순원,『카인의 後裔』, 황순원전집 제6권(서울 : 문학과지성사, 1992), p.205.

법령이란 게 발포된 후로 수없이 들어오는 말이었다. 그렇지만 그게 도시 미덥지가 않은 것이었다. 땅을 거저 주다니? 세상에 어디 공짜가 있단 말이냐.

그것은 비단 탄실이아버지만의 생각은 아니었다. 거기 모여앉은 누구나가 다같은 생각이었다. 그러면서도 한편 구미가 당기지 않는 바도 아니었다. 논밭이 자기의 것이 된다! 생각할수록 가슴이 설레이는 일이었다.

그러나 다음순간 이들은 자기가 무슨 바라서는 안될 것이나 바라는 것처럼 죄스러워지는 것이었다. 공연히 대통을 땅에 두드려보고, 코를 풀어보고, 헛기침을 해보고 했다.

(중략)

모두들 필요 이상으로 큰 웃음이요, 필요 이상으로 긴 웃음이었다. 그것은 그렇게 함으로써 요즈음 자기네를 어지럽히는 생각을 감싸보기라도 하려는 듯한 웃음이었다.228)

이렇게 순박한 농민들은 토지개혁의 실시를 앞두고 때로는 희생양으로 이용되기도 한다. 그 대표적 인물이 남이아버지이다. 남이아버지는 농민치고 보기 드물게 허약한 사람임에도 불구하고 빈농꾼이라 하여 얼마 전에 인민위원회에 의해 면농민위원장이 된다. 남이아버지는 "그저 멋도 모르고" 면농민위원장이 되었다가 인민위원회를 반대하는 명구와 불출이에 의해 희생당한다. 따라서 "남이아버지는 역시 억울한 죽음"을 당한 것이다.

또한 제2차 지주 숙청대상자들도 토지개혁의 실시로 애매하게 희생된 사람들이다. 폐를 앓는 아들 때문에 공기 좋은 곳을 찾아 윤주사네 집을 사가지고 온 사람까지도 유한지주라는 명목으로 숙청된다. 또한 뒷마을 명구아버지도 그의 아들이 남이아버지를 죽였다고 하여 숙청대상이 된다. 분디나뭇집 할머니는 "칠순이 넘는 오늘날까지 과부로 늙어오면서 삯일과 무명낳이"로 땅을 사들였는데 그녀 역시 숙청대상이 된다. 제2차 지주 숙청이 있은 다음날 분디나뭇집 할머니는 목을 매어 자살하고 만다. 이렇게 토지개혁의 실시

---

228) 위의 책, pp.205~206.

를 앞두고 나타나는 비합리성과 지나친 숙청 등으로 야기되는 민심의 불안과 동요는 자신이 살아남기 위해 또는 자신의 이익을 챙기기 위해 "무엇을 궁리하는 듯한 얼굴들"229)로 이 작품속에서 표현되고 있다.

자신이 살아남기 위해 세태에 편승해 지나치리만큼 변모하는 가장 대표적인 인물은 박훈네 토지를 관리해 주었던 마름 도섭영감이다. 그는 "이십여년 동안이나 훈네 마름으로 있은 게 이제 와서 꿀리는 것"230)이다. 그는 "자기가 벌써 얼마 전부터 지난날의 지주였던 훈과 왕래를 끊은게 잘했다고 생각"하면서 "그것을 앞으로는 더 칼로 베듯이 해버려야 한다고 마음"231) 먹는다. 따라서 도섭영감은 딸 오작녀와 아들 삼득이에게 훈과의 관계를 끊기를 강요한다. 특히 이 작품속에서 드러나는 도섭영감의 성격은 "언제나 맨송맨송 칼로 민 머리"와 "역시 밴밴히 밀어 수염 한 오라기 없는 입가장자리" 그리고 "가래를 한번 돋구어 탁 옆으로 내뱉는" 모습 등을 통하여 단적으로 묘파된다.

마름을 할 때에도 소작인들에게 모질게 대했던 도섭영감의 모습은 다음 지문에서 잘 나타나고 있다.

> 그런 도섭영감의 얼굴에는 아무런 표정도 나타나 있지 않았다. 흰무명 수건을 질끈 동인, 언제나 칼로 맨송맨송 민 머리. 역시 밴밴히 밀어 수염 한 오라기 없는 네모진 얼굴에 이것만은 검게 꼬리를 치킨 눈썹. 그리고 완강히 앞으로 툭 내밀어진 턱. 이런 도섭영감의 얼굴이 콩널기를 내리칠 때와 다름없는 빛으로 사내를 향해 도리깨를 내리는 것이었다.
> 훈은 어찌할 바를 모르면서 몸만 떨었다.
> 누가 달려와 쓰러진 사내의 몸을 안아 일으켰다. 오작녀였다.232)

그러나 이런 도섭영감이 훈의 아버지가 세상을 떠났을 때, 누구보다도 서

---

229) 황순원, 『카인의 後裔』, p.298.
230) 위의 책, p.187.
231) 위의 책, p.188.
232) 위의 책, p.195.

러워하는 것을 보고 훈은 "근본 성미는 악할 수 없는 단순한 사람"이라는 걸 인식하고 "앞으로도 모든 일을 이 도섭영감에게 맡겨 하리라."고 결정한다. 또 도섭영감은 자신의 생명을 무릅쓰고 박혁을 구해내었듯이 용기와 희생을 가진 인물이기도 했다. 이렇게 박훈네를 위해 헌신적으로 일해 주던 도섭영감이 토지개혁을 앞두고 누구보다도 먼저 지주들을 숙청하는데 앞장선다. 시대의 변화에 따라 변모하는 그의 모습은 '도섭영감233)'이라는 그의 이름속에서도 암시되어 있다. 그러나 도섭영감 역시 농민위원장 자리에서 숙청당하고 만다. "당에서 볼 때 이제는 도섭영감의 이용가치가 없어진 것"이었다. 도섭영감 역시 역사의 희생자에 불과했던 것이다. 도섭영감은 박훈이나 박혁, 용제영감 그리고 순박한 농민들에게 있어서 가해자이기도 하였지만 역시 그는 시대의 희생자였다.

　도섭영감 후임에 면 농민위원장이 된 홍수 역시 훈과 같이 야학을 시작했던 사람으로 시대의 변화에 따라 부정적으로 변모하는 인물이다. 이외에도 토지개혁이 실시되기도 전에 미리 농토를 인민위원회에 바친 지주 김의사, 다른 사람의 눈을 피해 용제영감의 널을 짜주러 오는 강목수, 이들도 역시 자신이 살아남기 위해 시대에 따라 변모하는 인간상을 대표한다고 볼 수 있다.

　이와는 달리 오해를 받으면서까지 훈을 보호하기 위해 뒤따라 다니는 삼득이, 인간으로서의 도리를 어떠한 순간에도 지켜야 한다고 생각하는 당손이 할아버지는 작가가 그의 작품(「黃老人」, 「눈」)을 통해 지속적으로 추구하고 있는 긍정적 인간상에 해당한다. 특히 삼득이는 박훈과 함께 인도주의를 대표하는 인물로서 생명의 존엄성에 대해 인식하고 있으며 이를 실천하려는 인물이다. 삼득이는 박훈에게 "다시는 이놈의 피를 묻히디 않두룩" 누이를 데리고 떠나가라고 부탁한다. 여기서의 '피'는 무모한 희생과 살생을 의미한다. 따라서 삼득이는 생명사랑과 인도주의정신을 내포하고 있는 인물이다. 어떠

---

233) '도섭영감'은 '도섭질 하다', '도섭이 많다'에서 따온 이름이다. 이 말의 뜻은 '이랬다 저랬다 한다', '변덕스럽다'라는 평안도 사투리이다.(필자와 작가와의 대담, 작가의 사당동 자택에서, 1993.8.14)

한 시대의 고난이나 변화에도 굴종하지 않고 신의와 따뜻한 인간애로서 참다운 인간으로서의 길을 걸어가고 있는 이들은 작가가 가지고 있는 인간긍정정신과 인간신뢰, 그리고 생명존엄성이 반영되어 있는 인물들이라 볼 수 있다.

한편 토지개혁의 실시로 가장 큰 타격과 희생을 강요당한 사람들은 역시 지주계급이라 볼 수 있다. 특히 박혁의 아버지 용제영감은 토지개혁이 있던 날 사동탄광으로 끌려간다. 그러나 저수지를 한번만이라도 봐야 한다는 일념 때문에 탄광을 탈출한 용제영감은 또다시 도섭영감의 신고로 체포되어 저수지를 떠날 수밖에 없을 때 트럭에서 뛰어내려 자살하고 만다. 그에게 있어서 저수지를 떠난다는 것은 그대로 죽음을 의미했기 때문이다. 특히 도섭영감이 깨뜨려 놓은 박훈의 아버지 송덕비의 비석 댓돌에 용제영감이 머리를 부딪고 죽어가는 장면은 도섭영감의 악랄함을 암시적으로 드러낸 부분이라 볼 수 있다.

또한 평양서 집장사를 하는 부재지주 윤기풍은 일부의 재산이나마 보존하려고 땅을 자작한 것으로 꾸며놓았으나 관호의 비협조로 결국 내쫓김을 당하고 만다. 윤기풍 역시 토지개혁으로 인해 재산을 몰수당하고 소작농민들로부터 갖은 수모를 당하는 대표적 인물로 형상화되고 있다. 윤기풍이 토지개혁에 대해 부정적으로 인식하고 있는 양상은 "허, 이 사람두…… 아마 자네 어르신네가 계셨으믄 그렇디는 않았을 걸세. 무슨 술 냈디. ……어디 우리가 디주라구 해서 못할 짓을 했나? 소작인들 비료값 대주구, 농낭이 떨어댔대믄 농낭 대주구…… 거저 준 건 아니디만 소작인들 심부름 해준 탁밖에 더 되나? 아마 우리같은 디주만 없었든들 소작인들이 한해 농사두 못 짓구 굶어죽구 말았을 걸세. 그런 사정두 모르구 덮어놓구 디주의 토디를 몰수해버린다니 그런 무디몽매 한 놈의 법이 어디 있나? 모주리 마른 베락을 맞아 뒈딜 놈들이디 글쎄……"234)라는 말로써 드러나고 있다.

한편 박훈은 윤기풍과는 달리 재산에 대한 집착을 거의 보이지 않는다. 다

---

234) 황순원, 『카인의 後裔』, p.222.

만 "아직 나라도 서기 전에 토지개혁을 한다는 건 민족을 분열시키는 시초"235)라고 인식하며 가슴을 끓인다. 해방 후의 38선의 획정(1945.9.2)236), 미소양군의 분할 점령, 우파와 좌파의 이데올로기 대립, 반탁과 찬탁 등으로 정치적으로 혼란해 있던 시대상황에서 북에서만 먼저 토지개혁(1946.3.5)을 실시한다는 것은 민족을 분열시키는 시초라고 예리하게 비판하고 있다. 토지개혁이 결국 나라를 분열시키는 시초가 되리라는 역사의식과 통일을 지향하는 박훈의 민족의식은 이 작품속에서 지속적으로 암시된다.

"낼 농민대회를 한다는데, 그 자리에서 토디개혁인갈 한 대데."
"예……"
"어뜨케 되는 놈의 세상인디……"
이미 예기하고 있던 일이었다. 그러나 한순간 훈의 가슴을 무엇인가 분명히 두 갈래로 갈라 놓는 것이 있었다. 그것은 또 그대로 그를 싸고 있는 공간이 크게 두 갈래로 갈라지는 듯한 느낌이기도 했다.237)

위 인용에서처럼 훈의 가슴을 두 갈래로 찢어지게 하는 느낌은 바로 토지개혁으로 인해 조국이 남과 북으로 분열될 것이라는 박훈의 인식에 기인된다. 이러한 박훈의 인식은 아래 인용부분에서 또다시 확인된다.

형님의 생각은 어떠냐는 듯이 훈의 얼굴을 살피고 나서,
"사실은 디난번에 폐양 들어갔을 때 같은 학교 건툭과에 댕기는 친구를 찾아 갔든 일이 있이요. 본시 공부를 많이 하는 친군데, 그 친구의 말이 놈들이 이렇게 삼팔선을 무슨 국경선이나 터름 군혜놓으니 가만히 앉아서 통일을 바랄수는 없다구요. 그리구 그들의 조직테란 워낙 강해놔서 그대루 내버레둬선 어느 하세월에 무너디느냐구요. 결국 외부에서 깨트리는 수밖에 없다구요. 그래 자기는 서울에 학교두 있구 해서 이남으로 갈

---

235) 위의 책, p.222.
236) 박세길, 『다시 쓰는 한국현대사 · 1』, pp.42~43.
237) 황순원, 『카인의 後裔』, p.243.

래는데 나두 가티 가디 않갔느냐구요. 그러나 그때 내 생각으룬 암만해두 아부지의 행방이나 알구 나서 봐야갔기에 좀 생각해 보자구 해뒀댔디요. 하디만 지금 와보니 아부진 아무래두 일을 보신 것만 같구, 이대루 어물 어물하다가 삼팔선이 아주 탁 맥히는 날엔 옴짝 달싹 못할 것같구…….
그래 이참에 나두 떠나기루 결심했이요."

훈도 물론 벌써부터 삼팔선이 점점 굳어져가고 있다는 걸 모르는 바 아니었다. 그게 토지개혁으로 해서 더해졌다는 것도 알고 있었다. 훈이 토지개혁이 있기 전날 당손이할아버지한테서 이 동네에도 토지개혁이 된다는 말을 듣고, 이미 예기하고 있던 사실인데도 가슴 한가운데가 두쪽으로 갈라지는 듯한, 그리고 자기를 둘러싸고 있는 공간이 크게 두 갈래로 갈라지는 듯함을 느낀 것도 이 때문인 것이었다.238)

위 인용에서 볼 수 있는 박훈의 역사의식과 민족의식은 바로 작가 황순원의 역사의식과 민족의식의 반영에 다름아니다. 동시에 3·8선을 마치 국경선처럼 굳혀 놓고 있는 그 당시의 현실상황과 토지개혁을 빌미삼아 1차 2차 3차 4차 등의 철저한 숙청239)이 있으리라는 박혁의 말들은 작가자신이 당대에 인식했던 현실인식의 반영이라고 볼 수 있다. 또한 이 작품에는 패전한 일본인들의 삶과 해방군(소련군)의 행패에 대한 언급이 간접적으로 나타난다. 해방 군인의 행패에 희생당한 대표적 인물은 오작녀의 남편으로서 그는 술김에 해방 군인한테 대들다가 가슴에 총알을 세방이나 맞고 죽는다.

이점에서 장편『카인의 後裔』는 해방 직후 북에서 실시되었던 토지개혁의 실상을 자세히 보여주고 있는 작품으로 작가의 역사의식과 현실인식이 반영되어 있다. 특히 작가가 텍스트의 수정작업을 거쳐 토지개혁을 의도적으로 강조하고 나아가『카인의 後裔』의 중심사건을 박훈과 오작녀의 사랑에서 토지개혁으로 인한 지주들의 수난사240)에 초점을 맞추려고 한 것은 작가의 현

---

238) 위의 책, pp.295~296.
239) 위의 책, p.295.
240) 조남현,「황순원의『카인의 後裔』」,『문학정신』(1989.2), p.189.
　　조남현은 "황순원은 지주들을 전적으로 옹호하는 입장에 서서『카인의 後裔』를

실인식과 역사의식이 심화 확대되고 있음을 보여준다.

② 모성추구와 모성적 사랑

장편 『카인의 後裔』는 당대 북한에서의 토지개혁의 실상을 자세히 보여준 점에서 리얼리즘을 대표하는 작품이라면, 박훈과 오작녀의 사랑을 보여준 점에서 로맨티시즘과도 접맥된다. 다시 말해서 이 작품은 역사의식과 현실인식을 배면에 깔면서 이상주의와 영원주의로 지향해 나아가고 있는 소설이라 볼 수 있다.

이 작품속에서 지주의 아들 박훈과 마름의 딸 오작녀와의 애정속에는 '모성'이 개입되고 있다. 다시 말하면 훈은 오작녀에게서 '여성' 이상의 '모성'까지를 무의식적으로 추구하고 있으며, 오작녀 역시 '여성' 이상의 '모성적 사랑'을 박훈에게 투여하고 있음을 살펴볼 수 있다.

먼저 박훈이 오작녀에게서 무의식적으로 '모성'을 추구하고 있음을 살펴보자. 지주의 아들로서 지식인인 박훈은 내성적이면서도 섬약한 인물이다. 토지개혁을 앞두고 강박감과 신변에 대한 불안 및 위기감을 느끼는 가운데서 박훈은 오작녀를 통해 "저도 모를 어떤 위안 같은 것"을 느끼곤 한다. 박훈이 오작녀에게서 느끼는 '위안'은 사랑하는 여성에게서 느끼는 이성적 감정이라고 하기보다는 항상 자신을 따뜻이 보살펴 주었던 '어머니'에게서 느끼는 감

써 내려간 것은 결코 아니지만, 지주들의 부정적인 모습보다는 토지개혁을 강행하는 세력과 그 추종자들의 부정적인 행태를 더욱 부각시키는 쪽을 선택한 것임은 분명하다."라고 말한다. 조남현, 「황순원의 『카인의 後裔』」, p.193.
나아가 "『카인의 後裔』에서 황순원은 지주들을 '파괴되어야 할' 존재로 그리려는 기미는 거의 보이지 않고 있다. 대신 그는 지주들을 '파괴되고 있는' 존재로 새기고 있는데 열중하였다."라고 언급하면서 이러한 작가의 입장은 지주계급에 속해 있던 작가의 출신계급에 견주어 볼 때 이해할 만한 일이라고 논급하고 있다. 동시에 "황순원의 입장에서는 박훈, 박용제, 윤주사 등 지주들의 부정적인 측면 혹은 추한 모습을 솔직하게 털어내 보인 것은 용기 있는 일이다."라고 평가한다. 조남현, 「황순원의 『카인의 後裔』」, p.194

정이라고 보아야 더 타당할 것이다.
 특히 박훈은 이 작품속에서 병약하며 결벽성이 있는 섬세한 감각의 소유자로 형상화되고 있다. 그는 어려서부터 무서움을 잘 느끼는 아이였다.

> 훈은 어릴때의 일이 떠올랐다.
> 밤중에 무서운 꿈을 꾸고 난 뒤였다. 어디선가 밤뻐꾸기 우는 소리가 들려왔다. 전설에 나오는 큰아기바윗골 뻐꾸기 생각이 났다. 무턱대고 어머니의 품을 파고 들었다. 그러면 무서움은 사라지고 그대로 아늑해지는 것이었다.
> 지금 훈은 이 어릴 때에 어머니 품속에서 맛본 자릿한 행복감을 되도록이면 오래 지속시켜보려 했다.241)

 위 인용에서 볼 수 있듯이 훈에게 있어서 어머니의 존재는 항상 무서움을 제거시켜주고 아늑함과 행복을 제공해 주는 구원의 존재로 표상된다. 따라서 박훈을 숙청하기 위해 사람들이 몰려올 때 박훈은 항상 아늑함과 위안과 평안을 주었던 어머니를 찾을 수밖에 없다. "무서웠다. 어머니 품속으로 파고 들었다. 그 따뜻하고 아늑한 피난처. 그제는 아무것도 무섭지 않았다. 어머니, 어머니. 지금 자기 집 대문 쪽을 향해 걸어가는 훈의 무릎이 사뭇 떨리고 있는 것이었다."242)에서 살펴볼 수 있듯이 박훈의 내면에는 어머니에 대한 그리움이 깊이 자리하고 있다. 이렇게 어머니와 깊이 결부되어 있는 박훈은 사랑하는 연인 사이에서도 무의식적으로 '여성'이상의 '모성'까지를 추구하게 된다.
 훈의 꿈속에서 나타나는 오작녀와 훈과의 관계는 연인사이의 관계라고 하기보다는 어머니와 자식의 관계로 묶여져 있다.

 훈은 이럴 필요가 없다고 생각하면서도 그냥 달렸다. 자꾸 돌부리에

---

241) 황순원, 『카인의 後裔』, p.184.
242) 위의 책, p.261.

채여 넘어지고 나뭇가지에 얼굴과 목줄기와 손목이 긁히었다.
오작녀가 와 붙들어줬으면 좋겠다. 그러니까, 와 붙들어 주었다.
그리고 오작녀는 훈의 얼굴의 생채기를 빨기 시작했다. 목줄기의 생채기도 빨아주었다. 손등이며 팔목의 생채기도 빨아주었다.
나중에는 혀로 핥기 시작했다. 이마며 어깨며 가슴이며 모조리 돌아가며 핥아주는 것이었다. 부끄러웠다.
그러면서도 오작녀가 하는 대로 내맡겨두었다. 그게 어쩐지 흐뭇하기까지 했다.
그러다 보니, 오작녀가 들고 있는 남폿불이 지나치게 화안히 켜져있는 것이었다. 그건 오작녀의 타는 듯한 그 눈 때문에 더한지도 몰랐다.
부끄러웠다. 그러면서도 행복스러웠다.
문득 이런 자기를 누구에게 엿보여서는 안된다는 생각이 들었다. 불을 끄라고 했다. 그러나 오작녀는 불을 끌 생각을 않는 것이었다.
훈이 입김으로 남폿불을 불었다. 안 꺼졌다. 자꾸 불었다. 그래도 안 꺼지는 것이었다. 안타까웠다. —그러다가 잠이 깼다.243)

즉 훈이 꿈속에서 오작녀의 혀로 온몸을 핥히울 때 행복감을 느끼는 것은 사랑하는 '여성'에게서 '여성'만이 아닌 '모성'까지를 추구하고 있던 무의식이 꿈으로 표출된 것이라 볼 수 있다. 오작녀와 훈의 관계는 어머니가 자식의 생채기를 빨아주는 모자의 관계로 얽혀 있다고 볼 수 있다. 박훈의 '모성' 추구는 꿈에 이어 "밤뻐꾸기 우는 소리"와 함께 어머니의 이미지와 연관되면서 확대된다. 오작녀에게서 '모성'까지를 추구하고 있던 무의식이 꿈속에서 표출되고 이것은 다시 현실속에서 어머니에 대한 그리움으로 접맥되고 있다. 그러다가 훈은 "꿈속에서 자기가 어머니 아닌 오작녀에게 몸을 내맡기고 만족스럽던 일이 떠올라" 부끄러움으로 이불을 뒤집어쓰고 만다.
이렇게 무의식속에서 박훈이 여성에게서 '여성'만이 아닌 '모성'까지를 추구하고 있는 양상은 오작녀의 '타는 듯한 눈'의 이미지와 '산나리꽃빛'과 연결되면서 지속적으로 나타나고 있다.

---

243) 위의 책, pp.182~183.

특히 박훈에게 있어서 오작녀는 '타는 듯한 눈'의 이미지로 표상된다. 오작녀의 '그 타는 듯한 눈'을 떠올리면서 박훈은 약혼까지 할 뻔한 나무랄 데 없는 여자를 거부한다. "그저 어쩐지 눈이 마음에 들지 않는다는 이유로." 그렇다면 이 작품속에서 지속적으로 드러나고 있는 오작녀의 '언제나 눈꼬리가 없어 보이는 큰 눈', '불타는 눈', '타는 듯한 눈'의 이미지는 무엇을 상징하는 것일까. 오작녀의 눈(eye)의 이미지는 불의 이미지와 '큰애기바윗골 뻐꾸기'의 이미지와 함께 역동적으로 결합하면서 형상화되고 있다. 이 작품속에서 눈의 이미지244)는 헌신과 희생을 표상하는 '어머니의 가슴' 즉 모성적 사랑을 상징한다. 잔디에 불이 나 모두들 도망가버리지만 오작녀는 자신의 몸을 굴려 잔딧불을 끈다. 그때 훈은 처음으로 오작녀의 '타는 눈'을 발견하게 된다. 이때의 오작녀의 눈은 살신성인의 용기와 희생을 상징한다. 또한 오작녀의 아버지 도섭영감이 도지를 반작으로 해달라는 소작인을 도리깨로 때릴 때 오작녀는 뛰어들어 이를 만류한다. 이어 훈이 오작녀에게로 달려가 감싼다. 이때 훈은 언제나 눈꼬리가 없어 보이는 큰 오작녀의 눈을 보면서 두려움을 극복한다. 이때 '오작녀의 눈'은 악을 퇴치하고 선을 지향하는 용기를 표상한다.

용기와 자기희생과 헌신을 표상하는 오작녀의 '타는 듯한 눈'의 이미지는 이 작품속에서 항상 불의 이미지와 결합되어 나타난다. 불의 이미지는 건강한 생명력과 초자연적인 신성한 힘, 신비주의, 정신적인 에너지, 정화와 순화를 상징한다.245) 따라서 불의 이미지 자체가 신비주의, 건강한 생명력, 선지향성을 표상하는 오작녀의 내면적 속성과 긴밀히 결부되고 있다. 곧 눈의 이

---

244) 융에 의하면 눈(eye)의 상징 의미는 '어머니의 가슴'(maternal bosom)을 상징한다.
J.E. Cirlot, *A Dictionary of Symbols* (New York, Philosophical Library, 1971), p.100.
이외에 눈은 원래 사물과 대상을 보는 기능을 하는 것으로서 '보는 것은 말하는 것에 선행하는 지각행위'를 나타낸다.
이재선, 『한국문학주제론』, p.148.
245) 불은 생명과 건강 및 영적 에너지, 순수와 신비주의를 상징하며 때로는 악의 파괴적인 힘을 뜻하기도 한다.
J.E. Cirlot, 앞의 책, pp.105~106.

미지와 불의 이미지는 다같이 '모성'이 갖는 속성을 내포함으로써 더욱더 강렬하게 오작녀의 '불타는 눈'의 이미지를 형상화하는 데에 기여한다. 나아가 오작녀의 '타는 듯한 눈'의 이미지는 '큰애기바윗골 뻐꾸기'의 울음소리와 함께 중첩되면서, 비극적이면서도 환상적이며 낭만적인 분위기 설정에 일익을 담당하기도 한다. 이렇게 타는 듯한 오작녀의 '눈'을 떠올리며 무의식적으로 '모성'을 추구하는 박훈의 모습은 아래 인용문에 나타나는 그의 행동을 통해서 살펴볼 수 있다.

"……정말 가슴이 답답해 죽겠이요, 어서 좀 이놈의 가슴을 빠개달라우요……"
훈은 오작녀의 쥐어뜯는 손을 멈추어야 한다고 생각했다.
그러나 다시는 그 물결치는 젖가슴에 손을 가져갈 수가 없었다.
그러면서 훈은 웬일인지 오늘 자기는 이 오작녀가 여태까지 지켜온 깨끗함을 이렇게 더럽히고 있다는 느낌이었다.246)

여기서 오작녀가 훈에게 보여주는 사랑은 여성이 가지고 있는 최고의 사랑이며 절대적인 사랑이다. 특히 남편에게 허용하지 않았던 젖가슴247)을 드러내고, 비록 열에 뜬 상태이기는 하나, "이 가슴을 좀 빠개주소."라고 호소하는 것은 바로 훈에 대한 지극한 사랑을 표출시킨 것이라고 볼 수 있다. 나아가 훈의 손을 와잡는 것은 훈에 대한 적극적인 애정의 표현임에 틀림없다. 오작녀가 고통스러워하면서 훈에 대한 사랑을 적극적으로 호소할 때, 훈은 상대적으로 점점 그녀의 육체에서 눈을 돌린다. 그리고 "오작녀가 여태까지 지켜온 깨끗함을 이렇게 더럽히고 있다."고까지 느낀다. 훈이 오작녀를 사랑함

---

246) 황순원, 『카인의 後裔』, pp.237~238.
247) 젖가슴의 이미지는 모성과 영원성을 상징한다. 젖가슴은 자궁, 아기집, 본원의 물주머니인 것이며 태아가 되는 비옥한 알을 옹호하고 있기 때문에 보호의 관념이 우세하며 모성의 관념이 우세하다.
아지자, 올리비에리, 스크트릭, 『문학의 상징, 주제사전·上』, 장영수역, pp.109~111.

에도 불구하고 오작녀의 깨끗함을 더럽히고 있다고 느끼는 이유는 그녀의 남편이 엄연히 존재하고 있음을 의식했기 때문이라 볼 수도 있다. 그러나 좀더 깊이 그의 내면세계를 들여다본다면, 박훈은 오작녀에게서 사랑하는 여인 이상의 '모성'까지를 추구하고 있음을 살펴 볼 수 있다. "다시는 그 물결치는 젖가슴에 손을 가져갈 수가 없었다."라는 것은 바로 모성에 대한 경외감과 함께 오작녀의 순수성을 보호하려는 무의식적 욕구에 다름아니기 때문이다.

이렇게 박훈이 오작녀에게서 무의식적으로 '모성'을 추구하는 양상은 '산나리꽃빛'으로 연결되면서 더욱 암시적으로 부각된다.

> 미닫이 밑 판자에 관솔이 한 군데 박힌 것이 있어, 햇빛에 이상스레 투명한 빛을 냈다. 저게 붉은 빛깔이긴 한데 무슨 붉은 빛깔일까.
> 훈은 물수건을 갈아주고는 이 관솔 빛깔에 눈을 주곤 했다. 보면 볼수록 황홀한 빛깔이었다. 저게 무슨 꽃빛깔같은데 무슨 꽃빛깔일까. 찔레꽃빛? 석류꽃빛? 생각해 낼 수가 없었다.248)

> 훈이 고개를 돌렸다. 관솔에 눈을 주었다. 지금 관솔은 대낮의 햇빛을 받아 한창 황홀한 빛을 드러내고 있었다. 오늘은 더욱 그게 무슨 빛깔인지 알 수 없었다.
> "……정말 가슴이 답답해 죽갔이요, 어서 좀 이놈의 가슴을 빠개달라우요……"249)

> 홀연 무엇이 생각켜졌다. 어느 검은 바위 틈에 피어있는 산나리 꽃포기가 떠올랐다. 절로 가슴이 뛰었다. 오작녀가 있는 방 미닫이 판자에 박힌 관솔빛은 다른 빛이 아니고, 이 산나리의 빛인 것이다.
> 부엌으로 해서 건넌방 샛문을 열었다. 햇발 속에 관솔이 꽃을 피우고 있었다. 산나리꽃빛! 훈은 저도 모르게 마른침을 삼켜내렸다.
> 오작녀는 입술을 살포시 연 채 그냥 잠이 들어있었다. 숨결도 골랐다.

---

248) 황순원, 『카인의 後裔』, p.235.
249) 위의 책, p.237.

이런 오작녀의 얼굴도 산나리꽃빛으로 물들어있는 것만 같았다.250)

위 인용에서와 같이 박훈은 햇빛에 투명하게 빛나는 관솔빛을 보며 황홀해 한다. 그러나 그것이 통 무슨 빛깔인지 생각나지 않다가 문득 산나리꽃빛임을 인식한다. 이것은 오작녀의 젖가슴을 박훈이 본 후 그의 내면속에서 무의식적으로 잠재해 있다가 표출된 인식의 결과라 볼 수 있다. 이 작품에서 '산나리 꽃포기'는 어머니의 젖가슴을 표상하며 '산나리꽃빛'은 바로 유두(어머니의 젖꼭지)를 상징한다. 산나리꽃빛은 아이가 어머니의 젖을 빨아 먹는 유두와 흡사한 색깔이다. 이럴때 "훈은 저도 모르게 마른 침을 삼켜" 내릴 수 밖에 없다. 이것은 훈이 오작녀에게서 여성으로서의 아름다움을 느끼는 것과 함께 무의식속에서 '모성'을 갈구하고 있다는 단적인 증거이다. 이렇게 무의식적으로 오작녀에게서 '모성'까지를 추구하고 있던 박훈은 따라서 오작녀의 얼굴도 아름답고 황홀한 산나리꽃빛으로 물들어 있는 것으로 인식한다. 곧 박훈에게 있어서 오작녀는 연인으로서 뿐만이 아니고 '모성'을 상징하기도 한다. 즉 오작녀는 박훈의 대리모로 표상되고 있다.

그러나 박훈이 오작녀에게서 무의식적으로 '모성'을 추구하고 있다고 하여 여성에 대한 남성으로서의 성적 욕구가 배제되고 있는 것은 아니다. 다시 말해서 훈의 내면속에는 오작녀에 대한 남성으로서의 욕구와 '모성'추구가 공존하고 있음을 의미한다.

박훈이 오작녀에게 가지고 있는 남성으로서의 욕구는 다음 인용문에서 드러난다.

> 훈은 온몸의 피가 자꾸 위로 끓어올라옴을 느꼈다. 그러자 가슴 한구석에서 부르짖는 소리가 있었다. 지금 네가 하려는 일은 무서운 일이다. 손가락 하나 까딱해서는 안된다. 이 여인의 어깨를 가려주기 위해서라도 손가락 하나 까딱해서는 안된다. 어서 이 여인에게서 눈을 돌려라!

---

250) 위의 책, p.239.

무엇에 쫓기듯이 그곳을 뛰쳐나왔다.251)

오작녀의 적극적인 사랑 앞에서 유발되는 박훈의 성적 욕구는 "온몸의 피가 자꾸 끓어올라옴을 느꼈다."로 묘사되고 있다. 그럼에도 불구하고 "가슴 한구석에서 부르짖는 소리"로 인해 성적 욕구는 거부된다. "가슴 한구석에서 부르짖는 소리"란 무엇 때문에 기인하는 것일까. 물론 오작녀는 유부녀로서 엄연히 남편이 존재해 있다. 따라서 오작녀의 남편을 의식하고 있으며 도덕과 인습에서 벗어나지 못하는 소심한 박훈이 그녀의 육체에서 눈을 돌리는 것은 필연적일지 모른다. 박훈은 오작녀의 "우리는 부부가 됐이요."(p.265)라고 까지 말하는 헌신적이고 절대적인 사랑을 통해서 이상적인 여성상을 발견하게 되나, 자기자신의 옹졸함252)으로 인해 그것을 받아들이지 못한다. 그는

---

251) 위의 책, pp.245~246.
252) 박훈은 오작녀에 대해 분명한 태도를 취하지 못하는 자기자신의 옹졸함에 부끄러움을 느끼면서도 그러나 자기자신이 그걸 어쩌지 못한다는 것도 잘 알고 있는 것으로 지문속에서 나타나고 있다. 황순원, 『카인의 後裔』, p.289.
이러한 박훈의 태도에 대하여 조남현은 "자신이 살고 있는 역사적 시간과 현장에 굳건히 뿌리를 내리지도 못한 채, 끊임없이 핵심에서 빠져나가려 하고 소심증과 옹졸함, 패배의식과 도피충동에서 허우적거리고 있는 박훈이고 보면, 매사에 적극적이면서 열정적이고 게다가 모험적이면서 분명한 성격을 지닌 오작녀의 등장은 예정된 것이나 다름 없으며 필연적이기까지 하다."라고 말하면서 박훈의 성격에 대해 부정적으로 접근하고 있다.
조남현, 「黃順元의 『카인의 後裔』」, 『문학정신』(1989.2), p.198.
이에 반해 김병익은 "박훈이 행동주의자가 아닌 것은 분명하지만 그것이 순응주의자, 체념주의자를 의미하는 것은 아니다. ……한 시대를 용기있게 살기 위해 행동주의자가 필요한 그만큼 한 사회를 정직하게 이겨내기 위해 결백한 沈然主義者도 필요하다. 그의 침묵은 그가 처한 비리의 상황과 모순된 체제를 시인 혹은 굴종하는 것이 아니라 오히려 보다 완강한 現實否定의 양식을 표현하는 것이다. 그는 어떤 악랄한 자극에 즉각적인 반응의 행위를 취하지 않는 대신, 그것에 정면으로 도전하는 근원적인 태도를 선택한다. 이것은 무기력하고 수동적이며 때로는 굴복으로 보이기도 하지만 실제로는 보다 원대하고 전면적이며 의지적인 것이다."라고 말하면서 박훈의 성격을 적극적 시각으로 평가한다.
김병익, 「수난기의 결벽주의자」, 『황순원문학 전집』 제5권(서울 : 삼중당, 1978), p.377.

윤리의식이나 자의식에 얽매인 창백한 인텔리에 불과했던 것이다. 이렇게 오 작녀에게는 남편이 있다는 도덕의식에서 완전히 자유로울 수 없었던 박훈에 게 있어서, 오작녀 남편의 죽음은 박훈으로 하여금 정신과 육체의 완전한 결 합을 가능하게 하는 동인으로 자리하게 된다. 따라서 박훈의 꿈속에서 볼 수 있듯이 이제 훈과 오작녀의 사랑은 정신과 육체의 완전한 결합을 암시하게 된다.

> 어느새 달구지 꽁무니에 달렸던 남폿불도 어디로 갔는지 없어졌다. 둘 러보니 지금 달구지가 지나온 저만큼에 켜져있는 것이었다. 그러나 그것 은 또 남폿불이 아니고 이리 향해진 오작녀의 눈인 것이었다. 아, 눈이다, 내가 찾던 그 눈이다. 이 눈을 찾아 여태 헤맨 것이다! 그리 달려가 오작 녀의 가슴을 안았다. 오작녀, 이제 당신은 내 사람이오. 당신의 그 건강한 핏속에 내 씨를 뿌리고 싶소. 거기에 내 옹졸한 피를 씻고 싶소!253)

위 인용에서 나타나듯이 박훈이 오작녀에게서 '모성'을 상징하는 '눈'을 찾 고 '가슴'을 안는 행위는 분명 모성추구의 한 반영이라 볼 수 있다. 동시에 박 훈이 오작녀 남편의 죽음으로 말미암아 윤리의식의 억압에서 벗어나 "당신의 그 건강한 핏속에 내 씨를 뿌리고 싶소!"라고 외치는 것은 '여성'에 대한 남 성의 건강한 성적 욕구의 표현이라 할 수 있다. 이상을 통하여 박훈이 오작녀 에 대해 가지는 사랑은 '여성' 이상의 '모성'까지를 추구하는 사랑으로 파악 하였다. 이렇게 『카인의 後裔』에서 살펴보았듯이, 남주인공이 여성에게 '모

필자는 박훈이 내성적이고 소심하며 행동주의자가 아닌 것은 인정하지만 그렇다 고 하여 시대에 순응하거나 체념하는 현실도피주의자라고 보지는 않는다.
전상국은 "훈은 겉으로 흘리는 피보다는 속으로 우는 울음이 피보다 진한 진실을 보여주는 역사를 증언하는 한 시대의 지식인이다."라고 말한다. 나아가 "훈과 같 은 내면적이고 평상적인 언행을 통해 한 인물의 성격을 그려내기란 정말 어렵죠. 작가의 주장과 작중인물을 분리시키는 객관화 과정에서 황선생은 큰 성공을 거 두고 있지요."라고 평가하고 있다.
전상국, 「황순원작 『카인의 後裔』의 오작녀」, 『일간스포츠』(1981.6.29)
253) 황순원, 『카인의 後裔』, pp.337~338.

성'까지도 추구하는 양상은 도스토예프스키의 작품254)에서도 발견할 수 있다.

한편 오작녀가 박훈에게 기울이는 '모성적 사랑'의 양상은 이 작품속에서 매우 강하게 드러난다. 이 작품의 주인공이라 할 수 있는 오작녀255)는 좌우이데올로기를 화해시키고 갈등을 해소하는 '사랑'의 존재로서 표상된다. 즉 오작교가 견우와 직녀를 연결하는 사랑의 다리이듯이, 오작녀는 생명존엄의식과 모성적 사랑을 통해서 좌우이데올로기의 대립과 갈등을 초월하는 사랑의 가교로 설정되어 있다.

오작녀는『별과 같이 살다』의 곰녀와 같이 그녀의 내부에 무한한 정을 가진 여인이다. 그러나 곰녀가 무한히 순종적이며 복종적인데 반하여, 오작녀는 강인한 자의식과 함께 사랑을 실천하기 위한 강한 의지를 가진 여인이다. 이러한 점에서 오작녀는 곰녀보다 좀더 생동감있게 살아있는 말하자면 현실화된 여인상이다.

또한 오작녀는 그녀의 내부에 원초적인 생명의 힘과 함께 생명에 대한 옹호정신을 가지고 있는 여인이다. 다시 말해서 '모성'의 속성을 강하게 가진 여인이다. 오작녀가 가지고 있는 모성적 속성은 도섭영감이 소작인을 도리깨로 후려칠 때, 그 소작인의 몸을 안아 일으키는 모습에서도 찾아볼 수 있다. 어린 나이에도 불구하고 자신이 매맞는 것도 두려워하지 않고 감싸주려는 모

---

254) 작가 황순원은 도스토예프스키를 즐겨 읽었다고 말한다. 따라서 도스토예프스키의 작품과 황순원 작품의 비교 분석 및 영향관계에 대한 고찰이 필요하다고 필자는 본다.
황순원,「유랑민 근성과 시적 근원」,『문학사상』제1권, 제2호(1972.11), p.321.
『죄와 벌』에서의 라스콜리니코프는 쏘냐에게 살인을 고백한다. 익애형 어머니가 그의 살인을 들었을 때, 용서받지 못할 것을 두려워한 그가 어머니의 대용인 쏘냐에게서 무한한 용서를 받고 싶어한 것이다. 여성적인 매력이나 미모를 갖추지 못한 쏘냐를 고백 대상으로 선택했다는 그 자체는 이미 그녀에게서 '여성'만이 아닌 '모성'까지를 기대했다는 증거이다.
장현숙,「황순원 작품 연구」, 경희대학교 대학원 석사논문(1982), p.34.
255) '오작녀'란 이름은 '오작교'에서 따온 토속적 이름이다. 이것은 작가가 한국적 이미지나 토속적 세계에 주목하고 있다는 한 증거라고 본다.

성으로서의 보호본능을 그녀는 보여준다. 특히 산불을 끄기 위해 몸을 굴리고 일어선 오작녀에게서 훈은 '타는 눈'을 발견한다. 이 '타는 눈'은 오작녀의 집약된 이미지로서 훈에게 연상되곤 한다. 즉 오작녀의 '타는 눈'은 생명에 대한 무한한 긍정의 눈길이요, 사랑을 위해 어떠한 인고와 위험도 두려워하지 않는 헌신과 의지의 눈길이며, 죽음을 생명과 선에 합치시키려는 모성의 눈길이다.

이렇게 어린 나이에도 불구하고 근원적으로 갖고 있는 오작녀의 강한 '모성' 본능은 「조그만 섬마을에서」의 진이에게서도 볼 수 있으며, 『日月』의 다혜에게서도 볼 수 있다. 따라서 여성에게서 '여성'만이 아닌 '모성'까지를 추구하고 있던 훈이 생명과 헌신의 눈길이며, '모성'의 눈길인 오작녀의 '타는 눈'을 추구하는 것은 당연하다.

한편 오작녀가 남편에게 '젖가슴'만은 허락하지 않는 것은 무슨 이유일까. 이것은 사랑하는 이를 위해 순수를 지키려는 여성의 절대적인 사랑의 한 표현일 수 있다. 그렇다면 오작녀가 육체적 사랑의 상징인 하반신은 남편에게 허락하면서 굳이 '젖가슴'만을 지키려 하는 이유는 무엇인가. 그것은 훈에 대한 오작녀의 사랑이 단지 이성에 대한 연모의 정만이 아닌 모성으로서의 사랑을 내포하기 때문으로 풀이된다. 이 작품에서 오작녀의 '젖가슴'은 모성을 상징하며, 그것은 박훈과의 관계속에서만 허락되어질 수 있는 성질의 사랑이다. 곧 '젖가슴'은 보호와 영원성을 상징하는 모성으로서의 사랑을 표상하기 때문이다. 즉 '타는 눈'256)과 함께 '가슴의 사랑'으로 표상되는 모성적 사랑을

---

256) '타는 눈'이 내포하고 있는 불의 의미는 강한 생명력, 정신적인 힘, 신비주의, 정화, 순화, 악을 파괴하는 힘을 상징한다. 또한 '눈'의 이미지는 융에 의하면 '어머니의 가슴'을 상징한다고 한다.(주 244 참조) 이렇게 볼 때, 오작녀는 '모성'의 속성을 강하게 가진 여인으로 이 작품속에서 형상화되었음을 알 수 있다.
조남현도 오작녀의 눈을 '남폿불' 즉 광명과 구원 그리고 위안의 힘을 상징한다고 본다.
나아가 "오작녀는 박훈에게 단순한 '여성' 그 이상의 의미로 다가온다. 오작녀는 괴테가 『파우스트』 끝에서 설파한 '여성적인 것'의 의미와 힘을 지니고 있음은 물론 '모성'의 권능까지도 갖게 된다."고 말한다.

훈에게 무의식적으로 투여하고 있기 때문이다. 이렇게 오작녀가 투여하는 '모성적 사랑'은 약골이자 소심한 성격인 훈에게 바치는 영혼의 사랑인 것이다. 크고 남성적이며 솔직한 한량인 남편에게 오작녀가 모성으로서 대하기 어려우리라는 것은 당연한 이치이다.

이렇게 훈에게 여성으로서만이 아닌 모성으로까지 대하고 있는 양상은 농민대회에서 훈을 보호하기 위해서 "우리는 부부가 됐이요."하는 말로써 재확인된다. 부모와 남편이 있는 앞에서 윤리까지도 뛰어넘어 이렇게 발언한다는 것은 훈을 보호하고 감싸주려는 희생정신으로서, 이것은 여성이 가질 수 있는 그 이상의 어떤 절대적인 의지의 발로이다. 그것은 본원적인 순수본능[257]인 것이다. 본원적인 순수본능이란 다름아닌 '모성'의 본능이다. 金仁煥은 「忍苦의 美學」에서 "오작녀의 사랑 또한 원모(原母)로서의 애정이다. ……젖가슴이란 사내의 소유할 바가 아니다. 그것은 갓난애가 만지면서 젖을 빨게 하기 위하여 존재하는 여체의 일부이다."[258]라고 지적하면서 훈을 "오작녀에게 전적으로 의존할 줄밖에 모르는 겁많고 순결한 유아"[259]로 파악하고 있다. 즉 그들의 관계가 어린이와 어머니의 관계로 얽혀 있음을 밝힌다. 또 천이두는 「청상의 이미지・오작녀」에서 오작녀의 사랑은 "하반신(육체)의 사랑도 아니고, 머리(정신)의 사랑도 아니다. 가슴(영혼)의 사랑이다. 젖가슴의 사랑이다."[260]라고 지적하고 있다. 이렇게 남성에게 모성으로까지 대하는 사랑은 『죄와 벌』에서의 쏘냐[261]에게서도 찾아볼 수 있다. 이렇게 여성이 남성에게

조남현, 「황순원의 『카인의 後裔』」, 『문학정신』(1989.2), p.199.
257) 천이두, 「청상의 이미지・오작녀」, 『한국현대소설론』(서울 : 형설출판사, 1973), p.268.
258) 김인환, 「忍苦의 美學」, 『카인의 後裔』, 황순원전집 제6권, p.362.
259) 위의 책, p.363.
260) 천이두, 「청상의 이미지・오작녀」, p.271.
261) 라스콜리니코프가 살인을 했다고 자백할 때, 두려워하지 않고 그를 감싸면서 "지금 곧 나가서 네거리에 서세요. 그리고 거기 엎드려서 우선 당신이 더럽힌 대지에 키스하세요. 그 다음에 사방으로 돌아가며 온 세계를 향해서 절을 하고, 똑똑히 들리게 '나는 사람을 죽였읍니다.'라고 말하세요!"(도스토예프스키, 『죄와 벌』, 오재국역, 삼성출판사, 1980, p.419)라는 쏘냐의 태도에는 분명 여성이 가질 수 있

'여성'만이 아닌 '모성'까지를 투여하고 있는 양상은 어쩌면 보편적인 현상일지도 모른다. 왜냐하면 여성에게 있어서 가장 근원적이며 원초적인 속성은 바로 '모성'으로서의 속성이라 할 수 있기 때문이다.

특히 오작녀와 박훈의 사랑은 '큰애기바윗골 뻐꾸기 전설'262)의 모티프를 도입하여 엮어가고 있다. '큰애기바윗골 뻐꾸기'를 자신과 동일시하면서, 한결같은 헌신과 순종과 인종을 다하는 오작녀의 사랑은 '여성'이 가질 수 있는 사랑 이상의 '모성'까지를 투여하는 사랑이다. 이 작품속에서 오작녀의 '타는 눈'의 이미지와 함께 중첩되면서 지속적으로 들려오고 있는 '뻐꾸기'소리는 이 작품의 호흡을 상승시키면서 낭만적 분위기와 몽환적 분위기로 끌어올리는데 기여한다. '큰애기바윗골 뻐꾸기' 전설속에서 도련님을 사모하는 여종 '큰아기'는 박훈을 사랑하는 오작녀 자신과 동일시된다. '큰아기'가 도련님과의 신분차이를 깨닫고 어떤 남자의 아내가 됨으로써 그들의 사랑은 비극적으로 끝날 수밖에 없었다. 부랑자인 남편에게 견디지 못한 큰 아기는 바위가 되게 해달라고 빌고 결국 바위가 되어버린다. 이후에 돌아온 도련님은 바위를 껴안고 같이 죽는다. 이듬해 봄 뻐꾸기 한 마리가 구슬피 운다. 이런 '큰아기'의 사랑에 비해 오작녀는 박훈과 가까이 있다는 사실만으로도 "자기가 너무 지나치게 행복"한 것으로 생각한다.

그런데 훈이 혼자 자유를 찾아 자기 곁을 떠나려 한다고 오해하고 있는 오작녀는 죽음을 생각하게 된다. 도덕과 신분의 차이까지도 이미 초월한 오작녀의 모성적 사랑은 죽음까지도 불사하려 한다. 자신이 '큰아기'보다 지나치

는 사랑 이상의 모성적 사랑이 내재해 있다. 쏘냐는 결국 라스콜리니코프를 '어머니'를 표상하는 '대지'에게로 이끄는 역할을 한다. 그리고 유형지로까지 따라가 헌신과 희생을 다한다. 즉 쏘냐는 만인의 '어머니'에 해당한다.
장현숙,「황순원 작품 연구」, 경희대학교 대학원 석사논문(1982), p.68.
262) '큰애기바윗골 뻐꾸기'의 전설은 비극적이고 운명적인 사랑을 의미한다. 이 전설의 도입으로 인하여 낭만적이며 환상적인 분위기와 미적 리얼리티가 상승하는 역할을 담당한다. 특히 작가는 이 전설을 도입함으로써 토속적 분위기를 연출해내는데 성공하고 있으며, 이것은 작가가 끊임없이 한국적 이미지나 토속적 세계에 주목하고 있음을 반증한다.

게 행복하다고 생각했지만 이제 훈이 떠나갈 것을 예감하면서 오작녀는 자기 자신을 '큰아기'와 같은 비극적 사랑의 주체로 인식하게 된다. 이럴 때 오작녀에게 뻐꾸기 소리가 환청으로 다가온다. 현실적으로 가능했던 박훈과의 사랑이 깨어지면서 좌절되고 말 때, '뻐꾸기' 울음소리가 환청으로 들리면서 낭만적 아이러니[263]를 불러일으킨다. 즉 오작녀의 사랑은 신분차이와 윤리의식까지를 뛰어넘고 있지만 훈이 자유를 찾아 자기 곁을 떠나려고 한다고 생각될 때 그녀는 죽음을 기꺼이 택할 것을 다짐한다. 따라서 '뻐꾸기'는 오작녀에게 있어서 비극적 자아의 상징물이 된다.

③ 신분계층의 초월과 인도주의

오작녀와 박훈의 사랑속에는 신분계층의 차이가 초월되고 있음을 살펴볼 수 있다.

"물론 내가 여기를 썩 떠나기만 하면 그만일께요. 그러나 왜그런지 지금 당장은 떠날 수가 없는 심정이오. 무어 농토에 애착이 있어서 그러는 건 아니오. ……그사람들이 오늘이라두 날더러 멀리 떠나라구 하면 떠나겠소. 그러나 그 말을 들을 때꺼지는 여길 떠나구 싶지가 않소. ……그렇다구 해서 오작녀까지 나와 행동을 같이 할 필요는 없소. 처음 오작녀가 우리집에 와 있게 됐을 때부터 난 내가 지주요 오작녀는 소작인의 딸이란 관계를 생각해본 적은 없소. 그게 이제와선 더더구나 그런 관계란 없어졌다구 보오. 조금두 지난날의 의리 관계를 생각해서 나와 행동을 같이 할 필요는 없소."
"선생님, 저두 첨부터 선생님이 우리집 디주라구 해서 와있는 게 아니야요, 그리구 선생님, 버릇없는 계집의 말같디만 앞으루 선생님이 여게 계시는 동안은 저더러 나가라는 말씀만은 말아달라우요."[264]

---

263) 낭만적 아이러니란 현실과 이상, 유한과 무한, 세속과 신성, 감성과 이성 등의 대립의식에 기인하는 것으로서 하나의 환상이 창조되었다가 그것이 급격히 파괴돼 가는 과정에서 일어나는 아이러니를 일컫는다.
정한모, 『현대시론』(서울 : 보성문화사, 1993), pp.101~102.

위 인용에서 살필 수 있듯이, 그들은 지주의 아들과 마름의 딸이라는 신분 계층의 차이에서 초월하여 있다. 다만 박훈은 오작녀에게 남편이 있다는 사실을 의식한다. 이것은 그가 윤리의식이나 인습에서 완전히 벗어날 수 없었음을 반증한다. 따라서 그는 오작녀 남편과의 대화에서도 "지금이라두 나 있는 집을 내줄테니 와서 같이 사시오. 오작녀는 아직 전대루 깨끗한 몸이오." 라고 숨김에 말하는 것이다. 그러면서도 "훈은 자기자신의 옹졸됨이 자꾸만 뉘우쳐졌다."라고 서술된다. 동시에 자기자신의 이 옹졸됨을 모르는 바 아니나 "자기자신이 그걸 어찌지 못한다는 것도 잘 알고 있는 것이었다."에서처럼 그는 자신의 옹졸함과 소극적 태도에서 쉽사리 벗어나지 못하는 성격의 소유자이다.

그러나 이러한 박훈의 소극적 태도는 이 작품의 결미에 이르러 적극적 태도로 전환된다. 오작녀 남편이 박훈을 다시는 상대하지 않겠다고 선언하고 떠난 후 박훈은 월남하기 위해 배편을 알아보다가 생각지도 않았던 오작녀의 자리까지도 부탁한다. 이러한 심리상황은 박훈이 이미 오작녀에게 남편이 있다는 윤리의식까지도 뛰어넘게 되었음을 보여준다고 말할 수 있다.

한편 박훈은 내성적이고 신경이 섬약한 지식인임에도 불구하고 그의 내면에는 자기희생정신과 인도주의사상을 누구보다도 강하게 지니고 있는 인물로 대표된다. 박훈의 사촌동생인 박혁은 남이아버지가 살해되자 처음에는 잘됐다고만 생각한다. 이런 혁에 대해 박훈은 "어떤 슬픔에 가까운 노여움"같은 걸 느끼게 된다. 이러한 심리상황은 바로 박훈이 그의 내면속에 생명사랑정신과 인도주의정신을 가지고 있다는 것을 증명한다.

눈이 부셨다. 훈은 다시 눈을 감았다. 사촌동생의 활기 띤 발자국소리가 대문밖으로 사라지는게 들렸다.
그러자 훈은 갑자기 사촌동생에게 할말이 있음을 느꼈다. 뒤이어 누구에게라없이 가슴속을 치밀어오르는 어떤 슬픔에 가까운 노여움 같은 걸

---

264) 황순원, 『카인의 後裔』, p.216.

느끼는 것이었다.265)

이렇게 생명존중의 정신과 인도주의사상을 가지고 있는 박훈의 내면세계는 다음과 같이 제시된다.

> 비석조각 쥔 손을 다시한번 부르르 떨며 이를 가는 것이었다.
> 훈은 이 사촌동생의 흥분한 얼굴을 바라보며 문득 얼마 전 남이아버지가 낫에 찔려 죽었을 때 일이 생각났다. 그때도 이 사촌동생은 한껏 흥분한 얼굴이요 몸짓이었었다. 이런 사촌동생에게 그때 자기는 어떤 슬픔에 가까운 노여움같은 걸 느끼면서 하고자 한 말이 있었다. 왜 그렇게 남의 피를 보고 좋아하느냐고.
> 지금 이 사촌동생의 흥분한 얼굴과 몸짓을 눈앞에 보면서는 훈이 그때와는 다른 걸 느끼고 있었다. 그것은 지금 이 사촌동생 자신이 가슴속으로 피를 흘리고 있다는 느낌이었다.
> 사촌동생이 간 뒤에도 훈은 그자리에 그대로 앉아있었다. 앞에 굴러있는 비석조각이 자꾸 눈에 스며들었다. 그러는 그의 몸속 어느 부분에서도 분명히 핏방울이 듣고 있는 것 같음을 느꼈다.266)

"왜 그렇게 남의 피를 보고 좋아하느냐고."라는 지문에서 볼 수 있는 정신은 인도주의와 생명존중의 정신이다. 특히 박훈의 인도주의사상은 패잔한 일본인의 가난과 홍역으로 죽어 실려나가는 일본인 어린애들 그리고 일본인 창녀들을 보면서 일본인에 대한 분노보다는 연민을 느끼는 것에서 드러난다. 이렇게 박훈이 가지고 있는 생명에 대한 존엄성과 인도주의사상은 이 작품속에서 '피'의 이미지로서 표출된다. 특히 박혁이가 도섭영감을 살해하고서는 무사히 이곳을 벗어날 수 없음을 깨달은 박훈은 바로 자기가 도섭영감을 없애야 한다고 깨닫는다. 이러한 인식은 자기희생정신의 한 발로라 볼 수 있다.

박훈의 생명존엄사상 또는 인도주의정신은 어렸을 때의 그의 내면상황속

---

265) 위의 책, p.187.
266) 위의 책, pp.276~277.

에서도 드러난다. 중학시절 환자의 출혈 이야기를 들으며 "훈은 저도 모르게 피 그만, 피 그만! 하고는 그 자리에 까무라치고 말" 정도로 피에 대한 두려움을 가지고 있다. 이것은 역설적으로 말해 그만큼의 강한 생명존엄성에 대한 인식에 다름아니다. '피'의 이야기조차 감당해내지 못하는 박훈은 "사실 자기가 이렇게 도섭영감을 여기까지 데리고 온 것은 자기가 그를 죽이려는 것이 아니고 그의 손에 자기가 죽기 위함이었는지도 모른다."는 생각을 한다. 이 생각이 훈에게 오히려 힘을 주게 되지만, 박훈은 도섭영감의 낫에 찔릴 위기에 봉착하게 된다. 그러나 삼득이의 도움으로 박훈은 구출된다. 자기를 미행하는 것으로 알았던 삼득이가 사실 박훈 자기를 보호하기 위해서 그랬음을 깨닫고 박훈은 "새로이 눈 앞이 핑도는 심사"를 느낀다.

이 작품에서 삼득이는 당손이할아버지와 함께 인간신뢰를 보여주는 인물이면서 인도주의를 대표하는 또 한 인물로 설정되어 있다.

삼득이가 약간 목멘 소리로,
"이른 일이 있을 것같애서 늘상 마음을 못 놓구 뒤따라 댕겼는데…… 오늘은 선생님이 과수원에 계신 걸 보구 새하레 갔다오는 새에 그만……."
훈은 새로이 눈앞이 핑 도는 심사였다. 삼득이가 여태껏 자기의 뒤를 밟은 것은 무슨 염탐질을 하기 위해서가 아니고 자기의 신변을 보살펴주기 위함이었던가.
"사실은 선생님더러 어서 여겔 떠나시라구 하구 싶었디만…… 누이가 불쌍해서……"
삼득이는 무슨 하기 힘든 결심이라도 한 듯,
"이제라두 곧 여겔 떠나십쇼. 다시는 이놈의 피를 묻히디 않두룩……."
물기어린 눈을 똑바로 훈에게 부으며,
"그리구 불쌍한 누이를 대리구 가주십쇼."
훈은 이 어린 청년을 마주 바라보고 있었다. 그러나 아무것도 보이지 않았다. 그러는 그의 몸 한가운데에 어떤 불씨같은 게 남아있다가 고개를 들었다. 왜 이러고 섰느냐, 어서 오작녀에게로 가거라, 어서 오작녀에게로 가거라!
 흑 하고 숨을 한번 몰아쉬었는가 하자 훈은 그대로 집 쪽을 향해 뛰는 걸음으로 내려가기 시작했다.267)

위 인용에서 볼 수 있듯이 '피'는 희생과 함께 때로는 살상을 상징하기도 한다. "다시는 이놈의 피를 묻히디 않두룩……"라고 하는 삼득이의 말은 생명사랑과 생명존엄을 옹호하려는 인도주의정신의 한 반영이라 볼 수 있다.
특히 이 작품의 결말에서 보여주는 박훈의 글발은 인도주의와 생명옹호사상을 단적으로 보여준다는 점에서 시사적이다. "내가 대신해서 도섭영감의 일을 처리한다. 어서 이곳을 떠나라. 이 이상 더 피를 보고 싶지 않다."268)에서 "이 이상 더 피를 보고 싶지 않다."라는 박훈의 말은 곧 작가 황순원의 인도주의정신을 반영하는 것으로 해석할 수도 있다.
이렇게 본다면 결국 『카인의 後裔』는 생명사랑정신과 생명존엄성을 제고하는 인도주의정신을 반영한 작품으로 평가할 수 있다. 박훈과 오작녀가 신분계층의 차이와 기존의 도덕의식과 인습을 극복하고 자유를 찾아 이남으로 탈출하는 것은 역시 작가의 절대적 애정관과 자유에 대한 지향성을 반영한 것이라 본다. 따라서 작가가 이 작품에서 보여주고자 하는 주제의식은 애정의 절대성과 함께 자유의 추구이며 인도주의의 추구라고 보는 것이 옳겠다.
특히 이 작품은 해방 직후 토지개혁을 배경으로 하여 이북에서 벌어지는 시대상황과 정치적 상황에 따른 인간들의 변모양상을 예리하게 포착하였다는 점에서 한국 현대 소설사에서 뚜렷한 위치를 차지하는 작품으로 판단된다. 또한 당대의 현실사회를 고발하는 저항의식과 함께 민족분단의 책임과 아픔에 대한 강경한 목소리가 반영269)되어 있다. 이것은 작가의 역사의식과

---

267) 위의 책, p.353.
268) 위의 책, p.354.
269) 전상국, 「황순원작, 『카인의 後裔』의 오작녀」, 『일간스포츠』 (1981.6.29)

민족의식 그리고 조국애의 반영에 다름아니라 본다. 한편 이 작품은 우리 민족의 뿌리라 할 수 있는 농민들의 후예들을 형상화하면서 인간의 진실과 허위, 그리고 신뢰와 배반, 사랑과 미움, 정의와 불의 그리고 인간의 비겁하고 저열한 근성들을 놓치지 않고 그려낸 점에서 소설이 가져야 할 리얼리티를 획득하고 있다. 특히 복합적 구성을 통하여 당대의 역사적 현실을 배면에 깔면서 작중인물의 심리상황들을 '눈' '젖가슴' '피' '뻐꾸기' 등의 이미지들을 중첩시켜 묘사함으로써 사회성과 예술성을 동시에 획득하고 있다는 점에서도 황순원의 대표작이라 볼 수 있다.

이처럼 황순원 작품에서 특이하게 발견할 수 있는 사실은 남성이 여성에게 사랑하는 연인 이상의 '모성'까지를 추구하고 있다는 점이다. 이러한 사랑의 형태를 박훈을 통하여 확인하였다. 아울러 여성 역시도 남성에게 모성적인 사랑을 기울이고 있음을 오작녀를 통하여 확인하였다. 이러한 양상은 장편 『나무들 비탈에 서다』, 『日月』에서 지속적으로 나타난다.

4) 전쟁고아의 문제와 인간애의 구현, 장편 『人間接木』

장편 『人間接木』(1955.12)[270]은 작가가 6·25를 겪은 후에 쓴 작품으로 전쟁고아들의 폐허화된 삶을 보여준다. 동시에 전쟁 또는 어른들에 의해 파손되어지고 상처받은 아이들의 세계를 보여주면서 인간사랑을 통한 구원의 가능성을 제시한다. 나아가 이 작품에는 사회정의에 대한 실현과 불의에 대한 저항의식을 통하여 진실한 인간성을 고양시키려는 작가의식이 반영된 작품이기도 하다. 또한 이 작품에는 험열한 전쟁의 역사속에서도 허무주의나 절망에 빠지지 않고 인간신뢰와 인간긍정의 정신으로 시대의 아픔을 치유하고 극복하려는 작가의식이 담겨 있다는 점에서 중요한 작품으로 간주된다.

---

270) 장편 『人間接木』은 원래 <天使>라는 제목으로 1955년 1월부터 『새가정』지에 1년 동안 연재된 것으로 1957년 10월 중앙문화사에서 단행본으로 출판될 때 오늘의 제목으로 개제되었다.

① 폐허화된 삶과 사회정의 추구

이 작품은 김목사가 전쟁고아들의 이야기를 정리해서 쓴 노트로부터 시작된다. 따라서 이 작품에는 아이들이 어른들의 세계를 보면서 느끼는 아이러니가 역설적으로 제시되고 있다. 차돌이는 노름을 좋아하던 미장이 아버지가 일하다 떨어져 죽게됨으로써 고아가 된다. 죽어서도 크게 떠 있는 아버지의 눈은 푸른 하늘을 바라보고 있는 것으로 차돌이에게는 인식된다. "나두 인제 한손 쥐기만 하면"하고 혼잣말처럼 중얼거리면서 하늘을 쳐다보던 때의 아버지의 눈을 연상하는 차돌이에게는 가끔 푸른 하늘이 무서워진다.

작가는 청정한 생명을 상징하는271) '푸른 하늘'의 이미지로써 오히려 '아버지의 죽음'이라는 비극적 현실을 대조적으로 부각시킨다. 어른들의 현실세계 즉 노름이나 가난의 세계를 이해하지 못하는 순진한 아이의 내면세계를 아이의 시점을 통하여 '푸른 하늘'이라는 객관적 상관물로써 역설적으로 드러내 보여주고 있다. 이점에서 차돌이의 이야기속에는 순진성의 아이러니272)가 내포되어 있다.

남준학 역시 동생을 달래려고 불장난하다 불이 나자 엉겁결에 동생을 두고 나와 동생은 불에 타 죽는다. 이 일 때문에 마음의 상처를 받고 괴로워하는 남준학은 후에 전쟁고아가 된다. 6·25때 어머니가 밖에 나가 놀지 못하게 했음에도 불구하고 탱크 구경을 나갔다가 와 보니 어머니 아버지가 폭격에 맞아 죽었음을 알게 된다. 남준학의 행동에서도 전쟁이라는 무서운 현실을

---

271) 청색은 방위로는 동쪽에 계절로는 봄에 해당한다. 오행 중 목(木)으로 하늘과 무성한 식물 등을 상징하는 색이다. 해가 떠오르는 동방에 해당되고 만물이 생성하는 봄의 색인 까닭에 청색은 청정한 생명을 상징하며, 양기가 왕성한 색으로 간주되었다.
구미래, 『한국인의 상징세계』, p.57.
272) 純眞性의 아이러니(naiveté irony)란 원래 어린이와 같이 천진난만한 시점과 그렇지 못한 현실을 대조시킴으로써 긴장을 유발시키는 아이러니의 유형이다. 여기에서 순진성이란 어린이의 천진난만성도 되지만 '바보인 체 하는 모습'도 해당된다.
정한모, 『현대시론』(서울 : 보성문화사, 1993), p.104.

이해하지 못하는 순진무구한 동심의 세계를 엿볼 수 있다. 따라서 남준학의 이야기속에도 역시 어린아이들의 천진난만한 순진성과 그렇지 못한 현실이 대조됨으로써 긴장이 유발되는 순진성의 아이러니가 내포되어 있다.

　김백석 역시 전쟁통에 아버지와 어머니를 잃고 부산서 누이와 헤어지게 된 전쟁고아이다. 이 작품속에서 백석의 누이는 전쟁으로 인해 가장 수난을 많이 당한 인물로서 결국 자살하고 마는 비극적 여인으로 형상화되고 있다. 그녀는 피난민 수용소에서 누군가의 꼬임에 빠져 서울로 올라와 결국 매춘을 하게 된다. 그녀는 성(性)의 도구가 되어 검둥이 혼혈아를 낳게 된다. 그녀는 동생 백석이를 만나게 되고 정교수의 도움으로 간호보조원으로 일할 수 있게 예정되지만, 몸값을 내라는 포주의 시달림에 견디지 못하고 자살하고 만다. 백석 누이의 죽음은 바로 전쟁과 사회의 모순이 낳은 비극의 결과이다. 이렇게 전쟁은 건강했던 삶을 참혹하게 파괴하기도 하였으며 생명의 존엄성을 가차없이 말살시켰던 것이다.

　최종호와 홍집사 역시 전쟁으로 인해 상처를 받은 인물들이다. 홍집사는 전쟁통에 아내를 잃게 되며, 최종호 역시 어머니와 오른팔을 잃게 된다. 따라서 최종호는 의사로서의 길을 포기할 수밖에 없게 되고, 갱생소년원에 일자리를 구하게 된다. 최종호는 전쟁으로 인한 육체적 정신적 상처에도 불구하고 오히려 이를 극복하면서 인간의 존재의의와 가치를 옹호하려는 집요한 휴머니즘을 보여준다.

　따라서 이 작품의 주무대인 갱생소년원의 고아들과 홍집사, 종호 등은 모두 역사에 희생당한 인물들이다. 이들은 나름대로 6·25전쟁 체험에서 겪은 죽음의 공포와 절망을 초극하기 위해 몸부림치는 인물들로서 전쟁의 폐허화된 삶속에서 끊임없이 구원의 길을 모색하고 있는 인간상들이라고 볼 수 있다.

　최종호는 불의를 표상하는 왕초에게 대적해서 항거하는 저항의식을 보여준다. 따라서 최종호는 사회정의를 추구하는 대표적 인물이다. 왕초가 속임수로 원아들을 빼내가려 할 때 최종호는 왕초에게 과감하게 대항한다. 최종호는 "한쪽 팔이 온전하대도 이 깡패를 감당해내지 못할 것"이라고 생각하면서도 "끝까지 이 왕초와 싸워야 한다."고 마음먹는다.

홍집사가 왕초의 비위를 맞추고, 유선생은 처음부터 조용히 한자리에 앉아 있는 것에 반해 최종호는 "아무튼 여기의 애는 한 애두 내놓을 수 없어요!"라고 말하면서 저항한다. "나중에는 어디 한군데 물고늘어져서라도 마지막까지 견디어내야 한다. 그러는 것만이 앞으로 여기의 애는 하나도 내갈 생각을 못하게 만드는 길이 될 것이다."273)라고 최종호는 생각한다. 이러한 종호의 대응방식은 전후 현실의 불의에 과감하게 맞섬으로써 대사회적 응전력을 획득하고 있다고 판단된다.

최종호와 왕초의 싸움은 다행히 우연한 일로 보류되지만, 종호의 불의에 대한 저항의식은 원아들에 대한 신뢰감과 함께 더욱 가속화된다. 소년원에서 제일 문제아인 짱구대가리를 사랑으로써 구원하려는 최종호에게 홍집사는 차라리 짱구대가리를 내보내는 편이 낫다고 말한다. 그러나 최종호는 짱구대가리를 사랑으로 설득하지 못한다면 결국 제2, 제3의 짱구대가리가 나올 것이라고 말한다. 종호에 비해 홍집사274)는 원아들에 대한 진정한 사랑과 열의보다는 현실에 적당히 타협하는 기회주의자로 설정되어 있다.

한편 유선생은 자신이 온갖 정성을 쏟아 가르쳤던 원아가 결국에는 계획적으로 소년원을 도망치게 되는 사건을 계기로 하여 인간에 대한 신뢰감을

---

273) 황순원, 『人間接木』(서울 : 문학과지성사, 1990), p.67.
274) 천이두는 작가 황순원의 낙관주의적 성격을 가장 전형적으로 반영하는 대표적 인물로 최종호를 들고 있다. 한편 홍집사는 타산적 현실주의자로 규정하고 있으며, 유선생을 무사안일의 방관주의자로 규정하고 있다.
천이두, 「밝음의 미학『人間接木』론」, 『한국 소설의 문제작』(서울 : 도서출판 일념, 1985), pp.47~49.
한편 김병익은 홍집사를 전형적인 출세주의자로 규정하고 있으며, 유선생을 의욕상실자로 규정하고 있다.
김병익, 「찢어진 동천사상의 복원」, 『황순원문학 전집』 제4권(서울 : 삼중당, 1978), p.375.

상실한 채 심한 무력감과 좌절감과 허무주의에 빠져든다. 그 일 이후 그는 사람끼리의 사랑이란 허망한 것이라고 생각하는 허무주의에 빠져 의욕을 상실하게 된다. 특히 유선생은 친자식처럼 철수를 보살펴주던 식모할멈이 철수네 집에 들어가지 않은 사실을 두고 이렇게 말한다. "-그애네 집에 안 가길 잘 했지요. 지금은 할머니라 부르지만 언제 할멈이란 말루 바뀔지 모르니까요. 사람이 친부모 자식간에두 틈새가 생기기 시작하면 걷잡을 수 없거든요."275) 라고 말한다. 이 말에는 그가 애정에 대해 느끼는 허망함과 허무의식이 잘 반영되어 있다.

그리고 유선생은 한 청년의 얘기를 들려준다. 유선생이 보육원에 있을 때의 일로 한 청년이 돌도 채 안 된 갓난아이를 데리고 온다. 청년은 6·25때 집이 폭격당하자 허둥지둥 집을 뛰쳐나온다. 별안간 집에 있을 아내와 어린 것이 생각이 났으나 총알을 뚫고 집에 들어갈 수가 없어 후에 집으로 돌아가 보니 어린 것이 장독대 옆을 헤매며 울고 있음을 발견한다. 그리고 그 옆에 그 무서운 폭격속에서도 개가 자기 새끼를 한마리도 축나지 않게 고스란히 옮겨다 놓고 있는 것을 보고 충격을 받는다. 아내는 좀 뒤에야 집으로 돌아왔다. 그 후 어린 것의 이마에는 혼자 남아서 마루에서 떨어지고 구르고 하다가 생긴 흉터가 생긴다. 따라서 청년은 몇 십년 동안 이 애의 흉터를 바라보며 마음속에 느껴야 할 자기의 고통과 함께 자기와 아내가 부모자격을 상실했음을 자각하고 1·4후퇴 때 아이를 보육원에 맡기러 온 것이다.

이와 같은 청년의 태도에 대해 유선생은 "결국 사람끼리의 애정이란 친부모자식간에두 이렇게 허망한 것이에요. 때루는 개와 같은 하등동물한테두 미치지 못하는 경우가 있지요."라고 말한다. 한편 종호는 청년의 태도에 대해 "자기에게 지워진 고통이면 자기가 짊어지구 그것을 처리해나가야 하지 않을까요."라고 말한다. 이어서 종호는 어떤 군인의 이야기를 한다. 그 군인은 수류탄에 맞아 두 다리를 잘리우고 눈까지 멀게 된다. 그러나 종내 자살을 하지

---

275) 황순원, 『人間接木』, p.115.

못한다. 그 이유는 어느 산촌에서 한 처녀를 능욕하고 죽여버리기까지 한 일을 생각하고 "자기는 그렇게 쉽게 죽어서는 안될 인간이라는 생각"이 들었던 것이다. 즉 그는 목숨이 끊어지는 날까지 괴로움을 맛보아야 한다고 생각하고 "자기의 괴로움을 남에게 의탁하지 않았"던 것이다. 그리고 "그 속에서 자기대루 무엇을 하나 찾았던 것이다."라고 종호는 말한다. 이 말에 이어 "이것이 인간에 있어서 귀중한 것이 아닐까요?"라고 말한다. 여기에서 볼 수 있는 종호의 태도에는 자기실존에 대한 강한 책임의식과 자기 고통을 인내하는 극복지향성이 나타나 있다고 할 수 있다.

    종호는 적잖이 흥분해있었다. 그는 계속해서 더 말하고 싶었다. 앞으로 식모할멈과 철수소년은 다시 만나는 일이 없을는지는 모른다. 그러나 철수소년과 식모할멈 사이에 있었던 애정의 씨앗은 죽어버리는 게 아니다. 그 씨앗이 앞으로 더 잎이 벌고 꽃이 피지 못하는 수도 있을 것이다. 그런 애정이란 그것이 한번 있었다는 그 사실만으로 영원한 것이다. 그것은 지난날 유선생이 대구 고아원에서 어떤 소년과의 사이에 있었던 애정만 해도 마찬가지인 것이다. 그 애정의 성과는 어찌됐든 유선생이 그때 그 소년을 그만큼 사랑했다는 사실이 가슴속에 남아있는 것으로 이미 영원한 것이다. 이만큼 사람과 사람 사이에 뿌려진 애정의 씨앗이란 결코 허망한 것이 아니고 얼마든지 귀중한 것이다. 이것을 말하고 싶었다.[276]

"사람과 사람 사이에 뿌려진 애정의 씨앗이란 결코 허망한 것이 아니고 얼마든지 귀중한 것이다."라고 생각하는 종호는 인간에 대한 신뢰와 따뜻한 인간애를 내포하고 있는 인물이다. 즉 최종호는 생명의 존엄성과 사랑의 영원성을 추구하는 인물로서 생명추구와 영원주의를 지향하는 인물로서 대표된다. 종호는 "오늘로 자기의 소년원생활이 마지막이 되더라도 어디까지나 아이들의 인간성을 되살려줘야 한다."는 자신의 소신을 분명히 한다. 이러한 결의는 사회정의를 실현하기 위한 자기희생정신의 발로라 볼 수 있다.

---

276) 위의 책, p.119.

그러나 짱구대가리가 끝까지 아이들을 데리고 탈출하려할 때 종호는 내일 대낮에 당당하게 문을 열어줄테니 나가라고 한다. 짱구대가리는 혼자서 왕초와의 약속을 지키기 위해 도망간다. 종호는 분노하여 짱구대가리가 달아난 앞산을 향해 내달리기 시작한다. 왕초는 짱구대가리의 말을 믿지 않고 짱구대가리의 옆구리를 찌른다. 짱구대가리가 왕초와의 약속을 지키기 위하여 혼자서 왕초를 찾아갔음에도 불구하고 왕초는 인간을 신뢰해주지 않는 불의의 인물이었던 것이다.

결국 짱구대가리는 종호의 등에 업혀 말한다. "─선생님, 정말 고마워요. 그치만 난 이댐에 꼭 왕초가 될 테에요. 저런 비겁한 왕촌 말구요⋯⋯" 이제야 비로소 짱구대가리와 종호 사이에서 혼의 교섭이 가능하게 되는 것이다. 짱구대가리는 이제 악을 완전히 퇴치하고 종호의 품으로 돌아옴으로써 구원되는 것이다. 종호는 모성애와 같은 사랑으로 인내하여 드디어 불의를 퇴치하고 사회정의를 실현하게 된다. 이 작품의 결미는 곧 불의와의 싸움에서 정의가 이겼음을 암시한다. 종호의 다음과 같은 독백은 이제 이 소설의 결미에서 실제로 증명되고 있다.

> 종호는 잠시 그애의 뒷모습을 바라보며 서있었다. 알지못할 따뜻한 감촉이 목줄기를 쩨릿하게 하는 것이었다. 지금 이 애들은 때가 낀 거울과 마찬가지인 것이다. 닦기만 하면 안쪽은 성한 거울알인 것이다. 정교수 말이 떠올랐다. 모성애란 별겻 아니다. 친히 궂은 것을 주무르고 매만지는 데서 생기는 것이다. 그러나 그 말은 쉬워도 실천에 옮기기란 여간 힘든 일이 아닐 것이었다. 거울에 낀 때에 따라서는 좀처럼 닦아서 지워지지 않는 수도 있는 것이다. 인내가 필요하다. 종호는 무언가 자신에게 다지는 심정이 되면서 사무실 쪽으로 걸음을 옮겼다.277)

짱구대가리가 종호의 품으로 돌아오는 것을 통하여 살펴볼 수 있듯이 인

---

277) 위의 책, p.113.

간과 인간과의 사이에서 '사랑'이라는 혼의 교섭이 있을 때 사회의 제반 모순이 극복되면서 사회정의가 실현될 수 있음을 이 작품은 시사한다.

② 사랑의 실천과 구원의 가능성

이 작품속에서 종호와 함께 사랑을 실천하는 대표적 인물은 종호의 은사이자 의사인 정교수이다. 그는 전쟁으로 인해 뿌리 뽑힌 삶을 살아가는 소시민들의 정신적 육체적 아픔을 치유해주고 자기자신을 헌신하면서 이웃들을 따뜻하게 보살펴 주는 봉사정신을 지니고 있는 인물이다. 이런 의미에서 그는 순수한 영혼의 소유자로 볼 수 있다. 그는 위안부가 버린 혼혈아를 제 자식처럼 사랑하는 인물로서 사랑을 묵묵히 실천하는 인물이다. 그는 "모성애란 별 것 아니다. 친히 궂은 것을 주무르고 매만지는 데서 생기는 것이다."라는 사랑의 철학을 몸소 실천한다. 그리하여 백석의 누이를 간호보조원으로 들이려고 자리를 마련하기도 하며 포주에게 백석의 누이의 몸값을 지불해서 그녀를 도와주려고까지 생각한다.

한편 김목사 역시 나쁜 물이 든 아이들을 올바른 길로 인도하기 위해서는 인내심과 정열이 또한 필요할 것이라고 지적하면서 종호의 책임이 무거움을 인지시키는 인물이다. 또한 소년원의 식모할멈 역시도 철수를 자기 자식과 동일시하면서 사랑을 실천하는 인물로서 철수의 대리모의 역할을 담당한다.

종호, 정교수, 김목사, 식모할멈 등이 보여주는 사랑의 실천은 악과 더러움에 물들어 있는 전쟁고아들을 천사로 재생시키는 데 기여한다. 그들이 보여주는 사랑이란 '모성적 사랑'과 같이 희생과 헌신 그리고 인내를 다하는 사랑을 말한다.

특히 종호는 짱구대가리를 홍집사의 말대로 포기해 버릴 수도 있었지만, 인내와 용기를 가지고 짱구대가리의 비뚤어진 자의식에 책임의식을 부여함으로써 결국 사랑의 인간접목을 달성하는데 성공한다. 종호는 "애정이란 그것이 한번 있었다는 그 사실만으로 영원"한 것이라고 인식하면서 "사람과 사람 사이에 뿌려진 애정의 씨앗이란 결코 허망한 것이 아니고 얼마든지 귀중한 것"이라고 생각한다.

한편 종호는 황순원의 남자 주인공들에게서 자주 볼 수 있듯이 애정속에서 '모성'을 추구하는 인물로서 생명의 존엄성과 모성의 절대성을 강조하는 인물이다. 그는 홍집사의 물음에 다음과 같이 말한다. "글쎄 그렇다구 할 수 있지요. 아직 어머니같은 여잘 못 발견했다구 할까요."278) 이 말에서처럼 그는 여성에게서 '여성' 이상의 '모성'을 추구하고 있는 인물이다. 이러한 사실은 "여태 종호는 연애의 대상자라든가 결혼의 대상자를 염두에 두어 생각해 본 일이 없었다. 따라서 그러한 대상이 어떠한 여자라야 한다는 것도 머리에 그려 본 적이 없었다. 그러나 지금 우연히 홍집사의 말대거리를 해나가다가 저도 모르게 어머니의 이야기를 하게 된 것인데 사실 자기 몸 속 어느 한구석에 이미 그런 생각이 잠재해 있었던 것만 같았다. 그런 생각이 어머니를 여의고 나서부터 들게 됐는지 홍집사의 말대로 한쪽 팔을 잃고 나서부터 들게 됐는지는 분간이 안 갔다. 어쩌면 홍집사의 말대로 자기가 불구자가 된 후부터의 생각일는지도 모를 일이었다."279)라는 지문속에서도 명백하게 나타나고 있다.

종호가 무의식속에서 추구하는 어머니에 대한 그리움은 그의 꿈속에서 표출되고 있다. 종호가 제일 좋아하는 수밀도를 치마폭 가득히 담아다 주시는 어머니의 모습으로 나타나기도 하고 시들어빠진 젖가슴을 헤쳐 아들을 총탄으로부터 보호하려는 어머니의 모습으로 나타나기도 한다. 또 전에 없이 노한 얼굴로 "팔 하나를 어쨌느냐?"고 꾸짖는 모습으로 나타나기도 하며 때로는 "종호야 여기 이렇게 네 팔이 있으니 언제든지 네가 가져라, 그리구 나머지 팔들은 너처럼 팔이 없는 친구들에게 나눠 주구……."280)라고 하시며 따뜻하게 감싸주는 어머니의 모습으로 나타나기도 한다.

---

278) 위의 책, p.131.
279) 위의 책, p.132.
280) 위의 책, p.37.

따라서 이 작품에서 '수밀도'281)와 '젖가슴'282)의 이미지는 '모성'을 표상한다고 볼 수 있다. 이처럼 황순원 작품속에서 어머니에 대한 그리움이 자주 나타나는 현상은 작가 황순원의 내면세계와 밀착되어 있는 듯하다. 즉 이것은 작가자신이 어머니의 영향을 많이 받았으며 어머니를 지극히 사랑했던 때문이라고 생각해 볼 수 있다.283) 이렇게 종호, 정교수, 식모할멈이 투여하는 사랑의 힘은 결국 세상 밑바닥에서 닦일대로 닦인 전쟁고아들에게 참다운 인간성을 고양시키고 구원으로 이끄는 역할을 담당한다. 이런 의미에서 작가는 준학이가 꿈속에서 본 천사의 날개를 통하여 구원의 가능성을 제시하고 있다.

    준학이는 천사의 그림이 붙었던 어두운 벽 쪽을 가리키며,
    -저기 있든 천사의 날개보다도 더 희었어. 그걸 우리가 모두 달고 있었어. 너도 달고 있고 나도 달고 있고. 그리고 저, 짱구대가리도.284)

---

281) 황순원 문학속에서 '복숭아'의 이미지는 상당히 중요한 상징을 내포하고 있다. 복숭아는 예로부터 니코틴 해독 작용이 있다 하여 담배 피울 때 많이 먹었다고 한다. 반면 니코틴을 뱀에게 먹이면 죽는다고 한다. 한편 죽어가는 뱀에게 복숭아 잎을 물리면 깨어난다고 한다.(필자와 작가와의 대담, 작가의 사당동 자택에서, 1993.8.14) 이로써 필자는 황순원 문학속에서의 '복숭아' 이미지를 '재생'의 의미로 파악하고자 한다. 특히 '복숭아' 이미지는 황순원 문학에 자주 등장하고 있는데 이것은 '모성'의 무의식적인 표상이라고 본다. 복숭아의 내피인 씨앗은 단단한 핵을 표상함으로써 견인주의, 인고, 생명지향성을 의미한다. 씨앗을 둘러싸고 있는 외피는 사랑과 성(性)과 포용성, 화해 등을 의미한다. 이 작품에서 '수밀도'는 '여성'의 이미지 보다는 '모성'을 표상한다고 본다.
282) 젖가슴의 이미지는 '모성'을 표상한다. 주 247) 참조.
283) 작가 황순원은 어머니를 매우 좋아했다고 말한다.(필자와 작가와의 대담, 사당동 자택에서, 1993.8.14) 따라서 작가의 작품속에 모성의 문제가 깊게 내재해 있는 사실은 결코 우연한 일이 아니다. 작가는 나이가 먹어갈수록 더욱 어머니에 대한 그리움이 되살아온다고 말한다. "「고걸 또 같니?」 본시 적게 담는 밥을 남길라치면 늘 듣던 어머니의 걱정어린 음성이 내 나이 먹어갈수록 더 간절히 되살아온다."라고 작가는 말한다.
    황순원, 『말과 삶과 自由·Ⅰ』(서울 : 문학과지성사, 1985), p.37.
284) 황순원, 『人間接木』, p.183.

이로써『人間接木』은 6·25의 실상을 순진무구한 아이들의 시각으로 바라 보기도 하면서 전쟁으로 인해 훼손된 삶의 실상을 고발하고 있는 작품이다. 동시에 모성애와 같은 헌신적 사랑과 인내를 통하여 전쟁고아들을 참다운 인간들로 구원할 수 있음을 제시[285]한다. 한편 최종호를 통하여 불의에 저항하고 정의를 구현하려는 강렬한 의지가 이 작품속에 반영되어 있다는 점에서 작가의 현실인식과 지향성이 내재해 있다고 본다. 그러나 작가의 현실인식은 제반 사회 현실의 모순과 전쟁에 대한 비판에 그치거나 허무주의로 떨어지지 않고 오히려 부정적 현실과 불의를 초극하려는 데에 놓여 있음을 살펴보았다. 이러한 극복의지는 기본적으로 작가가 인간에 대해 가지고 있는 인간신뢰의 정신과 생명존엄의식 그리고 긍정적 인생관에 기인한다고 본다.

이로써 제2기의 문학에서는 단편집『曲藝師』를 중심으로 하여 작가의 현실인식이 확대되고 있음을 살펴보았다. 이어서 단편집『鶴』에서는 전쟁의 상황을 우정이나 따뜻한 인간애로써 초월하려는 자세와 극복의지가 반영되어 있음을 확인할 수 있었다. 동시에『카인의 後裔』에서는 역사의식이 심화, 확대되고 있으며, 인도주의와 생명존엄사상과 자유에 대한 추구가 나타나고 있음을 살펴보았다. 이어서 장편『人間接木』에 이르러서 작가는 전쟁으로 인하여 폐허화된 삶의 양상을 감싸안을 수 있는 구원의 방법을 모색하고 있음을 발견하였다. 그것은 바로 인간과 인간과의 관계에서 접목될 수 있는 사랑을 통해서 가능한 것임을 작가는 제시한다. 이점에서 장편『人間接木』은 현실인식과 역사의식의 확대를 보여주는 제2기의 문학과 부정적 현실을 사랑으로

---

[285] 김병익은『人間接木』에 대해 분석하면서 "인간의 근원적인 착함에 편들어 어떤 불의, 어떤 병균의 억압과 침윤에도 불구하고 사람은 결국 구제될 수 있다는 따뜻한 낙관의 견해를 표명하고 있다."고 말한다.(p.371) 또한 황순원이 "낭만적인 서정, 토착적인 풍물, 순결한 동심, 내향적인 사랑을 즐겨 다룬 것은 사실이지만, 그것들이 결코 현실을 외면하거나 회피한 것은 아니다. 그와 반대로 그는 생활의 통절한 아픔, 현실의 복잡 미묘한 갈등에 더욱 진지하고 폭넓게 대결"하고 있다고 말한다.(p.381)
김병익,「찢어진 동천사상의 복원」,『황순원문학 전집』제4권(서울 : 삼중당, 1978)

써 감싸안을 수 있는 방법을 모색한 제3기 문학과의 접점에 위치한 작품이라고 볼 수 있다.

아울러 이 시기의 문학에서는 전쟁상황하에서 창작된 작품이 많은 만큼 전쟁을 소재로 한 작품이 많은 점도 그 한 특질로 들 수 있다.

3. 생명지향성과 영원주의

황순원 문학을 통시적으로 살펴볼 때, 제3기(1955년~1964년)는 황순원 문학이 화려하게 꽃핀 시기인 작가의 나이 40대에 걸쳐 창작된 작품들을 일컫는다. 이 시기의 작품으로는 단편집 『잃어버린 사람들』(중앙문화사.1958.3), 중편 『내일』(1957.11), 단편집 『너와 나만의 時間』(정음사.1964.5), 장편 『나무들 비탈에 서다』(1960.5)를 들 수 있다. 특히 제3기의 문학에는 제1기와 제2기 문학에서 부분적으로 나타나고 있던 애정의 문제가 본격적으로 작품화되고 있다. 이 시기는 분단역사의 현실속에서 야기되는 갈등과 아픔을 치유하고 포용할 수 있는 방법을 본격적으로 모색한 시기로서 작가의식이 정신주의와 이상주의, 영원주의로 지향해 나아가고 있음을 알 수 있다. 따라서 제3기 문학의 특질은 애정의 절대성과 생명지향성 그리고 영원주의로 파악될 수 있다.

특히 단편집 『잃어버린 사람들』에는 작가의 절대적 애정관과 생명의식이 내면화되고 있으며, 중편 『내일』에는 아가페적 사랑과 영원주의가 반영되어 있다. 또 단편집 『너와 나만의 時間』에는 생명존중사상과 함께 실존의식이 내재화되기 시작한다. 장편 『나무들 비탈에 서다』에서는 전쟁의 비극과 사랑의 순수성, 그리고 모성의 절대성이 반영되어 있다. 따라서 제3기의 문학은 제2기의 문학에서 보여주던 작가의 현실인식과 역사의식이 어떠한 방향으로 지향해 나아가고 있는가 또 작가의 궁극적인 문학적 지향성이 어디에 놓여 있는가를 살필 수 있다는 점에서 그 의미가 있다고 본다.

1) 애정의 절대성과 생명주의, 단편집 『잃어버린 사람들』

단편집 『잃어버린 사람들』(중앙문화사.1958.3)[286]속에는 애정의 절대성과 생명존중사상이 부각되고 있다. 애정의 절대성을 대표하는 작품으로는 단편 「불가사리」(1955.10)와 「잃어버린 사람들」(1955.11)을 들 수 있으며, 또한 전쟁의 상처와 생명의 존엄성을 보여준 작품으로는 단편 「山」(1956.6), 「비바리」(1956.9), 「소리」(1957.2)를 들 수 있다.

① 애정의 절대성과 기존 윤리에의 저항

황순원 문학에서 가장 중요한 특질 중의 하나는 제1기 작품에서부터 제5기 작품에 이르기까지 지속적으로 애정의 절대성을 강조하고 있다는 점이다. 단편「불가사리」, 「잃어버린 사람들」 역시 작가의 절대적 애정관이 제시된 단편들이다.

단편 「불가사리」(1955.10)[287]에서 작가는 두메산골의 가난한 생활상과 소박한 인간상들을 간접적으로 보여주면서 인습과 윤리에 저항하는 애정의 양상을 보여준다.

이 작품속의 소금장수 복코는 서분네를 평양 색주가에게 팔아먹은 인물로서 그는 두메산골 사람들의 순박한 인심과 미신적 사고를 이용해 자신의 실리를 채우려는 인물이다.

한편 복코가 곱단이를 색시로 맞아들이려고 하자 곰이는 곱단이에게 같이 도망가자고 말한다. 곱단이는 부모 곁을 떠나기가 두려워 망설이지만 결국 닭이 첫 홰 울 때 멍석 속에 들어가 숨어 있으라고 제안한다. 특히 곰이와의 도망을 앞둔 곱단이의 심리상황은 "저도 모를 일이었다. 별안간 자기에게는

---

[286] 단편집 『잃어버린 사람들』에는 단편 「불가사리」, 「잃어버린 사람들」, 「山」, 「비바리」, 「소리」 이렇게 5편이 수록되어 있다.
[287] 단편 「불가사리」는 『文學藝術』(1956.1)에 발표됨.

부모나 동생보다도 더 소중한 것이 있어서 그것을 잃어버려서는 안될 것만 같았다. 그리고 자기는 이제 자기가 가야 할 데로 가야 할 것만 같았다."라고 서술되고 있다. 이 대목에서 작가는 진정한 사랑을 쟁취하기 위해서는 어떠한 장애나 조건도 뛰어넘을 수 있어야 하며 기존의 윤리나 도덕을 타파할 수 있어야 한다는 절대적 애정관을 제시한다. 곰이와 곱단이의 사랑은 잘라도 잘라도 또다시 재생하는 생명력을 지닌 불가사리처럼 어떠한 장애에도 굴하지 않고 끈질기게 또다시 살아나 영생에 이르는 것이다. 즉 곱단이와 곰이의 사랑은 '영생'을 상징하는 '불가사리'와 같은 사랑이다.

특히 이 작품은 곱단이를 중심으로 하여 소금장수 복코와 곰이의 대립감정, 그리고 곱단이 어머니와 아버지의 심리상황이 작중인물들의 행동으로써 재치있게 그려져 있다. 또 이 작품은 치밀한 구성력과 반전의 묘로써 잘 짜여져 재미를 극대화시키고 있다는 점에서 뛰어난 작품이라고 볼 수 있다.

단편 「잃어버린 사람들」(1955.11)[288] 역시 석이와 순이가 기존의 인습과 윤리와 도덕적 조건에 저항하면서, 사랑을 찾아 떠나가는 모습을 보여준 작품이다. 석이는 부모와 친구와 스승을 잃어버리면서까지 사랑 하나만을 위해 기존의 윤리와 모든 도덕적 조건에 저항하는 것이다. 이점에서 이 작품은 기존 윤리에 대한 저항을 통해 애정의 절대성을 강하게 드러내 보인 작품이다.

이 작품은 '고해평열여기실비(古海坪烈女紀實碑)'에 얽힌 전설을 모티프로 한 작품으로 신분의 계층을 초월한 사랑의 절대성이 나타나고 있다. 석이는 양반 가문의 자손으로 박참봉에게 학문을 배운다. 박참봉은 석이의 스승이다. 석이아버지는 석이에게만은 다시 어엿한 행세를 시키겠다는 일념으로 아들에게 줄찬 공부를 시킨다. 한편 순이네는 박참봉네 소작인이었다. 따라서 박참봉의 병구완을 위해 순이는 박참봉의 소실로 들어가게 된다. "박참봉 병구완을 위해서라면 하는 수 없었다."라는 지문에서 볼 수 있듯이 석이는 순이를 사랑하나 체념하고 만다. 왜냐하면 박참봉은 그의 스승이며 친구의 아버지이

---

288) 단편 「잃어버린 사람들」은 『現代文學』(1956.1)에 발표됨.

기도 하였기 때문에 기존의 인습과 윤리에 저항할 생각을 하지 못했던 것이다. 그럼에도 불구하고 석이는 순이에 대한 그리움으로 여위어간다. 그리고 순이가 자기에게 있어서 다시없이 소중한 사람이라는 걸 깨닫게 된다. 그리하여 순이가 근친왔을 때 석이는 순이를 이끌고 도망을 간다. 석이는 사랑 하나만을 위하여 친구와 스승과 부모까지도 버리게 되는 것이다. 신분계급과 인습과 도덕까지도 타파한 그들의 사랑은 그러나 석이의 한쪽 귀와 사랑하는 아들까지를 잃어버려야만 했다는 점에서 비극적이다. 결국 석이는 생계를 유지하기 위하여 배를 탔다가 해미로 인해 배가 좌초되면서 죽음에 이르게 된다. 그리고 석이의 죽음을 확인한 순이 역시 바다로 뛰어든다. 죽음으로 귀결된 그들의 비극적 사랑은 무궁과 영원을 표상하는 '바다'[289]를 통하여 영원히 재생하고 있음을 이 작품의 결미는 암시하고 있다. 결국 '바다'는 그들의 사랑이 꽃필 수 있고 영원할 수 있는 유일한 공간이었던 것이다.

이 작품은 사랑을 선택함으로써 빚어지는 비극의 양상을 보여준다. 그러나 이 작품을 통해서 작가는 오히려 모든 조건과 윤리를 뛰어넘는 사랑을 보여주면서 사랑의 절대성과 영원성을 강조하고 있다. 특히 오늘날 만연되고 있는 조건 위주의 애정의 양상을 순이와 석이의 지순한 사랑을 보여주면서 역설적으로 비판하는 데에 작가의식이 놓여있음을 고찰할 수 있다.

또한 작가는 단편 「불가사리」, 「잃어버린 사람들」에서 우리의 토속어를 자주 사용함으로써 한국적 분위기를 조성하는데 기여하고 있다. 이점에서도 작가 황순원이 한국적 이미지나 한국적인 얼[290]을 끊임없이 그의 작품속에서

---

[289] 신화 원형 비평에서 '바다'는 모든 생의 어머니; 영혼의 신비와 무한성; 죽음과 재생; 무궁과 영원; 무의식을 상징한다.
윌프레드 L.궤린 외, 『문학의 이해와 비평』, p.122.
[290] 천이두는, 황순원 문학이 토속세계에 집착하는 것은 그의 예술적 방법의 한 방편임을 시사한다. 천이두, 「토속적 상황설정과 한국소설」, 『사상계』 제188호(1968). 또한 천이두는 황순원이 선의의 미덕과 한국적 이미지를 추구하고 있는 작가라고 평가한다.
천이두, 「恨과 인정」, 『한국 현대 소설론』(서울 : 형설출판사, 1983), pp.123~129.

투영시키고자 시도하고 있음을 파악할 수 있다.

② 전쟁의 상처와 휴머니즘

전쟁의 상처와 휴머니즘을 보여준 작품으로는 단편 「山」(1956.6)과 「소리」(1957.2)를 들 수 있다.

단편 「山」(1956.6)[291]은 전쟁으로 인해 초래되는 인간성의 상실을 고발한 작품으로, 순진하고 우둔한 작중인물을 통하여 인간성에 대한 옹호와 생명존엄성을 고양시킨 작품이다. 특히 이 작품속에서 배경이 되고 있는 '산'은 전쟁의 폭력성에서 벗어나 있는 현실 초탈의 세계를 표상하고 있다.

문명이나 이데올로기에 파괴되지 않은 순수한 상태로서의 산의 모습은 다음과 같은 지문을 통해서 나타나고 있다.

> 전나무숲 사이에서 노루가 일어 거불거불 달아났다. 그때 풀섶에서 푸드득 꿩이 날아났다. 그러면 그렇지, 꿩종자가 없어질 리야 있나. 이제 덫에도 와 붙을 테지.
> 높고 낮은 등성이를 몇 넘어 귀룽나무가 서있는 고개에 올라섰다. 그 밑이 돌자갈물이 흐르는 졸졸잇골이요, 그곳을 지나 오리나무숲을 돌아서면 바로 도토릿골인 것이다.[292]

'노루가 일어 거불거불 달아났다.' '졸졸잇골' 등을 통하여 언어에 대한 조탁과 토속적 분위기 연출에 대한 작가의 세심한 배려를 엿볼 수 있다.

이런 산 속에서 살아가는 바우네는 문명의 세계에서 벗어나 순수하게 살아간다. 따라서 바우는 야성적인 건강함과 활력은 있으나 그만큼 우둔하고 무지할 수밖에 없다. 반면 바우아버지는 자연의 이치를 어느 정도 체득한 인물로서 세속적인 삶과 격리된 채 살아가는 인물이다. 그는 백정의 아들로서

---

291) 단편 「山」은 『現代文學』(1956.7)에 발표됨.
292) 황순원, 「山」, 『잃어버린 사람들』, p.197.

신분의 차이 때문에 사랑하는 여자와의 결혼이 성취되지 못함을 알고 여자를 업고 세속을 떠나 산 속으로 들어와 산다. 따라서 바우아버지 역시 애정의 절대성을 강조하고 있는 인물이다. 그는 신분계급의 차이가 극심한 현실에서 벗어나 세속을 초탈하려는 은자의 모습으로 표상된다. 산은 그에게 있어서 사랑을 성취시킬 수 있는 유일한 공간이 된다. 그는 갈등이 있는 세속에서 벗어나 자연으로 귀의하고자 한다. 결국 그는 어미산돼지에게 봉변을 당해 죽게 되지만 아내와 자식에게 끝내 산을 떠나라는 말을 하지 않는다. 다만 큰짐승이 덜한 곳으로 가 살라고 한다. 왜냐하면 산은 세속에서 흔히 발견할 수 있는 신분계급의 차이나 분열과 갈등과 배신이 있는 그런 장소와는 단절된 장소로서 자연과의 합일과 화합이 이룩되는 공간으로 그에게는 인식되었기 때문이다. 산은 건강한 생명력과 정신적인 평안과 무언의 진실이 내재해 있는 공간이다.

이런 산속에 빨치산 낙오병들이 나타난다. 그들 사이에서 벌어지는 대립과 갈등을 우둔하고 순박한 바우의 시선을 통하여 드러내 보임으로써 작가는 오히려 전쟁의 폭력성과 마멸되는 인간성을 역설적으로 부각시킨다.

이 작품속에는 세속적인 삶과 청산에서의 삶 사이의 단절이 내재해 있다. 바우는 거의 사람 구경을 하지 못하는 산속에 살면서도 불편함이나 외로움 또는 대화의 필요성도 느끼지 않는다. 즉 바우에게 있어서 산은 자연과 조화를 이루며 자유롭게 삶을 영위해 가는 공간이다.

그러나 빨치산 낙오병들에게 있어서 '산은 끝없는 두려움과 고립과 죽음의 장소로 인식된다. 빨치산 낙오병들은 바우를 앞세워 식량을 약탈해온 다음 짐을 지고 온 장정을 죽인다. 생명의 존엄성을 파괴하는 이러한 행위를 보면서 바우는 자꾸만 사지가 떨림을 느낀다. 이것은 바우가 근본적으로 가지고 있는 생명에 대한 경외감과 생명존엄의식에 기인하는 것일 터이다. 덧니박이사내(소대장)는 식욕이 충족되자 성욕을 충족시키기 위해 젊은 사람(여자 빨치산)을 데리고 나간다. 바우는 이 두 사람과의 관계에서 어떤 일이 벌어지는지 인식하지 못하고 무사히 총소리가 나지 않고 돌아온 것만 다행으로 생각한다. 이렇게 우둔하고 단순한 바우에게 있어서조차도 총은 무서움과 신비의 대상으로 다가온다.

한편 총잡이가 덧니박이사내를 죽이고 난 후 민가를 약탈하고 처녀를 잡아올 때 바우는 집에 돌아갈 궁리를 한다. 총잡이는 바우의 옷으로 바꿔입고 지게까지 진 후 처녀를 데리고 도망가려고 한다. 총잡이는 바우에게 옷을 바꿔 입자고 한다. 바우는 "옷을 바꿔입고 어깨에 총까지 멘 자기의 모습을 눈앞에" 그려보고 "어쩐지 그러한 자기 모습이 부끄러워 고개를 돌렸다." 이러한 바우의 고개짓이 총잡이에게는 옷을 바꿔입기가 싫다는 뜻으로 해석된다. 그리하여 총잡이는 바우의 지게작대기를 낚아채 가지고 바우의 어깨죽지를 향해 내리친다. 이 대목에서 순진성의 아이러니가 야기되고 있다. 순진하고 단순한 바보와 같은 바우의 심리상황과 냉혹하고 비정한 총잡이와의 심리상황이 단절되면서 사건은 절정에 달한다. 바우는 자기를 해치려는 총잡이에게 분노하면서 대항한다. 결국 총잡이는 죽고 만다. 한편 마을에서 강제로 끌고 온 처녀를 차지하기 위해 노랑수염이 베낭메기에게 제비뽑기를 하자고 내밀 때, 바우는 처녀의 손목을 잡고 굴 밖으로 나간다. 그리고 처녀의 어깨죽지를 내리쳐 기절시킨 후 처녀를 업고 집을 향해 달려가는 것이다. 바우의 우직한 진실성과 생명옹호의식이 총잡이나 노랑수염이 보여주는 속악성에 항거하는 동인이 되는 것이다. 즉 바우가 처녀를 업고 집을 향해 달아나는 행위는 생명존엄을 파괴하는 비인간적인 행위에 대한 항거이다. 이러한 바우의 행위는 달리 말하면 작가가 지닌 휴머니즘의 발로라 볼 수 있을 것이다.

이 작품속에서 작가는 6·25 전쟁으로 인해 폐허화한 삶의 모습과 인간성의 마멸을 순박한 바우의 시선을 통하여 대조적으로 보여주면서 휴머니즘과 생명존엄성을 강조한다. 다시 말해서 이 작품은 세속을 초월해 있는 '산'을 배경으로 하여 자연과 동화된 바우네의 삶과 함께 이데올로기의 갈등과 대립이 빚은 전쟁의 상처를 대조적으로 보여주고 있다. 따라서 이 작품은 전쟁의 폭력성과 이데올로기의 갈등에서 벗어나 작가자신이 험열한 현실세계로부터 초월하려는 내적 욕구가 표출된 작품이라 볼 수 있으며, 생명옹호사상과 휴머니즘이 반영되어 있는 작품이라 본다. 이것은 또한 전쟁에 대한 강한 비판과 항거에 작가의식이 놓여있음을 반증한다고 볼 수 있다.

단편 「소리」(1957.2)[293]는 전쟁으로 인한 정신적 육체적 상처와 갈등의 양상을 작중인물의 심리추이로써 묘파하고 있다. 동시에 생명옹호와 생명의 존엄성을 고양시킨 작품으로 전쟁의 참상과 인간성 말살을 비판한 작품이다.

겁이 많고 소심한 덕구는 그의 내면에 생명에 대한 존엄의식을 누구보다도 많이 가지고 있는 인물이다. 그는 전쟁터에서 시체의 목끼리 서로 연결하여 끌어당기는 노무자를 발견하고 총개머리로 후려갈긴다. 이것은 인간생명에 대한 존엄의식의 발로라 볼 수 있다. 비록 죽은 시체라 할지라도 그런식으로 인간의 존엄성이 말살되어서는 안된다고 그는 인식하는 것이다. 그러나 차차 이런 광경에도 무뎌지고 만다. 그 뒤 그는 탄환에 맞아 왼쪽 눈을 잃게 되면서 황폐해져 간다. 전쟁터에서의 공포감과 눈을 잃었다는데 대한 절망감은 자기자신을 자학하게 하면서 그를 노름판에 끼여들게 만든다. 전쟁의 폭력성은 그를 근면한 농군으로부터 건달로 전락시키는 것이다.

이렇게 좀처럼 가라앉을 줄 모르던 덕구의 심정은 장거리에서 어떤 사내의 이빨을 부러뜨린 것을 계기로 다시 본래의 모습으로 돌아갈 기미를 보인다. 왜냐하면 상대방의 이빨을 부러뜨린 것은, 전쟁터에서 이쪽의 생명을 살리기 위해서 총을 겨눈 것과는 다른 행위라고 인식했기 때문이다. 즉 사내의 이빨을 부러뜨린 것은 생명의 소중함을 파괴하는 행위라는 데에 생각이 미친다. 그러나 이러한 심리의 변화는 용칠이의 출현으로 번복되면서 또다시 무절제한 생활로 들어서게 된다. 그러던 중 아내의 임신을 생각하고 다시 집안일에 손을 대기 시작하지만 씨암탉이 없어진 사건을 계기로 하여 또다시 방탕한 생활을 한다. 왜냐하면 동네 사람들은 덕구가 씨암탉을 잡아먹었다고

---

293) 단편 「소리」는 『現代文學』(1957.5)에 발표됨.

주목하고 있기 때문이다. 이런 와중에 삼돌이 집에 불이 난다. 아내는 이 불이 남편의 소행이 아닌가 의심하면서 씨암탉 얘기를 하자 덕구는 분노한다. 그리고 본의 아니게 아내의 배를 차게 되고 덕구는 집을 나와 버린다.

그러다가 잃어버렸던 씨암탉이 산에서 알을 품고 있는 것을 발견한다. 덕구는 닭의 모가지를 비틀어 술안주를 하고 "값은 다 치르구두 남은 것"임을 강조하면서 병아리가 다 된 달걀을 삶아 달라고 점박이아주머니에게 내어놓는다. 그때 점박이아주머니는 덕구의 아내가 건강한 팔삭동이를 낳았음을 알리고 축하해준다. 그리고 점박이아주머니는 달걀 속에 들어있는 생명체를 보고 놀란다.

> "글쎄 아무리 닭새끼라두 원…… 누구네 집에 안는 닭이 없나, 이걸 품겨줄 만한……"
> 여자란 역시 할 수 없다 싶었다. 어디까지나 곰살스러운 것이다.
> 여기서 덕구는 다시금 히힝 하는 웃음을 웃으려 했다. 그런데 웬일인지 그게 제대로 돼 나오지가 않았다. 아무 신기할 것이 없다고 여겼던 점박이아주머니의 말이 불현듯 마음에 와 걸린 것이다.
> 다음순간, 덕구는 자기 가슴속에서도 무엇이 오무작거리고, 가슴을 쪼고, 울고 있음을 느꼈다. 그리고 이 한낱 속삭임같이 가냘픈 울음소리가 점점 커져 자기네 팔삭동이의 울음소리로 변해갔다. 그러자 그는 여태까지 느껴본 어떤 무서움보다도 색다른, 난생처음 맛보는 야릇한 두려움을, 이 값을 다 치렀다고 생각했던 눈앞의 조고만 달걀에게서 느껴야만 했다.294)

위 인용에서처럼 병아리에게서 느꼈던 생명의 소리가 팔삭동이의 생명의 소리로 확대 환청되면서 덕구는 생명에 대한 경외감 때문에 숙연해지는 것이다. 이러한 생명존엄의식은 덕구로 하여금 아버지로서의 사명감과 책임감을 고취시킨다.

---

294) 황순원, 「소리」, 『잃어버린 사람들』, p.265.

이 작품의 결미에는 전쟁으로 인해 뿌리 뽑힌 한 개인의 실존적 삶이 생명에 대한 경외감과 생명존엄의식으로 인하여 회복되면서 건강한 삶에로 지향해 나아가고 있음을 암시하고 있다. 즉 덕구가 달걀을 통하여 느끼는 소리는 바로 그의 내면에 내재해 있던 생명존엄의식과 인도주의로부터 분출되고 있는 생명의 소리에 다름아니다. 이 작품에서 작가는 생명의 소중함을 파괴하는 전쟁을 비판하면서 역설적으로 생명의 존엄성과 휴머니티를 제고시키고 있다.

③ 4·3사건과 생명지향성

단편 「비바리」(1956.9)295)는 4·3사건296)의 와중속에서 겪어야만 했던 비바리의 운명적 삶과 사랑을 환상적이며 상징적인 이미지와 묘사로써 형상화시킨 매우 독특하고 아름다운 작품이다.

이 작품은 험난한 우리 민족의 역사를 배면에 깔면서 사랑의 세계를 신비적이고 환상적으로 형상화시키는데 성공하고 있다. 즉 사랑의 세계와 생명존

---

295) 단편 「비바리」는 『文學藝術』(1956.10)에 발표됨.
296) 1948년 제주 4·3 사건은 단선단정의 추진을 반대하는 민중에게 미군정이 폭압적으로 대처하면서부터 발생한다고 볼 수 있다. 제주 4·3 사건에서 유격대가 내건 슬로건은 다음과 같다.
  1. 미군은 즉시 철수하라. 2. 망국 단독선거 절대 반대. 3. 투옥 중인 애국자를 무조건 즉각 석방하라. 4. 유엔 한국임시위원단은 즉각 돌아가라. 5. 이승만 매국도당을 타도하라. 6. 경찰대와 테러집단을 즉시 철수시켜라. 7. 한국통일 독립 만세. 그러나 이승만 정권과 미군정의 주도 면밀한 지휘하에 토벌작전은 유격대와 일반 주민이 거의 구별되지 않은 채 무차별적으로 전개되었다. 1948년 4월 3일 이후 1949년 4월까지 이루어진 대량살상은 8만 6천명에 달하는 것으로 집계되었다. 5·10 단독선거 이후 진행된 민중학살로 인해 유격대는 토벌군의 압도적인 우세, 지리적인 고립, 병력 보충과 보급품 조달의 중단 등 난관에 봉착함으로써 비극적 종말을 강요당할 수밖에 없었다. 1948년 4월 중순의 토벌작전 이후 잔존한 유격대는 100여명이 채 안되었다. 김달삼 이후 사실상 최종적으로 유격전을 지도했던 이덕구는 6월 7일 경찰의 공격으로 사살되었다.
  박세길, 『다시 쓰는 한국현대사·1』, pp.133~151. 참조.

엄의식 그리고 모성의식 등이 운명의식과 서로 중첩되면서 복합적으로 짜여져 있다.

1951년 1·4 후퇴시 준이는 어머니와 함께 제주읍에 와서 삼촌의 소식을 기다린다. 준이네는 물이 좋은 서귀포로 옮긴다. 준이네는 중늙은이 내외가 어린 손자 하나를 데리고 사는 집에 든다. 중늙은이의 아들은 4·3사건 때 의용군으로 뽑혀나갔다가 죽는다. 이들 역시 4·3사건의 피해자로 설정되고 있다.

준이는 이곳에서 비바리를 만나게 된다. 이 작품에서 비바리는 대담하면서도 적극적이며 신비한 성적 매력을 지닌 여인으로 형상화되고 있다. 이 작품 속에서 비바리는 "검은 속눈썹 속의 역시 검은 눈이 흐리지도 빛나지도 않는" 눈의 이미지로 특징지워진다. 특히 작가는 생명, 재생, 풍요를 표상하는 달과 여성과 바다의 이미지를 아름답게 엮어 짬으로써 그들의 성적 결합을 신비화시키는데 성공하고 있다.

한편 비바리는 '말(馬)'을 이용해 자신의 관능적 사랑과 성적 욕구를 대담하게 표현하고 있다. 비바리가 끌고 온 두 필의 말은 비바리에게는 준이와 비바리 자신과 동일시된다. 몸에 흰 점이 보이는 얼룩말은 암말로서 비바리 자신을 표상하며, 육지로 팔려가는 숫말은 준이를 표상한다. 비바리는 암말과 숫말이 성적 교합을 가지도록 유도한다. 육지로 떠나는 숫말로 하여금 암말에게 새끼를 가질 수 있도록 배려하는 비바리의 의도는 어쩌면 자신과 준이 사이에서 성적 결합을 갈망하고 있음을 무의식적으로 표출시킨 것이라 볼 수 있다. 암말과 숫말이 돌연히 성적 교합을 가질 때, 비바리는 준이를 끌고 내달린다. 죽음과 재생의 이미지를 표상하는 바다를 배경으로 하여 창조와 생명과 재생을 표상하는 초닷샛달이 뜬 달밤에 맺어지는 그들의 성적 결합은 열정적이고 맹렬한 말(馬)들의 성적 교합과 중첩되면서 신비화된다.

이 작품속에서 비바리는 기존의 도덕과 윤리 등을 뛰어넘어 자유롭게 준이와 성적 결합을 갖는다. 비바리에게 있어서 성(性)은 자연과의 합일 또는 화합을 의미하는 것으로 기존의 도덕의식에서 초월해 있다고 볼 수 있다. 마치 말(馬)들의 교합이 자연상태 그대로의 원초적인 본능이듯이 비바리에게 있어서도 성(性)은 원시적 생명력을 지닌 순수 그것으로 인식되고 있으며 기존의 도덕 사이에서 어떠한 갈등과 회의도 느끼지 않는다. 그들의 만남은 사랑의 시작을 표상하는 초닷샛달로부터 시작하여 조각달이 될 때까지 지속된다. 그들의 사랑은 생성과 소멸 그리고 재생을 반복함으로써 영원을 상징하는 '달'을 모티프로 하여 묘사되고 있다. 그들의 사랑은 달의 상승과 하강의 이미저리를 통하여 환상적이며 신비하게 형상화되고 있다.

특히 이 작품속에서 말(馬)297)이 상징하는 의미는 '충실'로 표상되고 있으며, 이것은 비바리가 준이에게 가지는 '사랑에의 충실'을 의미한다. 또한 비바리는 말(馬)이 표상하는 열정과 담대함과 그리고 인내와 견인을 동시에 지니고 있는 인물로 형상화된다. 비바리와의 성적 결합을 가진 후 준이는 병이 나서 자리에 눕고 만다. 준이가 회복되어가는 사이 숙부에게서부터 대구로 들어오라는 편지를 받게 된다. 준이는 마지막으로 비바리를 만나야 한다는 생각으로 비바리를 기다린다. 비바리는 "얼룩말의 등에다 한 손을 얹고 한 손으로는 말의 배를 쓰다듬으면서"298) 마을로 들어서고 있었다. "그네가 배를 쓰다듬어주고 있는 얼룩말은 언젠밤엔가 본 그 말이 틀림없었다."라고 준이는 생각한다. 이 작품에서 얼룩말은 암말로서 비바리 자신과 동일시되고 있으며 비바리는 그 말의 배를 쓰다듬는다. 비바리가 말의 배를 쓰다듬는 행위

---

297) 말(馬)은 주인에게 '충실'한 동물로서 '충실'을 표상한다. 또 요한 계시록에서 예수는 흰말을 '진실한 것'으로 나타냈다. 반면 '말'은 악몽, 악령, 죽음을 표상하기도 한다. 말은 본능적이며 맹목적이 되는 힘과 명상적이고 자기 성찰적인 사고를 함께 지닌다. 말은 오만하고 열정적이며 맹렬한 만큼 참을성 있고 조용하다.
아지자, 올리비에리, 스크트릭, 앞의 책, pp.89~94.
298) 조남현은 "「비바리」에서 여주인공이 말을 유달리 사랑하는 행위는 성적 욕구를 중심으로 한 인간의 순수한 욕구에 충실하려는 삶의 태도를 가늠한 것"이라고 언급한다.
조남현, 「황순원의 초기 단편소설」, 『한국 현대소설사 연구』(서울 : 민음사, 1984), p.386.

는 비바리 자신이 생명을 잉태한 것을 소중하게 생각하고 대견해하고 있음을 드러내는 행위라 볼 수 있다.

비바리의 "언제나처럼 흐리지도 빛나지도 않는 눈"을 보며 준이는 자기자신도 뜻하지 않았던 말을 하고 만다. "우리 육지로 나가 살자"라고. 이 대목에서 작가는 애정의 절대성과 순수성을 준이를 통하여 드러내 보이고 있다. 그러나 비바리는 "아무리 준이를 따라 가고 싶어도 자기는 육지로 나가지 못할 몸"이라고 말하면서 그녀의 비극적 운명을 이야기한다. 4·3사건 때 오빠가 빨치산에 끼여 산에 올라간 후 다시 병인이 되어 내려왔을 때 비바리는 오빠를 죽이게 된다. 비바리가 자기 오빠를 죽인 것은 세상사람들이 말하듯이 오빠가 그 모양이 됐기 때문에 다른 가족마저 못살게 될까봐 그랬던 것은 아니라고 말한다. 오히려 오빠에 대한 지극한 애정 때문에 오빠의 소원대로 오빠를 죽일 수밖에 없었던 것이다. 왜냐하면 "이 오빠를 다른 사람 아닌 자기 손으로 제주도 땅에 묻어야 한다."고 비바리는 생각했기 때문이다. 오빠에 대한 지극한 사랑으로 오빠를 죽일 수밖에 없었던 자신의 운명적 삶과 그 운명 때문에 제주도를 떠날 수 없다는 비바리의 결의는 매우 비극적이다. 이점에서 비바리 역시 그녀의 오빠와 함께 이념의 갈등이 빚은 4·3사건의 희생자임에 분명하다.

> 오빠가 산으로 올라간 뒤에도 온갖 위험을 무릅쓰고 사람들의 눈을 피해가면서 식량이니 옷이니 하는 것을 날라다 준것도 자기라고 했다. 그 오빠가 하룻밤 산에서 내려와 이제 자기는 일본으로 도망치는 도리밖에 없이 됐다고 했다. 그러나 그때 이미 오빠는 산에서 병을 얻어 겨우 운신이나 할 수 있는 몸이었다. 도저히 그 이상 더 고역을 견뎌낼 수가 없는 형편이었다. 자수를 권해 보았다. 오빠가 한참 말없이 이쪽을 바라보고 있더니 들고 있던 장총을 놓고 변소로 들어갔다. 그때 그네는 알아차렸다는 것이다. 이 오빠를 다른 사람 아닌 자기 손으로 제주도땅에 묻어야한다는 것을. 그리고 또 그것을 오빠편에서 바라고 있다는 것을. 아마 그때부터 자기는 무슨 일이 있어도 제주도를 떠나서는 안될 몸이 됐는지도

모른다고 했다. 마지막으로 비바리는 자기 이야기에 끝이라도 맺듯이 앞으로 육지로 나가는 말을 볼적마다 준이를 생각하겠노라고 하며, 좀전에 얼룩 암말의 배를 쓰다듬던 솜씨로 자기의 배를 몇번 쓰다듬고는 그 손으로 준이의 목을 와 안는 것이었다.299)

위 인용에서 볼 수 있듯이 육지로 나가는 말은 준이와 동일시되고 있으며, 얼룩 암말은 비바리와 동일시된다. 따라서 비바리는 육지로 나가는 말을 볼 적마다 준이를 생각하겠노라고 말한다. 즉 말의 이미지는 비바리와 준이의 사랑을 영원히 이어주는 매개체가 되고 있음을 시사하고 있다. 특히 비바리의 임신을 암시적으로 보여주는 이 작품의 결미는 바로 모성의 절대성과 생명의 절대성을 강조한 대목이라 할 수 있다. 자신의 비극적이며 운명적인 삶 때문에 사랑을 찾아 함께 제주도를 떠나가지는 못 하지만 사랑하는 사람의 생명(자식)을 키우며 영원한 사랑을 회복하려는 비바리의 비장한 각오는 비극적인 아름다움을 내포한다.

이 작품에서 작가는 4·3사건의 폐해와 상처를 보여주면서 애정의 절대성과 함께 생명의 존엄성과 모성의 절대성을 동시에 지향하고 있음을 살펴볼 수 있다.

특히 작가는 이 작품에서 사회와 개인, 역사의식과 예술의식을 적절히 조정하면서 시대인식과 역사의식을 동시에 작품속에 내면화시키는데 성공하고 있다. 즉 작가는 준이를 통하여 4·3사건에 대한 적극적인 현실 비판의식과 역사의식을 보여주지 않지만, 비바리의 운명적 삶을 통하여 역사적 사건이 한 개인에게 끼친 상처와 아픔을 이면적으로 보여주고 있다. 이점에서 "황순원은 역사의 주류에 참여하는 주체자의 자아 확대적 발전과 문제해결에 정열을 기울이기 보다, 이면적 삶의 개인적 상황에서 역사적 체험의 개인화 현상을 서사적 초점으로 다루어 내고 있다."300)고 말한 신동욱의 논평은 설득력

---

299) 황순원, 「비바리」, p.239.
300) 신동욱, 「황순원 소설에 있어서 한국적 삶의 인식 연구」, 『동양학』 제16집(단대

이 있다고 본다.

동시에 단편「비바리」는 성(性)의 문제가 기존의 도덕이나 윤리의 틀속에 구속되지 않고 우주의 근원적인 힘과 원초적 생명력으로서 시적으로까지 형상화된 작품이라는 점에서 주목할 만하다.

2) 아가페적 사랑과 영원주의, 중편『내일』

단편집『잃어버린 사람들』에서 본격적으로 드러나고 있던 작가의 절대적 애정관은 중편『내일』에서 또다시 아가페적 사랑으로 나타난다.

중편『내일』(1957.11)301)은 40대 중년남자와 20대의 젊은 여자가 펼치는 애정심리를 낭만적302)으로 그리고 있는 작품이다. 동시에 이 작품에는 권태와 무관심한 생활에서부터 벗어나려는 삶에 대한 열망과 거기에 수반되는 불안의식과 희망을 표상하는 내일에 대한 갈망이 작중인물들의 심리세계를 중심으로 묘사되고 있다.

이 작품은 어머니의 이미지와 그림자의 이미지를 중심으로 하면서 시작되고 있다. 동시에 희망과 기대와 밝음을 표상하는 내일에 대한 갈망을 밤과 어둠과 그림자의 이미지를 배면에 깔면서 상대적으로 부조시키고 있다. 이 작

동양학연구소, 1986), pp.225~226.
301) 『내일』은 연작으로 이루어진 작품으로 1957년 2월과 1958년 1월에 각각『현대문학』에 발표되었다. 그러나 이 작품은 <내일>이 1956년 12월에, <다시 내일>은 1957년 11월에 창작되었다. 이 연작은 원래『잃어버린 사람들』에 수록되었었는데 작가의 의도로 독립시켜『너와 나만의 時間』에 별편으로 넣게 되었다.
『너와 나만의 時間/내일』, 황순원전집 제4권(서울 : 문학과지성사, 1991).
「내일」은『現代文學』(1957.2)에 발표되었고,「다시 내일」은『現代文學』(1958.1)에 발표됨.
302) 중편『내일』은 낭만성이 짙은 작품으로, 이 작품속의 중년남자는 그 스스로를 로맨티스트라고 말한다. 특히 황순원이 "오늘의 소설은 리얼리즘이어야 한다고 한다. 그렇더라도 로맨티시즘을 옳게 거치지 않은 작가의 리얼리즘 작품을 나는 신용하지 않는다. 그림에서 데생을 옳게 거치지 않은 화가의 비구상을 신용하지 않듯이."라고 말하는 것에서 낭만성을 중시하는 작가의 문학관을 엿볼 수 있다.
황순원,「말과 삶과 自由・Ⅱ」,『현대문학』(1986.5), p.60.

품에서 '어머니'의 존재는 그림자를 보고 놀라는 작중화자의 무서움을 해소시켜주는 역할을 담당한다. 따라서 어머니의 존재는 화자에게 있어서 언제나 따뜻함과 평안과 위로와 보호로써 감싸주는 존재로서 표상된다. 특히 이 작품속에서 드러나는 아가페적 사랑의 양상속엔 '모성'추구가 깊게 결부되어 있음을 알 수 있다.

한편 중년남자가 어렸을 때부터 느끼는 무서움의 감정은 이 작품속에서 지속적으로 드러나고 있다. 이러한 심리상황은 그가 내성적이며 선병질적인 경향을 많이 지닌 인물로서 형상화되었음을 알 수 있다. 따라서 무서움을 해소시켜 주는 어머니의 존재에 그가 무의식적으로 의존하고 있으며 나아가 '여성'에게서 '여성' 이상의 '모성'까지를 무의식적으로 추구하고 있음을 살펴볼 수 있다. 특히 중년남자의 내면에는 육체에 대한 동경보다는 정신적 사랑에 대한 동경이 월등하게, 깊게 자리잡고 있음을 대학 이년 때 사귄 소녀와의 만남속에서도 나타나고 있다. "그러면서 문득 소녀의 입술을 갈망하고 있는 자신을 발견한다. 그러나 곧 이러한 욕망은 이 깨끗한 소녀에게 대한 모독이라고 자기자신을 꾸짖어버리는 것이다. 그리고는 소녀의 말대로 이 가로수 길이 열 배 스무 배가 아니라 그냥 무한히 뻗어가주었으면 하는 생각만을 한다. 그만큼 소녀를 사랑한 것이다. 그러나 마침내는 어떤 어처구니 없는 일로 이 소녀한테 실연을 당하고 말았다."303)에서 살펴볼 수 있듯이 그의 내면 깊숙이에는 육체적이며 관능적인 사랑보다는 정신지향적인 사랑에 대한 갈구가 깊게 내재해 있음을 발견할 수 있다.

소년과의 헤어짐과 소녀와의 실연 그리고 타성적인 생활의 반복, 교수직을 그만두고서까지 정열을 쏟아 번역한 낭만주의 작품 번역물들이 일반의 독서경향에 편승한 출판사로부터 거절당했을 때 오는 좌절감, 그리고 식생활 해결을 위한 일감 등으로 그는 권태와 무관심에 깊이 침잠하게 된다.

---

303) 황순원, 『내일』, 황순원전집 제4권(서울 : 문학과지성사, 1991), pp.209~210.

이렇게 권태와 무관심의 그날그날은 마치 아무것도 들어있지 않은 하나의 두껍디두꺼운 책과도 같은 것이었다. 넘기고 넘기어도 한결같이 흰 종잇장뿐인 책. 인간에 있어 차라리 불안이라든가 초조라든가 절망이라든가 공포라든가 하는 것이 이보다는 나은 것이다. 거기에는 아직 삶에 대한 몸부림이 따르는 법이니까. 데카당도 그렇다. 그속에는 아직 어딘가 낭만이 깃들어 있다. 그저 인생을 좀먹는 건 모든 사물에 대한 권태와 무관심 그것인 것이다.304)

위 인용에서와 같이 권태와 무관심속에 침잠해 있는 그의 내면세계는 "넘기고 넘기어도 한결같이 흰 종잇장뿐인 책"으로 비유되고 있다. 이 작품속에서 흰빛은 권태와 불모와 무기력을 표상305)하고 있다. 또 죽음을 표상하기도 한다. 따라서 중년남자는 "이 흰빛깔에다 물을 들이기 위해서 술을 마시는 거"라고 말한다.

끝없는 권태와 무관심과 무위속에 빠져 있던 중년남자와 젊은 여자와의 만남은 '술'을 매개로 하여 이루어진다. 중년남자에게 있어서 '술'은 무관심과 권태속에서도 생을 느끼게 해주는 유일한 물건으로 생의 불을 피우는 불씨와 같은 역할을 담당한다. 이렇게 '술'을 사랑하는 중년남자는 작가 황순원의 분신이라 볼 수 있다. 즉 황순원 문학속에서 '술'의 역할은 대단히 중요한 구실을 한다. 술의 역할에 대해 작가 황순원은 '술'을 모티프로 한 단편 「그래도 우리끼리는」(1963.5)에서 다음과 같이 말하고 있다. "본디 주변머리 없고 소심쟁이여서 남 앞에 나서기를 꺼려하고 항상 무엇엔가 쫓기고 있는 듯한 심정에 사로잡혀 있는 위인으로 술만이 이런 불안과 공포에서 구출해주는 것이다."306) 즉 술은 불안과 공포에서 벗어나게 해주는 역할을 하며 우울과 번

---

304) 위의 책, pp.213~214.
305) 흰색은 육신적인 순결을 상징한다. 또한 여성의 육신의 관능적 흰빛 또는 유방의 풍요로운 영양을 공급하는 흰빛으로 상징된다. 그러나 말라르메의 흰빛은 불모와 무기력의 증거이다.
아지자, 올리비에리, 스크트릭, 『문학의 상징, 주제사전』, 장영수역, p.107.
필자는 『내일』에서의 흰빛은 불모와 무기력, 권태를 표상한다고 보았다.

뇌의 심리적 긴장상태를 이완시켜주는 작용을 하기도 한다. 젊은 여자 역시 삶의 권태와 무관심에 젖어있는 인물로서, 중년남자와 동일계열에 서 있다. 그녀는 약혼자와의 사이에서 어떤 새로운 감정도 느끼지 못하고 결국 파혼을 하고 만다.

권태와 무관심속에 침잠해 있던 중년남자와 젊은 여자는 상대방과의 만남이 계속되면서 불안과 초조가 있는 삶으로 돌아가고 있음을 느낀다. 특히 중년남자는 젊은 여자와의 사이에 가로 놓여있는 나이의 차에 대한 인식으로 심정적 갈등을 겪고 있다. 21세라는 나이 차를 인식하고 있는 중년남자는 자기자신을 '대합실'로 규정한다. "아무때구 떠나구 싶을 때 떠날 수 있는" 대합실로서 그 자신을 규정하고 있는 그의 내면에는 젊은 여자가 그의 곁을 떠날까봐 두려워하는 내면적 불안과 초조감이 짙게 깔려있다. 그녀와의 만남과 더불어 오는 어떤 불안과 초조감은 그러나 그에게 생활을 가져다 준 귀중한 감정이기도 하다.

중년남자가 젊은 여자에게 느끼는 사랑은 그녀의 "맑고도 안으로 그늘을 담은 큰 눈"의 이미지로써 강조된다. 그녀에 대한 사랑이 커갈수록 중년남자는 "기차가 연착이 돼 줬으면 좋겠다."라고 말한다. 그러자 젊은 여자는 "기차가 와두 타지 않음 되잖아요?"라고 자기자신의 사랑을 적극적인 의지로써 표현한다. 중년남자는 자기자신을 약자로, 젊은 여자를 강자로 말하면서 "차라리 그녀가 색맹이 되어 자기가 탈 기차가 와도 못 알아봤으면" 좋겠다고 말한다. 이러한 남자의 내면속에는 그녀에 대한 갈망과 함께 끊임없이 그녀가 떠날지도 모른다는 불안감이 공존해 있다.

그런 어느 날 중년남자는 그녀의 '눈'이 아닌 '입술'에다 입술을 가져다 댄다. 다음 순간 젊은 여자는 달음질로 변하여 사라져 버린다. "돌아섰다. 여위고 어렴풋한 그림자가 발밑에 밝혔다. 이 그림자와 함께 내일의 불안을 향해

---

306) 황순원, 「그래도 우리끼리는」, 『너와 나만의 時間』, 황순원전집 제4권(서울 : 문학과지성사, 1991), p.157.

걸음을 옮기기 시작했다. 이 불안이 계속하는 한 생활은 지속되는 것이다."307) 어둠과 밝음이 교차할 때 생기는 그림자는 어렸을 때부터 그에게는 공포로 인식되었지만, 성인이 된 그에게는 이제 내일의 불안으로 인식되는 것이다. 그리고 "이 불안이 계속되는 한 생활은 지속되는 것이다."라는 지문에서 살펴볼 수 있듯이 이제 중년남자는 무위와 권태의 삶에서 벗어나 비로소 참다운 삶에로 접어들게 된다. 그에게 다시 돌아온 삶 속에는 역시 젊은 여자의 사랑의 힘이 작용한 것이라 볼 수 있다.

이 작품속에서 지속적으로 드러나고 있는 '그림자'의 이미지는 불안과 공포를 표상하면서, 또 자기자신의 실체 또는 자기분신을 상징한다. 동시에 '그림자'의 이미지는 '내일'의 불안과 접맥되면서 확대되고 있다. 자기자신의 분신이라 할 수 있는 '그림자'와 더불어 내일의 불안을 향해 발걸음을 옮기는 중년남자의 모습속에는 참다운 삶을 찾아 나아가려는 인간 실존의 모습이 반영되어 있다.

중년남자와 젊은 여자 사이에서 드러나는 사랑의 성격은 <다시 내일>에서 좀 더 구체적이며 명확하게 나타나고 있다. 작가는 중년남자와 젊은 여자 사이에서 빚어지는 영혼의 교감을 유리창에 투영된 그림자와 눈의 영상을 통하여 보여준다.

> 이때 젊은 여자가 나타난 것이다. 그러자 혼자 놀랐다. 유리창에 얼룩지는 그림자 한끝이 언뜻 눈에 스치자마자 그것이 그네라는 걸 알아본 것이었다. 이렇듯 젊은 여자의 사소한 몸짓 그림자 하나로써도 그것이 그네라는 걸 알아볼 수 있을 만큼 된 자신에 스스로 놀란 것이었다.
> 그러나 이 놀라움을 혼잣속으로 음미하면서 그냥 눈은 유리창으로 준 채 있었다.
> 앞자리에 와 앉은 젊은 여자도 눈을 유리창 속으로 가져왔다. 눈과 눈이 마주쳤다. 서로 말없이 눈을 바라보았다. 지금 젊은 여자의 눈은 그림자 속에서도 여느때의 그 안으로 그늘이 담긴 눈이 아니요, 어디까지나

---

307) 황순원, 『내일』, p.229.

안으로 더욱더 빛을 담은 그런 눈이었다. 이런 그네의 시선을 이쪽이 감당하지를 못해 자꾸 밀려날 것만 같았다. 그것을 간신히 지탱하면서 이쪽도 눈으로 이런 말을 중얼거렸다. 지난밤의 내 행위는 결코 술탓이 아니오, 그것만은 알아주오.308)

위 인용에서 살펴볼 수 있듯이 황순원은 작중인물들의 심리상황이나 심리적 추이를 보여주기 위하여 직접적인 대화나 설명을 통하여 하지 않고 투영되는 물체(강물, 거울, 유리창, 비)를 통하여 심리의 파상을 재투영시키는 데 능숙하다. 즉 이로 인해 독특한 아름다움과 낭만적 리얼리티를 유발시키고 있음을 표현상의 한 특질로 들 수 있다.

이 작품속에서 중년남자가 젊은 여자를 통하여 감지하는 여성 그것은 사랑의 순수성, 신비성, 영원성을 대표하고 있다. 젊은 여자의 사랑에 대해 "그것이 손에 잡히지 않는 것이면 것일수록 더욱더 가슴속으로 스며드는 향기"와도 같은 것으로 인식하고 있는 중년남자의 내면에는 확실히 육체적 욕구보다는 정신 지향적 사랑에 대한 갈구가 더욱더 깊이 내재해 있음을 알 수 있다. 그렇다고 하여 그가 육체에 대한 동경이나 여성에 대한 갈망을 완전히 버렸다고는 말할 수 없다. 중년남자는 "그네의 꽃이파리와 같은 촉감"을 음미하고 더 구체적인 여성의 표시를 갈망하기도 한다. 그러나 "그 안으로 그늘을 담은 맑고 큰 눈으로 대해주는 그네에게 이쪽의 남성을 발로시킬 수는 없었다."라고 고백하고 있듯이 그는 정신적 사랑을 지향하고 있으며, 사랑의 순수성을 추구하고 있음을 살펴볼 수 있다.

특히 중년남자가 젊은 여자의 '눈'을 통해서 느끼는 정신지향적 사랑의 추구는 무엇을 의미하는 것일까. 젊은 여자의 '눈'은 사랑의 순수성과 아가페적 사랑을 표상한다. 또한 무의식적으로 중년남자는 그 '눈'을 통하여 '모성'까지를 추구하고 있다고 필자는 본다. 따라서 이 작품속에 나타나는 '눈'의 이미지는 '사랑'과 '모성'을 동시에 표상한다고 본다. 중년남자가 갈망하는 육

---
308) 위의 책, p.235.

체에 대한 동경은 "그네의 꽃이파리와 같은 촉감"과 "까만 점" 등의 이미지로 표출되기도 하지만, 성(性)을 거부하는 젊은 여자의 정신적 사랑 앞에서 중년남자 역시 서서히 육체적 갈망과 정신적 사랑 사이의 갈등에서 벗어나 오히려 성(性)이 제거된 아가페적 사랑을 통쾌하게 여기게까지 된다.

특히 젊은 여자는 성의 접촉을 거부하며 정신적 사랑을 강조하는 여성으로 등장한다. 따라서 성(性)행위의 산물인 어린애를 좋아하지 않는다. 그녀는 "아마 저 혼자만이 타구난 생리같애요. 이 세상 마지막 여자루 태어난."이라고 말한다. 이에 대해 중년남자는 "아니지 그건 마지막 여자여서가 아니구 안직 여자 이전의 여자이기 때문이란 게 옳아. 여태 자기의 남성을 만나지 못한 여자라는 게. 인제 그 남성만 만나게 되면 자연 애두 낳구 싶어질 테지."라고 말하며 "무엇에 화가 난 사람처럼" 벌떡 일어나 등성이를 내리기 시작한다. 이러한 중년남자의 심리상황은 결국 나이 차를 극복하지 못하고 갈등하고 있다는 증거이며 일종의 자격지심이라고 볼 수 있다. 이러한 남자에 대해 젊은 여자는 "제가 탈 기차가 어느것이라는 것두 똑똑히 보여요. 아니 전 지금 분명히 제가 타야 할 기차를 타구 있는 거예요. 대합실에 앉았는 게 아녜요."라고 말하면서 중년남자에 대한 자신의 사랑을 확인시켜 준다. 이 사랑의 확인을 들으며 중년남자는 그녀에 대한 육체적 욕망이 사라지면서 그녀가 지향하는 정신적 사랑으로 자신의 감정이 동화되어 가고 있음을 느낀다.

> 그러는 동안에 차차로 그네의 그 안으로 그늘이 담긴 맑고 큰 눈이 이쪽 눈꺼풀 속에 들어왔다. 그리고 이 눈과 마주 대하고 있는 동안, 아까 저쪽 등성이에서 두 사람 사이에 자리잡았던 감정과는 색다른 감정이 흘러들어옴을 느꼈다. 팔을 내밀면 잡을 수도 있는 그네를 굳이 잡지 못해 한 안타까움같은 것은 이미 거기에는 없었다.309)

위 인용은 젊은 여자가 추구하는 정신지향적 사랑에 의해 중년남자가 동

---

309) 위의 책, pp.241~242.

화되고 있음을 단적으로 증명해 주고 있는 대목이다. 특히 이 작품속에서 육체에 대한 갈망을 소멸시키는 '눈'의 이미지는 사랑의 순수성을 지향하는 것으로 표상된다. 그러나 중년남자의 이러한 심리상황은 또다시 번복되기도 한다. 즉 이 작품속에서 중년남자는 육체에 대한 갈망과 육체에 대한 거부 사이에서 끊임없이 갈등하는 인물이다.

이렇게 육체에 대한 갈망과 거부 사이에서 갈등을 지속하고 있는 중년남자와는 달리 젊은 여자가 추구하는 아가페적 사랑은 점점 강조되고 있다. 특히 그녀는 성(性)행위 자체를 불성실한 행위로 간주하고 있다. 이러한 그녀의 심리상황은 육체에 대한 거부와 결벽증에 기인되고 있다. 따라서 그녀는 정신적 사랑과 사랑의 신비성을 추구하는 수밖에 없다. 젊은 여자는 "선생님이 좋아지면 좋아질수록 그런 남녀의 행위는 싫어요. 그런 행위가 있은 담엔 어쩐지 선생님이 지금처럼 좋아질 것 같지가 않아요."라고 하면서 교외에다 그들의 '집'을 설계하는 꿈을 제시한다. 그리고 "어쩌다 선생님이 편찮아 자리에 누우시면 제가 옆에서 간호를"하겠다고 말한다. 이렇게 '우리의 집'에서 간호를 해주는 자신의 모습을 상상하는 젊은 여자의 무의식속에는 사랑하는 남성에게 어머니와 같은 사랑으로서 다가가길 희망하고 있음을 살펴볼 수 있다. 이상과 같이 성(性)이 배제되어 있는 그들의 정신지향적인 사랑의 양상은 대합실이 아닌 '우리 집'에 대한 설계로 이어지면서 구체적으로 드러나고 있다.

젊은 여자의 숨결을 생각하며 중년남자는 글을 쓴다. 이 글속에는 이상세계와 현실세계의 괴리 사이에서 중년남자가 느낄 수밖에 없는 갈등의 양상과 사랑에 대한 갈망, 젊은 여자가 떠나가 버릴지도 모른다는 불안감, 초조감, 사랑의 비밀스러움이 매우 잘 드러나고 있다. 특히 이 글속에는 중년남자와 젊은 여자의 정신적 사랑속에 '모성'의 문제가 교묘하게 결부되어 있음을 살펴볼 수 있다.

'우리 집'에는 닭과 비둘기가 있다. 중년남자가 그리는 '집'은 "초보적 나르시즘의 은신처"310)로서 이상속에서의 집을 표상한다. 또 어쩌면 '집'은 "어머니와 함께 있던 근원적 융화의 보금자리"311)를 표상하고 있는지도 모른다. 교외에 있는 '우리의 집'에는 사랑을 나누는 비둘기 한 쌍이 있다. 비둘기는 중년남자와 젊은 여인의 대리 표상으로서 사랑과 평화를 상징한다. "비둘기가 서로 목을 꼬아 비비며 상대편의 날개죽지 속에 고개를 묻고 잠들 듯이 우리도 그렇게 잠이 들곤 하오. 그러나 그것뿐이오."에서 볼 수 있듯이 그들은 육체적 관능적 사랑에 집착하지 않고 정신지향적 사랑을 추구한다. 따라서 이 작품속에서 나타나는 '우리의 집'은 중년남자에게 있어서 무의식적으로 어머니와 함께 있던 보금자리로 인식되고 있는지도 모른다. 특히 중년남자가 젊은 여자에게 가지는 정신적 사랑속에는 '모성'에 대한 추구가 무의식적으로 접맥되고 있음을 발견할 수 있다.

꼭 한 잔만 먹고 말겠다고. 그러면 거기는 그 입꼬리 바로 끝에 보조개가 패이는 미소를 지으며 나더러 <어른 애기>라고 하오. 정말 나는 어린애가 됐는지도 모르오. 우리 두 사람의 나이를 합쳐가지고 둘로 쪼갠 서른두살 반의 나이보다도 엄청나게 어리디 어린 사람이 돼버렸는지도 모르오. 마침내 거기는 어린애나 달래듯이, 그 미소 머금은 얼굴을 내 얼굴로 가까이 가져오오. 실상은 내가 진작부터 바란 것은 술이 아니라 이것이었는지도 모를 일이오. 그 안으로 그늘을 담은 맑고 큰 눈이 내 눈앞에 다가와 있소. 그 동자에 내가 들어가 있소. 나는 약간 부끄러워지오. 얼른 그 두 눈에다 차례로 내 입술을 가져다 대오. 눈을 감으라는 신호요. 그리고는 다른 부분을 뛰어넘어, 내가 발견한 턱밑의 그 까만 점에다 내 입술을 찍고 마오. 이걸로 나는 나 혼자만이 지닐 수 있는 또 하나의 비밀한 즐거움을 내 가슴속에 찍은 셈이 되오.312)

---

310) 아지자, 올리비에리, 스크트릭, 앞의 책, p.112.
311) 위의 책, p.112.
　　집은 우리의 삶에 대해서 가지는 따뜻한 모성(母性)의 가치와 보호 내지 비호기능을 가진다. 이재선, 『한국 문학 주제론』, p.322.
312) 황순원, 『내일』, p.259.

위 인용에서 볼 수 있듯이 중년남자는 젊은 여자가 그를 '어른 애기'라 불러주기를 은연중 희망하고 있다. 이러한 심리적 상황은 젊은 여자가 그에게 '모성'으로 다가와주기를 무의식속에서 갈망하고 있음을 단적으로 증명해 주고 있다. 즉 그에게 있어서 젊은 여자는 어머니의 대리표상이다. 따라서 그 자신은 '어린애'와 동일시된다. 중년남자가 무의식속에서 여성에게서 여성이상의 모성을 추구하는 상황은 성적인 결합을 통해서가 아니라 턱 밑의 '까만 점'에 입술을 찍고 '비밀한 즐거움'을 갖는 그의 모습을 통해서 알 수 있다. 이렇게 중년남자가 "사과 씨 모양의 귀여운 비공" "복숭아빛을 한 콧날개" "까만 점" 등을 통하여 사랑의 비밀스러움을 느끼는 모습은 장편『나무들 비탈에 서다』에서의 동호가 장숙의 영상을 복숭아 자체에서보다도 그 '털'에서 찾던 내면심리와 동류의 것이다. 이러한 심리상황은 바로 성적인 결합이 없는 '모성'추구가 무의식속에서 잠재해 있음을 반증한다. 다시 말해서 젊은 여자에게 입술을 가져다 대고 "여성을 요구하는 자세와 그런 눈"을 하던 중년남자가 작품의 후반부로 넘어오면서 성적 결합이 없는 아가페적 사랑을 지향하는 이유의 저변에는 정신적 사랑을 지향하는 젊은 여자의 영향뿐 아니라 '모성' 추구가 그의 무의식속에 깊이 자리잡고 있었다는 점을 들 수 있다.

> 또 술을 마시오. 그리고 나는 고독하지 않기 위해 교외 <우리의 집>으로 가기로 하오. <우리의 집>에서는 거기와 나 단 둘뿐이오. 그러면서도 조금도 적적하지가 않소. 우리에게는 애도 없소. 낳지를 않는 것이오. 저녁이면 비둘기가 서로 목을 꼬아 비비며 상대편의 날개죽지 속에 고개를 묻고 잠들 듯이 우리도 그렇게 잠이 들곤 하오. 그러나 그것뿐이오. 우리는 애 낳을 행위를 하지 않는 것이오. 그대가 그것을 원치 않기 때문이오. 나는 때때로 괴로워하는 수밖에 없소. 그러나 번번이 그대에게 제지를 당하고 마는 것이오. 그러는 동안 나는 차차 나의 남성을 잊어버리고 마오. 이렇게 되어 그대와 나는 이세상 남녀 이전의 남녀, 혹은 이세상 남녀의 마지막 남녀가 되는 것이오. 그것이 조금도 서글프지가 않고 오히려 통쾌하오.313)

위 인용에서 드러나듯이 젊은 여자의 아가페적 사랑에 동화되면서 중년남자 역시도 "그대와 나는 이 세상 남녀 이전의 남녀, 혹은 이 세상 남녀의 마지막 남녀가 되는 것이오."라고 말하며 육체적 관계가 배제된 정신적 사랑에 만족하게 된다. 그러면서도 "그것이 조금도 서글프지가 않고 오히려 통쾌하오."라고 말한다. 이러한 심리상황은 근본적으로 젊은 여자가 성의 접촉을 거부하는 정신적인 성향이 많은 여성이기 때문이라고도 볼 수 있다. 그러나 또 한편 중년남자 자신이 무의식속에서 여성에게 '모성'을 추구하고 있기 때문이라고도 볼 수 있다. 왜냐하면 모성까지의 추구는 바로 영원성을 상징하기 때문이다. 그리하여 중년남자는 환상속에서 자기가 '어른애기'가 되고 한편 젊은 여자가 "어린애나 달래듯이" 모성적으로 다가오기를 희망하는 것이다. 동시에 중년남자 자체가 이미 앞 부분에서 지적했듯이 이성과의 관계에서 육체적 갈망이나 욕구보다는 오히려 정신적 사랑을 지향하는 성향을 많이 가지고 있다고 볼 수 있다. 다시 말해서 중년남자가 정신지향적 사랑을 추구하는 이면에는 무의식적으로 '모성' 추구가 접맥되었다고 필자는 보는 것이다.

 그렇다면 중년남자가 여성에게서 '여성'만이 아닌 '모성'을 추구하는 이유는 무엇일까? 이것은 바로 어머니의 등에 업혀서도 그림자에 놀라곤 하던 선병질적인 남자가 어떤 경우에라도 거부되지 않는 사랑 즉 어머니와 같이 무한히 포용해 주는 그런 사랑을 추구하기 때문이라고 볼 수 있다. 대학 이년 때 잇새에 낀 고춧가루가 더럽게 느껴져 헤어지자고 해 온 소녀와의 경험에서부터 중년남자는 여성에게 '여성'으로서 보다는 언제나 감싸주고 품어주고 거절하지 않는 무조건적인 '모성'까지를 기대하게 된 것인지 모른다. 중년남자에게 있어 여자의 존재는 항상 두려운 존재였으며, 제멋대로 달아나 버리는 강자이다. 따라서 사랑을 잃을지도 모른다는 두려움과 사랑이 거부되지 않을까 하는 노파심이 '여성' 그 자체보다는 보살핌과 관용과 '따뜻하고 아늑한 피난처'의 구실을 해주는 '모성'까지를 추구하게함으로써 영원한 사랑을

---

313) 위의 책, p.260.

획득하고 싶어하는 것은 아닐까. 따라서 중년남자는 젊은 여자가 색맹이 되어주길 원하고, '어른애기'라 불러주길 원한다. 그리고 밝은 '우리의 집'이 가스등 하나 없는 껌정이의 대합실로 바뀔지도 모른다고 염려한다.

한편 중년남자가 쓴 글속에서 나타나는 현실속의 집(사직동 집)과 이상속의 집(교외에 있는 우리의 집)은 서로 대치되면서 현실과 이상의 괴리 사이에서 빚어지는 갈등의 양상을 부각시키고 있다. 현실속의 집 즉 사직동 집은 우울과 고독과 어둠만이 있는 공간으로 표상되고 있다. 유리창으로 내다보이는 검은 지붕, 조각난 회색 하늘, 몸을 숨기고 있는 할멈 등이 표상하는 상징적 의미는 죽음과 같은 어둠의 현실을 지칭한다. 이러한 어둠의 현실을 탈피하기 위해 중년남자는 '술'을 마신다. '술'은 고독을 일시적이나마 해소시켜 주고 망각시켜 주는 역할을 담당한다. 그리고 고독하지 않기 위해 교외에 있는 '우리의 집'으로 간다. 밝고 조촐한 '우리의 집'에는 아이는 없지만 한가로움과 평화와 정신적 사랑이 충만한 공간이다. 정신적 사랑이 충일한 '우리의 집'에서 중년남자는 결코 적적하지도 고독하지도 않다. 이렇게 중년남자가 상상속에서 '우리의 집'을 그리워하는 이유는 젊은 여자와의 사랑의 합일이 현실속에서도 성취되기를 갈망하고 있다는 한 증거라고 볼 수 있다.

그럼에도 불구하고 중년남자가 느끼는 어두운 현실인식은 '우리의 집'을 낭만과 상상속에서 그릴 수 있도록 한없이 맡겨 두지 않는다. 중년남자는 "그 밝고 조촐한 '우리의 집'이 가스등 하나 없는 캄캄한 껌정이의 대합실로 바뀔는지도" 모른다고 불안해하는 것이다. 그러나 그럴수록 젊은 여자에 대한 영상은 더욱더 "똑똑히 내 몸속에 새겨지리라"는 것을 확신한다. 이러한 확신은 중년남자가 인식하는 사랑의 절대성에 다름아니다. 다시 말하면 장편『人間接木』에서 나타나듯 "애정이란 그것이 한번 있었다는 그 사실만으로 영원한 것"이라는 인식의 표출에 다름아니다. 이러한 인식은 중년남자가 추구하고 있는 사랑의 영원성을 반영한다고 볼 수 있다. 이렇게 현실속에서 젊은 여자와의 사랑이 지속될 수 있을지에 대해 불안감을 느끼는 중년남자는 이렇게 말한다. "분명히 따져서 엿새동안 내게 초조와 불안이 계속되는 한, 내게도 생활이 지속되는 것이다."라고. 다시 말해서 삶에 대한 권태와 무관심에 젖어 있던 중년남자는 젊은 여자를 사랑하게 되면서부터 초조와 불안이 있는 삶을 되찾게 되는 것이다. 즉 그는 한 여성의 사랑을 통해서 다시 진정한 삶에로 복귀할 수 있었던 것이다.

이렇게 남성이 사랑하는 여성에게서 '모성'을 추구하는 현상은 『나무들 비탈에 서다』등에서 지속적으로 나타나고 있다. 그렇다면 작가가 이 작품에서 육체적 접촉이 배제된 아가페적 사랑을 강조하는 이유는 무엇일까? 그것은 작가자신이 육체에 대한 갈망보다는 정신적인 사랑에 대한 갈망이 많은 남성이기 때문일 수도 있고, 다른 한편으로는 젊은 여자와의 사이에서 '나이의 차'를 뛰어넘을 수 없는 중년남자의 심리상황이 굴절되어져 정신적 사랑만을 강조한 작품으로 형상화된 것인지 모른다.

어쨌든 중편『내일』은 육체적 결합이 없는 아가페적 사랑을 강조함으로써 사랑의 영원성을 추구하는 작가의 애정의식이 투영된 작품이라고 볼 수 있다.

한편 이 작품속에는 작가의 문학관이 투영되어 있다.

　흔히 젊은 사람들과 술좌석을 같이했을 때는 으레 그들한테 이쪽이 대끼게 마련이었다. 왜 선생은 그 달콤한 외국 낭만주의 문학만 주무르고 있느냐, 어째서 그렇게 현대의식이 결핍돼 있느냐, 왜 시선을 현실로 못 돌리느냐, 그리고 왜 불안하고 부조리한 현실과 과감히 대결하려 들지 않느냐는 것이다. 그러면 그저, 당신네들이 부럽소, 할 뿐이다. 참말로 그들이 부러운 것이다. 무엇에 불안을 느끼고 부조리를 느낀다는 그들의 정열이 부럽기 짝이없는 것이다. 청년들은 다시, 왜 선생은 이 허무하고 비극적인 현실에서 도피하려 드느냐, 왜 이 암담하고 절망적인 현실에 저항하려 하지 않느냐, 왜 그러한 현대문학을 소개하지 않느냐는 것이다. 그러면 그저 내가 전공한 것은 낭만주의 문학이니 할 수 없다는 말을 한다. 청년들은 한층 기세를 돋구어, 선생은 이제 낙오자가 되는 수밖에 없다,

시대에 뒤떨어진 낙후자라는 낙인을 면치 못하리라는 것이다. 그리고는 다시금 현대의 불안이 어떠니 절망의식이 어떠니 실존주의가 어떠니 하고 떠들어대는 것인데, 그때쯤 되면 이쪽도 술기운으로 해서 어느 정도 생기가 도는 판이라 몇마디 지껄이고 싶어지는 것이다. 알겠다, 그대들의 취미만은 알겠다, 그러나 자기의 취미를 가지고 남을 강요하지는 말아라, 그대들이 말하는 불안이니 절망이니 하는 어구들이 불행하게도 내게는 아무런 실감으로 오지 않는다, 그것은 그대들이 말하는 어구들이 아직 그대들 자신에 의해 육체화가 돼 있지 않기 때문이다, 따라서 그대들의 이러한 어구들이 내게 있어서는 어렸을 때 어머니 등에서 그림자를 보고 놀랐던 공포나 불안만큼도 실감을 못 갖는 것이다, 그러나 나는 조금도 그대들의 취미를 나무라고 싶지는 않다, (중략) 그저 그대들의 그 취미를 남에게 강요하지만은 말아다오, (중략) 물론 사람이란 제각기의 취미를 갖는 게 좋다, 그저 자기의 취미를 갖고 남을 강요하지는 말아다오.314)

"그저 자기의 취미를 갖고 남을 강요하지는 말아다오."라는 독백에서 살펴볼 수 있듯이, 작가는 철저히 개성과 자유를 추구하고 있다. 즉 특정한 문예사조적 주의나 형식으로써 문학을 구속시키는 행위를 그는 거부한다. 이러한 작가의 문학관은 다음과 같은 말속에서도 단적으로 드러나고 있다. "진정한 작가나 시인이 자기는 문예사조의 어느 주의를 신봉한다든가 무슨 주의자라고 자처하는 걸 나는 믿지 않는다. 그것은 예술가가 정말로 자신을 어떤 틀속에 옹색하게 가둘 리가 없다는 걸 믿기 때문이다. 나도 한때 나 자신을 로맨티시스트라 부른 적이 있지만."315) 다시 말해서 황순원은 작가의 개성과 체질대로 형상화시키는 작업이 바로 문학 행위임을 강조하면서 끊임없이 자유를 지향하는 것이다.

이렇게 볼 때 중편 『내일』은 작중인물들의 실존적 내면세계와 정신지향적 사랑의 양상을 복합적인 이미지로써 낭만적으로 형상화시키는 데 성공하고 있음을 알 수 있다.

---

314) 위의 책, pp.214~216.
315) 황순원, 「말과 삶과 自由·I」, 황순원전집 제11권, p.175.

3) 생명존중사상과 실존의식, 단편집 『너와 나만의 時間』

단편집 『너와 나만의 時間』(정음사, 1964.5)316)에는 애정의 양상을 보여준 일련의 작품들(「링반데룽」,「한 벤치에서」,「모든 榮光은」)과 생명존중사상을 반영한 작품(「모든 榮光은」,「이삭주이」,「너와 나만의 時間」,「가랑비」,「송아지」) 그리고 죽음에 대한 항거(「너와 나만의 時間」,「내고향 사람들」)와 실존의식(「한 벤치에서」,「비늘」) 등이 내재화된 작품들이 수록되어 있다.

이 단편집은 작가자신이 40대 중반에서 후반(1958년~1964년)까지에 걸쳐서 쓴 작품들로서 전쟁의 상처와 이데올로기의 갈등을 사랑과 생명존중사상으로 극복하고 있음을 보여준다.(「모든 榮光은」,「너와 나만의 時間」,「가랑비」) 동시에 이들 작품들속에 존재론적 탐구와 실존의식이 투영되고 있다는 점에서 실존적 삶의 인식이 드러나는 제4기 문학과의 접점에 위치한 작품으로 평가할 수 있다. 또한 작가 황순원의 구체적인 모습이 이 창작집에서 빈번하게 나타나고 있어 황순원에 관한 작가연구에 이 창작집이 중요한 몫을 차지한다는 점에서 그 의미가 있다고 본다.

① 방황과 주체적 애정인식

중편 『내일』에서 보여주는 애정의 양상은 또다시 단편집 『너와 나만의 時間』에서 지속적으로 드러나고 있다. 애정의 양상이 나타나고 있는 작품들로는 「링반데룽」(1958.2), 「모든 榮光은」(1958.5), 「한 벤치에서」(1958.10)를 들 수 있는데 애정의 절대성과 자기희생정신 그리고 주체적 애정인식을 강조한 대표작품으로 단편 「링반데룽」을 들 수 있다.

---

316) 단편집 『너와 나만의 時間』은 작가가 자신의 안과 밖을 가장 넉넉한 마음으로 돌아볼 수 있는 40대 중반에 씌어진 작품들을 모은 것이다. 황순원의 제7단편집인 『너와 나만의 時間』에는 「링반데룽」(1958.2)으로부터 「달과 발과」(1963.11)에 이르기까지 모두 14편이 수록되어 있다.
황순원, 『너와 나만의 時間』, 황순원전집 제4권(서울 : 문학과지성사, 1991)

단편 「링반데룽」(1958.2)[317]은 주체적 애정인식을 가지고 자신이 어떠한 희생을 치를지라도 환상방황에서 벗어나 진정한 사랑을 찾아야 한다는 작가의 애정관이 제시되어 있는 작품이다. 이 작품은 남녀의 애정을 '링반데룽'[318] 즉 환상방황이라는 모티프를 빌어서 형상화시키고 있다. 즉 공수병에 걸린 친구가 그의 삶에서 환상방황을 계속하였듯이 작중화자도 역시 설희와의 만남에서 환상방황을 계속하고 있음을 작가는 '링반데룽'의 모티프를 접목시키면서 보여주고 있다.

이 작품속에서 환상방황의 이미지는 '안개'로 표상된다. 공수병에 걸려 초점을 잡으려고 애쓰면서도 못잡는 친구자신은 인생이라는 안개속에서 환상방황의 헛된 원을 그리고 있었던 것이 아닐까. 이미 교단 생활에서, 어떤 여자와의 관계에서, 그리고 등산에 몰입한 그 자체에서까지. 친구를 보며 느낀 환상방황의 이미지는 그대로 작중화자와 설희와의 애정관계로까지 연결 확산된다.

설희와 작중화자는 사랑하는 사이다. 처음으로 설희를 포옹한 날 그네는 자기가 처녀가 아니라는 것을 고백한다. 열세살 때 일을 당했다는 것이다. 그후 상대를 갓나온 쾌활한 청년과 결혼을 한다. 설희는 그만 가슴속에 묻어두리라고 마음먹고 있었던 열세살 때의 흉악한 과거를 말해버린다. 설희가 과거의 사실을 말해버린 이유는 아직도 작중화자인 이쪽을 사랑하기 때문이라는 사실을 작중화자는 깨닫는다.

그뒤 또다시 설희는 파일럿과 결혼하지만 비행기 추락사고로 죽고만다. 사

---

317) 단편 「링반데룽」은 『現代文學』(1958.4)에 발표됨.
318) 링반데룽은 환상방황을 뜻하는 등산용어이다. 등산시 짙은 안개나 세찬 눈보라를 만났을 때 부득이 다음 목적지까지 가기 위해 등산자는 자기가 목표한 곳을 곧장 걸어간다고 생각한다. 그러나 실은 자신도 모르는 착각에 의해 어떤 지점을 중심한 둘레를 빙빙 돌기가 일쑤이다. 이것이 이른바 링반데룽이라는 것으로, 사람에 따라 왼편으로 돌기도 하고 오른편으로 돌기도 한다. 그리고 결국 세찬 눈보라나 짙은 안개속에서 대개의 등산자는 이 환상방황을 하다가 종내는 조난을 당하게 마련인 것이다.
황순원, 「링반데룽」, 『너와 나만의 時間』, p.15.

고의 원인이 엔진고장으로 돼 있으나 "그네에게는 그렇게만 생각되지 않는" 것이다. 왜냐하면 비행 전날 밤 남편은 "어쩐지 난 점점 너를 내 마음대로 조종할 수 있다는 자신을 잃었노라고"하며 잠을 이루지 못했던 것이다. 이에 대해 설희는 "제 몸 속에는 남자를 파멸시키는 독소가 들어있는가봐요."라고 말한다.

돌아오는 자동차 안에서 불이 난 것을 보며 설희는 말한다. "지금 저 속에서는 재물이 타구, 혹시 사람이 죽어갈는지두 몰라요. 화재를 만난 당사자들은 어쩔줄을 몰라 허둥대겠죠. 그렇지만 당사자 아닌 제삼자는 마음껏 구경을 해두 좋아요. 마음 한구석으론 무섭구 안됐다구 생각하지만, 그런 생각이 들면 들수록 남의 일에는 더 흥미가 생기는 법예요. 조금두 꺼릴 것 없이 마음껏 구경해두 좋아요."319) 작중화자는 설희의 말을 들으면서 "그네는 언제나 당사자요 이쪽은 제삼자적 방관자의 위치에 서 있었던 게 아니냐"는 생각을 한다. 자기네 두 사람은 그동안 자신들도 모르는 사이에 환상방황을 한 것이라고 작중화자는 생각한다. 사랑이라는 두개의 원이 서로 접점을 가진 것은 분명하지만, 두 원이 접하는 시간이 달랐다는 것을 인식하고 작중화자는 결심한다. "이번만은 꼭 맞는 시간에 설희와 엇갈리지 않을 접점을 가져야 한다는 것을. 그것이 비록 그네의 말대로 이쪽의 어떤 파멸을 의미한다 할지라도."320) 이러한 결의는 작중화자가 환상방황을 극복하고 어떠한 자기희생을 감수하고서라도 진정한 사랑을 찾아야겠다는 주체적 애정인식에 다름아닙니다.

이로써 단편 「링반데룽」은 작가의 절대적 애정관을 사랑을 표상하는 '원'의 이미지와 방황을 표상하는 '안개'의 이미지로써 형상화하여 보여주고 있다. 이 작품을 통해서 작가는 방황하는 상태가 아닌 정착되고 안정된 상태에서 사랑은 이룩되어야 하며, 사랑을 위해서는 어떠한 희생도 감수할 수 있어야 함을 강조하고 있다.

---

319) 황순원, 「링반데룽」, p.19.
320) 위의 책, p.20.

또 「모든 榮光은」은 전쟁으로 기인된 이데올로기의 갈등을 사랑을 통해서 초극하고 있다. 한편 「한 벤치에서」에는 사랑하는 연인 사이에서 느낄 수밖에 없는 실존적 고독의 양상을 보여준 작품으로 작가의 실존적 인식이 투영된 작품이라 볼 수 있다.

② 이념극복과 생명존중사상

단편집 『너와 나만의 時間』에는 단편집 『曲藝師』, 『鶴』에서와 같이 전쟁을 모티프로 한 작품이 많다. 「모든 榮光은」, 「너와 나만의 時間」, 「안개 구름 끼다」, 「가랑비」, 「송아지」, 「이삭주이」속의 <사진> 등이 전쟁을 모티프로 하고 있다.

그러나 단편 「모든 榮光은」, 「너와 나만의 時間」, 「가랑비」를 중심으로 살펴볼 때 이들 작품들은 전쟁이 빚어낸 아픔과 상처, 분노의 감정들을 직접적으로 드러낸 단편집 『曲藝師』와는 달리 좌우 이데올로기의 갈등을 '생명존중 사상'과 '사랑'으로 초극하는 양상을 보여주고 있다.

단편 「모든 榮光은」(1958.5)[321]은 전쟁상황하에서 이념의 갈등이 빚어낸 삶의 아픔과 상처를 생명존중사상과 사랑으로써 치유하고 있는 작품이다. 황순원의 작품 중에서 드물게 작가의 인품과 생활을 직접적으로 들여다 볼 수 있는 이 작품은 작중화자인 '나'와 사내와의 사이에서 빚어지는 감정의 대립과 끌림 그리고 친숙의 단계를 거치면서 휴머니티를 보여주고 있다.

'술'을 매개로 한 작중화자 '나'와 '사내'와의 이끌림은 '눈'의 이미지를 통하여 비롯된다. 사내에 대한 '나'의 이끌림은 피로와 고독의 달무리가 져 있는 그의 분위기와 함께 "밖으로 향해 열려 있으나 시선은 자기 내부를 들여다보고 있는"[322] 그의 눈에 대한 이끌림에서 기인된다. 이 작품속에서 '눈'의 이미지는 외부와 내면을 동시에 볼 수 있는 '창'(window)의 이미지로 표상되

---

321) 단편 「모든 榮光은」은 『現代文學』(1958.7)에 발표됨.
322) 황순원, 「모든 榮光은」, p.26.

고 있다. 작중화자와 사내와의 이끌림은 그들 두 사람이 동시에 공유하고 있는 고독에 대한 교감에서 비롯된다. 언제나 자기자신속으로 침잠해 들어가는 사내에 대해 작중화자인 '나'는 작가적 호기심을 가질 수밖에 없다. 그래서 그를 찾아나선다.

그는 6·25의 참상속에서 빚어진 밀고와 보복의 아픔으로 고통스러워하는 인물이다. 사내는 같은 학교에서 근무했던 동료의 밀고로 인민군 치하의 내무서원에게 잡혀 유치장에 갇히고 만다. 산욕열로 앓던 아내와 갓난아이가 돌보아 주는 이 없이 죽어 있었다는 말을 이웃사람에게서부터 전해 듣고 그는 분노한다. 그달음으로 그를 밀고한 동료를 찾아나선다. 그리고 1·4후퇴 당시 남하하기 위해 부둣가로 나가는 길에서 그를 밀고한 동료의 뒤통수를 발견하고 파출소 순경한테 달려가 "그 자의 뒤통수를 똑바루" 가리킨다. 그 동료가 사회주의사상에 공명을 했는지 일시적 보신책이었는지는 모르나, 분명 사내는 그 동료로 인하여 아내와 자식을 잃는 피해를 입은 것이다. 그래서 사내는 이 일에 대해 조금도 양심의 가책을 느끼지 않고 오히려 응당 해야 할 일을 했다고 생각한다. 그런데 휴전협정 후 인천으로 돌아와 학교에서 일을 보고 있을 때 1·4후퇴 때 밀고한 동료의 부인이 찾아온다. 남편이 9·28 후에는 근신하기 위해 몸을 숨기고 있다가 1·4후퇴 때 남하할 길을 알아본다고 집을 나간 채 영 돌아오지 않는다고 말한다. 이 말을 듣고 사내는 약간 놀란다. 그는 그 동료가 놓여났거나 기껏해야 지금 감옥살이를 하고 있을 줄로만 알았던 것이다. 그것이 1·4후퇴 때 그가 즉결처분을 받았음에 틀림없다는 생각이 들지만 "내가 맛본 쓰라림을 너희들두 맛봐야 한다."고 생각한다. 사내는 그 여자에게 "그런 일을 학교에서 알 리가 없다."고 해버린다.

그런데 사내는 무심코 교정을 내다보다 그만 흠칫하구 의자에서 일어서고 만다. 즉 사내가 동료에 대해 가지고 있던 미움의 감정은 동료 아들의 뒤통수가 동료의 뒤통수와 똑같이 닮아 있음을 보면서 사그러지고 만다. 이러한 심리의 변화는 바로 사내의 내면속에 내재해 있는 생명존중사상에서 기인함을 발견할 수 있다. 곧 사내애의 뒤통수를 통해 그의 휴머니티가 회복되는 것이다. 이 작품속에서 순진무구한 아이의 모습은 미움과 증오로 얽혀있는 어른들의 내면세계를 화해시키는 동인이 되고 있다.

사내는 배다리시장으로 달려가 동료부인에게 남편 이야기를 해준다. 그리고 "눈 앞에 쓰러진 세 사람의 무게보다두 더 큰것이 제 가슴에 와 실리는 것"을 느끼며 그들을 데리고 서울로 올라와 생활을 한다. 그것은 자신의 행위에 대한 자책과 함께 그들을 부양해야만 한다는 책임의식을 느꼈기 때문이다. 그런데 자책을 통해 스스로를 괴롭히려는 그의 자학행위가 세월이 지날수록 엷어지면서 이제 와선 또다른 뜻에서 헤어져 살 수가 없게 되었다고 작중화자인 '나'에게 고백하며 사내는 괴로워한다. 즉 사내에게 있어서 그들은 더이상 자기자신을 자학하기 위한 대상이 아니라 사랑의 대상으로 자리잡게 된 것이다.

사내의 갈등과 고통을 보며 작가의 분신이라 할 수 있는 작중화자인 '나'는 "노형, 나같으면 결혼을 해버리구 말겠수."라고 말한다. 그리하여 함박눈이 내리는 날, 작중화자인 나는 사내를 격려해 그의 집까지 바래다준다.

그는 꽤 가파른 계단을 천천히 올라가기 시작했다. 내가 막 발길을 돌리려는데 그가 계단 위에서 걸음을 멈추는 것이었다. 거기 계단에는 눈이 소복이 쌓여있었다. 그는 무엇을 생각했는지 허리를 굽혀 두 손으로 눈을 움켜가지고 얼굴을 문지르기 시작하는 것이었다. 이 동작이 끝나자 그는 이번에는 또 바지앞을 헤치더니 다시금 두 손으로 눈을 움켜다 문지르기 시작하는 것이었다.
나는 계단 위의 이 광경을 바라보는 동안 갑자기 어떤 아지못할 즐거움이 가슴에 충만해옴을 느꼈다. 그리고 나는 이 가슴에 충만해진 즐거움을 전신에 골고루 퍼치기라도 하려는 듯이 몸을 몇번이고 전후 좌우로 흔들었다. 그러면서 혼잣속으로 중얼거렸다. 모든 영광은 술에게, 그리고 모든 영광은 오늘밤 이렇게 파닥거리며 그러나 결국은 조용히 내려쌓이는 눈에게, 그리고 다시 모든 영광은 지금 새로운 생활을 향해 어두운 계

> 단 위에서 저렇듯 자기 신체의 한 부분을 닦달질하고 있는 저 가엾도록
> 착한 한 사람의 사내에게.323)

이 작품에서 '눈'(snow)의 이미지는 이데올로기의 갈등을 해소하고 사랑을 완성시켜주는 배경적 역할을 담당한다. '사내애의 뒤통수'가 생명존엄사상을 표상하는 내면적 화해 동인의 이미지였듯이, '눈'의 이미지는 화평과 정화(淨化)의 축복324)을 표상하며 지상위의 모든 더러움과 악과 미움과 이데올로기의 갈등을 덮어버리고 사랑의 세계로 순환시키는 화해의 이미지로 표상된다. 특히 모든 영광은 술에게, 눈에게, 새로운 생활을 향해 나아가는 저 가엾도록 착한 한 사람의 사내에게라고 독백하는 '나'의 모습을 통하여 작가의 휴머니티가 반영되고 있다. 즉 이 작품은 이념의 갈등과 전쟁의 아픔을 사랑으로써 초극해내고 있는 사내의 모습을 통하여 휴머니즘의 승리를 보여주고 있다. 모든 영광이 술에게 눈에게, 착한 사내에게 돌아가기를 축복하는 작가의식 또한 이념의 갈등을 극복하고 사랑으로써 전쟁의 상처와 아픔을 치유하려 한 데에 놓여 있음을 살펴볼 수 있다.

특히 이 작품은 전쟁의 상처와 아픔, 그리고 이데올로기의 갈등을 화해와 사랑으로 포용하고 있다는 점에서 또 미적 형상화에 성공하고 있다는 점에서 황순원의 대표적 작품이라 볼 수 있으며, 소설사에서도 중요하게 언급되어져야 할 작품이라고 본다.

단편「가랑비」(1961.3)325) 역시 험열한 전쟁의 역사속에서 희생당해야만 했던 양민들의 모습과 이데올로기의 갈등이 초래한 비극의 참상을 보여주고 있

---

323) 위의 책, p.48.
324) 순백의 눈은 정결과 고결함의 색채적인 상징이다. 때로는 세계와 물상을 단색화 하는 변색과 변절의 표상이 되기도 하지만, 흰눈이 내리거나 대지를 덮어버리는 상태는 화평과 정화(淨化)의 축복이 내리는 상태이며 지상을 딴 세계로 순환시키는 상태다.
  이재선, 『한국문학주제론』, p.428.
325) 단편「가랑비」는『自由文學』(1961.6)에 발표됨.

다. 동시에 생명존중사상과 인도주의사상으로 이데올로기의 갈등을 초극하는 작품이기도 하다.

이 작품속에서 지속적으로 내리고 있는 가랑비의 이미지는 음울과 불안과 어둠과 비극의 분위기를 조성한다.

그가 경찰관이라는 이유로 아내와 어린 자식은 산사람(빨치산)에게 죽임을 당한다. 가매장한 아내와 어린 자식의 시체를 다시 파내었을 때 "어린 것의 아랫니 두개가 진흙물이 들어 있었다." 산사람들에 의해 애매하게 희생당한 젊은 아들의 시체를 부둥켜 안고 오열하는 여인의 모습을 보며 마을 사람들은 비감해 할 뿐이다. 마을 수색중 도롱이를 입은 사내는 산사람들을 위해 부역한 것이 탄로나 붙잡히게 되자 도망치다가 결국 죽임을 당한다. 남편이 자진해서 산사람이 되었다는 이유로 붙잡힌 젊은 여자와 어린 것을 향하여 그는 총을 겨눈다. 그는 "복수심에서 오는 알지못할 쾌감같은 것"을 느끼며 "너의 남편되는 작자도 오늘밤 내려와서는 참혹한 꼴을 보고야 말겠지. 더도 말고 내가 며칠 전 내 아내와 어린 것에서 느낀 만큼만 네놈도 쓰라림을 맛봐야 한다. 아니 네 놈은 네 여편네와 어린 것의 얼굴에서 채 사라지지 않은 고통의 흔적마저 읽어야 할지도 모른다."라고 독백하면서 복수심을 일깨운다.

그러나 그의 복수심은 '어린 것의 하얀 아랫니 두개'로 인하여 갈등이 해소되면서 휴머니즘으로 회복되고 있다. 결국 '어린 것의 하얀 아랫니 두개'는 진흙물이 들은 채 죽어있던 그의 자식의 '아랫니 두개'와 환치되면서 그들을 살려주게 되는 것이다. 결국 이 작품속에서 '어린 것의 하얀 아랫니 두개'는 내면적 화해의 동인이 되고 있다. 이러한 심리적 반전은 결국 그의 내면속에 내재해 있는 생명존중사상과 인도주의사상의 발로라 볼 수 있다. 「모든 榮光은」에서도 드러나고 있듯이 순진무구한 어린 아이들을 통하여 어른들의 휴머니티는 회복되는 것이다. 결국 그 일 이후 그는 경관직을 그만두고 만다.

이 작품에 놓여있는 작가의식은 역시 전쟁으로 인한 이데올로기의 대립과 갈등을 '사랑'과 '인간애'로써 극복하고자 하는 데에 있다고 본다.

6·25로 인한 이념의 대립과 갈등을 우정과 사랑과 생명존엄사상과 인간애로써 극복하고자 하는 작가의 지향성은 단편 「鶴」(1953.1), 「山」(1956.6), 「모든 榮光은」(1958.5), 「가랑비」(1961.3)를 통하여 지속적으로 보여주고 있다.

특히 단편 「송아지」(1961.10)[326]에서 작가는 어린아이의 시선을 통하여 전쟁에 대한 규탄을 보여주면서, 생명의 존엄성을 강조하고 있다. 또한 단편 「이삭주이」(1958.5)[327]의 <순네>에서 전쟁고아인 순네를 통하여 인간과 인간 사이에 맺어질 수 있는 따뜻한 인간애를 보여주고 있다. <사진>에서는 어두운 전쟁터에서 빚어진 혈육간의 살해를 계기로 하여 전쟁의 폭력성에 대한 분노와 생명의 존엄성을 역설적으로 보여준다. 이러한 생명의 존엄성은 <새털>에서도 나타나고 있다. 심장판막장애증을 앓고 있는 혜경이가 건강 때문에 사랑하는 사람과 이별할 수밖에 없는 자신의 처지를 인식하고 죽으려 하나 '피묻은 작은 새털'을 주워 모으면서 생명의 존엄성을 깨닫고 죽음을 극복하고 있다. 여기서 '피'의 이미지는 생명의 근원으로서의 '피'를 표상한다.

한편 「안개구름끼다」(1958.11)[328]는 전쟁으로 인해 상처받을 수밖에 없는 삶의 양상과 피난민들의 설움을 보여주면서 작가가 전쟁의 폭력성에 대한 울분과 분노를 비교적 직정적으로 토로한 작품이다. 따라서 이 작품속에는 피난살이를 하고 있는 작가의 현실인식과 자기 연민 그리고 극복의지가 투영되고 있으며, 작가의 인도주의사상과 인간존엄성의 정신이 강조되고 있는 작품이라 볼 수 있다. 이렇게 전쟁에 대한 규탄을 통해 역설적으로 인간의 존재의 의와 가치를 옹호하려는 작가의 휴머니즘은 근본적으로 인간에 대한 신뢰와 긍정의 정신에서 기인된다고 볼 수 있다. 특히 단편 「너와 나만의 時間」(1958.7), 「달과 발과」(1963.11)에는 작가의 생명옹호사상과 생에 대한 긍정정신 그리고 험난한 삶에 대한 극복의지가 투영되어 있어 주목할 만하다.

단편 「달과 발과」(1963.11)[329]는 모로 걷는 새끼게의 자의식이 성숙되어 가

---

326) 단편 「송아지」는 『思想界』 문예특집호(1961.11)에 발표됨.
327) 단편 「이삭주이」(발표시의 제목 「꽁트 三題」)는 『思想界』(1958.7)에 발표됨.
328) 단편 「안개구름끼다」는 『思想界』(1959.1)에 발표됨.

는 과정을 보여주고 있는 작품이다. 모로 걷는 자신의 모습을 창피하게 여기던 새끼게는 방황과 좌절속에서 절망하게 된다. 그런 어느 날 새끼게는 사람에게 붙잡히게 되자 결국 모로 걷는 발로 인해 생명을 구하게 된다. 결국 모로 걷는 새끼게의 발이 생명을 구해 준 것이다. 그러자 새끼게는 지난 날 엄지게가 자기를 자꾸만 뒤로 자빠뜨려 놓던 일을 생각하고 자립정신을 키워주려 한 엄지게의 의도를 깨닫게 된다. 그만큼 새끼게는 성숙한 것이다. 그런 어느 날 새끼게는 사람한테 발을 몽땅 잃어버리게 된다. 그럼에도 불구하고 새끼게는 절망하지 않는다. 새끼게는 엄지게 옆에서 모로 기어 내려가는 자신의 모습을 연상하는 것이다.

이 작품속에서 새끼게를 통하여 보여주는 작가의 의식은 자기가 옆으로 걷는 것을 비관해서는 안된다는 것이다. 즉 자기의 현실을 직시하고 절망과 좌절을 극복해야 한다는 극복의지가 투영되어 있다. 또한 허무의 세계를 초극하려는 새끼게의 모습속에는 생에 대한 긍정의식과 생명옹호사상 그리고 인간신뢰와 인생에 대한 긍정의 철학을 강조하는 작가의 긍정적 인생관이 내재해 있다고 볼 수 있다.

③ 죽음에 대한 항거와 실존의식

작가 황순원은 전쟁이라는 죽음의 극한 상황을 보여주면서 인간실존에 대한 존재론적 인식을 추구하고 이러한 인식을 통하여 자유의지와 인간의 존엄성을 제고하고 있다. 그 대표적 작품이 「너와 나만의 時間」(1958.7)[330]이다. 한편 단편「한 벤치에서」(1958.10), 「비늘」(1963.7)은 실존적 고독의 문제와 존

---

329) 단편「달과 발과」는 『現代文學』(1964.2)에 발표됨.
330) 단편「너와 나만의 時間」은 『現代文學』(1958.10)에 발표됨.
　　이재선은 "「너와 나만의 時間」은 극한 상황에 처한 세 사람의 패주의 병사가 연일 기갈에 시달리며 남으로 향하는 탈주의 과정에서 겪는 심리적인 갈등과 인간애의 음영을 다룬 것이다."라고 말한다.
　　이재선, 「전쟁체험과 50년대 소설」, 『현대문학』 통권 409호(1989.1), p.269.

재론적 자기인식을 탐구한 작품이다.

단편 「너와 나만의 時間」(1958.7)은 죽음에 대한 항거와 실존의식이 반영되어 있는 작품이다. 「너와 나만의 時間」에는 전쟁상황속에서 작중인물들이 느끼는 생명에 대한 위기의식과 실존적 내면상황이 밀도있게 그려지고 있다. 동시에 죽음의 벽에 부딪친 한 인간이 죽음에 대한 항거와 도전을 통하여 생명을 구하게 되는 휴머니즘을 보여주고 있다.

이 작품의 표제인 '너와 나만의 時間'은 죽음의 시간과 공간속에 놓여있는 실존적 존재를 표상한다. '너'와 '나'는 같은 죽음의 공간속에 있지만 제가끔 다른 개체적 존재이다. 주대위와 현중위 그리고 김일등병은 패주자로서 아군의 진지에서 떨어져 나와 산속에서 길을 잃고 방황한다. "그 속에는 아무것도 움직이고 있는 것이라곤 없는 성싶었다. 바람도 없었다."에서 볼 수 있듯이 그들에게 있어 '산'은 그대로 죽음만이 존재하는 밀폐된 공간으로 인식된다. 설상가상 주대위는 허벅다리에 관통상을 입어 두 사람에게 부축을 받아야만 했다.

정해진 목적지가 없는 그들의 보행은 끝없이 생존에 대한 위기감을 촉발한다. 현중위는 주대위가 스스로 가진 총으로 자결하길 바란다. 그러나 주대위는 현중위의 그러한 시선을 묵살한다. 주대위는 살고 싶었고 죽음에 대한 두려움을 느낄 수밖에 없었던 것이다. 주대위를 업고 있는 현중위는 그젯밤 적의 꽹과리와 날라리 소리를 듣기 전 잠속에서 꾼 꿈을 지속적으로 떠올리곤 한다.

누렇게 뜬 하늘 한복판에 황달 든 태양이 타고 있었다. 그리고 그 밑으로 누렇게 뜬 불모의 황야가 하늘과 맞닿은 데까지 한없이 펼쳐져있었다. 그 한가운데 그는 땀을 철철 흘리며 서있었다. 풀썩거리는 누런 흙이 걸어올린 정강이 한 중턱까지 올라와 있었다.

그는 신경을 쓰지 않으면 안되었다. 그 양쪽 정강이에는 그가 마음속으로 아껴오는 것이 있었다. 입대하기 전날 사랑하는 사람이 그의 걸어올린 다리를 보고 정강이털이 길어 우습다면서 장난스럽게 양쪽 정강이털 중에 제일 긴 것이 자기 것이니 잘 간직하라고 했던 것이다. 그것이 지금 누렇게 뜬 흙먼지 속에 잠겨버리려고 하는 것이다.
 그러나 그는 그것에만 마음을 쓸 수는 없었다.
 바로 눈앞에 풀석거리는 흙바닥에 개미 구멍이 하나 나있었다. 그는 누구에게 명령받은 것도 아니면서 이 개미 구멍을 지키고 있어야 한다고 생각하고 있었다.
 개미 구멍으로는 언제부터인지 흙빛과 같은 누런 개미떼가 연달아 기어나오고 있었다. 그리고 거기 같은 빛깔을 한 커다란 왕개미 한 마리가 구멍 입구에 서서 조고만 개미들이 나오는 족족 주둥이로 목을 잘라버리는 것이었다. 삽시간에 개미의 시체가 가득 쌓였다. 그러나 그것은 개미의 시체가 아니고, 그대로 누렇게 뜬 흙으로 화해버리는 것이었다. 그러고보면 이 한없이 넓은 불모의 황야도 이렇게 하나하나 목을 잘리운 개미떼의 시체로 이루어졌는지 모른다는 생각이 들었다. 여전히 누렇게 뜬 하늘에는 황달 든 태양이 타고 있고, 그 밑에 그는 오도가도 못하고 개미 구멍을 지키고 서 있어야만 했다.[331]

 위 인용에서 볼 수 있듯이 "누렇게 뜬 하늘" "황달 든 태양" "불모의 황야"는 희망이 보이지 않는 그리고 생명이 말살당해버린 죽음의 세계를 표상한다. 그것은 끝없는 무위와 절망만이 존재하는 죽음의 세계 즉 전쟁터를 상징하기도 한다. 그 죽음의 세계 한가운데에서 현중위는 땀을 철철 흘리며 서 있는 것이다. 사랑의 표상인 '정강이털'이 '누렇게 뜬 흙먼지' 즉 죽음의 세계속에 잠겨버리려 한다. 이럴 때 현중위는 불안과 위기의식을 느낄 수밖에 없다. 이어 왕개미는 주둥이로 개미구멍으로부터 기어나오는 누런 개미떼를 모두 목을 잘라 죽여버린다. 그리고 삽시간에 개미의 시체는 가득 쌓여 누렇게 뜬 흙으로 화해버리면서 불모의 황야를 이루어놓는 것이다. 그런 가운데 그는 오도가도 못하고 개미 구멍을 지키고 서 있어야만 했다.
 꿈속에서 나타나고 있는 현중위의 무의식적 심리세계는 군대라는 거대한

---

331) 황순원, 「너와 나만의 時間」, p.61.

집단속에 소속되어 있는 자신의 모습을 투영하고 있다. 전쟁의 폭력성에 의해 자유와 개성과 생명이 말살되어 버린 무기력한 인간존재가 '개미'332)로 비유되고 있으며, 전쟁 가해자는 '왕개미'로, '개미구멍'은 군대로서 표상되고 있다. '불모의 황야는 죽음의 세계만이 존재하는 전쟁터로 상징된다. 가공할 전쟁테러리즘의 조직속에서 현중위가 발견한 것은, 인간이 아니라 자유와 개성이 몰각된 일사분란한 개미떼의 행렬이었다. 여기서 그는 자기자신이 혼자로서는 무기력한 한 마리의 개미에 불과한 존재임을 인식한다. 험열한 전쟁의 폭력성속에서 무력한 개미에 불과한 인간존재는 전쟁가해자인 왕개미에 의해 죽임을 당하고 만다. 개미떼의 시체는 전쟁에 의해 희생된 인간의 시체인 것이며, 이 인간들의 시체더미가 불모의 황야에 널려있는 것이다. 이렇게 죽음의 세계에 갇힌 채 현중위는 탈출구가 없는 개미구멍만을 지키고 서 있는 것이다.

이렇게 밀폐된 죽음의 세계에서 드디어 현중위는 탈출을 시도한다. 현중위는 주대위가 스스로 자결하기를 기다리다 지쳐버린 것이다. 현중위는 인간의 이름으로 죽음만이 있는 '산' 속에서 벗어나려 했던 것이다. 현중위의 탈출을 촉발시키는 것은 사랑하는 이의 맑은 눈길이었다. 죽음의 세계가 이제 그의 사랑까지도 잠식시키려고 할 때 현중위는 "개미 구멍 한옆에 따로 뚫려져 있는 샛구멍"을 발견한다. 그것은 "지금 그 자신이 의식적으로 뚫어놓은 구멍이었다."에서 볼 수 있듯이 '샛구멍'은 탈출구가 없는 죽음만이 있는 산속에서부터 탈출하려는 현중위의 욕구가 투영된 것이라 볼 수 있다. 결국 현중위는 주대위와 김일등병의 곁을 떠나지만 밤길에 낭떠러지에서 떨어져 까마귀의 밥이 되고 만다. 이 작품에서 까마귀는 '죽음'을 표상한다. 현중위는 결국 전쟁의 폭력성에 희생당한 무력한 한 마리의 개미에 불과했던 것이다. 그러나 그는 죽음의 세계에 도전하면서 개미떼 속에서부터 탈출하여 자기를 되찾

---

332) 개미는 허약한 성격과 무기력한 존재를 표상한다. 또한 불운과 호의가 없음을 상징하기도 한다.
J.E. Cirlot, *A Dictionary of Symbols*, p.14.

으려고 시도했던 불행한 인간전사(人間戰士)임에 분명하다.

한편 주대위는 현중위가 떠나자 김일등병에게 "자네두 여길 떠나게"라고 말하는 용기를 보여준다. 반면 김일등병은 자기네를 버리고 간 현중위를 원망한다. 한편 주대위는 현중위가 아군진지를 찾아 구원병을 보내주기를 기대하지만 두 사람 다 서로 입밖에 내어서 말하지 않는다. 주대위는 1·4후퇴 무렵 외국군인에게 쫓기던 소녀 대신 자신이 그 일을 당했다는 한 창녀의 이야기를 떠올린다. 인간이 극한 상황에 처해질 때면 어떻게 자기가 그런 일을 했는지 모른다는 창녀의 말을 떠올린다.

> 생각해보면 그동안 자기도 거듭되는 격전 속에서 이 여자의 말과 같은 행동을 해왔던 것이다. 언제나 예측할 수 없는 상황 속에서 예기치 않았던 행동을 하곤 했던 것이다.
> 그러자 그의 머릿속에는 새로운 생각 하나가 스치고 지나갔다.
> 지난날 자기가 그 여자에게 비꼬임조로, 다시 그런 경우를 당하면 또 누군가를 위해서 대신 하겠느냐고 했을 때의 자기 마음 한구석에서는 앞으로 그네가 같은 경우를 당하면 다시금 누군가를 위해서 대신하는 것도 무방하다는 생각을 했던 것은 아닐까. 그리고 그 생각속에는 그네가 그런 경우에는 으레 그래주기를 바라는 마음이 은근히 깃들어 있었던 것은 아닐까.
> 그러나 지금 죽음을 앞두고 어느 능선 어둠속에 누워있는 주대위에게는 어떠한 경우일지라도 그네에게 그것을 바랄 아무런 권한도 자기에게는 부여돼있지 않다는 걸 느끼지 않으면 안되었다. 그와 마찬가지로 여태까지 자기가 싸움터에서 겪은 온갖 상황에 대해서도 제삼자인 누가 있어, 그건 응당 그랬어야만 한다고 감히 주장해서는 안된다는 생각이었다.
> 그는 문득 누구에게라없이 한번 대들어 따지고 싶은 심정이었다. 그러나 지금 그를 둘러싸고 있는 것은 한없이 두꺼운 어둠뿐이었다.
> 이윽고 그도 잠속에 빠져들어가고 말았다.333)

이 대목에서 볼 수 있는 주대위의 의식은 인간존엄성에 대한 인식과 인간

---

333) 황순원, 「너와 나만의 時間」, pp.65~66.

의 자유의지에 대한 추구라고 볼 수 있다. 다시 말해 극한 상황에 처해 있을 때의 선택을 두고 제삼자는 개입할 수 없다는 인식을 드러내 보인다. 이러한 인식은 결국 인간은 신분여하를 막론하고 오직 인간이라는 실존적 개체로서 그리고 자유의지를 가진 존재로서 존중되어져야 한다는 의식의 반영에 다름 아니다. 주대위 역시 전쟁의 극한 상황속에서 "언제나 예측할 수 없는 상황 속에서 예기치 않았던 행동을 하곤" 했기 때문이다. 따라서 주대위는 현중위의 선택을 원망하지 않는 것이다. 그만큼 인간에 대해 주대위가 사고하는 인식의 폭은 넓다고 볼 수 있다.

현중위의 죽음을 목격한 주대위는 너무나 멀리서 들리는 아군의 포소리를 들으며 스스로 자결할 것을 결심한다. 아무래도 죽을 자기가 진작 자결을 했다면 현중위가 밤길을 서두르다가 벼랑에 떨어져 죽지 않았을는지 모른다는 생각과 함께 아무리 지친 김일등병이라 하더라도 혼잣몸이니 어떻게든 아군 진지까지 도달할 가망이 전혀 없는 것도 아니라고 깨닫는다. 김일등병에게 아군의 위치를 명령조로 말하고 "그리고 무거운 손을 움직여 허리에서 권총을 슬그머니 빼었다." 자살을 하기 위해서. 그러나 "그때, 바로 그때 주대위의 귀에 은은한 폿소리 사이로 또다른 하나의 소리가 들려"오면서 이 소설은 극적으로 반전되고 있다. 그것은 바로 개짖는 소리였던 것이다. "주대위는 김일등병에게 무엇인가 주고 싶었다. 그리고 그것을 자기자신도 받고 싶었다."에서 볼 수 있듯이 생명존엄의식이 결국은 주대위와 김일등병을 살린 것이다. 주대위는 허기와 피로로 쓰러져가는 김일등병의 귀에 권총끝을 대고 걷기를 종용한다. 결국 주대위의 생명존엄의식과 삶에 대한 강렬한 의지가 죽음에 대한 도전과 항거로 작용하는 것이다.

이 작품속에서 주대위가 자살하려할 때 '개짖는 소리'가 들려오면서 두 사람 모두 생명을 구하게 한 작가의 의도는 무엇일까. 그것은 바로 부정적 현실과 죽음의 현실을 인간존엄의식과 생명옹호사상으로 극복하려는 작가의식의 한 반영이라고 본다. 즉 작가는 전쟁의 가열함속에서 느낄 수밖에 없는 죽음의식과 생존의 위기의식을 보여주면서 오히려 생명의 존엄성과 자유와 인간의 존재의의와 가치를 역설적으로 강조하고 있는 것이다.

단편「내 고향 사람들」(1961.1)334)은 작가의 자전적 요소가 많이 드러나 있는 작품으로 일제하에서의 공출 및 수탈상과 생활상이 직접적으로 투영되고 있다. 특히 학도병에 아들을 내보내고 변모하는 김구장의 모습을 통하여 전쟁으로 인해 손상된 삶과 함께 실존적 고독 그리고 불안의식, 위기감 등으로 초래된 윤리적 파탄을 드러내 보이고 있다.

한편 단편「한 벤치에서」(1958.10)335)는 애정의 양상속에 나타나는 실존적 고독을 내밀하게 보여준 작품이다. 사랑을 표상하는 '한 벤치'에 앉았음에도 불구하고 연인을 타인으로서 느낄 수밖에 없는 고독한 인간 존재에 대한 인식을 보여준다. 권투에 몰두해 있는 그를 보면서 그네는 상대적 고독을 느낄 수밖에 없는 비애감을 가진다. '한 벤치에서' 앉아 있음에도 불구하고 그의 시선은 사뭇 먼 것을 바라보는 시선이었던 것이다. 그에게서 느꼈던 친밀감이며 두 사람 사이가 어느 때보다도 가까워진 걸로 느꼈던 감정 등은 결국 자기 혼자만의 허망한 감정에 지나지 않았던 것이다. 이제 그네는 그의 내면 속으로 침투해 들어가 그녀의 존재를 인식시키길 포기한 채, 그네 혼자만의 실존적 고독속으로 침잠하고 있다. 그것은 사랑의 합일보다도 더 큰 울림을 갖는 고독의 반향인 것이다. 따라서 이 작품은 실존주의적인 의미에 있어서의 인간 고독의 문제를 다루고 있다고 볼 수 있다.

단편「한 벤치에서」에서 나타나고 있는 실존의식은 단편「비늘」에서 지속적으로 내재화되고 있다.

단편「비늘」(1963.7)336)은『고려사 악지 고구려 속악부』에 있는 명주가 노래의 유래를 모티프로 한 작품이다. 이 작품속에는 호수와 바다를 떠나서 운명을 개척하려는 자아와 운명에 순응하면서 자기가 처한 상황에 조화하려는

---

334) 단편「내 고향 사람들」은『現代文學』(1961.3)에 발표됨.
335) 단편「한 벤치에서」는『自由公論』(1958.12)에 발표됨.
336) 단편「비늘」은『現代文學』(1963.10)에 발표됨.

또하나의 자아와의 사이에서 빚어지는 갈등의 양상이 나타나고 있다. 결국 은영은 "잉어이긴 했지만 마음대로 헤엄쳐다닌 것도 생각하면 제 헌 비늘을 털어버리기 위해서였는지도 모르지요."라고 작중화자에게 편지를 쓴다. 그녀는 어머니의 뜻에 따라 고기잡이하는 집과 정혼한다. 자기자신의 '헌 비늘'을 털어내고 그녀가 처한 환경과 상황에 조화함으로써 새로운 자기의 모습으로 탄생하려고 결심한다. 이러한 결심은 자신이 가지고 있던 꿈을 또다른 방법으로 승화시킨 것이라고 볼 수 있다. 이 작품속에서의 '잉어'는 자아를 표상한다. 그녀는 잉어처럼 자기자신의 헌비늘을 털어내고 새로운 자기로 탄생하기를 갈구하는 것이다. 이 작품속에는 운명의식과 실존의식이 동시에 내재해 있으며 농민에 대한 작가의 사랑이 직접적으로 보여지고 있는 단편이다.

이상으로써 단편집 『너와 나만의 時間』을 통하여 생명존중사상과 실존의식이 투영되어 있음을 살펴보았다. 또한 이 단편집에는 작가 황순원의 가계와 작가에게 영향을 준 조상들의 성품을 고찰할 수 있는 단편 「할아버지가 있는 데쌍」(1959.8)[337]이 수록되어 있다. 동시에 작가가 즐겨하는 '술'을 모티프로 한 단편 「그래도 우리끼리는」(1963.5)[338]과 함께 단편 「내 고향 사람들」에는 일제하에서의 시대상황과 그 시대를 살아야만 했던 작가자신의 심정이 직접적으로 토로되고 있다. 이로써 단편집 『너와 나만의 時間』은 작가의 가계, 생애, 성품과 취향 등 작가의 구체적 모습을 포착할 수 있다는 점에서 황순원에 관한 작가연구에 중요한 자료가 되어주고 있다.

4) 전쟁의 비극과 사랑의 순수성, 장편 『나무들 비탈에 서다』

① 피해의식과 죄의식의 문제

장편 『나무들 비탈에 서다』(1960.5)[339]는 전쟁의 험열함속에서 상처받을 수

---

[337] 단편 「할아버지가 있는 데쌍」은 『思想界』(1959.10)에 발표됨.
[338] 단편 「그래도 우리끼리는」은 『思想界』(1963.7)에 발표됨.
[339] 장편 『나무들 비탈에 서다』는 『사상계』에 1960년 1월부터 7월까지 연재하였다.

밖에 없었던 젊은이들의 사랑과 실존적 허무의식과 자의식이 빚어내는 파멸의 양상을 문제삼은 작품이다. 또한 장편 『人間接木』에 이어 6·25가 빚어낸 부정적 현실과 갈등의 양상을 젊은이들의 정신적 내면세계를 통하여 포착하면서 전쟁의 폭력성을 본격적으로 고발한 황순원의 대표 작품이라 볼 수 있다.

이 작품의 표제인 '나무들 비탈에 서다'에서의 '나무'는 인간성[340]을 표상한다. 동시에 생명, 풍요, 절대적 실재[341] 그리고 지속과 비옥함을 상징하기도 한다. 또한 '나무'는 수직적 특성을 고려할 때 구원을 상징하는 십자가[342]로 표상되기도 한다. 여기서 십자가는 생명의 나무를 상징하게 된다. 따라서 이 작품은 인간을 표상하는 '나무'의 이미지를 중심으로 하여 생명을 상징하는 '모성'과 구원을 상징하는 '십자가'의 이미지를 중첩시키면서 인간과 모성과 구원의 문제를 동시에 형상화하고 있다. 즉 작가는 굳건한 대지에 뿌리를 내려 비옥하고 풍요로우며 안정된 삶을 누려야 할 젊은이들(나무들)이 전쟁으로 인하여 황폐한 비탈에 설 수밖에 없었던 비극의 양상을 포착하고 있다. 따라서 이 작품은 전쟁에 의해 손상된 젊은이들의 삶과 사랑과 구원의 문제를 복합적으로 보여주고 있다.

나무의 이미지를 중심으로 고찰해 볼 때 나무의 뿌리를 표상하는 인물은 장숙이다. 대지 즉 모성(母性)에 뿌리내리고 있는 나무의 기둥은 동호로 표상

그 해 9월에 사상계사를 통해 단행본으로 간행하였다. 그러나 이 소설은 발표 당시의 작품에 대폭적인 수정을 가하여 주인공 현태를 자살에서 구하여 자포자기 상태에서 일말의 구원의 가능성을 바라보는 것으로 바꾸어 놓는다.
『나무들 비탈에 서다』, 황순원전집 제7권(서울 : 문학과지성사, 1990)
340) 나무는 인간성을 상징한다. 또한 생명의 나무와 구원의 십자가와 연결된다.
J.E. Cirlot, A Dictionary of Symbols, pp.346~348.
341) 나무는 생명, 무진장의 풍요, 절대적 實在를 표상한다. 한편 나무와 인간은 신비적인 유대를 가지고 있다. 또 나무는 식물의 재생, 봄, 해의 재생을 상징하기도 한다.
멜시아 엘리아데, 『종교형태론』(서울 : 형설출판사, 1979), p.292.
342) 주 340) 참조.

된다. 아울러 전정되어야 할 나무의 가지는 현태로 표상되고 있다. 또한 나무의 수직 상승적 성향은 '십자가'로 변형되어 나타날 수 있는데, 구원을 상징하는 십자가를 대표하는 인물은 안이등중사와 선우상사이다. 신에게 절대복종하는 안이등중사를 통해서는 소박한 신앙인의 모습을 보여주고 있으며 신에 대해 끝없이 회의하는 선우상사를 통해서는 인간구원의 문제가 탐색되고 있다.

그러나 가열한 전쟁의 폭력성에 직면하여 나무들이 평지에서 굳건하게 뿌리내리지 못하고 '비탈에 설 수밖에 없을 때 비극은 발생한다. 이런 의미에서 이 작품에 등장하는 장숙, 윤동호, 남윤구, 선우상사, 김하사 등은 전쟁으로 인해 상처받을 수밖에 없었던 피해자들인 것이다. 동시에 현태, 동호, 선우상사, 윤구 등은 피해자이면서도 가해자로 변모할 수밖에 없었을 때 그들은 '비탈에 선 나무들일 수밖에 없었다. 그래서 그들은 죄의식과 자조와 자학의 병을 앓는 비극적 운명으로 떨어지고 만다. 특히 전쟁 상황속에서 예기치 않았던 살인을 저지르게 됨으로써 죄의식에 괴로워하는 대표적 인물은 현태와 선우상사이다.

이 작품은 제1부와 제2부로 나누어져 있는데, 제1부에서는 전쟁중의 긴박감과 불안감과 갈등이 동호, 현태, 선우상사 등을 중심으로 엮어져 있으며 제2부에서는 현태와 석기 등을 중심으로 하여 전후의 환멸과 허무의식 등이 묘파되고 있다.

이 작품속에서 전쟁은 '비탈과 '유리'의 이미지로 표상되고 있다. "이건 마치 두꺼운 유릿속을 뚫고 간신히 걸음을 옮기는 것 같은 느낌이로군."으로 시작되는 이 작품에서 '유리'는 전쟁의 긴박감과 불안감 그리고 죽음의식을 표상한다. "두꺼운 유릿속" "밀도 짙은 유리" "엄청나게 두꺼운 유릿속"에서 느끼는 동호의 어떤 말못할 압박감은 동호에게 뿐 아니라 현태에게까지도 그대로 전이되고 있다. 이 유리의 독소는 결국 동호로 하여금 유리조각(술병을 깬 유리조각으로 동맥을 끊어 자살함)으로 자살하게 하는 동인이 되고 있다.

따라서 작품의 전개에서부터 동호의 죽음은 암시되고 있다고 보아도 무방하다.

한편 "왜 그렇게 앞이 콱콱 막히는 것 같은지 모르겠어."라고 말하는 현태 역시 유리의 독소에 찔려 파멸하고마는 대표적 인물이다. 현태는 마을을 수색하던 도중 어린 것이 죽을까봐 피신을 하지 못한 여인을 범하고 적에게 알려질 증거를 없애기 위해 목을 졸라 살해한다. 그리고 그 행위에 대해 현태는 전혀 죄책감을 느끼지 못한다. 그런 현태는 제대 후 대학을 마치고 부친의 회사에 들어가 의욕적으로 일을 하며 자리잡힌 생활을 한다. 그러나 무심코 어린 것을 안고 있는 한 여인의 모습을 보고 전쟁 중 그가 목 졸라 살해한 여인을 회상하게 되면서 그는 죄의식속에 빠지게 된다. 죄의식은 그를 끝없이 무위와 권태속으로 잠겨들게 하면서 방종한 생활을 하게 만든다. 그런 타성적 생활속에서 현태는 벗어나기 위해 몸부림친다. 그래서 "지금의 내 자신을 한번 깨뜨려버렸음 좋겠어."라고 석기에게 말한다. "깨뜨려" 버린다는 의미속에는 '유리'의 이미지가 연관되고 있다. 그리고 토요회 회원들 자체가 정신적인 전정을 받아야 할 대표적 존재라고 인식한다. 자유의 과잉상태에서 자기자신을 올바로 정립시키지 못한 채 무위와 권태와 방종과 허무속에 몸을 내맡기고 있는 현태 자신이 바로 열매를 맺을 수 있도록 가지를 쳐내야만 하는 전정 받아야 할 대상인 것이다. 즉 현태는 전쟁 중에 한 여인을 살해함으로써 정신적인 상처를 입고 죄의식 때문에 허무감과 무위와 나태의 포로가 되어 있는 인물이라는 점에서 전쟁의 피해자이다. 그러면서 동시에 가해자의 역할을 담당하기도 한다. 즉 옥주로 하여금 동호와 성관계를 맺도록 함으로써 결국 동호가 자살하게 되는 동인을 제공하고 있다. 또 한편 불현듯 어떤 살의로 인해 장숙의 육체적 순결을 파괴하는 장본인이 되면서 가해자가 된다. 그리하여 결국 그는 자학과 자조속에서 계향에게 단도를 꺼내줌으로써 자살을 방조하게 되고 그는 무기징역의 구형을 받게 된다. 현태는 전쟁으로 인해 정신적 상처를 입은 피해자로서 본의 아니게 타인의 삶을 파괴하는 가해자로 전락하는 것이다. 따라서 그는 분명 전정되어야 할 나무의 가지로서 표상되고 있다.

 나무의 뿌리를 표상하는 장숙이가 나무의 기둥으로 표상되고 있는 동호와의 사이에서 사랑과 생명의 결실을 맺지 못하고 전정되어야 할 나뭇가지로 표상되는 현태와의 사이에서 원하지 않는 임신을 하게 됨으로써 세 인물은 동시에 비극으로 떨어질 수밖에 없다.

 동시에 전쟁터에서 한쪽 눈을 잃고 허무의 심연속에 침잠해 있는 석기 역시 정신적으로 전정 받아야 할 인물로서 그는 결국 군대기피자들과의 싸움으로 한쪽 팔을 못쓰게 된다. 9·28수복 때 숙부를 잃고, 소파수술로 인한 미란의 뜻하지 않은 죽음으로 일자리를 상실한 윤구 역시도 그가 지나치게 현실과 타산에 밝은 인물이라는 점에서 전정받아야 할 인물이다. 윤구 역시 전쟁의 피해자이면서 미란을 죽게 만든 가해자의 몫을 하고 있다.

 한편 현태가 무고한 한 여인을 살해한 동기로 인해 죄의식속에서 갈등했듯이 선우상사 역시 전쟁의 피해자로서 죄의식속에서 갈등하는 대표적 인물이다. 선우상사의 부모는 6·25때 인민군들에 의해 살해당한다. 선우상사의 아버지는 목사로서 평생 하나님과 교회를 위해 헌신했다. 그런데 인민군이 6·25때 뒷등성이에다 구덩이를 파고 이십여 명의 동민을 끌어다 밀어넣고 따발총을 쏘았다. 그 속에서 요행 그의 아버지는 급소를 맞지 않아 간신히 도망쳤다. 도망치다 심한 갈증에 못이겨 찾아들어간 곳이 바로 보안서였던 것이다. 보안서원들은 총에 빗맞아 죽지 않은 사람이 있다는 것을 알고 그 길로 가서 다시 구덩이로 올라가 거기 나뭇더미 속에서 살아 숨어 있는 다른 두 사람마저 찾아냈다는 것이다. 따라서 선우상사는 인간의 지혜로선 헤아릴 수 없을 만큼 심오하다는 하나님의 뜻이 고작 이런 것이냐고 반문하면서 하나님의 존재에 대해 회의하면서 고통스러워한다. 그리고 부모의 피 갚음을 위해 어디선가 부역자 하나를 총살한 선우상사는 그러나 죄의식에서 벗어나지 못하고 고통스러워한다. 결국 그는 "어떤 피를 가지구두 우리 어머니 아버지의 피를 갚을 순 없었어."라고 고백하면서 차라리 자신에게 죽음을 달라고 하며 스스로를 자학하는 인물이다.

선우상사는 신의 존재에 대한 믿음과 회의속에서 끊임없이 구원을 모색하는 인물로서 자신이 저지른 살인에 대해 죄의식을 느끼며 갈등하다가 결국 미치고 만다. 선우상사 역시 인간 존엄성이 말살되어버린 전쟁의 폭력성속에서 표류할 수밖에 없었던 전쟁의 피해자로서 인간과 신에 대해 존재론적으로 접근해간 인물이다. 신의 존재와 인간 존재의 허망성에 대한 근원적 불안과 회의를 극복하지 못하고 미쳐버린 선우상사는 험열한 전쟁속에서 참다운 삶을 박탈당할 수밖에 없었던 고뇌의 인간상으로 대표된다. 선우상사 역시 현태와 함께 전쟁의 피해자이면서 동시에 가해자로 전락하게 되는 인물이다.

작가는 전쟁의 폭력성속에서 개인성과 인간 존엄성이 말살당하는 데 대한 분노를 현태와 선우상사, 동호, 윤구, 석기 등의 모습을 통하여 부각시키고 있다.

② 정신적 사랑과 결벽성의 비극

나무의 뿌리, 즉 '모성'을 표상하는 숙이와 나무의 줄기를 표상하는 동호의 애정속에는 정신지향적 사랑과 함께 모성 추구가 내포되어 있다. 그들의 사랑은 '눈'(eye)의 이미지, '복숭아'의 이미지가 접맥되면서 형상화되고 있다.

먼저 동호가 숙이에게서 정신적 사랑뿐 아니라 무의식적으로 '모성'을 추구하고 있는 양상을 살펴보고자 한다. 동호는 숙이와의 입맞춤의 기억보다는 숙이의 세 꺼풀져 있는 눈을 통하여 사랑의 순수성과 비밀스러움을 간직하고 있다. 특히 동호는 거죽이 희고 털이 짧은 살이 약간 단단한 복숭아(백도)의 털을 통하여 숙이의 모습을 연상하고 있다. 관능적 성(性)을 표상하는 복숭아 자체보다는 복숭아의 털에 관심을 기울이는 동호의 모습은 그가 숙이에게 '여성'뿐만 아니라 '모성'까지를 추구하고 있음을 살펴볼 수 있다. 따라서 이 작품속에서 '눈'343)과 '복숭아'344)의 이미지는 '여성'뿐 아니라 '모성'의 의미까지를 내포하고 있다.

동호는 백도의 짧은 털과 숙이의 코끝과 콧날개 언저리에 둘려있는 뽀오얀 무리(잔 솜털)를 접맥시키면서, 입술을 문지르곤 한다. 그리고 "더할 나위 없이 보드랍고 연한 솜털이면서도 영 벗겨지지가 않는군."하고 혼자 중얼거린다. 이러한 독백은 사랑의 영원성을 추구하는 동호의 내면세계가 표출되고 있음을 반증한다.

특히 동호가 숙이를 통하여 추구하는 정신적 사랑의 양상은 군입대 전날에 있었던 그들의 사랑속에서 잘 투영되어 있다. 밤을 같이 보내면서 동호는 숙이와의 육체적 사랑을 갈망하게 된다. 그러나 숙은 "그까짓게 뭐게 그래요, 동호씨 답지 않아요. 제 모두가 동호씨 것 아녜요?"라고 말한다. 그때 그만 동호는 "지금의 자기 욕구가 사실 어떤 불순물에 의해 불타고 있는지도 모른다는 생각에 자기자리로 돌아오고" 만다. 그만큼 동호의 내면에는 육체에 대한 갈망을 극복할 정도의 정신지향적 성향이 내재해 있다고 볼 수 있다.

> 동호는 제자리로 돌아와 어둠속에 눈을 뜬 채 잠잠히 있었다. 밖에는 남쪽치고는 드물게 보는 함박눈이 아직 내리는지 유리창에 사르락사르락 눈 부스러지는 소리가 들렸다. 그는 애써 이 눈 부스러지는 소리에 귀를 주고 있었다. 그러고 있느라니 차차 머릿속이 맑아지면서 좀전에 일으켰

---

343) 융에 의하면 눈(eye)의 순수한 의미는 '어머니의 가슴'(maternal bosom)을 상징한다. J. E. Cirlot, *A Dictionary of Symbols*, p.100.
344) 서양에서 복숭아는 性(sex)과 관능적 사랑을 상징한다. 복숭아 이미지는 황순원 문학에서 자주 등장하고 있는데 이것은 '모성'의 무의식적인 표상이라고 필자는 본다. 작가는 "여성에게 모성이 있을 때 아름다운 것이다."라고 말한다.(필자와 작가와의 대담, 작가의 사당동 자택에서, 1994.3.26) 이 점에서 볼 때도 작가의 무의식 속에는 모성 추구가 깊게 잠재해 있음을 알 수 있다. 따라서 황순원 문학에서 남자 주인공들이 여성에게서 모성까지를 추구하는 현상은 필연적이라고 본다. 복숭아의 내피인 씨앗은 단단한 핵을 표상함으로써 견인주의, 인고, 생명지향성을 의미한다. 즉 '모성'의 속성을 내포하고 있다. 씨앗을 둘러싸고 있는 외피는 사랑과 性과 포용성, 화해 등을 의미한다. 이렇게 볼 때 복숭아 자체가 이미 여성적이며 관능적인 '사랑'과 함께 '모성'의 속성을 동시에 내포하고 있다고 필자는 본다.

던 욕망도 차츰차츰 부스러져나감을 느꼈다. 무언가 아쉬우면서 한편 평
온해지는 심정이었다.345)

위 인용에서 볼 수 있듯이 동호가 숙이에게 대해 가지고 있는 사랑은 그만
큼 정신지향적이며 순수한 것이었다. 이 대목에서 나타나는 함박눈346)의 이
미지는 육체에 대한 욕망을 소거시켜주는 정화(淨化)와 순수의 의미를 지닌다.
동시에 정신과 사랑과 꿈의 결정체를 의미한다.

그러나 한편 동호는 "어째 사랑하는 두 사람이 한방에 나란히 누워 자면서
그 행위를 불순한 것으로 여겨야 한단 말인가."라고 회의하기도 한다. 이렇게
동호가 번복해서 보여주는 육체에 대한 갈망과 정신적 사랑을 지향하려는 절
제속에서 숙이는 드디어 자신의 '꿈'을 버리겠다고 말한다.

> 꿈에 지나지 않는 생각이었어요, 좋아요, 꿈을 버리죠, 이 거의 신음에
> 가까운 말소리와 함께 이불 위에 놓여진 그네의 손의 압력이 아주 풀려
> 지고 말았다. 그러자 양쪽에 뿌듯이 융기한 유방이 감지되는 가슴골까지
> 비집고 들어갔던 그의 손이 그자리에 멈춰져버렸다. 그리고 그의 입에서
> 는 아니야, 아니야, 소리가 연방 질러졌다. 그러면서 그는 자신에게 다짐
> 했다. 이런 상태로서 그네의 꿈을 깨쳐서는 안된다, 오늘밤 사랑하는 그
> 네에게 꿈을 갖게 하리라. 가슴 한구석에 듬뿌룩하게 막혔던 것이 풀려내
> 리는 느낌이었다. 다음부터는 뺨과 이마와 눈에다 가볍게 입술을 찍기만
> 했다. 그리고 어둠속에 보이지는 않으나 그네의 코끝과 콧날개 언저리에
> 돋힌 시설보다도 연한 솜털을 지워버리기라도 하려는 듯이 사뿐히 입술
> 로 문지르곤 했다. 그러나 이러는 동안에도 사내로서의 욕구가 불현듯 다
> 시금 고개를 들곤 했다. 그때마다 그는 자기 자리로 와 머리를 베개에 눕
> 히고 유리창에 부서지는 눈소리에 정신을 모으며 마음을 가라앉히곤 했
> 다. 그러면서 이날 밤 숙이의 꿈을 깨뜨리지 않기 위해 자기가 사내로서
> 의 욕망을 억제하고 있다는 데에 어떤 쾌감까지 맛보는 것이었다. 새벽녘
> 에 잠이 들 때까지 수없이 되풀이된 이 억제가 얼마만한 가치를 지니고

---

345) 황순원, 『나무들 비탈에 서다』, pp.224~225.
346) 주 324) 참조.

있는지 어쩐지는 문제가 아니었다. 그저 자기는 숙이의 모든 것을 아껴야 한다는 것, 그리고 그런 그네는 영원히 자기의 것이라는 생각뿐이었다.347)

위 인용에서처럼 숙이가 '꿈'을 버리겠다고 함에도 불구하고 동호가 오히려 "그네에게 꿈을 갖게 하리라."라고 다짐하는 이유는 무엇일까. 그것은 물론 숙의 꿈, 즉 육체의 순수를 지켜주려는 심리 상태의 표출이기도 하지만 동호 자체가 역시 육체적 사랑보다는 정신적 사랑을 추구하는 이상지향적 인물이기 때문이라고 보아야 할 것이다. 동시에 동호 자신이 무의식적으로 사랑하는 숙이에게 모성까지를 추구하는 심리가 내재해 있다고 볼 수 있다. 만약 동호가 단지 "숙이의 모든 것을 아껴야 한다."고 의식해서 육체적인 결합을 시도하지 않았다고 한다면, "가슴 한구석에 듬뿌룩하게 막혔던 것이 풀려내리는 느낌"과 "무언가 아쉬우면서 한편 평온해지는 심정" 나아가 "이날 밤 숙이의 꿈을 깨뜨리지 않기 위해 자기가 사내로서의 욕망을 억제하고 있다는데 어떤 쾌감"까지 느낄 필요는 없었을 것이다. 이것은 동호가 숙에게서 '여성'만이 아닌 '모성'까지를 추구하고 있다는 단적인 증거이다.

이렇게 동호가 숙에게 '모성'을 추구하는 양상은 '복숭아'를 대용으로 숙을 그리고 있는 동호의 모습에서 발견할 수 있다. '백도'의 털에서 동호는 숙의 "코끝과 콧날개 언저리에 둘려 있는 뽀오얀 무리"를 연상한다. "시설보다도 더 보드랍고 연해서 손으로 문지르기보다는 입김으로나 녹여버리고 싶은 충동을 주는 것"으로서, 입대 전날 그네와의 오랜 입맞춤 끝에 코끝과 콧날개 언저리를 입술로 문지르곤 한 것이다. 동호의 숙에 대한 사랑은 "더할나위 없이 보드랍고 연한 솜털이면서도 영 벗겨지지 않는" 신비와 순수와 영원성을 지향하는 지순한 사랑인 것이다. 이렇게 동호가 추구하는 사랑은 남성이 여성에게서 기대하는 '여성'만의 사랑은 아닌 것이다. '여성'이상의 어떤 '모성'까지도 기대할 때 신비와 순수, 영원, 지고의 사랑이 가능한 것이다.

347) 황순원, 『나무들 비탈에 서다』, pp.226~227.

만약 동호가 숙에게 '여성' 그것만을 바랐다면 '복숭아의 털'에서 숙을 찾기 보다는 '복숭아' 자체에 관심을 기울여야 한다. 또 '코끝과 콧날개 언저리를 입술로 문지르기'보다는 숙의 여근에 관심을 돌렸어야 할 것이다. 정신분석학에서 볼 때, '복숭아'는 '여근'을 상징348)한다고 본다.

동호는 물론 사랑하는 숙에게 '여성'을 추구한다. 이것이 그가 가지고 있는 '육체에 대한 동경'의 표출이다. 그런데 '복숭아' 그 자체보다는 그 이상의 어떤 이미지를 그 속에서 구하고 있다. '여근'을 상징하는 '복숭아' 그 자체보다는 '복숭아 털'에 더욱 관심을 기울이는 것이다. 따라서 "털이 없는 신두복사"는 '여근'만을 상징하는 것으로서 그에게는 의미가 없다. 또한 '수밀도'와 같이 살이 말랑거려 금방 허물어지는 복숭아 역시 그에게 의미가 없다. 왜냐하면 동호는 일시적인 사랑이 아닌 영원한 사랑을 추구하고 있기 때문이라고 볼 수 있다. 그는 일시적인 사랑이 아니라 "단단하면서도 영 벗겨지지 않는" 백도의 '털'로 상징되는 숙의 코 언저리의 '솜털'에 관심을 기울인다. 즉, 숙의 콧날개의 '솜털'에서 영원과 신비의 어떤 것을 추구하고 있다. 이러한 동호의 심리 상황은 그가 무의식속에서 숙에게서 '여성'만이 아닌 '모성'까지를 추구하고 있다는 단적인 증거이다. 여성이 여성으로서만 끝날 때, 그것은 남성에게 있어 영원한 것일 수는 없다. '여성'만이 아닌 어떤 무한한 신비와 영원이 내포된 '모성'이 공존할 때 영원히 찬미되는 것이다. 따라서 동호는 숙에게 '여성'만이 아닌 '모성'까지를 추구함으로써 무한한 신비와 영원을 갈구하고 있었던 것이다. 따라서 '백도 통조림'을 가게주인이 내밀었을 때 물리치는 것은 당연하다. 동호가 숙에게 바란 것은 '복숭아', 즉 '여성' 그 자체만은 아니기 때문이다. 복숭아 통조림을 거부하는 행위는 무의식속에서 동호가 여성의 원형인 '모성'을 추구하고 있음을 증명한다.

이렇게 동호가 여성에게 '여성'만이 아닌 '모성'까지를 추구하고 있는 양상은 동호가 가지고 있는 '정신지향적 사랑' 그리고 '육체에 대한 결벽성'과 긴

---

348) 프로이트, 『꿈의 해석』, 김대규역(서울 : 동서문화사, 1978), p.639.

밀하게 연관되고 있다. 어린시절 동호는 사과에 묻은 잇몸의 피를 부끄럽게 생각하고, 지금도 남 앞에선 과일 같은 것을 통째로 먹기가 조심스럽다고 숙에게 얘기한다. 이것은 동호가 육체에 대해 일종의 결벽이라고까지 얘기할 수 있는 어떤 부끄러움을 가지고 있음을 보여준다.

그러나 이 '육체에 대한 결벽' 뒤에는 역시 '육체에 대한 동경'이 내재되어 있다. 이것은 변소에 떨어진 외사촌 누이동생의 월경 탈지면에 오줌발을 대었을 때, "어떤 신선한 꽃잎"을 연상했다고 옥주에게 얘기하는 것에서 엿볼 수 있다. 즉 동호에게는 '육체에 대한 결벽'과 '육체에 대한 동경'이 공존하고 있다.

그렇다면 동호는 왜 숙에게 '잇몸의 피'에 대한 얘기, 즉 '육체에 대한 결벽'은 얘기할 수 있었으면서 옥주에게 한 "월경 탈지면"에서 "어떤 신선한 꽃잎"을 연상한 얘기, 즉 '육체에 대한 동경'은 얘기하지 못하는가? 이것은 동호가 숙에게서 '모성'까지를 추구하고 있다는 무의식의 표출이다. 육체에 대한 결벽이란, 바로 정신 지향적 성향으로 '모성'추구와 연관될 수 있기 때문이다. 여성에게 '어머니'를 추구할 때, 육체에는 관심을 기울일 수가 없다. 숙이 동호에게 육체보다는 정신을 강조할 때, 무의식속에서 '모성'을 추구하고 있던 동호는 이에 동조할 수밖에 없다. 그리고 오히려 육체에 대한 욕망을 억제한다는 데에 "어떤 쾌감"까지 느낄 수 있었던 것이다. 동호는 육체의 동경과 결벽이 공존하고 있음에도 불구하고 숙이 지향하는 정신과 꿈에 의해 쉽게 육체에 대한 동경을 물리칠 수 있었던 것이다. 이런 의미에서 동호가 정신을 표상하는 숙에게 '육체에 대한 동경'을 상징적으로 드러내는 '월경 탈지면'에 관한 얘기를 할 수 없었음은 당연하다. 즉 숙과의 만남속에서 동호는 무의식적으로 가지고 있던 '모성'추구를 아무런 갈등없이 실현시킬 수 있었던 것이다. 이렇게 동호는 여성에게서 '여성'만이 아닌 '모성'까지를 추구하고 있는 것이다. 다시 말해서 정신적 사랑을 대표하는 숙이와 함께 동호 역시 육체적 사랑보다는 정신적 사랑을 추구하는 이상지향적 인물로서 그의 무의식속에는 '모성'추구가 함께 내재되어 있다. 따라서 나무의 뿌리, 즉 모성을 표상하고 있는 숙이를 통하여 정신적 사랑과 모성을 추구하고 있던 동호가 현태에게 이끌려 동정을 잃어버렸을 때, 숙이라는 뿌리에 의존해 있던 동호는 비탈에 설 수밖에 없게 되면서 갈등을 일으키게 된다.

정신적 사랑을 강조하는 동호가 애정도 없는 작부에게 동정을 잃어버렸을 때, 동호는 구토할 수밖에 없었으며, 자신의 행위에 대한 자책감과 숙에 대한 죄의식으로 괴로워 할 수밖에 없는 것이다. 왜냐하면 동호는 육체에 대한 동경보다는 육체에 대한 결벽성을 더욱 많이 내포하고 있는 인물이기 때문이다.

따라서 이 작품속에서 동호가 자살함으로써 비극에 이르는 궁극적 원인은 바로 동호가 가지고 있는 '육체에 대한 결벽성'과 함께 그가 추구하고 있는 '정신지향적 사랑'과 '모성에 대한 지향성'에 기인한다고 볼 수 있다. 또한 장숙에게 달려가 동호 자신의 내적 고통을 얘기할 수 없게 만든 '전쟁'의 상황이 배경적 요인으로 작용한다. 즉 장숙과 동호 사이에는 '전쟁'이 가로 놓여 있기 때문이다. 동호와 장숙과의 거리는 '원테이 고개'349)로 암시되면서 전쟁으로 인해 야기되는 위기의식과 비극의 양상을 가속화시키고 있다. 이 작품속에서 서울과 인천 사이에 있는 험한 '원테이 고개'350)는 동호와 숙이와의 영원한 이별을 암시한다.

위에서 살펴본 바와 같이 '육체에 대한 동경'과 '육체에 대한 결벽'이 동시

---

349) 고개는 그 성격에 있어서 지역과 지역의 공간 분할 및 벽이나 단절과 유통과 통로로서의 연속성이 전제되며 동시에 길의 분기점이 된다. 고개는 우리 문학의 장소적인 심상에 있어서 기다림, 이별 등이나 분기점 혹은 접점의 장소로서 받아들여진다. 한국 사람들의 이별은 주로 공간이 갈라지는 산마루인 고갯길이나 나룻터에서 이루어진다. 그리고 기다림의 장소도 원근법적인 시각의 지평이 열리는 나룻터나 고갯마루에서다. 그곳이 바로 사방과 원근을 가장 잘 볼 수 있는 전망과 관찰의 위치가 될 수 있기 때문이다.
이재선, 『한국문학주제론』, p.286.
350) '원테이 고개'는 동호와 숙과의 사랑의 파국을 조성하는 상징적 의미가 있다고 천이두는 말한다. 나아가 "그건 분명 그들의 플라토니즘을 끝내 육체적 현실화 없이 공전하게 한 심술궂은 장애였다."라고 설명한다.
천이두, 「자의식의 현실・황순원 『나무들 비탈에 서다』」, 『綜合에의 意志』, p.160.

에 공존하고 있던 동호는 정신과 이상과 순수를 표상하는 숙이에 의해 '육체에 대한 동경'을 쉽게 뿌리칠 수 있었다. 그런데 옥주와의 육체적 결합으로 인하여 동호는 '육체에 대한 결벽성' 때문에 심한 내적 갈등을 일으키게 된다. 결국 동호는 그 자신이 가지고 있던 '육체에 대한 결벽성' 때문에 자살하게 되는 것이다. 즉 여성에게서 '여성'만이 아닌 '모성'까지를 무의식적으로 추구하고 있던 동호는 옥주와의 성적 관계 때문에 숙이와의 정신적 사랑과 순수성, 신비감이 더럽혀졌다고 생각될 때, 심한 자책감과 함께 숙에 대한 죄의식을 가지게 된다.

그러나 날이 갈수록 동호는 자기가 괴로워하고 있는 것이 어쩐지 멋쩍고 어이없게 생각되면서 "그 따분한 결벽성이란 걸" 처치하기 위해 의도적으로 옥주를 찾아간다. 그러나 자신의 결벽성에서 벗어나고 싶어 의도적으로 실행하는 옥주와의 두번째 육체적 관계에서조차도 동호는 완전히 그 결벽성에서 자유로울 수 없었다. 그만큼 애정이 결여된 육체적 관계에 대한 그의 거부감은 심각하다고 볼 수 있다.

그러나 옥주와의 두번째 관계에서 동호는 여인의 얄팍한 뒤어깨를 바라보면서 "무언가 충족되지 못한 아쉬움 같은 것"을 느꼈다.(p.262) 이러한 심리 상황은 바로 동호의 무의식속에 내재해 있던 '육체에 대한 동경'이 표출되고 있음을 말한다. 동호는 옥주와의 두번째 관계에서 느꼈던 "무언가 모를 아쉬움 같은 것, 이것을 그냥 남겨두고는 도저히 마음의 안정을 바랄 수 없다는 생각"(p.262) 때문에 또다시 괴롭힘을 당한다. 결국 '육체에 대한 동경'이 표출되었다고 볼 수 있는 이 아쉬움을 지우기 위해서 동호는 세번째로 옥주를 찾아간다. 그는 아쉬움 같은 감정조차도 용납할 수 없을 정도로 '육체에 대한 결벽성'에 시달리고 있는 것이다.

옥주와의 관계에서 이미 아쉬움을 느낄 정도로 육체에 이끌림을 당하고 있음에도 불구하고 동호는 이런 그 자신을 인식하지 못한다. 이렇게 찾아간 동호는 옥주와의 세번째 관계에서 "무언가 그네와 자기는 친숙해진 것 같은 느낌"(p.265)을 가진다. 그리고 그는 "긴장과 흥분이 풀린 뒤에 오는 허탈감" 속에서 현태처럼 도리어 이렇게 외친다. "너희놈들 들거라. 지금 난 아주 순수한 상태에 있다. 내 곁에 어떤 미인이 있대두 거들떠보지 않을 만큼 아주 순수한 상태에 있단 말이다. 누구를 사랑한다든가 미워한다든가 하는 그런 구질구질한 인간 속성에서 깨끗이 벗어난 이 홀가분한 기분…… 바람아 광풍아 그리구 태풍아 석달열흘 아니라 삼년열달을 분대두 나와는 아무 상관 없다……"(p.266)라고.

그럼에도 불구하고 이러한 동호의 심리 상황은 일시적인 것일 뿐, 동호는 숙이에 대한 죄의식과 함께 '육체에 대한 결벽성'에서 완전히 벗어나지 못하고 괴로워한다. 그는 숙이의 편지를 모두 불태워버린다. 그는 "좀더 홀가분한 기분이 되구 싶어. 좀더 홀가분한 기분이 되구 싶단 말야."(p.267)라고 하며 고통스러워한다. 또다시 숙이로부터 편지가 온다. 동호는 편지를 보지도 않고 태워버린다. 그만큼 동호는 숙이가 추구하는 정신적 사랑과 꿈과 이상의 세계에서 벗어나지 못하고 있음을 반증한다. 동호의 이러한 심리는 숙에 대한 죄의식과 '육체에 대한 결벽성'에 기인되는 것이며 일종의 자기학대라고 볼 수 있다.

동호는 '육체에 대한 결벽성'과 숙이에 대한 죄의식에서 벗어나기 위해 "오늘만은 무슨 일이 있어도 술을 마시지 않으리라. 한번 똑똑한 정신으로 그네를 대해보리라"고 생각하며 네번째로 옥주를 찾아간다. 그러면서 "문득 어째서 자기는 이렇게까지 하여 그네를 찾아가지 않으면 안되는가 하는 생각"을 한다. "그러면서도 오늘 저녁 자기가 그네를 찾아가야만 한다는 것은 움직일 수 없는 하나의 기정사실처럼"(p.269) 느끼는 것이다. 네번째로 옥주를 찾아갔을 때 남포등과 생흙냄새와 언제나 펼쳐져 있는 요에서 동호는 친근감을 느낀다. 이러한 친근감은 이미 동호가 점차로 육체에 끌려들어가고 있음을 반증하는 것이다.

동호는 입대 전날의 숙이와의 사랑을 옥주에게 재현한다. 이것은 동호가

'육체'를 표상하는 옥주에게서 '정신'을 표상하는 숙이를 찾으려 한 것이며,351) '현실'에서 '이상'을 찾으려 한 것이고 '여성'에게서 '모성'을 추구하려 한 것이다.

그러나 옥주에게서 발견할 수 있었던 것은 숙이와의 사이에서 느꼈던 사랑의 감정이 결코 아님을 느끼고 "도시 남자로서의 욕망"을 동호는 일으키지 못한다. 따라서 동호는 "이봐 옥주, 사람이란 어쩌면 그렇게 자기만의 좁은 테두리 안에서 벗어나지 못하는 걸까."(p.271)하며 '육체에 대한 결벽성'에서 벗어나지 못하는 자신에 대해 괴로워한다.

그리고는 자신의 소심증과 결벽성 그리고 그의 내면에 내재해 있는 '육체에 대한 동경'을 나타내는 이야기들을 말한다. '육체에 대한 결벽증'을 단적으로 드러내는 이야기, 즉 사과에 묻은 잇몸의 피를 외사촌 누이 동생에게 보이고는 부끄러워했다는 이야기를 숙에게 했듯이 옥주에게도 한다. 그러나 숙이에게 하지 않았던 이야기, 즉 누이동생의 월경 탈지면에 오줌발을 대고 거기서 "어떤 신선한 꽃잎"을 연상했었다는 이야기까지도 옥주에게는 한다. 이것은 바로 '육체에 대한 결벽성'과 함께 '육체에 대한 동경'이 내재해 있는 동호의 내면세계를 표출시킨 단적인 예라고 볼 수 있다.

---

351) 동호가 숙과의 사랑을 옥주에게 재현하는 행위에 대해 분석하면서 천이두는 성의 상품화로 전락해버린 옥주에게서 숙에게서만 기대할 수 있는 플라토니즘을 기대했다는 데에 동호의 비극은 있다고 말한다. "숙에게서만 기대할 수 있는 플라토니즘의 현실화를 엉뚱히 다른 옥주의 육체에서 바랐다는 것, 그때 이미 동호의 꿈은 중심을 잃기 시작한 것이다. 동호의 꿈을 감당할 만큼 순수한 옥주는 이미 아니었기 때문이다. 그녀의 육체는 이미 플라토니즘의 현실화를 위해서가 아니고, 한 푼이라도 더 벌기 위한 상품으로 전락한 뒤였던 것이다."라고 언급한다.
천이두,「자의식과 현실・황순원『나무들 비탈에 서다』」, p.160.
한편 원형갑은 "숙에게서 거절당한 동호의 육체는 복수라도 하듯 그의 결벽성과 대결하며 있었다. 동호의 육체는 옥주로 하여금 그의 육체를 열어야 했다. 숙이의 육체를 옥주에게서 찾아야 하는 것이다."라고 분석하고 있다.
원형갑,「『나무들 비탈에 서다』의 背地」,『현대문학』 제7권, 제2호(1961. 2), p.211.
이러한 원형갑의 견해는 지나친 비약이라고 필자는 본다. 따라서 필자는 이 문제에 대해서는 천이두의 논평에 동의하고 있다.

그리고 동호는 그 스스로 "숙이에게도 하지 않았던 이야기인데 그것을 지금 옥주에게 하고 있는 것은 무엇일까."(p.272)하며 그런 자신을 의아스러워한다. 동호가 숙에게 얘기하지 못한 것은 바로 숙이 정신과 꿈과 이상을 표상하는 인물이었기 때문이다. 동호 스스로가 내면에 가지고 있는 '육체에 대한 동경'을 '정신'과 '꿈'을 지향하는 숙이에게 얘기할 수 없었음은 어쩌면 필연적인지 모른다. '정신'을 표상하는 숙이에게 '육체에 대한 결벽'은 얘기할 수 있어도 '육체에 대한 동경'은 얘기할 수 없었던 것이다.

한편 동호가 '육체'를 표상하는 옥주에게 '육체에 대한 동경'을 얘기할 수 있었던 것은 당연한 귀결이라고 볼 수 있다. 이 작품속에서 옥주는 '육체'를 표상하는 인물로서 그녀 역시 전쟁에 의해 피해를 입은 비극적 운명의 여인이다. 그녀의 남편은 결혼한 지 보름만에 군대에 나갔다가 전사한다. 남편의 전사 통지서를 받고 마루에서 굴러 떨어지는 바람에 유산하고 술집 작부로 전락하게 된다. 그녀에게 있어서 남편의 영상은 다른 남자의 품에서도 뚜렷하게 새겨졌지만 세월의 흐름과 함께 육체적 관계가 계속되면서 남편의 영상은 희미해져 간다. 옥주는 "사람의 몸뚱이처럼 야속한 건 없드군요. 이 몸뚱이가 희미하게나마 남아있는 그이의 모습을 아주 지워 없애버리는 수가 있어요."(p.275) "정말 육신처럼 야속한 건 없어요. 나두 모르게 무서워질 때가 있어요."(p.275)라고 말한다. 이러한 옥주의 말은 그녀가 정신적 사랑이 결여된 육체적 행위만으로도 육체적 쾌락에 빠져들어가고 있음을 증명해 준다. 그리고 육체적 관계에서 느끼는 쾌락속에서 어느 순간 남편의 영상이 아주 지워 없어지는 수가 있음을 그녀는 인식하고 있는 것이다. 따라서 그녀에게 육신은 야속한 것으로 인식된다.

이러한 옥주의 말에 대해 동호 역시 "나두 그런 때가 있어."(p.275)라고 말한다. 이 말은 바로 동호가 자기 스스로 분명하게 인식하지는 못하지만 육체에 끌려들어가고 있음을 어렴풋이 인식하고 있음을 뜻한다. 동호의 이 말에 옥주는 "그까짓 일시적인 무서움은 내가 없애줄 수 있어요."라고 말하며 살뜻한 몸짓으로 동호를 이끌어준다. 옥주와의 네번째 관계속에서 "동호는 이 날 밤 처음으로 어떤 충족감을"(p.276) 느낀다. 그리고 동호는 숙이 생각이 났지만 "이상스레 그는 안온한 허탈감속에 휩싸인 채 숙이에 대한 어떤 죄의식이나 미안함 같은 것을 느끼지 않아도 되었다."(p.276) 이 대목은 동호가 완전하게 육체에 끌려들었다는 것을 증명한다. 그리고 이후부터 동호는 옥주에 대한 생각도 잊어버리고 죄의식과 결벽증에 시달리지 않게 된다.

그러나 숙이의 편지가 와 닿으면서 동호는 또다시 그의 의식에서 완전히 지워지지 않고 있던 '육체에 대한 결벽성' 때문에 죄책감을 느껴야만 했다. 그래서 이제 동호는 "그 안온한 허탈감"속으로 회피하기 위해 다섯번째로 옥주를 찾아간다. 그러면서 "우선 처음으로 육체의 접촉을 가진 여자라는데 새삼스럽게 엷은 흥분같은"(p.280) 것을 느낀다. 그런 동호는 하나의 장면에 직면하게 된다.

> 그때 별안간 방안에서 기이한 소리가 들려나왔다. 아, 아, 아, 아, 하고 여자의 비명도 아니요 신음도 아닌 다급한 외마딧소리가 점차로 높아지면서 되풀이되는 것이었다. 동호는 어떤 알지 못할 힘에 떼밀치우듯이 발걸음을 떼었다. 그러나 곧 서버렸다. 한 상념이 그의 뇌리를 할퀴고 지나갔던 것이다. 육신처럼 야속한 건 없어요, 이 몸뚱어리가 희미하게나마 남아있는 그이의 모습을 아주 지워버리는 수가 있어요, 나두모르게 무서워질 때가 있어요. 동호는 자기 가슴속에 모래가 확 뿌려지는 듯함을 느꼈다. 삽시간에 그 모래 한 알 한 알이 뜨거운 열기를 띠고 달아올랐다.
> 그는 종잡을 수 없는 어떤 분노에 몸이 굳어졌다.352)

위 인용에서 나타나고 있는 '모래'의 이미지는 자의식을 표상한다. "뜨거운 열기"를 띠고 달아오르는 '모래'는 분노의 열기로 인해 달아오르는 자의식의 상징이다.

여기서 동호가 분노를 느끼는 이유353)는 무엇 때문일까. 이것은 옥주와 같

---

352) 황순원, 『나무들 비탈에 서다』, p.282.

이 육체적 관계를 맺고 있는 남자에 대한 질투 때문353)이 아니다. 동호의 분노는 바로 자신이 자기도 모르게 육체에 끌려들어가고 있었음을 확실히 깨닫게 될 때 스스로에게 발하는 분노인 것이다. 또한 "육신처럼 야속한 건 없어요."라고 말하던 옥주의 육체에 대해 발하는 분노인 것이다. 그리하여 옥주의 방을 향하여 총을 쏘는 것이다. 총을 쏘는 행위는 육체에 자기자신도 모르게 끌려들어가고 있었다는 데 대한 자기인식의 결과이며 이에 대한 분노의 표출이다. 따라서 동호는 피해자가 죽었는지 살았는지의 여부도 모른 채 자살하고 마는 것이다. 즉 정신적 사랑을 추구하던 동호가 현실속에서 자신이 옥주를 통하여 육체에 끌려들어가고 있는 모습을 발견할 때 육체를 거부하면서 발하는 분노인 것이다.

동호가 분노를 느끼는 것은 '육체에 대한 결벽성'을 지우기 위해서, 옥주를 의식적으로 찾아가고 있었음에도 불구하고, 자기 스스로도 모르게 육체에 끌려들어가고 있었던 이율배반적인 자신의 모습을 그 순간 인식했기 때문이다. 옥주가 "육신처럼 야속한 건 없어요."라던 말은 바로 동호 자신의 내면속에 일고 있던 말인 것이다. '육체에 대한 결벽'이라 할 수 있는 정신지향적 사랑

---

353) 동호가 분노를 느끼는 이유에 대해 천이두는 "이건 옥주에 대한 분노가 아니다. 그녀의 <야속한 육체>에 대한 분노, 아니 옥주와 똑같이 야속해하던 자기 육체에 대한 분노이며, 자아의 배신당한 플라토니즘이 발하는 분노에 다름아니다. …… 옥주 및 동호의 육체를 용서하지 않는, 숙의 그 완고한 꿈(플라토니즘)이 발하는 분노."라고 말한다.
천이두, 「자의식과 현실・황순원『나무들 비탈에 서다』」, p.163.
천이두의 이러한 분석은 설득력이 있다고 본다.
354) 한편 조남현은, 동호가 분노를 느끼고 옥주를 살해한 부분에 대해 다음과 같이 설명한다. 샌님형의 한 표본인 동호가 술집 여자 옥주에게 온통 마음을 빼앗겼다가 급기야 그녀를 총으로 쏘아 죽인 것(p.149)이라고 해석하면서 그가 옥주를 살해한 원인으로 옥주에게 애인 장숙과의 관계에서나 있을 법한 기대감과 질투심 그리고 배반감을 느꼈기 때문이라고 말한다.
조남현, 「『나무들 비탈에 서다』, 그 외연과 내포」, 『黃順元硏究』 황순원전집 제12권, p.151.
옥주를 살해한 동기가 상대방 남자에 대한 질투 때문이라고 보는 이러한 견해에 대해 필자는 동의하지 않는다.

의 추구가 '육체에 대한 동경'이라 할 수 있는 옥주와의 육체적 관계에 의해 현실속에서 함몰되어 갈 때 동호는 분노하는 것이다. 즉 동호가 자살함으로써 비극에 이르고 마는 것은 동호의 정신이 육체를 용납하지 않은 것에 있다. 이렇게 볼 때, 동호가 자살함으로써 비극을 맞게 되는 가장 큰 요인은 바로 자기자신의 결벽적인 성격에 기인함을 알 수 있다.

융의 심리학에서 볼 때, 동호의 '페르소나'(persona)가 그의 자아와 외부세계를 중재하는 데에 부적합한 것처럼, '아니마'(anima)는 그의 내부세계와 관련을 맺는 데에 실패한 것이다. 즉 '육체에 대한 결벽'과 '육체에 대한 동경'이 이상과 현실 사이에서 융화되지 못하고 분열되고 만 데에 결정적인 비극의 원인이 있는 것이다.

이로써 천이두가 '원테이 고개'로 상징되는 '전쟁'을 비극의 원인으로 들고 있음에도[355] 일면 긍정하지만 보다 더 궁극적인 요인은 바로 동호의 성격에 있음을 필자는 살펴보았다. 만약 동호가 여성에게서 '여성'만이 아닌 '모성'까지를 추구하지 않았더라면 숙과의 육체적인 결합에 의해서 그들의 사랑은 꽃피었을 것이고, 설혹 옥주와의 관계가 강제적으로 있었다 하더라도 그렇게 심한 결벽에 괴로워하지 않았을 것이다. 따라서 자살이라는 비극도 없었을 것이다. 곧 현실세계에서 '여성'인 '육체'에 끌려들어가고 있는데도 불구하고 이상세계에서는 '정신'을 더욱 크게 고집한 데에 그의 비극이 있는 것이다.

동호는 "한창 따가는 판에 파장이 된 노름판 기분"을 이해할 수 있을 것 같다면서, "내가 보기엔 말야, 이번 동란에 나왔던 젊은이들은 죄다 피해자밖에 될 수 없다는 생각이 들어. 그들이 무슨 일을 저지르건 말야. 모든 젊은이란 말이 너무 거창하면 우리 주변의 친구만 두구 봐두 그렇잖어? 우선 그 사고뭉치 김하사가 그렇구, 또 그 선우상사가 그렇구 그리구……"라고 말한다. 동호 자신이 전쟁의 피해자임을 인식하고 있음을 암시적으로 보여주는 대목이다. 생략된 ……의 부호속에는 동호 자신의 이름이 들어가야만 했던 것이다.

---

355) 천이두, 『綜合에의 意志』, p.160.

동호와 현태는 동초들이 온 쪽을 향해 각각 헤어졌다.
하늘에는 얼음을 부스러뜨려 뿌린 듯한 차가운 별들이 박혀있었다. 그 아래 눈 덮인 땅이 별빛에 희뿌옇게 드러나 거리가 멀어짐에 따라 차츰 그 빛을 잃어가다가 나중에는 어둠과 뒤섞여지고 마는 것이었다.
현태는 유리 깨지는 날카로운 소리를 듣고 뒤를 돌아보았다. 동호가 술병을 메쳐 깨뜨려버린 모양이다. 자식, 오늘 기분상한 일이 있었나 보군, 꽤두 숙맥이지. 그러나 흰 파카를 입은 동호의 그림자는 이미 눈빛과 하나이 되어 어둠속에 묻혀 보이지 않았다.
현태는 다시 앞을 살피며 걸음을 옮겨놓기 시작했다. 그는 왜그런지 여기가 금연 지역이라는 것을 알면서도 자꾸 담배를 한대 피우고 싶은 충동을 받았다.
동호가 시체로 발견된 것은 그로부터 두 시간쯤 뒤에 다음 차례 초병 교대가 있었을 때였다. 밤이라 검게 뵈는 피가 흰 눈 위에 꽉 얼어붙어있었다. 왼쪽 손목의 동맥을 끊은 것이었다. 오른손 옆에 술병 깨진 유리조각 하나가 눈에 얼마큼 파묻혀있었다. 그 얼굴이 눈처럼 희었다.356)

이 대목에서 얼음의 이미지와 결합하고 있는 차가운 '별'357)은 어둠의 힘에 대항해 싸우는 '정신의 힘'과 '정화력'을 표상한다. 따라서 '별'의 이미지는 정신적 사랑을 지향하면서 육체에 대한 동경을 거부했던 동호를 표상한다고 볼 수 있다. 순수와 정화를 표상하는 '눈' 덮인 '땅'이 별빛에 희뿌옇게 드러나다가 거리가 멀어짐에 따라 차츰 그 빛을 잃어가고 나중에는 죽음을 표

---

356) 황순원, 『나무들 비탈에 서다』, p.285.
357) 별은 어둠의 힘에 대항해 싸우는 정신의 힘을 표상한다.
  J. E. Cirlot, *A Dictionary of Symbols*, p.309.
  카뮈의 『謫地와 王國』에서 자닌느는 밤하늘에 총총히 뜬 별들을 '빛나는 얼음덩이들'이라고 생각한다. 카뮈에게 있어서 '별'은 정화력을 상징한다.
  김화영, 『문학 상상력의 연구』(서울 : 문학사상사, 1989), pp.536~539.
  황순원이 얼음의 이미지와 별의 이미지를 결합하여 묘사하고 있다든지 별이 정화력을 표상하는 점은 카뮈와 공통적이다. 이점에서 황순원과 카뮈의 영향 관계를 밝히는 작업은 매우 의미있다고 본다.

상하는 '어둠'과 뒤섞여지고 마는 것이다. 즉 순수와 순결과 정화를 상징하는 '눈' 덮인 '땅'은 순수와 정신과 모성을 상징하는 숙이를 의미한다고 볼 수 있다. 정신적 사랑과 모성을 지향하던 동호의 '정신', 곧 동호의 '별'로 인해서 순수와 정신을 표상하던 숙이와의 사랑은 빛을 발하지만 차츰 그 빛을 잃어 가다가 죽음을 의미하는 어둠과 뒤섞여지고 만다. 눈덮인 대지에서 별빛이 사라지는 것은 동호의 죽음을 암시한다. 전쟁을 표상하는 '유리'의 독소에 의해 '별'로서 표상되는 동호는 결국 죽음을 당할 수밖에 없었던 것이다. 순수와 정신을 추구했던 동호는 흰 파카를 입은 채 정화를 표상하는 눈빛과 하나가 되어 죽음에 이르는 것이다. 결국 동호는 '눈'으로 표상되는 '순수' 속에 파묻혀버리는 것이다. 그는 죽음을 선택하면서까지 '정신'과 '순수'를 지향했던 것이다. "흰 파카를 입은 동호의 그림자"는 바로 순수와 정신과 정화를 갈망했던 동호의 초자아와 양심을 표상한다. 결국 동호는 이 작품의 첫머리에서 암시하고 있었듯이 전쟁을 표상하는 유리 조각에 의해 자살하고 마는 것이다.

동호는 '육체에 대한 동경'을 거부하고 정신적인 사랑만을 강조했던 인물로 대표된다. 이렇게 동호가 자살함으로써 비극을 맞게 되는 가장 큰 요인은 바로 정신적 사랑을 지향하는 그의 자세와 결벽적인 그의 성격에 기인한다고 본다. 또한 무의식속에서 여성에게서 '모성'까지를 추구했던 그의 내면세계와도 결부될 수 있다. 동시에 배경적으로는 전쟁의 상황하였기 때문에 동호의 갈등이 숙의 사랑으로도 극복될 수 없었다는 점에서 동호의 죽음은 더욱 안타까운 일이라 볼 수 있다. 다시 말해서 동호, 숙이, 옥주, 현태 등은 모두들 하나같이 동호의 말처럼 전쟁의 피해자였던 것이다.

③ 실존적 허무의식과 모성지향성

장편 『나무들 비탈에 서다』의 제2부에서는 전쟁의 상처와 피해의식 그리고 인간존재의 허망성에서부터 탈피하여 새로운 삶과 자아를 회복하려는 실존적 고뇌와 좌절의 양상을 보여주고 있다.

이 작품속에서 허무와 권태와 무위의 삶속에서 끝없이 침몰하고 있는 대표적 인물은 현태이다. 현태를 통하여 전쟁이 끼친 정신적 폐해를 보여주고 있으며 허무의 심연으로부터 탈출하려는 그의 안간힘을 통하여 어떻게 인간은 구원될 수 있는지에 대한 문제를 탐색하고 있다. 동호가 이상과 꿈을 쫓는 이상지향적 인물이라면, 윤구는 철저한 현실주의자이다. 이에 반해 현태는 허무와 권태, 그리고 무위의 세계에서 자유를 처리하지 못해 자의식의 병을 앓고 있는 인물이다. 그는 그의 말대로 전정받아야 할 나뭇가지로 표상되고 있다.

동호의 비극이 이상과 꿈을 쫓는 그의 정신지향적 사랑과 육체에 대한 결벽성에 기인된다면 현태의 비극은 여인 살해에 대한 죄의식과 끝없는 자학 그리고 실존적 허무의식에서 기인된다고 볼 수 있다. 그렇다면 현태가 느끼는 실존적 허무의식과 인간 거래에서 느끼는 부담감은 언제 어디에서부터 온 것일까. 현태는 스스로 이렇게 질문한다.

> 술기운으로 붉어진 눈을 석기에게로 향한 채,
> "도대체 이런 상태에 빠지게 하는 것이 뭘까? ……자기에게 주어진 자율 처리하지 못할 만큼 무능력하게 만든 게 뭐냐 말야? …… 대체 언제, 어디서 누구 땜에 이런 무능력자가 되지않으면 안됐느냐 말야, 응"
> 그러나 현태는 이번에도 석기의 대꾸를 기대하지 않은 듯이 그에게서 눈을 거두어 술잔을 집어드는 것이었다. 그러면서 중얼거렸다.
> "다시 한번 전쟁터에 서보구 싶어. 그리구선 죽음과 맞선 순간순간에 잃어버린 나 자신을 도루 찾구 싶어. 그땐 정말 자신이 있었어."[358]

위 인용에서 볼 때 현태가 무기력과 나태와 무위에 빠진 것은 전쟁이 남긴 정신적 상처, 즉 여인 살해에 대한 죄의식에 기인된 것만은 아니다. 물론 제

---

358) 황순원, 『나무들 비탈에 서다』, p.359.

대 후 아버지의 회사에서 의욕적으로 일을 하던 현태가 여인 살해에 대한 회상을 통하여 죄의식을 느끼고 권태와 방종과 무위의 생활로 빠져드는 것은 사실이다. 그러나 그것이 전부는 아닌 것이다. 만약 여인 살해에 대한 죄의식이 그로 하여금 무능력자가 되게 한 이유의 전부라면, 왜 또다시 현태가 전쟁터에 서보고 싶다고 말하겠는가. 다시 말해서 현태의 실존적 허무의식은 전쟁 중에 일어난 여인 살해에 대한 죄의식에서 야기된 것이라고 하기보다는 전쟁 전부터 이미 현태의 무의식의 저변에는 인간관계에 대한 허망감과 함께 실존적 허무의식이 깊게 자리하고 있었다고 필자는 본다. 즉 현태의 심층세계에는 다른 사람보다 더 짙은 인간관계에 대한 허망감과 실존적 허무의식이 내재해 있었던 것이며, 이 허망감과 허무의식이 여인 살해에 대한 죄의식에 의해 더욱 촉발된 것이라고 본다.

그렇다면 현태가 왜 인간관계속에서 부담감을 느끼고 있으며 이것은 어떠한 무의식의 발로인가를 살펴보자.

현태는 윤구와 함께 전쟁터에서 곧잘 위안소를 다녀와서 동호에게 이런 말을 지껄여대곤 한다.

    어이 시인, 그 아니꼬운 눈초리루 사람을 바라보지마, 무슨 드러운 물건이나 보는 것같은 그 메스꺼운 눈초리루 말야, 되레 지금 난 누구보다두 순수한 상태에 있다는 걸 알아야 해, 누굴 사랑한다든가 미워한다든가 하는 그런 구지레한 인간거래를 깨끗이 벗어난 이 홀가분한 기분, 당장은 어떤 미인이 곁에 있대두 무관심할 수 있는 이 평온한 안식을 너는 모를 거다. 술이 취하여 이렇게 주절대다가는 쓰러져버리는 것이다.359)

위 인용에서처럼 현태는 인간관계속에서 분명 부담감을 느끼고 있으며 따라서 인간관계에서 빚어지는 복잡함과 부담감을 떨쳐버리고 '평온한 안식'을 무의식적으로 갈망하고 있었던 것이다. 그는 인간관계의 부담감을 벗어버리

---

359) 위의 책, p.196.

기 위해서 또 여인을 부대까지 귀찮게 데리고 가는 수고를 덜기 위해서 살려 달라는 여인을 목졸라 죽인다. 즉 그에게 있어서 생명존엄성에 대한 인식보다는 오히려 여인을 데리고 가야 하는 부담감과 짐을 벗어버리려는 충동이 더 컸던 것이다. 그만큼 어떤 의미에서 현태의 내면에는 인간존재에 대한 의의나 존재 가치는 상실되어져 있었다고 볼 수 있다. 이미 그는 전쟁으로 표상되는 '유리'의 독소에 의해 생명존엄성과 생존에 대한 의미를 그의 가슴으로부터 몰아내버렸는지 모른다. 아니면 전쟁터에 나가기 이전부터 그는 이미 삶에 대한 권태와 무위와 타성에 지쳐있었는지도 모른다.

김하사의 죽음을 두고 동호가 "결국 그들 가족의 꿈이 깨지구 마는군."(p.244)하고 말했을 때 현태는 "가난한 사람들의 꿈이란 게 별 것 있어? 아들 하나쯤보다는 맘에 먹었던 논이나 밭 한 뙈기 제 물건 만드는 게 더 소중할 지 모르지."(p.244)라고 말한다. 현태의 이 말에서 고찰할 수 있는 점은 현태가 부모 자식 간의 관계를 근원적인 사랑의 관계로 결합지우기 보다는 현실과 실리에 비추어서 생각하고 있다는 점이다. 그만큼 어떤 의미에서 그는 근원적으로 무위와 권태에 빠져 있다고 볼 수 있다. 인간관계에서 그가 사랑보다는 실리와 부담감과 불신을 가지고 있음을 드러내 보이고 있다.

따라서 동호가 "땅은 리얼하지. 그래두 그 위에 서서 다니는 인간에겐 꿈이란 게 있어야 하지 않을까?"(p.244)라고 말할 때 현태는 "흥 뭣 땜에? 이제 저녁 때 나올 반찬이 뻔한데두 혹시나 별것이 나오지 않을까 하는 기댈 갖기 위해서? 그렇잖음 다음 외출날엔 무슨 더 유쾌한 일이 있어주길 바라는 의미에서? 좀 그 꿈이란 소린 집어쳐."(p.244)라고 말한다. 여기서 동호가 말하는 '꿈'은 인간이 추구해야 할 이상, 정신, 희망, 사랑이라고 볼 수 있다. 인간의 '꿈'을 중시하는 동호에 반해 현태는 인간존재에 대해 기대와 희망을 가지지 않는다. 그만큼 현태는 이미 삶에 대한 권태와 무위에 빠져 있는 것인지도 모른다.

이미 삶에 대한 권태와 인간존재의 허망함을 맛본 현태에게 있어서 동호가 말하는 '꿈'은 한갓 허실한 바람에 지나지 않는 것이다. 그래서 그는 동호에게 "하여튼 난 네 그놈의 순정이란 게 위태스러 못 보겠어."(p.199)라고 말할 수밖에 없다. 그리고 현태는 여자를 자기껏으로 만드는 데는 그 육체를 점유하느니 밖에 없다고 말한다. 그는 위안부를 찾고 나선 "인간거래를 깨끗이 벗어났다."고 호언장담한다. 그는 여자에게서 어떠한 의미도 찾으려고 하지 않는다. 이런 측면에서 현태와 동호는 대조적인 인물이다. 현태가 윤구의 애인인 "미란을 기피한 이유도 그녀가 강요하는 인간거래가 두려웠기 때문이다."360) 이렇게 현태는 "뭐니뭐니해두 여잔 돈주구 거래하는 편이 마음 편해. 부담을 느낄 필요가 없으니까 말야."(p.349)라고 말하며 감정이 사장되어 있는 계향을 찾아간다. 그녀가 현태의 자의식에까지 침투해 올 부담이 없었기 때문이다. 계향이가 현태에게 "어떤 휴식같은 것"을 줄 수 있었던 것도 그들 사이에는 자의식의 교류가 두절되어 있었기 때문이다.

그렇다면 이렇게 아무런 애정도 없는 여인들에게서 "편안한 상태"와 "어떤 휴식"을 추구하는 마음은 어떠한 무의식의 표출일까. 이는 현태가 인간거래나 인간관계가 필요치 않은 일종의 '자궁에로의 복귀'를 갈망하는 심리상태라 볼 수 있다. 즉 어머니의 뱃속으로 다시 퇴행해 들어가고 싶어하는 변칙적 욕망의 발로이다. 어머니의 태내속에서라면 "어떠한 인간관계"에서 빚어지는 상처와 부담감도 느낄 필요가 없기 때문이다.

왜냐하면 이 세상에 존재하는 한 어떤 의미로든 인간관계에서 벗어날 수는 없기 때문이다. 인간관계속에서 빚어지는 크고 작은 상처에서 인간은 도저히 벗어날 수 없다.

> 인간관계 치고 궁극적인 의미에서 어떤 형태로든 상처라는 걸 면할 수 있는 길이 있을까. 크고 작고 심하고 덜한 차이나, 외적인 것과 내적인 것, 의식적인 것과 무의식적인 것의 다름은 있을망정 서로 어떤 상처를 주고받지 않고서는 무릇 인간관계란 성립되지부터 않는 성싶다. 그것이

---

360) 천이두, 「자의식과 현실・黃順元『나무들 비탈에 서다』」, 『綜合에의 意志』, p.167.

친구간이든 남녀간이든 심지어는 부모자식간이라 하더라도 이에서 벗어날 수 없는 것이다. 그저 우리가 이런 상처 속에서도 그냥 삶을 영위할 수 있는 것은 그것들을 망각하기에 애쓰고 또한 거기에 익숙해진 때문인 것이다.361)

작가는 인간관계에서 빚어지는 상처를 위 인용문을 통하여 보여주고 있다. 이것은 인간관계에 대한 작가자신의 의식을 반영한다고 볼 수 있으며 이러한 작가의 의식은 현태와 장숙의 관계속에서 부각되고 있다.

그렇다면 현태는 왜 이렇게 인간관계에서 부담감을 느끼고 있는가. 이것을 그의 부모 특히 어머니와의 관계에서 살펴보고자 한다. 현태에게 있어서 어머니의 존재는 비자를 내주는 등 지나치게 관심을 쏟아 그를 귀찮고 역겹게 만들뿐이다. "어머니란 누구랄 것 없이 자식이 장성한 뒤에도 어린애처럼 여겨지는 것인가 보다. 때로는 그 모성애가 자식에게는 도리어 귀찮고 역겨운 때가 많은 것이다."362)에서 볼 수 있듯이, 현태에게 있어서 어머니는 "귀찮고 역겨운" 존재일 때가 있다. 따라서 그는 이러한 어머니와의 인간관계에서 벗어나고 싶어하는 것이다. 그는 "완전한 평안과 휴식의 상태"가 가능한 모체 속으로 퇴행하고 싶은 것이다.

그는 무위와 타성에 젖은 생활을 탈피하기 위해 어머니의 권유대로 외국으로 갈 결심을 번번이 하지만 실행을 하지 못한다. 그는 비행기를 타러 나가는 그의 모습을 무심코 상상해 본다. 현태는 어머니에게도 아버지에게도 진정한 애정을 느끼지 못한다. 다만 가족의 구성원속에서 그 자신이 꼭 필요한 존재가 아니라는 것을 느낄 뿐이다. 그것은 바로 현태가 느끼는 고독감이며 무위의 감정이다. 즉 현태의 무위와 권태와 실존적 허무의식은 근본적으로 어머니와의 관계에서 형성된 것인지도 모른다. 어머니가 지나치게 현태에게 장남으로서의 책임감을 강요한다든지 지나친 간섭을 보일 때 현태는 부담감

---

361) 황순원, 『나무들 비탈에 서다』, p.321.
362) 위의 책, pp.376~377.

에서 홀가분하게 벗어나고 싶었는지도 모른다. 또 반대로 사업에만 몰두해서 현태에게 지나친 방임주의를 보이는 아버지로 인하여 허무의식을 일찍부터 체득했는지도 모른다. 어쨌든 현태는 모든 인간거래에서 벗어난 홀가분한 상태를 갈구한다.

'모체에로의 퇴행'속에서만 느낄 수 있는 "완전한 평안과 휴식의 상태"를 찾기 위해 현태는 계향을 찾아간다. 그러나 계향에게서 "죽구 싶어요."라는 감정의 소리를 듣게 될 때 이미 "이곳도 자기의 휴식처는 아니라는 생각"이 들며 계향에게 단도를 주는 것은 너무나 필연적인 귀결이라 볼 수 있다. 즉 현태는 계향을 통해서 어머니의 태내와 같은 상태로 퇴행함으로써 자의식의 과잉이 빚어내는 타성과 무위와 권태를 잊으려 했다. 그러나 계향에게서 "죽구 싶어요."라는 의식의 소리를 들을 때 현태의 기대는 깨어져버린다.

현태는 그 자신이 타성과 무위와 권태의 늪속에서 헤어나지 못할 때 차라리 죽음을 원한다. 그럼에도 불구하고 그의 환영속에서 비행기는 "그를 향해 일제히 불이 뿜어지려는 순간" 그 자리에 딱 서버리는 것이다. 죽음을 원하던 그에게 죽음이 오지 않을 때 "빌어먹을!"하고 그는 눈을 뜰 수밖에 없다. 어둠속에서 계향이의 죽음을 보면서 현태는 "그대로 내버려두면 그만"이라고 생각할만큼 그는 허무와 타성의 늪에 침잠해 있는 것이다. "그러는데 신음소리에 섞여 그네가 무슨 말인가" 웅얼거리는 것을 보고 현태 자기에게 하는 것만 같아 그네 입에다 귀를 대지만, 계향은 고개를 한 옆으로 비켜버린다. 이것은 현태를 거부하고 있다는 단적인 증거이다. 이때 "불현듯 현태는 다시금 자기는 이 세상에 완전히 혼자"라는 느낌이 들면서 단도로 자살하려 한다. "그러나 다음 순간 이것마저 싱겁다는 생각"이 들면서 자조의 웃음을 흘리는 것이다. 결국 자의식의 전정설을 제시하고 있던 현태는 "부작위에 의한 살인행위"로 간주되어 무기징역을 선고받음으로써 비극으로 전락하고 만다.

동호가 여성에게서 '여성' 이상의 '모성'까지를 추구한 인물이라면 현태는 인간관계와 자기자신의 자의식에서 벗어나고자 '모체속으로의 퇴행'을 갈구했던 인물이라 볼 수 있다. 현태는 근본적으로 인간 실존에 대한 허무의식과 함께 인간관계에서 부담감을 느끼는 인물이다. 따라서 미란과 같이 자아속으로 침투해 들어오는 여자를 좋아하지 않는다. 그렇다면 제대하면서 "이젠 우리두 우리의 생활을 가져야지."라고 말하던 현태가 정정되지 못하고 비극에 이르고 마는 이유는 무엇인가. 그것은 현태가 본질적으로 실존적 허무의식을 가지고 있는 인간이며 이러한 허무의식은 또다시 전쟁중에 살해한 여인의 회상으로 가속화되었기 때문이다. 여인 살해에 대한 죄의식이 그를 더욱 끝없는 방종과 무위와 권태의 세계로 끌어들인다. 또한 "불현듯 살의" 같은 것을 느끼며 장숙을 범함으로써 자기자신에 대한 자학증과 죄의식이 무의식적으로 그를 더욱 막다른 데로 몰고가 끝내 파멸하고 마는 것이다. 현태가 장숙이를 범함으로써 느끼는 죄의식은 "그러고 보면 자기는 그동안 무심하려 하면서도 그네의 일이 자기를 누르고 있었던 것을 깨달았다."(p.363)라는 지문속에서 증명되고 있다. 또 여인 살해의 회상속에서 현태는 "내가 내려가니까 그 여잔 별루 항거하는 빛두 없었어, 일어나 나오려는데 손을 와 잡지 않겠어? 그 손이 뭣을 말하는지 알았지, 허지만 해치우구 말았어, 그뿐이야, 그런데, 그런데……"363)라고 생각한다. 전혀 양심의 가책없이 여인을 살해했는데 그런데 그 살해는 제대 후 현태로 하여금 자기자신을 자학하게 하는 결정적인 계기가 되면서 결국 그를 파멸로 이끌고 가는 동인이 되고 있음을 증명한다. 나아가 윤구를 찾아가면서 현태가 "숙이 생각을 밀어내듯 두리번거리며"(p.380) 담배가게를 찾는 모습에서도 그가 무의식속에서 숙이에게 죄책감을 가지고 있음을 반증한다고 볼 수 있다.

동시에 현태가 "지금 자기는 어떻게든 결단을 짓지 않으면 안될 막다른 데 부닥쳤다는 생각"(p.384)만을 자꾸 되풀이하는 모습속에서 그의 자학이 극한으로 치닫고 있음을 살펴볼 수 있다. "그는 완전히 자기 혼자라는 고독감에 짓눌렸다. 그럴수록 무어든 한가지 자기 손으로 해내고 싶었다. 자기가 할 수

---

363) 황순원, 『나무들 비탈에 서다』, pp.364~365.

있는 일은 무엇인가?"(p.385)라고 반문하면서 계향을 찾아가는 것이다. 그러나 그의 "남성이 말을 듣지 않는 것"을 발견하면서 "또다시 막다른 데 이르렀다는 생각이 다가왔다."(p.387)라고 느낀다. 이러한 현태의 심리 상황은 그의 허무의식과 자학증이 극한에 도달했음을 반증한다. 그러면서 그는 "그저 비행기를 타자. 그러나 이대로 비행기를 탄다고 해서 무엇이 달라진단 말인가. 다만 지금의 생활을 연장시키는 데 지나지 않지 않은가. 무의미한 생활의 연속. 그것은 자기자신에 대한 죄악이 아닌가. 그렇지만 죄악이라도 좋았다. 단지 그나마 지탱해나갈 힘이 자기에게 있는가 어떤가가 문제인 것이다."라고 생각한다. 바로 그때 계향이가 "죽구 싶어요."라고 말하며 처음으로 감정이 담긴 말을 할 때 현태는 "이미 이곳도 자기의 휴식처는 아니라는 생각이" 들면서 오버 주머니에서 단도를 꺼내어 주게 되는 것이다.

계향이의 비극은 성적 도구로 상품화된 자신의 존재를 인간의 눈과 감정으로 의식하고 절망했다는 점에 있었다. 현태의 비극은 전정되어야 할 자의식의 나뭇가지를 전정하지 못하고 끝없이 허무와 자포자기와 권태속으로 자기자신을 몰고 갈 수밖에 없었다는 점에 있었다. 이렇게 현태의 자의식을 끝없이 허무와 자학과 권태속으로 침몰시킨 결정적인 동인은 무엇인가. 그것은 바로 여인 살해에 대한 죄의식과 숙을 범했다는 데에 대한 죄의식의 문제에 있었다. 이렇게 볼 때 현태는 전쟁의 피해자이면서 동시에 여인과 동호와 장숙과 계향에게는 가해자로 군림하게 되는 것이다.

현태가 전쟁의 피해자라는 사실은 장숙의 말을 통하여 증명되고 있다.

"선생님이 받으신 피해가 어떤 종류의 것인지는 모르겠습니다. 그렇지만 큰 의미에서 이번 동란에 젊은 사람치구 어느 모로나 상처를 받지 않은 사람이 있을까요. 현태씨두 그중의 한사람이라구 봅니다. 그리구 저두 또 그중의 한사람인지 모르구요."
"네…… 그런 생각에서 그 친구의 애를 낳아 기르겠다는 겁니까?"
그네는 윤구에게 주던 시선을 한옆으로 비키면서,

"모르겠어요. ······어쨌든 제가 이 일을 마지막까지 감당해야 한다는 것 외에는. ······그럼 실례했습니다."
숙이는 가만히 대문께로 몸을 돌렸다.364)

이 소설의 결말부분에서 나타나듯 장숙은 동호와 마찬가지로 현태 역시 전쟁의 피해자임을 증명해 주고 있다. 현태를 사랑하지도 않는 숙이가 현태의 아이를 낳아서 어떻게든 제 힘으로 마지막까지 감당해야겠다고 하는 결의는 비장하기까지 하다. 이러한 숙이의 결의는 근본적으로 그녀가 가지고 있는 생명존엄사상과 강한 모성의식의 발로에 기인된다고 볼 수 있다.

이 작품속에서 나무의 뿌리로서 표상되고 있는 장숙은 '모성'을 상징하는 인물로 대표된다. '모성'을 표상하는 장숙이가 여성에게서 '여성'이상의 '모성'까지를 추구했던 동호와의 사이에서 사랑과 생명의 결실을 맺지 못하고 엉뚱하게도 전정되어야 할 나뭇가지로 표상되는 현태와의 사이에서 원하지 않는 임신을 하게 됨으로써 장숙 역시 비극적 인물로 떨어질 수밖에 없게 된다. 이들이 이렇게 비극으로 떨어질 수밖에 없었던 이유는 시간적 배경에서 볼 때 전쟁 상황하에서 기인되었다고 볼 수 있다. 이들의 비극은 전쟁의 상황하에서 빚어진 현태의 여인 살해와 나아가 동호와 옥주의 육체적 관계에서부터 연쇄적으로 파생되고 있다. 동시에 비극의 내적 요인으로는 정신적 사랑만을 지향하면서 '육체에 대한 결벽성'을 가지고 있는 동호의 성격과 이상, 꿈, 모성을 지향하는 장숙의 성격, 그리고 실존적 허무의식과 권태에서 벗어나지 못했던 현태의 자의식을 그 원인으로 들 수 있다.

따라서 작가는 이 작품을 통하여 전쟁의 폭력성에 대한 비판과 사랑의 순수성, 그리고 모성의 절대성을 강조하고 있다. 특히 이 소설의 결말에서 나타나듯 장숙이 생명존엄성과 모성에 대한 절대적 인식을 가지고 자기에게 주어진 부정적 현실을 극복하겠다고 결심하는 장면은 바로 작가자신이 생명존엄성과 모성의 절대성을 통하여 인간 구원의 방법을 모색하고 있음을 반영한

---
364) 위의 책, pp.393~394.

다. 구원 받을 수 없는 현태를 대신하여 장숙은 현태의 아이 즉 생명을 통하여 인간 구원의 한 방법을 모색하고 있는지도 모른다.

전쟁으로 인하여 '비탈에 설 수밖에 없었던 '나무들'365)로 표상되고 있는 인간들의 구원에 대한 문제는 생명의 나무를 표상하는 십자가의 이미지와 연결되면서 모색되고 있다. 나무의 변형인 십자가는 사랑과 구원과 자기희생과 생명을 표상하는 이미지로서 이 작품속에서는 사랑과 영원성을 표상하는 모성과 접맥되면서 인간구원의 한 방향을 제시하고 있다. 결국 이 작품에서 작가는 생명존엄성과 모성 지향성을 통하여 인간 구원의 한 가능성을 제시하고 있다.

이상으로써 제3기의 문학에서는 제2기의 문학에서 보여주던 강한 현실인식과 역사성이 작품의 이면속으로 물러나면서, 오히려 그 부정적 현실을 수용하고 포용할 수 있는 방법을 본격적으로 모색한 시기임을 고찰하였다. 이러한 모색은 작가로 하여금 애정의 절대성과 영원주의 그리고 생명주의에 대한 추구로 나아가게 하였음을 파악하였다. 따라서 단편집『잃어버린 사람들』, 중편『내일』등에서 드러나고 있는 애정의 절대성은 이러한 모색의 산물임을 살펴보았다. 나아가 생명존중사상과 휴머니즘으로써 이데올로기의 갈등과 전쟁의 상처를 치유하고 있는 양상을 단편「山」,「소리」,「모든 榮光은」,「가랑비」,「너와 나만의 時間」등을 통하여 파악하였다. 즉 제2기의 문학에서 보여주던 작가의 현실인식과 역사의식이 제3기에 들어서면서 생명지향성과 영원주의로 지향해 나아감으로써 제3기의 문학은 작가의 궁극적인 문학적 지향점이 영원주의, 생명주의, 자유주의, 인도주의에 대한 추구에 놓여있음을 살펴볼 수 있게 하는 중요한 기점이 되고 있다. 또한 단편집『너와 나만의 時

---

365) 오비드의「변신」에서 사람들은 나무로 많이 변신하고 있다. 나무는 안정, 영원성을 부여하는 데 기여한다.
아지자, 올리비에리, 스크트릭, 앞의 책, p.46.
이로써 이 작품속에서 표제가 되고 있는 '나무'의 이미지는 인간 개체 하나 하나를 상징한다고 필자는 본다.

間』과 장편『나무들 비탈에 서다』에서 보여주는 실존의식은 제4기의 문학에
서 본격화되어 전개된다는 점에서 이들 작품들은 제3기 문학과 제4기 문학을
연결시키는 지점에 놓여있다고 볼 수 있다.

4. 실존적 삶의 인식과 형이상의 추구

황순원 문학을 통시적으로 살펴볼 때, 제4기의 문학(1964년~1975년)은 작가의 나이 50대에 걸쳐 창작된 작품들로서 작가의식이 실존적 고독의 문제와 신(神)과 종교의 문제에 집중되고 있는 시기라고 볼 수 있다. 따라서 이 시기의 문학적 경향은 실존적 삶의 인식과 형이상의 추구로 특징지을 수 있다. 이 시기에는 제3기에서 보여주었던 애정의식과 생명의식을 심도있게 내면화시키고 나아가 실존적 자의식의 문제와 죽음과 구원의 문제를 탐색하고 있다. 그런만큼 작가의식이 사상, 철학적으로 깊이 있게 천착되고 있으며 인간의 근원적 존재양식과 삶의 원형에 대한 내밀한 응시가 보여지고 있다는 점에서 그 의미가 있다고 본다. 제4기에 해당되는 작품으로는 장편『日月』(1964.11), 단편집『탈』(문학과지성사, 1976.3), 장편『움직이는 城』(1972.8)을 들 수 있다.

1) 사회적 삶과 실존적 삶의 갈등, 장편『日月』

① 신분 갈등과 인간조건의 문제

장편『日月』(1964.11)[366]은『나무들 비탈에 서다』에서 언급한 '구원'의 문제와 '고독'의 문제를 더욱 확대 심화시킨 작품이라고 볼 수 있다.『日月』은 사회적 삶과 실존적 삶 사이의 갈등을 보여준 작품으로 인간의 근원적 존재

---

366) 장편『日月』은『現代文學』에 제1부를 1962년 1월부터 5월까지에 걸쳐 발표, 제2부는 1962년 10월부터 1963년 4월까지에 걸쳐 발표, 제3부는 1964년 8월부터 1965년 1월까지에 걸쳐 각각 발표, 완결함.

양식을 실존적 고독으로 파악하고 있다. 동시에 백정이라는 인간조건에 반응하는 인물들의 고뇌와 이에 대응하는 다양한 삶의 양상을 조명하면서 인간구원의 길을 모색한 작품이다. 그 구원의 한 방법으로 작가는 인간존재의 실존적 고독을 직시하고 그것을 타인과의 관계속에서 사랑을 통하여 극복할 수 있음을 제시한다.

'日月'이라는 표제는 이 작품에서 세월 또는 역사를 의미한다. 다시 말해 이 작품에서는 '백정'의 후예인 한 가정의 역사 즉 가족사를 상징한다.

이 작품은 모두 3부로 나뉘어져 있는데, 제1부에서는 인철의 집안이 백정의 후예임이 밝혀지는 부분으로 작품의 도입부에 해당한다. 제2부에서는 백정이라는 숙명적 인간조건에 대응하는 삶의 양상들과 함께 인간소외와 갈등 그리고 실존적 고독과 외로움의 문제가 치밀한 구성과 탁월한 상징적 이미지로 짜여져 있다. 제3부는 인철의 가계가 백정의 가계라는 것이 밝혀지면서 야기되는 사회적 삶의 파탄과 비극의 양상들이 나타나고 있다. 동시에 인간구원을 위한 본격적인 방법론이 기룡과 인철에 의해 모색되고 있는 부분이기도 하다.

이 작품속에서 백정이라는 숙명적 인간조건 때문에 갈등하는 대표적 인물은 상진영감, 인호, 인철 등이다. 본돌영감이 백정이라는 숙명적 인간조건을 수용하면서 운명에 순응했던 대표적 인물이라고 한다면, 상진영감은 자신에게 주어진 인간조건을 능동적 투쟁의식을 통하여 거부하려 했던 대표적 인물이다. 백정에 대한 수모의 양상들은 사회적 삶속에서 구체적으로 드러난다. 상진영감의 여동생 즉 인호의 고모는 시집을 간다. 부부사이가 각별히 좋던 중 남편에게 자신의 집안이 백정의 가계임을 밝힌다. 남편을 속인다는 데 어떤 죄책감을 느꼈기 때문이다. 그러나 뜻밖에도 남편에게 버림을 받고 내쫓김을 당하게 된다. 친정으로 돌아온 그녀는 결국 시집으로 가서 목을 매어 자살하고 만다. 왜냐하면 시집으로 가서 죽음으로써 다른 사람들에게 친정이 백정집안이라는 것이 알려지지 않기를 원했기 때문이다. 이 사건의 충격으로 인호의 어머니마저 아이를 사산하게 되면서 죽는다. 결국 인호의 고모는 자신에게 주어진 인간조건을 극복하지 못한 채 스스로 자멸의 길을 택하고 만다.

이렇게 사랑으로도 끝내 극복할 수 없는 백정에 대한 사회적 통념과 수모의 양상은 이 작품속에서 '소뿔'과 '소꼬리털'을 통하여 암시된다. 상진영감에게 있어서 그의 아버지가 매달아 놓은 '소뿔'과 '소꼬리털'은 그로 하여금 백정이라는 숙명적 인간조건을 거부하고 저항하도록 촉발시키는 매개체가 된다. 상진영감의 아버지는 씨름대회에서 결승까지 올라가 마지막 판에 도달하게 된다. 그때 "백정은 소하구나 싸워라."하는 소리를 듣고 그만 들었던 상대를 내려놓고 힘없이 쓰러지고 만다. 낮에 마루씨름에서 겨루던 상대방 사내는 상으로 탄 소를 끌고와 상진영감의 아버지에게 소를 잡아달라고 요구한다. 그때 상진영감의 아버지는 말없이 따라나간다. 그리고 소를 잡아준 대가로 받은 '소뿔 두개'와 '소꼬리털'을 들고 돌아와 벽에 매달아 놓는다. 상진영감의 아버지에게 있어서 '소뿔 두개'와 '소꼬리털'은 뼈저린 한(恨)의 대상물이면서 극복할 수 없는 인간조건의 표상이었다. 상진영감은 그것들을 보면서 울화와 분노를 느낀다. 그리고 "어떻게든 거길 벗어나야 한다."고 결심한다. 결국 '소뿔'과 '소꼬리털'로 표상되는 백정의 신분은 상진영감에게 있어서 극복될 수 있는 인간조건이라고 생각된다. 그리하여 그는 고향을 떠나 본적과 이름을 바꾸어 살아가면서 결국 사회적으로 성공하게 된다. 그리고 상진영감은 부인과 자식에게까지도 그 사실을 비밀에 부친다. 상진영감은 인호가 광주군수로 내려갈 때도 이를 만류하지 않는다. 왜냐하면 그의 아들대에서 완전하게 백정이라는 인간조건이 극복되는 것을 확인하고 싶었기 때문이다. 여기에서 상진영감의 비극은 발생하고 만다. 우연히 인호가 자신이 백정의 후손이라는 사실을 알게 되고 인철 역시 자신의 인간조건을 인식하게 되면서 상진영감을 비극적 파국으로 몰고가게 된다. 인철의 가계가 백정의 집안이라는 사실을 알게되면서 나미의 아버지는 상진영감에게 음자를 해주지 않는다.

결국 오직 일에만 매달려 살아왔던 상진영감은 자신의 사회적 삶이 파탄에 이르게 되자 자살하고 만다. 상진영감 역시 백정의 신분을 벗어나려 했지만 결국 백정이라는 숙명적 인간조건과 사회적 인습에 함몰당하고 마는 비극적 인물이다.

이에 비해 상진영감의 형 본돌영감에게 있어서 '소뿔'과 '소꼬리털'은 자기 극기와 절제의 정신으로 표상된다. 본돌영감은 칼잽이의 세계를 신성시 여기며 자신이 세상을 살아나가는 도(道)로서 여기게 된다. 그리고 소뿔이며 소꼬리털을 이 세상 잡것을 물리치는 한 부적으로, 그리고 자신을 보호해 주는 상징으로 여겨 신성시한다. 이러한 그의 태도는 근본적으로 그의 아버지가 보여주었던 순응과 수용의 자세에 기인된다고 볼 수 있다. 본돌영감은 백정이라는 인간조건을 순리로서 받아들이며 수용하였다. 그는 '우린 우리의 길이 있는거야. 그까짓 건 아무것두 아냐. 우린 우리대루 갈길이 있으니까'라고 생각하며 동생이 동네아이를 돌로 치려는 것을 말린다. 이러한 그의 자세에는 현실과 타협하려는 비굴함이 아니라 자신의 현실과 신분을 수용하고 초월하려는 인식이 반영되어 있다. '소뿔'과 '소꼬리털'을 신성시하던 그는 직접 소잡는 일을 하게되면서부터는 '칼'을 신성시한다. 그에게 있어 '칼'367)은 백정의 '정신'과 '도(道)로서 표상된다. 특히 그의 아들 기룡이가 6·25때 형의 원수를 갚기 위해 형을 밀고한 놈의 아버지를 칼로 살해한 후부터 본돌영감은 자식의 죄의식을 덜어주기 위해 더욱 칼을 신성하게 여긴다. 그리고 드디어 그는 칼의 광신자가 되어 버린다.

한편 인호는 자신이 백정의 후예라는 사실을 현실적으로 재빨리 인식하면서 이 인간조건과 운명에서 벗어나고자 한다. 상진영감이 그랬듯이 결국 인호는 부모, 형제의 인연을 끊고서라도 자신이 사회속의 한 개체로서 정당하

---

367) 정신은 칼날과 동일시되고 있다.
　　아지자, 올리비에리, 스크트릭, 『문학의 상징, 주제사전』, 장영수역, p.406.

게 살 수 있는 방법을 모색한다. 그만큼 '백정'들은 한국 사회에서 불평등하게 대우되었고 천시되어 왔으며 인간으로서의 정당한 삶을 누릴 수 없었던 것이다. 인호는 인간으로서의 정당한 자유와 사회적 삶을 영위하기 위하여 부모와 형제를 버릴 수밖에 없었다. 그만큼 그는 백정들이 그동안 우리 사회에서 어떤 방식으로 수모를 당해 왔는가에 대해 재빨리 감지했던 것이다.

현실주의자인 인호와 달리 인철은 인호의 고통을 처음에는 절감하지 못한다. 그러나 인철 역시 점차적으로 백정의 후손이라는 운명을 인식하게 되면서 사회적 삶과 실존적 삶과의 사이에서 갈등하게 된다. 백정이라는 숙명적 인간조건으로 인한 중압감과 소외감 그리고 고독에 대한 인식은 인철이 꾸는 '꿈'과 '인간정글'의 이미지로서 지속적으로 암시된다. 자신이 백정의 신분임을 안 인철은 나미와의 만남 직전에 가졌던 생생한 빛을 띤 플라타너스의 잎이 더이상의 생생한 감정으로 다가오지 않으리라는 것을 예감한다. 또 의식적으로 다혜를 피하게 된다. 그의 내면세계에는 고통을 표상하는 '검은 돌'이 쌓이기 시작한다. 또한 그는 '오전 3시'에 잠이 깨어서 뒤숭숭하고 갈피잡을 수 없는 꿈에 시달린다. 이 작품속에서 '오전 3시'[368]는 인철에게 있어서 갈등의 시간으로 표상된다.

인철이가 느끼는 실존적 존재에 대한 위기감과 불안감은 '빨간 놀 불꽃 꿈'으로 나타난다. 또 백정의 후손이라는 신분 때문에 갈등하는 자의식의 내면세계는 '계단만 있는 집'의 꿈을 통하여 표출되고 있다.

> 인철은 계단을 내려가고 있는 것이다. 황혼 무렵인지 동틀 무렵인지는 분간할 수 없으나 주위가 희뿌윰한 그늘에 싸여있었다. 그리고 차고 음습한 공기로 꽉 차 있었다. 인철은 계단 하나 하나를 밟고 내려가며 생각하는 것이다. 이 집은 내가 설계하여 지은 집이다. 그런데 어째서 여기에다

---

[368] 단편 「숫자풀이」에서 '오전 3시'는 죽음과 갈등의 시간으로 표상된다. 따라서 '오전 3시'는 황순원 문학에서 죽음을 의미하는 시간이다. 생(生)과 사(死)의 교차점에 놓여 있는 시간이다.

들창도 내지 않고 전등도 달지 않았을까. 현장감독에게 따져봐야지. 인철은 계단 옆 담벼락을 손으로 만져보았다. 벽면이 우둘두둘하고, 차갑고 축축한 물기가 손바닥에 묻어났다. 뫳땜에 여태 재벽도 못했을까. 인철은 쉬지 않고 계단을 내려갔다. 저 아래 무슨 문제가 씌어진 종이쪽지를 가지러 내려가는 길로 생각되기도 하고, 누구를 만나러 내려가는 길로 생각되기도 했다. 그는 마음을 재촉하여 걸음을 빨리 옮겨놓았다. 그래도 계단은 아래로 아래로 잇따라 끝이 없는 것이다. 드디어 인철은 이것이 집안 한옆에 나있는 계단이 아니고, 계단만으로 된 집이라는 걸 깨닫는다. 그는 한없이 아래로 뻗어있는 계단을 내려가다 내려가다 채 다 못 내려 간 채 잠이 깨고 마는 것이다. 한번은 이 어둠침침한 층계를 내려가며 누구인가를 꼭 만나야 한다고 생각했다. 그러나 그의 앞에는 한결같이 끝없는 층계가 뻗어있을 뿐인 것이다. 그러다가 그는 층계를 디디는 자기 발자국 소리가 갑자기 크게 울리는 것을 깨달았다. 그 소리가 한없이 뻗은 층계 위아래에서 메아리져 돌아왔다. 좀 조심해서 층계를 밟았다. 그러면서 보니 자기가 밟는 층계마다 플라타너스잎이 깔려있는 것이었다. 침침한 그늘 속에서 잎사귀들이 물기에 젖어 맑고 푸른빛을 발하고 있었다. 그는 더욱 주의해서 그 잎새들을 밟으며 내려갔다. 여전히 발자국소리가 크게 층계 위아래서 메아리져 울려왔다. 그는 자기 발밑을 눈여겨 내려다 보았다. 맨발에 고무신을 신었으니 소리가 날리 없는데. 그러다가 그는 보았던 것이다. 자기가 밟은 맑고 푸른 잎사귀에 찍혀있는 커다란 소발통 자국을.[369]

꿈속에서 나타나는 '계단[370]'은 '정신'과 '영혼'을 표상하는 것으로 인철의 무의식의 세계를 반영한다. 황혼 무렵인지 동틀 무렵인지 분간할 수 없는 '희뿌윰한 그늘'은 의식과 무의식의 혼융상태를 의미한다. '차고 음습한 공기'로 꽉 차 있는 무의식의 세계는 바로 불투명하고 빡빡한 혼란상태를 암시한다. 이렇게 불투명한 혼란상태는 인철이가 무의식속에서 느끼는 인간조건에 대

---

369) 황순원, 『日月』, 황순원전집 제8권(서울 : 문학과지성사, 1993), p.107.
370) 계단은 영혼과 정신의 다양한 측면 사이에 놓여있는 연결고리이다. 그러나 올라가거나 내려가는 행위에 의해 그들의 특별한 의미는 달라진다.
    J.E. Cirlot, 앞의 책, p.153.

한 갈등의 투영이다. 이러한 갈등속에서도 인철은 계단 하나하나를 밟고 내려가며 생각한다. '계단 하나하나를 밟고 내려'가는 행위는 인간조건에 대한 인철의 자각적 태도를 드러낸다. 특히 건물의 지하371)를 내려가는 행위는 자신의 무의식과 본능을 찾아가는 행위이다. 즉 이 꿈은 무의식의 세계를 통하여 표출되는 그의 심리상황을 반영한다. 인철은 그가 설계한 '집'372)임을 확인한다. 그런데 '들창'도 '전등'도 달려있지 않은 집임을 발견하고 불쾌해 한다. 그 '집'에는 밝음과 희망 및 생명력이 제거되어 있다. 나아가 "벽면이 우둘두둘하고, 차갑고 축축한 물기가 손바닥에 묻어나올" 정도로 음습하기까지 하다. 인철은 쉬지 않고 무의식의 계단을 내려간다. '무슨 문제가 씌어진 종이쪽지'를 가지러 가는 걸로 생각되기도 한다. 이것은 인철이가 무의식속에서 해결되지 못하는 문제에 고민하고 있음을 반영한다. 그 고민이란 자신의 신분에 대한 갈등을 말한다.

또 "누구를 만나러 내려가는 길"로 생각되기도 한다. 이것은 인철이가 무의식속에서 추구하는 사랑에 대한 갈망을 표출시킨 것이다. 그 사랑을 찾기 위해 마음을 재촉하여 걸음을 빨리 옮겨 놓는다. 그래도 "계단은 아래로 아래로 잇따라 끝이 없다."에서 볼 수 있듯이 좀처럼 명확한 사랑의 실체는 드러나지 않는다. 이것은 사랑에서조차도 끝없이 인철이가 방황하고 있음을 의미한다. '모성'을 대표하는 다혜의 사랑이거나 '여성'을 대표하는 나미의 사랑이거나 간에 이제는 그가 '백정'의 후손이라는 사실 때문에 더욱 혼란속에 빠져 있는 인철의 내면적 상황을 보여준다.

그리고 드디어 인철은 그것이 집안 한 옆에 나있는 계단이 아니고 '계단만으로 된 집'임을 깨닫는다. 여기서 '계단은 존재의 심연으로 내려가기 위한 계단이다. '계단만으로 된 집'이란 외부세계가 없는 자기 내부만의 세계를 의

---

371) 지하실은 '무의식'과 '본능'의 세계와 연관된다.
   J.E. Cirlot, 위의 책, p.153.
372) 가정으로서의 '집'은 인간의 육신과 인간의 생각 또는 삶에 강하게 무의식적으로 연관되어진다. J.E. Cirlot, 위의 책, p.153.

미한다. 그제야 인철은 백정이라는 인간조건 때문에 좌절과 소외감을 느끼고 있는 그 자신의 심층적 내면세계를 똑바로 인식하게 된다. 이 인식을 좀더 확실히 느끼기 위하여 또다시 계단을 내려가지만 이 계단은 끝없이 지속된다. 종결되지 않고 끝없이 이어지는 계단은 인철로 하여금 미해결의 부담감만을 안겨준다.

인철은 결국 "물기에 젖어 맑고 푸른 빛"을 발하는 플라타너스 잎에 찍혀 있는 '소발통자국'을 발견한다. 여기서 '플라타너스 잎'은 나미의 사랑으로 표상된다. 왜냐하면 인철은 나미를 만나기 전 "비에 젖어 번들거리는 아스팔트"에 떨어진 '플라타너스 잎'에서 생생한 감동을 받았던 것이다. 이러한 생생한 감동의 묘사를 통하여 작가는 인철이 나미를 사랑하고 있음을 암시했다. 그런데 '맨발에 고무신'을 신은 백정 신분으로서의 인철이 스스로의 신분 때문에 '플라타너스 잎'으로 표상되는 나미와의 사랑에서 갈등하고 있음을 이 꿈은 보여준다. 왜냐하면 '맨발에 고무신'을 신은 모습이나 '소발통자국'은 백정의 신분을 암시하는 것이기 때문이다.

이렇게 인철이가 백정이라는 신분 때문에 갈등하는 양상은 'T자'의 꿈을 통하여 지속적으로 드러나고 있다.

  인철은 또한 자신이 한없이 위축되어 들어가는 꿈도 자주 꾸었다. 지나치는 사람들이 전선대 만큼씩 커 보이기도 하고, 날아가는 참새가 큰 독수리만큼씩해져서 달려들기도 했다. 한번은 메마른 황톳길을 걷고 있었다. 눈 자라는 데까지의 벌판에는 풀 한 포기 나있지 않고, 저멀리 둘러서 있는 민숭민숭한 구릉에도 나무라곤 하나 뵈지 않는 황량한 황톳벌이었다. 걸음을 옮길때마다 풀신거리는 흙먼지가 발목을 묻었다. 인철은 역시 이 황톳벌 어디서 자기를 기다리고 있는 사람을 찾아가는 길인 것이다. 그는 터벅 터벅 걷고 또 걸었다. 바람 한점 없는 정지된 대기속에서 이글거리는 태양이 바로 이마 위에서 직사해 오고 있었다. 인철은 목이 탔으나 물은 고사하고 쉬어 갈만한 곳도 없었다. 그대로 무거운 다리를 끌고 걸어나갈 수밖에 없었다. 그러는데 저 앞에 무엇이 우뚝 세워져있고, 사람들이 늘어서있는 게 눈에 띄었다. 반가움에 걸음을 재촉해 가까이 갔다. 세워져있는 것은 커다란 T자이고, 그 밑 둘레에 사람들이 기대어 앉았는데, 빈 자리가 나기를 기다리는 사람들이 쭉 줄을 지어 서있는 것이었다. 인철은 서 있는 사람들을 둘러보았다. 그 속에 박해연, 나미, 남준걸, 형, 어머니, 다혜, 지교수, 전경훈 등이 끼어있었다. 그들은 인철을 보고도 모른 체했다. 맨 뒤에 가 서는 수밖에 없었다. 그때 다혜가 말없이 팔을 내밀어 그를 끌어다 자기 뒤에 세우는 것이었다. 그러자 다혜의 뒷모양이 순식간에 커져 눈앞을 막으며 거기 따라 인철 자신은 점점 줄어 들어가는 것이었다. 거기에 무엇이 탁 어깨를 내리치며 짓눌렀다. 보니 거대한 T자였다. 그는 T자를 짊어진 채 그 무게에 허리를 굽히고 가까스로 일어섰다. 줄을 지어 서 있던 사람들은 어디로 가버렸는지 없어지고 자기 혼자뿐이었다. 인철은 다시 황량한 황톳벌을 무거운 T자까지 짊어지고 비치적비치적 걸어가는 것이었다.373)

위 꿈속에서 나타나는 '메마른 황톳길', 풀 한 포기 나지 않은 '황량한 황톳벌'은 죽음의 이미지, 고독의 이미지를 표상한다. 죽음과 끝없는 허무와 절망의 세계에서 인철은 "어디서 자기를 기다리고 있는 사람"을 찾아가는 길이다. 이러한 인철의 심리상황은 죽음의 세계로부터 그를 구원해 줄 사랑을 갈망하는 것이라 볼 수 있다. '정지된 대기' 속에서 '이글거리는 태양'의 이미지는 파괴와 질식과 밀폐를 상징한다. 그 밀폐된 공간속에서 인철은 커다란 'T자'를 발견한다. 커다란 'T자' 밑에서 빈 자리가 나기를 기다리는 사람들은 자기자신의 구원을 기다리는 사람들이다. 왜냐하면 나무는 구원의 십자가를 표상하기도 하면서 십자가의 이미지는 'T자'374)로 표상되기 때문이다. 따라서

---

373) 황순원, 『日月』, pp.108~109.
374) 나무는 구원의 드라마가 연출될 십자가를 표상하기도 한다. '그의 힘도 그의 약함도 그의 심장도 아무것도 결코 구해지지 않는다. 그리고 그가 자기 팔을 벌리고 자기 그늘이 바로 십자가 그늘이라고 믿을 때 (디안 프랑셰즈, 「행복한 사랑이란 없다.」) 신화학적으로 보이지 않는 물질의 세계를 연관시키는 것은 바로 T자(字)이다.
아지자, 올리비에리, 스크트릭, 앞의 책, pp.44~48.

이 작품에서 커다란 'T자'는 바로 십자가의 상징이다. 즉 구원의 상징물이다.

기다리는 사람들 속에는 박해연, 나미, 남준걸, 형, 어머니, 다혜, 지교수, 전경훈 등이 끼어있다. 그러나 그들은 인철을 보고도 모두 모른 체 했다. 나미와 인철의 어머니 홍씨조차도 인철을 외면한다. 이때 다혜가 '모성적 사랑'으로서 그를 끌어다 자기 뒤에 세운다. 이 꿈속에서는 다혜만이 인철을 외면하지 않는 진정한 사랑을 보여준다고 볼 수 있다. 그러나 인철 자신이 점점 줄어든다. 그리고 거대한 'T자'가 그를 짓누른다. 이 거대한 'T자'는 이제 구원의 표상이 아니라 인철에게 '수난과 '짐'과 '고뇌'의 표상으로 다가온다. 그리고 자기 혼자만이 남게 된다. 이 꿈은 바로 인철이 느끼는 실존적 고독을 단적으로 표출시키고 있다. 동시에 인철이가 추구하는 사랑에 대한 갈망과 함께 백정이라는 인간조건을 벗어나고픈 구원에 대한 갈망이 내포되어 있다. 그러나 인철은 또다시 고독한 인간존재로 돌아올 수밖에 없는 자신의 모습과 대면하게 된다.

어머니 홍씨조차도 '모성'으로 감싸주지 않을 때 인철은 무의식속에서 '모체속으로의 회귀'를 갈망하기도 한다. 동시에 진정한 자아를 찾아 방황하는 모습이 아래의 꿈을 통해 표출된다.

또 꿈속에서 그는 어두운 동굴 속같은 데를 걸어들어가기도 했다. 들어갈수록 캄캄한 암흑이 앞을 가로막아 끝난 데를 알 수가 없었다. 그러면서도 그는 오히려 이 어둠을 다행으로 여겼고, 이 어둠을 찾으려 했던 것처럼 느끼는 것이었다. 이 어둠속에 그대로 녹아버렸으면! 그는 자꾸만 동굴 깊숙이 걸어들어갔다. 한결 마음이 편안했다. 인제 됐구나. 그때 별안간 뒤에서 부르는 소리가 들렸다. 인철아, 인철아! 그는 못 들은 체 그냥 안으로 발길을 옮겼다. 인철아, 내 목소리가 안 들리느냐. 그제야 인철은 걸음을 멈추고 뒤를 돌아다보았다. 아무도 보이지 않았다. 누구냐. 나다, 바루 네가 지금껏 찾아다니던 사람이다. 난 아무두 찾지 않았다. 거짓말 마라, 난 다 알구 있다, 이제와서 겁을 내는구나, 어차피 넌 날 만나야 하니 어서 이리 나오너라. 좋다, 만나주겠다. 인철은 동굴 속을 걸어나오기 시작했다. 훤한 동굴 아가리가 저만치 보였다. 마침내 인철은 동굴을 벗어나 눈부신 햇살 속에 섰다. 그는 소리쳤다. 자 나왔다, 넌 어디 있느냐. 소리의 임자가 대답했다. 바루 네 옆에 있다. 인철은 주위를 살펴보았으나 아무도 없었다. 어디냐, 어디. 바루 네 곁에 있다, 아직두 네 눈은 두려움에 떨구 있기 때문에 보이지 않는 거다, 그런 눈을 하지 말구 똑똑히 보아라. 인철은 눈을 크게 뜨려고 하다가 잠이 깼다.375)

위 인용에서와 같이 '어두운 동굴'376) 속에 찾아들어가 어둠속에 그대로 녹아버리길 갈구하는 인철의 심리는 바로 '모체속으로의 회귀'를 갈구하는 무의식의 표출이라 볼 수 있다. 왜냐하면 '모체'속에서는 갈등과 고통 그리고 사회적 삶속에서 느껴야만 하는 실존적 고독을 느끼지 못하기 때문이다.

그러나 그가 '모체속으로의 회귀'를 통해 안주하려는 그 순간에 그를 부르는 소리가 들린다. 그리고 그 소리는 진정한 그 자신의 모습을 직시하라고 일깨운다. 그리고 현실속에서 느끼는 신분의 갈등을 극복하라고 촉구한다. 이 소리의 임자는 바로 인철 자신의 또다른 분신이다. 따라서 이 대목은 인간조건을 극복하지 못하는 자기와 극복하라는 또하나의 다른 자기 분신과의 갈등을 보여준다. 또하나의 다른 자기 분신은 백정의 후손이라는 신분을 두려움 없이 수용하고 극복하라고 그를 고취시킨다. 즉 이 꿈에는 진정한 자아의 실체를 찾기 위한 방황이 투영되어 있으며 인간조건을 극복하기 위한 인철의 갈망이 반영되어 있다. 이렇게 인철이가 느끼는 자아의 갈등은 이 작품속에서 '거울'의 이미지 그리고 '안개'와 '어둠'의 이미지를 통하여 지속적으로 드러나고 있다.

---

375) 황순원, 『日月』, pp.109~110.
376) 동굴에 대한 초기 정신분석자들의 상상력이 특히 훼니켈, 링크에 이르러 양수 속을 헤엄 치는 태아의 체험, 출생관, 출생외상에 관련지어지면서 자궁에 비유된 것은 무리가 아니다. 동굴의 어둠, 아늑함은 모성의 신비와 그 자애를 잘 말해주고 있기 때문이다. 동굴에 들어간다 함은 어머니 뱃속으로 다시 들어가고자 하는 욕구, 일종의 퇴행으로 설명될 수도 있는 것이다.
이부영, 「심리학적 상징으로서의 동굴」, 『문학과 비평』(1987.가을), p.198.

그러나 백정의 후예라는 사회적 신분계급을 극복하려는 갈망과는 달리 인철은 점점 주위의 사람들에게서부터 회피하여 자기의 외로움과 고독속으로 칩거해 들어가기 시작한다. 그리고 '술'속으로 자기자신을 도피시킨다. 이러한 인철에게 있어서 군중속의 고독은 '인간 정글'의 이미지로 표상된다. "서로 술잔을 주고 받고 할 때는 가까운 친지이다가도 일단 자신에게 불리한 일에는 제각기 아주 무관한 남남이 되는 상태."377) 인철은 타인과의 관계속에서 짙은 실존적 고독감을 느낀다. "허허벌판 아니 정글," 인간으로 이뤄진 정글속에서의 실존적 고독감은 허허벌판속의 고독보다 더욱 그를 허탈하게 하고 소외시킨다. 인철은 그 자신이 백정의 후손이라는 것을 인식하면서 더욱 소외감과 단절감과 고독감을 느낀다. 그러나 백정이라는 인간조건속에서 갈등하는 인철의 실존적 고독과 방황은 점차 기룡에 의해 정리되어 간다.

② '피'의 상징성과 실존적 고독

이 작품속에서 기룡은 철저하게 자기자신의 고독을 직시하는 인물로 대표된다. 그는 인철에게 "술에다 외로움을 푼다는 건 가장 졸렬한 방법야. 물론 술이 그걸 받아주지두 않지만."이라고 충고한다. 그리고 "사람은 외롭게 마련야. 그래서 역사가 이뤄지구 사람을 죽이구 또 죽구 하는 게 아닐까. 본시 인간이, 그리구 땅과 하늘이 피를 요구하구 있다구 봐. 어떤 외롬에서 벗어나려구 말야. 그 피란 반드시 붉은 색의 유형의 것만을 말하는 건 아냐. 보이지 않는 가슴속에 흐르는 피를 의미할 수도 있지."라고 말한다.378) 이 말에서 알 수 있듯이 기룡의 의식세계 밑에는 존재론적 고독이 내재해 있다. 이 작품속에서 '피'의 이미지는 '외로움'의 문제와 결부되고 있다. '피'379)의 이미지는

---

377) 황순원, 『日月』, p.226.
378) 위의 책, p.304.
379) 쏟아져 있는 '피'는 완전한 '희생'을 상징한다.
    J.E. Cirlot, 앞의 책, p.29.

'불'380)의 이미지와 함께 능동적 행위에 대한 갈망과 파괴력 그리고 투쟁, 희생, 재앙, 죽음을 표상한다. 곧 본시 인간이 그리고 땅과 하늘 즉 모든 우주 삼라만상 자체가 외로움에서 벗어나기 위해 좀더 투쟁적인 것, 좀더 강렬한 희생과 파괴를 요구한다는 뜻이다. 그만큼 기룡이는 그의 내면세계속에서 실존적 고독과 외로움을 응시하고 있음을 반증한다. 그렇다면 기룡이의 이러한 존재론적 성찰은 어디에서 기인되는 것일까.

기룡은 9·28때 형과 조카가 살해당한 걸 알고 밀고자의 아버지를 죽인다. 그때 본돌영감은 아들의 손에서 칼을 빼앗아 "내가 사람을 죽였다아."하고 고함을 지른다. 그때부터 본돌영감은 칼의 광신자가 된다. 기룡은 이러한 아버지의 모습을 보며, 아버지가 그 칼을 더욱 신성시하는 것은 기룡으로 하여금 사람을 죽였다는 죄의식에서 조금이라도 벗어나게 하려는 심정 때문이라는 것을 인식한다. 또 칼을 갈고 닦고 하는 행위도 녹이 슬지 않게 하기 위한 것뿐 아니라 자식이 묻힌 '죄의 피'를 닦아내려고 한 행위라고 인식한다. 따라서 기룡은 본돌영감이 '칼을 신성시한 것만큼 '칼을 신성시 여기지는 않는다. 또 신통력을 믿지 않는다. 이러한 사실은 그의 아버지가 돌아가신 후 인철을 통해 지교수에게 칼을 주려는 행위를 통하여 알 수 있다. 다만 '칼을 소를 잡는 하나의 도구로 생각할 뿐이다. 그러면서 "아버지가 내 죄의식을 덜기 위해 애쓰면 애쓸수록 자꾸만 가중되는 무엇인가를 감당키 어려워." 자신이 가려던 길을 포기하고 도수장에서 일을 한다고 인철에게 말한다. 기룡은 "다른 피를 더 많이 보기루 한 거죠."라고 하면서 "사실 난 아버지의 죽음을 슬퍼하지 않았습니다." 오히려 "내심 아버지의 죽음을 바랬는지두 모릅니다."라고 인철에게 고백한다. 그럼에도 불구하고 자신의 죄를 알고 있는 단 한 분인 아버님이 세상을 떠났다는 걸 실감하면서 그는 허전함을 느낀다고 말한다. 그리고 "아버지 대신으루 내 과거의 일을 알구 있는 사람이 하나 있어주길 바라는" 심정에서 인철에게 이 사실을 말하고 있는지도 모른다고 고백한

---

380) '불'은 창조와 파괴를 동시에 표상한다.

다. 그러면서 "내게 있어 안정된 인생이란 죽음을 의미하죠. 여자 문제두 마찬가지예요."라고 말한다.

이로써 기룡이란 인물을 고찰해 볼 때 그는 자기자신의 죄의식을 회피하지 않고 철저히 직시하려는 인물임을 알 수 있다. 오히려 자신이 저지른 '죄의 피'를 되새기며 끊임없이 이를 응시하는 인물이다. 그리고 자기존재의 밑바닥에 있는 외로움과 고독을 항상 대면하고 있다. 이러한 그에게 있어서 인간의 존재는 외로움과 고독의 존재로 인식될 수밖에 없다. 따라서 그는 "어쨌든 인간이 소외당한 자기자신을 도루 찾으려면 각자에게 주어진 외로움을 우선 참고 견뎌나가는 데서부터 시작해야 할꺼야. 그런데 많은 사람들이 예수의 피에 의해 이런 것을 잊어버리려구들 하지. 그리구 그들 거의가 다 이미 자기 외로움은 해소된 걸루 착각하구들 있어."라고 말한다. 즉 많은 사람들이 예수가 흘린 '피' 즉 '희생'을 통하여 그 속으로 도피하면서 자신의 외로움을 망각한다고 기룡은 말한다. 그 많은 사람들 속에는 '마리아의 집'에 안주한 최에스터나 인철의 어머니도 포함될 수 있으리라고 인철은 생각한다.

기룡이는 자신에게 주어진 백정이라는 인간조건을 오히려 현실속에서 수용하고 나아가 백정의 직업을 선택함으로써 자신의 한계상황을 오히려 극복하고 있는 인물이다. 동시에 자신이 저지른 죄를 회피하지 않고 응시하고 견뎌낸다는 점에서 그의 실존적 고뇌는 더욱 가열한 것이라고 볼 수 있다. 그리하여 그는 박해연이 구상한 희곡을 관념유희로 치부해버리면서 자신의 실존적 고독을 극화시킨다.

"바닷가에 오막살이가 여남은 바다를 향해 붙어있었지. 저녁때였어. 이 포구가 바루 눈앞에 내려다뵈는 구릉에 한 병사가 밤이 되기를 기다리구 있었어. 날이 어두우면 인가루 내려가 먹을 것을 노략질할 참이었지. 총을 한 자루 갖구 있었으니까."

기룡은 입축임이라도 하듯이 술잔을 입으로 가져갔다가 떼었다.

"오막살이 쪽에서 장정 세넷이 나와 바닷기슭으루 내려가더니 모래판에 구덩이를 파는 거야. 그렇게 대여섯 구덩이를 파더니 도루 오막살이 쪽으루 돌아왔어. 좀만에 그들이 다시 나오는데 보니까 팔을 꽁꽁 묶은 사람들을 끌구 나오는 거였어. 대여섯 명 됐어. 애업은 여자두 하나 끼어 있었구. 이들을 좀전에 판 구덩이루 끌구 가더니 그 속에 꿇어앉히구 묻는 거야. 그런데 아주 묻어 버리는 게 아니었어. 머리만은 내놓구였어."
(중략)
"밀물이 밀려들어오는 시각이었어. 저녁그늘 속에 바닷물은 점점 묻힌 사람에게루 밀려들어 오구, 둑에서는 묻은 사람들이 바닷물을 지켜보구 서있었어. 바닷물이 밀려왔다 밀려갔다 하다가 마침내 묻힌 사람들의 머리 위를 덮구 말았을 때 둑에 섰든 사람들이 집을 향해 돌아섰어. 그 사람들을 향해 병사는 총을 난사했지."
(중략)
"그건 알 수 없는 행위군요. 모래판에 묻힌 사람들이 채 바닷물에 잠기기 전에 둑에 선 사람들을 쏴버리구 그들을 살리든가, 그렇잖음 묻힌 사람들만을 죽게 하든가 하지않구, 왜 모두 죽여 버렸나요? 말하자면 댁은 어느편두 아닌……"
"그 병사는 외로웠던 것뿐요."
(중략)
"형씨, 초면에 미안하지만 지금 그 얘기 날 빌려줄 수 없겠소? 내 손으루 한번 극화해보구 싶으니……"
기룡이 홱 돌아섰다. 그와 함께 냅다 박해연의 가슴을 밀쳤다.
박해연이 두 팔을 벌리고 뒤로 나뒹굴었다. 잠시 그는 나자빠진 채 두 팔을 허우적거렸다. 누가 좀 붙들어 일으켜주기를 바라기라도 하듯이. 인철이 모른 체 피해 문을 나섰다. 박해연이 아닌 자신이 떠밀치움을 당한 것같은 기분이었다. 아니, 박해연이 말하는 인간극의 등장인물 전체가 떠밀리운 것같은 기분이었다.
기룡이 저만치에 서서 담배에 불을 붙이고 있었다.
명동거리로 나와 인철이, "어디 가서 새로 한잔 할까요?"
"오늘은 그만하지."
그리고 묵묵히 전차거리를 향해 나오다가 그는 중얼거렸다.
"사람이란 고양이만큼 되기두 힘들어."381)

---

381) 황순원, 『日月』, pp.309~310.

제3부 제3장 '고양이의 무게'속에 들어있는 기룡이의 짧은 희곡은 인간의 실존적 고독과 외로움을 매우 잘 극화시키고 있다. 바닷가를 배경으로 펼쳐지는 인간극은 모래의 이미지와 바다의 이미지가 결합되면서 죽음의 분위기를 조성한다. 모래판의 구덩이에 사람을 묻고 바닷물이 그들의 머리위를 덮고 말았을 때 둑에 섰던 사람들이 집을 향해 돌아선다. 그 사람들을 향해 병사는 총을 난사한다. 기룡은 말한다. "그 병사는 외로웠던 것뿐요."라고. 이 극에서 '모래'는 사랑이 없는 사막을 표상한다.

모래가 사막을 이루는 것이 사실이라면 그 모래와 닿아있는 바다 역시 이 희곡에서는 또 하나의 사막이다. 그러나 사랑이 없는 사막이며 인간애가 없는 사막이다. 오로지 죽음과 이데올로기가 있을 뿐이다. 이 인간극에서 '저녁 그늘'의 이미지와 '모래'의 이미지, 그리고 '바닷물'의 이미지는 함께 결합되면서 죽음을 향해 치닫고 있다. 그리고 모래구덩이의 사람들이 죽은 후 한 외로운 병사는 사람들을 죽인 장정들을 향해 총을 쏜다. 병사가 총을 쏘는 행위는 그 자신의 내면속에 자리하고 있는 실존적 외로움과 고독에 대한 반항인지 모른다.

마치 카뮈[382]의 『異邦人』을 연상시키는 듯한 이 희곡에서 기룡이가 드러내고자 하는 의식은 인간의 실존적 고독과 외로움의 문제이다. 외로운 병사는 바로 기룡자신의 분신일지 모른다. 6·25때 이데올로기의 갈등속에서 기룡자신이 총을 쏠 수밖에 없었던 외로움이 한 병사의 모습으로 극화되었는지 모른다.

---

382) 카뮈의 작품세계속에는 물·빛의 이미지와 함께 돌·광석·유리·모래·소금·눈(雪) 등의 단단한 광물질의 이미지가 자주 사용된다.
김화영편, 『카뮈』(서울 : 문학과지성사, 1989), p.12.
이점에서 필자는 작가 황순원이 카뮈의 영향을 많이 받았다고 본다. 황순원은 장편 『나무들 비탈에 서다』에서 '유리'와 '모래'의 이미지를 형상화시키고 있으며 단편 「소라」에서는 '모래'와 '바다'의 이미지를 형상화시키고 있다. 단편 「나무와 돌, 그리고」에서는 '돌'의 이미지를 사용하고 있다. 이점에서 황순원과 카뮈의 영향관계를 고찰할 수 있다. 그러나 카뮈와의 본격적인 영향관계는 다음 과제로 남긴다.

인간에게 주어진 존재론적 고독과 외로움은 기룡에게 있어서 '고양이'의 이미지와 연결된다. 이 작품의 소제목인 '고양이의 무게'는 곧 '애정이 없음'을 의미한다. 즉 '고양이'는 이 작품에서 정(情)이 없는 동물로서 표상되고 있으며 또한 '고독'을 표상한다. 항상 자기자신의 죄를 되새기며 자기만의 고독 속에 칩거해 있는 기룡은 누구에게 정을 주는 법이 없는 고양이를 좋아한다. "누구에게 정을 주는 법"이 없고 "언제나 자기 혼자"인 고양이를 기룡이가 가까이하는 이유는 무엇일까. 언제나 혼자로서 '고독'을 표상하는 '고양이'의 모습을 통하여 기룡은 자기자신의 분신을 보고 있는지도 모른다. 언제나 인간관계에서 단절된 채 자기자신만의 고독속에 칩거해 있는 기룡자신의 모습은 바로 '고양이'의 모습과 동일시되고 있다. 그러나 '고양이'가 누구에게 정을 주는 법이 없는 동물이라는 점에서 기룡과는 차이점이 있다. 기룡은 최에스터를 사랑하고 있다. 또 인철에게도 정을 주고 있다.

기룡이는 최에스터를 사랑하고 있음에도 불구하고 항상 정착되지 못하고 방황하는 자기자신 때문에 그녀를 냉정하게 떠나보낸다. 즉 기룡 자신은 정을 주지 않는 고양이처럼 되고 싶어 하지만 자기자신이 그렇게 되지 못하기 때문에 '고양이'를 상대적으로 더욱 좋아하는지도 모른다. 이러한 기룡의 심리상황은 매우 이율배반적으로 보인다. 고양이가 자기자신의 무게만큼 정을 주고 지워버리며 스스로를 홀로 지켜나가듯이, 기룡 역시 누구에게도 정을 줌이 없이 자신의 고독과 자기인식 안에서 머물고 싶어한다. 그는 인간관계에서 탈피한 채 자기만의 세계에서 칩거해 있기를 원하는 것이다. 따라서 박해연이 그에게 기룡의 희곡을 빌려달라고 할 때 "냅다 박해연의 가슴을" 밀칠 수밖에 없다. 왜냐하면 박해연은 자신의 고독과 외로움을 타인에게 의존하려 했기 때문이며 타인의 힘을 빌어 자신의 인간극을 완성하려 했기 때문이다.

이때 인철 역시 "박해연이 아닌 자신이 떠밀치움을 당하는 것같은 기분"을 느낀다. "아니, 박해연이 말하는 인간극의 등장인물 전체가 떠밀리운 것같은 기분"을 느낀다. 이것은 바로 인철 역시 자기자신의 실존적 고독과 외로움을 '술'이나 '기룡'을 통하여 해소하려 하였으며 자기자신이 아닌 타인에게 외로움을 의존하려 했다는 것을 인식했을 때 오는 자기각성에 다름아니다. 이제 인철은 자기자신속에서 자신의 실존적 고독과 방황을 스스로 극복하여야 한다고 깨달은 것이다. 마치 고양이가 혼자 외롭게 스스로를 지켜나가듯이. 이 점에서 "사람이란 고양이만큼 되기두 힘들어."라는 기룡의 말은 의미심장하다. 자기자신의 고독과 외로움을 스스로 직시하지 못하고 견뎌내지 못하고 도피하려는 수많은 인간들에 대한 야유가 이 말속에는 내포되어 있기 때문이다.

이렇게 철저하게 자기자신의 고독을 응시하려는 기룡의 존재양식은 인철로 하여금 정신적인 방황에서부터 돌아와, 숙명적인 인간조건에 대처할 자기인식을 갖게 한다. 숙명적인 인간조건에 대처하는 방법이란 타인과의 관계속에서 '거리'를 두며 '고양이'처럼 정을 주지 않는 방법이다. 마치 고양이가 혼자 외롭게 스스로를 지켜나가듯이. 그리하여 인철은 나미와의 관계에서도 "너는 너, 나는 나라는 거리를 둘 수 있었"던 것이며 "그네가 꾸미는 연극의 종류가 무엇이든 이제 자기는 자기대로 먼 관객의 입장이 될 것을 미리 예기"하기도 한다. 나아가 나미와의 성관계 후에도 "좀 사이를 두구 잘까."라고 말하기까지 한다. 이러한 인철의 태도는 자기 고독에 대한 응시와 직시는 가능할지 모르나 이는 근본적으로 타인과의 단절을 의미하는 것이다. 기룡의 존재양식을 배운 인철은 "털어놓구 얘기해 버리는 거야. 그리구 나서의 일은 자기자신이 처리하두룩 놔두는 거야."라는 기룡의 말을 생각하며 인주에게 자신들의 가계가 백정임을 얘기하려고 시도한다. 그러나 끝내 인철은 그 얘기를 못하고 만다. 결국 인철은 기룡이가 될 수 없었던 것이다. 인철은 사랑하는 인주에게 결코 고통을 줄 수는 없었던 것이다. "너는 너, 나는 나라는 거리"를 완전하게 둘 수는 없었던 것이다. 결코 인주는 인철에게 완전한 타인은 될 수 없었던 것이다. 이것이 오히려 결과적으로 인주의 교통사고를 유발시키는 비극의 한 요인이 되기는 하지만.

이렇게 인철이가 인간관계를 완전히 두절시키지 못하는 데에 이 소설에서 제기하는 구원의 가능성이 암시되고 있다. 이 작품속에서 인철 가족의 상호관계를 살펴보면 애정의 공동화(空洞化)현상으로 설명될 수 있다. 특히 홍씨와 상진영감과의 단절은 결국 상진영감의 죽음으로 인해 끝내 회복되지 못한다. 인주와 인철 역시 그의 어머니와의 사이에서 또 아버지와의 사이에서 느끼는 단절감을 극복하지 못한다. 다만 인문만이 어머니 홍씨와의 사이에서 애정의 관계를 회복하려고 노력한다. 인문은 어머니의 기돗방을 나와 산위를 오르며 목사님의 설교를 생각한다. "기독교 정신은 산으로 도피하는 데 있는 것이 아니고 사람들속으로 들어가야 한다는 것이다. 그렇다면 어머니도 이 산에서 거리로 돌아가야 하지 않을까."383)라고.

이러한 인문의 생각은 결국 이 작품의 배면에 깔려있는 작가의식의 투영이라고 보아도 무방하다. 그것은 이 작품의 결말부분에서 인문의 생각과 인철의 생각이 동일하게 드러나고 있기 때문이다. 크리스마스 전야제에서 인철은 또다시 모든 이유나 계류를 뛰어넘어 다가오는 나미의 진실한 사랑을 절감한다. 또 모성적 사랑과 여성적 사랑이 결합된 다혜의 사랑을 재확인하게 된다. 이때 인철은 생각한다.

> 이대로 나는 관객의 입장에서 다혜와 나미를 대해야 하는가. 나는 나, 너는 너라는 인간관계란 있을 수 없지 않은가. 인간이 소외당한 자기자신을 도루 찾으려면 우선 각자에 주어진 외로움을 참구 견뎌나가는 데서부터 시작해야 할 거야. 기룡이의 말이었다. …… 그건 그렇다. 하지만 그 외로움이란 인간과 인간이 격리돼있는 상태에서만 오는 게 아니지 않는가. 서로 부딪칠 수 있는 데까지 부딪쳐본 다음에 처리돼야만 할 문제가 아닌가. 기룡을 만나야 한다. 만나 얘기해야 한다.
> 인철은 머리에서 고깔모자를 벗어 뜰에 서있는 한 나뭇가지에다 걸었다.384)

---

383) 황순원,『日月』, p.338.
384) 위의 책, p.343.

기룡이가 두절된 인간관계속에서 자기인식안에서만 머물러 있음에 반하여 인철은 고독의 존재양식을 수용하고 나아가 인간관계속에서 서로 부딪쳐 본 다음에야 비로소 소외당한 자기자신을 찾을 수 있음을 제시한다. 즉 인철은 자신의 실존적 고독을 직시하고 인간관계속에서 새로운 자신의 모습을 추구해야 하며 이를 통해서 외로움의 극복 방법을 찾아야 한다고 결심한다. 이러한 인철의 태도를 통하여 이 소설이 제기했던 인간조건의 문제가 구원의 가능성으로 연결되고 있다.

인철은 기룡이와의 만남과 방황을 통하여 백정의 후예라는 운명을 현실적으로 인식하면서, 자신의 실존적 고독과 외로움을 견뎌내려고 한다. 나아가 끊임없는 인간관계속에서 진정한 자기자신에 대한 인식과 함께 외로움의 문제가 극복될 수 있다고 인식하게 된다. 즉 인철은 기룡과는 달리 실존적 삶을 직시하면서 사회적 삶속으로 회귀해가려 한다. 또 인호와는 달리 인철은 자신의 인간조건을 거부하지 않고 그 외로움을 자신의 의지로써 인간관계속에서 견뎌내려고 한 점에서 인철의 인간다움이 내재한다고 볼 수 있다. 이제 그는 좀더 성숙한 새로운 삶의 존재양식을 통하여 또는 '사랑'이라는 구원의 한 방법을 통하여 인간의 실존적 고독을 극복할 수 있을지 모른다. 이런 점에서 인철은 작가 황순원이 가지고 있는 생에 대한 긍정정신과 긍정적 인생관이 투영된 인물이라고 볼 수 있다. 즉 황순원은 인간에 대한 사랑과 삶에 대한 사랑을 포기하지 않는 인철을 통하여 인간 구원의 한 가능성을 제시하고 있는 것이다.

이렇게 볼 때 『日月』에 놓여 있는 작가의식은 인철의 새로운 삶의 태도를 통하여 암시하고 있다고 볼 수 있다. 작가는 참다운 기독교 정신이란 홍씨처럼 산으로 도피하는 데 있는 것이 아니고 사람들속으로 들어가야 뜻이 있음을 목사님의 설교를 통하여 제시한다. 즉 인간과의 관계속에서 실존적 고독과 외로움의 극복이 추구되어야 한다는 점을 작가는 강조한다. 이런 의미에서 장편 『日月』은 작가가 인간구원의 한 방법을 신에게서 보다는 인간주의적 측면에서 추구하고 있음을 알 수 있다. 이러한 양상은 인철이 신에게서 인간 구원의 방법을 찾지 않고 자기극복을 통한 인간주의적 측면에서 구원의 길을 모색하는 데에서 확인할 수 있다. 그것은 바로 타인과의 인간관계속에 자신을 열어놓는 삶의 방법이다. 특히 이 작품속에는 종교의 문제가 제기되는데 작가는 오히려 미신화된 기독교 신앙에 대해 비판적 시각으로 접근하고 있다. 그러나 『日月』에서 작가는 신의 문제를 본격적으로 쟁점화시키지 않는다. 작가는 『움직이는 城』에 이르러 신의 문제에 대해 본격적으로 언급하고 있다.

한편 이 작품에 등장하는 거의 모든 인물들은 '실존적 고독'을 표상하고 있다. 특히 실존적 고독을 표상하는 인물로는 기룡, 인철, 인호, 상진영감, 남준걸, 박해연, 인주, 인문 등을 들 수 있다. 작가는 인간의 근원적 존재양식을 고독[385]으로 파악하면서, 작중인물들을 통하여 그들이 어떠한 방법을 통하여 구원의 가능성[386]을 모색하고 있는가를 조명하고 있다. 따라서 이 작품은 작가의식이 인간 존재에 대한 근원적인 성찰과 인간조건에 대한 극복에 놓여있음을 보여준다.

---

385) 성민엽은 『日月』에서 작가는 인간의 근원적 존재양식을 고독으로 파악하고 그 인간조건에 반응하는 인물들의 고뇌를 조명하며 구원의 가능성을 어디에서 찾아야 할지에 대해 암시를 던진다고 말한다. 즉 『日月』은 『나무들 비탈에 서다』에서 보여주는 좌절감을 다시 구원의 미학으로 승화시키려는 작가적 노력의 소산이라고 평가한다.
성민엽, 「존재론적 고독의 성찰」, 황순원전집 제8권(서울 : 문학과지성사, 1983)
386) 김치수는 『日月』에 나타난 구원의 문제를 작가는 고식적이고 관념적인 방법으로 추구하고 있다고 지적한다.
김치수, 「외로움과 그 극복의 문제」, 『문학』 제1권, 제8호(1966.8).
여기에 대해 오생근은 김치수의 주제비평이 발전하기 위해서는 작가와 작품을 분리하여 황순원의 나레이터로서의 특징, 대화와 묘사의 공통된 표현방법, 작중인물의 유형과 인물들이 맺는 관계의 도식 등에 대한 정밀한 구조적 분석이 병행되어야 한다고 지적한다.
오생근, 「전반적 검토」, 황순원전집 제12권, p.15.

③ 애정추구와 모성회귀

　장편 『日月』에는 장편 『카인의 後裔』, 중편 『내일』, 장편 『나무들 비탈에 서다』에서와 같이 애정과 관련하여 모성의 문제가 접맥되고 있다. 아울러 『日月』에는 사랑의 방황과 모성회귀현상이 나타나고 있다.
　이 작품속에서 다혜는 '모성'으로서의 사랑을 대표하고 있다. 이와는 달리 적극적인 성격의 나미는 '여성'으로서의 사랑을 대표한다. 인철은 '모성적 사랑'을 대표하는 다혜와 '여성적 사랑'을 대표하는 나미 사이에서 끊임없이 갈등하는 인물이다.
　한편 이 작품에는 여성이 사랑하는 남성에게 '모성적 사랑'을 투여하고 있음을 보여준다. 그 대표적 인물은 다혜이다. 먼저 다혜가 인철에게 기울이는 '모성적 사랑'의 양상을 살펴보도록 하자.
　다혜와 인철과의 관계는 인철의 시각을 통해서, "동갑이건만 그네는 언제나 누이가 남동생을 바라보는 눈길인 것이다. 이건 벌써 어렸을 적부터 그래왔지만"이라고 설명되고 있는 것에서 살펴볼 수 있다. 다혜는 인철을 항상 보호자의 입장에서 대하고 있다. 나아가 다혜는 인철이 그녀의 도움을 필요로 할만큼 약한 상태에 있기를 무의식적으로 바라기까지 한다. 이러한 심적 상황은 인철에게 '모성'으로 대하고 싶다는 무의식의 표출이다. 이렇게 다혜가 인철에게 '모성적 사랑'을 투여하려는 욕구는 해수욕하다가 빠진 인철을 구조해내는 공상으로 비약되면서 나타나기도 한다. 남성이 약할 때, 도와주고 싶은 욕구는 바로 여성적인 사랑이라고 하기보다는, '모성적 사랑'의 표현이라고 봄이 타당할 듯하다. 또한 "내가 죽는 한이 있더라도 남자를 구해야 한다"라는 심리적 상황은 바로 '어머니'가 자식에게 가지는 헌신적 사랑이라고 할 수 있다.
　이렇게 인철에 대한 다혜의 모성적 태도는 그녀가 어렸을 때부터 지속되어 왔다. 국민학교 시절 인철이 몸이 약해 졸도했을 때 언제나 인철 곁에서 다혜는 걱정스런 낯빛을 하고 있었다. 비록 다혜는 어리지만 인철 어머니인 홍씨의 역할을 기꺼이 한다. 즉 다혜는 인철에게 있어서 '어머니'의 대리표상이다. 또 인철이 답안을 일부러 틀려 찬바람이 이는 운동장에 혼자 늦게 나온 날도 다혜는 추위에 웅크리며 떨고 서 있었다. 다혜가 인철에 대해 가지고 있는 근심과 보호의 감정은 '모성본능'의 한 표출이라 볼 수 있다. 이렇게 다혜와 인철의 만남은 어린아이에 대한 어머니로서의 관계처럼 오랜 세월이 지난 후에도 지속되고 있다. 다혜가 '모성'으로 인철을 대하는 태도는 "바다에서 실수 하지 않구 돌아와서 기쁘단 말야" "물에 들어가기 전엔 꼭 준비 운동두 충분히 하구"라는 다혜의 말에서 단적으로 증명된다. 이는 어머니가 어린아이를 대할 때와 같은 보살핌의 태도이며 배려의 감정이다. 이렇게 모성을 표상하는 다혜에게 인철이 지금까지 사귀어온 여자들의 얘기를 하는 것은 필연적이다.

다혜가 인철에게 투여하는 '모성'으로서의 태도는 인철의 꿈속에서 그대로 투영되고 있다. 자신의 가계가 백정임을 안 인철이 괴로워 할 때 꾼 꿈속에서 다혜는 인철의 어머니 홍씨 대신 헌신적 사랑을 인철에게 베푼다. 어머니, 형, 나미 등이 인철을 모른척 외면할 때, 오직 다혜만이 그를 끌어다 자기 뒤에 세워주는 것에서 볼 수 있다. 이것은 다혜만이 절대적인 이해와 관용으로 인철을 대하고 있음을 인철이 인식한 것이라고 본다. 또 인철이 소발통자국의 꿈을 생각할 때, 다혜는 무슨 생각을 골똘히 하느냐고 하면서 인철에게 "어린 애같이"라고 말한다. 인철이 백정의 후손이라는 사실때문에 고통스러워 할 때, 다혜는 무한한 이해와 관용으로써 그를 감싸주며 나미에게 가서 모든 걸 다 털어놓으라고 충고한다.

이러한 다혜의 모성적 태도에 대하여 한 연구자는 "다혜의 이런 태도는 인철에 대한 애정의 표현임에 틀림없다. 그 애정은 어떠한 보상도 바라지 않는 모성애에 가까운 사랑이며, 모성적 사랑이기 때문에 '받는' 사랑이기보다는 '주는' 사랑이고, 헌신적이고 극기적이며 보상도 바라지 않는 현대 이전의 사랑이다."387)라고 말한다. 또한 김치수는 "인철과 다혜 사이에 '시선의 마주침'

이 일어나지 않는 것은 다혜의 인철에 대한 사랑이 모성적이기 때문인 듯하다."라고 말한다.388) 그러나 한가지 유의할 점은 인철에게 나미가 나타나면서 다혜가 보여주던 '모성'으로서의 태도가 '여성'으로서의 태도로 변모하고 있다는 사실이다.

나미와의 만남에 대해 인철이가 하는 얘기를 들으면서 다혜는 "하여튼 애정 표신 틀림없구. 그것두 남이 엄두두 못낼 자신을 가진. 이번엔 꼭 붙들구 놓치지 마."라고 말한다. 그러나 다혜는 "비로소 처음으로 인철에게 농담도 아니면서 마음에도 없는 말을 하고 있음"을 깨닫는다. 그리고 다혜는 "무엇이고 더 얘기해야 할 것 같은데 머리는 비어만 갔다." 이러한 심리상황은 다혜가 인철에게 여성으로 다가가고 있음을 보여준다. 이러한 다혜의 심리적 변화는 인철과의 생활을 꿈꾸는 다혜의 공상속에서 지속적으로 드러나고 있다.

> 지금 그네는 집에서 쫓겨나온 참이다. 무슨 일로 쫓겨났는지는 알 수 없으나 자신이 그렇게 생각하고 있었다. 집에서 입던 옷 그대로 머리도 빗지 않은 채로. 목적지도 없이 가는 길이건만 조금도 막막하거나 외롭지가 않다. 얼마큼 가느라니까 햇빛에 반짝이는 나무 사이로 통나무집이 하나 나타난다. 그제야 그네는 그것이 거기 있는 게 당연한 걸로 여겨지며 바로 그걸 찾아온 것처럼 생각한다. 통나무집은 아무도 살고 있지 않은 빈집이었으나 먼지 하나 없이 깨끗이 치워져 있다. 안으로 들어간다.
> (중략)
> 인철이 말없이 자전거 핸들에 건 구럭에서 우유 한 병을 꺼내어 그네에게 준다. 그네는 병째로 들고 마신다. 알맞게 따뜻하고 향기로운 우유다. 그네는 몇 모금 마신 뒤 인철에게 병을 건넨다. 이렇게 둘이는 서로 번갈아가며 마신다. 그러다가 별안간 인철이 소리내어 웃기 시작한다. 왜 그러냐고 하니까, 몸이 온통 우유로 변한 것두 모르구 있어? 한다. 그러고보니 인철이도 온통 우유로 변해있지 않은가? 자기는 어떻구? 그네도 소리내어 웃는다. 그러는데 인철이 다시 자전거를 타려고 한다. 어딜 가?

---

387) 방용삼, 「황순원 소설에 나타난 애정관」, p.50.
388) 김치수, 「日月의 문제점」, 『문학』 제1권, 제8호(1966), p.270.

배달을 해야지. 그만둬, 이제부턴 안해두 돼. 그네는 자전거 핸들을 붙든다. 그리고 벨을 울려본다. 맑고 산뜻한 공기 속에서 벨소리가 투명하게 울려 퍼져 나간다.

영 인철에게 말할 기회는 오지 않으리라. 다혜는 먼 곳에 있는 사람을 보듯 눈을 좁게 뜨고 인철을 바라보았다. 인철이 나미를 사랑하고 있구나.389)

위 인용에서 볼 수 있듯이 다혜는 인철과 함께 살 수 있는 '통나무집'을 원한다. '통나무집'390)은 다혜와 인철의 사랑이 꽃필 수 있는 행복한 공간이다. 이들의 사랑은 남녀간의 이성적 사랑뿐만 아니라 '모성적 사랑'을 추구하고 투여하는 사랑이다. 왜냐하면 '집'자체가 따뜻한 안식처로서 모성과 보호, 비호기능을 내포하고 있기 때문이다. 그리고 "기다리던 사람" 곧 인철이 와서 '우유' 한 병을 다혜에게 꺼내준다. "그네는 병째로 들고 마신다. 알맞게 따뜻하고 향기로운 우유"이다. 이 작품에서 '우유'391)는 생명의 젖이며 '모성'을 표상한다. 사랑과 생명의 젖을 표상하는 '우유'를 인철과 다혜는 "서로 번갈아가며 마신다." 그리고 "몸이 온통 우유로" 변한다. 즉 다혜와 인철의 사랑에는 이성간의 사랑만이 아니라 '모성적 사랑'이 섭수되고 있음을 암시한다.

한편 인철에게 '여성적 사랑'과 함께 '모성적 사랑'으로까지 대하고 있는 다혜에게 인철이 전경훈의 얘기를 꺼낼 때 다혜는 말한다. "지금 농담 싫어.

---

389) 황순원,『日月』, pp.242~243.
390) 집은 삶의 중심이며 공동체의 상징이다. 집에 있음으로써 우리는 삶의 안락함과 평안함은 물론 행복을 누릴 수가 있으며 또 인간은 서로서로가 더불어 사는 존재로서의 사랑의 공간을 넓혀갈 수 있다.
바슐라르는 집을 '행복한 공간'으로 규정하고 있으며, 볼노프는 '피호성'(被護性)의 공간이라고 일컫는다. 이들은 모두 집이란 대상이 우리의 삶에 대해서 가지는 따뜻한 모성(母性)의 가치와 보호 내지 비호기능을 지적하는 말인 것이다.
이재선,『한국문학주제론』(서울 : 서강대학교 출판부, 1991), p.322.
391) 소는 '모성'을 표상하며 '생명력'과 '다산성' '풍요'를 상징한다.
J.E. Cirlot, 앞의 책, p.65.
따라서 우유 역시 생명의 젖을 주는 '어머니' 즉 '모성'을 표상한다고 본다.

나 선덕여왕이 안 되겠다구 했는데 왜 자꾸 씌우려구 그래. 날 처리하구 싶어 할 건 없어."라고 얘기하는 것에서 인철을 '모성'으로서가 아니라 '여성'으로 대하고 있음이 드러난다. 그것은 "뭣이든 감싸듯 받아주던 여태까지의 그네가 아니었다. 말속에 바람이 일었다."392)에서와 같이 다혜의 '모성적 태도'가 '여성적 태도'로 더욱 많이 기울어지고 있음을 드러낸다.

이렇게 인철에게 투여했던 '모성'으로서의 사랑이 '여성'으로서의 사랑으로 변모해가고 있는 양상은 나미를 만나고 오면서 다혜의 심리로써 살펴볼 수 있다. "인철과 자기사이에 어렸을 적부터 드리워졌던 막이 걷혀지면서 남성 인철의 얼굴이 다가왔다." 그리고 인철을 남성으로 인식하기 시작할 때, 다혜는 "무엇으로 누군가를 때리거나 맞고 싶다는 생각"을 한다. 이것은 바로 다혜가 느끼는 외로움의 한 반영이라 볼 수 있다. 이 외로움이란 여성이 남성을 사랑하면서부터 생성되기 시작하는 감정으로서, 결코 '모성'이 가지는 속성은 아닌 것이다. 다혜가 인철을 남성으로 느끼기 시작할 때, 더이상 인철을 주인공으로 해서 '꿈'을 그려볼 수가 없다.

       다혜의 손은 열을 띠어 따뜻했다.
       블루스곡이었다. 인철은 한자리에 멈춰 서서 음악에 맞춰 몸만 조용히 움직였다.
       "난 꿈을 잃어버렸어."
       다혜가 인철의 어깨 너머로 눈을 준 채 말했다.
       "꿈을 잃다니?"
       "전엔 인주오빠를 히로루 여러가지 긴 꿈 같은 걸 그려보구 했잖아. 근데 요즘와선 통 그게 안돼."
       "다혜두 이젠 나이를 따라가야지."
       잡고 있던 다혜의 손이 꼬옥 인철의 손을 그러쥐었다. 그리고 얼굴을 인철 앞으로 가져다 똑바로 쳐다보았다. 얼굴과 얼굴이 너무 가까워 잘 보이지 않는듯 고개를 약간 뒤로 젖히면서.393)

---

392) 황순원, 『日月』, p.243.

그 '꿈'이란 다혜에게 있어서는 약한 인철을 보호해주려는 '모성'으로서의 '꿈'이었던 것이다. 그런데 이제 다혜가 인철을 남성으로 인식하면서부터 그 '꿈'을 그려볼 수 없게 된다. 따라서 모든 이유나 계류를 뛰어넘어 인철에게 다가오는 나미의 '여성적 사랑'과 같이, 다혜 또한 '모성적 사랑'에서부터 '여성적 사랑'으로 변모했다는 점에서 다혜, 나미 두 여성 모두 동일선상에 놓여져 있다. 다만 차이가 있다면, 다혜가 나미보다 '모성'의 속성을 더욱 많이 인철에게 투여해왔고 내포하고 있다는 점이다. 이로써 『日月』에서 다혜가 인철에게 '여성'만이 아닌 '모성'으로서 대하고 있음과 아울러 다혜의 인철에 대한 사랑이 점차 모성적인 것에서부터 '여성'의 사랑으로 변모해가고 있음을 함께 살펴보았다.

한편 인철이가 여성에게 '여성'만이 아닌 '모성'까지를 추구하고 있는 양상을 살펴보기로 하자. 인철이가 특히 다혜에게서 추구하는 '모성적 사랑'의 양상은 그의 어머니 홍씨에게서 받지 못했던 사랑의 갈구가 내포된 것이라고 유추할 수 있다. 인철의 어머니 홍씨는 인철에게 진정한 어머니로서의 역할을 다하지 못한다. 상진영감과의 사이에서 쌓여지기 시작했던 장벽은 완전히 가족에게로까지 확대되고 만다. 또한 남편의 바람기 때문에 남자에 대한 결벽증을 가진 홍씨는 인주와 인철이 춤을 추는 장면을 엿보고, "저것들이, 저것들이! 그동안 그네를 휘감고 떠나지 않던 종잡을 길 없는 불길한 예감이 어떤 구체성을 띠고 눈앞에 나타난 심정이었다. 저것들이 그예 무슨 일을 저지르려구."하는 불순한 의심을 하기도 한다. 이러한 어머니에 대해 인철은 "자식으로서의 애정이 자기에게는 왜 우러나오지 않는가 하는 안타까움"을 느낀다. 이렇게 인철과 홍씨와의 관계는 진정한 혈육의 애정으로 묶여져있다고 하기보다는, 단지 선천적으로 묶여진 관습적 모자관계로서 실재할 뿐이다. 이는 "육신으룬 내 자식이구 내 남편인진 몰라두 영적으룬 남남인걸, 남남이구 말구"라는 홍씨의 말로 알 수 있다. 따라서 인철에게 있어서 육신의 어머

---

393) 황순원, 『日月』, p.342.

니 홍씨는 존재하지만, 진정한 정신적 어머니로서의 의미는 가지지 못한다. 진정한 '어머니'를 갖지 못한 인철이 무의식적으로 여성에게서 '모성'을 추구한다는 것은 무리가 아니다. 이를 다혜와 나미와의 관계속에서 살펴보도록 하자.

어렸을 적부터 다혜는 약한 인철을 보호해 주는 어머니와 같은 존재이다. 항상 다혜의 "그 맑고 가라앉은 시선속에 감싸일 적마다 인철은 어떤 안도감과 함께 어딘가 불만감을 느끼곤 하는 것이다. 동갑이건만 그네는 언제나 누이가 남동생을 바라보는 눈길인 것이다. 이건 벌써 어렸을 적부터 그래왔지만."394)에서 볼 수 있듯이 다혜의 보살핌을 받을 때, 인철이 안도감을 느낀다는 것은 바로 다혜에게서 은연중 모성적인 면을 기대하고 추구하고 있었다는 증거이다. 또한 불만감을 느낀다는 것은 다혜가 '모성'으로서만이 아니라, '여성'으로 다가와주길 바라는 무의식의 표출이다. 즉 인철은 '여성'과 '모성'이 결합된 완전한 하나의 여성을 추구하고 있다.

이에 대해 천이두는, "실상 인철에게 필요한 것은 그 두가지를 종합한 하나의 실체"395)라고 주장한다. 여기서 "두가지를 종합한 하나의 실체"란 바로 '여성'과 '모성'의 종합이다.

따라서 다혜에게 '모성'까지를 추구해왔고, 다혜의 따뜻하고 희생적인 보살핌에 의해, '모성'추구가 어느 정도 충족되어 왔던 인철이 다른 여성과의 관계에서 소극적인 태도를 보여줄 수밖에 없다는 것은 당연한 일이다.

"그런 소극적인 태도가 틀렸어. 나같애두 그런 남잔 싫겠다. 웬만큼 끌리는 상대면 이쪽에서 적극성을 띠어야 되는 거 아냐?"
"내가 여자한테 소극적인 건 아마 다혜탓일껄."
"어마, 그게 무슨 소리야? 내가 언제 그러라구 그랬어?"
"어려서부터, 무언중……"396)

394) 황순원, 『日月』, p.42.
395) 천이두, 「부정과 긍정・黃順元『日月』」, p.182.

즉 인철에게는 진정한 의미에서의 '어머니'가 존재하지 않으므로, 다른 여성과의 만남에서도 인철은 '모성'의 속성으로 대해 주는 다혜를 무의식속에서 인식하게 된다. 따라서 인철은 여성관계에서 소극적인 태도를 보일 수밖에 없었던 것이다.

특히 인철이가 백정이라는 신분 때문에 갈등하며 꾼 'T자'의 꿈속에서 다혜는 '어머니'의 역할을 담당한다. 현실의 어머니 홍씨가 아닌 다혜가 인철을 어머니 대신 감싸주고 있다. 이렇게 무의식의 현현인 꿈속에서 다혜가 인철에게 '모성'으로 대하고 있다는 사실은 바로 인철 스스로가 이미 다혜에게 '모성'을 추구하고 있다는 사실을 역설적으로 증명해 준다고 하겠다. 이렇게 진정한 어머니의 사랑을 받지 못한 인철이가 무의식적으로 '모성'을 추구하고 있는 양상은 자신이 백정임을 알고 난 후 꾼 일련의 꿈속에서 강하게 표출된다. 인철은 꿈속에서 사랑을 찾아서 방황하기도 하고 백정의 신분이라는 인간조건 때문에 갈등하기도 한다. 나아가 이러한 인철의 심리적 갈등은 오직 평안과 안락만이 있는 어머니의 자궁속으로 퇴행하고자 하는 욕구로 나타나기도 한다.

> 또 꿈속에서 그는 어두운 동굴 속같은 데를 걸어들어가기도 했다. 들어갈수록 캄캄한 암흑이 앞을 가로막아 끝난 데를 알 수가 없었다. 그러면서도 그는 오히려 이 어둠을 다행으로 여겼고, 이 어둠을 찾으려 했던 것처럼 느끼는 것이었다. 이 어둠속에 그대로 녹아버렸으면! 그는 자꾸만 동굴 깊숙이 걸어들어갔다. 한결 마음이 편안했다.397)

위 인용에서 볼 수 있는 '어두운 동굴'398)과 '암흑'의 이미지는 '자궁'의 이

---

396) 황순원, 『日月』, p.57.
397) 황순원, 『日月』, p.109.
398) 정신분석적 비평가는 모든 오목한 이미지(못, 샘, 꽃, 컵이나 꽃병, 동굴 구멍같은)를 여성이나 자궁의 상징으로 본다.
윌프레드 L. 궤린 外, 『문학의 理解와 批評』, p.100.

미지를 표상한다. 인철이가 백정이라는 숙명적 인간조건 때문에 갈등할 수밖에 없고, 이 갈등을 극복할 수 없을 때 그의 심리내부에서는 차라리 죽음을 통해 '모체속으로의 퇴행'을 갈구하고 있다. '모체속으로의 퇴행'을 통하여 자신의 존재를 망각하고 싶은 것이다. 즉 인철은 무의식적으로 세상에 태어나기 이전의 자기, 태내에 있는 자기를 갈망한다. 따라서 "오히려 이 어둠을 다행으로 여겼고, 이 어둠을 찾으려 했던 것처럼 느끼는 것"은 바로 그가 무의식속에서 '모체속으로의 퇴행'을 갈구하기 때문으로 풀이된다. 인철은 어머니의 동굴 내부 깊숙이 회귀해 들어가기를 희망한다. 깊은 그 곳에는 평화와 휴식이 있을 것이라고 기대하기 때문이다. 이러한 무의식이 자꾸만 동굴 깊숙이 걸어들어가도록 인철을 유도한다. 이렇게 인철이 '모성에로의 회귀'를 갈구하고 있음에도 불구하고 "훤한 동굴 아가리가 저만치 보였다."에서와 같이 현실로 돌아올 때에 그가 꿈속에서 그리던 진정한 '어머니'는 어디에도 존재하지 않는다. 따라서 현실에서 진정한 '어머니'를 갖지 못한 인철이 "자기가 저녁마다 술을 먹는다는 걸 안다면 얼마나 놀랄까. 그러면서 조용히 나무라는" 다혜의 모습을 떠올리며 그녀에게 진정한 '어머니'의 모습을 기대한다는 것은 무리가 아니다. 이로써 인철이 여성에게서 '여성'만이 아닌 '모성'까지를 추구하고 있음을 살펴보았다.

인철이가 여성에게서 '여성'만이 아닌 '모성'까지를 추구하는 양상을 통하여 볼 때, 이 작품의 결미에서 보여주듯이 인철의 방황은 어쩌면 '모성적 사랑을 나미보다 더욱 많이 내포하고 있는 다혜의 사랑을 통하여 극복될 수 있을지도 모른다. 왜냐하면 인철은 '여성'과 '모성'이 종합된 완전한 하나의 여성을 추구하고 있기 때문이다.

2) 실존적 삶의 인식과 삶의 총체성 추구, 단편집 『탈』

단편집 『탈』(문학과지성사, 1976.3)의 작품들은 1965년부터 1975년까지에 주로 쓰여진 작품들로서 작가의 나이 50세에서 60세에 걸쳐서 창작된 작품들이다. 21편의 단편들이 수록되어 있는 이 단편집에는 실존적 삶의 인식과 그 총체성을 다룬 작품들이 돋보이고 있다. 또한 이 단편집의 특징으로 주제의식의 다양함과 기법의 특이성을 들 수 있다. 단편집『탈』에는 황순원이 제1기의 문학에서부터 지속적으로 보여주고 있는 생명긍정의 정신과 모성 및 애정의식 등이 내재해 있다. 나아가 실존적 삶의 문제와 죽음의식 그리고 자의식의 문제, 삶의 총체적 화합의 문제가 개성적으로 형상화되고 있음을 살펴 볼 수 있다.

특히 단편「차라리 내 목을」(1967.2),「幕은 내렸는데」(1967.7),「탈」(1971.9),「숫자풀이」(1974.5),「이날의 遲刻」(1974.12)에서 드러나고 있는 기법의 실험성과 개성적 형상화는 작가자신이 끊임없는 실험정신으로 다양한 기법의 창조와 자기변모를 시도하고 있음을 반증한다. 이점은 작가가 현실속에 타성적으로 안주하지 않고 문학을 향한 끊임없는 열정과 의지로써 자유의 길로 지향해 나아가고 있음을 증명한다. 이것은 곧 그의 문학이 정체적인 문학이 아니라 생동적인 형성형의 문학임을 의미한다고 볼 수 있다.

단편집『탈』은 노년에 접어든 작가에게 있어서, 실존적 삶의 존재양식과 죽음의식이 어떠한 구성기법과 주제의식으로 형상화되고 있는가를 보여준다는 점에서 그 의미가 있다고 본다. 또한 작가의 관심과 인식이 얼마만한 넓이와 깊이로 도달해 있는가를 보여주는 마지막 단편집으로 이순(耳順)에 이르는 작가의식의 변모양상이 드러난다는 점에서 그 중요한 의미가 있다고 본다.

① 생명긍정과 모성인식

단편집『탈』속에는 작가의 생명긍정정신과 모성에 대한 인식이 투영되어 있다. 생명에 대한 긍정정신이 반영된 작품으로는「소리 그림자」(1965.1),「아내의 눈길」(1965.7),「닥터 장의 境遇」(1966.8),「겨울개나리」(1967.1)를 들 수 있다.

단편 「소리 그림자」(1965.1)[399]는 성(性)에 대해 결벽증을 가진 장로의 실수로 평생을 꼽추로 늙어간 종지기의 삶을 형상화한 작품이다. 이 작품의 표제인 '소리 그림자'가 상징하는 것은 종소리 이면에 담겨진 무한한 생의 긍정을 의미한다고 볼 수 있다. 즉 어른과 아이의 단절된 세계가 야기한 비극적 삶의 고통을 오히려 성일은 인간긍정과 사랑, 화해와 용서로 감싸 안으면서 생의 즐거움으로 전화시킨다.

천진한 어린아이들은 "뒷다리를 땅에 붙이지도 못하고 끌려가는" 발바리의 모습을 보고 웃는다. 성(性)에 대해 결벽증과 거부감을 가지고 있는 장로는 아이들이 개들의 교접행위를 보고 좋아하는 줄로 알고 노기찬 표정으로 위를 올려다보고는 사다리를 치운다. 그 바람에 성일이는 꼽추가 되고 만다. 이런 성일이의 부고장을 받고 작중화자인 나는 "한 사내의 불행이나 외로움에 대해 내가 도맡아 책임을 질 수는 없다 해도 너무 무관심한 한낱 국외자에 지나지 않았었다" 회오로 고인의 무덤을 찾아간다. 왜냐하면 성일이가 어릴적 동무의 현재 직장까지 알고 있을 정도로 평생 작중화자인 '나'를 지켜보고 있었음을 알게 되었기 때문이다. 그 곳에서 젊은 목사가 내어주는 성일이의 그림을 보게 된다.

> 무엇인가가 그림 속에서 불타고 있는 것이었다. 얽힌 나무뿌리에서도 구부러진 곡선마다 불티가 튀고 있었다. 찬송가를 부르는 교인들의 수많은 입들도 불을 뿜고 있었다. 헐벗은 산에 박힌 울퉁불퉁한 바위에서도 불길은 일고 있었다.[400]

"무엇인가가 그림 속에서 불타고 있는" 그림들을 보면서 성일은 장로에 대해 분노를 느낀다. "아무 허물도 없는 어린이의 일생을 망쳐버린 한 중년사내의 어이없는 징계에 대해 분노가 치밀어" 오른다. 즉 성일이의 그림 속에서

---

399) 단편 「소리 그림자」는 『思想界』(1965.4)에 발표됨.
400) 황순원, 「소리 그림자」, 『탈』, 황순원전집 제5권(서울 : 문학과지성사, 1990), p.15.

"불타고, 불티가 튀고, 불길이 일고" 있는 것은 작중화자인 내가 장로에게서 느끼는 분노의 불꽃에 다름아닙니다. 그러나 이러한 분노의 불꽃은 이 작품의 결미에 이르러 생명과 사랑의 율동이었음을 작중화자인 나는 깨닫게 된다.

　　두 어린이가 종을 치고 있었다. 이제는 종지기인 성일이 아버지는 거기 없고, 단지 두 어린이만이 같이 종줄을 잡고 있었다. 줄을 잡아당겼을 때의 뗑 소리와 줄을 늦출 때의 강 소리 사이의 간격, 그리고 다음 뗑 소리와의 약간 긴 간격, 이러한 뗑과 강 소리가 되풀이되면서 내는 가락에 어울려 일종 특이한 여운이 울려퍼지고 있었다. 그 여운의 파문이 자꾸만 내 가슴을 채워왔다.
　　이때 나는 보았던 것이다. 앞에 펴놓은 그림이 이상한 변화를 일으킨 것을. 아니 변화라기보다는 이 그림을 그린 고인의 본뜻을 비로소 알아볼 수 있었다는 게 옳았다. 그림의 붓놀림이 어쩌면 이렇게 즐거울 수 있을까. 불꽃처럼 보였던 선 하나하나가 실상은 어쩔 수 없는 즐거움에서 우러나온 율동이었던 것이다. 킬킬킬 티없는 웃음이 연필 자국마다 스며있다가 되살아 오는 것이었다. 우리는 40여년 전 웃음을 나눠가질 수 있었다.401)

　성일의 그림을 보며 작중화자인 내가 느꼈던 분노의 불꽃은 실상 성일이의 내면속에서 분출되는 생명, 환희, 사랑의 불꽃이었으며 인간긍정과 화해와 용서와 웃음의 율동이며 몸짓이었음을 깨닫는다. 즉 '나'와 '성일'이의 영혼이 합일되는 그 순간 나는 '종소리'를 환청하게 되면서 성일이의 진의를 깨닫게 된다. 종소리의 이면에 담겨진 무한한 생에 대한 긍정정신과 사랑을 성일의 그림을 통하여 '나'는 각성하게 된다. 따라서 이 작품속에서 성일이가 삶을 바라보는 태도는 생에 대한 긍정의 자세임을 알 수 있다. 즉 그는 자신의 불행한 삶에 분노하고 고통스러워 한 것이 아니라 그것을 극복하고 나아가 생에 대한 사랑과 환희로 전화해 나아갔던 것이다. 이러한 성일이의 삶을

---

401) 위의 책, p.17.

영혼의 합일을 통하여 꿰뚫었던 작중화자인 '나'역시 궁극적으로 생에 대해 무한한 긍정의식을 소유하고 있는 인물이다. 생에 대한 긍정정신을 소유한 점에서 성일과 작중화자인 '나'는 동일선상에 놓여진 인물로서 이점에서도 두 사람은 합일되고 있다. 따라서 두 사람 사이에서 영혼의 일체는 가능했던 것이다. 곧 이 작품에서 인생에 대한 긍정적 자세와 인간신뢰와 인간사랑을 보여주고 있는 성일이의 모습은 곧 작중화자인 '나'의 모습이기도 하면서 작가 황순원의 모습이기도 하다. 이점에서 이 작품은 작가의 인간긍정정신과 인간신뢰와 인간사랑의 정신이 투영된 대표적 작품이라고 볼 수 있다.

단편 「아내의 눈길」(1965.7)[402] 역시 생명긍정을 보여주고 있는 작품으로 정부의 농어촌 고리채 정리의 모순점 등 농촌의 가난한 현실을 리얼하게 묘사하고 있다.

그러나 이 작품은 목숨만 겨우 붙어 있는 돼지새끼를 버리지 못하게 하는 아내의 시선에 집중되어 있다. 현구는 "타산면으로 보아 단 한마리에게 젖을 빨게 하여 어미돼지의 다음 발정기를 늦추어 놓아서는 안된다."는 것을 인식한다. 그러나 돼지새끼가 살아있는 동안에는 돼지새끼를 버릴 수 없다고 말하는 아내의 눈길 사이에서 현구는 갈등한다. 이점에서 현구 역시도 아내와 마찬가지로 생명에 대한 경외감을 지닌 인물이다. 현구는 궤짝 쪽에서 돼지새끼가 살아 움직이는 소리를 듣게 된다. 이때 "좀 아까 닭울음 소리가 메마른 어둠속에 뚫어놓은 무수한 구멍같은 것이 현구의 가슴에도 무수히 뚫리는 듯함"을 느낀다. "닭울음소리가 메마른 어둠속에 뚫어놓은 무수한 구멍"은 바로 현구가 닭울음소리를 통하여 인식하는 생명의 소리에 다름아니다. 현구가 느끼는 생명에 대한 경외감은 이 작품의 결미에서 나타나고 있다.

> 그런데 아, 궤짝쪽에서 또 움직이는 소리가 들려왔다. 약하긴 하나 좀 전보다 더 똑똑했다. 그리고 한 자리에 머물러있지 않고 이동하고 있는

---

[402] 단편 「아내의 눈길」(발표시의 제목「메마른 것들」)은 『思想界』(1965.11)에 발표됨.

것이다. 그러자 좀 아까 닭 울음소리가 메마른 어둠속에 뚫어놓은 무수한 구멍같은 것이 현구의 가슴에도 무수히 뚫리는 듯함을 느꼈다.
 현구는 일어나 궤짝께로 가봐야 한다고 생각하면서도 그냥 그 움직이는 소리에 취해있었다.403)

 "돼지새끼의 움직이는 소리"에 취해 있는 현구의 모습을 통하여 작가는 생명에 대한 무한한 긍정의 정신을 투영시키고 있다. 이렇게 작가가 추구하는 생명존엄성과 생명에 대한 경외감은 단편「닥터 장의 境遇」(1966.8)404)에서 역설적으로 강조되고 있다.
 이 작품속에서 닥터 장은 "낙태수술에 관해서는 모체에 이상만 없는 한, 이유 여하를 막론하고 응해오고 있는" 인물이다. 왜냐하면 그는 인간이 남아 돌아가 제대로 인간다운 대접을 받지 못하는 오늘날의 상황을 비판적으로 바라보기 때문이다. 따라서 그는 사내애를 낳고 싶어서 아이를 하나만 더 낳자는 아내의 요구도 받아들이지 않는다. 그는 셋 이상 아이를 낳아 기를 필요는 없다고 생각한다. 따라서 닥터 장은 아내와 가까이 하려 할 때 임포텐쯔가 돼 있는 자신을 발견하고도 별다른 충격을 받지 않는다.
 닥터 장에게 완전한 여자로 성전환하기 위해 쥬리 박이라는 남자가 찾아온다. 쥬리 박은 부모의 생명을 앗아간 전쟁에 대한 공포와 남성에 대한 공포 때문에 남자로 살기를 거부한다. 쥬리 박은 성전환 수술을 해달라고 애원한다. 닥터 장은 자신의 소관 환자가 아니어서 그 요구를 거절하고 만다. 그러나 결국 닥터 장은 "쥬리 박의 소원대로 해주어 최소 한 사람의 생식행위만이라도 막아야" 한다고 생각하며 쥬리 박의 아파트를 찾아 나선다. 그때 복도에서 세발자전거를 탄 사내애가 그냥 페달을 밟고 달려오고 있었다. "품에 갓난애를 안고, 막달이 차 뵈는 흉하게 부른 배"를 한 사내애의 어머니는 닥터 장에게 구원을 요청한다. "이제 계단 밑으로 굴러 떨어지기 직전의 이 세

---

403) 황순원,「아내의 눈길」, pp.46~47.
404) 단편「닥터 장의 境遇」는『新東亞』(1966.11)에 발표됨.

발자전거를 그래도 붙들 수 있는 거리에 있는 사람은 오직 닥터 장 밖에 없었다."405)에서 드러나고 있는 작가의식은 역시 생명은 생명대로 구해야 한다는 의식으로서 이것은 바로 생명에 대한 존엄성에 다름아니다.

또한 작가의 생명에 대한 경외감과 인간신뢰는 단편 「겨울개나리」(1967.1)에서 지속적으로 나타나고 있다. 의식불명의 환자와 간호하는 아줌마 사이에서 빚어지는 인간적인 교감과 사랑은 가족간의 혈연적 사랑까지도 능가한다. 그들의 사랑은 영혼과 영혼이 교감할 때 빚어내는 사랑406)이었던 것이다.

한편 단편집 『탈』속에는 생명긍정의식과 함께 모성의식이 결합되어 형상화되기도 한다. 그 대표적 작품으로는 단편 「어머니가 있는 六月의 對話」(1965.6), 「조그만 섬마을에서」(1965.8), 「幕은 내렸는데」(1967.7), 「뿌리」(1975.6)를 들 수 있다.

단편 「어머니가 있는 六月의 對話」(1965.6)407)는 어머니에 관한 짤막한 세 가지의 에피소드를 한데 묶어서 모성의 절대성을 신비롭게 펼쳐낸 작품이다. 첫번째 에피소드는, 해산한 아내를 남기고 피난길에 오르면서의 이야기이다. 아버지의 아들이란 말까지 듣던 큰 녀석이, "넌 나하구 같이 있자아."라는 아내의 떨리는 목소리가 들리기가 무섭게 쏜살같이 골목안으로 달려 들어갔다. 이야기를 마친 그는 "어머니란 존잰 절대적입니다. 그 앞에선 아버지의 존잰

---

405) 황순원, 「닥터 장의 境遇」, p.118.
406) 황순원은 "나는 이 작품에서 악성 뇌종양 환자인 영이와 간호보조원 아줌마의 만남을 통해, 지옥은 아니지만 일종의 연옥과 같은 고통스런 시련을 치르고서 얻었을 혼의 결합을 담으려 했다. 잠깐 보이다가 없어지는 안개보다도 못한 이 인간세계에서나마."라고 말한다. (단편 「겨울개나리」가 영역되어 게재될 때의 작가의 말, 『韓國文學』,1986.2)
황순원, 「말과 삶과 自由・Ⅲ」, 『현대문학』(1986.9), p.59.
이러한 작가의 말을 통하여 작가가 영혼의 교섭을 매우 중시 여김을 알 수 있다. 나아가 작가는 "과학으로 증명할 수 없는 것에 더 소중한 것이 있다는 걸 우리는 항용 잊어버리고 살기 일쑤다. 영혼 같은 것."이라고 말함으로써 영혼의 소중함을 역설하고 있다.
황순원, 「말과 삶과 自由・Ⅱ」, 『현대문학』(1986.5), p.61.
407) 단편 「어머니가 있는 六月의 對話」는 『現代文學』(1965.7)에 발표됨.

뒤루 물러설 수밖에 없어요. 어쩔 수 없이 그건 절댄걸요."408)라고 말한다. '부성'(父性)과 '모성'(母性)의 대립적 관계속에서 그는 모성의 절대성을 얘기한다. '모성'에 대한 절대성은 두번째 에피소드에서 젊은 사내의 말을 통해 부정된다. 젊은 사내의 어머니는 그가 일곱살 때 정염을 찾아 아들을 버리고 도망간다. 그에게 있어서 어머니의 존재는 증오의 대상이며 불성실의 표상이다. 그런데 전쟁터에서 죽음에 임박한 순간에 얼굴조차 기억할 수 없는 어머니의 영상이 나타난다. 그래서 그는 증오의 대상이던 어머니의 영상을 세차게 거부한다. 그가 어렸을 때 눈곱을 떼어주기 위해 혀를 길게 내밀고 있는 어머니의 영상을 보면서, "그 원망스런 혀에 눈을 핥게 해선 안된다."라고 생각한다. 결국 그는 어머니의 영상을 증오로 거부하고 그 생각에 매달림으로써 살아난다. 결국 어머니에 대한 의식적인 거부가 그를 살려 놓는다. '혀를 내민 어머니의 영상'이 그를 죽음에서 구해준 것이다. 이것은 곧 모성의 절대성을 의미한다. 증오하면서도 물리칠 수 없는 가장 강하고 숙명적인 연대관계를 가진 인간의 사랑이 바로 '모성애'임을 작가는 젊은 사내의 의식과 무의식, 긍정과 부정의 싸움을 통해서 보여준다. 세번째 에피소드는 감시병의 눈을 피해 임진강을 도강할 때 배안에서 일어난 사건을 중심으로 하고 있다. 배에 탄 동행인들을 살리기 위해 울고 있는 갓난애를 그 어머니는 강물로 던져버린다. 이 이야기를 듣고 있던 나는 생각한다. "내 마음은 평온치가 못했다. 그 여자에게라면 얼마든지 돌을 던질 수 있을 것 같았다."409)라고 생각한다. 비록 여러 사람의 생명을 구하기 위한 행동이었다고 할지라도 자식의 생명을 희생시킨 행위를 작중화자 '나'는 용납할 수 없었던 것이다. 그러나 곧 애 엄마의 젖이 불고, "애 엄만 젖을 짜내는 게 아니었어요. 통통 불은 양쪽 젖꼭질 가위루 잘라버렸습니다. 제손으루요."라는 그의 말로써 급격한 반전을 보여준다. 여러 사람을 위해 자식을 희생시킨 애 엄마는 '모성'으로서의 자격을 상실했을는

---

408) 황순원, 「어머니가 있는 六月의 對話」, p.30.
409) 위의 책, p.33.

지도 모른다. 그러나 '어머니'의 상징이며 필수요건이라 할 수 있는 '젖꼭지'를 잘라버리는 행위는 바로 자기 스스로가 '모성'의 자격이 없다는 것을 철저하게 인식했다는 증거임과 동시에 역설적으로 '모성'에 대한 철두철미한 인식의 발로라고 볼 수 있다. '젖꼭지'를 잘라버리는 행위는 '여성'으로서는 행할 수 없는 행위이며, '모성'인식 아래서만 행할 수 있는 결단이다. 역설적으로 이 행위는 무엇보다도 강한 모성애의 발로이며 모성에 대한 철저한 인식의 결과라고 볼 수 있다. 작가는 이 작품에서 '모성'에 대한 부정과 긍정의 대립적 관계속을 교묘히 내왕하면서, 결국은 '모성'에 대한 무한한 긍정과 절대성과 신뢰감을 보여주고 있다.

작가의 이러한 모성에 대한 인식은 단편 「조그만 섬마을에서」(1965.8)[410]의 진이를 통하여 나타나기도 하고 단편 「뿌리」(1975.6)에서의 교회아줌마를 통하여 형상화되기도 한다.

단편 「뿌리」(1975.6)[411]는 죽은 자식의 환영을 그리며 죽어가는 모성상을 그리고 있다. 교회아줌마는 아들의 환영을 어린애들 속에서 찾으며 살아간다. 그녀가 죽음에 임박해서도 기적적으로 살아나는 것은 신앙 때문이 아니라 자식을 그리워하는 모성애 때문이다. 그러나 결국 교회아줌마는 아들의 환영을 그리며 죽어간다. 아들인 소년은 갓난애로 변신한다. 이것은 교회아줌마가 가지고 있는 모성애의 발현이다. 갓난애로 있을 때의 아들을 무한한 보호와 사랑으로 감싸주고 싶다는 무의식적 욕구이다. 이 작품에서 어머니는 인간존재의 뿌리이며, 이 뿌리를 통하여 인간들은 생명의 꽃을 피울 수 있음을 말한다. 곧 인간이 추구하는 가장 근원적인 사랑은 '모성애'일 수 있으며, 죽음을 초극할 수 있는 것도 잘못된 신앙[412]보다는 차라리 원초적인 모성애라는 것

---

410) 단편 「조그만 섬마을에서」는 『藝術院報』 제9집(1965.12)에 발표됨.
411) 단편 「뿌리」는 『週刊朝鮮』(1975.6)에 발표됨.
412) 이 작품속에서 작가는 현세보다는 내세에 지나치게 집착해 있는 신앙인들을 비판적으로 보여주면서 오히려 모성의 절대성을 강조하고 있다. 이러한 작가의 의도는 「뿌리」의 창작노트에서 드러나고 있다. "……그런데 정통적인 기독교를 받아들인 우리나라 교역자들과 신도들은 인간이 죽은 다음의 세계에 지나치게 집착

을 이 작품은 예시한다. 따라서 이 작품의 표제인 '뿌리'는 원초적이고 가장 근원적인 '모성'을 표상한다고 볼 수 있다.

특히 「幕은 내렸는데」(1967.7)[413]에는 친구의 배반으로 절망에 사로잡힌 한 남자가 한 창녀의 젖 불은 가슴으로 인해 새로운 인생의 길을 모색하게 되는 과정을 다룬 작품이다. 이 작품에는 '모체회귀' 현상이 보여지고 있는데, 이것은 죽음을 통해서 새로운 삶에로의 재생을 갈망하는 심리상황을 표출시킨 것이라 볼 수 있다. 이 작품의 작중인물인 남자는 부모 이상으로 믿었던 친구들의 배반 때문에 이 세상과 유리된 채 고독감과 절망감으로 인해 자살을 결심한다. 그의 존재는 이제 인생에 있어서 한낱 군더더기와 같이 불필요한 개체로서 스스로에게 인식될 뿐이다. 그는 보석 귀금속들을 "몇 웅큼 쥐어서 수많은 사람이 오가는 포도에다 흩뿌려 봤으면 하는 생각"을 한다. 이러한 그의 심리상황은 생에 대한 절망과 허무감이 표출된 것이라 볼 수 있다. 그는 "나는 혼자다. 떨어져나온 하나의 조각이다."라고 생각하며 소외감을 느낀다. 이러한 소외감과 고독감은 그로 하여금 자살을 결심하도록 몰고간다.

그러나 그가 자살을 결심함으로써 인생의 막(幕)은 내려졌는데, 한 창녀에 의해 그 막(幕)이 걷어진다. 그리고 그는 태아와 같이 '모체속으로 회귀'함으로써 무한한 평화속으로 잠겨들어간다.

> 남자는 어느새 캄캄한 어둠속 깊이 잠겨들어가 있다. 둘레가 아주 좁다랗다. 그 둘레만큼 자기의 몸뚱이도 조그맣다. 연약한 팔다리를 놀려본다. 조금도 부자연스럽지 않게 움직여진다. 갑자기 어떤 자극물이 자기를 이 둘레 밖으로 내몰려 한다. 기를 쓰고 버틴다. 몇번이고 같은 일이 거

해 있다고 여겨진다. 헛된 이 세상, 괴로운 이 세상을 어서 벗어나 하늘나라에서 무궁한 복락을 누리는 길밖에 없다고 모든걸 내세에다 거는 것이다. 이 풍조가 기독교 신자들 사이에 만연되고 있음을 본다. 이것은 도그머 이전의, 현세를 자기 힘껏 살려고 하지 않는 사람들의 넋두리요 도피이다."
황순원, 단편「뿌리」의 창작노트,『週刊朝鮮』(1975.6.29)
황순원,「말과 삶과 自由·Ⅲ」,『현대문학』(1986.9), p.58.
413) 단편「幕은 내렸는데」는『現代文學』(1968.1)에 발표됨.

듭된다. 기진맥진되어서도 끝내 밖으로 몰려나지 않는다. 그리고는 유약한 몸을 움직거려 어두운 둘레 속을 유유히 돌기 시작한다. 남자는 이 탯속의 조고만 자신의 움직임을 안온한 마음으로 지켜보고 있는다.414)

즉 창녀의 젖 불은 가슴을 문 채, 그는 '어린애'가 되어 '안온'과 '평화'의 상징인 어머니의 태내로 퇴행하고 있다. 남자는 친구의 배반도 없고 오직 평화와 안식만이 있는 모체속으로 들어가기를 염원한다. 이는 곧 자기자신이 '모체' 속으로 들어가 다시 태어나고 싶다는 무의식의 표출이다. 남자는 다시 한번 '모성'의 암흑과 혼연일체가 되어 거기서 자기존재의 진정한 원천을 발견하려고 꿈꾸고 있다.415) 다시 태어나 이전의 자기가 아닌 새로운 자기로서 재생하고 싶다는 무의식적 욕구이다.

남자의 재생에 대한 욕구는 창녀의 젖 불은 가슴을 통해 실현되어가고 있음을 아래 인용문에서 고찰할 수 있다.

> 남자는 빨려들어가는 잠 속에서 애써 정신을 차린다. 나더러 무슨 대꾸를 하라는 거지? 아무것두 할 말이 없소. 지금 나는 나 자신 예기치 않았던, 거기가 표현하려는 한계 밖에 있는 걸. 사실 남자는 조금 전까지의 자기와 지금의 자기는 분명 달라져있다는 걸 느낀다. 그러나 말로는 그게 어떠한 것이라는 걸 나타낼 수가 없었다. 다만 이 변화가 조금도 부끄럽지 않다는 것만은 은밀한 가운데 느낄 따름이다. 그러는 그의 눈앞에 저 저끔의 시간을 가리킨 채 멎어있는 시계들이 다가온다. 그런데 다가온 시계들이 일제히 움직이기 시작한다. 초침들이 분주히 돌아간다. 뒤이어 가지각색의 보석 귀금속들이 저 나름대로의 모양을 지니고 저 나름대로의 광택을 발하며 다가오더니 곁의 어둠속 여자에게로 쫙쫙 뿌려진다, 뿌려진다.416)

---

414) 황순원,「幕은 내렸는데」, p.169.
415) 시몬느 · 드 · 보봐르,『제2의 性』, 조홍식역(서울 : 을유문화사, 1977), p.181.
416) 황순원,「幕은 내렸는데」, pp.168~169.

허무와 절망속에서 죽음을 결심했던 남자가 한 창녀의 젖 불은 가슴을 통하여 생에 대한 의미를 찾게되는 과정을 위 인용문은 보여준다. 그래서 그는 "지금 나는 나 자신 예기치 않았던, 거기가 표현하려는 한계 밖에 있는 걸." 이라고 독백한다. 이 지문속에서의 '거기'는 물론 작가를 지칭한다. 작가가 남자에게 자살하도록 설정했음에도 불구하고 뜻밖에 창녀와의 만남을 통하여 삶의 의미를 재발견하면서 남자는 "조금 전까지의 자기와 지금의 자기는 분명 달라져" 있음을 인지한다. 이제 남자에게 있어서 시계는 정지된 상태로 다가오는 것이 아니라 일제히 움직이는 시계로 다가온다. 또한 가지각색의 보석 귀금속들이 저나름의 광택을 발하면서 곁의 어둠속 여자에게로 쫙쫙 뿌려진다. 이러한 묘사는 결국 그가 허무와 절망에서 벗어나 생에 대한 적극적 의지와 의욕을 되찾고 있음을 보여준다. 한 창녀가 가지고 있는 '어머니'와 같은 무한한 포용력이 절망에 빠진 한 남자를 죽음으로부터 구출해 내는 것이다. 이점에서 이 작품속에서의 창녀는 근원적인 인간구원의 원천이라 할 수 있는 '모성'을 표상하고 있다.

특히 이 작품에서 작가는 주인공에게 행동을 명령하고 지적하면서, 마음대로 작품속에 들어갔다 나왔다 한다.

주인공 나와요! 아, 아, 걸음걸이가 그래서 쓰나. 끼니가 없어 죽는 자살자는 아니잖어. 실연한 자의 죽음두 아니구. 어깨를 좀 펴구 큰걸음으루 걸어요. 한 손은 포겟에 찌른 채루 좋아! 그렇지, 그 손으룬 약을 만지작거려야지. 이따가 먹을 극약 말야.
내가 죽음을 두려워하구 있는줄 아나보군. 천만에. 자살하기루 작정한 뒤룬 오히려 마음이 담담해졌다는 걸 알아야지. 내 걸음이 이런 건, 요 얼마전부터의 습관에서 온 것 뿐인데.
남자는 약간 걸음에 신경을 쓰면서 앞으로 걸어간다.
오늘밤에도 길에는 많은 사람이 오가고 있다. 남자는 사람들의 얼굴을 통 보지 않고 걷는다. 이것도 최근에 생긴 습관이다. 이 끊임없는 행인들 속에서 남자는 저만치 유리돼있는 자기를 느낀다. 돌연 앞에서 불빛이 번

쩍한다. 거리의 사진사가 플래시를 터친 것이다. 물론 남자 자기를 향해
서일 리 없다. 옆에 팔을 끼고 걷는 남녀를 향해서인 것이다. 그러나 남
자는 어쩌면 자기의 어느 한 부분이 사진 속에 들어갔을는지도 모른다고
생각는다. 아무런 개체를 지니지 못한, 사진 주인편에서 보면 거추장스럽
기 마련인 한낱 군더더기로서. 그러면 어쨌다는 건가. 남자의 입 가장자
리에 잠깐 쓴 웃음이 번진다.
　　남녀에게서 반대편으로 고개를 돌린다. 쇼윈도우가 눈에 들어온다. 남
자는 살 물건이나 있는 것처럼 가까이 가 들여다본다.
　　주인공의 뒤를 펜끝이 바싹 쫓는다.417)

　또한 위 인용문에서처럼 시점도 전지적 작가 시점과 1인칭 시점, 3인칭 시
점이 혼효되어 있어 작가의 끊임없는 실험정신을 보여주고 있다. 동시에 과
거와 현재를 넘나드는 해체적이며 전위적 기법의 특이함을 실험한 소설로서,
독특한 아름다움과 리얼리티를 야기하고 있는 점에서도 주목할 만한 작품이
라고 평가된다.

② 애정의 강조와 실존의식

　단편집 『탈』 속에는 애정의 양상을 드러낸 작품들(「自然」, 「차라리 내 목
을」, 「雨傘을 접으며」)과 실존의식을 드러낸 작품(「雨傘을 접으며」, 「이날의
遲刻」)이 포함되어 있다. 동시에 이순에 접어든 작가가 느끼는 늙음에 대한
인식과 죽음의식이 반영된 작품들(「수컷 退化說」, 「나무와 돌, 그리고」)이 포
함되어 있다.
　애정의 절대성을 강조한 작품으로 단편 「차라리 내 목을」(1967.2)418)을 들
수 있다. 이 작품에서는 김유신이 천관의 사랑을 배반한 것을 작가가 비판적
으로 보여주면서, 작가의 절대적 애정관을 독특한 의인체 소설로 형상화하고

---

417) 위의 책, p.159.
418) 단편 「차라리 내 목을」은 『新東亞』(1967.8)에 발표됨.

있다. 즉 이 소설은 말(馬)의 시점으로 본 독백체 소설419)이라는 점에서 특이한 아름다움을 보여주고 있다.

김유신은 자신의 혈통인 가락국의 피를 지우기 위해, 누이를 김춘추에게 의도적으로 선보이게 하고, 가락국의 여인인 천관의 사랑을 배반한다. 또한 가야국의 무력왕 즉 그의 할아버지가 주신 유물인 가야의 검을 버리고 서라벌 검으로 바꾼다. 그리고 당나라의 명마를 주문해 둔다. 그리고 효성을 내보이기 위해 가락국에서 데리고 온 애마를 천관이 보는 앞에서 죽이고 만다. 이렇게 자신의 출세와 영달을 위해 천관의 사랑을 배반하는 김유신에 대해 '차라리 내 목을' 기꺼이 바쳐 완전한 신라인이 되게 해주겠다고 애마는 씁쓸하고도 비난이 섞인 연민으로 술회하고 있다.

> 도련님이 허리에 찬 검으루 손을 가져갔습니다. 아가씨가 허겁지겁 몸을 솟구치며 제 목을 감싸안았습니다. 도련님이 검 잡지 않은 다른 손으루 아가씨를 왁살스레 밀쳐 냈습니다. 지금 도련님은 아가씨가 보는 데서 제 목을 베어 또한번 전시효과를 노리는 동시에 자기의 마지막 남은 가야국과의 관계물을 없앰으로써 가야국허물을 완전히 벗자는 것임에 틀림없었습니다. 저는 달아날 틈이 없는 것두 아니었습니다. 허지만 그러구 싶지가 않았습니다. 도련님의 눈 저 안쪽에 슬픔이라구두, 괴로움이라구두, 외로움이라구두 딱이 가려낼 수 없는 갈등을 보았던 것입니다. 이때처럼 도련님이 불쌍하구 측은하게 여겨진 적은 없었습니다. 도련님의 새루 장만한 서라벌 검에 내 피를 첫째루 묻혀주자. 저는 도련님의 검이 어서 휘둘러지기를 목을 빼구 기다렸습니다.420)

이 작품을 통해서 작가는 진실한 사랑을 배반한다는 것은 용서할 수 없는

---

419) 황순원의 단편 「차라리 내 목을」은 말(馬)의 시점으로 본 독백체 소설이라는 점에서 톨스토이의 작품 「홀스트메르-어느 말(馬)의 신세타령」과 유사한 작품이다. J. 라브린, 『톨스토이』, p.107. 참조.
이점에서 톨스토이와 황순원 문학의 영향관계는 적극적으로 검토되어야 한다고 본다.
420) 황순원, 「차라리 내 목을」, pp.156~157.

일임을, 김유신에 대한 기존의 통속적 고정관념에서 완전히 벗어나 새로운 안목으로 이 설화를 다루면서 강조하고 있다.

한편 애정의식과 고독한 인간존재에 대한 성찰을 함께 보여준 작품으로, 단편「雨傘을 접으며」(1966.9)[421]를 들 수 있다. 작품의 표제가 되고 있는 '우산을 접으며'는 '험난한 생활을 종결지으면서'의 뜻으로 해석해 볼 수 있다. 이 작품속에서 외롭고 불행한 고기로 표상되는 블랙몰리는 외로움을 대표하는 혜경과 허옹과도 동일시된다. 특히 허옹에게 있어서 블랙몰리는 혜경을 의미한다. 따라서 허옹이 블랙몰리를 사랑하고 키우는 행위속에는 곧 혜경에 대한 애정이 내재해있음을 뜻한다. 왼팔이 마비되어 은퇴한 피아니스트인 허옹에게 혜경은 아내가 죽은 후 줄곧 정신적으로 왼팔의 역할을 담당해왔다. 이러한 혜경이가 결혼을 하게됨으로써 혜경은 더이상 블랙몰리는 아니라고 허옹은 인식한다. 따라서 허옹은 더욱 고독감에 빠질 수밖에 없다. 이렇게 고독하고 외로운 허옹의 내면세계는 블랙몰리에게서 느끼는 죽음의식을 통해 단적으로 드러난다.

> 그러면서도 그는 이 외로운 암컷에게 짝을 찾아주기 전에 불행이 들이닥칠 것만 같은 생각이 은연중 굳어갔다.[422]

> 몸속에 간직된 외로움에 못 이겨 피부가 파열돼 죽으리라는 생각이었다. 터무니없는 공상에 지나지 않을지 모르나, 그는 자기가 기르고 있는 블랙몰리에게서 그와 같은 죽음을 느끼고 있었다.[423]

블랙몰리를 보며 "외로움에 못이겨 피부가 파열돼 죽으리라"고 예감하는 허옹의 모습속에는 바로 자기자신 즉 허옹이 가진 고독의 극한이 암시되어 있다. 허옹이 블랙몰리를 통해 예감하는 죽음의식은 바로 허옹 자신의 내면

---

421) 단편「雨傘을 접으며」는『文學』(1966.11)에 발표됨.
422) 황순원,「雨傘을 접으며」, p.120.
423) 위의 책, p.122.

속에서 극대화되고 있는 죽음의식에 다름아닙니다. 즉 허웅은 블랙몰리에게 자기자신의 모습을 투사시키며 동일시하고 있다.

그러나 이 작품의 결말에서 허웅은 죽음과 외로움을 표상하는 블랙몰리를 거부함으로써 새로운 삶속으로 지향해 나아가려는 극복의지를 보여준다.

> 지금 블랙몰리는 더욱더 윤기도는 검은 비로도 빛깔을 한 채 몸 움직임도 사뭇 경쾌했다. 그러자 그의 눈앞에서 이 블랙몰리가 차츰 확대되어 어항안이 온통 까맣게 돼버렸다.
> 저도 모르게 허웅의 손이 어항 속으로 들어갔다. 조금 시간이 걸렸다.
> 드디어 그는 매끄러운 촉감이 느껴지는 손아귀에 힘을 주었다.424)

"블랙몰리가 차츰 확대되어 어항안이 온통 까맣게" 되어버리는 것은 허웅의 고독감과 죽음의식이 극대화되었음을 보여준다. 그러나 블랙몰리로 하여금 더이상 짝없는 외로움을 느끼지 않도록 허웅은 블랙몰리를 쥔 손아귀에 힘을 준다. 이러한 반전은 죽음의식과 고독감을 이겨내고 새로운 삶으로 지향해 나아가려는 허웅의 극복의지를 작가가 투영시키고 있음을 뜻한다. 즉 외로움을 표상하던 블랙몰리를 혜경이 결혼함으로써, 허웅이 죽이는 행위는 혜경에 대한 애정을 접고 외로움의 생활을 청산하면서 새로운 삶을 향해 나아가려는 극복의지를 반영한 것이라 볼 수 있다.

한편 '애정'과 '모성'의 접맥을 보여준 작품에는 단편 「自然」425)을 들 수 있다. 단편 「自然」(1966.6)은 애정관계에서 빚어지는 미묘한 심리적 갈등과 애정의 진실성과 절대성을 강조한 작품이다.

이 작품은 작중화자인 '나'를 중심으로 어머니, 후모, 그리고 사랑하는 사이인 '너'와의 관계가 몸냄새를 매개로 하여 연쇄적으로 드러나고 있다. 동시에 몸냄새를 매개로 하여 나타나는 아버지와 어머니와의 관계, 그리고 아버

---

424) 위의 책, p.124.
425) 단편 「自然」은 『現代文學』(1966.8)에 발표됨.

지와 후모와의 관계속에서 나타나는 미묘한 애정의 세계가 이면적으로 내재되어 있다.

나는 친어머니에게서는 전혀 의식하지 못했던 몸냄새를 후모에게서는 느끼고 심한 천식을 일으킨다. 다시 말해서 작중화자인 내가 후모한테서 친어머니의 냄새를 맡고 천식을 일으킨 것은 "후모에 대한 어떠한 증오"가 잠재해 있었기 때문이다. 또 이와는 반대로 나의 아버지는 애정이 없는 친어머니에게서 몸냄새를 맡고 고약한 냄새가 난다고 하여 집을 나간다. 이에 반해 애정이 있는 후모에게서는 아무런 냄새도 맡지 못한다. 이것은 바로 애정을 가지고 있을 때는 어떠한 추함도 아름다움으로 승화될 수 있다는 사실을 암시한다.

그런데 너와 나는 사랑하는 사이임에도 불구하고 너의 몸냄새를 맡고 나는 천식을 일으킨다. 이러한 사실을 통하여 작중화자인 나는 "역시 네가 나를 받아들이는 만치 나는 너를 진정으로 받아들이지 않았기 때문"이라고 인식한다. 너에 대한 애정의 부족을 깨닫고 "내게 있어 너는 후모와는 다른 존재라야 한다."고 나는 생각한다. 그래서 '너만큼의 애정'의 높이로 나의 애정을 끌어올리려고 노력한다. 마침내 나는 너에게 "어머니에게처럼 풀려들 수 있음"을 확신하게 된다. 왜냐하면 나는 네 몸에서 어떤 냄새가 풍기는 듯함을 느꼈으나 아무런 이상도 일으키지 않을 수 있었기 때문이다. 이제 작중화자인 나는 어머니에게 가졌던 애정만큼이나 절대적인 애정을 너에게 가지게 된 것이다.

그러나 천식을 일으키지 않을 자신이 있는 나에게, 너는 겨드랑 수술을 했다고 말한다. 이때 나는 "바보, 뭣땜에 그런 짓을…… 넌 보름 동안을 헛보낸 거야. 난 전대루의 네가 좋아."라고 말한다. 그리고 "왜 수술같은 걸 했어, 난 자신이 있었는데, 난 네게 내 어머니처럼 풀려들 수 있었는데."라고 독백한다. 이러한 심리상황은 바로 주인공인 내가 무의식적으로 여성에게서 여성만이 아닌 모성까지를 추구하고 있음을 보여준다. 일찍이 어머니를 여의고, 어머니를 그리워하던 주인공인 내가 어머니의 냄새를 매개로 하여 어머니에 대한 사랑의 높이로까지 너와의 사랑을 끌어올릴 수 있었던 순간에, 너의 수술로 인하여 모성으로 가는 길이 단절되는 것이다. 어머니의 매개였던 몸냄새를 제거한 것은 곧 영원성의 단절을 의미한다. 나와 어머니와의 단절인 것이다. 따라서 너에게 여성만이 아닌 모성까지를 추구하고 있던 작중화자인 내가 어머니의 상징인 몸냄새가 제거되었다는 것을 알았을 때 절망하는 것은 당연하다. 몸냄새의 제거는 바로 나와 너와의 관계에서 오히려 하나의 장애가 되고 마는 것이다. 가장 완전하게 서로가 결합될 수 있었던 순간에 수술로 인해 허탈감에 빠져버리는 아이러니가 발생한다. 차라리 수술하지 않은 자연 그대로의 상태가 좋았을 것을. 네가 내게 가지고 있는 애정의 높이 만큼 나의 애정이 끌어올려졌음을 확인하려는 순간 너의 수술로 인해 나는 좌절당해 버린다. 따라서 나는 이제 방황할 수밖에 없다.

단편 「自然」에는 애정의 섬세한 내면풍경이 형상화되고 있다. 동시에 어머니에게처럼 풀려들 수 있는 애정을 작중인물이 추구하고 있음을 살펴볼 수 있다.

한편 실존적 삶에 대한 인식을 보여주는 작품에는 단편 「이날의 遲刻」, 「수컷 退化說」, 「나무와 돌, 그리고」 등을 들 수 있다.

단편 「이날의 遲刻」(1974.12)[426]은 진정한 삶의 의미를 찾지 못한 채 무위와 권태속에 잠식당하고 있는 자의식의 세계를 심리적 수법으로 포착한 소설이다.

마치 이상(李箱)의 「날개」나 「지주회시」 또는 김승옥의 「서울 1964년 겨울」을 연상시키는 이 작품에서 작가가 역점을 두고 묘사하고 있는 것은 사회적 현실속에서 표류하고 있는 인간실존의 허무적 내면세계이다. 참다운 인간존재로서의 삶과 가치를 방기해버린 채 꿈도 이상도 없이 하루하루를 따분함속에서 타성적으로 흘려보내는 작중인물 '그'의 심리상황은 이 작품속에서 지

---

426) 단편 「이날의 遲刻」은 『文學思想』(1975.4)에 발표됨.

속적으로 드러나고 있다.
 시간을 때우기 위해서 찾아가는 장소에서 그가 발견하는 모든 사람들은 하나같이 타성과 권태에 빠져있다. 하다못해 동물들까지도 따분함에 잠식당한 채 저나름대로 무료함을 타개하기 위해 몸부림친다. 무료함을 타개하기 위해 노력한다는 점에서 동물들은 이 작품속의 인간들 보다 좀더 가치있는 존재인지 모른다.
 그에게 있어 시간과 공간은 권태와 무의미의 표상이다. 그는 시간과 공간 속에 갇힌 존재이다. 따라서 그가 만나는 모든 대상들은 무미건조하고 타성적이며 따분하게 세계와 세상을 바라보는 그의 시각에 의해 곧바로 타성과 권태속으로 빠져버린다. 마치 권태와 허무로 도금하는 연금술사와 같이. 개의 짖음속에서 그는 "행인을 경계하기 위해서가 아니라 그저 한번 짖어보는 힘없고 속빈 짖음"을 발견한다. 또 법정에서 볼 수 있는 검사, 재판장의 언동에서도 그는 기계적이며 타성적인 물음을 발견한다. 그들 역시 삶에 대한 무위와 권태에 잠식당해 있음을 그는 발견한다. 다만 피고만이 삶의 권태와 무위에 반항한다. 왜 대항도 않는 사람을 구타하여 상처를 입혔느냐는 검사의 신문에 피고는 "상대방이 전혀 대항을 않고 날 잡어잡수 하는 태도에 더 약이 올라" 맛을 보여주었다고 말한다. 피고는 자신의 허무적 내면세계와 대면하고 있는 인간이다. 이점에서 피고를 재판하는 재판관이나 검사보다 피고는 인간적으로 더 나은 위치에 놓여져야 하는지도 모른다. 왜냐하면 허무와 권태와 무위에 반항하는 방법이 도덕과 법에 저촉되어 있을 뿐 피고는 검사나 재판관과는 달리 자신의 내면세계와 대면하고 있기 때문이다. 이점에서 법정에 서 있는 피고는 실존적 허무의식에 반항하는 인물이다.
 그는 유일하게 점심메뉴를 뭘로 할까 하고 궁리한다. 왜냐하면 오늘 밤 잠자리에서 동거하는 여자가 즉물적으로 "오늘 메뉴는 뭐지?" 하고 속삭이기 때문이다. "생각끝에 보신탕을 제공해 주리라" 마음 먹고 식사 후 그는 대학 동기인 친구의 회사를 찾아간다. 그 곳에서 그는 무료한 시간을 흘려보낸다.

그 곳에서 만나는 친구 역시 "뭔가 지겨움에서" 벗어나고 싶어한다고 그는 생각한다.

그는 창경원의 흰곰을 생각한다. 흰곰의 왕복운동은 "지겨운 시간을 주체치 못해" 생각해낸 것임을 그는 발견한다. 고릴라, 침판지, 암사자 역시 우리 속의 무료함을 벗어나기 위해 몸부림친다. 결국 야생이어야 할 이들 동물들은 "생동한 절차나 발랄한 기상을 상실한 채, 규격에 꽉 짜인 생활에서 오는 지겨움을 감당치 못해" 하고 있음을 그는 발견한다.

그는 또다시 남은 시간을 때우기 위해 술을 마신다. 그와 여자와의 관계는 일상적 부부관계를 벗어난다. 여자에게 있어서 그의 존재는 감각적인 쾌락을 제공하는 존재일 뿐이다. 성행위에서조차도 여자의 쾌락이 중심이 되고 그 자신의 쾌락은 무시되어야 하는 관계이다. 반면 그에게 있어서 여자의 존재는 하루에 사천원이라는 물질적인 풍요를 만족시켜주는 존재이다. 달리 말하면 여자의 존재는 그의 경제적 능력을 거세시키는 존재이다. 그들의 계약속에는 일체의 생산적인 어떠한 그의 행위도 용납되지 못한다는 조건이 붙어있다. 또 여자로부터 받은 사천원 중에서 한푼도 그의 몫으로 남겨둬서는 안된다는 불문율이 정해져 있다. 또한 열시반까지는 귀가해야 한다. 그러나 이 시각에서 늦지 말아야 함은 물론 너무 이르지도 말아야 한다.

결국 여자는 그의 삶을 무능하게 만드는 촉매자이다. 그의 자유의지를 거세하는 존재이다. 나태와 무위속에서 닫혀진 그의 삶에 있어서 여자는 돈과 성(性)을 표상한다. "여자가 무엇을 해서 어떻게 돈을 버는지 그가 알 바 아니듯이, 매일 받는 사천원을 그가 무엇에다 어떻게 쓰든 여자편에서 상관않으나, 그날 돈은 그날로 한 푼 안 남기고 깡그리 써버려야 하는"427) 그는 물질의 하수인이다. 그들의 관계는 사랑의 관계가 아니라 물질과 성(性)과 계약으로 맺어진 상품화된 관계이다. 여자가 매춘을 위한 상품이 되지 않고 오히려 남자가 여성을 위해 상품화된 성(性)으로 전락하고 있다는 점에서 이 작품은

---

427) 황순원, 「이날의 遲刻」, p.214.

특이하다. 그는 단지 여자에게 밤의 서비스를 위해서만 존재가치가 있다. 그는 "하루종일 집안에서나 밖에서 철저하게 생산적인 일을 해서는 안되는 대신, 여자를 위한 밤의 서비스에만은 단연 유능한 남성이 돼야"[428]한다. 그는 진정한 사랑이 결여되어 있는 계약된 부부관계에서 자유의지를 박탈당한 채 스스로를 물질과 성(性)의 노예로 감금시키고 있다. 그는 무위와 나태와 성(性)만이 있는 현실속에 갇힌 존재이다. 이 작품속에서 그를 가두는 '현실'은 바로 '여자'로 표상된다. 여자는 이 작품속에서 1970년대의 사회현실을 표상하고 있다. 여자는 물질만능과 쾌락주의에 함몰해 있는 1970년대의 현실을 대표하는 전형적 인물이다. 이러한 현실속에서 탈피하지 못하고 표류하고 있는 '그' 역시 1970년대의 현실사회가 낳은 부산물이다.

이상(李箱)이 「날개」에서 날개의 재생을 통하여 진정한 삶에로의 회귀를 암시하고 있듯이, 황순원 역시 이 작품의 결미에서 그를 재생시키고 있다. 무위와 나태속에 잠식당하고 있던 그에게 '불'의 이미지는 감금된 현실로부터 탈출하는 계기를 촉발시킨다. 이 작품속에서 '불'[429]의 이미지는 정신, 영혼, 재생, 생명력을 표상한다. 그는 집쪽 골목으로 향하다 쓰레기더미에다 넝마주이들이 불을 피우는 장면을 목격한다. 그 불길을 보며 그는 삶에 대한 뜨거운 열정과 열망을 가졌던 젊은 날의 자신의 모습을 회상한다. 그리고 거기서 그는 넝마주이의 가난한 삶을 진지하게 목격한다. 방값이 싼 하숙집에 들기 위해 그들은 열한시 반을 기다린다. 왜냐하면 그 하숙집 주인은 돈을 벌기 위해 그 방을 매춘을 위한 장소로 제공해주기 때문이다. 넝마주이들의 하루 수입은 운이 좋아야 천원 안팎일 거라고 말한다. 넝마주이의 비참하고 가난한 삶을 통하여 그는 물질적 풍요와 향락주의가 만연되고 있는 70년대의 사회속에서 여전히 소외되어 있는 인간군상들을 발견하게 된다.

---

428) 위의 책, p.212.
429) 이 작품에서 '불'의 이미지는 영혼과 정신과 생명력을 표상한다고 필자는 본다. 니이체는 "내 영혼 그 자체는 바로 이러한 불꽃"이라고 말한다.
아지자, 올리비에리, 스크트릭, 앞의 책, p.139.

그가 일어나 골목쪽으로 몸을 돌리려는데 꺼무룩 줄어들어가던 쓰레기 더미의 불길이 확 피어 오른다. 그는 주춤한다. 어, 검은 불, 검은 불이 타는군. 그는 현기증을 느끼며 눈을 한번 꽉 감았다 뜬다. 불길이 수그러져가자 사내 하나가 집게로 탈것을 모아 넣는다. 연기가 오르다 다시금 불꽃이 인다. 검은 불빛…… 그는 또 눈을 감았다 뜬다. 그리고보니 꽤나 오랜 세월동안 자기는 색맹 속에서 살아온 것만 같았다.

그는 도로 쭈그리고 불 앞에 앉는다. 불길이 피어올랐다가는 스러져가고 스러져가다 가는 탈 것을 넣어 다시 피어오르곤 한다. 얼마나 시간이 지났을까, 사내들 중 하나가 몸을 일으키자 다른 둘도 따라 일어선다. 다음은 약속이나 한 것처럼 세 사람이 다 작업복 바지의 앞단추를 따더니 불더미를 향해 오줌줄기를 뻗친다.

그도 따라 일어서 사내들 틈에 끼어들어가 바지 앞춤을 헤치고 오줌을 갈기기 시작한다. 그러면서 우선 오늘밤 숙박비와 앞으로 이들과 생활을 같이 할 비용으로 자기의 손목시계를 생각한다. 그러자 느닷없이 그의 뱃속 깊숙이에서 웃음이 솟구친다. 웃음소리가 꽤 넓은 진폭을 갖고 밤 공기를 흔든다. 실로 오랜만에 거침없이 터져나오는 커다란 웃음소리였다.

사내들은 그가 취해도 이만저만 취하지 않은 걸로 치부하는 듯 묵묵히 넝마주이 도구들을 챙겨 어깨에 둘러메고 있었다.430)

넝마주이의 비참한 그러나 절실한 삶의 모습을 목격하면서 그는 피어오르는 '검은 불'과 함께 영혼의 각성을 맞이하게 된다. 그는 그 자신이 오랜 세월동안 색맹속에서 살아왔음을 깨닫는다. '붉은'431) 불이 표상하는 건강한 삶이 아니라 '검은' 불이 표상하는 죽음의 세계속에서 그가 살아왔음을 깨닫게 된다.

결국 그는 가면의 삶속으로 돌아가기를 거부한다. 물질과 성(性)만이 있는 여자에게로 돌아가기를 거부한다. 이것은 물질과 성(性)과 쾌락만이 있는 현

---

430) 황순원,「이날의 遲刻」, pp.215~216.
431) 태양, 불, 피가 가지고 있는 붉은 색은 생명력과 힘을 상징한다.
    구미래,『한국인의 상징세계』, p.50.
    검은 색은 죽음을 상징한다.

실세계에 대한 반항을 의미한다. 그러나 이 반항은 긍정을 모색하기 위한 부정이다. 그는 이제 감금된 현실에 반항하면서 진정한 삶속으로 돌아가기를 희구한다. 그는 이제 자유의지로써 건강한 생명력으로 충일해 있는 삶을 향해 나아가기를 갈망한다. 그리하여 넝마주이들이 "불더미를 향해 오줌줄기를 뻗칠" 때 "그도 따라 일어서 사내들 틈에 끼어들어가 바지 앞춤을 헤치고 오줌을 갈기기 시작한다." 이럴 때 그는 "거침없이 터져나오는 커다란 웃음"을 웃을 수 있는 것이다. 이 웃음은 자신이 건강한 삶을 찾을 수 있다는 자기암시를 스스로 느낄 때 발하는 환희의 웃음에 다름아니다.

그는 이제 무위와 타성과 물질과 성(性)과 계약만이 있는 부패한 삶으로부터 탈피해서 건강한 생명력과 적극적 의지를 가진 삶 속으로 지향해 나아가려는 것이다. 참다운 인생에서의 지각생인 그는 이제 '이날의 지각(遲刻)'을 통해서 새로운 삶 속으로 지향해 나아가려는 자유의지를 획득하게 된다.

이 작품에서 작가는 무위와 권태로 인하여 무의미해 보이는 삶 속에서 어떻게 작중인물인 '그'가 긍정적인 삶 속으로 전환하게 되는가를 탐색한다. 따라서 이 작품에 깔려있는 작가의식은 1970년대의 사회가 안고 있는 물질적 풍요와 성의 타락과 소외된 인간군상들을 보여주면서 어떠한 삶의 방식이 참다운 삶인가를 모색하는 데에 집중되고 있다고 볼 수 있다.

무의미해 보이는 인간의 삶을 어떻게 긍정할 수 있는가 하는데 대한 모색을 보여준 단편 「이날의 遲刻」과 함께 이순(耳順)의 나이에 접어들어가는 작가의 의식세계속에는 늙음과 죽음에 대한 의식이 자주 내재화된다. 그 대표적 작품이 단편 「수컷 退化說」, 「나무와 돌, 그리고」 등이다.

단편 「수컷 退化說」(1966.5)[432]에는 늙음에 대한 인식과 함께 실존적 외로움과 죽음의식이 육화되어 있다. 나이와 함께 점차로 퇴화되어가는 박교수 자신의 모습은 짐승세계에서 보여주는 수컷의 정열과 대조되고 있다. 암놈의 뒤를 따라 단식 끝에 죽어가는 거위의 모습이나 암놈을 따라 끓는 솥 속으로

---

432) 단편 「수컷 退化說」은 『文學』(1966.6)에 발표됨.

내리꽂히는 수컷 해오라기의 모습을 통하여 박교수는 짐승세계에서 볼 수 있는 수컷의 정열에 대해 경탄한다. 그러면서 "아니, 그건 정열이라기보다 짐승들의 본능이지. 사람에겐 있을 수가 없어."라고 생각한다. 그러나 궁극적으로 암놈을 따라 죽음을 선택하는 숫놈의 행위는 역시 외로움을 견디지 못한 데에 있다고 박교수는 느낀다. 이러한 인식은 결국 박교수 자신이 느끼는 외로움의 반영에 다름아니다. 남자가 여자보다 술 담배를 더 즐겨 마시고 피우는 이유도 역시 남자가 여자보다 외로움을 더 견뎌내지 못함에 기인한다고 박교수는 생각한다. 나아가 여자에게는 '모성' 본능이 있기 때문에 남자보다 외로움을 덜 느낄지도 모른다고 박교수는 추측해보기도 한다.

그러나 나이에 대한 인식과 함께 외로움과 죽음의식을 절감하는 박교수의 모습에는 죽음에 대한 두려움보다는 늙음과 죽음을 수용하는 자세가 보이고 있다. 이렇게 늙음과 죽음을 포용하는 박교수의 모습에는 생에 대한 긍정정신이 내재해 있다고 볼 수 있다.

> 아내가 애를 안고 휭 옆방으로 가버린다. 가서는 거기 있는 애어미와 식모아주머니더러, 이젠 애 하나도 변변히 보지 못한다고 하며 웃는다. 식모아주머니와 애어미도 낮은 소리로 따라 웃는 기미다.
> 이상하게도 박교수에게는 그네들의 웃음이 못마땅하거나 야속하게 들리지가 않았다.[433]

"이젠 애 하나도 변변히 보지 못한다고" 하며 웃는 아내의 웃음이 못마땅하거나 야속하게 들리지 않는 이유는 박교수 자신이 나이와 늙음과 죽음을 수용하고 있음을 단적으로 보여준다. 이렇게 세월의 흐름과 함께 삶과 죽음을 긍정적으로 수용하는 자세는 단편 「나무와 돌, 그리고」(1975.11)[434]에서 지속적으로 드러나고 있다.

---

433) 위의 책, p.90.
434) 단편 「나무와 돌, 그리고」는 『現代文學』(1976.3)에 발표됨.

「나무와 돌, 그리고」에서 볼 수 있는 작가의식은 죽음에 대한 무한한 수용과 생에 대한 장엄한 의지이다. 이 작품은 짱아를 잡으러 쫓아다니는 소년의 모습으로부터 시작된다.

> 소년은 잠자리채를 들고 짱아를 잡으러 쫓아다닌다. 잡힐듯 잡힐듯 짱아는 잡히지 않는다. 소년은 잠자리채로 허공만 가른다. 그런데도 소년은 자꾸만 짱아를 쫓아 벌판을 이리저리 쏘다닌다. 차츰 땅거미가 져 주위의 시야가 좁혀져오고 있건만 소년은 그냥 잠자리채를 휘두르고 있다. 사위가 아주 어두워져 사물을 분간키 어려울 때까지 소년은 그 동작을 되풀이하며 벌판을 헤맨다.435)

짱아를 잡으러 쫓아다니는 소년은 작중인물 '그'와 동일시되고 있다. 인생이라는 허허벌판에서 진정한 생의 의미를 찾기 위해 방황하는 그의 모습은 어떤 의미에서 작가 황순원의 분신이라고 볼 수 있다. 잡힐듯 잡힐듯 잡혀지지 않는 인생의 의미를 찾아 방황하다 보니 어느덧 그는 노년에 접어들게 된다. "땅거미가 져 주위의 시야가 좁혀져오고 있건만" 그냥 잠자리채를 휘두르고 있는 소년의 모습은 바로 인생의 황혼기에 접어든 그의 모습에 다름아니다. "사위가 아주 어두워져 사물을 분간키 어려울 때까지" 벌판을 헤매는 소년의 영상은 결국 죽음의 문턱에 서 있는 그 자신의 생애가 집약되어 투사된 것이라고 볼 수 있다.

생에 대한 희망과 의지를 버리지 않고 끝없이 인생의 의미나 가치를 찾으려고 노력해 왔건만 죽음의 문턱에 선 그에게 남겨져 있는 것은 몇 권의 연구 논문집뿐이다. 그는 서글픔과 공허감을 느낀다. 이런 서글픔과 공허감은 뉘우침으로까지 확대 지속된다. 이러한 그의 내면풍경 속에는 육체와 생명에 대해 느끼는 그의 잠재적 의식과 결벽적인 성격이 투영되어 있다. 오줌에 맞아 필사적으로 꿈틀거리는 벌레를 보고 쫓아가며 그리로 오줌발을 겨냥했던

---

435) 황순원, 「나무와 돌, 그리고」, p.235.

일은 그가 가지고 있는 육체와 생명에 대한 동경을 드러낸다. 옆집 계집애가 물고 있던 눈깔사탕을 입술로 내밀어 줄 때 손으로 거칠게 움켜 내동댕이쳤던 일은 육체에 대한 결벽성과 정신지향성을 드러낸다고 볼 수 있다. 또 남을 의심한 데 대한 죄책감과 결벽증에 그는 시달린다. 사소한 일들에 대한 뉘우침으로 인해 고통스러워하는 그의 모습속에는 삶에 대한 진지한 반추와 겸허의 자세가 나타나 있다. 이러한 그의 강박 증세는 '나무'와 '돌'을 매개로 하여 극대화된다.

싹이 트지 않는 줄 알고 뿌리를 건드려 철쭉을 죽인 행위에 대해 그는 심한 자책감을 느낀다. 이러한 심적 상황은 그가 생명에 대해 무한한 경외감과 존엄성을 가지고 있음을 반증한다. 또 볼품이 없다고 버린 '돌'에 대해서까지 그는 심한 회오를 느낀다. 볼품이 없다고 버린 그 돌이 문득 늙음과 죽음을 인식하고 있는 그에게 말을 건네 온다. "대체 내가 어떻다고 그토록 못마땅히 여겼는가, 볼품이 없다고? 그렇지만 네 노추해 가는 꼴에 비기면 얼마나 의연한 자태이냐, 그리고 질이 물러 오래가지 못할 것 같다고? 그래 네 생전에 부스러져 마멸되기라도 한단 말인가, 천만에 아마 네가 인간으로서 가장 오래 살고 사라진 뒤에도 몇백 년, 아니 몇천 년은 견디리라."고 돌은 비웃는다.

이 작품에서 '돌'은 그를 각성시키는 매개체이다. 영원한 삶을 표상하는 '돌'은 죽음을 눈앞에 둔 유한한 인간존재인 그를 마냥 비웃는 것이다. 그에게 있어서 '돌'은 삶과 죽음이 만나는 접점에서 인식되는 각성으로서의 돌로 존재하게 된다. '돌'은 영원한 생명력을 표상하며, "모든 것이 사라진 속에 남는 최후의 자연"436)으로 존재한다.

'나무'를 죽였다는 데 대한 자책감과 '돌'437)의 영원성을 인식하지 못한 데 대한 부끄러움과 삶의 의미를 찾아 방황하는 자신의 모습이 투사된 '잠자리

---

436) 김화영 편, 『카뮈』, p.23.
437) 돌은 존재와 응집력과 자신과의 조화로운 화해를 상징한다. 돌의 단단함과 항구성은 항상 인간을 감동시킨다.
J.E. Cirlot, 앞의 책, p.313.

잠이 하는 영상'을 생각하며 그는 괴로워한다. 이러한 그의 괴로움은 삶에 대한 진지한 각성의 결과이며 삶에 대한 관조가 낳은 아픔이다. 이 아픔은 삶을 성실하게 살아가려는 자에게만 오는 정신적 아픔이다. 생에 대한 경외심과 함께 떨칠 수 없는 죽음의식에 대한 철두철미한 인식에서부터 나오는 아픔이다. 즉 그에게 있어 삶의 존재 양식은 죽음의 존재 양식과 동일선상에 놓여 있다.

이렇게 "잠자리잡이 하는 영상"과 "돌과 철쭉의 은근한 강박"으로 인해 괴로워하던 그는 용문산의 은행나무를 통하여 의연하게 죽음의 세계를 초월하게 된다.

> 석양 그늘속에 은행나무는 한창 황금빛으로 물들어있었다. 가을이 온통 한데 응결된 듯만 싶었다. 얼마든지 풍성하고 풍요했다.
> 그 둘레를 서성거리고 있는데 난데없는 회오리바람이 일어 은행나무를 휘몰아쳤다. 순식간에 높다란 나무 꼭대기 위에 새로운 장대하고도 찬란한 황금빛 기둥을 세웠는가하자, 무수한 잎을 산산이 흩뿌려놓았다. 아무런 미련도 없는 장엄한 흩어짐이었다.
> 뭔가 그는 속깊은 즐거움에 젖어 한동안 나뭇가를 떠날 수가 없었다.[438]

"석양 그늘속에 서 있는 은행나무"는 인생의 황혼기에 접어든 인간의 모습과 대응될 수 있다. 조락의 계절임에도 불구하고 "가을이 온통 한데 응결된 듯" 싶은 은행나무는 "얼마든지 풍성하고 풍요했다."라고 묘사된다. 여기서 은행나무는 삶에 대한 환희와 기쁨으로 충일해 있는 존재로 표상된다. 이때 난데없는 회오리바람이 인다. 순식간에 "찬란한 황금빛 기둥"을 세웠던 은행나무는 무수한 잎을 산산이 흩뿌린다. 삶에 대한 기쁨으로 충일해 있던 나무가 죽음을 표상하는 회오리바람으로 인해 죽음의 한 극점에 도달해버린다. 그럼에도 불구하고 그는 죽음의 한 정점에 도달해 있는 나무의 모습에서 "아

---

438) 황순원, 「나무와 돌, 그리고」, pp.238~239.

무런 미련도 없는 장엄한 흩어짐"을 보게 된다. 이렇게 인식하는 그의 모습속에서 삶과 죽음이 통합되는 정점의 순간에서 급기야 죽음을 초월하는 경지로까지 나아가고 있음을 살펴볼 수 있다.

"찬란한 황금빛 기둥"을 세우고 장엄하게 흩어지는 나무의 모습은 바로 그가 지향하는 삶의 모습에 다름아닙니다. 삶에 대한 뜨거운 열정과 열망의 한 정점이 죽음과 맞부딪칠 때 불꽃을 일구며 오히려 죽음을 초월하는 나무의 모습은 바로 그 자신이 그의 삶속에서 끊임없이 추구하던 삶의 모습에 다름아닙니다. 죽음에 임해서까지도 장엄하게 아무 미련없이 의연하게 흩어지는 나무의 모습속에서 그는 생에 대한 사랑과 함께 삶을 향한 자유의지를 보게 된다. 생에 대한 열망만큼이나 강하게 죽음속에서도 자기자신을 지탱시킬 수 있는 힘 그것은 바로 생에 대한 긍정적인 사랑이며 의지임을 그는 자각하게 된다. 따라서 그는 "뭔가 속 깊은 즐거움에 젖어" 한동안 나뭇가를 떠날 수가 없는 것이다. 이점에서 이 작품은 삶과 죽음이 통합되는 한 정점에서 삶에 대한 의지와 열망으로써 오히려 죽음을 초월하는 경지를 보여준다. 단편「조그만 섬 마을에서」(1965.8)에서 보여주듯 바다에 아버지를 잃고도 역시 바다로 나가려고 하는 아들의 갈망속에는 바로 생에 대한 끊임없는 열망과 의지가 투영되어 있다.

작가 황순원은 인생에 대한 부정정신을 부정 자체만으로 끝내지 않고 생에 대한 긍정의 힘과 의지로써 죽음까지도 생명의 불꽃으로 전화시키고 있다는 점에서 카뮈와 공통적인 요소를 지닌 작가라고 평가할 수 있다. 결코 황순원 문학에 있어서 허무와 절망 또는 부정은 그것 자체로 끝나지 않는다. 거의 언제나 그 허무와 절망은 삶에 대한 강한 의지와 긍정의 힘에 의해 초극되고 있다.

표제「나무와 돌, 그리고」에서의 '나무'와 '돌'은 생명에 대한 무한한 긍정 정신과 죽음이 없는 영원성을 표상한다. 나아가 '그리고'가 나타내는 의미는 바로 죽음까지도 포용하는 삶 자체를 상징한다. 한마디로 단정지을 수 없는 수많은 다의성을 포함하는 총체적 삶을 상징한다는 뜻이다. 「나무와 돌, 그리고」라는 표제가 지니는 의미속에는 분명 작가가 인식하는 삶과 죽음에 대한 의식과 세계인식이 반영되어 있다고 볼 수 있다.

③ 4·19와 자의식의 환멸

단편 「온기있는 破片」(1965.4), 「숫자풀이」(1974.5)에서는 4·19와 자의식439)의 문제가 연결되고 있다.

단편 「온기있는 破片」(1965.4)440)은 4·19의 시대현실을 배경으로 하여 빚어지는 자의식의 갈등을 보여주면서 생명존엄의 정신과 따뜻한 인간애를 제고시킨 작품이다.

4·19의 데모 대열에서 끝까지 용감하게 자유를 쟁취하기 위해 저항하지 못한 준오는 전체의 한 덩어리에서 벗어나 개인으로 돌아간다. 그리고 용하게 총을 맞지 않았다는 데에 희열과 안도감을 느끼던 준오는 엉뚱한 곳에서 부상을 당하고 만다. 이때 한 생명을 살리기 위해 총알속을 헤치고 용감하게 뛰어와 준오를 구해준 여자가 있었다. 여자는 남편이 감옥소에 간 사이에 생존을 위해 매춘을 한다. 비록 여자의 삶은 매춘을 해서 생활을 해야 하는 파편과 같은 삶이지만 역시 생명존중의 따뜻한 인간애를 가진 '온기있는 파편'임을 이 작품은 상징적으로 보여준다. 이 작품의 표제가 되고 있는 '온기'는 바로 인간사랑, 생명존중, 인간존엄의 정신을 표상한다고 볼 수 있다.

한편 준오는 자기자신이 4·19의 영웅으로 인식되고 있는 상황속에서 자기자신을 질책한다. 준오는 비겁하게 시위대열에서 도망치다 총알을 맞은 자

---

439) 본고에서는 자의식에 대한 개념을 다음과 같이 규정한다.
 자의식이란 "외계의 의식과 대립하여 자아가 느끼고 생각하고 意志하고, 행위하는 다양한 작용을 통일하는 자기동일적(自己同一的)인 주체로서 의식하는 것"을 말한다.
 동아출판사 백과사전부편, 『동아원색 대백과사전』(서울 : 동아출판사, 1989), p.133.
440) 단편 「온기있는 破片」은 『新東亞』(1965.6)에 발표됨.

기자신에 대해 심한 회오를 느낀다. 이렇게 준오가 느끼는 회오와 자책의 감정은 꿈속에서 '종잇조각'의 이미지로 표상되기도 한다. '종잇조각들을 주워 모아야 한다고 생각하면서도 사지가 움직여지지 않아 종잇조각들을 하나도 붙잡을 수가 없어 준오는 안타깝게 애만 쓴다. 여기서의 '종잇조각'은 의지를 못가진 그 자신의 분신들을 의미한다. 이렇게 자기현실을 외면하지 않고 직시하고 인정하면서 자책으로 스스로를 질타하는 용기를 보여준다는 점에서 볼 때 준오 역시 '온기있는 파편'일 수 있다.

준오는 자기자신에 대한 자책 때문에 모든 일에 자신을 가질 수 없게 된다. 그래서 여자를 한번 만나 "자신이 안 서는 요즘의 생활에 어떤 돌파구를" 찾으려 한다. 그러나 아무데서고 둘은 접점을 갖지 못한다.

여자의 삶은 인간의 존엄성이 깨어진 파편과 같은 삶임을 준오는 확인한다. 준오는 어쩔려구 총알이 날아오는데 그렇게 자기를 구할 생각을 하였는지에 대하여 여자에게 묻는다. "글쎄요, 나두 한번 총에 맞아보구 싶었는지 모르죠."라고 여자는 말한다. 그리고 "그놈의 데모 땜에 날마다 헛탕을 치다가 그날은 낮부터 손님 끌려 나갔던 거예요. 그래서 걸린게 당신이란 말예요. 그렇게 심한 상천 줄은 미처 모르구……"라는 여자의 말을 들으며 준오는 떨리는 가슴을 안고 그곳을 나온다. 생존을 위해 대낮부터 손님을 끌기 위해서 거리로 나왔던 여자는 한 생명을 살리기 위해 자신의 목숨을 돌보지 않고 달려왔던 인물로서 생명에 대한 존엄성을 인식하고 있는 여인이다.

비참한 현실속에서 온전한 삶이 아닌 파편과 같은 삶을 살아가는 여자의 모습은 그녀의 남편에 의해 더욱 비극적으로 드러난다. 여자의 남편은 준오에게 자기가 없는 동안 여자의 단골손님이 되어달라고 말한다. 그리고 그는 "그게 데모보담 우리에게 도움이 되니까."라고 말한다. 준오는 호되게 급소를 얻어맞은 기분이 되어 돌아온다. 그런데 며칠 후 준오는 소매치기를 하고 도망치는 여자의 남편을 만나게 된다. 사내는 쫓기는 경황속에서도 준오를 향해 피로한 웃음을 지으며 옆골목안으로 내빼기 시작했다. 돈을 잃은 중년신사는 준오를 한패라고 오해하고 준오의 멱살을 잡은 채 파출소로 끌고가려 한다. 이때 준오는 강력하게 대항한다.

> 그러나 중년신사는 더 그러쥔 손을 쥘 뿐이었다.
> 말로는 통할 것같지 않았다. 억울했다. 준오는 발을 땅에 버티고 몸을 뒤로 채면서 마구 주먹을 휘둘러댔다. 어쿠, 하며 두 손으로 얼굴을 감싸는 상대방의 배를 이번에는 발길로 냅다 찼다. 그리고는 흩어지는 사람들 틈새를 뚫고 있는 힘을 다해 내달리기 시작했다. 오래간만에 전신에 어떤 탄력같은 것을 준오는 느꼈다.441)

"오래간만에 전신에 어떤 탄력같은 것"을 느끼며 중년신사에게 대항하는 준오의 모습속에서 그가 생에 대한 적극적 의지를 가지게 되었음을 볼 수 있다. 이제까지 소극적인 삶을 살았던 준오는 비참한 삶속에서도 생에 대한 의지와 따뜻한 인간애를 잃지 않는 한 창녀의 모습을 통하여 삶에 대한 적극적 인식과 대결정신을 가지게 되는 것이다. 이러한 준오의 대결정신은 궁극적으로 사회 현실 인식을 바탕으로 한 삶에 대한 의지와 자유의지를 지향한 것이라 볼 수 있다. 따라서 이 작품은 4·19라는 민주화의 열망을 성취하는 과정에서 발생되는 자의식의 갈등과 함께 역사적 존재로서의 인간의 삶이 얼마나 고통스러운 것인가 또 생존을 위한 삶의 질곡이 얼마나 가중한 것인가를 보여주고 있다. 동시에 비참한 사회 현실 속에서나마 생명존엄의식과 따뜻한 인간애를 가지고 있는 한 창녀의 파편과 같은 삶을 보여주고 있다. 이 작품은 주인공을 통하여 삶에 대한 적극적 의지를 성취하게 되는 과정을 사회 현실을 바탕으로 내밀하게 형상화시킨 점에서 우수한 작품이라고 평가할 수 있다.

단편 「숫자풀이」(1974.5)442)는 4·19에 동참하지 않았다는 죄의식 때문에

---

441) 황순원, 「온기있는 破片」, pp.27~28.
442) 단편 「숫자풀이」는 『文學思想』(1974.7)에 발표됨.

미쳐버린 한 남자의 심리상황을 내적 독백을 중심으로 보여준 1인칭 소설이다. 이 단편에서 작가는 실존적 자의식의 문제를 초현실주의적이며 신심리주의적 기법으로 형상화하면서 상징적으로 보여준다. 이 작품에서 '나'가 보여주는 숫자풀이는 바로 4·19 이전의 시간속으로 퇴행하고 싶은 욕구와 태어나기 이전의 상태로 돌아가고 싶은 내적 욕구의 반영이며, 이러한 무의식적 심리상황이 빚어내는 도착적 행위라 볼 수 있다.

나의 숫자풀이는 근본적으로 4·19의 민주화 투쟁에 동참하지 않았다는 자책감에서 비롯된다. 나의 독백체로 쓰여진 이 작품에서 나는 '허연 얼굴빛'을 하고 있다. 4·19 당시의 학생 시절에 무기력과 권태를 표상하는 '허연 얼굴빛'에서 벗어날 수 있는 기회가 있었음에도 불구하고 자신의 우유부단함 때문에 적극적인 행동을 하지 못한다. 결국 그는 행동하지 못하는 나약한 지식인으로 남아 있을 수밖에 없게 된다. 이러한 자신의 모습에 대해 느끼는 환멸의 감정은 급기야 나에게 정신분열증을 유발시킨다.

절망과 죽음을 표상하는 '검은 손님'은 나의 방안에 있는 '달력'을 떼어가 버린다. 그 검은 손님은 "내 죽음에 유예를 주는 대신 내 세월을 몽땅 몰수해" 가버린다. 작중화자인 내가 '달력'이 없어졌다고 생각하는 자체는 지나간 세월을 잊어버리고 싶다는 무의식의 표출이다. 그 지나간 세월이란 적극적인 의지와 행동성이 없었던 4·19 당시의 자기 모습이 담겨져 있는 시간이다. 이러한 자신의 모습은 현란한 빛을 발하는 다른 유리조각과는 달리 어둡게 죽어있는 '유리조각'으로 표상되고 있다.

> 이렇게 모두 빛을 발하고 있는 속에 유독 한 유리조각만이 어둡게 죽어있었습니다. 그 조각은 다른 조각들과 떨어진 곳에서 빛을 잃고 아스팔트의 일부처럼 정지되어 있었습니다. 거기엔 1960년 4월 어느날 거리를 메우고 누볐던 행렬과 함께 그 대열을 짐짓 외면하고 방구석에만 구겨박혀있던 내 몰골이 있었습니다. 엉거주춤해있는 내 몰골과 4·19. 그런데 언제부터인가 나는 이런 4·19의 9자를 6자로 바꾸어 생각하는 버

릇이 생겨버렸습니다. 아시다시피 숫자 중에서 9자와 6자는 묘하지 않습
니까. 9자를 거꾸로 놓으면 6자가 되고, 6자를 거꾸로 놓으면 9자가 되
고.443)

 4·19에 적극적으로 참여하지 못한 자기자신에 대해 작중화자인 나는 환
멸을 느낀다. 나의 자의식에 대한 환멸은 4·19의 9자를 6자로 바꾸어 놓는
숫자풀이로 나타난다. 그래서 "1960년 4·19는 1690년 4·16으로 바로잡아
야" 한다고 나는 생각한다. 그래서 나는 "9자와 6자의 그릇된 것을 바로잡는
나를 이해할 때까지" 회사를 쉬기로 한다.
 그리고 나는 4·19 당시 무기휴강이 게시판에 나붙던 날 처음으로 만났던
검은 손님을 회상한다. 나는 드디어 여자의 옷고름을 낚아챈 후 쇼윈도우의
유리창을 들이받기도 한다. 병원에 갇힌 나는 죽은 사람으로 자처한다. 이것
은 그가 태어나기 이전의 상태로 돌아가고 싶다는 내적욕구를 반영한다.

> 한참 끌려가다보니 어둠이 꽉 차있는 공간입니다. 자세히 살피니 무덤
> 속이 아니겠습니까? 사면과 위아래가 짙은 어둠으로 빈틈없이 막혀있습
> 니다. 나는 생각했습니다. 나는 죽은 거라고. 그게 전혀 부자연스럽게 느
> 껴지지가 않았습니다. 나는 평안하게 죽어있으면 되는 것입니다. 그러니
> 까 지금 나는 선생께 얘기를 하러 잠시 무덤을 빠져나왔을 따름입니다.
> 인제 도로 무덤속으로 돌아가야겠습니다. 언제 다시 나오겠느냐구요? 글
> 쎄요, 알 수 없습니다. 대체 오늘이 며친날 입니까? 4월 16일이라구요? 햇
> 수는요? 그럼 1974년 4월 16일이라는 거죠? 또 6자와 9자가 바뀌었군요.
> 바로잡으면 1674년 4월 19일이겠군요. 아시겠어요? 그러니 1천 6백년대가
> 1천 9백년대로 잘못 돼 있지 않은, 진정 1천 9백년대에 가서나 몰수당한
> 내 세월을 되찾으러 다시 나와볼까요, 어디.444)

 4·19에 동참하지 못했다는 자책감과 그로 인한 자기자신에 대한 환멸감

---

443) 황순원, 「숫자풀이」, p.176.
444) 황순원, 「숫자풀이」, p.182.

은 결국 작중화자인 '나'를 죽음의식속으로 몰고간다. 위 인용문은 작중화자인 내가 죽음을 통해 4·19 이전의 시간속으로 퇴행하고 싶다는 무의식이 표출된 것이라 볼 수 있다.

작가는 「온기있는 破片」과 「숫자풀이」를 통하여 4·19의 현실상황을 직접적으로 표출시키지 않고 간접화시키면서 심리주의적 수법으로 작중인물의 내면상황을 형상화시키고 있다. 즉 작가는 민주화에 대한 의지가 분출된 4·19라는 사회 역사적 사건을 통하여 지상에서의 삶, 역사적 존재로서의 인간의 삶이 얼마나 고통스러운 것인가를 이들 작품들을 통하여 보여주고 있다. 그러면서도 황순원은 공동 운명체로서의 삶속에서 개인의 존재가 서야 할 위치에 대해 질문한다. 동시에 인간존엄성과 생명존엄성이 고양되어야만 한다는 필연적 당위성에 대해 언급하고 있다. 황순원은 이런 점에서 오늘날의 현실과 세계를 둘러싸고 있는 어둠을 직시하면서도 그로부터 일어서려는 강한 의지를 담고 있으며, 생명과 사랑과 희망의 불씨를 내면속에서 끊임없이 키우고 있는 작가라 볼 수 있다. 황순원은 사회적인 삶, 역사적인 삶의 문제에 관심을 기울이면서도 그것을 예술적 상상력으로써 밀도있게 결합시키고 있음을 이들 작품들을 통하여 살펴볼 수 있다.

④ 실존의 위기와 삶의 총체성 회복의지

단편 「原色오뚜기」(1965.11), 「피」(1966.11), 「주검의 場所」(1975.10)에는 삶의 힘열함과 함께 실존의 위기 및 현실의 모순과 부조리가 비판적으로 형상화되어 있다.

단편 「原色오뚜기」(1965.11)[445]에는 생존의 어려움속에서도 인간 본연의

---

445) 단편 「原色오뚜기」는 『現代文學』(1966.1)에 발표됨.
  김교선은 단편 「原色오뚜기」에 대한 단평에서 능숙한 기법으로 이미지의 성층화를 꾀함으로써 높은 예술의 차원으로까지 소설의 질량을 이끌어 올리고 있다고 평가하면서 작품의 미적 구조를 밝힌다.
  김교선, 「성층적 미적 구조의 소설」, 『현대문학』(1966.5)

사랑을 잃지 않고 살아가는 삶의 모습들을 보여주고 있다. 용서와 이해를 가진 윤노인의 모습은 인간 본성 그대로의 '원색오뚜기'를 표상한다. 아들이 전사하자 매춘을 해서 생계를 이어가던 며느리는 아들의 화랑무공 훈장과 유가족증을 가지고 나간다. 이런 며느리를 만나게 되면서 윤노인은 "이 여자도 또한 죽기보다 살기가 힘들다."라고 이해하고 용서하는 삶의 깊이를 보여준다.

> 이때 윤노인의 눈 속에 한 광경이 펼쳐졌다. 화통간 저 앞으로 달리고 있는 사람이 있었다. 둘이었다. 그들은 옆으로 피할 염도 않고 그냥 앞으로만 기를 쓰고 달리고 있는 것이다. 차라리 그것은 달리고 있다느니보다 굴러가고 있다는 편이 옳았다. 그러다 마침내 그들은 화통간에 들이받히고야 만다. 그런데 이상하게도 그들은 차밑에 깔리지 않고 마치 덜된 오뚜기모양 떼굴떼굴 자꾸만 앞으로 굴러가고 있는 것이었다.[446]

"옆으로 피할 염도 않고 그냥 앞으로만 기를 쓰고 달리는" 사람은 바로 윤노인과 며느리를 표상하는 것으로서 그들은 생에 대한 의지를 내포하고 있다. 그들은 화통간에 들이받히고야 마는 오뚜기처럼, 험한 삶을 살아왔다. 그럼에도 불구하고 세상이라는 차밑에 깔리지 않고 오뚜기 모양 자꾸만 앞으로 굴러가는 그들의 모습속에는 삶에 대한 강한 극복의지가 담겨 있다.

이 작품에 놓여있는 작가의식은 인간에 대한 무한한 긍정정신이다. 삶의 고통을 수용하고 인내하면서 삶의 고난을 뚫고 나아가려는 강한 응전력을 작중인물들을 통하여 이 작품은 보여주고 있다.

한편 단편「피」(1966.11)[447]에는 수재민들의 가난한 삶과 생존의 어려움, 그리고 실존의 위기가 반영되어 있다.

자기가 살기 위해서 다른 다람쥐의 '피'를 빨아먹는 다람쥐의 모습은 그대로 인간사회에까지 연결되고 있다.

---

446) 황순원,「原色오뚜기」, p.67.
447) 단편「피」는 『現代文學』(1967.1)에 발표됨.

"것두 병나 죽는 게 아니라 저희끼리 죽인답디다, 목이 말라서. 비행기루 보내니까 조금치라두 중량이 더 나갈까봐 목 축일 걸 아무것두 넣어주지 않는다거든요. 그러믄 저희끼리 죽여서 피를 빨아먹는다지 뭐예요. 나 참 기가 막혀서…… 미물의 짐승이라두 참…… 여하튼 남의 몸속에 피가 있어서 그걸 빨아먹으믄 살 수 있다는 건 어찌 아는지."
 아이아버지는 그냥 같은 자세로 묵연히 서있다. 전에 다람쥐장수가 오면 반가워하던 빛과는 다르다.
 "그게 어디 다람쥐에 한한 걸라구, 우리 사람들은 뭐 난가…… 어쨌든 한 마리 이십원씩만 주시오."
 "이것 참, 답답해서…… 아니 몇푼 붙여먹으려다 생돈 찔러넣게요? 글쎄 저쪽 끝집에서두 암말 않구 내든데 새삼스럽게 왜이러슈."448)

다람쥐의 중량을 줄이기 위해 목 축일 걸 넣어주지 않는 인간들이나 자신의 목을 축이기 위하여 다른 다람쥐의 피를 빨아먹는 다람쥐의 삶의 양상속에는 실존에 대한 위기의식과 생존에 대한 치열함이 나타나고 있다.
 다람쥐 값을 적게 주려는 다람쥐 장수나 다람쥐 새끼를 미끼로 수놈을 마저 잡으려는 아이아버지는 험난한 삶 속에서 이를 헤치며 살아가야만 하는 인간들로서 생존에 대한 위기의식을 절감하고 있는 인물들이다. 아버지가 다람쥐 새끼를 원래 있던 구멍에 넣어주라는 이유가 엄마다람쥐의 젖을 새끼가 먹어야 하기 때문이라고 아이는 생각한다. 특히 아이가 보여주는 순진성이 어른세계와의 단절을 보여주고 있다는 점에서 아이러니컬하다. 이점에서 이 단편에는 험열한 삶 속에서 위기의식을 느끼는 어른세계와 순진한 아이들의 세계와의 단절감이 내재해 있다. 동시에 생존의 어려움속에서 어른들이 느끼는 실존에 대한 위기감이 이면적으로 투영되어 있다.
 한편 「주검의 場所」(1975.10)449)에는 현실의 모순과 부조리가 반영되어 있다. '장소Ⅰ'에서 굴이 무너질 것을 예감하면서도 만약 굴이 무너지지 않는

---

448) 황순원, 「피」, p.129.
449) 단편 「주검의 場所」는 『文學과 知性』 겨울호(1975.11)에 발표됨.

Ⅱ-4. 실존적 삶의 인식과 형이상의 추구 379

경우에 감당해야 할 위신과 책임 때문에 도목수는 굴이 무너질 것이라는 사실을 말하지 못한다. 그 일 이후 도목수는 외짝코가 되고 만다. 그의 내면속에는 다시는 소나무 송진 냄새를 맡지 않았으면 좋겠다는 일종의 방어기제가 무의식속에서 형성된 것이다. 이러한 무의식적 내면상황이 그로 하여금 냄새를 맡지 못하게 하는 것이다. 그에게 있어서 현실은 '주검의 장소'로 인식된다.

또한 '장소Ⅱ'에서 첩자로 모함당한 중년농부나 번역책으로 인하여 엉뚱한 모함을 당한 원형에게 있어서 현실은 '주검의 장소'로 인식된다. 또 '장소Ⅲ'에서 가난 때문에 생명의 존엄성이 말살되고 있는 죽음의 현실을 이 작품은 보여주기도 한다. '장소Ⅳ'에서는 교통사고를 낸 운전사가 다시 차를 뒤로 돌려 중상자를 일부러 치어 죽여버린다. 즉 이 작품에는 인간의 존엄성과 생명의 존엄성이 말살당하고 있는 '주검의 장소'로서의 현실을 보여준다.

한편 단편「탈」(1971.9)[450]은 삶의 총체성 회복의지와 건강한 생명력에 대한 갈망을 보여준 작품으로 독특하고 개성적인 기법으로 형상화된 작품이다. 「탈」[451]은 농민의 건강한 생명력과 영혼이 도시인의 각박한 삶속으로 들어가

---

450) 단편「탈」은『朝鮮日報』(1971.9)에 발표됨.
451) 김종회는 단편집『탈』에 나타나고 있는 노년의 삶과 죽음의 존재양식을 분석하려 시도하고 있으며, 삶과 죽음이 갖는 유기적 존재양식의 체계를 밝히고 있다. 그런데 단편「탈」의 분석에서 그는 일병과 사나이가 因果의 緣으로 묶여져 있으며 따라서 이 작품에는 윤회 전생의 인과응보가 나타나고 있다고 말한다. 이를 통하여 작가는 삶의 가시적 한계 그 너머에 적지않은 용적의 또다른 진면목이 내재해 있다는 세계인식의 방법을 드러낸다고 그는 말한다. 따라서 이 작품에서 드러나고 있는 보응의 논리는 미분과 순환의 세계에 근거하고 있으며, 그것은 분절된 물량적 삶이 아니라 영혼의 교감을 개방해 놓은 정신적인 삶의 모습이라고 말한다. 죽음이 하나의 종착점으로 끝나지 않고 새로운 차원에서 삶의 의미를 지속시키고 있으며, 이러한 삶과 죽음의 구분을 無化시키는 초월적인 공간이 마련됨으로써 황순원의 죽음의식은 오히려 삶의 지평을 넓혀준다고 분석하고 있다.
김종회,『현실과 문학의 상상력』(서울 : 교음사, 1990), pp.173~174.
김종회의 이 분석은 윤회전생의 인과응보적 논리로 이 작품을 파악한 점에서 본고와 관점을 달리하고 있으나, 일병과 사나이 사이에서 영혼의 교감을 보여주고 있다고 지적한 점에서 본고와 공통점을 가진다.

조화, 화합되어 육화되는 과정을 보여준다.

다리에 총탄을 맞고 쓰러졌던 일병은 대검에 가슴이 찔려 죽는다. 일병의 가슴에서 흐른 피가 황토땅에 스며든다. 일병은 농촌 출신이다. 여기서 일병의 '피'는 건강한 농민의 생명력을 표상한다. 피는 잦아들어 흙이 되고 억새 뿌리가 일병의 목숨의 진을 빨아올려갔다. 일병은 억새가 된다. 군화가 몇 차례나 지나갔음에도 불구하고 억새는 죽지 않았다. 이것은 전쟁의 난국속에서도 농민의 건강한 생명력이 죽지 않고 있음을 의미한다. 억새는 한 농군의 낫에 베어져 외양간으로 옮겨졌다. 황소가 되었다. 황소는 시가지 푸줏간에 걸려지고 토막이 나서 일병의 가슴을 찌른 그 사람에게 먹힌다. 결국 일병은 사나이 속으로 들어간다. 곧 농군인 일병은 도시인의 건조하고 메마른 삶속으로 육화되어 들어간다. 사나이는 전쟁터에서 한쪽 팔을 잃기 전까지 자기가 선반공으로 일하던 곳으로 들어가 일자리를 부탁한다. "다리 하나 총탄에 맞아 못쓴다구 선반 깎는 일 못할 것 없잖아요?"라고 사나이는 말한다. 한쪽 팔을 잘린 사나이가 다리를 부상당한 일병의 목소리로 말하는 것이다. 사나이가 농군인 일병의 부상당한 다리 하나를 사나이 자신의 잃어버린 팔에 대신하여 반대로 말하는 아이러니를 보여준다. 즉 이러한 현상은 건강한 생명력을 가진 농민의 영혼이 도시인인 사나이 속으로 들어가 육화된 것이라 볼 수 있다. 다시 말해 농민의 건강한 생명력과 영혼이 도시인의 메마른 삶속으로 들어가 화합됨으로써 삶의 총체성을 회복하고 있다.

이 작품의 표제인 '탈'은 '가면'을 의미한다. 전쟁터에서 죽은 농민의 건강한 생명력과 영혼이 순환하여 건조하고 메마른 도시인의 각박한 삶속으로 들어가 총체적인 화합을 이룩하는 것이다. 이 작품은 메마른 도시인의 영혼과 삶에 농민들과 같은 건강한 생명력과 정신이 육화되어 건강한 삶의 총체성을 이룰 수 있음을 상징적으로 보여주고 있다.

이상으로써 단편집 『탈』에는 생명긍정의식과 모성의식, 애정의식과 실존적 삶에 대한 인식, 4·19와 자의식의 환멸, 실존의 위기와 삶의 총체성 회복의지가 모색되고 있음을 살펴보았다. 또한 단편 「마지막 잔」(1974.8)452)에는 우정이 빚어놓은 영혼의 교류와 함께 이산가족의 슬픔이 반영되어 있다. 특히 단편 「차라리 내 목을」, 「幕은 내렸는데」, 「탈」, 「숫자풀이」, 「이날의 遲刻」 등을 통하여 작가가 기법의 다양화를 시도하고 있으며 독특한 개성을 보여주고 있다는 점에서 내용과 형식 양면에서 주목해야 할 작품들이라 평가된다.

3) 방황과 형이상성의 추구, 장편 『움직이는 城』

① 전통신앙과 유랑의식

장편 『움직이는 城』(1972.8)453)은 사회적으로 소외된 가난한 사람들의 삶을 이면적으로 보여주면서 기독교와 샤머니즘과의 갈등, 그리고 정착하지 못하고 방황하는 인간들의 비극적 사랑과 구원의 문제를 함께 천착한 작품이다.

이 작품속에는 기독교와 샤머니즘의 갈등을 배경으로 하면서 정착하지 못하는 인간 존재의 내적 갈등 즉 '유랑의식'을 보여주고 있다. 이 작품속에서 작가는 샤머니즘에 대한 강한 비판의식을 보여주고 있다. 이러한 작가의 비판정신은 "이렇게 샤먼세계에서는 모든 걸 그 자체로서가 아니라 다른 것에 의탁해서 해결"454)하려 한다는 지문속에 제시되고 있다. 마포 박수가 푸닥거리한 닭을 산에다 파묻는다. 무속연구가인 민구는 누가 그걸 파다 잡아먹으면 어떡하느냐고 묻는다. 박수는 "파다 잡아먹을 테면 잡아먹으라죠. 병을 홈빡 옮겨갈껄요."라고 말한다. 또 아이의 병을 고치기 위해 관의 옻칠을 벗기다 붙들린 모성상 등을 통하여서도 작가는 미신적인 샤머니즘의 세계를 비판

---

452) 단편 「마지막 잔」은 『現代文學』(1974.10)에 발표됨.
453) 장편 『움직이는 城』은 『現代文學』에 제1부를 1968년 5월부터 10월까지에 걸쳐 발표, 제2부 3회분을 1969년 7월에 발표, 제2부 2회분을 1970년 5월에 발표, 제2부 4회분을 1971년 3월에 발표, 제3부, 제4부를 1972년 4월부터 10월에 걸쳐 발표, 완결함.
454) 황순원, 『움직이는 城』(서울 : 문학과지성사, 1989), p.35.

하고 있다. 이렇게 한국사회에 뿌리 깊이 만연해 있는 샤머니즘은 가난의 현실과 결탁하고 있음을 보여준다.

이 작품의 배경이 되고 있는 돌마을은 수재민과 무허가 건축의 철거민을 위해 세워진다. 가난이 빚어놓은 성의 문란과 성의식의 결핍은 어린 소녀들까지 애아버지 없는 애를 낳게 하고 결국 이들은 사회악을 조성하게 된다.

특히 이 작품에서 전통신앙을 대표하는 인물은 박수 변씨이며, 전통신앙과 기독교 사이에서 갈등하는 대표적 인물은 명숙이다. 명숙은 기독교 신앙을 갖고 있으나 신이 내림으로써 정신적 갈등을 극복하지 못하고 결국 미쳐버리고 만다. 이러한 명숙의 모습을 통하여 한국사회에 뿌리 깊이 박혀 있는 샤머니즘의 모습이 투영되고 있다.

한편 민구는 무속연구가로서 지극히 타산적이고 현실주의적인 인물로 설정되고 있다. 그는 박수 변씨와의 동성애적 성관계를 가지면서도 장로의 딸과 약혼한다. 이점에서 민구 역시 정착되지 못한 신앙과 정착되지 못한 인간성을 가진 유랑민 근성의 소유자라고 볼 수 있다.

특히 이 작품속에서 준태는 실리면을 추구하는 종교인의 자세와 유랑민 근성을 면치 못하는 신앙에 대해 비판한다.

> 그런 사람들두 따지구보면 하나님의 진의를 받아들인 게 아니구 어떤 실리면만을 받아들이구 있는 게 아닐까요. 이를테면 소원성취나 해주는 하나님, 혹은 천당에나 가게 해주는 하나님, 혹은 몇번 죄를 지어두 회개만 하면 용서해주는 하나님으루서 말입니다.455)

이러한 준태의 비판은 성호의 말로 재확인되고 있다.

> 성호는 잠시 생각에 잠겼다가 입을 열었다.
> "우리나라 사람에겐 본시부터-자네 말대루라면 단군 때부터라 해두

---

455) 위의 책, p.52.

좋아─하여튼 잡신을 잘 받아들이는 바탕이 있는가봐. 그래서 우리나라 사람은 신앙을 가졌다는 사람 중에서두 기독교와 샤머니즘─기독교 대신 불교라구 해두 마찬가지지만─이 두 사이를 항상 오가구 있어. 반 발짝 내디디면 기독교, 반 발짝 들이디디면 샤머니즘, 이렇게 방황하구 있는 셈이지. 최근 내가 있는 교회 안에서의 일인데, 집사루 있는 부인의 손자 애가 병이 나서 나한테 기도를 받았어. 그런데 좀 봐, 그날밤 그집에서 무당을 불러다가 푸닥거릴 했다는 말을 듣지 않았겠어. 내 기도나 푸닥거리 중 어느쪽의 효험이건 보자는 게 그 여집사의 속셈인 거지. 알아듣겠나? 아마 이런 예가 허다할걸."

"어쨌든 사람들이 샤머니즘에서 어떤 위안을 받구 있는 것만은 사실이야."

"일시적인 위안을 얻을는지 몰라두, 새로운 불안을 계속 낳는 요인두 되지. 그와 함께 핑계와 구실두 자꾸 만들어내게 마련이구. 그게 탈이란 말야. 그건 그렇구, 처가에선 자네가 하구 있는 일에 대해 아무말 없나?"

"말은 무슨 말. 학문연구인 걸 누가 뭐랄 수 있어."456)

위 인용문은 기독교와 샤머니즘과 불교 사이를 방황하는 우리나라 사람들의 신앙적 자세를 잘 반영해 주고 있다. 특히 신(神)의 존재와 인간 존재에 대해 절대적인 신뢰를 보여주고 있는 성호는 샤머니즘에 대해 이렇게 말한다. 샤머니즘은 "일시적인 위안을 얻을는진 몰라두 새로운 불안을 계속 낳는 요인"이라고 지적한다. 그리고 성호는 "신앙은 인간을 변화시킵니다. 언젠가는 올바른 신앙이 뿌리박힐 겁니다."라고 한국인의 신앙에 대해 긍정적인 태도를 보인다.

이에 반해 준태는 신(神)의 존재에 대해 회의하는 인물이다. "신이 있다면 그 자체가 허망한 것이 아니고 뭐냐고." 준태는 생각한다. 자기의 모습 그대로인 허망한 인간을 만들어낸 신 자체가 허망하다고 준태는 인식한다. 신은 "현세의 허망함과 내세의 영원함을 인간으로 하여금 깨닫게 하기" 위해 인간의 생명도 이렇듯 허망하게 유한한 존재로 만들었다고 준태는 인식한다. 이

---

456) 위의 책, pp.86~87.

러한 인식은 근본적으로 준태 자체가 신과 인간과 그리고 인생에 대해 허무의식과 부정정신을 가지고 있음을 반영한다. 그러나 궁극적으로 그에게 있어서 허무와 부정정신은 긍정을 위한 하나의 모색이다. 따라서 그는 우리나라 사람들이 가지고 있는 기독교 신앙을 부정하면서 약자의 신앙이라고 비판하기도 한다.

"저두 마찬가집니다." 준태가 말을 이었다. "다만 분명히 말할 수 있는 건, 그 목사라는 사람이 예수에게 미친 동기란 아주 단순하단 겁니다. 다른 사람들이 물욕에 미치구 권력에 미치니까 자긴 예수에게 미치겠다는 거 아닙니까. 그야 그 목사의 자유니까 관계할 바 아니지만 그러한 동기에서 예수에게 미친 목사가 수많은 신도들한테두 자기처럼 미치게 한다는 게 문젭니다. 이러한 것과 기독교정신과 무슨 상관이 있단 말입니까."
"그러니까……" 지연이 좀 사이를 두어 말을 받았다. "우리나라 사람들의 기독교 신앙을 부정하시는 건가요?"
"그런지두 모릅니다. 우린 진정한 의미의 종교를 못 가질 민족인지두 모릅니다."
"그래두 선생님은 기독교에 관심이 많으신 것같은데요?"
"중고등학생 땐 한동안 교회에 꾸준히 나갔었죠. 새벽예배두 빠지지 않구요."
"지금은요?"
"안 나갑니다."
"왜요?"
"약자의 신앙밖에 못 가진 자신을 깨달았기 때문입니다."
"너무 어려워요."
"한마디루 말해서 이세상에서 잘 살지 못했으니 죽어서 천당에 가보겠다는 신앙, 부자가 천당에 들어가기란 낙타가 바늘구멍으루 들어가기보다 힘들다는 비유에서 위안이나 얻으려는 신앙, 이러한 약자의 신앙밖에 못 가진 자신을 깨달았기 때문입니다. 목사의 설교두 그런 걸 요구했구요. 교회를 바꿔봤지만 마찬가지드군요. 그래 남양의 신앙은 어떻습니까? 허공을 향해 손짓 고갯짓을 하면서 춤출 경지에까지 이르렀습니까?"457)

위 인용에서와 같이 "정신적으루 뿌리박지 못한 신앙" 즉 "유랑민 근성을 면치 못한 신앙"에 대해서 준태는 비판한다. 그는 "분노할 땐 분노할 줄 아는 민족"이어야함을 강조하고 인간이 약하고 불안정한 상태에 놓여 있을수록 생식을 원하는 인간의 모습속에는 어쩔 수 없는 유랑민 근성이 내재해 있다고 말한다. 따라서 준태는 이러한 유랑민근성을 극복할 수 있는 방법으로서 먼저 "우리 자신의 현재를 자각하는 데서부터 시작해야 할거야. 유랑민의 자각!"458)이라고 말한다. 여기에서 보여주는 그의 인식은 부정을 극복하면서 긍정으로 나아가려는 지향의식에 다름아니다.

그러나 그의 이러한 비판적 시각에도 불구하고 준태는 자기자신의 자의식 속에서 굴욕과의 싸움을 통해 끊임없이 방황하는 대표적 인물이다. 즉 그는 그 자신이 항상 말하는 '유랑민 근성'의 소유자이다. 자의식속에서, 인간존재에 대해서, 또 신의 존재에 대해서 끊임없는 물음을 계속하고 있는 준태는 유랑의식을 소유하고 있는 인물459)이다. 이러한 준태의 유랑의식은 다음 인용문에서 암시된다.

> 준태는 차창 밖 어둠을 내다봤다. 창밖 어둠은 차내의 불빛을 거부하고 차내의 불빛은 창밖의 어둠을 거부하면서 서로 자기 주장을 하고 있는 것같았다. 그러한 창밖 어둠속 저쪽에 노란 불빛이 하나 나타났다. 인가인지 무슨 감시소같은 건지 알 수 없었다. 그 노란 불빛 때문에 둘레의

---

457) 위의 책, pp.136~137.
458) 위의 책, p.126.
459) 천이두 역시 준태가 유랑의식을 소유하고 있음을 다음과 같이 지적하고 있다. "그는 본질적인 의미에 있어서의 한국 지식인의 존재양식을 전형적으로 반영하는 인물이다. 샤아머니즘의 신비주의에 매혹되기에는 그는 너무 합리적인 과학도이며, 기독교의 교리 속에서 정신적 귀의처를 찾아내기에는 본질적으로 종교를 가질 수 없는 한국적 '유랑민 근성'의 후예다. 그의 영혼은 언제나 혼자다. 그 어느 것에서도 정신적 권위를 찾을 수 없는 그는 영원한 정신적 방랑아다. 준태의 모습을 통하여 우리는 한국적 지성이 간직하고 있는 근원적 취약성을 목격하게 된다."
천이두, 「綜合에의 意志, 황순원 『움직이는 城』」 (서울 : 일지사, 1974), p.192.

어둠의 농도가 더 짙어보였다. 불빛이 뒤로 물러가다가 시야에서 사라졌다. 그러나 준태의 망막에 불빛으로 해서 더 짙어진 어둠이 오래 남아 떠나지 않았다.460)

'창밖 어둠'과 '차내의 불빛'이 서로를 거부하고 있는 모습은 자아의 내면세계가 벌이는 갈등을 의미하며 이것은 준태 자신이 가지고 있는 방황성과 유랑의식을 상징한다. 우리 나라 사람한테 유독 신이 잘 붙는 이유로서 우리 민족이 정착성이 없으며 유랑민 근성을 버리지 못한 데에 있음을 지적하는 준태가 이 작품의 결미에서 유랑성을 표상하는 무당과 동거하는 사실은 매우 아이러니하고 부조리한 이율배반성을 느끼게 한다. 이러한 사실에서 볼 때 준태는 유랑성을 벗어나려고 발버둥치면서도 벗어날 수 없었던 '움직이는 성(城)' 즉 방황하는 인간존재를 표상한다고 볼 수 있다.

② 사랑의 비극성과 절대의지

이 작품에서 성호는 비극적 사랑의 고통을 통해서 이웃에게 진정한 사랑을 실천하는 인물로 대표되고 있다. 이 작품에서 성호는 신(神)에 의해 구원받은 인물로서 사랑으로써 인간을 구원하고자 하는 인물이다. 한편 준태는 우리나라의 민족성을 정신적으로 뿌리내리지 못하는 유랑민 근성으로 파악하면서 기독교인들의 계산적이고 실리적인 그릇된 신앙을 비판한다. 동시에 준태는 고질병인 천식과 방황하는 자의식으로 결국 지연과의 사랑을 성취시키지 못한 채 비극적인 죽음을 맞는 인물로 설정되고 있다.

이 작품속에서 작가는 준태와 지연의 비극적 사랑을 통하여 인간구원의 문제와 작가의 인생관을 제시하고 있다. 준태가 지연을 사랑함에도 불구하고 사랑이 합일되려는 그 순간에 어김없이 찾아오는 천식으로 인하여 결국 준태는 지연을 위해 떠나간다. 그리고 무당의 광포한 성(性)에 의해 죽음을 재촉하

---

460) 황순원, 『움직이는 城』, p.53.

게 된다. 준태가 지연과의 사랑을 성취함으로써, 구원의 가능성을 보여줄 수 있었음에도 불구하고, 죽음에 이르고 마는 비극의 요인은 어디에 있는가.

준태는 그의 내면 깊숙이에 '유랑민 근성'을 가지고 있다. 『움직이는 城』을 통해서 준태가 얘기하는 '유랑민 근성'이란 이중적인 의미를 내포한다. 하나는 현실적으로 다급하고 불안정한 상황이면 기독교건 불교건 샤머니즘이건 닥치는 대로 의지하는 풍토, 즉 정착성을 잃고 사는 우리 민족의 정신풍토를 의미하며, 다른 하나는 인간존재의 심연에 있는 근원적인 갈등을 의미한다. 즉 항상 정착하지 못하고 움직이는 하나의 실체로서의 성(城)인 인간이 갖게 되는 인간자체의 근원적인 방황을 의미한다고 볼 수 있다.

이렇게 볼 때 준태가 가지고 있는 인간존재에 대한 근원적인 방황 즉 '유랑민 근성'은 어디에서 기인하는 것인가. 이것은 그가 어렸을 적부터 느껴왔던 '굴욕감'에서부터 출발한다. 이 굴욕감은 그의 아버지가 어머니에게 갖게 한 굴욕감인 것이며, 가난이라는 삶의 조건이 준태에게 길러준 굴욕이며, 창애와의 부부생활이 가져다 준 굴욕이다. 이 굴욕은 또한 준태의 자의식에서 유발되는 것으로서, 굴욕을 길러온 것은 바로 준태자신이다. 이렇게 굴욕으로 대표되는 '유랑민 근성'에 의해 준태는 필연적으로 '천식'이라는 병을 가지게 된다. 천식은 정착하려는 준태 자신과 굴욕에 대한 인식으로 인해 길러진 '유랑민의 근성' 때문에 정착하지 못하는 또하나의 준태사이에서 발생되는 불치의 병이다. 따라서 천식은 자아의 이율배반적인 갈등을 표상한다. 이러한 정(正)과 반(反)의 상반된 의식은 '창밖 어둠'과 '차내의 불빛'이 서로 거부하면서 자기주장을 하는 것으로 암시된다.

특히 지연과의 사랑에서 합일을 이루려는 순간, 준태는 또다시 천식을 일으키게 된다. 초막을 보며 느꼈던 마음의 갈등은 그러나 지연의 사랑에 의해서 환상으로 돌려진다. 그리고 행복감이 물결쳐 온다. 그러나 또다시 행복감에 이어 천식은 재발하고 만다. 준태의 사랑이 지연의 사랑과 함께 완전하게 충족되려는 순간 천식은 어김없이 찾아와 그들의 사랑에 비극을 암시한다.

즉 지연의 사랑에 안주하고 싶어하는 자기와 이를 용납하지 않는 '유랑민 근성'을 가진 또하나의 자기가 갈등을 일으킬 때 천식이 일어난다. 지연과 준태가 서로에게 몰입할수록 천식은 더욱더 기승을 부리며 다가와 운명적으로 장애가 되고 만다. 이렇게 정(正)과 반(反)의 이율배반적인 모습을 공유하고 있는 준태는 지연을 위해 지연의 곁을 떠나간다. 그리고 죽음에 이르게 된다.

죽음의 순간 준태의 꿈속에서 나타나는 '방'의 이미지는 밀폐된 자의식의 방을 표상한다. "마루바닥에 낸 구멍"은 "오랜 세월을 두고 준태 자신이 손톱으로 뚫은 구멍"으로서 제 스스로가 길러온 '유랑민 근성'을 표상한다. '쥐'는 바로 준태 자신의 자의식의 표상이다. 그 '쥐의 발'을 어루만지는 준태의 행위는 외로웠고 굴욕스러웠던 자신의 실체에 대한 연민의 표출이다. 이렇게 고독한 준태는 지연을 통하여 사랑의 합일에 도달하려는 순간, 천식에 의해 결국 사랑을 이루지 못하고 죽음에 이르게 된다.

즉 준태의 비극은 사랑을 충족시키려는 자기와 이를 거부하는 '유랑민 근성'을 가진 또하나의 자기가 갈등을 일으킴으로써 빚어지는 것이다. 곧 '유랑민 근성'에 의하여 준태의 비극은 유발된다. 그 누구보다도 '유랑민 근성'을 비판하고 '부정을 통한 긍정'을 모색하고자 했으며 실한 뿌리를 내리는 작물을 연구하던 준태 자신이 '유랑민 근성' 때문에 자신의 정착지에 뿌리를 내리지 못하고 죽음을 맞는 모습은 참으로 비극적이며 부조리한 인간의 모습이라 아니 할 수 없다.

그렇다면 지연과의 사랑의 합일을 통해서 구원의 방법을 제시해 주던 작가가 작중인물들로 하여금 구원에 이르지 못하게 한 것은 작가의 어떠한 인생관의 발로인가. 『움직이는 城』을 통하여 확연히 느낄 수 있듯이, 이것은 바로 인간은 항상 지고의 사랑과 행복을 갈망하고 있음에도 불구하고 그 행복이 주어질 때, 이것을 감당해내지 못하고 내면적으로 갈등을 일으키고 만다는 작가의 인생관이 투영된 것이라 볼 수 있다. 즉 인간은 보편적으로 최고의 아름다움이나 최고의 행복한 순간을 갈망함에도 불구하고 본질적으로 이것이 주어질 때는 그 행복의 순간을 감당해 내지 못한다는 인간성의 탐구를 보여준다. 따라서 인간은 항상 스스로 고독할 수밖에 없으며, 불행을 동반하며 살아갈 수밖에 없는 이율배반적인 존재이다. 『움직이는 城』에서 보여주듯, "이 세상에 사랑이라는 합의 세계를 이루기 위해 헤아릴 수 없을 만큼 다각다양하게 끊임없이 싸우고 있는 것" 그것이 바로 인간의 실체인 것이다. 항상 정(正)과 반(反)과의 부조리속에서 고민하면서 살아가는 것이 인간의 모습이며, 움직이지 않고 정착해야함에도 불구하고 항상 변화하고 움직이는 '움직이는 성(城)'이 곧 인간의 진정한 실체인 것이다.

그러나 이렇게 부조리한 인간의 모습을 창조한 것은 다름아닌 신(神)이다. 곧 신(神)의 절대의지인 것이라 할 수 있다. "인간에게 일어나는 모든 일, 삶이든 죽음이든 선이든 악이든, 이 밖의 모두 다 창조주의 것이다. 이렇게 창조주는 자기 형상과 마음가짐처럼 만든 인간을 통해 스스로 지니고 있는 정과 반의 싸움을 하고 있는 것이다. 이 세상에 사랑이라는 합의 세계를 이루기 위해 헤아릴 수 없을 만큼 다각다양하게, 그리고 끊임없이 싸우고 있는 것이다."461)라고 성호가 생각하고 있듯이 신의 내부에는 역시 인간과 마찬가지로 선과 악이 공존해 있다고 작가는 본다. 인간이 선(善)과 악(惡) 즉, 정(正)과 반(反)의 사이에서 고통스러워 할 때 이러한 인간의 고통을 들여다보면서 신 자체가 스스로 악(惡)을 이기고 선(善)에 도달하기 위해 무수히 고통스러워한다. 인간이 사랑이라는 합(合)의 세계에 도달하기 위해 고통스러워하는 눈은 바로 '창조주의 눈'이기도 한 것이다. 따라서 '창조주의 눈'이 있는 한 인간에게는 언제나 슬픔과 고독과 비극이 함께 공존할 수밖에 없다. 이것은 어쩌면 신이 인간에게 부여한 영원한 숙명적인 조건인지도 모른다. 또 신의 절대의지인지 모른다. 그러면서도 인간은 '시지프의 돌'을 올려야만 하는 성실을 다해야만 한다. 인간은 신이 스스로의 구원을 위하여 창조해 놓은 피조물이기 때문이다. 새로운 가능성을 모색하기 위해서, 새로운 사랑의 합(合)의 세계를 이룩하

---

461) 위의 책, p.347.

기 위해서. 이런 의미에서 『움직이는 城』의 서두와 결미에서 어린아이들이 등장하고 있는 것은 의미심장하다.

서두에서 아이가 소경의 길을 인도해 주는 것은 바로 작가가 사랑으로써 인간구원의 길을 제시하는 것이라 볼 수 있다.

> 소경이 지팡이를 더듬거리며 집 모퉁이를 돌아 사잇길로 들어오고 있다. 중년 남자 소경이다. 뿌옇게 메마른 머리카락이 흐트러져 내려온 이마 밑에서 희멀뚝한 눈이 연신 섬벅거린다.
> 애가 발딱 일어난다. 마구 버린 허드렛물 괸 곳에서 소경이 지팡이를 잘게 더듬거리며 발을 옮겨디디지 못하고 있다. 애가 소경에게로 간다. 그리고 흙 묻은 가느단 손으로 소경의 지팡이 중턱을 잡아 물 괸 곳을 피해 짚도록 해준다.462)

또 샤먼이 버리고 간 돌이를 성호와 지연이 데려다 기르는 것은, 기독교가 샤먼이 버린 애정을 주워 담으려 한 것임을 의미한다. 이 작품에서 성호와 지연은 기독교를 대표하는 인물이다. 이 점에서 기독교가 샤머니즘보다 우위에 위치하고 있음을 상징적으로 작가는 제시한다. 즉 샤먼이 점을 맞추기는 하지만 인간을 구원하지는 못한다는 점을 작가는 이면적으로 말하며 샤머니즘을 비판한다. 또한 성호와 지연이가 이웃들에게 베푸는 사랑은 바로 기독교의 사랑을 표상한다고 볼 수 있다.

이 작품의 결미에서 별나라촌의 돌이와 영이는 장난감 놀이를 하고 있다.

> "얘, 얘, 이거 근사하지?" 영이가 다 만든 자동차를 돌이 코앞에 내민다.
> 돌이는 본체만체 자기가 하는 일에만 열중하고 있다.
> "그거 머니?" 종내 영이가 궁금한 듯 물었다.
> 돌이는 비죽비죽 웃기만 한다.
> 잠시 더 돌이의 만들고 있는 것을 들여다보고 있던 영이가 핀잔주듯,

---

462) 위의 책, p.11.

"그거 아무것두 아니야," 한다.
"암것도 아니면 으뗘." 돌이는 지칠 줄 모르고 조각들을 이리 맞췄다 저리 맞췄다 하고 있었다.463)

"암것도 아니면 으뗘."라고 하며 아무것도 아니라고 할지라도 지칠줄 모르고 장난감 조각들을 이리 맞췄다 저리 맞췄다 하는 돌이의 모습은 정(正)과 반(反)의 싸움을 통해서 새로운 가능성을 모색하고, 사랑이라는 합(合)의 세계를 이루기 위해 무수히 노력하는 인간을 상징한다. 즉 인생이란 어쩌면 지극히 허무한 것일지 모르지만, 인간이기 때문에 역시 새로운 하나의 가능성을 모색하기 위해 끊임없이 노력을 다할 때에 비로소 참다운 인생의 의미가 있다는 작가의 인생의식을 보여준다. 또한 이렇게 지칠줄 모르고 조각들을 이리 저리 맞추는 돌이의 모습은, 작품 창작을 통하여 인간존재의 근원적 고독의 문제에 대해 꾸준히 탐구해 온 작가 자신의 모습이기도 하다.

서두와 결미에서 작가는 어린아이들을 등장시킴으로써 인생에 대한 희망과 긍정정신을 보여주고 있다. 비록 인간존재란 '유랑민'처럼 이곳 저곳으로 옮아다니는 '움직이는 성(城)'이지만 또다시 '주춧돌 하나, 주춧돌 둘'을 새롭게 쌓아서 굳건한 성(城)을 쌓아야 함을 작가는 특히『움직이는 城』을 통하여 제시하고 있다. 이러한 무수한 노력의 과정속에서 진실로 인간은 인간다운 인간으로 존재할 수 있기 때문이다. 여기에 작가의 휴머니티가 있다.

특히 이 작품에서 작가는 인간중심에서 본 신관(神觀)을 보여준다. 작가는 기독교에서처럼 신 자체를 완전한 선으로 표상하지 않고 있다. 황순원은 신 자체가 자신의 형상과 마음가짐처럼 만든 인간을 통해서 스스로 지니고 있는 정과 반의 싸움을 하고 있다고 파악한다. 즉 신의 내부에는 역시 인간과 마찬가지로 선과 악이 공존해 있어, 신 자체가 스스로 악을 이기고 선에 도달하기 위해 무수히 고통스러워한다는 것이다. 이렇게 완전한 선에 도달하기 위해 고통스러워하는 신의 눈을 황순원은 바로 '창조주의 눈'이라고 말한다. 이렇

---

463) 위의 책, p.348.

게 인간중심에서 보는 작가의 신관(神觀)은 『움직이는 城』 이후의 작품속에서
는 나타나지 않는다. 그러나 작가가 가지는 신관(神觀)의 변모464)를 작가와의
대담을 통하여 확인할 수 있다.

③ 소외와 가난의 리얼리즘

이 작품에는 가난과 소외의 문제가 리얼하게 묘사되고 있다. 지상의 삶을
살아가는 인간들의 고통과 수난을 보여주면서 작가는 어떠한 방식을 통하여
인간은 물질적으로 정신적으로 구원되어질 수 있는가에 대해 탐색하고 있다.

이 작품은 사회적으로 소외된 계층 즉 수재민과 철거민들, 창녀들 그리고
가난으로 인해 훼손된 아이들의 삶을 내면화시키고 있다. 작가는 인류의 보
편적 문제라 할 수 있는 가난의 양상을 작품의 서두에서부터 보여주고 있다.

> 네댓살 난 계집애가 하나, 집 사잇길에 쪼그리고 앉아 흙장난을 하고
> 있다. 검붉은 흙물에 얼룩진 팬티바람으로 다른 것은 아무것도 몸에 걸친
> 게 없다. 신발도 신지 않았다. 살거리 없는 까맣고 앙상한 등줄기가 집과
> 집 틈바구니로 비껴드는 햇살에 반사되어 반질거린다. 흙으로 떡을 빚던
> 애가 인기척에 고개를 든다.465)

이러한 가난이야말로 한국 민족속에 뿌리 깊이 만연되고 있는 샤머니즘의
온상이 된다. 이 작품속에서 전주댁과 영이엄마의 삶은 가난하고 비관적인

---

464) 최근 필자와의 대담(작가와 필자와의 대담, 작가의 사당동 자택에서, 1993.8.14)에
서 작가자신이 『움직이는 城』에서 드러내었던 신관(神觀)은 덜 성숙된 신앙에 기
인하였다고 말한다. 그렇다고 하여 작가는 결코 神을 부정하지 않았으며 신(神)의
존재를 믿었다고 말한다. '신은 완전한 선이다'라고 작가는 수정해 말한다. 그리
고 인간은 진정한 신앙을 가짐으로써 구원받는 것이라고 부연한다. 이렇게 작가
의 신관이 변모하는 과정을 추출하는 작업은 매우 중요하다고 보지만 신에 대한
문제가 『神들의 주사위』에서는 심도있게 형상화되지 못했다는 점에서 아쉬움을
남긴다.
465) 황순원, 『움직이는 城』, p.11.

현실의 삶을 대표적으로 보여주고 있다. 전주댁은 박서방에게 속아 집 판 돈을 다 뜯기고 만다. 절망과 실의에 빠진 전주댁은 아들과 연탄가스로 동반자살 하려다 미수에 그치고 만다. 결국 그녀는 펨프여인으로 전락한다. 그녀에게 있어서 현실은 가난과 허위와 배반만이 있는 죽음의 장소로 인식된다. 또한 생존의 밑바닥에서 인간의 허위와 현실의 부조리와 추악함에 직면하면서 고통과 슬픔을 경험하는 대표적 인물은 영이엄마이다. 영이엄마는 재일교포인 남자와 그 남자의 아들에게 농락당한다. 재일교포의 아들인 청년은 영이엄마가 임신을 하자 아이를 유산시키라고 매질한다. 결국 영이엄마는 사산을 하고 영이만 홀로 남겨두고 죽는 비극적 여인이다. 이렇게 가난으로 인해 소외된 삶을 살아가는 철거민들, 윤락녀들의 피폐한 삶을 바라보는 작가의 시선은 비관적이지만 결코 작가는 좌절하거나 절망하지 않는다. 청년의 매질로부터 영이엄마를 구하기 위하여 오물을 떠다가 청년에게 뿌리는 아이들의 모습을 통하여 작가는 삶에 대한 긍정정신과 극복의 정신을 보여준다. 불의에 저항하는 아이들의 모습을 통하여 작가는 현실모순과 비열한 인간에 대한 부정정신과 비판정신을 드러내고 있다. 즉 아이들의 행위를 통하여 작가는 정의에 대한 갈망을 보여준다. 동시에 절망과 고통의 현실을 뛰어넘으려는 삶의 안간힘을 보여주고 있다.

  청년이 두 아이에게 달려들 듯한 기세를 보였으나 두 아이는 아이대로 가까이 오기만 하면 끼얹겠다는 시늉을 하고 있다. 그만 청년이 뒷걸음질을 쳤다. 거기 따라 두 아이는 오물깡통을 청년에게 겨눈 채 거리를 좁혀 갔다. 드디어 청년이 뭐라고 투덜거리고는 몸을 돌려 달아나기 시작했다. 그 뒤를 두 아이는 쫓아갔다. 모여섰던 아낙네들이 와르르 웃음을 터뜨렸다.
  영이엄마는 여전히 같은 자세로 좀전보다 크게 몸을 떨고 있었다. 성호가 다가가 영이엄마를 부축해 일으켰다. 산발이 된 머리를 푹 떨구고 비틀대는 영이엄마는 소리없이 울고 있었다.
  그곳을 떠나며 성호는 아이들과 함께 청년을 쫓은 일에서 어떤 일깨움을 받은 듯한 느낌에 젖었다. 지금까지 막연하던 어떤 생각에 확신같은 것을 갖게 하는 그런 느낌이었다.466)

한편 이러한 비극적인 삶의 양상들을 보면서 성호는 이웃을 위해 진정한 사랑을 실천하려 한다. 성호는 기독교 정신을 몸소 실천하려는 대표적인 인물이다. 그는 비극적 삶의 현실과 지상적 삶의 허망함을 극복하면서 신앙으로써 영원한 천상의 삶을 향해 나아가려 한다. 그는 소외된 이웃들을 돌보면서 절망하지 않고 사랑과 희망으로써 자기자신과 그리고 인간구원을 위해 노력하는 인물이다. 현실속에서의 삶이 비참하고 힘열할수록 신에 대한 절대적 믿음을 통해서 사랑이라는 합일의 세계에 그는 도달하고자 한다.

성호는 홍여사와 함께 비극적 사랑의 고뇌속에서 신의 용서를 갈구한다. 그는 홍여사와의 비극적 사랑을 거친 후에 비로소 산산이 부서지고 깨어져도 견딜만한 힘을 주신 신에게 감사한다. 사랑의 고통을 통하여 자기완성에 도달해가면서 그는 자기자신 보다 더 불행한 이웃과 슬픔을 함께 한다. 현실의 삶을 외면하지 않고 직시하면서 인간사랑과 신에 대한 믿음으로써 인간구원을 위해 노력한다. 그는 가난한 이웃과 소외된 이웃에 대해 따뜻한 사랑을 실천하는 행위를 통하여 참다운 구원에 이를 수 있다고 각성하는 인물이다. 그는 개체적 삶에 머무르지 않고 이웃들과 더불어 공동체적 삶을 영위해 나아갈 때 참다운 사회적 삶을 누릴 수 있다고 믿는다.

성호는 생존의 밑바닥에서 허덕이고 있는 사람들에게 종교는 한갓 사치에 불과하다는 것을 깨닫는다. 그는 가난한 이웃과 불쌍한 어린아이들을 위하여 공동운명체적 사랑을 가지고 봉사한다. 그의 내면속에는 어두운 현실사회의 모순과 부조리를 극복하려는 강한 의지와 함께 인생에 대한 긍정정신이 내재해 있다. 이러한 정신은 근본적으로 신을 향한 절대적 믿음에 의해 기인된다고 볼 수 있다.

---

466) 위의 책, p.283.

준태를 향한 지연의 사랑과 고뇌를 보면서 성호는 '창조주의 눈'을 연상한다.

> 좀전부터 성호는 지금의 지연의 눈을 전에 여러번 본 눈이라고 자기 기억을 더듬다가 홍여사의 겁먹고 떠는 눈과 부딪쳤다. 그 홍여사는 이미 죽었고, 지연은 지금 자기가 사랑하는 사람의 안부를 염려하며 찾아가고 있다. 홍여사의 얼굴과 지연의 얼굴이 번갈아 어른대면서 점점 두 사람의 겁먹고 떠는 눈이 확대되다가 얼굴을 온통 덮어버린다. 성호는 생각한다. 이 눈은 창조주의 눈이다. 이 여자들의 이러한 눈은 이 여자들의 눈인 동시에 곧 창조주의 눈이다. 이 생각은 금방 떠오른 생각도 같고, 오래 전부터 여러가지로 생각해오던 것이 한데 뭉쳐 이뤄진 생각도 같았다. 이 두 여자만이 아니고, 이러한 눈을 한 모든 인간의 눈은 창조주의 것이다. 어찌 이러한 눈뿐이랴. 인간에게 일어나는 모든 일, 삶이든 죽음이든 선이든 악이든 이밖의 모두 다 창조주의 것이다. 이렇게 창조주는 자기 형상과 마음가짐처럼 만든 인간을 통해 스스로 지니고 있는 정과 반의 싸움을 하고 있는 것이다, 이 세상에 사랑이라는 합의 세계를 이루기 위해 헤아릴 수 없을 만큼 다각다양하게, 그리고 끊임없이 싸우고 있는 것이다. 그러면 주여, 우선 이 한 여자의 소원만이라도 이루어주소서, 자기의 사랑을 위해 떨고 있는 이 젊은 여자의 소원만이라도 쟁취해주소서.467)

이 작품속에서 나타나는 '창조주의 눈'의 이미지는 단편 「그」(1951.10)에서 투영되고 있는 '눈'의 이미지와 동일시되고 있다. 인간의 존재론적 슬픔을 들여다보며 인간에 대한 연민과 사랑 때문에 인간의 '그 눈 속에 좀더 머물러 있고 싶다고 갈구하는 예수의 모습은 바로 창조주의 분신이라 볼 수 있다.

신(神)은 인간의 존재론적 슬픔을 보며 신 자체가 지니고 있는 정(正)과 반(反)의 싸움을 하고 있다고 성호는 인식한다. 곧 신은 이 세상에 사랑이라는 합(合)의 세계를 이룩하기 위해서 끊임없이 갈등하면서 선(善)으로 나아가는 존재라고 인식한다. 이러한 성호의 신관(神觀)은 인간 중심에서 보는 신관으로

---

467) 위의 책, pp.346~347.

서 작가 황순원의 신관이 반영된 것이라고 볼 수 있다. 성호는 신에게 신의 절대의지로서 지연의 사랑을 성취시킬 수 있도록 해달라고 기원한다. 이런 의미에서 성호는 영원한 구원468)을 수행하도록 신이 내려보낸 또하나의 신의 아들인지 모른다.

한편 지연 역시 사랑을 성취하기 위해 괴로움과 고통을 감내하는 여성으로 설정되고 있다. 그녀에게 있어 쟈코메티의 조각 '광장'의 인물들은 영원히 소외되어 있고 고독할 수밖에 없는 존재로서 인식되어진다. 그러나 준태를 사랑하고부터 '광장'의 인물들은 서로 대화를 시작하게 되고 사랑이라는 합(合)의 세계에 도달하기 위하여 광장의 한 곳으로 모여든다고까지 지연은 생각하게 된다.

지연은 결국 준태의 죽음으로 인해 자신의 사랑을 성취하지는 못하지만 절망하지 않고 별나라촌469)의 돌이와 영이를 돌봄으로써 진정한 인간구원의 한 방법을 모색하고 있다. 곧 그녀는 이웃과 사회, 민족과 인류에 대한 참사랑을 구현하면서 열린 삶 속으로 지향해 나아가려는 의지를 보여주고 있다.

『움직이는 城』은 현실세계의 모순과 부조리로 인해 훼손당한 인간들의 삶 속에서 진정한 인간구원의 길이 어디에 있는가를 모색한 작품이다. 동시에 사랑의 합일을 통해서 인간은 구원되어질 수 있음을 작가는 이 작품을 통해서 제시하고 있다. 특히 인생이 비록 허망하고 고통스럽다고 할지라도 절망하지 않고 하나의 가능성 또는 사랑을 쟁취하기 위해서 무한히 노력하는 데에 인생의 참의미가 놓여있음을 작가는 이 작품에서 보여주고 있다. 따라서

---

468) 이동하는 『움직이는 城』의 윤성호가 한국의 근대소설에 있어서 구원의 문제를 진지하게 탐구하고 있으며 실천속에서 인간구원의 가능성의 빛을 발견한 가장 대표적인 인물의 초상이라고 말한다. 동시에 『움직이는 城』에 이르러서 한국의 소설은 구원의 테마를 성공적으로 형상화한 최초의 범례를 얻었다고 평가한다.
이동하, 「한국 소설과 구원의 문제」, 『현대문학』(1983.5)
469) '별나라촌'은 '돌마을'의 판자집들이 철거되면서 남한산성 근처로 쫓겨나온 빈민들의 소굴이다. 따라서 이 작품속에서 '돌마을'과 '별나라촌'은 가난과 소외의 장소로 설정되고 있다.

이 작품에는 어둠과 슬픔과 고통속에서도 끝끝내 비관적 현실을 극복하고 삶을 긍정하려는 작가정신이 내포되어 있다. 또한 작가가 소외된 사람들의 세계를 끊임없이 응시함으로써 시대인식과 현실인식을 그의 작품속에서 내면화시켰다는 점에서 그는 결코 현실도피주의자가 아님을 알 수 있다.

나아가 씨감자의 개량 등 농촌 문제에 관심을 기울이는 준태의 모습을 통하여 작가자신이 농민의 삶과 농촌에 대해 지속적인 관심을 기울이고 있음을 알 수 있다. 이것은 바로 작가가 농민에 대해 기울이고 있는 애정에 다름아니다. 따라서 작가가 사회와 현실의 문제에 깊은 관심을 기울이고 있음을 장편 『움직이는 城』을 통하여 고찰할 수 있다. 동시에 개체적 존재로서의 인간이 가지는 방황과 고독 그리고 한국인의 민족성, 신(神)의 존재와 구원에 대한 탐구를 보여주고 있다는 점에서 한국 현대 소설사에서 중요하게 언급되어야 할 작품이라고 본다. 나아가 작가의 인생관과 신관(神觀)이 관념으로서가 아니라 작품속에 내밀하게 육화되어 있으며 작가의 사상과 철학이 깊고 넓게 투영되고 있다는 점에서도 황순원 문학의 한 정점에 서 있는 작품으로 평가할 수 있다.

이로써 제4기의 문학은 제3기 문학의 특징인 애정의 절대성과 생명의식을 심도있게 내면화시키고 있으며 특히 실존적 자의식의 세계와 삶에 대한 인식에 작가의식이 깊게 맞추어져 있음을 살펴보았다. 아울러 작가가 파악하고 있는 신(神)의 모습은 완전한 선(善)으로서의 신이 아니라, 완전한 선(善)으로 나아가기 위해, 또한 사랑이라는 합(合)의 세계에 도달하기 위해 노력하는 신(神)이었음을 고찰하였다. 이러한 작가의 신관(神觀)은 인간중심에서 본 신관이라고 볼 수 있다.

5. 인간구원과 자유에의 길

제5기의 문학(1976년~2000년)은 작가의 창작시기로 볼 때 거의 마무리 단계에 있는 작품으로 작가가 60세 이후에 쓴 작품들이다. 장편『神들의 주사위』(1982.3)와 단편「그물을 거둔 자리」(1977.7),「그림자풀이」(1983.11),「나의 竹夫人傳」(1985.7),「땅울림」(1985.8)이 이 시기에 해당된다. 이 시기에는 늙음과 죽음의 문제, 통일의 문제, 공해의 문제 등을 포함한 인간구원과 자유의 문제가 제기되고 있다. 또한 영원하고 절대적인 사랑이 인간구원의 한 방법이며 진정한 자유에 이르게 하는 길임을 보여주고 있다. 이들 작품들을 통하여 황순원 문학의 궁극적 지향점이 바로 인간구원으로서의 사랑에 놓여 있음을 살펴볼 수 있다.

1) 구원과 자유의 문제, 장편『神들의 주사위』

① 반인간성 고발과 자유의 추구

장편『神들의 주사위』(1982.3)[470]는 전통적인 한 농촌 가정의 가족사를 중심으로 하여 삼대(三代)가 빚어내는 갈등의 양상을 보여준다. 동시에 도시의 자본들이 농촌으로 침투해 들어옴으로써 유발되는 농민들의 이농현상과 이농현상의 원인들이 규명되고 있다. 또한 농촌 도시화에 따른 환경오염의 심각성을 집중적으로 제시하고 있다.

이 작품은 도시에서 조금 떨어진 읍을 배경으로하여 농촌 문제점[471]에 대

---

[470] 장편『神들의 주사위』는『文學과 知性』봄호(1978.2)에 발표됨. 김치수는『神들의 주사위』에 대해 분석하면서 전통적인 가정이 새로운 문물과 가치관에 부딪치면서 변화할 수밖에 없는 운명을 비극적으로 체험하게 되는 것을 보여준다고 말한다. 동시에 현대사회에 있어서 교육의 문제, 공해의 문제, 통치의 문제 등을 제기하고 있다고 지적한다.
김치수,「소설의 조직성」, 황순원전집(서울 : 문학과지성사, 1982)

[471] 작가가 농촌의 문제에 관심을 보인 작품은 상당히 많은데 장편『별과 같이 살다』,『카인의 後裔』,『움직이는 城』,『神들의 주사위』,「황소들」,「아내의 눈길」,「탈」,「집」등을 들 수 있다.
작가자신이 농민과 노동자에 대해 빚지고 있다는 의식은 단편「나의 竹夫人傳」에 직접적으로 투영되고 있다.
황순원,「나의 竹夫人傳」(서울 : 문학과지성사, 1990), p.277. 참조.

해 천착하고 있다. 특히 환경보호연구소 출장원인 병배를 통하여 환경오염의 문제 즉 수질오염, 대기오염, 농지오염의 심각성을 말하고 있다. 동시에 작가는 환경오염의 문제를 절실하게 받아들이지 못하는 우리의 민족성에 대해 비판과 함께 경고를 하고 있다.[472] 따라서 이 작품에는 궁극적으로 생명존엄사상의 고취와 함께 반인간성에 대한 규탄이 이면적으로 내재되어 있다.

읍내에 염색공장이 들어서게 되는 문제를 쟁점으로 하여 병배, 중섭, 한수는 국내 공해 문제의 심각성을 지적한다. 특히 병배는 화학비료와 농약으로 인해 발생하는 농토의 황폐화와 산성화에 대해 심각하게 걱정한다. 수은 중독으로 전신마비를 일으킨 담양 고씨 일가족의 얘기를 하면서 이 사실을 부인한 정부당국의 비인간적인 처사에 울분을 토한다. 또한 공장 폐수에 의하여 수은에 중독된 생선을 먹고 죽은 일본의 희생자 가족들이 "보상금은 한푼두 일없다."고 요구하며 "회사의 맨 윗사람부터 차례루 수은모액을 먹어달라."고 요구한 사실을 들면서 오염의 심각성에 대해 우리 모두 경각심을 가져야 한다고 열변을 토한다.

중섭 역시 병배의 말에 찬동을 표하면서 "공업지상주의를 앞세워 환경파괴 예방을 소홀히 해서는 안된다."고 말한다. 왜냐하면 산업공해의 초기 단계는 걷잡을 새 없이 말기적 단계루 돌입한다는 것과 그렇게 된 다음엔 막대한 대가를 치르고도 원상회복이 힘들기 때문이라는 인식의 결과이다.

그러나 심읍장은 오염문제보다 개발도상국으로서의 발전을 더욱 중시한다. 그는 "증산하지 않으면 농토가 죽기 전에 사람이 먼저 굶어 죽을 판이니 어떡해. 그건 그렇고, 말썽이 있고 어쩌고간에 기어코 염색공장은 꼭 들여앉

---

[472] 황순원이 인식하고 있는 공해의 심각성은 다음 인용문에서도 잘 드러나고 있다.
"아무 반향없는 소리지만 또 한다. 당장 눈앞에 드러나지 않는다고 해서 각종 공해 문제를 어물쩍 넘겨버리는 것처럼 무서운 일은 없다. 공해 문제를 뒷전에 밀어넣고 경제 성장을 하여 설사 선진국 대열에 낀다 한들 무슨 소용이 있는가. 내 어느 소설에서도 말했듯이, 그 풍요를 누릴 우리의 자식들이 공해로 인해 병들거나 병신으로 태어난다면 선진국 아니라 막말로 선진국 할어버지가 된들 뭘 하겠는가." 황순원,『말과 삶과 自由』, pp.32~33.

혀 지역개발을 시켜야 해. 읍사무소도 신축해 놓았것다, 이렇게 하나하나 다 져나가면 영전의 길도 트일 것 아닌가."473)라고 생각하는 출세지향적이며 타산적인 인물이다.
한편 한수는 술좌석에서 얘기된 '미나마따병'의 일을 되새긴다.

> 한수는 술좌석에서 얘기된 <미나마따병>의 일을 떨쳐버리지 못하고 있었다. 그 병이 무섭다는 얘기는 이날밤 처음으로 듣는게 아니나 그 병 희생자들의 유가족과 환자들이 폐수를 흘려보낸 회사측더러 보상금은 필요없으니 수은모액을 먹고 자기네가 죽은 수만큼 죽어달라, 자기네가 병든 수만큼 병들어달라고 했다는 얘기는 처음 듣는 얘기다. 이미 오래 전 남의 나라에서 있었던 사건이건만 그 정상과 절규는 시간과 공간을 뛰어넘어 지금의 한수를 붙드는 것이었다. 그 정상에 고통스런 동정이 가고, 그러한 절규를 할 수밖에 없었던 심정에 고통스런 이해가 갔다. 그러면서도 그 절규를 용납할 수 없게 하는 건 대체 무얼까. 당사자가 아니고 제삼자의 입장이라서 그럴까. 눈에는 눈, 이라는 원시적 보복이 오늘날엔 통용돼선 안된다는 뜻에서일까. 그러니 <미필적 고의의 살인>으로 법절차를 밟아 다스려져야 한다는 뜻에서일까. 아니다. 그 때문만은 아니다. 뭐랄까 오랫동안 인간이 가꾸어온 근원적인 사랑이랄까 혼이랄까, 그런 것을 잃을 수 없다는 데서 오는게 아닐까……474)

위 인용에서 드러나듯 한수의 내면속에는 인간의 생명에 대한 무한한 경외감과 생명존엄성이 내재해 있음을 고찰할 수 있다. 즉 아무리 용납될 수 없는 죄악을 저지른 악한이라고 할지라도 단지 그가 생명을 가진 인간이라는 이유로 그의 생명은 존중되어져야 한다고 한수는 인식한다. 한수가 가지고 있는 생명존엄정신과 인간에 대한 무한한 사랑과 인간긍정정신은 바로 작가의 인간존엄의식의 한 반영이라고 볼 수 있다. 이러한 작가의 생명존중사상은 한수의 환영을 통하여 지속적으로 나타나고 있다.

---

473) 황순원, 『神들의 주사위』, 황순원전집 제10권(서울 : 문학과지성사, 1989), p.95.
474) 위의 책, p.96.

70년 미국 플로리다 반도의 한 해변 도시에서 있었던 일. 어느 날 어린 소녀 하나가 물오리 한 마리를 안고 해변에서 돌아왔다. 온통 시커먼 중유로 매대기쳐져 죽어가는 물오리였다. 이를 본 사람들은 놀라 해변가로 달려갔다. 해변가 바다는 온통 중유로 덮여있고, 거기에 수천 마리의 물새가 허비적거리고 있지 않은가. 누가 먼저랄것없이 물새들의 구조작업이 시작됐다.

(중략)

구조작업은 밤이 되어 횃불을 밝히면서까지 계속됐다. 이렇게 구조작업을 하는 동안 너나없이 한결같이 느낀 게 있었다. 어떻게든 살아있는 것들을 파괴하려는 것으로부터 보호해야 한다는 것이었다. 전력을 다해 구조작업을 폈지만 죽어간 물새가 적지 않았다. 물새들을 그 지경에 이르게 한 중유는 좌초된 유조선에서 흘러나온 것이라는 게 판명됐다. 한 달쯤 뒤 해변이 예전대로 돌아갔을 때 시당국은 뉴욕타임즈의 한 페이지 전면을 사가지고 사건의 전모를 전국민에게 알리면서 이렇게 호소했다. ≪괴로워하며 죽어간 많은 물새들은 환경 파괴가 어떤 것인가를 우리들에게 일깨워주었다. 이것은 곧 내일의 우리들의 모습이다. 내일이면 늦는다!≫하고.

죽어가는 물새들을 건져내고 씻어주고 있는 사람들의 모습이 한수의 눈앞에서 바삐 움직이고 있었다. 그 시커먼 기름투성이의 해변가 남녀노소들의 모습은 그림처럼 아름다웠다. 그것은 물새들의 당한 일을 장차 자기네도 당할지 모른다는 의식에서가 아니고, 그저 살아있는 것을 파괴로부터 보호해야 한다는 일념에서 나온 작업이기 때문에 더욱 귀하고 아름답게 여겨지는 게 아닐까. 일본에서 있은 <미나마따병>을 겁내고 무서워하기에 앞서 우리도 좀더 개개인이 환경에 대해 자각을 갖는 마음자세가 필요한 게 아닐까.

당분간 떠나있어야 할 고향의 들판을 한수는 멀리멀리까지 둘러보았다.[475]

한편 생명의 존엄성과 인간존엄성이 파괴되는 삶의 양상은 남편에게 구타당하면서도 질질 인생을 끌려가며 사는 창숙이 언니의 삶에서 나타나기도 한

---

475) 위의 책, pp.240~241.

다. 또 왕대퐂집을 하는 복주의 부모는 딸을 데려다 심부름을 시키면서 학교에 보내지 않는 비인간적인 삶의 태도를 보여주고 있다. 또한 이 작품에는 돈으로 부모 자식간의 애정을 사려는 물질만능주의와 자식들로부터 버려진 노인들의 소외감 등이 사회문제화 되고 있음을 제시한다.

특히 이 작품속에는 조부와 아들 그리고 손자 삼대(三代)가 겪는 갈등의 양상을 통하여 자유의 추구가 반영되어 있다. 이 작품속에서 두식영감은 가족들에 대한 애정을 가지고 있으나 자신의 권위와 가치관 안에다가 가족들을 구속시키는 인물이다. 따라서 아들인 한영아버지는 자신의 자유의지와 선택의지가 말살당한 채 무위의 인간이 되고 만다. 이러한 아버지를 보면서 한영은 할아버지에게 반항하려 한다. 즉 한영은 아버지처럼 무위의 인간은 되지 말아야 한다는 것을 자각하고 있는 인물이다. 아버지처럼 할아버지에게 절대 복종하지 않고 할아버지로부터 벗어나고 싶어했다는 데에 한영의 비극이 발생한다.

한영은 공부를 계속하고 싶었으나 가업을 이어야 한다는 두식영감의 완고한 고집에 의해 그 꿈이 좌절되고 만다. 자신의 꿈과 희망을 자유의지로써 관철시키고 싶은 욕망과 그만 두자는 마음이 갈등을 일으킬 때 한영은 저도 모르게 "관계없다아, 관계없다아!"하는 고함소리를 지르게 된다.

> 이날밤도 한영은 별이 깔린 하늘과 불빛 읍내 사이의 허공에 대고 언제나와같은 시간 정도, 관계없다아, 소리를 지르고서야 홀쭉이 키큰 몸을 대문께로 돌려 휘적휘적 걸어 들어갔다.[476]

위 인용에서 "별이 깔린 하늘"[477]의 이미지는 정신을 표상한다. 또 "불빛 읍내"는 현실을 표상한다고 볼 수 있다. 즉 자유로운 정신과 꿈에 대한 갈망

---
476) 위의 책, p.12
477) '별'은 '정신'의 상징이다. 어둠의 힘에 대항해 싸우는 영혼(정신)의 힘을 상징한다.
J.E Cirlot, 앞의 책, pp.309~310.

이 절망의 현실과 충돌할 수밖에 없을 때, 한영은 갈등공간인 허공에다 소리를 지르게 된다.

이러한 한영의 모습을 보며 한수는 고통을 느낀다. 한영의 외침은 "자기 육신을 괴롭혀 고뇌를 견뎌내려는 일종의 고행에서 기인"된다고 한수는 인식한다. 따라서 한수는 할아버지에 대해 반항하고 저항하면서 어떤 돌파구를 찾으려 시도한다. 이런 점에서 한수는 자유의지와 선택의지를 내포하고 있는 인물이다. 그래서 한수는 "어른들 사정 볼 것 없이 발에 꼭맞는 신발을 사달라구 떼를 써야 해요! 바보 같은 놈!"478)이라고 말하며 인간의 선택의지를 촉구한다. 또 "자기 가구 싶은 길루 가게 해야죠. 자기가 가야 할 길은 자기가 젤 잘 알구 있을 테니까요."479)라고 말하며 인간의 자유의지를 강조한다. 한수는 할아버지에게 건의한다. 한영에게 집안 살림을 맡기고 가산을 관리해 나갈 능력을 개발시켜야 한다고 말한다. 그러나 두식영감은 한영을 못미더워 해 가산관리를 맡기지 못한다. 한수는 형수를 형과 함께 살 수 있도록 아랫집으로 돌려보내라고 말한다. "형두 자기 가정생활을 영위해야 하지 않겠습니까?"라고 한수는 제의한다.

한편 한영은 우선 아버지를 새어머니와 결혼시키고 나서 할아버지에게서 부터 벗어나 자기나름대로의 생활을 시작하려고 다짐한다. 한영은 할아버지의 독단과 독선이 빚어내고 있는 비극에서부터 이제 자신의 삶을 건져오려고 시도한다. 자기자신의 진정한 생활을 가져보겠다는 한영의 열망은 할아버지 몰래 문진영감에게 아버지의 결혼비용을 빌려오게 만든다. 그리고 돈을 돌려주기로 한 날 두식영감에게 돈을 갚아달라는 말을 하나 거절당한다. 결국 한영은 두식영감과의 정신적인 단절속에서 절망한 채 목을 매어 자살하고 만다. 곧 한영의 자살은 할아버지의 구속과 억압으로부터 해방되려는 욕구의 표출이었으며 자유의지를 관철시키기 위한 하나의 시도였던 것이다. 이점에

---

478) 황순원, 『神들의 주사위』, p.131.
479) 위의 책, p.131.

서 한영의 죽음은 진정한 삶속으로 재생하기 위한 회귀 열망의 표출이라고 볼 수 있다. 이러한 한영의 심리상황은 한수의 환영속에서 재확인되고 있다.

> 형이 잠시 사이를 두고 말했다. 나를 한번 던져보구 싶었다. 그게 무슨 뜻이죠? 한수가 얼른 물었다. 형이 천천히 말했다. 처음으루 나 자신을 사랑해보구 싶었어, 이윤 오직 그거야, 그 때를 놓치구 싶지 않은 거다, 내가 너무 사치를 한 것같지? 한수는 형의 말뜻을 알 것 같았다. 그 날 내가 형 곁에 있었어야 했어요, 그래가지구 할아버지와 결판을 내는 거였어요, 형은 내가 죽인 거예요, 내가! 그러자 형이 커다랗게 소리쳤다. 관계없다아, 관계없다아! 그리고는 형의 음성은 다시 들려오지 않았다. 한수는 그자리에 못박힌 채 힘없이 두어 번 형을 불렀다.480)

이렇게 볼 때 한영 역시 한수와 함께 자유를 갈망했던 인물이라 볼 수 있다. 한영은 자유를 갈망했으나 관철시키지 못하고 죽음으로써 자유를 획득하려 했던 비극적 인물이다. 한영의 자살은 '바위'로 표상되는 할아버지의 존재에 대한 거부이며 반항의 표현이었던 것이다. 여기서 '바위'의 이미지는 영원한 부동성(不動性)을 의미한다고 볼 수 있다.

이 작품에서 한영, 한수와 함께 자유를 갈망하는 또하나의 인물은 진희이다. 진희 역시 한수에게 구속감을 주지 않기 위해 임신을 얘기하지 않는다. 이렇게 볼 때 한영, 한수, 진희는 모두 진정한 자유를 추구하려는 인물들로서 동일선상에 서 있다.

이 작품속에서 드러나고 있는 자유에 대한 추구는 작가 황순원의 자유에 대한 지향성에 다름아니다. "현실적으로는 너와 나 어느 쪽이 보다 더 자유로운가가 중요하지만, 가슴속에서는 항상 절대적인 자유를 갈구하고 있어야 할 것이다."481)라는 작가의 말속에는 끊임없이 작가가 절대적인 자유를 지향하고 있음을 단적으로 드러내고 있다.

---

480) 위의 책, p.205.
481) 황순원, 『말과 삶과 自由』, p.30.

② 윤리성의 초월과 사랑의 진실성

『神들의 주사위』는 신(神)이 던진 주사위와 같은 운명적인 인간존재가 어떻게 갈등하면서 자유와 구원을 향해 나아가고 있는가를 형상화한 작품이다.

이 작품은 황순원 문학에서 자주 드러나고 있는 애정의 양상이 중심축이 되어 엮어져 있다. 황순원 문학에서 곧잘 발견되듯이 사랑하는 사이에서의 성적 관계는 극히 자연스럽게 나타난다. 즉 절대적인 애정이 있는 한 작중인물들은 성(性)행위에 있어서 윤리를 초월482)하고 있음을 단편 「비바리」, 장편 『움직이는 城』, 『日月』 등에서 발견할 수 있었다.

이 작품에서도 사랑하는 사이에서의 성적 관계는 지극히 자연스럽게 용납되고 있으면서 윤리성을 초월하고 있다. 동시에 애정에 있어서는 어떠한 경우라도 정직해야 한다는 애정관이 한수를 통하여 나타나고 있다. 이것은 사랑의 정직성과 진실성을 추구하려는 작가의 애정관의 한 반영이라고 본다.

이 작품에서 한수는 가족간의 갈등과 함께 두 여자 즉 진희와 세미 사이에서 방황하는 인물로 설정되고 있다. 할아버지에 대한 갈등과 두 여자 사이에서의 방황이 결국 오토바이사고를 유발시키는 간접적인 원인이 된다.

한편 세미는 미망인으로 자신이 불감증을 가진 여인이라고 생각하며 방황하는 인물이다. 그녀는 남편의 교통사고가 그녀와 무관하지 않다고 생각한다. 즉 그녀가 성적 관계에서 무감각한 걸 남편은 자기의 탓으로 여기고 고민했었다고 한수에게 말한다. 이렇게 볼 때 세미는 내면 깊숙이에서 육체에 대한 결벽증을 가지고 있으며 동시에 정신적 사랑의 절대성을 강조하는 인물로 설

---

482) 절대적인 애정을 가지고 있음에도 불구하고 육체를 거부하고 있는 양상도 황순원 문학에서 함께 나타나고 있다. 그 대표적 인물이 중편 『내일』의 젊은 여자와 장편 『나무들 비탈에 서다』의 장숙 등이라고 볼 수 있다. 이들은 육체보다는 정신을 우위에 두는 인물들이다. 황순원 문학에서 나타나는 성관(性觀)은 두 가지 상반되는 경향으로 드러난다. 절대적 애정이 있는 한 작중인물들이 성행위를 극히 자연스러운 것으로 인식하는 경향과 반면 육체를 거부하면서 정신지향적 사랑을 갈구하는 경향이 함께 공존하고 있음을 고찰할 수 있다.

정되고 있다. 세미는 자신이 불감증을 가진 여인이라고 생각하여 유원장과 결혼하여 한수의 곁을 떠날 것을 결심한다. 그러나 한수와의 만남을 통하여 세미는 한수에 대한 자신의 사랑이 절대적임을 확인한다. 그래서 그녀는 한수에게 "돌아온 탕아야 난."하고 말한다. 한수에 대한 자신의 사랑이 절대적임을 확인했을 때 세미는 불감증에서 벗어날 수 있는 기미를 보인다. 즉 정신적 사랑이 절대적으로 내재해 있을 때 그녀는 불감증에서 벗어나 완전한 육체의 결합을 이룩할 수 있는 것처럼 보인다. 이런 의미에서 세미는 육체보다는 정신을 우위에 두는 여성임을 알 수 있다. 정신적 사랑이 절대적일 때에만 그녀는 불감증에서 벗어나 육체를 통한 완전한 사랑의 합일이 가능한 것이다. 그러나 아이러니칼하게도 한수가 집안일에 골몰함으로써 그들의 육체적 결합은 이루어지지 않는다.

한수는 세미에게 진희와의 사랑에 대해 말한다. 이점에서 한수는 진정한 애정이란 어떤 상황하에서라도 상대방에게 진실해야 한다는 사랑의 정직성을 보여준다. 결국 세미는 한수를 위해 그리고 한수의 사랑을 위해 한수의 곁을 떠난다.

한편 진희는 자존심과 모성의식이 강한 여인으로 등장한다. 그녀의 강한 모성의식은 그녀의 내면에서 가지고 있는 생명존엄사상에서 기인된다고 볼 수 있다. 진희는 "근데 언제부턴가 저녁놀을 좋아하게 됐어요. 저녁놀은 종말을 알리면서 뭔가 새 생명을 품구 있는 것 같애서 좋아요. 그리구 순간이라는 것과 영원이란 걸 함께 느끼게 해줘서 좋아요."[483]라고 한수에게 말한다. 일몰[484]을 죽음으로만 생각하지 않고 새 생명과 연관시킨다는 점에서 진희는 생명에 대한 무한한 긍정정신을 가지고 있으면서 영원성을 추구하는 인물이라고 볼 수 있다. 한수는 인생을 한 과정이라고 생각하면서 도달할 종착점이 없다고 생각한다. 반면에 진희는 길과 길이 만나 또다시 끝없이 미지의 세계

---

483) 황순원, 『神들의 주사위』, p.113.
484) 일몰은 죽음을 상징한다.

로 펼쳐질 것이라고 생각하는 긍정적 인생철학을 가진 여인으로 한수와 대조되고 있다.

"저 길루 가면······" 진희가 입을 열었다. "어디루 통하는가요?"
길은 차곡이 괴인 어둠속에 파묻혀있었다.
"폭포 있는 데까지만 가봐서 모르겠는데." 한수가 담배를 땅에 눌러껐다.
"차차 좁아지다가 한 오두막집 앞에서 끊어지겠지 뭐."
"아무리 그럴까. 다른 길을 만나 이어진다구 생각되지 않아요? 전 산꼴짝길이나 보리밭 사잇길같은 것두 끝없이 미지의 세계루 펼쳐질 것 같은 느낌을 받는데."
한수는 어둠속에서 혼자 빙긋이 웃는다. 이 여자가 언젠가는 말했었지. 저녁놀은 종말을 알리면서 뭔가 새 생명을 품구 있는 것같애서 좋아요, 그리구 순간이란 것과 영원이란 걸 함께 느끼게 해 줘서 좋아요, 라고.
"끝없이라든가 영원이란 말은 인간이 만들어낸 아름다운 추상명사 중의 하나일뿐." 한수가 하늘로 눈을 주며 말했다. 하늘엔 운애가 끼어있어 별빛이 또렷하지 않고 어룽신하게 번져있었다.
"이 세상엔 과정이 있을 따름인 거요."
"과정······ 그 과정을 거쳐 어떤 종착점에 도달한다는 건가요?"
"도달할 종착점이란 없는 거 아니겠소? 도달한 종착점 또한 하나의 과정에 지나지않는 게 돼 버리니까."
"그러니까 한수씨 얘긴 인간에겐 한정된 과정이 있을 뿐이라는 거군요?"
"그런 생각이 늘 들어요. 허지만 이 과정이 인간만이 누릴 수 있는 특권인지 모르지. 과정속에서 울구 웃구 넘어지구 일어나구 하면서 말이오. 문제는 어떻게 울구 어떻게 일어나는가가 중요하겠지."485)

그러나 위 인용에서 볼 수 있듯이 한수의 인생철학은 결코 허무적이지만은 않다. 비록 인생 자체가 도달할 종착점도 없는 한정된 과정만이 있는 삶이

---

485) 황순원, 『神들의 주사위』, pp.174~175.

라고 할지라도 이 과정을 어떻게 울고 어떻게 일어나는가가 중요한 것이라고 인식하는 한수의 인생관속에는 삶에 대한 강한 의지와 인간만이 누릴 수 있는 특권으로서의 자유의지에 대한 갈망이 내재해 있다. 이런 점에서 한수 역시 생에 대한 긍정정신을 가지고 있으며 자유의지를 갈망하는 대표적 인물이라 볼 수 있다. 이러한 한수의 인생관은 어떤 의미에서 작가 황순원의 인생관이 투영된 것이라고 볼 수 있다.

세미와 진희 사이에서 정신적인 방황을 거듭하고 있는 한수는 진희에게 생각할 시간을 달라고 말한다. 한수는 자기의 갈등을 내보인 정직함이 결국 일시적인 자기합리화라는 사실을 인식하면서 두 여자 모두에게서 떠나야 한다는 결정을 내린다.

한편 진희는 꺾인 자존심으로 고통스러워한다. 그리고 자신의 임신을 확인하게 된다. 진희는 "임신이라는 사실보다도, 또 그것의 처리 문제보다도 그처럼 절대로 용서할 수 없는 한수의 존재를 떼어버리지 못하고 있는 자신에 대한 고통"으로 시달린다. 진희는 유산을 하려고 서울로 떠났으나 결국 아이를 혼자서 낳아 기르기로 결심한다. 그녀는 비록 태아가 태내에 있지만 독립된 하나의 생명체로서 존중되어야 한다고 인식하게 된다. 이런 점에서 진희는 생명존엄의식과 강한 모성의식을 가진 여성임을 발견할 수 있다.

진희가 홀로 감당해야 할 정신적 고통과 방황은 다음 꿈[486]에서 잘 드러나

---

[486] 황순원은 '꿈'을 통해 작중인물들의 내면세계를 자주 투영시키고 있다. 작가가 나름대로 '꿈'을 많이 소재로 다루는 이유는 다음의 인용문들을 통하여 간접적으로 유추해 볼 수 있다.
"프로이트를 비롯해 많은 정신분석학자, 심리학자, 생리학자가 꿈의 세계를 파헤치고 있지만, 작가는 작가 나름대로 이 무진한 광맥에 곡괭이질을 해야 하리라 본다." 황순원, 『말과 삶과 自由』, p.36.
"내 소설에는 꿈이야기가 많이 나온다. 의식적으로 작품속에 꿈을 삽입하고 있는 것이다. 하루에 여덟 시간을 잔다면 하루의 삼분의 일이고, 여섯 시간을 잔다면 사분의 일, 네 시간만 잔대도 우리는 하루의 육분의 일을 잠으로 보내는 셈인데, 우선 이 결코 짧다고 할 수 없는 시간을 그냥 잠으로만 보낼 수 없다는 생각에서다. 그리고 실제로 우리는 잠속에서 얼마나 많은 꿈을 꾸고 있는가. 이 풍성하고 다양한 세계를 그냥 버려둘수야!"

고 있다.

> ……어느새 진희는 밀림 속에 혼자 서있었다. 빛은 어디서고 새어들지 않고. 밑에는 썩어가는 눅눅한 낙엽만이 수북이 깔려있었다. 어떻게 여기를 벗어나나? 아까부터 진희는 방향을 가늠할 길이 없어 애타하고 있었다. 그러는데 별안간 발 앞에 불빛이 하나 움직였다. 놀빛같은 불빛이었다. 그 불빛을 따라 걸음을 옮겼다. 따라가면서 보니 앞에 움직이는 것은 한 마리의 뱀이요, 이 뱀이 찬란한 놀빛을 발하고 있는 것이었다. 이 찬란한 놀빛만 따라가면 밀림을 벗어날 수 있으리라. 눅눅한 낙엽에 푹푹 발목이 빠지면서 지칠 줄 모르고 걸음을 옮겼다. 한참을 그렇게 가는데 놀빛과 함께 뱀이 온데간데없이 사라졌다. 새소리 하나 들리지 않는 컴컴한 밀림 속에 진희는 혼자 남겨졌다. 와락 무서움과 함께 외로움이 엄습해왔다. 이대로 있다가는 종내 눅눅한 낙엽 속에 쓰러져 썩어버리고 말리라. 그러는데 목에 무엇이 와 걸쳐졌다. 화환이었다. 갖가지 꽃으로 된 화려한 화환이었다. 절로 힘이 생겨 걸음이 옮겨졌다. 걷다가 보니 목에 걸쳐진 건 화환이 아니고 죽은 뱀이었다. 그러나 조금도 징그럽다거나 무섭지가 않았다. 죽은 뱀을 목에 걸친 채 진희는 수북이 쌓인 눅눅한 낙엽에 발목이 빠지면서 밀림을 벗어나기 위해 자꾸만 걸음을 옮겨놓고 있었다.[487]

위 인용에서 '밀림'의 이미지는 진희의 고독과 정신적 방황의 내면세계를 반영한다. '놀빛같은 불빛' 즉 생명과 영원을 상징하는 사랑을 찾아 나아갔을 때 발견한 것은 "찬란한 놀빛을 발하고 있는," 한 마리의 '뱀'이다. 여기서 '뱀'은 남성상징[488]으로서 진희가 사랑하는 한수를 표상한다고 볼 수 있다. 그런데 '놀빛'과 함께 '뱀'은 온데간데없이 사라져버린다. 즉 사랑의 대상을 잃어버렸을 때 진희는 무서움과 외로움을 느낄 수밖에 없다. 이 무서움과 외

　　황순원, 『말과 삶과 自由』, p.35.
487) 황순원, 『神들의 주사위』, p.247.
488) 프로이트는 악어, 도마뱀, 거북, 어류 특히 뱀을 남성상징으로 간주한다.
　　프로이트, 『꿈의 해석』, p.639.

로움은 죽음의식으로까지 확대된다. 그러는데 갖가지 화려한 화환이 목에 걸쳐진다. 여기서 꽃의 이미지는 사랑과 생명의 상징이다. 걷다가 보니 그것은 화환이 아니고 '죽은 뱀'임을 발견한다. '죽은 뱀'은 잃어버린 사랑을 표상한다. 그러나 조금도 '죽은 뱀'을 징그럽다거나 무섭다고 느끼지 않는 진희의 내면상황은 사랑을 잃어버릴지라도 그 사랑의 고통을 끝까지 감내하겠다는 의지가 표출된 것이라고 볼 수 있다.

어떠한 사랑의 상처와 희생에도 불구하고 이를 감내하겠다는 진희의 의지는 제6장 '바람의 속'에서 절정에 달한다. 작은 표제인 '바람의 속'에서 '바람'의 이미지는 정신과 영혼의 비탄과 사랑의 번민을 의미한다. 진희는 한수를 만나면 임신했다고, 그리고 당신은 조금도 책임의식을 느낄 필요가 없다고, 그리고 애를 낳으려고 여길 떠나겠다고 말할 것을 결심한다. 그러나 결국 진희는 임신 사실을 알리는 게 한수를 속박하게 되리라는 것을 깨닫고 임신 사실을 밝히지 않는다. 즉 진희는 한수에게 자유를 주기 위해 임신을 얘기하지 않는다. 이런 의미에서 진희 역시 자유에의 길로 지향해 나아가려는 인물임을 알 수 있다.

한편 한수는 두 여인에 대한 사랑의 방황속에서 그들 곁을 떠나리라고 결정한 데 대해 자책감을 가진다. 두 여자에게 아무런 분명한 태도를 보이지 않은 채 겨우 둘에게서 떠나자는 안이한 생각밖에 하지 못하는 비겁함에 스스로를 질책한다. 그는 인간 생활에서 참다운 조화란 타협이나 양보가 아닌 참다운 대결에서 찾아지는 균형이어야 함을 인식하고 오토바이 핸들을 잡은 손에 힘을 준다.

결국 한수가 생각하는 대결정신은 김수영의 시 '폭포'에서 보여주는 현실대응력에 다름아니다. 이것은 또한 자유의지와 상통하는 것이다. "겁없는 낙하, 겁없는 낙하, 아니 이것은 차라리 겁없는 비상!"489)이라고 생각했던 폭포의 낙하를 보기 위해 한수는 폭포쪽으로 오토바이를 몰고간다. 그는 "어둠을

---

489) 황순원, 『神들의 주사위』, p.148.

뚫고 낙하하는 아니 비상하는 차가운 물줄기 앞에 서보고"490) 싶었던 것이다. 여기에서 드러나는 대결정신과 자유의지에 대한 추구는 결국 그를 죽음으로 몰고가는 결정적 계기가 되고 만다.

한수가 소극적이고 안일한 태도에서 벗어나 현실대응력을 가지고 할아버지와의 갈등을 해결하고 적극적인 자유의지로써 사랑의 방황을 종결하고자 하는 갈망은 한수의 중상으로 인해 성취되지 못한다. 이점에서 한수와 진희는 모두 비극적인 인물들이다. 그러나 진희는 죽음에 직면해서까지도 의연함을 잃지 않는다. 사랑에 확신을 지닌 사람만이 보일 수 있는 아름다운 자세로 죽어간다. 태내에 한 새로운 생명을 간직한 채.

한편 세미는 유원장과의 이민을 뒤로 미루고 사랑의 진실성을 가지고 한수를 간호한다. 세미 역시 이 작품속에서는 인간사랑과 인간구원을 실천하려는 여인이다. 병배는 이런 세미에게 "더러운 것두 추한 것두 다 아름답게 거르는 필터"를 가지고 있다고 말한다. 한편 세미는 진희같은 의연한 죽음을 가져봤으면 하고 갈망한다. 그리고 온갖 정성을 다하여 한수를 간호하여 식물인간으로부터 회생시켜 놓는데 성공한다. 그리고 한수의 곁을 조용히 떠나간다.

특히 이 작품의 결미에서 작가는 한수의 모습을 통하여 생명에 대한 경외감과 인간긍정정신을 암시적으로 보여준다.

> 그런데도 그네는 한번도 헤어짐의 분위기같은 걸 만들지 않았다. 내가 헤어지면서 그네에게 인사의 말을 한다면? 고마워? 미안해? 안 잊을 거야? 그 어느 말도 맞지 않는다. 잠시 그러고 서있는 한수의 모습은 햇빛을 깊숙한 눈에 담뿍 받아 들이려는 자세같았다.
> 중섭은 새삼 그동안의 한수의 아픔을 자신의 것으로 되새기며 한수의 등을 두어 번 쓸어내렸다.
> 퇴원보따리를 든 신씨 부부가 일행을 앞선다.
> 한수는 다시 걸음을 옮겨 정문께로 향했다. 천천히 걸어가던 한수가 문득 한 곳에서 걸음을 멈췄다. 그리고 발 아래를 내려다본다.

---

490) 위의 책, p.260.

함께 가던 일행도 걸음을 멈추었다.
　　　콘크리트 포장길에 가느다란 금이 나있고, 그 틈새기로 풀잎들이 돋아
　　나있었다. 제법 파랬다. 어쩌면 이런 데서?
　　　"자기 그림자가 신기해서 그러는 거냐?" 병배가 툭 한마디했다.
　　　한수 앞에 뭉툭한 그림자가 져있었다.
　　　사람들이 오가는 가운데 한 청년이 한수네 곁으로 다가섰다.
　　　"무얼 잃어버렸습니까?"491)

　세미의 진실한 사랑과 영원한 생명력을 '햇빛'을 통하여 담뿍 받아들이려는 한수의 자세속에는 처절한 아픔이 내재해 있다. 그리고 한수는 콘크리트 포장길에 나있는 틈새기로 풀잎들이 돋아나 있는 것을 발견하고 "어쩌면 이런 데서?"하고 경이로워 한다. 이러한 경이로움은 바로 험난한 삶 속에서나마 온갖 역경을 딛고 피어난 풀잎들의 생명력에 대한 경외감에 다름 아니다. 이는 곧 한수 자신이 긴긴 투병 생활 끝에 되찾은 삶에 대한 무한한 경외감이기도 한 것이다. 여기에서 보여주는 작가의식은 생명에 대한 무한한 긍정정신이며 인간에 대한 긍정정신이다. 비록 인간존재는 신(神)이 던진 주사위와 같이 운명적인 존재로서 허망한 존재일지 모르지만, 생명의 존엄성을 가진 인간인 이상 생명에 대한 의지와 자유의지를 가지고 절망과 시련을 극복해 나아가야 한다는 작가의 인생관이 투영되어 있다.

　한 청년이 풀잎들을 들여다보고 있는 한수에게 "무얼 잃어버렸습니까?"라고 묻는다. 이 물음은 한수가 너무나 소중한 것들을 많이 잃어버렸음을 역설적으로 보여주는 대목이다. 한수는 죽음까지도 의연히 뛰어넘을 수 있었던 진희와 헌신적인 사랑을 아끼지 않았던 세미, 그리고 형 한영을 잃어버렸다. 나아가 할아버지 두식영감까지도 잃어버리게 된다. 왜냐하면 한영의 죽음과 한수의 중상으로 두식영감은 정신이상을 일으키고 말기 때문이다. 이렇게 볼 때 이 작품에서 드러나고 있는 사랑의 양상은 비극적이다. 그러나 작가가 끝

---

491) 위의 책, pp.304~305.

내 한수를 죽음으로 몰아가지 않고 생에 대한 의지와 자유의지로써 절망을 초극하고 있음을 보여주었다는 점에서 작가가 절대의지를 가지고 있는 신의 존재에 대해 무한한 겸손과 수용의 자세로 임하고 있음을 발견할 수 있다.492) 또한 한수의 생에 대한 극복의지 속에는 작가의 인간긍정의 철학이 반영되어 있다고 본다. 즉 이 작품에는 신의 피조물인 인간존재가 어떻게 자유와 사랑과 구원을 향해 나아가야 하는가를 모색하고 있다.

작가는 이 작품에서 급격한 산업화가 야기할 환경오염의 문제를 이미 꿰뚫어보고 형상화하고 있다. 이러한 작가의 통찰력은 그가 근본적으로 역사를 내다보고 사회현실의 제반 모순과 부조리에 대해 끊임없이 시선을 돌리고 있다는 사실을 확인시켜준다. 또 인간구원과 자유에 대한 작가의 갈망은 궁극적으로 작가의 생명긍정정신과 생명에 대한 존엄성에서 기인되고 있음을 알 수 있게 해준다.

2) 사랑과 구원의 길, 단편 「그물을 거둔 자리」 외

단편 「그물을 거둔 자리」(1977.7), 「그림자풀이」(1983.11), 「나의 竹夫人傳」(1985.7), 「땅울림」(1985.8)은 단편집 『탈』(문학과지성사, 1976.3)이 간행된 이후에 창작된 작품들로서 작품 연보의 제일 끝자리에 놓여있는 단편들이다. 따라서 이들 작품들은 작품자체가 가지는 내적 의미 뿐 아니라 작가의식의 궁극적 지향점을 천착하는 데 중요한 역할을 담당한다는 점에서도 그 의미와 가치가 크다고 본다.

---

492) 작가가 신(神)에 대해 보여주는 겸손의 자세와 수용의 자세는 다음의 말들속에서도 유추해 볼 수 있다.
"인간의 위기는 휴머니즘(인본주의)으로 해소되지 않는다. 휴머니즘(인본주의) 자체속에서 어쩔 수 없이 인간의 위기가 싹텄기 때문에. 인간은 모든 것을 휴머니즘(인본주의)으로 해결하려드는 어리석은 오만심을 버려야 한다."
황순원, 「말과 삶과 自由·Ⅱ」, 『현대문학』(1986.5), p.58.
즉 이 말 속에는 인간의 한계성을 인정하는 작가의 의식이 반영되어 있다.

단편「그물을 거둔 자리」(1977.7)493)는 신비한 애정의 세계와 구원으로서의 사랑을 제시하고 있는 작품이다. 즉 사랑이라는 '그물'을 거둔 자리에는 죽음만이 있을 뿐이라는 작가의식이 반영되어 있다. 이 작품은 액자소설로서 정년퇴직을 앞둔 작중인물 '그'의 내면세계가 은사인 정선생의 일과 접맥되면서 상징적으로 형상화되고 있다. 최근 그가 집식구와 뜨악해진 것은 그의 나이에서 오는 변화라고만 할 수 없다. 그는 밖에서 집으로 돌아가는 데에 겁을 먹게 된다. 그리고 은사 정선생의 일을 자꾸 상기한다. 은사 정선생은 나이 쉰이 지나서 젊은 여자와 사랑에 빠지게 된다. 사랑에 빠지게 된 상태에 대해 정선생은 "어떻게 표현할 수 없는 심정"이라고 말한다. 그리고 "새로운 세계야"라는 말을 몇 번이고 되풀이한다. 정선생이 신비한 애정의 세계에 눈뜨게 되면서 정선생의 가정은 파탄에 이르게 된다. 그리고 2년쯤 뒤 선생은 졸중을 일으켜 본부인에게 다시 되돌아오게 된다.

어딘가 감정이 들어있지 않은 기계적인 손놀림으로 간호하는 아들을 향해 정선생은 내내 만족스런 미소를 띠운다. 그리고 정선생은 "식구들한테 미안해, 그 여자한테두 미안하구, 허지만 어쩔 수 없었어, 후회하진 않겠어, 지금은 고문으루 충분해, 가족과 내 육체가 주는 고문으루 충분해, 내가 예수를 믿게 된다면 이번 일루 인한 속죄루서가 아니구 내 전체루 믿게 될 때 믿을 테야."494)라고 말한다. 정선생에 대해 '사랑'의 '그물'을 거둔 아들과 부인의 존재는 정선생에게는 구원의 존재가 아니라 고문을 가하는 존재로 다가오는 것이다. 정선생은 지척지척 안간힘을 다해 걸음을 걸은 후 부인에게 기쁨의 웃음을 보내지만, 부인은 표정없는 얼굴을 거두고 돌아서 가버린다. 이러한 부인의 행동은 부인이 아직도 정선생을 용서하지 못하고 있음을 보여준다. 이렇게 '사랑'의 '그물'을 거둔 자리에는 죽음만이 존재할 뿐이다. 그 후 달포가 못되어 선생은 재차 졸중을 일으켜 세상을 떠나고 만다. 그가 정선생 부인

---

493) 단편「그물을 거둔 자리」는 『創作과 批評』 가을호(1977.9)에 발표됨.
494) 황순원,「그물을 거둔 자리」, p.251.

을 위로 갔을 때 부인은 선생이 운명하기 전 확실히 죄를 회개하고 예수를 믿느냐고 다짐을 했더니 고개를 끄덕이더라고 말하면서 예전의 밝은 얼굴빛으로 돌아가는 것을 보고 그는 다음과 같이 생각한다. "그때 부인의 다짐을 정선생은 어떻게 받아들였을까. 구원의 기원으로 받아들였을까, 아니면 고문의 일종으로 받아들였을까."라고.

이러한 정선생의 일을 회상하며 그는 구원으로서의 사랑에 대해 그 중요성을 절감한다. 그리고 만약 십여년 전에 정선생과 같은 경우가 자기 앞에 부닥쳤었다면 거기 솔직할 용기가 과연 있었을까라고 자문한다. 일상적인 안이한 관성으로 매사에 용기있게 적극적으로 행동하지 못한 그 자신에 대해 그는 자기 혐오를 느낀다. 특히 늙음에 대한 인식으로 소외감과 단절감을 느낀 그는 집에 들어가기를 두려워한다.

이러한 그의 내면상황속에는 현실에서 존재하지 않는 영원한 사랑에 대한 갈망이 내재하고 있다. 그는 놀이터 한 옆의 벤치에 앉아서 꿈을 꾼다. 꿈속에서 그는 술래가 된다. 좀처럼 숨은 애들의 모습이 보이지 않는다. 그런 속에서 한 애만은 어디에 숨어 있는지 짐작이 간다. 꿈속에서 찾는 애는 결혼 전 사귀었던 여자로 판명된다. 결혼해도 좋다고 마음먹고 있었지만 그가 적극성을 띠지 못해 흐지부지되고 만 여자였다. 이렇게 꿈속에서 나타난 그 여자에 대해 그는 처음에는 별 아쉬움을 느끼지 못한다. 그러나 이 작품의 결미 부분에서 그는 그녀를 만나지 못해 안타까워했음에도 불구하고 일상적인 안이한 관성으로 인해 그녀에 대한 감정을 별 아쉬움이 없었던 걸로 수정해버린 것이라고 느낀다.

이런 점에서 그는 영원한 사랑을 갈망하는 인물임을 알 수 있다. 그에게 있어 결혼 전의 그 여자는 현실에서는 이룩되지 않는 영원한 사랑으로 표상된다. 그녀는 '황금의 꽃'이며 '태양의 꽃'인 '해바라기'의 이미지로 형상화된다. 그녀와의 사랑은 그의 안이한 태도와 소극성으로 인해 현실속에서는 맺어지지 않는다. 따라서 그와 그 여자와의 사이에는 현실세계를 상징하는 '집'

과 '대문'이 없다. 사랑에 대한 적극적 의지가 결여되어 있고 오직 타성만이 있는 현실세계속의 집에는 안락함과 단란함은 있을 지 모르나 진정한 의미에서의 절대적 애정은 존재하지 않는다. 따라서 그는 집에 들어가기가 두려운 것이다. 동시에 그는 자기자신의 안일과 나태와 소극적인 삶의 태도에 스스로 환멸을 가질 수밖에 없다. 그래서 영원하고 절대적인 사랑을 갈망하는 그는 현실의 집으로 돌아가기가 두려운 것이다. 왜냐하면 그 곳에는 자신이 열망하는 절대적이고 영원한 사랑이 존재하지 않기 때문이다. 어쩌면 절대적인 사랑이 현실의 집에서 존재하지 못했던 주원인은 그에게 있을지도 모른다. 왜냐하면 그는 매사에 소극적인 삶을 살아왔기 때문이다. 그는 애정의 문제에 있어서까지도 적극적인 의지로써 사랑을 쌓으려고 노력하지 않았기 때문이다. 이렇게 소극적인 태도와 일상적인 안이한 관성을 그가 인식할 때 그는 자기환멸을 느낀다. 특히 이 작품의 결미에서 작가는 사랑의 영원성과 절대성을 매우 상징적으로 보여주고 있다.

> 그의 집 화장실 들창 안쪽에 거미가 한 마리 줄을 치고 있었다. 녹두 알만한 까만 몸에, 가늘고 긴 흰 다리를 한 거미였다. 이미 쳐 있는 줄에는 먼지가 껴있을 뿐, 하루살이 하나 걸려 있지 않았다. 그 집에다 눈에 띨까말까한 줄을 뽑아 보완을 하고 있었다. 며칠 후 화장실에서 나오다 무심결에 들창께를 본 그는 눈을 머물렸다. 거미집에 뭐가 하나 걸려있었다. 거미의 먹이인 줄로 알았다. 그러나 그것은 그 거미 자체였다. 가늘고 긴 다리를 바싹 오그리고 줄에 붙어 있었다. 거미가 흔히 그러는 것처럼 가사상태를 꾸미고 있나 하고 손끝으로 건드렸더니 아무런 무게도 없이 껍데기로 떨어졌다.495)

위 인용에서 '거미'496)의 이미지는 운명적 존재와 중간자적 존재로서의 인

---

495) 위의 책, pp.252~253.
496) 거미의 이미지는 의혹을 상징한다. 또 알 수 없는 세계에서 길을 잃은 사람의 고통을 상징하기도 한다.
아지자, 올리비에리, 스크트릭, 앞의 책, p.400.

간존재를 표상한다. 또 이 작품에서 생명력이 말살된 거미의 존재는 바로 삶에 대한 적극적인 의지와 사랑에 대한 의지가 결여된 그의 존재와 동일시되고 있다. 생명력이 결여된 채 "아무런 무게도 없이" 껍데기로 떨어지고 마는 거미의 모습을 통하여 작가는 "애정의 무게"가 없는 삶은 곧 죽음을 의미함을 상징적으로 보여주고 있다.

이 작품에서 작가는 적극적인 의지와 용기가 없이 타성적인 안락과 안이함에 젖어 결혼생활을 영위해가는 오늘날 현대인의 삶을 보여주면서 역설적으로 진실한 사랑의 절대성[497]을 강조하고 있다. 따라서 이 작품에 놓여있는 작가의식은 절대적이며 영원한 사랑의 추구에 있다고 볼 수 있다.

단편 「그림자풀이」(1983.11)[498]는 잃어버린 자아의 진정한 실체를 찾아 방황하는 '그'의 모습을 치밀한 구성으로 보여주고 있는 작품이다. 이 작품에서 상징하는 그림자[499]는 자기반영과 함께 또다른 자아의 분신 또는 영혼을 표상한다.

작중인물 '그'는 노년에 들어선 교수로 꽤 오래전부터 자기의 잃어버린 그림자를 찾아다닌다. 술집에서 만난 그의 막역한 친구는 그를 알아보지 못한다. 비로소 그는 "친구에게 자기가 자기로 보이지 않는 건 그림자가 없기 때문"이라는 사실을 깨닫는다. 그림자 즉 자신의 영혼이 없기 때문에 친구는 그를 알아보지 못하는 것이다. 역설적으로 말해 친구와 그의 사이에서는 영혼의 교감이 가능했음을 보여주는 대목이다.

거미는 창조적인 힘, 파괴적인 힘, 지속적인 희생을 상징하기도 한다.
J.E. Girlot, 앞의 책, p.304.
497) 황순원은 사랑의 중요성에 대해 다음과 같이 말한다. "너무 소중하여 오히려 그 소중함을 잊기 십상인 것에 공기가 있다. 나는 거기에 하나 끼어넣고 싶은게 있다. 사랑." 황순원, 「말과 삶과 自由·Ⅱ」, 『현대문학』(1986.5), p.62.
498) 단편 「그림자풀이」는 『現代文學』 제30권, 제1호(1984.1)에 발표됨.
499) 원시인들에게 있어서 그림자는 자기자신의 분신 또는 영혼 또는 그 자신의 급소로 간주 되었다. 또 융에 의하면 그림자는 개체의 가장 원초적이고 본능적인 면을 나타낸다고 본다.
J.E. Girlot, 앞의 책, p.277.

이에 반해 학생들은 그림자 없는 그를 그로 알아본다. 그는 학생들에게 학생과 선생의 관계를 꿀벌과 꽃의 관계로 보면 어떨까라고 말한다. 여기에 대해 한 학생이 현실적인 관계라고 말한다. 즉 타인에게서 영혼의 소리를 읽어내지 못하는 학생에게 있어서 꿀벌과 꽃은 현실적이고 타산적인 관계로 인식될 수밖에 없다. 이런 학생에게 단절감을 느끼면서 꿀벌과 꽃의 관계는 아름다운 관계이어야 한다고 그는 생각한다. 한편 또 한 학생은 그를 봉숭아꽃으로 표상한다. 이 말에 대해 그는 "낙화로다 늙어졌다 네 모양이 처량하다."는 바로 자기자신의 모습이라고 말한다. 이런 그의 내면상황속에는 늙음에 대한 인식이 내재해 있다. 이때 한 학생은 말한다. "평화로운 꿈을 꾸는 혼만 남아 있다가 화창스런 봄바람에 환생키를 바라구 있는 거예요."라고. 이 말을 들으며 그는 "딴은 그렇게 돼야 허는 거지. 허지만 난 꽃 아닌 도랑창이래두 괜찮어."라고 말한다. 그의 이 말속에는 영혼에 대한 갈망500)과 함께 아름다움을 위한 희생정신이 내재되어 있다. 즉 꿀벌은 꿀을 만들기 위해 꽃만이 아닌 도랑창의 구정물을 먹기도 하고 송장의 추깃물을 먹기도 한다. 꿀벌은 어떤 걸 빨아먹건 꿀을 만들어낸다. 꿀벌은 어떠한 추함속에서도 '꿀'이라는 아름다운 결정체를 만들어내는 존재이다. 따라서 그는 꿀벌의 존재처럼 아름다움을 위해서라면 자기자신이 송장의 추깃물이 된다고 해도 괜찮다고 인식한다. 이런 그의 의식속에는 영혼과 영원, 또는 사랑 등 이 세상의 아름다운 것501)을 위하여 희생하고 싶은 자기희생정신이 내재해 있다. 그만큼 그의 내면속에는 아름다움에 대한 열망이 강하게 자리하고 있음을 알 수 있다.

---

500) 작가 황순원은 '영혼'의 소중함을 항상 인식하고 있다. "과학으로 증명할 수 없는 것에 더 소중한 것이 있다는 걸 우리는 항용 잊어버리고 살기 일쑤다. 영혼 같은 것." 황순원, 「말과 삶과 自由・Ⅱ」, 『현대문학』(1986.5), pp.60~61.
이러한 작가의 의식이 작중인물을 통하여 내면화되고 있다.

501) "내가 영혼이니 사랑이니 하는 말을 하는 것은, 비정하게 막아서는 어둠앞에서 우리 모두의 꿈을 보전하기 위한 내 외로운 기도를 뜻한다."
황순원, 「말과 삶과 自由・Ⅱ」, 『현대문학』(1986.5), p.63.
이 말을 통하여 작가가 영혼과 영원, 사랑 등을 지향해 나아감을 알 수 있으며, 이러한 의식이 그의 작품속에 투영되어 있다고 본다.

한편 이 작품속에는 이면적으로 현실 참여의 문제와 자유502)와 구속의 문제 그리고 환경오염의 문제 등이 제기되고 있다.

그는 또다시 그림자를 찾아다니다 시청 앞 광장에 이른다. 군중들이 모여 하늘을 향해 외친다. "거북아아 거북아아 머리를 내놔아라."라고 외친 후 응답을 기다린다. 이때 하늘에서 군중을 향해 '알'이 뚤렁뚤렁 떨어져 내려온다. 모두 10개다. 그런데 이 알은 환경오염으로 해서 방향감각을 상실한 거북이가 낳은 알처럼 공해로 곯은 알일지도 모른다고 군중은 생각한다. 그래서 대혼란이 일어난다. "공해로 인해 알이 곯은 것 같으니 깨어보자는 패"와 "성한 알이니 동자가 나올 때까지 기다리자는 패"와의 사이에서 언론의 자유 따위는 뒷전으로 미뤄지고 자기의 의견만을 관철시키기 위한 실력행사가 벌어지고 만다. 그리고 삽시간에 난장판이 된다. "그런데 머리를 주먹에 맞거나 이마에 받힌 사람은 그자리에서 머리가 사라져 없어지고, 발에 아랫도리를 채인 사람은 그자리에서 아랫도리가 사라져 없어지곤 했다. 피는 한 방울도 흘리지 않았다. 머리가 없거나 아랫도리가 없거나 머리와 아랫도리가 다 없는 사람들이 나가둥그러지는대로 등을 아스팔트 바닥에 붙이고 빙글빙글 돌아가는 것이었다."503)에서 나타나는 현실세계는 언론의 자유와 생명의 존엄성이 말살당하는 부조리의 세계이다. 이 작품에서 방향 감각을 잃은 지도자의 모습은 환경오염과 공해로 곯은 알을 뚤렁뚤렁 낳고 있는 '거북이'의 모습과 동일시되고 있다. 또 자신의 주장을 관철시키기 위해 상대방의 언론의 자유를 말살시켜버리는 군중들의 모습을 통하여 작가는 1980년 전반기의 삶504)을 살고 있는 우리들의 모습을 비판적으로 보여준다.

---

502) 작가의 자유에 대한 의식은 다음의 말속에서 단적으로 드러나고 있다. "자유가 보장돼 있지 않은 인권이나, 인권이 보장돼 있지 않은 자유는 한갓 공염불이 아니면 빛 좋은 개살구에 지나지 않는다."
  황순원, 「말과 삶과 自由·V」, 『현대문학』(1987.5), p.41.
503) 황순원, 「그림자풀이」, p.260.
504) 1980년 5월 18일 광주민중항쟁이 일어났다. 1980년 5월 31일 '국가보위 비상대책위원회(국보위)'가 출범했다. 1980년 8월 27일 전두환이 통일주체국민회의 선출

그는 군중속에 자신의 그림자가 끼여있다고 예감하면서 그림자를 만나러 어지러운 군중속에 발을 들여놓지만 그의 머리는 누군가의 주먹에 의해 떨어져나가고 만다. 그 역시 사회 현실속의 삶에 외면하지 않고 참여하려 하지만 생명을 말살하는 폭압과 언론탄압에 의해서 진정한 자아의 실체를 만나지 못하고 좌절되어버리는 것이다. 나아가 작가는 '풍뎅이'를 살리려는 마음으로 조바심하는 '아이'의 모습을 통하여 생명존중사상을 투영시키고 있다.

한편 작중인물 '그'는 그림자를 찾기 위해서가 아니라 휴식을 취하기 위하여 고황산 숲속의 '고요새'를 찾아간다. 언제나처럼 '고요새'는 "커다란 상수리나무 상가지에 튼 둥지."에서 반갑게 그를 맞아준다. '고요새'는 자유를 표상하는 존재이며 휴식과 충고를 해주는 사랑의 새이다. 이 작품에는 노년에 들어선 그가 죽음을 인식하며 느끼는 공포와 허무의 세계가 나타나고 있다. 아울러 그 허무속에서 피어나는 자기만의 영원하고 비밀스런 사랑의 세계가 '고요새'의 이미지로 상징되고 있다. '고요새'는 그를 구원해 줄 수 있는 영원한 사랑의 표상이다. 그는 바꿔 신은 한 쪽 신발을 찾아나선다. 왜냐하면 바꿔 신은 신발의 주인이 바로 자기의 그림자라고 인식했기 때문이다. 그러나 병원의 영안실에서도 그는 바꿔 신은 신발의 주인을 만나지 못한다. 그는 그림자를 발견하지 못하고 죽음에 대한 공포만을 느끼며 돌아서 나온다. 다시 그는 서점에 들어가 책을 뽑아든다. 그러나 그가 책에서 발견한 것은 죽음과 허무라는 깜깜한 공동(空洞)의 세계였다. 그때 문득 그는 '판도라'의 상자 속 밑바닥에 오므작거리고 있던 '희망'의 애벌레를 연상한다. 그래서 책표지를 들치자마자 변한 공동속을 더듬더듬 들여다본다. 그리고 거기서 '희망'의 애벌레보다도 작은 '사랑'의 애벌레를 발견하게 된다.

책 표지를 들치자마자 변한 공동 속을 한 번 더듬더듬 들여다보았다.

로 대통령 자리에 오른다.
박세길, 『다시쓰는 한국현대사·3』(서울 : 돌베개, 1992), pp.39~80.
1980년 11월에는 언론방송기관 통폐합이 있었다.

별의별 재액이 인간세계로 날아 퍼진 뒤의 허무같은 깜깜한 그 공동 속에도 분명히 무언가 남은 게 있었다. 깊고 넓은 공동 저 밑바닥 한구석지에 <희망>의 애벌레보다도 작아 눈에 띌까 말까한 <사랑>의 애벌레가 오므작거리고 있었다. 이것이 그림자를 찾고 있는 그에게 어떤 암시를 던져주었는지는 그 자신은 알고 있을 것이었다.505)

위 인용은 그가 찾아나서는 '그림자'의 실체는 바로 희망의 애벌레보다도 작은 '사랑'의 애벌레라는 사실을 보여준다. 즉 '그림자'의 이미지는 "손에 만져지지 않고 눈에 보이지 않는" 정신적인 것을 표상하는 것으로서 결국 절대적이고 영원한 사랑이라는 사실을 위 인용문은 암시하는 것이다.

환경오염과 죽음에 대한 공포와 파행적인 부조리가 만연해 있는 현실의 모습은 만삭이 된 노파의 모습을 통해서 드러나고 있다. 그는 노파의 곁을 쫓기듯이 떠난다. 그때 별안간 '고요새'가 날아와 그의 어깨에 앉는다. 영원한 사랑을 표상하는 '고요새'에 의해 그의 구원은 가능하게 되는 것이다.

얼마를 빠른 걸음을 쳐 걸었을까. 노파에게서 상당히 멀리 떨어진 데까지 왔다고 생각됐을 때 별안간 고요새가 날아와 그의 어깨에 앉았다. 그리고는 예의 긴 목으로 그의 목을 비벼대더니 비벼대기를 멈추고 나서도 목을 거둬가지 않고 그냥 있는 것이다. 혹시나? 전에 고요새는 이런 자세로 눈물을 흘린 적이 있었다.
캠퍼스 안이 온통 눈이 맵고 쓰려 누구나가 눈물을 흘린 날 저녁녘이었다. 그는 숲 속으로 고요새를 찾아갔다. 뒤늦게나마 고요새의 신상에 이상이 없나 해서였다.
언제나처럼 고요새가 커다란 상수리나무 상가지에 튼 둥지에서 날아내려와 어깨에 앉더니 긴 목을 내밀어 이쪽의 목에 비벼댔다. 그런데 비벼대기를 멈추고도 목을 거두지 않고 그대로 있는 것이었다. 이쪽의 목에 척척한 물기가 느껴졌다. 아직도 눈에 맵고 쓰린 기운이 남아있어 흘리는 눈물인가 했다. 그러나 그게 아니었다. 거두지 않고 그대로 있는 고요새

---

505) 황순원, 「그림자풀이」, p.265.

의 목이 흐느끼고 있었다. 그제야 그는 깨달을 수 있었다. 지금 고요새는, 손에 만져지지 않고 눈에 보이지 않는 것의 소중함을 외면하는 데 대해 슬퍼하고 있다는 것을.
 이날 고요새는 눈물을 흘리거나 흐느끼는 건 아닌 대로 그 심중이 조용히 흘러들었다. 고요새의 가슴이 열리고 그의 가슴 또한 열리면서.506)

 민주화에 대한 열망과 자유의지를 말살하는 폭압적인 현실속에서 "손에 만져지지 않고 눈에 보이지 않는 것"의 소중함을 '고요새'는 일깨워주고 있다. 즉 희망과 자유와 사랑 같이 손에 만져지지 않고 눈에 보이지 않는 것들이 인간에게는 가장 소중하다는 것을 '고요새'는 인식하고 있는 것이다.
 "고요새의 가슴이 열리고 그의 가슴 또한 열리면서"라는 지문에는 '고요새'와 '그'가 사랑으로 혼연일체 되면서 교감하고 있음을 보여준다.

> 아마 앞으루두 그림자 찾기는 계속될 것같네요.
> 그럴 것 같애. 그런데 본체가 그림잘 찾아다니는 건지, 그림자가 본첼 찾아다니는 건지 그것부터 다시 알아야 될까봐.
> 둘 다일 거예요. 고요새는 그가 좋아 못견디겠다는 듯 긴 목을 그의 목에 새로 몇번 비벼댔다.507)

 '고요새'와 '그'가 나누는 사랑속에는 영원성과 일체성이 함께 하고 있다. 다시 말해서 본체는 바로 그림자의 한 분신이며, 그림자 역시 본체의 한 분신이다. 즉 본체와 그림자가 합일될 때 완전한 실체가 될 수 있음을 고요새는 증명하고 있는 것이다. 다시 말해서 고요새의 "둘 다일 거예요."라는 말을 통해서 그림자와 본체가 필연적인 관계이듯이, '고요새'와 '그'의 관계 또한 필연적인 사랑의 관계로 묶여져 있음을 증명한다. 따라서 이 작품에 놓여 있는 작가의식은 궁극적으로 영원하고 절대적인 사랑의 추구에 집중되고 있음을

---

506) 위의 책, pp.265~266.
507) 위의 책, p.266.

고찰할 수 있다.

이 작품을 통하여 작가는 영원한 사랑이야말로 인간의 삶에 있어서 가장 근원적인 힘이며 인간구원의 실마리임을 제시하고 있다. 결국 작가는 영원하고 절대적인 사랑을 통하여 비로소 인간은 구원될 수 있음을 '고요새'의 이미지를 통하여 부각시키고 있다. 동시에 작가가 실존적 자의식의 탐구와 삶의 본질 및 현상을 탐구하면서 생명에 대한 존엄성과 자유에 대한 갈망을 개성적인 기법으로 형상화하고 있다는 점에서도 이 단편은 주목할 만한 작품이라고 볼 수 있다.

단편 「나의 竹夫人傳」(1985.7)[508]은 대나무로 만든 죽부인을 의인화시켜 쓴 소설로서 이 작품에는 작가의 문학관, 여성관이 집약적으로 투영되어 있다. 한노인의 제자가 어느 날 죽부인을 구해 가지고 온다. 이 일을 기점으로 죽부인전을 쓴 세 문장가에 대해 한노인과 제자는 이야기를 나눈다. 한노인은 세 문장가가 죽부인전을 통해 말하고자 하는 것이 무엇이냐고 제자에게 묻는다.

"세 사람 다 죽부인의 좋은 속성을 이야기하면서 각각 자기네가 처해 있던 당시의 부패한 나라사정과 사회상에 대해 간접적인 경종을 울렸다구 봅니다. 동시에 자신들의 뜻을 다 펴지 못한 데 대한 울분을 달래면서 자기네들의 고결함을 은연중에 나타낸 것이라 봅니다."
"어떤 시대건 작자 자신의 울분이나 달래구, 자신의 고결함이나 나타내려는 수단으루 씌어진 문학작품은 비위에 안 맞어."[509]

위 인용에서처럼 문학은 문학자체로서 예술자체로서의 존재가치를 위해 쓰여질 때에만 참다운 의미의 문학일 수 있음을 한노인을 통하여 작가 황순원은 밝히고 있다. 다시 말해서 황순원은 문학이 작가의 불순한 의도로 쓰여진다거나 또 이데올로기 등의 목적을 위한 하나의 수단으로 쓰여져서는 안된

---

508) 단편 「나의 竹夫人傳」은 『韓國文學』(1985.9)에 발표됨.
509) 황순원, 「나의 竹夫人傳」, p.270.

다고 역설한다. 여기에서 문학자체를 위한 황순원의 순수지향성과 문학에 대한 자유의지를 살펴볼 수 있다.

죽부인을 가져온 날부터 한노인이 거처하는 방에 여인이 나타난다. 이 작품에서 죽부인은 지조와 고절한 기품과 자기희생정신을 가진 영원한 정신적 사랑의 대리표상으로 설정되어 있다. 휴식과 힘을 주는 생명의 원천으로서의 사랑을 표상하는 죽부인은 한노인을 향해 지조와 정절과 참마음을 바친다. 이런 죽부인에게 한노인은 매혹당한다. 그리고 그녀가 가진 고절함과 겸허함을 가상해한다. 이런 여인에게 한노인은 청초한 매력을 느끼며 "늘 젖어 있는 눈"이 매력적이라고 말한다. 이때 여인은 한노인의 얼굴 표정을 보며 나무란다.

> "늙은이들의 외잡스런 낯빛이야말루 정말 망측스러워요. 나이를 생각하셔야죠. 추해요. 제가 태어난 고장에선 그런 일이 없었어요. 선생님만큼 나이 잡수신 농부들한테선 한 번두 그런 낯빛을 본 일이 없었다구요."
> 여인의 눈의 물기가 가셔졌다. 중년부인의 모습이었다.
> "그랬을 테지. 농민은 다르니까."
> 여태까지의 삭삭함과는 달리 서슴없이 퍼붓는 여인의 지적 앞에서 한노인은 솔직해지고 싶은 심정이랄까, 속죄하고 싶은 심정 같은 것에 휩싸이면서,
> "실은 난 말이야, 철들면서부터 농민과 노동자에 대해 뭔가 두려움을 느끼구 있는 사람야. 항상 그들에게 빚을 지구 있는 것 같구, 그 빚을 갚지 못해서 보복을 당할 것만 같은 느낌. 그런데 그 보복이 두려우면서두 극히 당연하다는 생각."
> 여인이 잠자코 이쪽을 지켜보기만 한다.510)

위 인용에는 농민들의 건강한 생명력과 함께 농민들의 인간적인 순수성이 드러나 있다. 여인은 이제 아가씨의 모습에서 한노인을 나무라는 중년부인의

---

510) 위의 책, p.277.

모습으로 변모해 있다. 이때 한노인은 자기자신에게 솔직해지고 싶은 심정과 속죄하고 싶은 심정에 휩싸인다. 그래서 그는 "철들면서부터 농민과 노동자에 대해 뭔가 두려움을 느끼고 있다." 또 "빚을 지고 있는 것." 같다고 고백한다. 이러한 한노인의 의식의 밑바닥에는 평등사상이 내재해 있다. 여기서 한노인은 바로 작가 황순원의 분신이라고 볼 수 있다. 직업의 비천과 존귀를 떠나서 인간은 평등해야 한다는 평등사상은 자유정신과도 불가분의 함수관계에 놓여있다. 즉 자유가 자유롭기 위해서는 평등이 전제되어야 하며, 평등이 올바로 실현되기 위해선 자유의 원리가 기반이 되어야 하기 때문이다. 특히 농민의 땀과 노동자의 노동력은 우리 경제를 움직이는 생명력이요 원동력임에도 불구하고 우리 사회에서 항상 소외되어 오고 있는 계층임을 작가가 인식할 때, 작가는 스스로 자괴심과 부끄러움을 느낄 수밖에 없다.

이렇게 자괴심과 부끄러움으로 스스로에 대해 갈등할 때 여인은 한노인을 위로해 주기도 한다. "자신의 부끄러운 심중을 내놓구 밝힐 수 있는 용기, 자괴할 줄 아는 용기"를 한노인이 가졌다고 말한다. 이때 한노인은 "설사 그것이 용기일지라두 소극적인 쓸모없는 용기에 지나지 않어."라고 스스로 자책한다. 이렇게 부끄러움과 자책감에 괴로워하는 한노인의 모습은 작가 황순원의 모습에 다름아니라 본다.

우리 경제의 가장 근저에 위치해 있으면서도 항상 소외되어 있고 불평등하게 대우되어 온 그들의 존재를 인식하면서도 작가 황순원이 그들을 위해 아무것도 적극적으로 해주지 못할 때 그는 고통스러울 수밖에 없다. 특히 그가 사회현실을 보다 직접적으로 표출시키는 리얼리즘의 작가511)가 아닐 때 그는 예술의식과 현실인식 사이에서 나름대로 갈등할 수밖에 없었을 것이다.

---

511) 작가 황순원은 사회현실을 보다 직접적으로 표출시키는 리얼리즘의 작가가 아님에도 불구하고 리얼리즘을 대표하는 작가인 발자크와 영원주의를 대표하는 도스토예프스키의 작품을 많이 읽었다고 말한다.(필자와 작가와의 대담, 작가의 사당동 자택에서, 1991.8) 이것은 바로 작가가 사회현실의 문제에 끊임없이 시선을 돌리고 있음을 반증한다고 볼 수 있다.

농민과 노동자에 대해 느끼는 이러한 자괴심과 부끄러움은 달리 말하면 작가의 관심이 개체적 삶에 국한되지 않고 공동운명체적 삶으로 확대되어 있음을 반증한다. 즉 삶이란 개체적으로 존재하면서 동시에 사회적, 역사적 관계속에서 형성되고 전개된다는 것을 작가자신이 분명하게 확인하고 있다는 뜻이다. 인간의 존재의미는 단독자로서의 개인적 삶에서 끝나는 것이 아니라 사회적 삶, 역사적 삶에 의해 완성된다는 의식이 작가에게 내재해 있음을 발견할 수 있다. 이것은 바로 작가의 사랑과 관심이 가족 이기주의나 특정한 계층에 놓여있는 것이 아니라 이웃과 함께 더불어 사는 공동체적 삶에 놓여 있음을 뜻한다. 즉 황순원의 의식은 실존적 개인의 삶에 머무르지 않고 한걸음 더 나아가 사회적 삶, 역사적 삶으로 확장되고 있음을 보여준다. 따라서 작가 황순원이 농촌과 농민의 문제를 지속적으로 작품속에 반영512)시키고 있음은 주목해야 할 사실이라고 간주된다.

한편 죽부인은 참다운 용기는 빈마음에서 생긴다고 말한다. 이때 한노인은 스스로 "자기 한평생이 욕심을 버리려는 노력의 역정"이었음을 생각한다. 한노인의 이 독백 역시 작가 황순원이 물욕과 명예욕에서 벗어나려는 남다른 의지와 깨끗함을 가지고 삶을 영위해 온 것과도 연관지어 생각할 수 있다. 즉 작가가 청렴결백한 삶의 자세를 지켜온 것은 스스로 선택한 실존적 의지였던 것이며 욕심을 버리려는 끊임없는 자기 노력의 결과였음이 한노인의 독백으로써 증명되고 있다. 한노인은 "자기 욕심을 버린 빈 마음으루 의를 위해 행동할 줄 아는 용기가 참다운 용기라 이거군? 그러구 보니 자기희생정신과 통하는 것 같구먼."이라고 말한다. 여기서 죽부인은 자기희생정신의 아름다움에 대해 말한다. 한노인은 죽부인이야말로 자기희생정신을 가진 아름다운 여

---

512) 주 471) 참조.
　　반면 황순원 문학에서 노동자를 소재로 하여 그들의 삶의 질곡을 보여준 작품은 거의 보이지 않는다. 이러한 현상은 작가가 이미 제3기 문학에서부터 영원주의 이상주의로 지향해 나아갔기 때문에 1960년대, 70년대의 도시의 물질 만능주의적 삶의 모순과 노동자 계급의 모습을 형상화시키기가 어려웠다고 본다. 또 이러한 경향은 근본적으로 작가의 체질과 개성에도 관계되는 듯하다.

성이라고 칭찬한다. 그리고 아름다움은 곧 여성의 생명이라고 말한다.

> 한노인은 잔에 남은 술을 마저 입에 머금어 목 안으로 넘기고 나서,
> "여성의 생명에 한번 접해보구 싶구면."
> 한노인이 훈훈한 기분에 젖어 저도모르게 한 손을 내밀어 여인의 어깨에 얹었다. 그러나 손이 가 닿을까말까 하는데 여인의 몸이 하나의 꽃이파리처럼 한쪽으로 곱게 누으면서 그대로 대나무 제품인 죽부인으로 변해버렸다.
> 한동안 죽부인을 내려다보던 한노인은 비로소 그네를 조심스레 안아 자기 잠자리로 옮겨 뉘였다.513)

자기희생정신과 정의와 용기에 대해 예리하게 언급하는 죽부인은 그러나 현실에서는 한노인과 결합될 수 없는 사랑의 대리표상이다. 한노인이 "여성의 생명"에 접해보려 할 때 "여인의 몸이 하나의 꽃이파리처럼 한쪽으로 곱게 누으면서 그대로 대나무 제품인 죽부인으로," 변해버리고 마는 것이다. 여기에서 보여지는 '꽃이파리'의 이미지는 사랑의 영원성을 상징한다. 한노인에게 있어서 죽부인은 현실세계에서는 결합될 수 없는 영원한 사랑의 대리표상이다. 동시에 끊임없이 구원을 갈망하는 한노인에게 있어서 죽부인은 사랑의 대리모(代理母)로서 상징되고 있다.

한노인이 여성의 생명 즉 여성의 아름다움에 접해보고 싶어 손을 내밀자 대나무 제품인 죽부인으로 화해 버리는 현상속에는 육체적 사랑보다는 정신적 사랑을 지향하는 여인의 태도가 드러나고 있다고 볼 수 있다. 또 한노인이 죽부인을 갈망함에도 불구하고 현실속에서의 사랑은 이루어질 수 없음을 반증하기도 한다. 곧 한노인에게 있어서 죽부인은 영원히 현실세계에서는 합일될 수 없는 사랑이지만, 이상속에서는 영원한 사랑의 존재이며 절대적 사랑의 표상으로 그의 내면속에 자리잡고 있음을 발견할 수 있다. 비록 현실에서

---

513) 황순원, 「나의 竹夫人傳」, p.279.

는 이루어지지 못하는 사랑이지만 한노인과 죽부인은 영혼의 소리를 통하여 영원한 구원의 사랑으로 합일되고 있다. 이점에서 그들의 사랑은 정신지향적 사랑이다.

이 단편 역시 작가 황순원이 지향하는 영원주의와 생명주의가 반영되어 있는 작품으로 영원한 사랑의 추구와 구원으로서의 사랑에 작가의식이 놓여 있음을 살펴볼 수 있다. 또한 이 작품은 작가의 문학관과 여성관 그리고 농민과 노동자에 대한 인식이 내재해 있다는 점에서 주목해야 할 작품이라고 본다.

단편 「땅울림」(1985.8)[514]은 이산가족의 고통을 보여주면서 분단극복의 한 방법이 사랑과 화해와 용서에 있음을 제시하고 있다.

이 작품에서 작가는 이산가족의 아픔을 다루기 위해 '나무꾼과 선녀'의 이야기를 다른 나라의 금기설화와 비교 분석하고 있다. 우리나라의 '나무꾼과 선녀'의 이야기를 통하여 작가는 사랑과 믿음이 결여되어 있는 선녀를 비판하고 있다. 남편에 대한 애정 보다 오히려 "호강스레 살던 하늘나라만 그리워하다가 애를 데리고 날아갈 수 있을 만큼 낳았을 때 날개옷을 달라고" 조르는 선녀의 타산성과 매정스러움을 작가는 부정적 시각으로 보고 있다. 선녀의 모습을 부정적으로 포착하면서 작가는 역설적으로 애정의 절대성을 강조하고 있다.

한편 늙은 홀어머니를 지상에 남겨두고 천상으로 올라가는 나무꾼의 모습도 작가는 비판적으로 보고 있다. 인간으로서의 한점 양심이 있다면 나무꾼은 늙은 홀어머니와 함께 지상에 남아 있어야 한다고 작가는 역설하고 있다. 여기에서 작가는 어머니에 대한 절대적 사랑을 강조하고 있다. 반면 지상에 남겨진 어머니를 뵈러 온 아들에게 어머니가 뜨거운 호박죽을 먹으라고 준다. 그런데 뜨거운 호박죽으로 해서 말이 혼자 천상으로 올라가버린다는 이야기 구성은 우리의 마음에 가시를 남겨주게 된다고 작가는 지적한다. 왜냐

---

514) 단편 「땅울림」은 『世界의 文學』 겨울호(1985.12)에 발표됨.

하면 자식을 위하려던 어머니의 애정이 결과적으로 자식을 불행하게 만들었기 때문이다. 이러한 비극적 결말은 결국 어머니가 자식에 대해 베푸는 애정을 외면하는 것이 되기 때문이다. 따라서 이 이야기에서는 차라리 나무꾼이 어머니에 대한 사랑 때문에 일부러 말을 놓친 걸로 만들어야 한다고 작가는 제시한다.

이렇게 우리나라의 금기설화 '나무꾼과 선녀'에는 어머니에 대한 자식으로서의 진정한 사랑이 결여되어 나타나고 있으며 동시에 애정과 믿음보다는 타산이 앞서 있음을 발견할 수 있다고 작가는 말한다. 또한 "누구 때문에"라는 책임전가를 일삼는 우리의 민족성이 반영되어 있다고 질책한다.

반면 같은 금기설화인 중국의 '담생(談生)'설화에는 금기를 깨뜨린 남편에 대해 원망보다는 사랑과 이해로써 남편과 자식을 돌보아주는 아내의 부드럽고 따뜻한 심성이 나타나 있다고 작가는 설명한다. 즉 작가는 '담생(談生)'설화와 우리나라의 '나무꾼과 선녀'를 비교 분석하면서 매정하고 타산적인 선녀를 만들어 낸 우리의 민족에게 분노를 터뜨리는 것이다. 이러한 작가의 분노는 바로 우리가 가진 부정적 민족성을 직시하면서 이것을 지양해 나아가려는 작가의식의 한 발로라고 볼 수 있다.

'우라시마다로'의 이야기를 쓴 작가 다자이오사무는 "세월은 인간의 구원이다. 망각은 인간의 구원이다."라고 이야기 끝에 적어놓고 있다. 그러나 아무리 세월이 흘러도 잊혀지지 않는 슬픔과 고통이 있다면 그것은 바로 우리 민족이 껴안고 있는 이산의 아픔임을 작가는 이 작품에서 보여주고 있다. 그것은 '땅울림'과 같이 이산가족들의 내부에서 끊임없이 울려퍼지는 슬픔의 함성인 것이다.

강노인은 아들네가 아파트로 이사가자고 하여 부득이 기르던 바둑이를 팔게 된다. 항상 애정으로 보살펴주던 바둑이의 존재가 사라지면서 강노인은 이제까지 금기시해오던 술과 담배를 다시 시작하고 마음속에서 몇 십 년간 몰아내왔던 북쪽 고향의 가족들에 대한 이야기를 작중화자인 '나'에게 하게 된다. "이렇게 강노인은 지금까지 지켜온 금기를 깨면서 힘들게 보존해왔던 안정을 삽시간에 잃고 만 것이다."515) 작중화자인 '나'는 강노인 주인공의 금기설화를 어떻게 끌고 갈 것인가에 대해 고민한다. 그러다가 문득 하나의 암시를 신문기사를 통해 얻게 된다. 사할린에 살던 김두천씨는 경북 청송군에 살고 있는 전부인과 아들로부터 편지 한통을 받은 후 심장마비로 세상을 떠난다. 사할린 딸은 청송군에 사는 전부인에게 편지를 쓴다.

≪아버지가 한국에서 편지를 받으무로써 심장이 좋지 못하여서…… 2월 3일 저녁 8시 30분에 운명했읍니다. ……유감스러운 말씀이지만 한국 친척들의 편지가 아니였더라면…… 아버지도 생존하였을 것입니다……≫516)

작중화자인 '나'는 이 글귀에 원망의 그늘이 어려있다는 데에만 의식이 고착되어 있었음을 후에 발견하게 된다. "묘지는 좋은 자리로 하였으며…… 방문하여 주십시오"라는 글귀는 의식하지 못한 채. 작중화자인 '나'는 자신의 이러한 의식의 고착화가 어느덧 분단에 길들여지고 어느 틈엔가 거기 안주해 버린 안일함에서 기인된 것이 아닌가 하고 반성한다.

"친척들의 편지가 아니였더라면…… 아버지도 생존하였을 것입니다."라는 글귀 이면에 애정이 밑바탕되어 있었음을 작중화자인 '나'는 비로소 발견하게 된다. 이러한 발견은 궁극적으로 분단상황의 극복은 서로를 이해하고 용서하는 사랑이 있을 때에만 성취될 수 있음을 작중화자인 내가 각성하게 될 때 가능했던 것이다. 동시에 평화적인 분단 극복의 길은 적극적인 의지와 적극적인 사랑과 적극적인 신념이 있을 때에만 가능하다는 것을 신문기사를 통하여 '나'는 자각하게 된다. 따라서 작가가 이 작품의 결미에서, "나는 보류해 놓고 있는 강노인 주인공의 금기설화를 이끌고 나가는 데에 하나의 암시를 얻고 있었다."라는 지문은 매우 상징적이다. 다시 말해 이 작품에서 작가는

---

515) 황순원, 「땅울림」, p.292.
516) 위의 책, pp.292~293.

통일에 대한 염원을 달성하는 한 방법이란 바로 적극적인 화해의지와 용서 그리고 이념을 뛰어넘는 동포애라는 것을 제시하고 있다. 이념을 뛰어넘는 인간사랑과 민족애만이 분단의 아픔을 치유하고 평화적 통일을 이룩할 수 있는 길임을 이 작품을 통해서 작가는 강조하고 있다. 또한 이 작품에는 냉전 이데올로기와 분단체제에 길들여지고 어느 틈엔가 거기 안주해가고 있는 작가자신과 우리 민족에게 따가운 질책을 가하고 있다는 점에서 중요한 작품이라고 볼 수 있다. 단편「땅울림」에는 단편「마지막 잔」(1974.8)에서와 같이 이산가족의 고통이 내재해 있으며 분단극복을 위한 사랑과 자유와 평화에의 의지가 고양되어 있는 작품이다.

이로써 제5기의 문학은 작가의식이 사랑과 자유를 통한 구원의 갈망에 놓여있음을 확인할 수 있었다. 즉 작가는 장편『神들의 주사위』와 단편「땅울림」에서와 같이 현실의 제반 모순과 부조리를 직시하고 인식하면서 부정적인 현실을 극복하는 방법을 모색하고 있음을 살펴보았다. 이러한 모색과 갈망은 궁극적으로 인간의 자유와 구원을 추구하려는 작가의 열망에 다름아닌 것으로써, 황순원 문학의 궁극적 지향점은 역시 인간구원으로서의 사랑의 철학에 놓여있음을 제5기의 문학은 명백하게 보여주고 있다. 이러한 사실을 단편「그물을 거둔 자리」,「그림자풀이」,「나의 竹夫人傳」,「땅울림」등을 통하여 살펴보았다. 그러나 작가가 추구하는 사랑은 개체적, 개인적 사랑에만 머무는 것이 아니라 공동운명체적 사랑과 인류애로 확대되고 있다는 점에서 황순원 후기 문학의 전체성과 포괄성이 드러난다고 볼 수 있다.

Ⅲ. 결 론

본고에서 필자는 황순원 소설을 중심으로 하여 주제의식의 전개양상과 지향성을 살펴보면서 작가의식의 전개 및 변화과정을 고찰하였다. 또한 작가의 문학적 지향성과 함께 그의 문학관, 인생관, 신관(神觀)을 종합적으로 파악하고자 노력하였다.

황순원 문학을 통시적인 각도에서 5기로 나누어 살펴본 결과 필자는 황순원 문학세계의 기저를 형성하고 있는 일관된 주제의식의 공통성과 함께 각 시기의 문학이 주로 갖는 변별성을 발견할 수 있었다. 제1기에서부터 제5기까지 그의 문학세계를 관류하고 있는 공통된 주제의식은 바로 생명존엄사상, 모성의 절대성, 그리고 인간구원으로서의 사랑으로 파악할 수 있었다. 이러한 주제의식은 작가 황순원이 생명주의, 인도주의, 자유주의, 영원주의를 지향해 나아가고 있음을 확인할 수 있게 해 준다. 반면 각 시기의 문학이 갖는 주제의식의 변별성은 작가 황순원이 끊임없이 역사와 현실을 응시하면서 이들을 그의 작품속에 내면화시키려고 노력하였음을 증명한다. 황순원은 역사의식과 현실인식을 바탕으로 하여 사회와 시대속에서 갈등하였으며 이 갈등이 구체화된 것이 변별성을 가진 그의 작품군이었던 것이다. 다시 말해서 황순원은 역사와 사회에 대한 현실인식을 배면에 깔면서 이상주의, 영원주의로 지향해 나아간 작가라는 점을 그의 문학이 증명하고 있다는 뜻이다.
 황순원 문학의 전개양상 및 지향성을 살펴보기 위하여 황순원 문학을 각 시기별로 요약하면 다음과 같다.
 먼저 제1기 문학의 특질은 시적 상징화와 민족현실의 반영으로 요약될 수 있다. 단편집『늪』은 시적 소설과 모더니티 지향성을 그 특징으로 한다. 동시에 황순원 문학의 기저를 이루고 있는 애정의식, 모성의식, 생명의식, 선(善)지향성이 내재되어 있다. 또 단편집『기러기』에는 일제하 민족현실이 반영되어 있으며 현실과 이상의 괴리사이에서 빚어지는 갈등의 양상들이 작가의 따뜻한 인간애와 어둠의 시대를 견디려는 의지로써 극복되고 있음을 확인하였다. 또한 해방공간에서 창작된 장편『별과 같이 살다』와 단편집『목넘이마을의 개』에는 일제하와 해방 후 민족현실에 대한 작가의 비판적 현실인식이 반영되어 있음을 알 수 있었다. 특히 단편집『목넘이마을의 개』의 작품들은 비판적 리얼리즘을 반영하는 황순원의 대표적 단편들이면서 해방공간의 문학사에서 뚜렷하게 그 위치를 차지해야 할 문제적 작품들임을 규명하였다. 따라서 제1기의 문학속에는 시적 상징화와 모더니티 지향성을 중심으로 한 작가의 예술의식과 함께 민족현실이 반영된 리얼리즘적인 시각이 혼재해 있음을 고찰하였다.
 제2기 문학의 특질은 현실인식과 역사의식의 확대로 요약할 수 있다. 6·25 전쟁과 분단이라는 역사적 사실은 작가로 하여금 현실인식의 확대와 심화를 유도하는 동인으로 작용한다. 단편집『曲藝師』에는 전쟁이 빚어낸 아픔과 상처, 그리고 한 개인이 어떻게 생존의 위기에 대처해 나아가야 하는가에 대한 극복의 문제에 초점이 맞추어져 있음을 알 수 있었다. 즉 작가는 부정적 현실을 직시하면서 '인간에 대한 절대존엄성', '평화애호사상', '정의에 대한 의지'로써 그리고 '인간긍정의 철학'을 바탕으로 부정적 현실과 불의를 초극하려는 시도를 보여주고 있음을 확인할 수 있었다. 전쟁으로 인해 빚어진 갈등상황을 초극하려는 의지는 단편집『鶴』에 이르러 지속적으로 드러나고 있는데 그 대표 작품이 「鶴」이다. 단편 「소나기」, 「두메」, 「寡婦」에서 보여주던 상황의 극복의지와 순응적 자세는 단편 「鶴」에 이르러 전쟁으로 인한 갈등상황을 우정과 생명사랑의 정신으로 극복해 나아가고 있음을 발견하였다.

아울러 장편 『카인의 後裔』에서는 역사의식이 심화 확대되고 있으며 인도주의와 생명존엄사상 및 자유에의 추구가 투영되어 있음을 고찰하였다. 동시에 장편 『人間接木』에서는 전쟁으로 인하여 폐허화된 삶의 양상속에서 사랑을 통한 인간구원의 한 방법이 제시되고 있음을 살펴보았다.

제3기 문학의 특질은 생명지향성과 영원주의로 요약할 수 있다. 이 시기는 제2기의 문학에서 보여주던 강한 현실인식과 역사성이 작품의 이면속으로 퇴조되면서 오히려 그 부정적 현실을 수용하고 포용할 수 있는 방법을 본격적으로 모색한 시기임을 고찰하였다. 이 시기에는 제1기와 제2기 문학에서 부분적으로 드러나던 애정의 문제가 본격적으로 작품화되고 있음을 알 수 있다.

단편집 『잃어버린 사람들』에는 애정의 절대성과 생명존엄사상이 부각되고 있으며, 중편 『내일』에는 정신지향적 사랑의 모습이 제시된다. 특히 단편집 『너와 나만의 時間』속의 단편 「모든 榮光은」, 「가랑비」, 「너와 나만의 時間」에는 생명존중사상과 함께 사랑으로써 이념의 갈등을 치유하고 있는 양상들이 나타나고 있다. 한편 장편 『나무들 비탈에 서다』에는 전쟁의 폭력성과 죄의식의 문제, 사랑의 비극성이 투영되어 있음을 알 수 있었다.

제4기 문학의 특질은 실존적 삶의 인식과 형이상의 추구로 요약될 수 있다. 이 시기에는 작가의식이 실존적 고독의 문제와 신(神)과 종교의 문제에 집중되고 있다는 뜻이다. 장편 『日月』에는 사회적 삶과 실존적 삶 사이의 갈등이 형상화되고 있으며, 인간의 근원적 존재양식을 고독으로 파악하고 있음을 살펴보았다. 한편 단편집 『탈』에는 실존적 삶의 인식과 삶의 총체성의 문제를 다룬 작품들이 돋보인다. 이 단편집의 특징으로는 주제의식의 다양함과 기법의 특이성을 들 수 있다. 특히 기법의 실험성과 개성적 형상화는 작가자신이 끊임없는 실험정신으로 다양한 기법의 창출과 자기변모를 시도하고 있음을 보여준다.

장편『움직이는 城』은 사회적으로 소외된 가난한 사람들의 삶과 실존적 자의식의 세계탐구 및 방황이 형상화되고 있다. 이 작품에는 작가의 인생관, 작가의 신관(神觀)이 투영되어 있다. 비록 인생이란 허망한 것일지 모르지만 끊임없이 인간구원의 가능성을 모색하기 위해 노력할 때 참다운 인생의 의미가 놓여져 있다고 작가는 암시한다. 또한 작가는 이 작품에서 인간중심에서 본 신관(神觀)을 제시한다. 동시에 작가가 소외된 사람들의 세계를 끊임없이 응시함으로써 시대인식과 현실인식을 그의 작품속에서 내면화시키고 있음을 고찰하였다. 이런 점에서 그의 문학은 역사 및 사회와 유리된 문학이 아니다. 나아가 이 작품은 이웃과 사회, 민족과 인류에 대한 사랑을 통하여 진정한 인간구원이 이룩될 수 있음을 제시하고 있다.

제5기 문학의 특질로서, 늙음과 죽음의 문제, 통일의 문제, 공해의 문제 등을 포함한 인간구원과 자유의 문제가 제기되고 있음을 고찰하였다. 또한 영원하고 절대적인 사랑이 인간구원의 한 방법이며 진정한 자유에 이르게 하는 길임을 작가는 제시한다. 제5기는 황순원 문학의 궁극적인 지향점이 바로 인간구원으로서의 사랑에 놓여 있음을 명백히 보여준 시기이다. 동시에 이 사랑은 개인적 개체적 사랑만을 뜻하지 않고 공동운명체적 사랑과 인류애로 확대되는 사랑임을 확인하였다.

장편『神들의 주사위』는 신이 던진 주사위와 같은 인간존재가 어떻게 갈등을 겪고 있으며 자유와 구원을 향해 나아가려 하는가를 보여준다. 단편「그물을 거둔 자리」등에서 작가는 궁극적인 인간구원의 한 방법이 영원한 사랑이라는 것을 제시하고 있다. 한편 황순원 문학에는 애정의 양상속에 모성의 문제가 교묘하게 접맥되고 있음을 발견할 수 있다. 이러한 현상은 작가가 추구하는 영원성의 문제와 깊이 결부되고 있음도 함께 규명하였다.

이상으로써 황순원 문학은 역사의식과 현실인식을 바탕으로 하면서도 궁극적으로는 생명주의, 인도주의, 자유주의, 영원주의를 지향하고 있으며, 형이상학적 요소를 포괄하고 있음을 확인할 수 있다. 이러한 작가의 지향성은 부정적 현실에 절망하지 않고 그것을 견뎌내고 초극하려는 작가의 일관된 정신적 자세와 인간긍정의 철학에서 기인하고 있음을 파악하였다.

특히 황순원 소설의 문학사적 위치는 그의 작가정신의 투철함과 함께 그의 민족의식과의 상관관계에서 파악할 수 있다. 황순원은 일제하라는 암울한 시대상황속에서도 모국어를 갈고 닦으며 잃어가는 한국적 이미지와 전통문학과의 접맥을 통하여 한국의 얼을 고양시키려고 노력하였다. 그 문학적 소산으로 단편집 『늪』과 『기러기』를 들 수 있다. 따라서 이 작품들에는 작가의 민족의식과 작가정신의 투철함이 반영되어 있다. 특히 단편집 『기러기』는 한국 소설사에서의 문학적 공백기를 이어준 단편집으로서, 해방 전 문학과 해방 후 문학을 연결시키고 있다는 점에서도 그 소설사적 의미와 가치를 지닌다고 볼 수 있다.

또한 황순원은 다양한 기법의 창조와 문장스타일의 완성 그리고 기법과 정신의 자기변모를 통하여 한국 현대 소설의 발전에 크게 기여한 것으로 판단된다. 이미지의 상징화와 감각적인 묘사, 인간의 내면심리를 묘사하는 특이한 방법, 부사의 교묘한 활용, 시점의 혼용 등을 통하여 작가는 예술정신의 자유로움과 실험적인 창조를 향해 나아가고 있음을 살펴보았다. 이점은 작가가 현실속에 타성적으로 안주하지 않고 새로운 문학을 향한 끊임없는 의지로써 특정한 형식과 주의에 구속되지 않고 자유에의 길로 지향해 나아가고 있음을 보여준다. 문학이란 사회현실 및 역사성을 폭넓게 수용하면서도 어디까지나 문학성 예술성을 확보해야 하며 영원성을 지향해야 한다는 점을 작가는 그의 작품을 통해 보여준다. 이점에서 그의 문학은 다양성을 지향하는 문학이며 정체성의 문학이 아니라 형성형의 문학이며, 자유지향성의 문학임을 새삼 확인할 수 있다.

특히 작가는 외국문학을 전공하였음에도 불구하고 거기에 경사되지 않고 전통신앙을 작품속에 반영시키면서 바람직한 한국인의 정신과 민족성, 그리고 종교에 대해 탐구하고 있다. 이러한 점으로 볼 때 그의 문학적 주체성 역시 매우 강함을 알 수 있다. 또한 전통적 이미지와 설화 등을 도입하여 작품의 형상화를 꾀하고 있다는 점에서 황순원의 작가적 우수성과 작품의 개성 및 독창성이 드러나고 있다고 본다.

결국 황순원 문학은 일부에서 비판하듯이 역사와 현실로부터 유리된 문학이 아니다. 오히려 그의 문학은 현실의 제반 모순과 부조리를 직시하고 인식하면서 부정적인 현실을 극복하려는 작가의 능동적 의지의 소산이었음을 밝혔다. 나아가 황순원 문학의 지향성이 생명과 사랑과 자유라는 인간구원의 양식에 놓여 있음을 고찰하였다.

특히 황순원이 농민의 문제와 인류의 보편적 문제라 할 수 있는 가난의 양상을 작품속에서 내면화시키고 있음을 파악하였다. 이점에서 작가가 추구하는 인간구원으로서의 사랑이 개체적 개인적 사랑에만 머무는 것이 아니라 공동운명체적 사랑과 인류애로 확대되고 있다는 점에서 황순원 문학의 포괄성과 보편성이 드러난다고 볼 수 있다. 동시에 일제하의 질곡이나 분단 후 이념문학의 소용돌이 속에서도 모국어를 지키며 문학의 문학다움을 지키기 위해서 특정한 관념적, 구호적 이념에도 휩쓸리지 않고 초연하게 서 있었던 황순원의 정신적 자세는 그의 문학적 성과와 함께 주목해야 할 사실이라고 본다.

끝으로 이 연구에 있어 생애사를 다루지 못한 점, 황순원의 시에 대해 언급하지 못한 점, 그리고 국내 작가와 외국 작가의 영향관계를 유보한 점 등이 아쉬움으로 남는다. 앞으로 이 연구는 작가의 생애와 밀착된 작가의식의 전개양상을 중심으로 천착될 때 좀더 정밀한 작가론으로 완성되어 갈 수 있으리라 전망한다.

부 록

황순원 작품 목록
작품세계로 본 황순원 연보
주제별로 본 황순원 단편소설
황순원 연구논저 발표연대별 총목록
참고문헌
ABSTRACT
찾아보기

황순원 작품 목록

장르	제목	탈고년도	나이	게재호	게재지
시	나의 꿈	1931.4	17	1931.7	東光
	아들아 무서워 마라			1931.9	東光
	默想			1931.12.24	朝鮮中央日報
	젊은이여		18	1932.1	東光
	街頭로 울며 헤매는 者여			1932.4	彗星
	넋잃은 그의 앞가슴을 향하여			1932.5	東光
	荒海를 건너는 사공아			1932.7	東光
	잡초	1932.7			
	등대	1932.10			
	떨어지는 이날의 太陽은		19	1933.1	新東亞
	1933년의 수레바퀴	1933.1			
	강한 여성	1933.4			
	옛사랑	1933.5			
	압록강	1933.6			
	황혼의 노래	1933.7			
	이역에서		20	1934.9	
	시집 『放歌』				
	밤거리에 나서서			1934.12.18	朝鮮中央日報
	새로운 行進		21	1935.1.2	朝鮮中央日報
	歸鄕의 노래			1935.1.25	朝鮮中央日報
	거지애			1935.3.11	朝鮮中央日報
	새 出發			1935.4.5	朝鮮中央日報
	밤 車			1935.4.16	朝鮮中央日報
	街路樹			1935.4.25	朝鮮中央日報
	굴뚝			1935.5.7	朝鮮中央日報
	故鄕을 향해			1935.6.16	朝鮮中央日報
	牛後의 一片			1935.6.25	朝鮮中央日報
	고독			1935.7.5	朝鮮中央日報
	찻속에서			1935.7.26	朝鮮中央日報
	무덤			1935.8.22	朝鮮中央日報
	개미			1935.10.15	朝鮮中央日報
			22		
	逃走			1936.4	創作 제2집
	잠			1936.4	創作 제2집
	시집 『骨董品』				

작품집	간행년도	간행사	
			1915.3.26 출생
시집 『放歌』	1934.11	동경學生藝術座	
			1935.1.17 결혼
同人誌 <創作>	1936.3		
시집 『骨董品』	1936.5	동경學生藝術座	1934.11~1936.

장르	제목	탈고년도	나이	게재호	게재지
	종달새				
	반딧불				
	코끼리				
	나비				
	게				
	오리				
	사람				
	맨드라미				
	앵두				
	해바라기				
	옥수수				
	호박				
	꽈리				
	갈대				
	仙人掌				
	팽이				
	담뱃대				
	빌딩				
	地圖				
	우체통				
	괘종				
	공				
	七月의 追憶			1936.7	新東亞
소설	거리의 副詞		23	1937.7	創作 제3집
	돼지系		24	1938.10	作品 제1집
시	과정			1938.10	作品 제1집
	행동			1938.10	作品 제1집
소설	늪				
	허수아비				
	配役들				
	소라				
	갈대				
	지나가는 비				
	닭祭				
	園丁				
	피아노가 있는 가을				
	사마귀				
	風俗				

작품집	간행년도	간행사	
『骨董品』			1935년 주로 씀
『骨董品』			
『骨董品』			
『骨董品』			
『骨董品』			
『骨董品』			
『骨董品』			
『骨董品』			
『骨董品』			
『骨董品』			
『骨董品』			
『骨董品』			
『骨董品』			
『骨董品』			
『骨董品』			
『骨董品』			
『骨董品』			
『骨董品』			
『骨董品』			
『骨董品』			
『骨董品』			
『늪』			
『늪』			
『늪』			
『늪』			
『늪』			
『늪』			
『늪』			
『늪』			
『늪』			
『늪』			
『늪』			
『늪』			
『늪』			

장르	제목	탈고년도	나이	게재호	게재지
시	무지개가 있는			1940.6	
	소라껍데기가 있는 바다				
	臺詞			1940.6	斷層
	『黃順元 短篇集』-『늪』				
소설	별	1940.가을	26	1941.2(27세)	人文評論
	산골아이	1940.겨울		1949.7	民聲
	그늘	1941.여름	27	1942.3(28세)	春秋
	저녁놀	1941.가을			
	기러기	1942.봄	28	1950.1	文藝
	병든 나비	1942.봄		1950.2	彗星
	애	1942.여름			
	黃老人	1942.가을		1949.9	新天地
	머리	1942.가을			
	세레나데	1943.봄	29		
	노새	1943.늦봄		1949.12	文藝
	孟山할머니	1943.가을		1949.8	文藝
	물 한 모금	1943.가을			
	독 짓는 늙은이	1944.가을	30	1950.4	文藝
	눈	1944.겨울			
시	그날	1945.8	31	1946.1	關西詩人集
	당신과 나	1945.8			
	신음소리	1945.10			
소설	술	1945.10		1947.2	술 : 술이야기 - 발표시 新天地
시	열매	1945.11			
	골목	1945.11			
	저녁저자에서	1946.6	32	1946.7	民聲 87호
소설	두꺼비	1946.7		1947.4	우리公論
	집	1946.8			
	별과 같이 살다	1946.11			
	황소들	1946.12			
	담배 한 대 피울 동안	1947.1	33	1947.9	新天地
	아버지	1947.2	33	1947.2	文學
	목넘이마을의 개	1947.3		1948.3	開闢
	단편집 『목넘이마을의 개』				
	모자	1947.11		1950.3	新天地
	몰이꾼	1948.3	34	1949.2	<검부러기> 新天地
	이리도	1948.5		1950.2	白民

작품집	간행년도	간행사	
『늪』<黃順元 短篇集>	1940.8		漢城圖書
『기러기』			
『기러기』			
『기러기』			
『기러기』			1941.12.8 태평양 전쟁
『기러기』			한글말살정책 - 발표기관 없어짐
『기러기』			
『기러기』			
『기러기』			
『기러기』			
『기러기』			
『기러기』			
『기러기』			
『기러기』			
『기러기』			
『기러기』			
			8·15 해방
『목넘이마을의 개』			
			1946.5 월남
『목넘이마을의 개』			
『목넘이마을의 개』			
『목넘이마을의 개』			
『목넘이마을의 개』			
『목넘이마을의 개』			
『목넘이마을의 개』			
『목넘이마을의 개』	1948.12	育文社	
『曲藝師』			
『鶴』			1948.8.15 대한민국 수립
『曲藝師』			

장르	제목	탈고년도	나이	게재호	게재지
	청산가리	1948.8			
	여인들	1948.9		1953.10	<間島揷話> 新天地
	무서운 웃음	1949.4	35		<솔개와 고양이와 매와>-新
	장편『별과 같이 살다』	1946.11			天地
	참외	1950.10	36		
	아이들	1950.12			
	메리 크리스마스	1950.12		1950.12	嶺南日報
	어둠속에 찍힌 版畵	1951.2	37	1951.1	新天地
	솔메마을에 생긴 일	1951.2			
	목숨	1951.4		1952.5	週刊文學藝術
	曲藝師	1951.5		1952.1	文藝
	골목안 아이	1951.6			
	단편집『기러기』				
	그	1951.10			
	단편집『曲藝師』				
	두메	1952.8	38		
	매	1952.10			
	소나기	1952.10		1953.5	新文學 제4집
	寡婦	1952.11		1953.1	文藝
시	향수	1952.11		1952.12	朝鮮詩集
	제주도말	1952.11		1952.12	朝鮮詩集
소설	鶴	1953.1	39	1953.5	新天地
	盲啞院에서	1953.5		1953.11	<胎動> 文化世界
	사나이	1953.9		1954.2	文學藝術
	왕모래	1953.10		1954.1	<윤삼이> 新天地
	장편『카인의 後裔』	1954.5	40		5회 연재 중단 文藝
	부끄러움	1954.12		1955.2	<무서움> 現代文學
	장편『人間接木』	1955.12	41	1955.1~12	<天使> 새가정1년 연재
	筆墨장수	1955.4			
	불가사리	1955.10		1956.1	文學藝術
	잃어버린 사람들	1955.11		1956.1	現代文學
시	새	1955.12			
	나무			1956.1	새벽
소설	山	1956.6	42	1956.7	現代文學
	비바리	1956.9		1956.10	文學藝術
	단편집『鶴』				
	내일	1956.12		1957.2	現代文學
	소리	1957.2	43	1957.5	現代文學

작품집	간행년도	간행사	
『鶴』			
『鶴』			
『曲藝師』			
장편『별과 같이 살다』	1950.2	正音社	
『鶴』			1950.6.25발발, 광주·부산 피난
『曲藝師』			
『曲藝師』			
『曲藝師』			
『曲藝師』			
『曲藝師』			
『曲藝師』			
『曲藝師』			
『曲藝師』			
단편집『기러기』	1951.8	明世堂	
『曲藝師』			
단편집『曲藝師』	1952.6	明世堂	
『鶴』			
『鶴』			
『鶴』			
『鶴』			
『鶴』			
『鶴』			
『鶴』			1953.8 피난지에서 환도
『鶴』			
장편『카인의 後裔』	1954.12	中央文化社	
장편『人間接木』	1957.10	中央文化社	
『잃어버린 사람들』			
『잃어버린 사람들』			
『잃어버린 사람들』			
『잃어버린 사람들』			
『잃어버린 사람들』			
단편집『鶴』	1956.12	中央文化社	
			1957.4 경희대 문리대교수 취임

황순원 작품 목록 447

장르	제목	탈고년도	나이	게재호	게재지
	단편집『잃어버린 사람들』				
	다시 내일	1957.11		1958.1	現代文學
	링반데룽	1958.2	44	1958.4	現代文學
	단편집『너와 나만의 時間』				
	모든 영광은	1958.5		1958.7	現代文學
	이삭주이	1958.5		1958.7	<꽁뜨三題> 思想界
	너와 나만의 時間	1958.7		1958.10	現代文學
	한 벤취에서	1958.10		1958.12	自由公論
	안개 구름 끼다	1958.11		1959.1	思想界
	할아버지가 있는 데쌍	1959.8	45	1959.10	思想界
시	세레나데	1960.3	46		韓國詩集
소설	장편『나무들 비탈에 서다』	1960.5		1960.1~7	思想界
	손톱에 쓰다	1960.12		1960.12	<꽁뜨三題> 藝術院報
	내 고향 사람들	1961.1	47	1961.3	現代文學
	가랑비	1961.3		1961.6	自由文學
	송아지	1961.10		1961.11	<思想界> 문예특집호
	장편『日月』		48	1962.1~5	제1부 現代文學
			48	1962.10~63.4	제2부 現代文學
		1964.11	50	1964.8~65.1	제3부 現代文學
	그래도 우리끼리는	1963.5	49	1963.7	思想界
	비늘	1963.7		1963.10	現代文學
	달과 발과	1963.11		1964.2	現代文學
	소리그림자	1965.1	51	1965.4	思想界
	온기 있는 破片	1965.4		1965.6	新東亞
	어머니가 있는 유월의 對話	1965.6		1965.7	現代文學
	아내의 눈길	1965.7		1965.11	<메마른 것들> 사상계
	조그만 섬마을에서	1965.8		1965.12	藝術院報 제9집
	原色오뚜기	1965.11		1966.1	現代文學
	수컷 退化說	1966.5	52	1966.6	文學
	自然	1966.6		1966.8	現代文學
	닥터 장의 境遇	1966.8		1966.11	新東亞
	雨傘을 접으며	1966.9		1966.11	文學
	피	1966.11		1967.1	現代文學
	겨울 개나리	1967.1	53	1967.8	現代文學
	차라리 내 목을	1967.2		1967.8	新東亞
	幕은 내렸는데	1967.7		1968.1	現代文學
	장편『움직이는 城』	1968.	54	1968.5~10	제1부 現代文學
		1969.	55	1969.7	제2부 3회분 現代文學

작품집	간행년도	간행사	
단편집 『잃어버린 사람들』	1958.3	中央文化社	
『너와 나만의 時間』			
『너와 나만의 時間』	1964.5	正音社	
『너와 나만의 時間』			
『너와 나만의 時間』			
『너와 나만의 時間』			
『너와 나만의 時間』			
『너와 나만의 時間』			
『너와 나만의 時間』			
			1960.4.19 의거
장편 『나무들 비탈에 서다』	1960.9	思想界	
『너와 나만의 時間』			
『너와 나만의 時間』			
『너와 나만의 時間』			1961.5.16 발발
『너와 나만의 時間』			
장편 『日月』			
『黃順元 全集』 전6권	1964.12	創又社	
『너와 나만의 時間』			
『너와 나만의 時間』			
『너와 나만의 時間』			
『탈』			
『탈』			
『탈』			
『탈』			
『탈』			
『탈』			
『탈』			
『탈』			
『탈』			
『탈』			
『탈』			
『탈』			
『탈』			

장르	제목	탈고년도	나이	게재호	게재지
		1970.	56	1970.5	제2부 2회분 現代文學
		1971.	57	1971.3~72.3	제2부 4회분 現代文學
		1972.8	58	1972.4~10	제3부, 4부 現代文學 完結
	탈	1971.9		1971.9	朝鮮日報
시	童話	1974.	60	1974.3	現代文學
	肖像畵			1974.3	現代文學
	獻歌			1974.3	現代文學
소설	숫자풀이	1974.5		1974.7	文學思想
	마지막 잔	1974.8		1974.10	現代文學
시	空에의 意味			1974.12	現代文學
소설	이날의 遲刻	1974.12		1975.4	文學思想
	뿌리	1975.6	61	1975.6	週刊朝鮮
	주검의 場所	1975.10		1975.11	文學과 知性 겨울호
	나무와 돌, 그리고	1975.11		1976.3	現代文學
	단편집『탈』	1976.	62		
시	돌	1977.	63	1977.3	韓國文學
	늙는다는 것			1977.3	韓國文學
	高熱로 앓으며			1977.3	韓國文學
	겨울 風景			1977.3	韓國文學
	戰爭			1977.4	現代文學
	링컨이 숨진 집을 나와			1977.4	現代文學
	位置			1977.4	現代文學
	宿題			1977.4	現代文學
소설	그물을 거둔 자리	1977.7		1977.9	創作과 批評 가을호
	장편『神들의 주사위』	1982.3	69	1978.2 봄	文學과 知性
시	모란 1·2	1979.	65	1979.5	韓國文學
	꽃	1980.	66	1980.5	韓國文學
	浪漫的			1983.3	現代文學
	關係			1983.3	現代文學
	메모			1983.3	現代文學
소설	그림자풀이	1983.11		1984.1월호 제30권 제1호	現代文學
시	우리들의 歲月			1984.3	月刊朝鮮
	賭搏			1984.3.25	韓國日報
	단편집『탈/기타』				
	密語			1984.7	現代文學
	한 風景			1984.7	現代文學

작품집	간행년도	간행사	
장편 『움직이는 城』	1973.5	三中堂	1972.12.19 부친 서거
『黃順元 全集』 전7권	1973.12	三中堂	
『탈』			1973.11.5 원응서 별세
			1974.10.10 모친 서거
『탈』			
『탈』			
『탈』			
『탈』			
『탈』			
『탈』			
단편집 『탈』	1976.3	文學과 知性社	
장편 『神들의 주사위』			
『黃順元 全集』 제10권			
『黃順元 全集』 제5권			
『탈/기타』			

장르	제목	탈고년도	나이	게재호	게재지
	告白			1984.7	現代文學
	기운다는 것			1984.10	文學思想
단상	말과 삶의 자유			1985.3	文學과 知性
소설	나의 竹夫人傳	1985.7		1985.9	韓國文學
	땅울림	1985.8		1985.12	世界의 文學 겨울호
단상	말과 삶과 자유-2			1986.5	現代文學
	말과 삶과 자유-3			1986.9	現代文學
	말과 삶과 자유-4			1987.1	現代文學
	말과 삶과 자유-5			1987.5	現代文學
	말과 삶과 자유-6			1988.3	現代文學
시	散策길에서1			1992.9	現代文學
	散策길에서2			1992.9	現代文學
	죽음에 대하여			1992.9	現代文學
	微熱이 있는 날 밤			1992.9	現代文學
	밤 늦어			1992.9	現代文學
	기쁨은 그냥			1992.9	現代文學
	숫돌			1992.9	現代文學
	무서운 아이			1992.9	現代文學

※ 104편 가량의 시와 단편 104편, 중편 1편, 장편 7편을 창작하고 86세로 작고.

1. 시
    1) 『방가』 - 시 27편
    2) 『골동품』 - 시 22편
    3) 『공간』 - 시 13편
    4) 『목탄화』 - 시 10편
    5) 『세월』 - 시 24편
    6) 『세월』 이후 - 시 8편

2. 단편
    1) 『늪』 - 13편
    2) 『기러기』 - 15편
    3) 『목넘이마을의 개』 - 7편
    4) 『曲藝師』 - 11편
    5) 『鶴』 - 14편
    6) 『잃어버린 사람들』 - 5편
    7) 『너와 나만의 時間』 - 14편
    8) 『탈』 - 21편
    9) 기타 - 4편

작품집	간행년도	간행사	
			2000.9.14 서거

3. 장편
  1) 장편 『별과 같이 살다』
  2) 장편 『카인의 後裔』
  3) 장편 『人間接木』
  4) 중편 『내일』
  5) 장편 『나무들 비탈에 서다』
  6) 장편 『日月』
  7) 장편 『움직이는 城』
  8) 장편 『神들의 주사위』

작품세계로 본 황순원 연보

 황순원의 작품세계를 이해하기 위해서는, 그의 삶의 중요한 이정(里程)과 함께 정치적 사건 및 시대적 현실을 총괄해 보아야만 한다. 그는 역사의식과 현실인식을 바탕으로 하여 사회와 시대속에서 갈등하였으며, 이 갈등이 구체화된 것이 그의 작품들이었기 때문이다. 그는 생명주의, 인도주의, 자유주의, 영원주의를 지향해 나아간 작가임에 분명하지만, 끊임없이 역사와 현실을 응시하면서 이들을 그의 작품속에 내면화시키려고 노력하였다.
 이 연보는 황순원 문학의 특질 및 주제의식의 전개양상, 그리고 작가의 문학적 지향성과 함께 그의 문학관, 인생관, 신관(神觀)을 종합적으로 드러내고자 시도하였다.

1910
한일합방. 9월, 일본, 조선에 토지조사국 설치.

1914
8월 2일, 제 1차 세계대전 발발. 파나마 운하 개통.

1915(1세)

런던이 독일의 공습받음. 평남 대동군에서 황순원 출생.

3월 26일, 평안남도 대동군 재경면 빙장리 1175번지에서 출생. 부친 황찬영(黃贊永)과 장찬붕(張贊朋)의 장남으로 태어남. 찬영은 그의 향리에서 십리쯤 떨어진 목념이마을의 순박한 농민의 딸 광주(廣州) 張씨와 결혼. 둘째 순만(順萬), 셋째 순필(順必), 본관은 제안(齊安). 황순원의 자는 만강(晩岡)으로 부친이 지어주셨다 함. 호는 민향(民鄕)으로, '백성의 고향'을 뜻하며 작가 스스로 지었다 함. 이로써, 작가가 백성과 농민 그리고 민족에 대한 애정이 컸음을 유추해 볼 수 있다.(필자와 작가와의 대담, 작가의 자택에서, 1992.6)

작가의 가문은 조선 초기 황희 정승의 후예로서 향리에서 누대에 걸친 명문이었고, 조부 황연기(黃鍊基)께서 조선시대에 참봉을 지냈다 함. 조부에 대한 이야기는 후 「할아버지가 있는 데생」으로 작품화됨. 조선 영조 때 평양에 <황고집>이라는 효자 황집암(黃執庵), 황순승(黃順承)이 그의 8대 방조임. 부모님이 기독교 신앙 가짐. 기독교는 작가의 성장과정에서 큰 영향을 끼침. 이는 선(善)지향성, 생명존엄성에 대한 추구로 나타나 동물과 아이들을 즐겨 등장시키는 계기가 됨.

1918(4세)

제1차 세계대전 끝남. 윌슨 대통령, 14개조의 평화원칙 발표.

1919(5세)

3·1 독립운동 일어남. 대한민국 임시정부 수립, 대한애국부인회 조직.

평양 숭덕학교 고등과 교사로 재직하던 부친이 태극기와 독립선언서를 평양 시내에 배포, 책임자의 한 분으로 일경에 붙들려 징역 1년 6개월의 실형을 받음. 이 사건은 후 단편 「아버지」(1947.2 창작)의 소재가 된다.

1921(7세)

히틀러, 나치스 당수에 취임. 평양으로 이사. 소작농가 호수 증가
(1921~1932년 사이)

1923(9세)

조선 물산 장려운동 일어남. 평양 숭덕소학교 입학.

1929(15세)

세계 경제공황. 정주 오산중학교 입학. 평양 숭실중학교로 전학.
3월, 숭덕 소학교 졸업, 정주 오산중학교 입학. 남강 이승훈 선생 뵘. "남자라는 것은 저렇게 늙을수록 아름다워질 수도 있는 것이로구나."(「아버지」)라고 술회했듯 남강 선생을 존경함.
9월, 건강 때문에 평양 숭실중학교로 전학. 13세 때부터 체증으로 반홉씩의 소주를 마심. 소주애호가가 됨. 부친 찬영은 옥고를 치르고 한동안 숭실중학교 사감으로 있다가 조림사업과 작답사업에 정열을 쏟음.
11월 3일, 광주학생 항일 운동.

1930(16세)

동요와 시를 쓰기 시작.

1931(17세)

일본 만주사변 일으킴.
7월, 시 「나의 꿈」을 『동광』에 발표. 기존의 세계를 파괴하고, 새 생명의 꽃을 가득 심고 노래하겠다는 시인의 꿈은, 일제하의 질곡을 끝까지 견디게 하는 힘이 되었으며, 이후 부정적 현실 속에서도 긍정적 인생관을 견지하게 하는 원동력이 되었다고 봄.
9월, 시 「아들아 무서워 말라」, 12월, 시 「默想」을 발표.

1932(18세)

이봉창, 윤봉길 의거.

1월, 시 「젊은이여」. 4월, 시 「街頭로 울며 헤매는 者여」. 5월, 시 「넋잃은 그의 앞가슴을 향하여」가 『동광』 문예특집호에 발표. 주요한씨로부터 김해강·모윤숙·이응수씨와 더불어 신예시인으로 소개받음. 7월, 시 「荒海를 건너는 사공아」를 발표. 시 「잡초」를 창작. 「잡초」에서 줄기찬 생명력과 희망을 노래. 8월, 시 「팔월의 노래」 창작. 10월, 시 「꺼진 등대」창작. 어두운 현실속에서 다시 등대의 불을 밝혀야 한다는 의지와 역사에의 적극적 참여자가 되어야 함을 노래. 11월, 시 「떨어지는 이날의 太陽은」 창작.

1933(19세)

일본국제연맹탈퇴, 독일히틀러의 나치정권수립. 한글맞춤법통일안 제정.

1월, 시 「1933년의 수레바퀴」를 창작. 전쟁의 암운속에서 괴로운 역경을 딛고 젊은이의 손으로 역사의 수레바퀴를 돌리자고 결의를 다짐.

3월, 시 「석별」 창작.

4월, 시 「강한 여성」을 창작. "경애하는 O에게"라는 부제가 붙은 이 시는 후에 부인이 된 양정길 여사에게 바친 시임. 조국의 광복에 대한 갈망과 모성의 위대함에 대해 노래함. 황순원 문학의 특질인 '모성에 대한 절대성'은 이 시에서부터 드러나고 있음. 숙천에서 과수원을 경영하며 만주 봉천에 사과를 수출하기도 한 양석렬의 장녀인 양정길(楊正吉)은 평양 숭의여학교 문예반장이었는데 황순원과는 이때부터 교제를 했다고 알려짐.

5월, 시 「옛사랑」 창작. 잃어버린 조국에 대한 사랑을 노래함.

"님아, 내 사랑아,/우리의 앞에는 다시 동반해야 할 험한 길이 놓여 있나니/돌아오라 옛사랑으로, 가면을 버리고 힘의 상징인 옛사랑으로 돌아오라."
(「옛사랑」)

6월, 시 「압록강의 밤」. 7월, 시 「황혼의 노래」 창작. 가난한 조국의 현실과 조국광복에 대한 갈망과 극복의지가 강하게 드러나고 있음.

10월, 시 「우리 안에 든 독수리」 창작.

1934(20세)

진단학회 조직. 첫시집 『放歌』간행.

3월, 숭실중학교 졸업, 일본 동경 와세다 제2고등학원 입학. 동경에서 이해랑·김동원씨 등과 함께 극예술 연구 단체인 '동경학생예술좌'를 창립.

9월, 시 「이역에서」 창작, 발표. 동경에서 조국을 그리며 쓴 시. 이역의 비애와 민족현실의 참상속에서 새로운 희망을 찾아야 한다고 노래함.

11월, 첫 시집 『放歌』를 '동경학생예술좌'에서 간행. "이 시집은 나의 세상을 향한 첫 부르짖음이다. 나는 이 부르짖음을 보다 더 크게, 힘차게, 또한 깊게 울리게 할 앞날을 가져야 하겠다"(「放歌를 내놓으며」, 『放歌』 서문. 1934.11.6. 동경에서 순원)

12월, 시 「밤거리에 나서서」를 조선중앙일보에 발표.

1935(21세)

독일, 재군비 선언. 『三四文學』의 동인이 됨.

1월 2일, 시 「새로운 行進」을 조선중앙일보에 발표.

1월 17일, 양정길(楊正吉) (본관 淸州, 1915년 9월 16일생)과 결혼. 당시 양정길은 일본 나고야의 김성여자전문 학생이었음.

1월에서 8월까지에 걸쳐 시 「歸鄕의 노래」, 「거지애」, 「새出發」, 「밤車」, 「街路樹」, 「굴뚝」, 「故鄕을 향해」, 「午後의 한 一片」, 「고독」, 「찻속에서」, 「무덤」을 조선중앙일보에 발표. 시집 『放歌』를 조선총독부의 검열을 피하기 위해 동경에서 간행했다하여 여름방학 때 귀성했다가 평양 경찰서에 붙들려 들어가 29일간 구류 당함.

10월 15일, 시 「개미」를 조선중앙일보에 발표.

유치장 생활 이후 서울에서 발행하는 『三四文學』의 동인이 됨. 『三四文學』은 모더니즘 계통을 이어간 동인지로서, 황순원의 작품세계에 매우 중요한 영향을 끼쳤다고 볼 수 있다. 『三四文學』은 1935년 12월에 종간 됨.

1936(22세)

손기정, 베를린올림픽 대회 마라톤 우승. 『創作』『探求』의 동인이 됨.
제2시집 『骨董品』 간행.
3월, 와세다 제2고등학원 졸업, 와세다대학 문학부 영문과 입학.
『三四文學』이 해산 상태에 있을 때, 1936년에 『創作』과 『探求』의 두 동인지가 나옴. 황순원은 다시 동경에서 발행하는 『創作』의 동인이 됨. 『創作』이 다시 폐간상태에 이르자, 1936년 5월에 과거의 『三四文學』 중심동인과 『創作』 중심동인들이 결합하여 새로 내놓은 것이 『探求』였음. 작가는 다시 『探求』의 동인이 됨. 그러나 『斷層』의 동인은 아니었고 시만 발표했다고 함. 『斷層』은 김이석 등 평양 광성중학교가 중심이 되었으며 황순원은 숭실 중학교 졸업생이었기 때문에 『斷層』의 동인은 아니었다고 말함. (필자와의 대담에서. 1993.12.22.)
4월, 시 「逃走」, 「잠」을 『創作』 제2집에 발표.
5월, 제2시집 『骨董品』을 '동경학생예술좌'에서 간행. '동물초' '식물초' '정물초'로 구성된 이 시집은, 1935년 오월부터 십이월까지 창작한 시들로서, 총 22편이 실림. 사물을 극도로 축약시켜 순간의 기지로 포착하는 시적 통찰을 보여줌. "나는 다른 하나의 실험관이다" (『骨董品』의 서두)
7월, 시 「七月의 追憶」을 『신동아』에 발표.

1937(23세)

중·일전쟁. 최초의 단편소설 발표.
7월, 단편 「거리의 副詞」를 『創作』 제3집에 발표. 이 작품은 있어도 좋고 없어도 좋은 부사와 같은 존재로서의 조선인 학생들의 위치를 객관적 시점으로 형상화시킨 단편임. 특히 작중인물의 불안하고 초조한 내면적 심리상황을 모던하고 시각적이며 감각적인 언어로써 묘사함. 이는 『三四文學』의 영향인 듯 보여짐. 시적 편린이 강하게 드러남.

1938(24세)

한글교육금지.

4월 9일, 장남 동규(東奎) 출생. 10월, 단편 「돼지系」, 시 「과정」, 「행동」을 『작품』 제1집에 발표. 단편 「돼지系」는 무식하고 가난한 농민들의 생활상을 간결한 대화와 상황 묘사만으로써 보여줌. '돼지系'는 돼지처럼 못사는 사람들의 '계통'을 의미, 가난에 찌든 무식한 농민들을 지칭함. 이로써 작가가 일찍부터 농민에 대해 깊은 관심이 있었음을 반영함.

1939(25세)

제2차 세계대전 발발. 일본, 조선 미곡 배급 조정령을 제정.

3월, 와세다 대학 졸업.

단편 「늪」, 「허수아비」, 「配役들」, 「소라」, 「지나가는 비」, 「닭祭」, 「園丁」, 「피아노가 있는 가을」, 「사마귀」, 「風俗」을 1938년 10월부터 1940년 6월 사이에 창작함. 이들 단편들은 후 『황순원 단편집』으로 간행됨. 특히, 단편 「늪」, 「소라」, 「配役들」, 「風俗」 등에서 애정의 절대성을 강조함. 단편 「지나가는 비」, 「허수아비」, 「피아노가 있는 가을」에서 남녀의 애정 속에서도 모성의 문제가 교묘하게 접맥되어져 있음을 발견할 수 있음. 모성에 대한 인식으로 인하여 애정을 포기하는 경향을 드러내 보임. 단편 「사마귀」는 모성애의 결핍이 낳은 비극을 사마귀를 모티프로 하여 상징적으로 구조화한 작품임. 「갈대」, 「돼지系」, 「거리의 副詞」 등은 인류사회의 보편적 현실인 가난의 문제와 시대상황들을 1930년대에 유행했던 특정한 이즘에 구애 없이 작품 속에 용해시킴. 이로써 이즘이나 틀에 얽매이지 않는 작가의 자유지향성을 엿볼 수 있음. 「닭祭」, 「園丁」에는 생명에 대한 경외감, 선(善) 지향성 등이 드러남.

1940(26세)

일본, 민족말살정책 강화, 일본 배급제도·공출제도 실시. 한국 광복군 결성.

단편집 『늪』 간행.

일본 제국주의의 침략전쟁이 중일전쟁·태평양전쟁으로 확대되면서 일본의 조선 농민에 대한 농산물 수탈 강화, 1940년부터 실시된 공출제도는 잡곡에까지 적용되어 전체생산량의 40%~60% 이상이 강제 공출됨.
6월, 시「무지개가 있는 소라껍데기가 있는 바다」,「臺詞」를『斷層』에 발표.
7월 17일, 차남 남규(南奎) 출생.
8월, 단편집『늪』(간행시의 표제『黃順元短篇集』)을 서울 한성도서에서 간행. 단편집『늪』에는 황순원 문학의 기저가 되고 있는 애정의식, 모성의식, 생명의식, 선(善)지향성 등이 나타남. 이들 주제의식은 초기 단편집『늪』에서부터 후기까지 황순원 문학세계의 기저를 이루며 관류하고 있음. 특히 단편집『늪』은 작가가 시에서 소설로 전환하여 쓴 단편들로서, 시적 소설과 모더니티 지향성을 그 특질로 들 수 있음.
원응서(元應瑞)와 친교 맺음. 원응서는 활자화되지 못하는 작가의 작품을 읽어주고 평해주었던 유일한 독자였음. 단편「마지막 잔」에서 드러나고 있음. 원응서는 1914년 평양에서 출생. 일본 입교대학 영문학부 졸업 후 집에 와 있을 때 작가와 친구가 됨. 해방 후 두사람 모두 정의학교에서 교편 생활함.
단편「별」(가을. 창작), 단편「산골아이」(겨울. 창작)

1941(27세)

태평양전쟁 발발. 대서양 헌장 발표.

2월, 단편「별」을『인문평론』에 발표. 어머니에 대한 그리움을 어둠속에 빛나는 별의 이미지로 현현시킴. 누이의 죽음으로까지도 획득되어질 수 없는 별. 어머니의 존재는 작가에게 있어서 일제하에 있는 조국을 상징함. 어머니 곧 조국이 6·25를 거친「왕모래」(1953.10)에서는 어떠한 조국으로 돌아왔는가.「별」과「왕모래」는 모성의식과 민족의식이 반영된 대표 작품으로 두 작품을 연계해서 고찰 가능함. 단편「그늘」(여름. 창작)
12월 8일, 태평양전쟁 일어남.

1942(28세)

조선어학회사건.

3월, 단편 「그늘」을 『춘추』에 발표. 일제하에서 잃어가는 우리 고유의 전통에 대한 안타까움 같은 것들이 조국애와 상징적으로 연결되어 형상화 됨. '화롯불'이 피워지고 남은 '그늘'은 눈에 보이지 않는 '어둠'을 의미, 1941년 우리 민족의 어두운 현실상황과 그늘 속에 묻혀 있는 우리 민족의 삶을 상징함.
「별」과 「그늘」을 제외하고는 일제의 한글말살정책으로 발표기관이 없어지기 시작하여 작품을 발표하지 못하고 써둠. 단편 「저녁놀」(1941. 가을), 「기러기」(1942. 봄), 「병든 나비」(1942. 봄), 「애」(1942. 여름), 「黃老人」(1942. 가을), 「머리」(1942. 가을)를 창작.
단편 「기러기」는 일제하의 암울한 시대를 배경으로 이면적으로는 잃어가는 조국에 대한 안타까움과 함께 상당수의 농민들이 이농을 하지 않으면 안 되는 시대상을 보여주는 작품임. 절박한 현실 속에서나마 희망을 버리지 않고 조국의 광복을 애타게 열망하는 작가의 모습이 반영되어 있는 작품. 단편 「병든 나비」는 현실에 적응하지 못하고 죽음만을 동경하는 노인의 내면적 풍경을 묘사한 작품임. 단편 「黃老人」은 작가의 조부를 모델로 한 작품. 황노인의 따뜻한 인간애, 자상함, 빈틈없는 성격과 검소하면서도 결곡한 정신자세는 작가자신의 정신세계가 표출되었다고 봄. 단편 「머리」는 식민지 한국이라는 불안하고 우울한 시대상황속에서 폐쇄되고 무위한 삶을 파행적으로 살아가는 지식인의 내면풍경을 묘사한 상황소설임.

1943(29세)

카이로 회담.

단편 「세레나데」(1943. 봄), 「노새」(1943. 늦봄), 「孟山할머니」(1943. 가을), 「물 한 모금」(1943. 가을)창작. 단편 「세레나데」에서 무당에 관한 이야기를 쓴 것은, 일제하에서 점차 잃어가는 한국의 모습을 그려보기 위해서라고 작가는 말함.(필자와의 대담. 1992. 7. 11). 「孟山할머니」, 「물 한 모금」에서 인간에 대한 강한 신뢰와 희망을 버리지 않는 작가의 인생관을 드러냄.
9월, 평양에서 향리인 빙장리로 소개. 11월 7일, 딸 선혜(鮮惠) 출생.

1944(30세)

단편「독 짓는 늙은이」,「눈」창작.

단편「독 짓는 늙은이」(1944. 가을),「눈」(1944. 겨울) 창작. 일제하의 절박한 현실속에서, 죽음으로써 온 생명을 태우며 조국의 광복에 대신하려는 작가의 내적 절규와 결연한 의지가 반영되어 있음.

단편「눈」에는 우리 민족이 겪어야 했던 현실 상황 뿐 아니라, 가난과 어려운 삶속에서도, 그것을 극복하며 피어나는 인간애와 인간에 대한 신뢰와 긍정 그리고 절대선을 지향하는 인간의지가 내포되어 있는 작품으로 주목을 요함. 특히 일년 내내 피땀어리게 농사지어도 공출로 빼앗기고, 먹을 것이 없어 헐벗는 고향 사람들의 피폐한 삶의 모습을 보면서 작가는 어떻게든 절박한 현실을 견뎌내야 한다는 정신적 자세와 결연한 의지를 보여줌. "스러져가는 질화로의 잿불을 돋우어가며 나는 이 고향사람들과의 이야기 속에서 아직 내 몸 어느 깊이에 그냥 남아있는 농사꾼으로서의 할아버지와 반농사꾼으로서의 아버지의 호흡을 찾고, 그 속에 고향사람들과 나 자신의 생명을 바라보며 고개 숙이는 것이었다."(「눈」)

단편집『기러기』(명세당, 1951)는 해방 전에 창작된 작가의 두 번째 단편집임. 단편「별」(1940)을 포함하여,「눈」(1944)에 이르기까지 약 5년간에 걸쳐 쓰여진 단편들로서 모두 15편에 이름. 그 중 7편은 아이와 노인을 주인공으로 하고 있음. 이는 황순원의 다른 단편집에서는 찾아볼 수 없는 현상임. 이는 작가가 극복과 초월을 표상하는 노인과 꿈과 순수를 표상하는 아이에게로 시선을 돌려 일제말기의 질곡을 견뎌내려 한 것이라고 유추 가능함. "아이는 현실이라는 두터운 벽을 뛰어넘는 힘을 지닌다. 단편집『기러기』에는 어둠에 둘러싸인 안온감 같은 서정이 있다. 고향의 <눈>, <자연>을 배경으로 한 것이 많으며, 옛 이야기가 도입되고 있는데, 이는 일제하의 암담한 시대 상황 속에서 점차 잃어져 가는 조국의 얼을 일깨우고 지키려는 작가의 시도이다."(필자와의 대담. 1992. 7. 11)

1945(31세)

포츠담 선언. 8월 15일 해방. 유엔 성립.

8월, 시「그날」「당신과 나」. 10월, 시「신음소리」. 11월, 시「열매」,「골목」. 단편「술」(1945.10) 창작.「그날」「골목」등에서 해방의 뜨거운 감격을 마음 속으로 다져보는 극도의 절제력을 보여줌.

8월 14일, 청진과 나남에 소련군 상륙. 9월 2일, 맥아더 일본공식 항복 포고, 38선 이북은 소련이, 이남은 미군이 접수한다고 발표. 9월 6일, 인민공화국 창건.

9월 8일, 미군이 남한 땅에 진주, 9월 9일, 하지 중장과 아베총독이 항복조인식 가짐. 본격적인 미군정시대에 돌입함.

단편「술」에는, 해방 직후 평양 서성리를 배경으로, 적산의 처리문제, 조합의 형성문제, 이데올로기의 갈등, 조선인과 일본인의 대립감정들이 포착되고 있음.

12월 16일, 모스크바 삼상회담(미·소·영)

1946(32세)

제1차 미·소공동위원회 개최. 파리 평화회의.

1월 21일, 3남 진규(軫奎) 출생.「그날」등 시 5편을『관서시인집』에 수록.

2월부터 5월까지, 국어 교원 강사. 3월 20일, 미·소공동위원회 개최.

5월, 월남. 지주계급이었던 황순원은 1946년 이른 봄부터 이북에서 토지개혁령이 내려지자 모친, 아내, 동생, 자녀를 데리고 38선을 넘음. 장인과 부친은 먼저 월남. 그 당시 부친은 빙장리 인근에 있는 원명산(圓明山) 일대에 토지 개간사업과 조림사업을 하고 있었음. 그런데 순원의 삼촌 세 분 찬옥·찬정·찬명은 월남하지 않음. 후 찬옥은 처형당했다고 전해지며, 나머지 두 분은 생사불명.

7월, 시「저녁저자에서」를『민성』87호에 발표. 단편「두꺼비」창작,『우리 공론』(1947.4)에 발표

8월, 단편「집」창작. 11월, 장편『별과 같이 살다』창작. 일제하에서부터 해

방까지의 시기를 중심으로 소작농민들의 결핍상황과 땅을 매개로 하여 빚어지는 신분이동 양상이 나타남. 주인공 <곰녀>는 우리 민족과 민족의 삶을 상징함.(필자와의 대담, 1993.8.14)

12월, 단편 「황소들」 창작. 특히 「황소들」에서 작가는 해방 후 악덕지주가 쌀을 일본에 몰래 파는 현실상황을 보여주면서, 농민들 스스로 과감하게 현실에 저항해야 함을 보여줌.

1947(33세)

유엔 한국 임시위원단 구성.

1월, 단편 「담배 한 대 피울 동안」을 창작, 9월 『신천지』에 발표.

2월, 단편 「술」(발표시의 제목 「술 이야기」)을 『신천지』에, 단편 「아버지」를 『문학』에 각각 발표. 단편 「아버지」(1947.2)에서는 해방 직후의 가난한 현실상황과 신탁통치의 찬·반을 두고 혼란스러워하는 농민들의 갈등양상이 표출됨.

3월, 단편 「목넘이마을의 개」 창작. 일제하에서의 민족현실과 생명에 대한 경외감, 조국의 해방이 갖는 의미가 무엇인가를 암시적으로 보여줌.

작가는 해방공간의 혼란상, 독립지사가 매도당하고 친일파가 득세하는 현실(「두꺼비」), 미군정하에서의 공출(「집」), 미군정하의 경제적 궁핍상(「담배 한 대 피울 동안」)을 보여줌.

11월, 「모자」 창작, 『신천지』에 발표(1950. 3). 해방 후의 궁핍화 현상을 위트와 패러독스로써 희화화시켜 제시함.

1948(34세)

세계인권선언. 제주도 4·3사건 발발. 5·10총선거 실시.

대한민국정부 수립. 단편집 『목넘이마을의 개』 간행.

3월, 단편 「몰이꾼」창작. 해방 후의 가난한 아이들의 모습과 생명을 담보로 하는 군중심리의 변화양상을 보여주면서 인간의 잔인성을 포착함.

4월 3일, 제주도 4·3사건 발발. 5월, 단편 「이리도」 창작, 『백민』에 발표(1952. 2)

8월, 단편「청산가리」창작. 생명에 대한 존엄성과 절대성을 강조함.
8월 15일, 대한민국 정부 수립. 9월, 단편「女人들」창작.
12월, 해방 후의 단편만을 모은 단편집『목넘이마을의 개』를 육문사에서 간행.

1949(35세)

NATO 성립.
6월, 콩트「무서운 웃음」(발표시의 제목「솔개와 고양이와 매와」)을『신천지』5·6월 합병호에 발표.
7월, 단편「산골아이」를『민성』에 발표. 8월, 단편「孟山할머니」를『문예』에 발표.
9월, 단편「黃老人」을『신천지』에 발표. 12월, 단편「노새」를『문예』에 발표.

1950(36세)

장편『별과 같이 살다』간행. 6·25 전쟁 발발. 유엔, 한국파병결의.
1월, 단편「기러기」를『문예』에 발표.
2월, 장편『별과 같이 살다』를 정음사에서 간행. 이 작품은「암콤」(『백제』, 1947. 1),「곰」(『협동』, 1947. 3),「곰녀」(『대호』, 1949. 7) 등의 제목으로 산발적으로 분재하다가 그것들이 미발표분과 합쳐져『별과 같이 살다』의 제목으로 간행됨.
4월, 단편「독 짓는 늙은이」를『문예』에 발표.
6월 25일, 동란 발발. 경기도 광주로 피난. 9·28 수복.
10월,「참외」창작. 작가의 어머니가 모델이 된 작품. 어머니에 대한 절대적 사랑과 신뢰 드러남.
12월,「아이들」창작. 작가는 전쟁의 살벌함 속에서 순진무구한 아이들의 세계를 보여줌으로써 희망과 인간긍정의 정신을 드러냄. "「아이들」나만큼 아이들 이야기를 쓴 사람도 드물게다. 아이들 것을 쓸 때는 언제나 즐겁다." (「책 끝에」,『曲藝師』).
단편「메리 크리스마스」창작. 평화애호사상과 생명의 존엄성을 드러냄. 부정적 현실속에서 이를 극복하려는 응전력을 드러내 보임. "나는 이 추위와 대항이라도 하듯이 중얼거렸다.-메리 크리스마스."(「메리 크리스마스」)

1951(37세)

1·4 후퇴. 부산피난. 단편집 『기러기』 간행.

1월 4일, 1·4 후퇴 때는 부산으로 피난. 원응서 부산에서 상봉. 원응서는 북에 처자를 두고 혼자 내려옴. 후 재혼하나 노이로제 증세를 보였다 함. 낚시에 취미 붙임. 부산 망명 문인 시절 김동리, 손소희, 김말봉, 오영진, 허윤석 등과 교유함.

2월, 단편 「어둠속에 찍힌 版畵」 창작, 『신천지』에 발표. 전쟁이 빚어낸 상처를 드러내 보이면서 인간사랑, 생명사랑을 강조함. 「솔메마을에 생긴 일」 창작. 작가의 고향 사람들을 모델로 함. 인간긍정의 정신을 바탕으로 풋풋한 인간애를 그림. "내 사랑하는 부류의 인간들."(「책 끝에」, 『曲藝師』). 작가는 궁극적으로 인간을 긍정적으로 본다고 말함. (필자와의 대담. 1993.8.14)

4월, 「목숨」 창작, 『주간문학예술』(1952. 5)에 발표. 5월, 「曲藝師」 창작, 『문예』(1952.1)에 발표. 피난의 체험속에서 "그저 원컨대 나의 어린 피에로들이여, 너희가 이후에 각각 자기의 곡예단을 가지게 될 적에는 모쪼록 너희들의 어린 피에로들과 더불어 이런 무대와 곡예를 되풀이하지 말기를 바란다. (중략) 내일을 기대해 주십시오."(「曲藝師」)

6월, 「골목안 아이」 창작. 어린아이의 선성과 순진성 부각시킴.

"전쟁은 악이다."라는 명제 부각시킴. 황순원은 「암야행로」의 작가 志賀直哉(しがなおや)의 작품을 즐겨 읽음. 志賀直哉(1883~1971)는 白樺파의 동인으로서, 영원과 이상을 지향하고 사회부정에 대한 미움을 주로 다룸. 그는 그리스도인으로서 전쟁을 규탄하고 사회 정의를 강조한 작가임. 동물을 다룬 작품 「동물소품」(1966. 5)을 간행함. 황순원이 이상주의와 영원주의를 지향하고 있으며, 동물에 관심이 많다는 점에서, 志賀直哉와 깊은 관련성이 있다고 볼 수 있음.

8월, 해방전의 작품만 모은 단편집 『기러기』를 명세당에서 간행.

10월, 단편 「그」 창작. 인간적인 고뇌와 슬픔을 보여주고 있는 예수의 모습을 아름답게 형상화함. 단편「그」에서 보여지는 눈(eye)의 상징은, 장편『움직이는 城』에서 '창조주의 눈'으로 다시 상징화되어 나타남.
11월,「자기 확인의 길」을『작가수업』(수도문화사 간)에 수록.

1952(38세)

평화선 선언. 단편집『曲藝師』간행.
6월, 단편집『曲藝師』를 '명세당'에서 간행. 6·25 전쟁으로 인한 피난민의 설움과 상처가 형상화됨.
8월, 단편「두메」. 10월, 단편「매」,「소나기」창작,『신문학』제4집(1953.5)에 발표. 11월, 단편「寡婦」창작,『문예』(1953.1)에 발표. 시「향수」,「제주도 말」창작,『조선 시집』(1952.12)에 수록.

1953(39세)

휴전협정조인. 제1차 통화개혁 실시.
1월, 단편「鶴」창작,『신천지』(1953. 5)발표.「鶴」은 이념의 갈등상황을 우정과 생명사랑의 정신으로 극복하려는 작가의 현실극복의지가 드러난 작품임.
5월, 단편「盲啞院에서」창작. 7월 27일, 휴전협정조인. 8월, 피난지에서 환도.
9월, 단편「사나이」창작. 성(性)의 문제가 본격적으로 다루어짐. 장편『카인의 後裔』를『문예』에 제5회까지 연재했으나 동지의 폐간으로 중단. 나머지 부분은 써둠.
10월, 단편「왕모래」창작. 부정적 모성상을 보여줌으로써, 역설적으로 모성의 절대성을 강조한 작품임. '어머니'는 곧 작가에게 '모국'을 상징함.
단편「산골아이」중학교 국어교과서에 수록.

1954(40세)

인도차이나 휴전 성립. 장편『카인의 後裔』간행.
12월, 단편「부끄러움」창작. 장편『카인의 後裔』를 중앙문화사에서 간행. 이북에서의 토지개혁을 배경, 카인의 후예 즉 농민의 후예들이 당하는 고통과 갈등 및 역사적 상황에 따라 변모하는 인간상을 형상화함.

1955(41세)

장편 『人間接木』 간행.

1월부터 장편 『人間接木』(발표시의 제목 『천사』)을 『새가정』에 1년간 연재하여 완결. 전쟁고아들의 폐허화한 삶을 보여줌.

3월, 장편 『카인의 後裔』로 아시아 자유문학상 수상. 서울중고등학교 교사 사임.

4월, 단편 「筆墨장수」 창작. 8월, 「그와 그네」라는 글을 『문학예술』에 발표.

10월, 단편 「불가사리」 창작.

11월, 단편 「잃어버린 사람들」 창작. 「불가사리」, 「잃어버린 사람들」은 애정의 절대성을 강조하는 작품임. 12월, 시 「새」 창작. 『현대문학』 추천 작품 심사위원에 피촉.

1956(42세)

이집트, 수에즈운하 접수. 헝가리·폴란드, 반공의거. 단편집 『鶴』 간행.

1월, 시 「나무」를 『새벽』에 발표.

6월, 단편 「산」 창작. 9월, 단편 「비바리」 창작. 「산」, 「비바리」는 전쟁의 상처와 생명의 존엄성을 보여준 작품임. 특히 「비바리」는 4·3 사건의 와중에서 겪어야만 했던 비바리의 운명적 삶과 사랑을 환상적이며 상징적인 이미지와 묘사로써 형상화시킴.

12월, 단편집 『鶴』을 중앙문화사에서 간행.

12월, 중편 「내일」 창작. 40대 중년남자와 20대의 젊은 여자가 펼치는 애정심리를 낭만적으로 그림. 아가페적 사랑과 영원주의를 드러냄. 이 작품 속의 중년남자는 그 스스로를 로맨티스트라고 말함. 황순원이 "오늘의 소설은 리얼리즘이어야 한다고 한다. 그렇더라도 로맨티시즘을 옳게 거치지 않은 작가의 리얼리즘 작품을 나는 신용하지 않는다."라고 말하는 것에서 낭만성을 중시하는 작가의 문학관을 엿볼 수 있음.(「말과 삶과 自由·Ⅱ」, 『현대문학』, 1986.5.)

1957(43세)

우리말 큰 사전 완간. 장편『人間接木』간행.
2월, 중편「내일」을『현대문학』에 발표. 단편「소리」창작.
4월, 경희대 문리대 교수로 취임. 예술원 회원 피선.
10월, 장편『人間接木』을 중앙문화사 간행. 11월,「다시 내일」창작.

1958(44세)

단편집『잃어버린 사람들』간행.
2월, 단편「링반데룽」창작, 애정의 절대성 강조.
3월, 단편집『잃어버린 사람들』을 중앙문화사에서 간행.
5월, 단편「모든 영광은」창작. 작가의 인품과 생활을 직접적으로 들여다 볼 수 있는 이 작품은, 이념의 갈등을 생명존중사상과 사랑으로써 극복한 작품으로 황순원의 대표작품임.
5월, 콩트「이삭주이」(발표시 제목「콩트삼제」) 창작.
7월, 단편「너와 나만의 時間」창작, 죽음에 대한 항거와 실존의식이 반영된 작품.
10월, 단편「한 벤치에서」창작. 11월, 단편「안개 구름끼다」창작. 12월, 단편「과부」영화화됨.

1959(45세)

단편「소나기」영역.
5월, 단편「소나기」가 유의상의 영역으로 영국 Encounter지에 수상 게재됨.
8월, 단편「할아버지가 있는 데쌍」(발표시 제목「데쌍」)을 창작, 10월『사상계』에 발표.

1960(46세)

4·19 혁명 일어남. 장면내각 성립. 장편『나무들 비탈에 서다』간행.
1월, 장편『나무들 비탈에 서다』를『사상계』에 연재 시작하여 7호에 완결.

이 작품속에서 자주 드러나는 복숭아 이미지는 황순원 문학에서 자주 등장. 이는 '모성'의 무의식적 표상이라 봄. 작가는 "여성에게 모성이 있을 때 아름다운 것이다."라고 말함.(필자와의 대담. 1994.3.26). 이점에서 작가의 무의식 속에는 모성추구가 잠재해 있다고 봄. 특히 작가는 담배의 해독작용을 위해 복숭아 즐겨 먹음. 후 작가의 작품속에 복숭아 이미지 즐겨 나오는 계기가 됨. (좋아하는 과일 : 백도복숭아, 사과. 싫어하는 과일 : 배.)
또한 이 작품속에는 눈, 얼음, 별, 유리, 모래의 이미지 등이 자주 드러나고 있는데, 이는 카뮈와 공통적이다. 작가는 자신이 도스토예프스키, 톨스토이, 뚜르게네프, 발자크, 카뮈에게로부터 많이 영향받았다고 말함.(필자와의 대담, 1989. 8. 17)
3월, 시 「세레나데」 창작. 4월 19일, 학생의거 일어남.
9월, 장편 『나무들 비탈에 서다』를 사상계사에서 간행.
12월, 콩트 「손톱에 쓰다」(발표시의 제목 「콩트 二題」)를 『예술원보』 제5집에 발표.

1961(47세)

소련, 유인 인공위성 발사. 5·16 군사정변.

1월, 단편 「내 고향 사람들」 창작, 3월 『현대문학』에 발표. 이 작품은 작가의 자전적 요소가 많이 드러남. 일제하에서의 공출 및 수탈상과 생활상이 투영됨.
3월, 단편 「가랑비」 창작, 6월에 『자유문학』에 발표. 혐열한 전쟁의 역사속에서 희생당해야만 했던 양민들의 모습을 보여줌. 이데올로기의 갈등을 생명존중사상과 인도주의사상으로 초극함.
5월 16일, 5·16 군사 정변 일어남. 7월, 장편 『나무들 비탈에 서다』로 예술원상 수상.
10월, 단편 「송아지」 창작, 11월, 『사상계』 문예특집호에 발표.

1962(48세)

쿠바 봉쇄. 제1차 경제개발 5개년 계획. 장편 『d』 연재 시작.

1월부터 장편 『일월』을 『현대문학』 5월 호까지, 제1부 발표.
10월부터 장편 『일월』 제 2부를, 『현대문학』에 다음해 4월호까지 발표.

1963(49세)
핵실험 금지 협정. 박정희 정부 수립.
5월, 「그래도 우리끼리는」 창작. 7월, 「비늘」 창작. 11월, 「달과 발과」 창작.

1964(50세)
미터법 실시. 단편집 『너와 나만의 時間』 간행.
5월, 단편집 『너와 나만의 時間』을 정음사에서 간행.
8월부터 장편 『日月』 제3부를 『현대문학』에 연재하여 다음해 1월호에 완결. '日月'의 표제는 세월 또는 역사를 의미함. 즉 백정의 후예인 한 가정의 가족사를 의미함.
12월, 『황순원전집』 전 6권을 창우사에서 간행.

1965(51세)
한·일 협정조인. 장편 『日月』 완결.
1월, 장편 『日月』 완결. 단편 「소리그림자」 창작, 4월 『사상계』에 발표. 작가의 생명에 대한 긍정정신이 반영됨.
4월, 단편 「온기 있는 破片」 창작, 6월 『신동아』에 발표. 4·19의 시대현실을 배경으로 하여 빚어지는 자의식의 갈등과 생명존엄의 정신과 따뜻한 인간애를 제고시킨 작품임. 여자의 삶은 매춘을 해서 생활해야 하는 파편과 같은 삶이지만, 역시 생명존중의 따뜻한 인간애를 가진 '온기 있는 파편'임을 상징적으로 보여줌.
6월, 단편 「어머니가 있는 유월의 對話」를 창작, 7월 『현대문학』에 발표. 모성의 절대성 강조함.
7월, 단편 「아내의 눈길」(발표시의 제목 「메마른 것들」) 창작, 11월 『사상계』에 발표. 생명긍정을 보여주고 있는 작품임. 정부의 농어촌 고리채정리의 모순점과 농촌의 가난한 현실을 리얼하게 묘사함.

8월, 단편「조그만 섬마을에서」 창작, 12월『예술원보』 제 9집에 발표.
11월, 단편「原色 오뚜기」 창작,『현대문학』(1966. 1)에 발표. 작가의 인간에 대한 무한한 긍정정신이 반영됨.

1966(52세)

한·미 행정 협정 조인.
3월, 장편『일월』로 3·1문화상 수상.
5월, 단편「수컷 退化說」 창작, 6월『문학』에 발표. 늙음에 대한 인식과 실존적 외로움, 죽음의식이 드러남.
6월, 단편「自然」 창작, 8월『현대문학』에 발표. 애정관계에서 빚어지는 심리적 갈등과 애정의 진실성, 절대성을 강조한 작품임.
8월, 단편「닥터 장의 境遇」 창작, 11월에『신동아』에 발표. 생명존엄성과 생명에 대한 경외감 드러남.
9월, 단편「雨傘을 접으며」 창작, 11월『문학』에 발표. 표제 '우산을 접으며'는 '험난한 생활을 종결지으면서'라는 의미임. 애정의식과 고독한 인간존재에 대한 성찰 보여줌.
9월 17일, 부모의 회혼례 있음.
11월, 단편「피」 창작. 수재민들의 가난한 삶과 생존의 어려움, 실존의 위기가 반영.
단편「소나기」가 인문계 중학교 국3에, 단편「鶴」이 실업계 고교 국3에 각각 수록됨.
3·1문화상 심사위원에 피촉.

1967(53세)

제3차 중동전쟁. 5·3대통령선거. 6·8국회의원선거.
제2차 경제개발 5개년 계획.
1월, 단편「겨울 개나리」 창작, 8월『현대문학』에 발표. 생명에 대한 경외감과 신뢰감 드러남. 황순원은 "나는 이 작품에서 악성 뇌종양 환자인 영이와 간호보조원 아줌마의 만남을 통해, 지옥은 아니지만 일종의 연옥과 같은 고통스런 시련을 치르고서 얻었을 혼의 결합을 담으려 했다. 잠깐 보이다가 없어지는 안개보다도 못한 이 인간세계에서나마."라고 말함. (단편「겨울 개나리」가 영역되어 게재될 때의 작가의 말,『韓國文學』, 1986. 2)
2월, 단편「차라리 내목을」창작, 8월『신동아』에 발표. 애정의 절대성을 강조한 이 작품은, 말(馬)의 시점에서 본 독백체 소설임. 톨스토이의 작품「홀스트메르-어느 말(馬)의 신세타령」과 유사한 작품임.
7월, 단편「幕은 내렸는데」창작, 68년 1월에『현대문학』에 발표. 이 작품은 시점의 혼효, 해체적이며 전위적 기법의 특이함을 실험한 소설로서, 작가의 끊임없는 실험정신을 보여줌. 단편「잃어버린 사람들」과 장편『일월』이 영화화됨.

1968(54세)

체코 민주화선언에 소련군 개입. 1·21사태, 국민교육헌장 선포.
장편『움직이는 城』연재 시작.
5월부터 장편『움직이는 城』을 현대문학에 연재시작, 10월호까지 제 1부 발표.
『월간문학』편집위원에 피촉. 한글 전용 심의위원에 피촉.
장편『나무들 비탈에 서다』,『카인의 후예』영화화됨.

1969(55세)

아폴로 11호 달 착륙.
5월,『황순원대표작선집』전 6권을 조광출판사에서 간행.
7월부터 장편『움직이는 城』제 2부 3회분을『현대문학』에 발표.

1970(56세)

새마을 운동시작, 경부고속국도 개통.
5월부터 장편『움직이는 城』제2부 2회분을『현대문학』에 발표.
같은 달에 장편『카인의 後裔』,『나무들 비탈에 서다』,『日月』, 단편「닭祭」, 「독 짓는 늙은이」,「목넘이마을의 개」,「아버지」,「曲藝師」를『한국대표문학

선집』(삼중당 간) 제6권에 수록.
6월, 국제 펜클럽 제37차 서울대회에서 한국 대표로「한국 문학에 있어서의 해학의 특성」이란 제(題)로 주제를 발표. 8월 15일, 국민훈장 동백장 받음.

1971(57세)
4·27 대통령선거. 5·25 국회의원 선거. 남북 적십자 첫 예비 회담.
3월부터 장편『움직이는 성』제2부 4회분을『현대문학』에 발표.
9월 16일, 콩트「탈」을 조선일보에 발표. 농민의 건강한 생명력과 영혼이, 도시인의 메마른 삶속으로 들어가 화합됨으로써, 삶의 충체성을 획득하고 있음을 보여준 이 작품은, 독특하고 개성적인 기법을 실험하고 있음.
9월 20일, 남북 적십자 첫 예비 회담. '외솔회' 이사에 피촉.

1972(58세)
7·4남북공동성명발표. 남북적십자회담. 10월 유신. 장편『움직이는 城』완결.
4월부터 장편『움직이는 城』제3부와 제4부를『현대문학』10월호까지 연재하여 완결.
이 작품속에는 기독교와 샤머니즘의 갈등을 배경으로 하면서 정착하지 못하는 인간존재의 내적 갈등 즉 '유랑의식'을 보여줌. 작가는 우리민족을 정착되지 못한 민족이라 생각함. 일제말기에서도 지도자들이 먼저 이름을 바꾸었다고 비판함. 이 작품에서 작가는 인간중심에서 본 신관(神觀)을 보여줌. 이후 작가는 "신은 완전한 선(善)이다."라고 수정해 말함. (필자와의 대담, 1993. 8. 14. 장현숙, 황순원 문학연구 참조). 이 작품에는 작가의 농민에 대한 의식과 소외된 자들에 대한 애정이 드러남. 작중인물 장창애는 시인 김수영씨의 부인을 모델로 하였다고 함.
7월 4일, 남북 공동성명 발표. 8월 30일, 남북 적십자 본회담.
10월12일, 남북 조절위원장 첫 회의. 12월 19일, 부친 서거.

1973(59세)
제4차 중동전쟁, 전세계 유류파동. 6·23평화통일선언.

장편 『움직이는 城』 간행.
5월, 장편 『움직이는 城』을 삼중당에서 간행.
11월 5일, 친구 원응서(元應瑞) 별세. 12월, 『황순원문학전집』 전7권을 삼중당에서 간행.

1974(60세)

북한 땅굴 발견.
1월 10일, 모친 서거.
3월, 시 「童話」 「肖像畵」 「獻歌」를 『현대문학』에 발표. 시 「肖像畵」에서는 노년의 성숙과 패기 드러남. 시 「獻歌」에서는 죽음에 대한 초연함을 노래함.
5월, 단편 「숫자풀이」 창작, 7월 『문학사상』에 발표. 4·19에 동참하지 않았다는 죄의식 때문에 미쳐버린 한 남자의 심리상황을, 초현실주의적이며 신심리주의적 기법으로 형상화함.
8월, 단편 「비바리」가 「갈매기의 꿈」이라는 제(題)로 영화화됨. 단편 「마지막 잔」 창작, 10월 『현대문학』에 발표.
12월, 시 「空에의 의미」를 『현대문학』에 발표. 이 시는 시인 서정주에게 주는 시임. 단편, 「이날의 遲刻」 창작. 무위와 권태에 잠식당해 있는 자의식의 세계를 심리적 수법으로 포착한 작품.

1975(61세)

베트남 전쟁 종식. 대통령 긴급조치 9호 발표.
3월 26일, 회갑이지만 다른 행사는 사양하고 예년과 같이 지냄.
6월 29일, 단편 「뿌리」를 『주간조선』에 발표.
10월, 단편 「주검의 장소」 창작, 『문학과 지성』 겨울호에 발표.
11월, 단편 「나무와 돌, 그리고」 창작, 『현대문학』(1976. 3)에 발표. 죽음에 대한 무한한 수용과 생에 대한 장엄한 의지를 보여줌.

1976(62세)

판문점 도끼 만행사건. 단편집 『탈』 간행.

3월, 단편집『탈』을 문학과지성사에서 간행. 이 단편집은 1965년부터 1975년까지에 쓰여진 21편의 단편들. 실존적 삶의 인식과 그 총체성을 다룬 작품들로서, 주제의식의 다양함과 기법의 특이성을 특질로 함.
7월 초순부터 50여일간 부부 동반으로 미국・일본・대만 등지를 여행.

1977(63세)

제4차 경제개발 5개년 계획.

3월, 시「돌」,「늙는다는 것」,「高熱로 앓으며」,「겨울 風景」을『한국문학』에 발표. 이 시편들 모두 늙음에 대한 작가의 관심을 보여줌.
4월, 시「戰爭」,「링컨이 숨진 집을 나와」,「位置」,「宿題」를『현대문학』에 발표.
7월, 단편「그물을 거둔 자리」창작, 9월『창작과 비평』가을호에 발표. 신비한 애정의 세계와 구원으로서의 사랑을 제시한 작품임.

1978(64세)

미국・중국, 국교정상화. 자연보호 헌장 선포. 장편『神들의 주사위』연재 시작.

2월, 장편『神들의 주사위』를『문학과지성』봄호에 연재 시작. 이 작품은 도시의 자본들이 농촌으로 침투해 들어옴으로써 유발되는 농민들의 이농 현상과 농촌 도시화에 따른 환경오염의 심각성을 제시하고 있음. "아무 반향 없는 소리지만 또 한다. 당장 눈앞에 드러나지 않는다고 해서 각종 공해 문제를 어물쩍 넘겨버리는 것처럼 무서운 일은 없다. 공해 문제를 뒷전에 밀어넣고 경제 성장을 하여 설사 선진국 대열에 낀다 한들 무슨 소용이 있는가. 내 어느 소설에서도 말했듯이, 그 풍요를 누릴 우리의 자식들이 공해로 인해 병들거나 병신으로 태어난다면 선진국 아니라 막말로 선진국 할아버지가 된들 뭘 하겠는가."(『말과 삶과 自由』). 작가가 작중인물 하나하나를 독립된 개체의 신(神)으로 보아, 표제 '神들의 주사위'라 제목을 정했다고 함. (필자와의 대담, 1989. 8.17)

1979(65세)

이란의 회교도 혁명, 중동 평화조약 조인. 소련, 아프가니스탄 침공.
10·26 사태 발발
5월, 시「모란 Ⅰ·Ⅱ」를『한국문학』에 발표.

1980(66세)

이란·이라크 전쟁. 5·18 광주 민중항쟁 발발. 172개 정기간행물 폐간.
5월 18일, 광주민중항쟁 발발. 5월 31일, 국가보위 비상대책회의 출범.
6월, 시「꽃」을『한국문학』에 발표.
경희대학교 교수 정년 퇴임과 동시에 명예 교수로 취임.
장편『神들의 주사위』가『문학과지성』의 폐간으로 가을호부터 연재 중단됨.
8월, 국보위, 사회악 일소를 위한 특별조치. 삼청교육대 만듬.
12월, 문학과지성사가 낱권으로 기획한『황순원전집』전12권 중 제1권『늪/기러기』, 제9권『움직이는 城』이 간행됨.
"인간을 사랑한다는 염원을 문학이라는 양식을 거쳐서 실현하는 것입니다."
(인터뷰기사,『서울신문』, 1980. 12. 27)

1981(67세)

미국, 왕복 우주선 콜럼비아호 발사. 전두환 정부성립.
5월,『황순원전집』제2권『목넘이마을의 개/곡예사』, 제6권『별과 같이 살다/카인의 後裔』가 간행됨.
8월, 장편『神들의 주사위』를『문학사상』에 처음부터 다시 연재하여 다음해 5월호에 끝냄.
12월,『황순원전집』제3권『鶴/잃어버린 사람들』, 제7권『人間接木/나무들 비탈에 서다』가 간행됨.

1982(68세)

제1차 뉴델리회의. 정부, 일본에 역사교과서 왜곡 내용 시정요구.

장편『神들의 주사위』간행.
8월,『황순원전집』제4권『너와 나만의 時間/내일』, 제10권『神들의 주사위』
가 간행 됨.

1983(69세)

미국, 유네스코 탈퇴. KAL기 피격참사. 아웅산 사건.
KBS, 이산가족찾기 TV생방송.
3월, 시「浪漫的」,「關係」,「메모」를『현대문학』에 발표.
7월,『황순원전집』제8권『日月』이 간행됨.
11월, 단편「그림자풀이」창작,『현대문학』(1984. 1)에 발표. 이 작품에는 현실참여의 문제와 자유와 구속의 문제, 환경오염의 문제 등이 제기되고 있음. 민주화에 대한 열망과 희망, 자유, 사랑 등이 인간구원의 길임을 제시함.
12월, 장편『神들의 주사위』로 대한민국 문학상 본상 수상.

1984(70세)

영국・중국, 홍콩반환 협정조인. 단상「말과 삶과 自由」씀.
3월, 시「우리들의 歲月」을『월간조선』에 발표. 돌아가신 부모님에 대한 그리움과 역사의식이 내재함.
3월 25일, 시「賭博」을 한국일보에 발표. 삶과 죽음의식이 투영됨.
3월 26일 : 작가 고희 맞음. 문우인 미당 서정주 시인은 그의 고희에 '鶴 두루미나 두어 마리/ 가끔 내려와 앉아서 쉬는/山골 길의 落落長松 같은 그대' 라고 칭송함.
4월,『황순원전집』제5권『탈/기타』가 간행됨.
6월 22일부터 두 달 동안 부부 동반으로 미국에 있는 딸네 가족과 함께 미국 중부, 서부 지방과 유럽의 영국・프랑스・스위스・이탈리아・오스트리아・독일・벨기에 등지를 여행.
7월, 시「密語」,「한 風景」,「告白」을『현대문학』에 발표.
10월, 시「기운다는 것」을『문학사상』에 발표.
12월, 단상「말과 삶과 自由」씀. 생명존중사상, 말과 글의 중요성, 작가는 이즘이나 틀에서 벗어나야 한다는 자유지향성, 공해의 문제, 꿈에 대한 단상, 어머니와 아버지에 대한 그리움 등이 드러남. "현실적으로는 너와 나 어느 쪽이 보다 더 자유로운가가 중요하지만, 가슴속에서는 항상 절대적인 자유를 갈구하고 있어야 할 것이다." "작가의 의식은 언제나 깨어 있어야 한다. 무의식의 세계를 그릴 때도 작가는 그걸 분명히 의식하고 있어야 한다." "「고걸 또 깉니?」본시 적게 담는 밥을 남길라치면 늘 듣던 어머니의 걱정어린 음성이 내 나이 먹어갈수록 더 간절히 되살아온다."(「말과 삶과 自由」)

1985(71세)

남북 고향방문단 상호교류. 단상 「말과 삶과 自由」 발표.
단편 「나의 竹夫人傳」 발표.
1월, 단편 「鶴」이 인문계 실업계 구분 없이 편찬한 고등학교 국2에 수록됨.
3월, 『황순원전집』 제11권 『시선집』, 제12권 『황순원 연구』가 간행됨.
같은 달에 「말과 삶과 自由」를 『말과 삶과 自由』(문학과지성사)에 수록.
7월, 단편 「나의 竹夫人傳」 창작, 9월 『한국문학』에 발표. 이 작품에는 작가의 문학관, 여성관, 그리고 농민과 노동자에 대한 인식이 드러남.
"실은 난 말이야, 철들면서부터 농민과 노동자에 대해 뭔가 두려움을 느끼구 있는 사람야. 항상 그들에게 빚을 지구 있는 것 같구, 그 빚을 갚지 못해서 보복을 당할 것만 같은 느낌. 그런데 그 보복이 두려우면서두 극히 당연하다는 생각."(「나의 竹夫人傳」)
8월, 단편 「땅울림」 창작, 『세계의 문학』 겨울호에 발표. 이 작품은 이산가족의 고통을 보여주면서 분단극복의 한 방법이 사랑과 화해와 용서에 있음을 제시함.
"통일은 이루어져야 한다. 이념적인 문제가 제거된 후의 통일. 어떠한 통일이냐의 문제에 관심을 가져야 한다. 민주적·평화적 방법에서의 통일을 지향해야 한다." (필자와의 대담, 1989.8.17)

1986(72세)

필리핀 민주혁명. 소련, 체르노빌 원전 사고.

3월,「말과 삶과 自由·Ⅱ」를 씀. 5월,『현대문학』에 발표. 모성의 절대성, 연약한 인간의 본성을 드러낸 예수의 모습, 문학의 실효성과 아름다움, 인간 긍정정신, 잘못 쓰고 있는 우리말에 대한 지적, 자유지향성, 술을 마시는 이유, 사랑과 영혼의 소중함, 죽음의식이 드러남. "인간의 위기는 휴머니즘(인본주의)으로 해소되지 않는다. 휴머니즘(인본주의) 자체 속에서 어쩔 수 없이 인간의 위기가 싹텄기 때문에." "인간은 모든 것을 휴머니즘(인본주의)으로 해결하려 드는 어리석은 오만심을 버려야 한다." "소설에서 우리가 감동하게 되는 것은 그 작품 속에 깔려있는 시와 마주치기 때문이다." "내가 영혼이니 사랑이니 하는 말을 하는 것은, 비정하게 막아서는 어둠 앞에서 우리 모두의 꿈을 보전하기 위한 내 외로운 기도를 뜻한다."(「말과 삶과 自由·Ⅱ」)

7월,「말과 삶과 自由·Ⅲ」을 씀. 9월,『현대문학』에 발표. 생명존엄성, 기독교 신도들의 잘못된 삶의 태도 비판, 영혼과 자연의 중요성, 작가와 현실의 관계, 비평가는 작가의 정신구조를 밝혀야 함을 강조. 자유의 문제 등에 대해 언급. "작가는 자기가 몸담고 있는 현실에 만족하지 않는다. 설사 어떤 이상향이 출현한다 해도 작가는 거기 만족하지 않을 것이다. 이것은 작가의 영원한 괴롭고도 자랑스런 숙명이다." "문장의 함축은 생략에서가 아니라 비약에서 온다. 생략한 자리는 비어 있지만 비약은 여러 가지 말로 채워지는 법이다." "태어남에 우리의 자유 의사는 아무런 관여를 할 수 없다. 죽음(자살이라는 변칙적인 것을 제외한)에 우리의 자유 의사는 아무런 관여를 할 수 없다. 둘 다 좋건 싫건 어쩔 도리가 없는 일이다. 그 대신 태어남과 죽음 사이의 세월은 우리 모두가 자유로울 수 있고, 또 자유로워져야 할 기간이다."(「말과 삶과 自由·Ⅲ」)

86년 12월,『말과 삶과 自由·Ⅳ』를 씀,『현대문학』(1987. 1)에 발표. 자살에 대한 비판, 예수의 자유정신과 이를 부정하는 대심문관인 추기경의 이야기 등에 언급함.

"도스토예프스키는 한 서한에서 이런 말을 하고 있다. '설혹 누군가가 그리스도는 진리의 테두리 밖에 있다는 것을 내게 증명해 보인다 하더라도, 그리고 사실 진리는 그리스도 안에는 없다고 하더라도 나는 진리와 함께 있기

보다는 오히려 그리스도와 함께 있고 싶다.' 또 한 서한에서는 이런 말도 하고 있다. '이 세상에 참으로 아름다운 모습이 딱 하나 있다. 그리스도이다.' 이 말들은 도스토예프스키가 그리스도라는 인간상에게 붙들려 함께 고뇌한 흔적의 하나가 아니겠는가."(「말과 삶과 自由・Ⅳ」)

1987(73세)

박종철군 고문치사 사건. 6·29 민주화 선언.

4월, 「말과 삶과 自由・Ⅴ」를 씀. 5월, 『현대문학』에 발표. 작가로서의 자세, 자유정신, 고문에 대한 비판, 악마와의 대화에 대해 씀. "전체주의는 문학의 창조성보다 이용 가치를 우선하고, 자본주의는 문학의 창조성보다 대량 보급을 우선한다. 이 둘 다를 넘어서서 우선 문학은 문학이어야 한다는 극히 원초적인 자세를 문학인은 묵묵히 지킬 일이다." "작가는 외부 세계와 함께 자기 자신을 항상 불가해한 객체로서 새로이 들여다보는 훈련을 잊지 말아야 한다." "작가의 한계점이란 다름아닌 그가 처해 있는 사회로부터 돌이킬 수 없이 길들여진 상태를 말한다."(「말과 삶과 自由・Ⅴ」)

10월, 제1회 인촌상 문학 부문 수상. 12월, 예술원 원로회원에 추대됨.

1988(74세)

이란·이라크 종전. 노태우 정부 수립.

2월, 「말과 삶과 自由・Ⅵ」를 씀. 3월, 『현대문학』에 발표. '한글 맞춤법 및 표준어 규정'(1987)에 대한 비판과 우려, 애주가로서의 변, 도스토예프스키의 인간에 대한 신뢰 및 그리스도에 대한 애정, 작품을 쓰는 이유에 대해 언급. "된 작품은 뭇사람에 의해 마구 파먹힘을 당하고서도 그냥 살아 남는다." "네가 내게 묻는다. 왜 작품을 쓰느냐고. 내가 네게 대답한다. 너와 나의 관계를 짓기 위해서라고." "네가 내게 묻는다. 왜 기독교를 믿느냐고. 내가 네게 대답한다. 너와 나의 관계를 짓기 위해서라고."(「말과 삶과 自由・Ⅵ」)

1989(75세)

베를린 장벽 붕괴. 루마니아 공산독재정권 붕괴.

헝가리, 폴란드 등 동구권과 수교.
7월, 단편 「탈」, 「어머니가 있는 유월의 對話」, 「숫자풀이」, 「겨울 개나리」, 「雨傘을 접으며」, 「온기 있는 破片」, 「피」, 「이날의 遲刻」, 「조그만 섬마을에서」, 「소리 그림자」, 「原色 오뚜기」, 「自然」, 「幕은 내렸는데」, 「주검의 場所」, 「나무와 돌, 그리고」가 영역되어(여러 사람이 번역하였음) *The Book of Masks*라는 표제로서 영국 READERS INTERNATIONALS사에서 간행.
<문> "신을 믿습니까?"
<답> "신을 믿는다. 어렸을 때부터. 믿음의 문제는 주관적인 것이기 때문에 객관적·과학적인 태도에서 볼 수 없는 그 당사자의 문제이지."
<문> "간증의 진실성에 대해 어떻게 생각하십니까?"
<답> "맹장수술 안 하고 낫는 것 따위와 같지. 모든 병은 마음에서 상당수 오는 것이지."(필자와의 대담, 1989. 8.17)

1990(76세)

독일 통일. 소련과 국교 수립.
1월, 단편 「鶴」, 「조그만 섬마을에서」, 「피」, 「사마귀」, 「갈대」, 「이리도」, 「소나기」, 「눈」, 「메리 크리스마스」, 「黃老人」, 「筆墨장수」, 「손톱에 쓰다」, 「독 짓는 늙은이」, 「孟山할머니」, 「사나이」, 「가랑비」, 「탈」, 「曲藝師」, 「비바리」, 「링반데룽」, 「참외」, 「너와 나만의 時間」, 「그림자풀이」, 「寡婦」, 「소리그림자」가 영역되어(여러 사람이 번역하였음) J. Martin Holman의 편집으로 SHADOWS OF A SOUND라는 표제로서 미국 MERCURY HOUSE사에서 간행.
8월 15일, 선친께서 건국훈장 애족장을 추서 받음.
11월, 장편 『日月』이 설순봉의 영역으로 *Sunlight, Moonlight*(Sisayongosa간)라는 표제로서 간행됨.
사당동 자택에서 경희대학교 대학원생 강의.
황순원 문학연구에 대한 학위논문 나오기 시작함. 이월영, 「꿈소재 서사문학의 사상적 유형연구」, 전북대학교 박사논문, 1990.

1991(77세)

발트 3국 독립. 남·북한 유엔 동시 가입.
· 극작가 신봉승씨는 황순원 소설은 장면전환이 빨라 영화화하기 좋다고 말함. 황순원 선생님은 영화에 관심이 많다고 말함.(1991.5.2)
· 작가 이호철씨는 1950년대 선생님께서 서울 고등학교 재직시 자주 만났다고 말함.(1991.5.2)
· 양선규, 「황순원 소설의 분석심리학적 연구」, 경북대학교 대학원 박사논문, 1991.12.

1992(78세)

소연방해체, 독립국가연합(CIS)탄생. 중국과 국교수립.
9월, 시 「散策길에서 1」, 「散策길에서 2」, 「죽음에 대하여」, 「微熱이 있는 날 밤」, 「밤늦어」, 「기쁨은 그냥」, 「숫돌」, 「부서운 아이」를 『현대문학』에 발표. 자연과의 조화, 모성에로의 회귀, 죽음의식, 신(神)에 대한 사랑 등이 드러남.

1993(79세)

우루과이라운드 타결, 북미 자유무역협정체결. 김영삼 정부수립.
금융실명제 실시.
<문> "작가가 문학을 통해 궁극적으로 지향하고 있는 것은 무엇입니까?"
<답> "지향점이 분명하다면, 한 작품으로 끝나는 것이지. 끝나지 않았기 때문에 자꾸 작품이 나오는 거겠지."
<문> "작가자신은 인간을 긍정적으로 보십니까? 부정적으로 보십니까?"
<답> "인간의 존재를 긍정적으로 보지."
<문> "인간의 존재를 어떠한 시각으로 보십니까?"
<답> "슬픔의 존재로 보지."
<문> "왜 인간을 <슬픔>의 존재로 파악하고 계십니까?"
<답> "불완전한 존재이면서 죽음이 있고, 죄가 있는 눈, 죄지은 눈을 갖고 있기 때문이지."(필자와의 대담, 1993.8.14)

• 『움직이는 城』과 관련하여.
<문> "4부에만 '주춧돌 하나, 주춧돌 둘'이라고 제목을 붙인 이유가 있습니까?"
<답> "인간의 존재란 '유랑민'처럼 이곳저곳을 옮아다니는 '움직이는 城'이지만 '주춧돌 하나, 주춧돌 둘'을 새롭게 쌓아서 굳건한 城을 쌓아야 하지."
<문> "준태로 하여금 '씨감자'를 개발하게 하는 이유는 무엇입니까?"
<답> "우리나라는 농업이 기본이지."
<문> "샤머니즘을 이 작품에서 부각시킨 이유는 무엇입니까?"
<답> "샤머니즘을 비판한 것이지. 샤머니즘이 점을 맞추기는 하지만, 인간을 구원하지는 못하지. 이 작품에서도 샤먼이 버린 애정(철이)을, 기독교 신앙을 가진 성호가 데려다 기르게 되지. 이것은 샤먼이 버린 애정을 담으려고 했던 거지. 성호는 이들에 대한 사랑으로 인간구원을 하려 했던 것이라 볼 수 있지. 이 작품에서 준태는 무신론자는 아니야." (필자와의 대담, 1993.8.14)

1994(80세)

이스라엘과 요르단, 평화협정체결. 북한 김일성 사망.
박양호, 「황순원 문학연구」, 전북대학교 대학원 박사논문, 1994. 2.
장현숙, 「황순원 소설연구」, 경희대학교, 대학원 박사논문, 1994. 8.
장현숙, 『황순원 문학연구』(1994. 9. 시와시학사)
황순원 문학에 대한 최초의 저서.

1995(81세)

세계무역기구 출범. 지방자치제 실시, 구총독부 건물 해체.
• 외출 거의 하지 않고 사당동 자택에서 지냄. (작고 시까지)
• 주로 TV를 통하여 운동 경기를 봄.(특히 야구 경기를 좋아함)
• 아침, 저녁으로 아파트 주위를 산보.
• 낮시간에는 성경책 읽기와 시집 읽기로 지냄.

· 단상이나 시를 쓰시라는 필자의 권유에 "작품다운 작품을 쓰지 못할 바에는 안 쓰는 편이 낫지."라고 웃으심.

1996(82세)

정부의 문화훈장 수여거부.
<문> "선생님의 문학을 사회현실과 분리된 순수문학의 작가로 많은 평자들이 얘기하고 있습니다. 여기에 대한 선생님의 생각은 어떻습니까?"
<답> "나 나름대로의 역사를 썼다고 생각해." (필자와의 대담에서)

1997(83세)

영국, 홍콩을 중국에 반환.
· 선생님과 친했던 교우에는 원응서, 아동문학가 이원수, 김이석, 선우휘를 거명함.
· 등단시킨 작가에는 승지행, 이호철, 오유권, 최상규, 서기원, 최인호 등을 거명함.
· 경희대학교 재직시, 김광섭, 주요섭, 김진수, 조병화 등 문인교수들과 더불어 창작열을 북돋워 많은 문인제자들을 배출해냄. 전상국, 김용성, 조세희, 조해일, 드라마작가 박진숙·김정수, 정호승, 이유범, 고원정, 박남철, 박덕규, 김형경, 류시화, 이혜경, 서하진 등.

1998(84세)

김대중 정부 출범.
작가의 하나님에 대한 신앙심이 더욱 깊어짐.

2000(86세)

남북 이산가족 상봉. 서울 사당동 자택에서 황순원 별세.
6월 13일, 남북이산가족, 50년만의 극적 상봉.
9월 14일, 오전 8시경, 주무시던 상태로 별세. 최근 고통없이 돌아가게 해달라고 매일 기도했다고 함.

9월 18일, 장지 충남 천원군 병천면 풍산공원 묘원에 안장됨.
가족과 많은 문인, 제자들 참석.(전상국, 김용성, 조세희, 조해일, 박진숙, 고원정, 김형경, 이혜경, 하응백, 문홍술 등)

· 104편 가량의 시와 단편 104편, 중편 1편, 장편 7편을 창작하고 86세로 작고한 작가 황순원.

그는 역사와 사회에 대한 현실인식을 배면에 깔면서, 이상주의·영원주의를 지향해 나아간 작가임에 분명하다. 그는 부정적 현실에도 절망하지 않고 그것을 초극하려는 일관된 정신적 자세와 인간긍정의 철학으로 작가로서의 길을 걸었다. 그의 투철한 작가정신은, 일제하의 암울한 시대상황 속에서도 모국어를 갈고 닦으며, 잃어가는 한국적 이미지와 전통문화와의 접맥을 통하여, 한국의 얼을 고양시키려 한 데에서도 찾아볼 수 있다. 특히 작가는 예술정신의 자유로움과 실험적인 소설기법의 창조로써, 특정한 형식과 주의에 구속되지 않고 자유에의 길로 나아갔다. 이점에서 황순원 문학의 지향성이, 생명과 사랑과 자유라는 인간구원의 양식에 놓여있으면서도, 끊임없이 다양성을 실험한 문학임을 새삼 확인할 수 있다.

■ 참고문헌

· 오생근 편, 황순원 연구, 황순원전집 제12권, 1993.
· 장현숙, 황순원 문학 연구, 시와시학사, 1994.
· 장현숙, 황순원 다시 읽기, 한국문화사, 2004.

(『문학과 의식』, 2000. 겨울호 발표)

주제별로 본 황순원 단편소설

생명존엄사상	닭祭, 애, 이리도, 청산가리, 曲藝師, 어둠속에 찍힌 版畵, 아이들, 목숨, 鶴, 山, 소리, 모든 榮光은, 이삭주이, 너와 나만의 時間, 안개구름끼다, 가랑비, 송아지, 소리그림자, 온기 있는 破片, 아내의 눈길, 닥터 장의 境遇, 피, 그림자풀이, 몰이꾼
모성의 절대성	지나가는 비, 허수아비, 피아노가 있는 가을, 사마귀, 별, 기러기, 참외, 메리 크리스마스, 盲啞院에서, 왕모래, 어머니가 있는 六月의 對話, 조그만 섬마을에서, 幕은 내렸는데, 비바리, 부끄러움
모성과 애정의 접맥	허수아비, 피아노가 있는 가을, 自然
애정의 절대성	늪, 소라, 配役들, 園丁, 소나기, 불가사리, 잃어버린 사람들, 내일, 다시 내일, 링반데룽, 차라리 내 목을, 그물을 거둔 자리, 그림자풀이, 나의 竹夫人傳
자유지향성	나의 竹夫人傳, 그림자풀이
시대 상황과 현실인식	눈, 세레나데, 노새, 술, 두꺼비, 집, 황소들, 담배 한 대 피울 동안, 아버지, 목넘이마을의 개, 모자, 몰이꾼, 曲藝師, 두메, 비바리, 내 고향 사람들, 숫자풀이
민족주의와 연결시킬 수 있는 작품	그늘, 기러기, 독 짓는 늙은이, 별, 눈, 목넘이마을의 개, 왕모래, 女人들
가난의 문제	돼지系, 갈대, 노새, 산골 아이
전쟁과 이데올로기	鶴, 山, 모든 榮光은, 너와 나만의 時間, 가랑비, 송아지, 이리도, 목숨
분단·이산의 문제	마지막 잔, 땅울림
내면의 심리세계	거리의 副詞, 風俗, 머리, 그늘, 병든 나비, 숫자풀이
실존적 고독	한 벤치에서, 너와 나만의 時間, 이날의 遲刻

인간애, 인간긍정정신	저녁놀, 孟山할머니, 물 한 모금, 女人들, 아이들, 솔메마을에 생긴 일, 寡婦, 鶴, 筆墨장수, 原色오뚜기, 겨울 개나리, 幕은 내렸는데, 뿌리, 소리그림자, 눈, 이삭주이
작가의 신변, 가계, 조상	할아버지가 있는 데쌍, 그래도 우리끼리는, 내 고향 사람들, 마지막 잔, 모든 榮光은, 아버지, 黃老人
죽음, 노년	수컷 退化說, 나무와 돌 그리고, 병든 나비, 주검의 場所
性이 내재된 작품	사나이, 비바리, 寡婦, 두메, 왕모래
神의 문제	그
성숙의 문제	닭祭, 산골아이, 매, 달과 발과
술 소재로 한 작품	그래도 우리끼리는, 모든 榮光은
삶의 총체성 회복의지	탈

황순원 연구논저 발표연대별 총목록

이석훈, 「문학풍토기-평양편」, 인문평론, 1940.8.
남궁만, 「황순원 저 『황순원 단편집』을 읽고」, 매일신보, 1941.4.3.
김성욱, 「시와 인형」, 『해동공론』, 1952.3.
　　　『언어의 파편』, 지식산업사. 1982.10.
곽종원, 「황순원론」, 『문예』, 1952.9.
　　　『신인간형의 탐구』, 동서문화사, 1955.10.
천이두, 「인간속성과 모랄」, 『현대문학』, 1958.11.
조연현, 「서정적 단편」, 『문학과 그 주변』, 인간사, 1958.
이어령, 「식물적 인간상」, 『사상계』, 1960.4.
김운현, 「황순원론」, 경북대학교 『국어국문학연구 논문집』 10, 1960.12.
백　철, 「전환기의 작품 자세」, 동아일보, 1960.12.10~11.
　　　, 「작품은 실험적인 소산」, 한국일보, 1960.12.18.
황순원, 「비평에 앞서 이해를」, 한국일보, 1960.12.21.
황순원, 「한 비평가의 정신자세」, 한국일보, 1960.12.21.
원형갑, 「『나무들 비탈에 서다』의 背地」(상·중·하), 『현대문학』, 1961.1~3.
정태용, 「전후세대와 니힐리즘-『나무들 비탈에 서다』를 읽고」, 민국일보, 1961.4.14.
천이두, 「자의식과 현실」(『나무들 비탈에 서다』의 기점 개제) (상·하), 『현대문학』, 1961.12~1962.1.

　　　　　『종합에의 의지』, 일지사, 1974.11.
정창범, 「황순원론」,『문학춘추』제1권, 제5호, 1964.
　　　　　『율리시즈의 방황』, 창원사, 1975.1.
구창환, 「상처받은 세대」,『조대문학』제5집, 1964.
조연현, 「황순원 단장」,『현대문학』, 1964.11.
　　　　　「黃順元論」,『예술원 논문집』제3집, 1964.
김상일, 「순원 문학의 위치」,『현대문학』, 1965.4.
구창환, 「황순원 문학 서설」,『조선대학교 어문학논총』제6호, 1965.
김병걸, 「억설의 분노」,『현대문학』, 1965.7.
심연섭, 「황순원씨-신동아 인터뷰」,『신동아』제3권, 제4호, 1966.4.
김교선, 「성층적 미적 구조의 소설」,『현대문학』, 1966.5.
김치수, 「외로움과 그 극복의 문제」,『문학』제1권, 제8호, 1966.
　　　　　『황순원연구』, 문학과지성사, 1985.3.
김상일, 「황순원의 문학과 악」,『현대문학』, 1966.11.
박정자, 「성숙과 고민」,『성대문학』제12집, 1966.
이호철, 「문학을 숙명으로서 받아들이는 자세」,『현대문학』, 1966.12.
김우종, 「명작에서 본 母像 10態(6)-황순원작「寡婦」」, 대한일보, 1967.6.10.
정전길, 「황순원 문학 점묘-「독 짓는 늙은이」,「曲藝師」,「별」」 등, 고려대학교
　　　　　『교양』, 1967.12.
천이두, 「토속적 상황 설정과 한국 소설」,『사상계』통권 188호, 1968.
　　　　　『한국소설의 관점』, 문학과지성사, 1980.3
고　은, 「실내작가론·3·황순원」,『월간문학』제2권, 제5호, 1969.5.
천이두, 「黃順元의 文學」,『신한국문학전집 14』, 어문각, 1970.
이보영, 「황순원의 세계」(상·하),『현대문학』, 1970.2~3.
　　　　　『황순원연구』, 문학과지성사, 1985.3.
천이두, 「시와 산문」,『한국대표 문학전집』제6권, 삼중당, 1970.5.
　　　　　「綜合에의 意志」,『현대문학』, 1973.8.
　　　　　『綜合에의 意志』, 일지사, 1974.11.
황순원, 「대표작 자선자평-유랑민 근성과 시적 근원」(대담),
　　　　　『문학사상』제1권, 제2호, 1972.11.

박해경, 「황순원 소설의 미학」, 이화여대 대학원 석사논문, 1972.
이형기, 「유랑민의 비극과 무상의 성실」, 『황순원문학전집』 제1권, 삼중당, 1973.12.
천이두, 「부정과 긍정」, 『황순원문학전집』 제2권, 삼중당, 1973.12.
　　　　『綜合에의 意志』, 일지사, 1974.11.
원응서, 「그의 인간과 단편집 『기러기』」, 『황순원문학전집』 제3권, 삼중당, 1973.12.
　　　　『황순원연구』, 문학과지성사, 1985.3.
김병익, 「찢어진 동천사상의 복원」, 『황순원문학전집』 제4권, 삼중당, 1973.12.
　　　　『한국문학의 의식』, 동화출판공사, 1976.1.
김병익, 「수난기의 결벽주의자」, 『황순원문학전집』 제5권, 삼중당, 1973.12.
　　　　『한국문학의 의식』, 동화출판사, 1976.1.
김　현, 「소박한 수락」, 『황순원문학전집』 제6권, 삼중당, 1973.12.
　　　　『사회와 윤리』, 일지사, 1974. 『황순원연구』, 문학과지성사, 1985.3.
천이두, 「서정과 위트」, 『황순원문학전집』 제7권, 삼중당, 1973.12.
원형갑, 「버림받은 언어권 - 『움직이는 城』의 인물들」, 『현대문학』 제20권, 제3호, 1974.3.
이보영, 「황순원 재고」, 『월간문학』 제7권, 제8호, 1974.8.
이정숙, 「황순원 소설에 나타난 인간상」, 『서울대학교 대학원 논문집』, 1975.
염무웅, 「8·15 직후의 한국문학」, 『창작과 비평』, 1975. 가을호.
　　　　『민중시대의 문학』, 창작과비평사, 1979.4.
김윤식, 『韓國現代文學史』, 일지사, 1976.
서기원, 「여자의 다리」, 문학과지성사 제7권, 제2호, 1976.6.
김병익, 「순수문학과 그 역사성 - 황순원의 최근의 작업」, 『한국문학』 제4권, 제7호, 1976.7.
국제 펜클럽 한국본부, 「서평 - 감성의 섬세한 印畵 - 『탈』 황순원 저」, 『펜뉴스』 제2권, 제2호, 1976.7.
천이두, 「원숙과 패기」, 『문학과 지성』, 1976. 여름호.
김병익, 「순수문학과 그 역사성」, 『한국문학』, 1976.
　　　　『상황과 상상력』, 문학과지성사, 1979.7.
　　　　『황순원 연구』, 문학과지성사, 1985.3.
홍기삼, 「유랑민의 서사극」, 『한국문학대전집』, 태극출판사, 1976.6.

황순원, 인터뷰 기사, 朝鮮日報, 1976.10.20.
구창환, 「황순원의 생명주의 문학」, 『한국언어문학』 통권4호, 한국언어문학회, 1976.
이선영, 「인정·허망·자유-황순원「탈」, 서정인 「강」, 이정환 「까치방」, 『창작과 비평』, 11권, 제3호, 1976.9.
이정숙, 「황순원 소설에 나타난 인간상」, 서울대 대학원 석사논문, 1976.
정재훈, 「한국 현대소설에 나타난 죽음의 연구 : 황순원, 김동리, 김동인, 현진건, 나도향, 주요섭의 소설을 중심으로」, 경희대 교육대학원 석사논문, 1976.
노대규, 「소나기의 문체론적 고찰」, 『연세어문학』 제9·10합집, 1977.6.
이기야, 「소설에 있어서의 상징문제-황순원의 『움직이는 城』을 중심으로」, 고려대학교 『어문논집』 19, 1977.9.
최래옥, 「황순원 '소나기'의 구조화 의미」, 『국어교육』 31, 한국국어교육 연구회, 1977.12.
장수자, 「Initiation Story 연구」, 전국대학생 학술논문대회 논문집 제3호, 이화여대, 1978.
윤명구, 「황순원 소설 세계의 변모-『황순원전집』 소재 장편소설을 중심으로」, 『국어교육연구』 2, 1978.3.
김정자, 「황순원과 김승옥의 문체연구-統語論적 측면에서 본 시도」, 『한국문학총론』 1, 1978.12.
김윤식, 「황순원론」, 『우리 문학의 넓이와 깊이』, 서재헌, 1979.
김희보, 「황순원의 『움직이는 城』과 무속신앙-M.Eliade의 예술론을 중심하여」, 『기독교사상』 247, 1979.1.
김병택, 「결말에 대한 작가의 시선-「운수 좋은 날」, 「금 따는 콩밭」, 「메밀꽃 필 무렵」, 「소나기」의 경우」, 『현대문학』 제25권, 제1호, 1979.1.
이재선, 「황순원과 통과제의 소설」, 『한국 현대 소설사』, 홍성사, 1979.2.
이인복, 「황순원의 「별」 「독짓는 늙은이」 「목넘이마을의 개」, 『한국문학에 나타난 죽음의식의 사적 연구』, 열화당, 1979.9.
구인환, 「소설의 극적 구조의 양상」, 『국어 국문학 81호』, 1979.12.
박미령, 「황순원론」, 충남대 대학원 석사논문, 1980.2.
김 현, 「해방 후 한국사회와 황순원의 작품세계」, 대학주보, 경희대, 1980.9.15(상) 9.22.(하).
황순원, 전상국과의 대담, 「문학과 더불어 한평생」, 대학주보, 경희대, 1980.9.15.

이태동,「실존적 현실과 미학적 현현」,『현대문학』, 1980.11.
『황순원연구』, 문학과지성사, 1985.3.
김 현,「안과 밖의 변증법」,『황순원전집』제1권, 문학과지성사, 1980.12.
이상섭,「'·유랑민 근성'과 '창조주의 눈'」,『황순원전집』제9권, 문학과지성사, 1980.12.
이용남,「調信夢의 小說化 문제-「잃어버린 사람들」「꿈」을 중심으로」,『관악어문연구』제5집, 1980.
황순원, 인터뷰 기사, 서울신문, 1980.12.27.
김우종,「3·8선의 문학과 황순원」,『한국현대 소설사』, 성문각, 1980.
김인환,「인고의 미학」,『황순원전집』제6권, 문학과지성사, 1981.5.
유종호,「겨레의 記憶」,『황순원전집』제2권, 문학과지성사, 1981.5.
홍정운,「황순원론-『움직이는 城』의 실체」,『현대문학』제27권, 제7호, 1981.7.
송상일,「순수와 초월」,『황순원전집』제7권, 문학과지성사, 1981.12.
조남현,「순박한 삶의 파괴와 회복」,『황순원전집』제3권, 문학과지성사, 1981.12.
방용삼,「황순원 소설에 나타난 애정관」, 경희대 교육대학원 석사논문. 1981.
배병철,「현대소설에서 본 윤리의식 : 황순원·오영수 작품을 중심으로」, 경희대 교육대학원, 1981.
장덕순,『한국 설화 문학 연구』, 서울대 출판부, 1981.
조연현,『한국현대작가연구』, 새문사, 1981.
안영례,「黃順元 小說에 나타난 꿈 硏究」, 중앙대 교육대학원 석사논문, 1982.
장현숙,「황순원 작품연구」, 경희대학교 대학원 석사논문, 1982.2.
백승철,「황순원 소설의 악인 연구」, 세종대 대학원 석사논문, 1982.2.13.
박원숙,「『닭祭』『별』『소나기』를 중심으로한 황순원의 단편연구」, 이화여대 교육대학원 석사논문, 1982.2.22
권영민,「일상적 경험과 소설의 수법」,『황순원전집』제4권, 문학과지성사. 1982.8.
김치수,「소설의 조직성」,『황순원전집』제10권, 문학과지성사, 1982.8.
조기원,「현대단편소설의 문체론적 연구 : 김동리와 황순원을 중심으로」, 고려대 교육대학원 석사논문, 1982.9.10
정다비,「서평-사랑의 두 모습-이청준『시간의 문』, 황순원『神들의 주사위』」,『세계의 문학』제7권, 제4호, 1982.12.

천이두, 「전체소설로서의 국면들」, 『현대문학』, 1982.12.
이유식, 「전후소설에 나타난 문장변천」, 『한국 소설의 위상』, 이우출판사, 1982.
김재헌, 「황순원의 일월(日月)론」, 충남대 교육대학원, 1983.2.25
이갑록, 「황순원 소설에 나타난 인물묘사연구」, 경희대 교육대학원, 1983.2.
이동하, 「한국소설과 구원의 문제」, 『현대문학』, 1983.5.
성민엽, 「존재론적 고독의 성찰」, 『황순원전집』제8권, 문학과지성사, 1983.7.
채명식, 「인간의 의지와 신의 섭리-『神들의 주사위』를 중심으로」, 동국대『국어국문학논문집』12, 1983.9.
김전선, 「나무들 비탈에 서다에 관한 연구」, 이화여대 교육대학원 석사논문, 1983.
우한용, 「현대소설의 고전수용에 관한 연구, 「움직이는 城과 서사무가 '七公主'의 관련성을 중심으로」, 『국어국문학』제23집, 전북대학교, 1983.
유재봉, 「황순원 소설에 나타난 주인공의 인간상」, 충남대 교육대학원 석사논문, 1983.
임관수, 「황순원 작품에 나타난 自己實現 問題-『움직이는 城』을 중심으로」, 충남대 대학원 석사논문, 1983.
천이두, 「청상의 이미지-오작녀」, 『한국현대소설론』, 형설출판사, 1983.
김기형, 「김동리와 황순원 소설의 문체론적 비교연구」, 원광대 교육대학원 석사논문, 1984.2.25.
김정혜, 「島崎藤村の『破戒』と 黃順元の『日月』との 比較硏究 : 疎外の 樣を中心じ」, 계명대 석사논문, 1984.2
유재봉, 「황순원 소설에 나타난 주인공의 인간상 고찰」, 충남대 교육대학원 석사논문, 1984.2.
이창희, 「가문소설의 현대적 이행 양상」, 충북대 교육대학원 석사논문, 1984.2.
임관수, 「황순원 작품에 나타난『자기실현(自己實現)』문제, 충남대 석사논문, 1984.2.
전현주, 「황순원 단편 고찰-이니시에이션 스토리를 중심으로」, 동아대 석사논문, 1984.2.
정과리, 「사랑으로 감싸는 의식의 외로움」, 『황순원전집』 제5권, 문학과지성사, 1984.4.
김영화, 「황순원의 소설과 꿈」, 『월간문학』제17권, 제5호, 1984.5.
조규일, 「황순원의 전쟁소설 소고-그의 단편소설 「학」을 중심으로」, 광운공업대,

『논문집』 13, 1984.5.
김동선, 「황고집의 미학, 황순원 가문」, 『정경문화』, 1984.5.
『황순원연구』, 문학과지성사, 1985.3.
안남연, 「황순원 소설의 작중인물 연구」, 한국외국어대 석사논문, 1984.8.
이병학, 「『별』의 의미 구조 분석 시론」, 인하대 교육대학원 석사논문, 1984.8
임채욱, 「황순원 작품의 구조 연구-단편소설을 중심으로」, 원광대 석사논문, 1984.8.
전혜선, 「『나무들 비탈에 서다』에 관한 연구 : '유리'의 이미지와 현실의 문제를 중심으로」, 이화여대 교육대학원 석사, 1984.9.
조남현, 「황순원의 초기 단편소설」, 『한국현대소설사연구』, 민음사, 1984.11.
김주연, 「한국문학 왜 감동이 없는가」, 문예중앙, 1984.가을.
김 현·김윤식, 『한국문학사』, 민음사, 1984.
김병익, 「한국소설과 한국기독교」, 김주연편, 『현대문학과 기독교』, 문학과지성사, 1984.
김봉군·이용남·한상무 공저, 『한국 현대 작가론』, 민지사, 1984.
김영화, 「황순원의 단편소설 Ⅰ-해방전의 작품을 중심으로」, 『한국언어문학』 제23집, 한국언어문학회, 1984.
김치수, 「소설의 조직성과 미학-黃順元의 小說」, 『문학과 비평의 구조』, 문학과지성사, 1984.
조남현, 『문학과 정신사적 자취』, 이우출판사, 1984.
김경희, 「황순원 소설 연구 : 장편에 나타난 인물의 갈등을 중심으로」, 중앙대 대학원 석사논문, 1985.2.
김난숙, 「황순원 문학의 상징성 고찰」, 부산여대 대학원 석사논문, 1985.2
김영수, 「한국소설의 연맥연구」, 중앙대 대학원 박사논문, 1985.2
김운기, 「황순원 시고」, 『국제어문』제2집, 1985.2.
김종회, 「황순원의 작중인물 연구」, 경희대 대학원 석사논문, 1985.2.
방경태, 「황순원 「별」의 모티브와 작중인물연구」, 『대전어문학』, 1985.2.
방윤순, 「한국 현대소설에 나타난 기독교의 수용문제연구」, 인하대 교육대학원 석사논문, 1985.2.
신동규, 「모티브의 기능과 의미화 : '소나기'를 대상으로 한 시론적 분석」, 서강대 대학원 석사논문, 1985.2.
최민자, 「황순원 작품연구-장편소설의 상징성을 중심으로」, 동아대 석사논문, 1985.2.
한승옥, 「황순원 장편소설 연구-원죄의식을 중심으로」, 『숭실어문』 제2집, 숭전대 국어국문학회, 1985.2.
권영민, 「황순원의 문체 그 소설적 미학」, 『말과 삶과 自由』, 문학과지성사, 1985.3.
김상태, 「한국 현대소설의 문체변화」, 『말과 삶과 自由』, 문학과지성사, 1985.3.
김주연, 「싱싱함. 그 생명의 미학」, 『황순원전집』 제11권, 문학과지성사, 1985.3.
김치수, 「소설의 사회성과 서정성」, 『말과 삶과 自由』, 문학과지성사, 1985.3.
김 현, 「계단만으로 된 집」, 『말과 삶과 自由』, 문학과지성사, 1985.3.
오생근, 「전반적 검토」, 『황순원 연구』, 문학과지성사, 1985.3.
정과리, 「현실의 구조화」, 『말과 삶과 自由』, 문학과지성사, 1985.3.
최동호, 「동경의 꿈에서 피사의 사탑까지」, 『말과 삶과 自由』, 문학과지성사, 1985.3.
최정희·오유권·서정범·이호철, 「황순원과 나」, 『말과 삶과 自由』, 문학과지성사, 1985.3.
홍정선, 「이야기의 소설화와 소설의 이야기화」, 『말과 삶과 自由』, 문학과지성사, 1985.3.
김병익, 「장인정신과 70년대 문학의 가능성 돋보여-고희 맞은 황순원과 그의 문학세계」, 『마당』 44, 1985.4.
홍정운, 「신념의 언어와 예술의 언어」, 오상출판공사, 1985.
천이두, 「밝음의 美學-人間接木論」, 『한국소설의 문제작』, 백철·구인환·윤재근, 도서출판 一念, 1985.
변정화, 「1930년대 한국 단편소설 연구」, 숙명여대 대학원 박사논문, 1985.
이정숙, 「민요의 소설화에 대한 고찰-「명주가」와 「비늘」을 중심으로」, 『한성대학교 논문집』, 1985.
조남철, 「일제 하 한국 농민 소설 연구」, 연세대 박사논문, 1985.
이정숙, 「지속적 자아와 변모하는 삶」, 『한국근대 작가 연구』, 三知院, 1985.
김병욱, 「황순원 소설의 꿈 모티브」, 『문학과 비평』, 1985.5.
이보영, 「인간 회복에의 물음과 해답」 「작가로서의 황순원」, 『문예총서 12 황순원』, 지학사, 1985.7.
진형준, 「모성으로 감싸기, 그에 안기기-황순원론」, 『세계의 문학』, 민음사, 1985.

가을호.
신춘호, 「황순원의 「황소들」론」, 『충주문학』 제3집, 1985.10.
전영태, 「이청준 창작집과 황순원의 단편소설」, 『광장』 146, 1985.10.
이동하, 「주제의 보편성과 기법의 탁월성-황순원의 『잃어버린 사람들』」, 『정통문학』.
권택희, 「황순원 소설에 나타난 종교사상연구 : 「日月」과 「움직이는 城」을 중심으로」, 한양대 교육대학원 석사논문, 1986.2
권경희, 「황순원 소설에 나타난 종교사상 연구-『日月』과 『움직이는 城』을 중심으로」, 한양대 교육대학원 석사논문, 1986.2.14.
정창훤, 「황순원 소설의 이미지에 관한 연구」, 전북대 교육대학원 석사논문, 1986.2.22.
김윤식, 「민담, 민족적 형식에의 길」, 『소설문학』, 1986.3.
구인환, 「「별」의 이미지와 空間」, 『봉죽 박붕배박사 회갑기념 논문집』, 1986.
김영환, 「황순원 소설의 작중인물 연구」, 동국대 교육대학원 석사논문, 1986.
김윤식, 『우리 근대 소설 논집』, 이우출판사, 1986.
_____, 「민담 또는 민족적 형식」, 『우리 근대 소설 논집』, 이우출판사, 1986.
김정하, 「황순원『日月』연구-전상화된 상징구조의 원형비평적 분석과 해석」, 서강대 대학원 석사논문, 1986.
전영태, 「6·25와 분단 시대의 소설」, 『한국문학』 제14권, 제6호, 통권 152호, 1986.
장현숙, 「황순원 초기 작품 연구-단편집『늪』을 중심으로」, 『경원공업전문대학 논문집』제7집, 1986.
정한숙, 「한국전후 소설의 양상」, 『현대한국소설론』, 고려대학교 출판부, 1986.
정호웅, 「분단소설의 새로운 넘어섬을 위하여」, 『한국문학』 제14권, 제6호, 통권 152호, 1986.
최옥남, 「황순원 소설의 기법 연구」, 서울대 교육대학원 석사논문, 1986.
김용희, 『현대 소설에 나타난 '길'의 상징성』, 정음사, 1986.
서경희, 「황순원 소설의 연구-작중인물의 성격을 중심으로」, 전북대 교육대학원 석사논문, 1986.
신동욱, 「황순원 소설에 있어서 한국적 삶의 인식연구」, 『동양학』 16집, 단국대 동양학 연구소, 1986.
『삶의 투시로서의 문학』, 문학과지성사, 1988.
황순원, 「말과 삶과 自由·Ⅳ」, 『현대문학』 통권 385호, 1987.1.

구수경, 「황순원 소설의 담화양상 연구」, 충남대 대학원 석사논문, 1987.
김종회, 「삶과 죽음의 존재 양식-황순원 단편집 『탈』을 중심으로」, 『경희대학교 대학원 고황논집』 제2집, 1987.
김영환, 「황순원 소설의 작중인물 연구」 동국대 교육대학원 석사논문, 1987.2
박선미, 「황순원의 문체연구 : 「나무들 비탈에 서다」를 중심으로」, 이화여대 대학원 석사논문, 1987.2
송하섭, 「한국 현대소설의 서정성 연구」, 단국대 대학원 박사논문, 1987.2.
윤민자, 「황순원 소설에 나타난 애정관 : 장편소설 중심으로」, 연세대 교육대학원 석사논문, 1987.2
전미리, 「황순원 단편소설 연구 : 작품 「별」, 「닭」, 「소나기」, 「학」을 중심으로」, 서울여대 대학원 석사논문, 1987.2.
강혜자 역, 「동서시학의 상징비교」, 『문학과 비평』 통권1호, 1987.봄. 창간호.
이동하, 「소설과 종교」, 『한국문학』, 1987.7.8.9.
홍정운, 「황순원론-「움직이는 城』의 실체」, 『현대문학』 제27권, 제7호, 1987.7.
이동하, 「전통과 설화성의 세계」, 『한글새소식』, 1987.12~1988.1.
윤지관, 「『日月』의 정치적 차원」, 『문학과 비평』, 1987.가을호.
이부영, 「심리학적 상징으로서의 동굴」, 『문학과 비평』, 1987.가을호.
조남현, 「문학사회학의 수용양태와 그 문제점」, 『문학과 비평』, 1987.가을호.
이동하, 「입사소설의 한 모습」, 『한글학보』, 1987.겨울.
김경혜, 「황순원 장편에 나타난 인간구원의식에 관한 고찰」, 숙명여대 대학원 석사논문, 1987.
박진규, 「황순원 초기 단편 연구-『늪』『기러기』에 나타난 서정기법을 중심으로」, 부산대 대학원 석사논문, 1987.
이호숙, 「황순원 소설의 서술시점에 관한 연구」, 이화여대 대학원 석사논문, 1987.
김용성, 「한국 소설의 시간 의식」, 『현대문학』 통권 397·398호, 1988.1.2.
강평구, 「황순원 소설의 인물유형 고찰」, 조선대 대학원 석사논문, 1988.2.
문영희, 「황순원 문학의 작가정신 전개양상 연구」, 경희대 대학원 석사논문, 1988.2.
윤장렬, 「황순원 단편소설 구조 연구」, 한국외국어대 대학원 석사논문, 1988.2.
이호숙, 「황순원 소설의 서술시점에 관한 연구」, 이화여대 대학원 석사논문, 1988.2
이동하, 「황순원론, 파멸의 길과 구원의 길-「별과 같이 살다」에 대하여」,

『문학사상』, 1988.3.
이동하, 「말하지 않고 있는 것의 중요성」, 『한국문학』, 1988.3.
한승옥, 「황순원 문학의 색채론」, 『동서문학』, 1988.3.
이부순, 「황순원 단편소설 연구」, 서강대 대학원 석사논문, 1988.7.
이운기, 「황순원의 초기 작품 연구」, 건국대 교육대학원 석사논문, 1988.8.
이현란, 「황순원 소설 연구 : 전기장편을 중심으로」, 성신여대 대학원 석사논문, 1988.8.
김선학, 『현실과 언어의 그물』, 민음사, 1988.
방민화, 「황순원 『日月』 연구」, 숭실대학교 석사논문, 1988.
양선규, 「어린 외디푸스의 고뇌-황순원의 「별」에 관하여」, 『文學과 言語』 제9집, 1988.
최인숙, 「황순원의 『움직이는 城』 연구」, 효성여대 석사논문, 1988.
허명숙, 「황순원 장편소설 연구-『日月』, 『움직이는 城』, 『神들의 주사위』의 인물구조를 중심으로」, 숭실대 석사논문, 1988.
이재선, 「전쟁체험과 50년대 소설」, 『현대문학』 통권 409호, 1989.1.
조남현, 「우리 소설의 넓이와 깊이, 황순원의 『카인의 후예』」, 『문학정신』, 1989.1.2.
_____, 「우리 소설의 넓이와 깊이, 『나무들 비탈에 서다』, 그 외연과 내포」, 『문학정신』, 1989.4.5.
오병기, 「황순원 소설연구, 죽음의 양상과 의미의 변화를 중심으로」, 영남대 대학원 석사논문, 1989.8.
강영주, 「황순원의 성장소설 연구」, 전남대 교육대학원 석사논문, 1989.
권혜정, 「황순원의 액자소설 연구」, 경북대 교육대학원 석사논문, 1989.
배규호, 「황순원 소설의 작중인물 연구」, 계명대 석사논문, 1989.
송하섭, 『한국현대소설의 서정성 연구』, 단국대 출판부, 1989.
이동하, 「전통과 설화성의 세계-황순원의 「기러기」」, 『물음과 믿음사이』, 민음사, 1989.
이동하, 「입사 소설의 한 모습」, 『물음과 믿음사이』, 민음사, 1989.
최동호, 「1950년대의 시적흐름과 정신사적 의의」, 『현대문학』 통권 409호, 1989.
현영종, 「이니시에이션 소설 연구-염상섭, 황순원, 김승옥, 김원일 작품을 중심으로」, 고려대 교육대학원 석사논문, 1989.

권대근, 「한국 현대소설에 나타난 꿈에 관한 연구 : 황순원의 작품을 중심으로」, 원광대 교육대학원 석사논문, 1990.2.
배규호, 「황순원 소설의 작중인물 연구 : 「나무들 비탈에 서다」를 중심으로」, 계명대 교육대학원 석사논문, 1990.2.
홍순재, 「황순원의 「움직이는 성」 연구」, 경남대 교육대학원 석사논문, 1990.2.
박노철, 「황순원 소설에 나타난 구원의 양상 : 「카인의 후예」를 중심으로」, 건국대 교육대학원 석사논문, 1990.8.
임유순, 「황순원 소설에 나타난 소년상 연구」, 인천대 교육대학원 석사논문, 1990.8.
정도권, 「황순원 장편 소설 연구」, 동아대 대학원 석사논문, 1990.8.
김희범, 「황순원 소설의 인물 연구」, 경남대 석사논문, 1990.
양선규, 「황순원 초기 단편 소설 연구 <1>」, 『개신어문 연구』 제7집, 1990.
노귀남, 「황순원 시세계의 변모를 통해서 본 서정성 고찰」, 『고황논집』 제6집, 1990.
이남호, 「물 한 모금의 의미」, 『문학의 僞足·2』, 민음사, 1990.
배선미, 「황순원 장편소설 연구-전쟁에 의한 피해양상 및 극복의지를 중심으로」, 숙명여대 교육대학원, 1990.
조남현, 「한국소설과 갈등」, 『문학과 비평』, 1990.
우한용, 「소설의 양식차원과 장르차원-황순원의 별과 같이 살다」, 『한국 현대소설 구조 연구』, 三知院, 1990.
_____, 「소설 구조의 기호론적 특성-황순원의 神들의 주사위」, 『한국 현대소설 구조 연구』, 三知院, 1990.
_____, 「민족성의 근원추구-황순원의 움직이는 城」, 『한국 현대소설 구조 연구』, 三知院, 1990.
이월영, 「꿈소재 서사문학의 사상적 유형 연구」, 전북대 박사논문, 1990.
이정숙, 「자아인식에의 여정-황순원『움직이는 城』」, 『한국현대 장편소설 연구』, 삼지사, 1990.
_____, 「인간의 내면과 원형의 탐구」, 『한국현대 장편소설 연구』, 삼지사, 1990.
서종택·정덕준, 『한국현대소설 연구』, 새문사, 1990.
권혜정, 「황순원의 액자소설 연구」, 경북대학교 석사학위논문, 1990.
김종회, 「소설의 조직성과 해체의 구조」, 『현실과 문학의 상상력』, 교음사, 1990.

강선주, 「황순원의 성장소설 연구」, 전남대 교육대학원 석사논문, 1990.
김순병, 「고등학교 문학교재 소설단원의 플롯과 주제의 해석」, 부산대 교육대학원 석사논문, 1991.2.
서재원, 「황순원의 해방직후 소설연구, 단편집 『목넘이마을의 개』를 중심으로」, 고려대 대학원 석사논문, 1991.2.
장현숙, 「황순원, 민족 현실과 이상과의 괴리 — 단편집 『기러기』를 중심으로(Ⅰ)」, 『경원전문대학 논문집』 제13집, 1991.4.
『황순원 연구』, 황순원전집 제12권, 문학과지성사, 1993년 재수록.
_____, 「황순원 소설에 나타난 현실인식과 지향성 — 단편집 『기러기』를 중심으로 (Ⅱ)」, 『경원전문대학 논문집』 제13집, 1991.4.
박명진, 「문학에 나타난 구원의 의미 고찰 : 황순원 장편 「움직이는 城」을 중심으로」, 원광대 대학원 석사논문, 1991.8.
서월심, 「황순원 소설에 나타난 죽음의식 연구」, 한남대 대학원 석사논문, 1991.8.
임영천, 「김동리·황순원 소설의 종교세계 비교연구 : 「을화」와 「움직이는 성」을 중심으로」, 서울시립대 대학원 석사논문, 1991.8.
최미옥, 「황순원 소설에 나타난 인물의 자기실현 연구」, 강원대 대학원 석사논문, 1991.8.
한효연, 「황순원 작품의 문체론적 연구 : 단편소설을 중심으로」, 고려대 교육대학원 석사논문, 1991.8.
구인환, 「황순원 소설의 극적 양상」, 『선청어문』 제19집, 서울대 사범대학 국어교육과, 1991.
유종호, 「현실주의 상상력」, 『산문정신고』, 나남문학선, 1991.
현길언, 「변동기 사회에서 <집>과 <토지>의 문제, 황순원의 「술」 「두꺼비」 「집」」, 『한국소설의 분석적 이해』, 문학과 비평사, 1991.
고은숙, 「황순원 장편소설의 갈등양상 연구」, 제주대 대학원 석사논문, 1992.2.
김희광, 「황순원 소설연구 : 장편에 나타난 죄의식과 인간구원의 문제를 중심으로」, 성균관대 교육대학원 석사논문, 1992.2.
남미영, 「한국 현대 성장소설 연구」, 숙명여대 대학원 박사논문, 1992.2.
양선규, 「황순원 소설의 분석심리학적 연구」, 경북대 대학원 박사논문, 1992.2.
나경수, 「『독짓는 늙은이』 원형 재구」, 『한국언어문학』 제30집, 1992.6.

정혜정, 「1970년대 이후 한국소설에 나타난 기독교 수용 연구 : 황순원, 백도기, 이문열을 중심으로」, 성신여대 교육대학원 석사논문, 1992.8.
팽현영, 「문학전집 표지디자인의 표현에 관한 연구 : 「한국대표문학전집」 표지의 그래픽부분을 중심으로」, 이화여대 산업미술대학원 석사논문, 1992.8.
송현호, 「황순원의 「목넘이마을의 개」」, 『한국 현대소설의 이해』, 민지사, 1992.
전흥남, 「해방직후 황순원 소설 일고」, 『현대문학이론연구』 1, 현대문학이론학회, 1992.
장현숙, 「해방후 민족현실과 해체된 삶의 형상화-단편집『목넘이마을의 개』를 중심으로」, 『어문연구』제21권, 제1.2호 (77.78 합병호), 1993.
_____, 「전쟁의 상흔과 인간긍정의 철학-단편집『곡예사』를 중심으로」, 『경원전문대 논문집』 제16집, 1993.
오생근, 「전반적 검토」, 『황순원 연구』, 문학과지성사, 1993.
이재선, 『한국현대소설 작품론』, 문장, 1993.
천이두, 「황순원의 「소나기」-시적 이미지의 미학」, 『한국현대소설 작품론』, 문장, 1993.
권오선, 「황순원의 '40~'50년대 소설 연구」, 충북대 교육대학원 석사논문, 1993.2.
김홍길, 「황순원 장편소설의 작중인물 연구 : 「나무들 비탈에 서다」와 「日月」에 나타난 현실인식의 문제를 중심으로」, 한국교원대 대학원 석사논문, 1993.2.
송영희, 「황순원 소설의 인물 연구 : 해방기 단편소설을 중심으로」, 건국대 교육대학원 석사논문, 1993.2.
안미현, 「황순원 장편소설 연구 : 「별과 같이 살다」, 「카인의 後裔」, 「人間接木」을 중심으로」, 연세대 교육대학원 석사논문, 1993.2.
이순철, 「문학교육 교재로서의 황순원 소설 고찰 : 단편 「별」, 「산골아이」, 「학」을 중심으로」, 동국대 대학교육원 석사논문, 1993.2.
김경화, 「황순원의 장편소설 연구 : 소설에 나타난 죄의식과 구원의 문제를 중심으로」, 서강대 교육대학원 석사논문, 1993.8.
서저환, 「한국서사문학의 동물 상징연구 : '개구리'와 '두꺼비'를 중심으로」, 서강대 교육대학원 석사논문, 1993.8.
이현주, 「황순원 단편소설에 나타난 서술 양상연구」, 이화여대 대학원 석사논문, 1993.8.

이희숙, 「황순원 장편소설 연구 : 작중인물의 갈등양상을 중심으로」, 숙명여대 교육대학원 석사논문, 1993.8.
김미정, 「황순원의 작가정신과 인간탐구 : 전기장편을 중심으로」, 부산대 대학원 석사논문, 1994.2.
박양호, 「황순원 문학 연구」, 전북대 대학원 박사논문, 1994.2.
박혜숙, 「有島武郞의 『カインの末裔』과 황순원의 『カインの後裔』との 比較硏究 : 仁右衛門と トソップ老人の カイン的 特性と 野蠻性の 要因を 中心にして」, 성신여대 대학원 석사논문, 1994.2.
전경석, 「김동리와 황순원 시 연구」, 충남대 교육대학원 석사논문, 1994.2.
김윤선, 「황순원 소설에 나타난 꿈 연구」, 고려대 대학원 석사논문, 1994.8.
장현숙, 「황순원 소설연구」, 경희대 대학원 박사논문, 1994.8.
_____, 『황순원 문학연구』, 시와시학사, 1994.9.
정영곤, 「현대 소설의 인물 관계 연구」, 부산대 대학원 박사논문, 1994.8.
권택영, 「대중문화를 통해 라깡을 이해하기」, 『현대시사상』, 1994.여름호.
방민호, 「현실을 포회하는 상징의 세계」, 『관악어문연구』, 1994.12.
김인숙, 「황순원 장편소설 연구 : 작중인물의 성격을 중심으로」, 연세대 교육대학원 석사논문, 1995.2.
박혜경, 「황순원 문학 연구」, 동국대 대학원 박사논문, 1995.2.
방경태, 「황순원 「별」의 모티프와 작중인물 연구」, 『대전어문학』, 1995.2.
양영미, 「황순원 장편소설 인물 연구 : 주인공의 갈등을 중심으로」, 전남대 교육대학원 석사논문, 1995.2.
이동길, 「해방기의 황순원 소설 연구」, 『어문학』 제56호, 한국어문학회, 1995.2.
이수남, 「황순원 단편소설 인물성격 연구」, 영남대 교육대학원 석사논문, 1995.2.
이희경, 「황순원 문학에 나타난 인간상 고찰 : 「움직이는 성」을 중심으로」, 조선대 대학원 석사논문, 1995.2.
정현돈, 「황순원의 「나무들 비탈에 서다」 연구」, 계명대 교육대학원 석사논문, 1995.2.
정희모, 「한국 전후 장편소설 연구 : 문학의식과 장편양식의 변화를 중심으로」, 연세대 대학원 박사논문, 1995.2.
정재석, 「한국 소설에서의 유년시점 연구 : 김남천, 현덕, 황순원 소설의 유년 인물을 중심으로」, 서강대 대학원 석사논문, 1995.8.
최주한, 「황순원의 『카인의 後裔』 연구 : 제의적 소설형식의 특성을 중심으로」, 서강대 대학원 석사논문, 1995.8.
김태연, 「1950년대 신·구세대 작가의 전쟁인식 연구」, 경북대 교육대학원 석사논문, 1996.2.
방경태, 「황순원 장편소설에 나타난 죄의식 연구」, 대전대 대학원 석사논문, 1996.2.
유정수, 「황순원의 「카인의 후예」 연구」, 경북대 교육대학원 석사논문, 1996.2.
이성준, 「황순원 초기소설의 상징연구-단편집 『늪』을 중심으로」, 제주대 대학원 석사논문, 1996.2.
오연희, 「황순원의 「日月」 연구」, 충남대 대학원 박사논문, 1996.8.
이원태, 「황순원의 초기소설 연구」, 계명대 교육대학원 석사논문, 1996.8.
주경자, 「황순원 장편소설 연구 : 작중인물의 새로운 세계의 모색을 중심으로」, 상지대 교육대학원 석사논문, 1996.8.
최미숙, 「황순원 후기 장편소설의 서사구조 연구 : 「일월」과 「움직이는 성」을 중심으로」, 동덕여대 대학원 석사논문, 1996.8.
최혜정, 「중학교 소설 단원 분석 및 평가」, 부산대 교육대학원 석사논문, 1996.8.
조상건, 『1950년대 문학의 이해』, 성균관대학교 출판국, 1996.
조현일, 「근대 속의 이야기」, 『소설과 사상』, 1996. 겨울호.
김윤정, 「황순원 소설 연구」, 한양대 대학원 박사논문, 1997.2.
양승숙, 「한국 성장소설 연구」, 국민대 대학원 석사논문, 1997.2.
이명우, 「한국 농민소설의 사적 연구」, 동국대 대학원 박사논문, 1997.2.
황효일, 「황순원 소설 연구」, 국민대 대학원 박사학위, 1997.2.
허명숙, 「황순원 소설의 이미지 분석을 통한 동일성 연구」, 숭실대 대학원 박사논문, 1997.2.
김희숙, 「황순원 소설 연구 : 단편집 「기러기」를 중심으로」, 성신여대 교육대학원 석사논문, 1997.8.
노승욱, 「황순원 단편 소설의 수사학적 연구」, 서울대 대학원 석사논문, 1997.8.
양현진, 「황순원 소설의 '금기' 구조 연구 : 단편 소설을 중심으로」, 이화여대 대학원 석사논문, 1997.8.
김주현, 「『카인의 후예』의 개작과 반공 이데올로기의 문제」, 『민족문학사 연구』, 제

10호, 1997.
김홍국,『1950년대 한국문학연구』, 한양어문학회, 1997.
남태제,「황순원 문학의 낭만주의적 성격 연구」, 서울대 대학원 박사논문, 1997.
이현숙,「황순원 소설의 인물 연구 : 이니시에이션 소설을 중심으로」, 단국대 대학원 석사논문, 1998.2.
임정옥,「황순원 소설에서의 죄의식과 구원문제」, 전북대 교육대학원 석사논문, 1998.2.
황의진,「황순원 초기 단편 소설 연구」, 전주대 교육대학원 석사논문, 1998.2.
노승욱,「황순원 단편 소설의 환유와 은유」,『외국문학』봄호, 열음사, 1998.3.
김보경,「황순원 소설 연구 : 현실인식을 중심으로」, 순천향대 교육대학원 석사논문, 1998.8.
김봉숙,「황순원 소설에 나타난 통과제의 연구 :「별」·「소나기」·「학」을 중심으로」, 제주대 교육대학원 석사논문, 1998.8.
김순남,「황순원 소설 연구 : 단편소설의 소년상을 중심으로」, 호남대 대학원 석사논문, 1998.8.
김종일,「1950~60년대 장편소설에 나타난 시공간성 연구」, 건국대 대학원 석사논문, 1998.8.
김형찬,「황순원 소설에 나타난 부상 연구 : '일월, 신들의 주사위'를 중심으로」, 경희대 교육대학원 석사논문, 1998.8.
박주연,「황순원 장편소설의 인물구조 연구 :「나무들 비탈에 서다」,「日月」,「움직이는 城」을 중심으로」, 서울여대 대학원 석사논문, 1998.8.
이경호,「황순원의 소설의 주체성 연구 : 전후 장편소설을 중심으로」, 한양대 대학원 박사논문, 1998.8.
이소영,「황순원 소설에 나타난 생태의식 연구」, 고려대 대학원 석사논문, 1998.8.
임영천,「한국현대소설의 다성성과 기독교정신 연구」, 서울시립대 대학원 박사논문, 1998.8.
양은창,「1950년대 단편소설의 구조 연구」, 단국대 대학원 박사논문, 1999.2.
윤성훈,「황순원 장편소설 연구 : 작중인물의 성격과 갈등을 중심으로」, 성균관대 교육대학원 석사논문, 1999.2.
이원동,「1950년대 황순원 소설 연구 : 실향민의식과 서술방법의 관계를 중심으로」,

경북대 대학원 석사학위, 1999.2.
임진영, 「황순원 소설의 변모양상 연구」, 연세대 대학원 박사학위, 1999.2.
홍종원, 「황순원의 「별과 같이 살다」 연구」, 경희대 교육대학원 석사논문, 1999.2.
김선태, 「황순원 소설연구 : 모성애와 범 생명사랑을 중심으로」, 동국대 교육대학원 석사논문, 1999.8.
브루스, 풀튼, 「황순원 단편소설 연구」, 서울대 대학원 박사학위, 1999.8.
윤은영, 「황순원 장편소설에 나타난 애정 욕망 연구」, 숙명여대 대학원 석사논문, 1999.8.
최혜림, 「황순원의 글쓰기 양상 연구 : 전기 소설의 이데올로기와 형식의 대응관계를 중심으로」, 서울대 대학원 석사논문, 1999.8.
박명복, 「황순원의 통과제의적 소설 연구」, 공주대 석사논문, 1999.
박희영, 「황순원 초기 단편소설에 나타난 아동문학적 양상 연구」, 동국대 석사논문, 1999.
이향환, 「황순원 소설에 나타난 인간 구원의 문제」, 아주대 교육대학원 석사논문, 1999.
문홍술, 전통지향성과 이야기형식, 황순원 초기단편소설.
곽성연, 「황순원 단편소설의 서정성 연구」, 충남대 교육대학원 석사논문, 2000.2.
노애리, 「황순원 단편소설 연구 : 1950년대를 중심으로」, 서울대 대학원 석사논문, 2000.2.
김광주, 「황순원 전기 장편소설 연구」, 계명대 교육대학원 석사논문, 2000.2.
정승희, 「한국 기독교 소설 연구」, 단국대 교육대학원, 2000.2.
최예열, 「한국전후 소설에 나타난 현실인식 연구」, 대전대 대학원, 2000.2.
강은숙, 「황순원 소설에 나타난 죽음모티브의 심리적 분석 : 초기 단편을 중심으로」, 덕성여대 대학원 석사논문, 2000.8.
박희영, 「황순원 초기 단편소설에 나타난 아동문학적 양상 연구 : 초기 단편소설을 중심으로」, 동국대 문화예술대학원 석사논문, 2000.8.
신동희, 「북한 토지개혁에 대한 장편소설 연구」, 영남대 교육대학원, 2000.8.
유남희, 「황순원 소설의 구원 양상 연구」, 광운대 대학원 석사논문, 2000.8.
최정심, 「황순원 장편소설의 인물 연구」, 경원대 대학원 석사논문, 2000.8.

권영민, 「선생의 영전에 삼가 명복을 빕니다」, 문학사상, 2000.10.
김종회, 「황순원 문학의 순수성과 완결성, 그 거목의 형상」, 현대문학, 통권 550호, 2000.10.
감태준, 시 「선생님 가실 때」, 현대문학 통권551호, 2000.11.
김용성, 「정의와 정서와 정결과 정숙」, 현대문학, 통권551호, 2000.11.
서정범, 「영원한 잠」, 현대문학, 통권551호, 2000.11.
서기원, 「선생님에 대한 나의 심상」, 현대문학, 통권551호, 2000.11.
신동호, 「잘난 스승, 못난 제자」, 현대문학, 통권551호, 2000.11.
서정인, 「님은 도처에」, 현대문학, 통권551호, 2000.11.
박 진, 「황순원 단편소설의 서정성과 顯現의 결말 구조」, 국어국문학, 통권127호, 2000.12.
김연희, 「황순원의 성장소설 연구」, 서원대 교육대학원 석사논문, 2000.
박영식, 「황순원의 성장소설 연구」, 영남대 석사논문, 2000.
서재원, 「황순원의 <목넘이마을의 개>와 <이리도>연구-창작 방법으로서의 이야기를 중심으로」, 『현대문학이론연구』14, 현대문학이론학회, 2000.
이은영, 「이니시에이션 소설의 서사구조와 비유연구-김남천·황순원의 단편 소설을 중심으로」, 서강대 박사논문, 2000.
정수현, 「현실인식의 확대와 이야기의 역할-황순원의 『목넘이마을의 개』를 중심으로」, 『한국문예비평연구』7, 한국현대문예비평학회, 2000.
장현숙, 「작품세계로 본 황순원 연보」, 문학과 의식, 2000. 겨울호.
박 진, 「『나무들 비탈에 서다』의 구조적 특징과 서정성」, 현대소설연구, 통권 제14호, 2001.6.
장인식, 「황순원의 <카인의 후예>와 나다니엘 호손의 <주홍글자>」, 현대소설연구, 통권14호, 2001.6.
강상희, 「한국 근대소설의 은유와 환유」, 『한국현대문학연구』 10, 한국현대문학회, 2001.12.
곽경숙, 「한국 현대소설의 생태학적 연구 : 김동리·황순원 소설을 중심으로」, 전남대 대학원 박사논문, 2001.
김명옥, 「소설 교육 방법 연구 : 황순원의 「소나기」를 중심으로」, 군산대 교육대학원, 2001.

김병희, 「한국 현대 성장소설 연구」, 서울여대 대학원 박사논문, 2001.
김세운, 「소설교육을 통한 창의력 신장 지도 방안 : 황순원의 소설 「소나기」를 중심으로」, 경희대 교육대학원 석사논문, 2001.
김호식, 「황순원 소설연구」, 아주대 교육대학원 석사논문, 2001.
박영식, 「황순원의 성장소설 연구 : 단편소설을 중심으로」, 영남대 대학원 석사논문, 2001.
박유진, 「황순원 장편소설 연구 : 장편에 나타난 주제의식과 인물분석을 중심으로」, 성균관대 교육대학원 석사논문, 2001.
박 진, 「황순원 단편 소설의 겹이야기 구조 연구」, 『현대문학이론연구』 15, 현대문학연구학회, 2001.
설창환, 「황순원의 성장소설 연구」, 아주대 교육대학원 석사논문, 2001.
정상희, 「한국현대 성장소설의 서사구조 연구」, 단국대 교육대학원 석사논문, 2001.
최경희, 「황순원 소설의 꿈 연구」, 경희대 대학원 석사논문, 2001.
최성호, 「황순원 소설의 자기부정성 연구 : 『신들의 주사위』를 중심으로」, 경성대 교육대학원 석사논문, 2001.
김은경, 「김동리, 황순원 문학의 비교 고찰」, 『한국현대문학연구』 11, 한국현대문학회, 2002.6.
김진숙, 「황순원의 성장소설 연구 : 단편소설을 중심으로」, 경원대 교육대학원 석사논문, 2002.
김미영, 「황순원 초기 소설의 동물 상징 연구」, 동국대 문화예술대학원 석사논문, 2002.
김효정, 「등장인물을 통해 본 황순원 소설의 현실인식 연구 : 「나무들 비탈에 서다」·「일월」·「움직이는 성」을 중심으로, 명지대 교육대학원 석사논문, 2002.
문화라, 「1950년대 서정소설 연구 : 황순원·오영수·이범선을 중심으로」, 이화여대 대학원 박사논문, 2002.
박진애, 「황순원 장편소설에 등장하는 인물형 연구」, 홍익대 교육대학원 석사논문, 2002.
변유민, 「황순원의 성장소설 연구 : 초기 단편을 중심으로」, 동국대 교육대학원 석사논문, 2002.

송관의, 「황순원의 성장소설 연구 : 해방 전 단편을 중심으로」, 한양대 교육대학원 석사논문, 2002.
심미숙, 「황순원의『나무들 비탈에 서다』연구」, 숙명여대 대학원 석사논문, 2002.
서재원, 「김동리·황순원 소설의 낭만적 특징 비교 연구」, 고려대 대학원 박사논문, 2002.
윤정아, 「한국 현대 성장소설 연구」, 고려대 교육대학원 석사논문, 2002.
윤현정, 「황순원 서정소설 연구 : 단편소설을 중심으로」, 이화여대 대학원 석사논문, 2002.
이순분, 「황순원의 성장소설 연구」, 한남대 교육대학원 석사논문, 2002.
이주상, 「황순원의 초기 단편소설에 나타난 동심의 몇 가지 양상」, 인하대 교육대학원 석사논문, 2002.
임채욱, 「황순원 소설의 서정성 연구」, 전남대 대학원 박사논문, 2002.
장도례, 「황순원 장편소설에 나타난 구원의 양상 : 「나무들 비탈에 서다」, 「일월」, 「움직이는 성」을 중심으로」, 숭실대 교육대학원 석사논문, 2002.
장연옥, 「황순원 단편 소설 연구」, 서울여대 석사논문, 2002.
정연옥, 「샤머니즘 문학과 문학교육」, 홍익대 교육대학원 석사논문, 2002.
최은정, 「황순원 소설 연구 : 후기 장편소설에 나타난 서술기법을 통해서 본 주제의식」, 영남대 교육대학원 석사논문, 2002.
윤의섭, 「황순원 단편 소설 시간 구조의 의미 연구-<목넘이마을의 개>와 <이리도>의 경우」,『한국현대문학연구』13, 한국현대문학회, 2003.6.
고은미, 「성장소설에 나타난 성장의 시대적 차이 연구」, 한남대 교육대학원 석사논문, 2003.
김은희, 「황순원 소설 연구 : 고아의식을 중심으로」, 명지대 대학원 석사논문, 2003.
김태순, 「황순원 소설의 인물유형과 크로노토포스 연구」, 건국대 대학원 박사논문, 2003.
박 진, 「황순원 소설의 서정적 구조 연구」, 고려대 대학원 박사논문, 2003.
서영란, 「현대소설을 통한 논리적 사고력 지도 연구」, 숙명여대 교육대학원 석사논문, 2003.
오유진, 「황순원 초기 단편소설 연구 : 공간을 중심으로」, 목포대 교육대학원 석사논문, 2003.

이애영, 「황순원 단편소설에 나타난 '물' 상징 연구 : 단편집『기러기』를 중심으로」, 목포대 교육대학원 석사논문, 2003.
최경원, 「현대 소설에 나타난 '비'의 상상력 연구」, 서강대 교육대학원 석사논문, 2003.
최은경, 「황순원의 「카인의 후예」 연구 : 인물분석을 중심으로」, 동국대 교육대학원 석사논문, 2003.
장현숙, 「현실인식과 인간의 길」, 한국문화사, 2004.3.
강경숙, 「황순원의『나무들 비탈에 서다』연구」, 한국교원대 교육대학원 석사논문, 2004.
곽노송, 「황순원의 동물소재 소설과 생태의식」, 고려대 교육대학원 석사논문, 2004.
김보경, 「황순원 엽편소설 연구」, 숙명여대 대학원 석사논문, 2004.
김유경, 「과정 중심 읽기 지도 방안 연구 : 황순원의 「소나기」를 중심으로」, 성신여대 교육대학원 석사논문, 2004.
김은지, 「황순원 초기 단편의 입사식담적 성격」, 동의대 대학원 석사논문, 2004.
김현주, 「'빈자리 메우기'를 활용한 소설교육 방법 연구 : 황순원의 「소나기」를 중심으로」, 부경대 교육대학원 석사논문, 2004.
노은영, 「황순원의 「신들의 주사위」의 갈등구조 연구」, 인하대 교육대학원 석사논문, 2004.
박혜련, 「황순원 소설에 나타난 타자성의 윤리 연구」, 서울시립대 대학원 석사논문, 2004.
백은아, 「황순원 단편소설 연구 : 서정성을 중심으로」, 원광대 교육대학원 석사논문, 2004.
엄숙용, 「황순원 「소나기」의 기호학적 분석」, 세종대 대학원 석사논문, 2004.
이승복, 「황순원 소설『카인의 후예』인물연구」, 건국대 교육대학원 석사논문, 2004.
이주헌, 「황순원 분단소설의 성격연구 : 인본주의적 특성을 중심으로」, 경희대 교육대학원 석사논문, 2004.
이희경, 「황순원의『카인의 후예』연구」, 세종대 대학원 석사논문, 2004.
전혜정, 「성장 소설 연구 : 중·고등학교 교과서에 나오는 성장 소설을 중심으로」, 한남대 교육대학원 석사논문, 2004.
정수현, 「황순원 단편소설의 동심의식 연구」, 연세대 대학원 박사논문, 2004.

정원채, 「황순원 장편소설의 인물상 연구 : 「신들의 주사위」를 중심으로」, 한성대 대학원 석사논문, 2004.
차가온, 「황순원 단편 소설의 상징체계 분석 : 「소나기」를 중심으로」, 홍익대 교육대학원 석사논문, 2004.
호병탁, 「한국현대소설의 '대화적 상상력'」, 원광대 대학원 박사논문, 2004.
황효숙, 「황순원 소설 연구 : 움직이는 성에 대한 융(JUNG)적 접근」, 경원대 대학원 석사논문, 2004.

기본 자료

황순원, 『늪 / 기러기』, 황순원전집 제1권, 문학과지성사, 1992.
＿＿＿, 『목넘이마을의 개 / 曲藝師』, 황순원전집 제2권, 문학과지성사, 1992.
＿＿＿, 『鶴 / 잃어버린 사람들』, 황순원전집 제3권, 문학과지성사, 1991.
＿＿＿, 『너와 나만의 時間 / 내일』, 황순원전집 제4권, 문학과지성사, 1991.
＿＿＿, 『탈 / 기타』, 황순원전집 제5권, 문학과지성사, 1990.
＿＿＿, 『별과 같이 살다 / 카인의 後裔』, 황순원전집 제6권, 문학과지성사, 1992.
＿＿＿, 『人間接木 / 나무들 비탈에 서다』, 황순원전집 제7권, 문학과지성사, 1990.
＿＿＿, 『日月』, 황순원전집 제8권, 문학과지성사, 1993.
＿＿＿, 『움직이는 城』, 황순원전집 제9권, 문학과지성사, 1989.
＿＿＿, 『神들의 주사위』, 황순원전집 제10권, 문학과지성사, 1989.
＿＿＿, 『詩選集』, 황순원전집 제11권, 문학과지성사, 1993.
＿＿＿, 「비평에 앞서 이해를」, 한국일보, 1960.12.15.
＿＿＿, 「한 비평가의 정신자세」, 한국일보, 1960.12.21.
＿＿＿, 「유랑민근성과 시적 근원」, 『문학사상』 제1권, 제2호, 1972.
＿＿＿, 「산실의 대화 인터뷰 기사」, 조선일보, 1976.10.20.
＿＿＿, 「문화의 현장 그 뒤안길-인터뷰 기사」, 조선일보, 1980.12.17.
＿＿＿, 「안녕하십니까-인터뷰 기사」, 서울신문, 1980.12.27.
황순원 외, 『말과 삶과 自由』, 문학과지성사, 1985.
오생근 편, 『황순원 연구』, 황순원전집 제12권, 문학과지성사, 1993.
김 현, 「해방 후 한국사회와 황순원의 작품세계」, 대학주보(경희대학교), 1980. 9.15

(상), 1980.9.22. (하).
전상국, 「문학과 더불어 한 평생」, 대학주보(경희대학교), 1980.9.15.
_____, 「시공을 초월한 영원한 여인상」, 일간스포츠, 1981.6.29.
백 철, 「전환기의 작품자세」, 동아일보, 1960.12.10~11.
_____, 「작품은 실험적인 소산」, 한국일보, 1960.12.18.
장현숙, 「황순원 문학연구」, 시와시학사, 1994.
_____, 「황순원 문학연구」, 형설출판사, 2001.
_____, 「작품세계로 본 황순원 연보」, 문학과의식, 2000. 겨울.
_____, 「현실인식과 인간의 길」, 한국문화사, 2004. 3.
_____, 「황순원 다시 읽기」, 한국문화사, 2004.6.

참고문헌

I. 자료

황순원,『늪 / 기러기』, 황순원전집 제1권, 문학과지성사, 1992.
_____,『목넘이마을의 개 / 曲藝師』, 황순원전집 제2권, 문학과지성사, 1992.
_____,『鶴 / 잃어버린 사람들』, 황순원전집 제3권, 문학과지성사, 1991.
_____,『너와 나만의 時間 / 내일』, 황순원전집 제4권, 문학과지성사, 1991.
_____,『탈 / 기타』, 황순원전집 제5권, 문학과지성사, 1990.
_____,『별과 같이 살다 / 카인의 後裔』, 황순원전집 제6권, 문학과지성사, 1992.
_____,『人間接木 / 나무들 비탈에 서다』, 황순원전집 제7권, 문학과지성사, 1990.
_____,『日月』, 황순원전집 제8권, 문학과지성사, 1993.
_____,『움직이는 城』, 황순원전집 제9권, 문학과지성사, 1989.
_____,『神들의 주사위』, 황순원전집 제10권, 문학과지성사, 1989.
_____,『詩選集』, 황순원전집 제11권, 문학과지성사, 1993.
_____,「비평에 앞서 이해를」, 한국일보, 1960.12.15.
_____,「한 비평가의 정신자세」, 한국일보, 1960.12.21.
_____,「유랑민근성과 시적 근원」,『문학사상』제1권, 제2호, 1972.
_____,「산실의 대화 인터뷰 기사」, 조선일보, 1976.10.20.

_____, 「문화의 현장 그 뒤안길-인터뷰 기사」, 조선일보, 1980.12.17.
_____, 「안녕하십니까-인터뷰 기사」, 서울신문, 1980.12.27.
황순원 외, 『말과 삶과 自由』, 문학과지성사, 1985.
오생근 편, 『황순원 연구』, 황순원전집 제12권, 문학과지성사, 1993.
김 현, 「해방후 한국사회와 황순원의 작품세계」, 대학주보(경희대학교), 1980. 9.15 (상), 9.22. (하).
전상국, 「문학과 더불어 한 평생」, 대학주보(경희대학교), 1980.9.15.
_____, 「시공을 초월한 영원한 여인상」, 일간스포츠, 1981.6.29.
백 철, 「전환기의 작품자세」, 동아일보, 1960.12.10~11.
_____, 「작품은 실험적인 소산」, 한국일보, 1960.12.18.

II. 단행본

강만길, 『한국민족 운동사론』, 한길사, 1986.
_____, 『한국 현대사』, 창작과비평사, 1990.
강만길 외, 『해방전후사의 인식·2』, 한길사, 1985.
구미래, 『한국인의 상징세계』, 교보문고, 1992.
구인환, 『한국근대 소설연구』, 삼영사, 1983.
구인환·구창환, 『문학의 원리』, 법문사, 1975.
곽종원, 『신인간형의 탐구』, 동서문화사, 1965.
권영민, 『소설의 시대를 위하여』, 이우출판사, 1983.
_____, 『한국현대문학사』, 민음사, 1993.
_____, 『해방 40년의 문학·4』, 민음사, 1985.
_____, 『소설과 운명의 언어』, 현대소설사, 1992.
권오룡, 『존재의 변명』, 문학과지성사, 1989.
권택영, 『소설을 어떻게 볼 것인가』, 동서문학사, 1991.
김병익, 『열림과 일굼』, 문학과지성사, 1991.
_____, 『지성과 문학』, 문학과지성사, 1982.
김상태, 『언어와 문학세계』, 이우출판사, 1989.

김선학,『현실과 언어의 그물』, 민음사, 1988.
김시태,『식민지 시대의 비평문학』, 이우출판사, 1989.
김용직,『김소월전집 / 못잊어 생각나겠지요』, 문장, 1981.
김용직 편,『상징』, 문학과지성사, 1988.
김용희,『현대소설에 나타난 '길'의 상징성』, 정음사, 1986.
김우종,『한국현대소설사』, 성문각, 1980.
_____,『현대 소설의 이해』, 이우출판사, 1976.
김욱동,『윌리엄 포크너』, 문학과지성사, 1986.
김윤식,『우리근대 소설 논집』, 이우출판사, 1986.
_____,『한국근대 문예 비평사 연구』, 일지사, 1982.
_____,『한국현대 문학사』, 일지사, 1979.
_____,『우리 문학의 넓이와 깊이』, 서재헌, 1979.
김윤식·김현,『한국문학사』, 민음사, 1984.
김윤식·정호웅,『한국문학의 리얼리즘과 모더니즘』, 민음사, 1989.
김은전 외,『한국현대시사의 쟁점』, 시와시학사, 1991.
김재홍,『한국현대 문학의 비극론』, 시와시학사, 1991.
_____,『한국 현대 시인 연구』, 일지사, 1987.
_____,『현대시와 역사의식』, 인하대학교 출판부, 1988.
김종호,『실존과 소외』, 성균관대학교 출판부, 1980.
김주연,『현대문학과 기독교』, 문학과지성사, 1984.
김종회,『현실과 문학의 상상력』, 수필문학사, 1990.
김천영 편저,『연표 한국 현대사』, 한울림, 1985.
김 철,『잠 없는 시대의 꿈』, 문학과지성사, 1989.
김치수,『문학과 비평의 구조』, 문학과지성사, 1984.
김치수·김현 편,『사르트르의 문학적 세계』, 문학과지성사, 1991.
김태곤,『한국 무속 연구』, 집문당, 1981.
_____,『한국의 무속 신화』, 집문당, 1985.
김 현,『사회와 윤리』, 일지사, 1978.
김현·김윤식,『한국문학사』, 민음사, 1984.
김현·김주연 편,『문학이란 무엇인가』, 문학과지성사, 1976.
김화영,『문학 상상력의 연구』, 문학사상사, 1989.

_____,『프랑스 문학 산책』, 세계사, 1989.
김화영 편 역,『소설이란 무엇인가』, 문학사상사, 1988.
김화영 편,『카뮈』, 문학과지성사, 1989.
남진우,『바벨탑의 언어』, 문학과지성사, 1989.
마광수,『상징시학』, 청하, 1985.
마광수 편저,『심리주의 비평의 이해』, 청하, 1987.
문덕수,『한국 모더니즘시 연구』, 시문학사, 1981.
문학사와 비평연구회편,『1950년대 문학 연구』, 예하, 1991.
박세길,『다시쓰는 한국현대사 · 1』, 돌베개, 1988.
_____,『다시쓰는 한국현대사 · 2』, 돌베개, 1989.
_____,『다시쓰는 한국현대사 · 3』, 돌베개, 1992.
박이도,『한국 현대시와 기독교』, 종로서적, 1987.
박이문,『노장사상』, 문학과지성사, 1981.
_____,『하나만의 선택』, 문학과지성사, 1983.
박철희,『서정과 인식』, 이우출판사, 1982.
박철희 · 김시태,『문예비평론』, 문학과비평사, 1988.
_____ · _____,『문학의 이론과 방법』, 이우출판사, 1989.
_____ · _____,『작가 작품론 1 / 시』, 문학과비평사, 1990.
박현채 외,『해방 전후사의 인식 · 3』, 한길사, 1985.
백낙청,『민족문학과 세계문학』, 창작과비평사, 1978.
_____,『현대문학을 보는 시각』, 솔, 1991.
백 철,『문학의 개조』, 1958.
백 철 · 이병기,『국문학전사』, 신구문화사, 1981.
서준섭,『한국 모더니즘 문학 연구』, 일지사, 1988.
송건호 외,『해방 전후사의 인식 · 1』, 한길사, 1989.
송하섭,『한국 현대 소설의 서정성 연구』, 단국대학교 출판부, 1989.
신동욱,『문학의 해석』, 고려대학교 출판부, 1976.
_____,『삶의 투시로서의 문학』, 문학과지성사, 1988.
_____,『우리의 삶과 문학』, 고려원, 1985.
_____,『우리 이야기 문학의 아름다움』, 한국연구원, 1981.
_____,『한국 현대 문학론』, 박영사, 1981.

_____,『현대 작가론』, 개문사, 1988.
신현하 편,『일본문학사』, 학문사, 1986.
양병식,『현대 프랑스 문학론집성』, 교음사, 1988.
염무웅,『민중시대의 문학』, 창작과비평사, 1979.
오세영,『문학연구 방법론』, 이우출판사, 1988.
_____,『문학연구 방법론』, 시와시학사, 1993.
_____,『현대시와 실천비평』, 이우출판사, 1983.
우한용,『한국 현대 소설 구조 연구』, 삼지원, 1990.
원형갑,『문학과 실존의 언어』, 홍익재, 1981.
유종호,『산문정신고』, 나남문학선, 1991.
유종호 외,『현대 한국 작가 연구』, 민음사, 1979.
윤명구 외,『문학개론』, 현대문학사, 1991.
윤병로,『소설의 이해』, 성균관대학교 출판부, 1982.
윤재근,『문학비평의 논리와 실제』, 이우출판사, 1986.
이남호,『文學의 僞足·2』, 민음사, 1990.
이동렬,『문학과 사회묘사』, 민음사, 1990.
이동하,『물음과 믿음사이』, 민음사, 1989.
_____,『현대소설의 정신사적 연구』, 일지사, 1989.
이명재,『변혁기의 한국문학』, 문학세계사, 1990.
이보영,『문예총서 12·황순원』, 지학사, 1985.
이보영 편저,『황순원』, 지학사, 1985.
이상섭,『문학의 이해』, 서문당, 1973.
이선영,『문예사조사』, 민음사, 1987.
이선영 편,『문학비평의 방법과 실제』, 동천사, 1988.
이승훈,『시작법』, 문학과 비평사, 1988.
이옥순,『한국문학사』, 동아대학교 출판부, 1985.
이유식,『한국소설의 위상』, 이우출판사, 1982.
이인복,『한국문학에 나타난 죽음의식의 사적 연구』, 열화당, 1979.
이재선,『한국문학의 지평』, 새문사, 1981.
_____,『한국문학 주제론』, 서강대학교 출판부, 1991.
_____,『한국문학의 해석』, 새문사, 1981.

_____,『한국 현대 소설사』, 홍성사, 1979.2.
_____,『한국 현대 소설 작품론』, 문장, 1993.
_____,『현대 한국 소설사』, 민음사, 1991.
이정숙,『한국 현대 장편소설 연구』, 삼지원, 1990.
_____,『한국근대 작가 연구』, 삼지원, 1985.
이정탁,『한국문학 사상사 연구』, 학문사, 1991.
이태동,『한국 현대 소설의 위상』, 문예출판사, 1987.
임헌영,『한국 현대 문학 사상사』, 한길사, 1988.
장덕순,『한국 설화 문학 연구』, 서울대학교 출판부, 1981.
장사선,『한국 리얼리즘 문학론』, 새문사, 1988.
전광용,『한국현대 소설사 연구』, 민음사, 1984.
정과리,『문학·존재의 변증법』, 문학과지성사, 1985.
정명환 외,『20세기 이데올로기와 문학사상』, 서울대학교 출판부, 1981.
정병조 외,『영미문학 입문』, 성균관대학교 출판부, 1983.
정한모,『현대시론』, 보성문화사, 1993.
정한숙,『현대 한국 소설론』, 고려대학교 출판부, 1986.
전혜자,『현대 소설사 연구』, 새문사, 1987.
조남현,『문학과 정신사적 자취』, 이우출판사, 1984.
_____,『소설원론』, 고려원, 1991.
_____,『삶과 문학적 인식』, 문학과지성사, 1988.
_____,『한국소설과 갈등』, 문학과비평사, 1990.
_____,『한국 현대 소설사 연구』, 민음사, 1984.
조동일,『구비문학의 세계』, 새문사, 1985.
_____,『문학 연구 방법』, 지식산업사, 1980.
_____,『문학이라는 시비거리』, 이우출판사, 1983.
_____,『우리문학과의 만남』, 홍성사, 1980.
_____,『한국문학 사상사 시론』, 지식산업사, 1986.
_____,『한국소설의 이론』, 지식산업사, 1981.
_____,『한국 문학 통사·1』, 지식산업사, 1982.
_____,『한국 문학 통사·2』, 지식산업사, 1985.
_____,『한국 문학 통사·3』, 지식산업사, 1985.

_____, 『한국 문학 통사·4』, 지식산업사, 1986.
_____, 『한국 문학 통사·5』, 지식산업사, 1988.
조연현, 『문학과 그 주변』, 인간사, 1958.
_____, 『한국 현대 문학사』, 성문각, 1980.
_____, 『한국 현대 소설의 이해』, 일지사, 1975.
_____, 『한국 현대 작가 연구』, 새문사, 1981.
_____, 『황순원 단장』, 현대문학, 1964.
조용만, 『세계문학소사』, 박영사, 1989.
조진기, 『한국 근대 리얼리즘 소설 연구』, 새문사, 1989.
진형준, 『깊이의 시학』, 문학과지성사, 1986.
_____, 『또 하나의 세상』, 청하, 1988.
천이두, 『문학과 시대』, 문학과지성사, 1982.
_____, 『종합에의 의지』, 일지사, 1974.
_____, 『한국 소설의 관점』, 문학과지성사, 1985.
_____, 『한국 현대 소설론』, 형설출판사, 1983.
_____, 『한국 현대 소설 작품론』, 1993.
최동호, 『불확정 시대의 문학』, 문학과지성사, 1987.
_____, 『현대시의 정신사』, 열음사, 1985.
최장집 외, 『해방 전후사의 인식·4』, 한길사, 1989.
한국 괴테 협회 편, 『파우스트 연구』, 문학과지성사, 1986.
한국 문학 연구회 편, 『1950년대 남북한 문학』, 평민사, 1991.
한국 문학 평론가 협회, 『한국 문학 비평 선집』 제1집, 이우출판사, 1981.
한국 민중사 연구회 편, 『한국민중사·Ⅱ』, 풀빛, 1986.
한국 카프카 학회 편, 『카프카 연구』, 범우사, 1984.
한 기, 『전환기의 사회와 문학』, 문학과지성사, 1991.
한승옥, 『한국 현대 장편소설 연구』, 민음사, 1989.
한용환, 『한국 소설론의 반성』, 이우출판사, 1984.
현길언, 『한국 소설의 분석적 이해』, 문학과 비평사, 1991.
홍정선, 『역사적 삶과 비평』, 문학과지성사, 1986.
홍정운, 『신념의 언어와 예술의 언어』, 오상출판공사, 1985.

Ⅲ. 논저

강혜자 역, 「동서시학의 상징비교」, 『문학과 비평』 통권 제1호, 1987.봄. 창간호.
고 은, 「실내작가론 3·황순원」, 『월간문학』 제2권, 제5호, 1969.5.
곽종원, 「황순원론」, 문예, 1952.9.
구수경, 「황순원 소설의 담화양상 연구」, 충남대학교 대학원 석사논문, 1987.
구인환, 「소설의 극적 구조의 양상」, 『국어국문학』 제81호, 1979.12.
＿＿＿, 「「별」의 이미지와 空間」, 『봉죽 박붕배박사 회갑기념 논문집』, 1986.
＿＿＿, 「황순원 소설의 극적 양상」, 『선청어문』 제19집, 서울대 사범대학 국어교육과, 1991.
구창환, 「상처받은 세대」, 『조대문학』 제5집, 1964.
＿＿＿, 「황순원 문학 서설」, 『조선대학교 어문학 논총』 제6호, 1965.
＿＿＿, 「황순원의 생명주의 문학」, 『한국 언어 문학』 통권 제4호, 1976.
권경희, 「황순원 소설에 나타난 종교사상 연구-「일월」과 「움직이는 성」을 중심으로」, 한양대학교 교육대학원, 1986.2.
권영민, 「일상적 체험과 소설의 수법」, 『황순원전집』 제4권, 문학과지성사, 1982.8.
＿＿＿, 「황순원의 문체, 그 소설적 미학」, 『말과 삶과 自由』, 문학과지성사, 1985.3.
권택영, 「대중문화를 통해 라깡을 이해하기」, 『현대시사상』, 1994.여름호.
김경혜, 「황순원 장편에 나타난 인간구원의식에 관한 고찰」, 숙명여대 대학원 석사논문, 1987.
김교선, 「성층적 미적 구조의 소설」, 『현대문학』, 1966.5.
김난숙, 「황순원 문학의 상징성 고찰」, 부산여대 대학원 석사논문, 1985.2.
김동선, 「황고집의 미학, 황순원 가문」, 『정경문화』, 1984.5. 『황순원 연구』, 문학과지성사, 1985.3 재수록.
김병걸, 「억설의 분노」, 『현대문학』 제11권, 제7호, 1965.7.
김병욱, 「황순원 소설의 꿈 모티브」, 『문학과 비평』, 1985.5.
김병익, 「수난기의 결벽주의자」, 『황순원 문학전집』 제5권, 삼중당, 1973.12.
＿＿＿, 「순수문학과 그 역사성」, 『한국문학』, 1976.
＿＿＿, 「찢어진 동천사상의 복원」, 『황순원 문학전집』 제4권, 삼중당, 1973.12.
＿＿＿, 「한국소설과 한국기독교」, 김주연편, 『현대문학과 기독교』, 문학과지성사, 1984.

김상일, 「순원 문학의 위치」, 『현대문학』, 1965.4.
_____, 「황순원의 문학과 악」, 『현대문학』, 1966.11.
김상태, 「한국현대소설의 문체 변화」, 『말과 삶과 自由』, 문학과지성사, 1985.3.
김영화, 「황순원의 단편소설 I -해방전의 작품을 중심으로」, 『한국언어문학』 제23호, 한국언어문학회, 1984.
김용성, 「한국 소설의 시간 의식」, 『현대문학』 통권 397·398호, 1988.1.2.
김윤선, 「황순원 소설에 나타난 꿈 연구」, 고려대학교 대학원 석사논문, 1994.8.
김윤식, 「민담, 민족적 형식에의 길」, 『소설문학』, 1986.3.
_____, 「민담 또는 민족적 형식」, 『우리 근대 소설 논집』, 이우출판사, 1986.
김인환, 「인고의 미학」, 『황순원전집』 제6권, 문학과지성사, 1981.5.
김전선, 「나무들 비탈에 서다에 관한 연구」, 이화여대 교육대학원 석사논문, 1983.
김정하, 「황순원 『日月』 연구-전상화된 상징구조의 원형비평적 분석과 해석」, 서강대 대학원 석사논문, 1986.
김종회, 「삶과 죽음의 존재 양식-황순원 단편집 『탈』을 중심으로」, 경희대 대학원 『고황논집』 제2집, 1987.
_____, 「황순원의 작중인물 연구」, 경희대 대학원 석사논문, 1985.2.
_____, 「소설의 조직성과 해체의 구조」, 『현실과 문학의 상상력』, 교음사, 1990.
김주연, 「싱싱함, 그 생명의 미학」, 『황순원전집』 제11권, 문학과지성사, 1985.3.
_____, 「한국문학 왜 감동이 없는가」, 『문예중앙』, 1984.가을.
김주현, 「『카인의 후예』의 개작과 반공이데올로기의 문제」, 『민족문학사연구』 제10호, 1997.
김치수, 「소설의 사회성과 서정성」, 『말과 삶과 自由』, 문학과지성사, 1985.3.
_____, 「소설의 조직성」, 『황순원전집』 제10권, 문학과지성사, 1982.8.
_____, 「외로움과 그 극복의 문제」, 『문학』 제1권, 제8호, 1966.8.
김 현, 「계단만으로 된 집」, 『말과 삶과 自由』, 문학과지성사, 1985.3.
_____, 「소박한 수락」, 『황순원 문학전집』 제6권, 삼중당, 1973.12.
_____, 『사회와 윤리』, 일지사, 1974. 『황순원 연구』, 문학과지성사, 1985.
_____, 「안과 밖의 변증법」, 『황순원전집』 제1권, 문학과지성사, 1980.12.
노귀남, 「황순원 시세계의 변모를 통해서 본 서정성 고찰」, 『고황논집』 제6집, 1990.
문영희, 「황순원문학의 작가정신 전개양상 연구」, 경희대 대학원 석사논문, 1988.2.
박미령, 「황순원론」, 충남대 대학원 석사논문, 1980.2.

박양호, 「황순원 문학 연구」, 전북대 대학원 박사논문, 1994.2.
박정자, 「성숙과 고민」, 『성대문학』 제12집, 1966.
박진규, 「황순원 초기단편 연구-『늪』『기러기』에 나타난 서정기법을 중심으로」, 부산대 대학원 석사논문, 1987.
박해경, 「황순원 소설의 미학」, 이화여대 대학원 석사논문, 1976.
방경태, 「황순원 「별」의 모티브와 작중인물연구」, 『대전어문학』, 1985.2.
방민호, 「현실을 포회하는 상징의 세계」, 『관악어문연구』, 1994.12.
방용삼, 「황순원 소설에 나타난 애정관」, 경희대 교육대학원 석사논문, 1981.
배선미, 「황순원 장편소설 연구-전쟁에 의한 피해양상 및 극복의지를 중심으로」, 숙명여대 교육대학원 석사논문, 1990.
백승철, 「황순원 소설의 악인 연구」, 세종대 대학원 석사논문, 1982.2.
변정화, 「1930년대 한국 단편소설 연구」, 숙명여대 대학원 박사논문, 1985.
서경희, 「황순원 소설의 연구-작중인물의 성격을 중심으로」, 전북대 교육대학원 석사논문, 1986.
서재원, 「황순원의 해방직후 소설연구-단편집『목넘이마을의 개』를 중심으로」, 고려대 대학원 석사논문, 1991.2.
성민엽, 「존재론적 고독의 성찰」, 『황순원전집』 제8권, 문학과지성사, 1983.7.
송상일, 「순수와 초월」, 『황순원전집』 제7권, 문학과지성사, 1981.12.
신춘호, 「황순원의「황소들」론」, 『충주문학』 제3집, 1985.10.
안　영, 「가슴에 묻은 한마디」, 한국소설가협회, 2004.
안영례, 「황순원 소설에 나타난 꿈 연구」, 중앙대 교육대학원 석사논문, 1982.
양선규, 「어린 외디푸스의 고뇌-황순원의 「별」에 관하여」, 『文學과 言語』 제9집, 1988.
＿＿＿, 「황순원 초기 단편소설 연구 <1>」, 『개신어문 연구』 제7집, 1990.
＿＿＿, 「황순원 소설의 分析心理學的 硏究」, 경북대 대학원 박사논문, 1992.2.
염무웅, 「8·15 직후의 한국문학」, 『창작과비평』, 1975.가을호.
오병기, 「『황순원 소설 연구』 죽음의 양상과 의미의 변화를 중심으로」, 영남대 대학원 석사논문, 1989.8.
우한용, 「현대소설의 고전수용에 관한 연구-「움직이는 城」과 서사무가 '칠공주'의 관련성을 중심으로」, 『국어국문학』 제23집, 1983.
원응서, 「그의 인간과 단편집「기러기」」, 『황순원 문학전집』 제3권, 삼중당, 1978.

원형갑, 「나무들 비탈에 서다의 背地」(상,중,하), 『현대문학』, 1961.1~3.
유종호, 「겨레의 記憶」, 『황순원전집』 제2권, 문학과지성사, 1981.
윤지관, 「『일월』의 정치적 차원」, 『문학과 비평』, 1987.가을호.
이동하, 「말하지 않고 있는 것의 중요성」, 『한국문학』, 1988.3.
＿＿＿, 「소설과 종교」, 『한국문학』, 1987.7.8.9.
＿＿＿, 「입사소설의 한 모습」, 『한글학보』, 1987.겨울.
＿＿＿, 「전통과 설화성의 세계」, 『한글새소식』, 1987.12~1988.1.
＿＿＿, 「주제의 보편성과 기법의 탁월성」, 『정통문학』 제1집, 1986.
＿＿＿, 「파멸의 길과 구원의 길」, 『문학사상』, 1988.3.
＿＿＿, 「한국소설과 구원의 문제」, 『현대문학』, 1983.5.
이보영, 「황순원의 세계」(상,하), 『현대문학』, 1970.2.3.
＿＿＿, 「황순원 재고」, 『월간문학』, 1974.8.
이부순, 「황순원 단편소설 연구」, 서강대 대학원 석사논문, 1988.7.
이부영, 「심리학적 상징으로서의 동굴」, 『문학과 비평』, 1987.가을호.
이상섭, 「유랑민 근성과 창조주의 눈」, 『황순원전집』 제9권, 문학과지성사, 1980.12.
이성준, 「황순원 초기소설의 상징연구-단편집『늪』을 중심으로」, 제주대 대학원 석사논문, 1996.2.
이어령, 「식물적 인간상」, 『사상계』, 1960.4.
이용남, 「조신몽의 소설화 문제-「잃어버린 사람들」「꿈」을 중심으로」, 『관악어문연구』 제5집, 1980.
이월영, 「꿈소재 서사문학의 사상적 유형 연구」, 전북대 박사논문, 1990.
이정숙, 「민요의 소설화에 대한 고찰-「명주가」와 「비늘」을 중심으로」, 『한성대학교 논문집』 제9집, 1985.
＿＿＿, 「황순원의 소설에 나타난 인간상」, 『서울대학교 대학원 논문집』, 1975.
이재선, 「전쟁체험과 50년대 소설」, 『현대문학』 통권 409호, 1989.1.
이태동, 「실존적 현실과 미학적 현현」, 『현대문학』, 1980.11. 『황순원 연구』, 문학과지성사, 1985.
이형기, 「유랑민의 비극과 무상의 성실」, 『황순원 문학전집』 제1권, 삼중당, 1973.12.
이호숙, 「황순원 소설의 서술시점에 관한 연구」, 이화여대 대학원 석사논문, 1987.
이호철, 「문학을 숙명으로서 받아들이는 자세」, 『현대문학』, 1966.12.
임관수, 「황순원 작품에 나타난 自己實現 問題-「움직이는 城」을 중심으로」, 충남대 대학원 석사논문, 1983.
장수자, 「Initiation Story 연구」, 『전국 대학생 학술 논문 대회 논문집』 제3호, 이화여대, 1978.
장현숙, 「황순원 작품 연구」, 경희대 대학원 석사논문, 1982.2.
_____, 「황순원 초기 작품 연구-단편집『늪』을 중심으로」, 『경원전문대학 논문집』 제7집, 1986.
_____, 「황순원, 민족현실과 이상과의 괴리-단편집『기러기』를 중심으로(Ⅰ)」, 『경원전문대학 논문집』 제13집, 1991.4.
『황순원 연구』, 황순원전집 제12권, 문학과지성사, 1993.
_____, 「황순원 소설에 나타난 현실인식과 지향성-단편집『기러기』를 중심으로 (Ⅱ)」, 『경원전문대학 논문집』 제13집, 1991.4.
_____, 「해방후 민족현실과 해체된 삶의 형상화-단편집『목넘이마을의 개』를 중심으로」, 『어문연구』 제21권, 제1.2호 (77.78 합병호), 1993.
_____, 「전쟁의 상흔과 인간 긍정의 철학-단편집『곡예사』를 중심으로」, 경원전문대학 논문집』 제16집, 1993.
전영태, 「이청준 창작집과 황순원의 단편소설」, 『광장』, 1985.10.
_____, 「6·25와 분단 시대의 소설」, 『한국문학』 제14권, 제6호, 통권 152호, 1986.
전현주, 「황순원 단편 고찰-이니시에이션 스토리를 중심으로」, 동아대 대학원 석사논문, 1984.
정과리, 「사랑으로 감싸는 의식의 외로움」, 『황순원전집』 제5권, 문학과지성사, 1984.4.
_____, 「현실의 구조화」, 『말과 삶과 自由』, 문학과지성사, 1985.3.
정창범, 「황순원론」, 『문학춘추』 제1권, 제5호, 1964. 『율리시즈의 방황』, 창원사, 1975.1.
정창훤, 「황순원 소설의 이미지에 관한 연구」, 전북대 교육대학원 석사논문, 1986.2.
정호웅, 「분단소설의 새로운 넘어섬을 위하여」, 『한국문학』 제14권, 제6호, 통권 152호, 1986.
조남철, 「일제 하 한국 농민 소설 연구」, 연세대 박사논문, 1985.
조남현, 「문학사회학의 수용양태와 그 문제점」, 『문학과 비평』, 1987. 가을호.
_____, 「순박한 삶의 파괴와 회복」, 『황순원전집』 제3권, 문학과지성사, 1981.12.
_____, 「우리 소설의 넓이와 깊이-황순원의「카인의 후예」」, 『문학정신』, 1989.1.2.

_____, 「우리 소설의 넓이와 깊이-「나무들 비탈에 서다」의 외연과 내포」, 『문학정신』, 1989.4.5.
조연현, 「황순원 단장」, 『현대문학』, 1964.11.
_____, 「황순원론」, 『예술원 논문집』 제3집, 1964.
조현일, 「근대 속의 이야기」, 『소설과 사상』, 1996.겨울호.
진형준, 「모성으로 감싸기, 그에 안기기-황순원론」, 『세계의 문학』, 민음사, 1985.
최동호, 「동경의 꿈에서 피사의 사탑까지」, 『말과 삶과 自由』, 문학과지성사, 1985.3.
최옥남, 「황순원 소설의 기법 연구」, 서울대 교육대학원 석사논문, 1986.
천이두, 「밝음의 미학」-「人間接木」론, 『한국소설의 문제작』, 도서출판 일념, 1985.
_____, 「부정과 긍정」, 『황순원 문학전집』 제2권, 삼중당, 1973.12.
_____, 「서정과 위트」, 『황순원 문학전집』 제7권, 삼중당, 1973.12.
_____, 「시와 산문」, 『한국대표문학전집』 제6권, 삼중당, 1970.
_____, 「원숙과 패기」, 『문학과 지성』, 1976.여름호.
_____, 「인간속성과 모랄」, 『현대문학』, 1958.11.
_____, 「자의식과 현실」, 『현대문학』, 1961.12. 1962.1.
_____, 「전체 소설로서의 국면들」, 『현대문학』, 1982.12.
_____, 「綜合에의 意志」, 『현대문학』, 1973.8.
_____, 「토속적 상황설정과 한국소설」, 『사상계』 188호, 1968.
_____, 「황순원의 문학」, 『신한국 문학전집 14』, 어문각, 1970.
최동호, 「1950년대의 시적흐름과 정신사적 의의」, 『현대문학』 통권409호, 1989.
최정희·오유권·서정범·이호철, 「황순원과 나」, 『말과 삶과 自由』, 문학과지성사, 1985.3.
한승옥, 「황순원 장편소설 연구-원죄의식을 중심으로」, 『숭실어문』 제2집, 숭전대 국어국문학회, 1985.2.
_____, 「황순원 문학의 색채론」, 『동서문학』, 1988.3.
홍기삼, 「유랑민의 서사극」, 『한국문학대전집』, 태극출판사, 1976.6.
홍정선, 「이야기의 소설화와 소설의 이야기화」, 『말과 삶과 自由』, 문학과지성사, 1985.3.
홍정운, 「황순원론-「움직이는 城」의 실체」, 『현대문학』 제27권, 제7호, 1987.7.

Ⅳ. 국외논저 및 번역서

① 원서

Cirlot, J.E., *A Dictionary of Symbols*, New York, Philosophical Library, 1971.

Culler, Jonathan., *Structuralist Poetics*, London and Henly, Routledge and Kegan Paul, 1980.

Dryden, Edgar. A., *The Image in the Mirror : The Double Economy of Jame's Portrait*, Genre, Vol.13, No.1.

Feidelson, Charles, Jr., *Symbolism and American Literature*, The University of Chicago press, 1953.

Grebstein, Sheldon Norman., *Perspectives in Contemporary Criticism*, New York, Harper & Row, 1968.

Lerner, Laurence., *The Literary Imagination*, The Harvester Press, 1982.

Norris, Margot., *Beasts of the Modern Imagination*, Baltimore and London, The Johns Hopkins University Press.

Schneider, Daniel J., *Symbolism : The Manichean Vision*, University of Nebraska Press, Lincoln, 1975.

Shipley, Joseph T., *Dictionary of World Literature*, A Littlefield, Adams Quality Paperback, 1972.

Todorov, Tzvetan, *Symbolism and Interpretation*, Translated by Catherine Porter, Ithaca, New York, Cornell University Press, 1982.

Wellek, René and Warren, Austin., *Theory of Literature*, Harmondsworth, Penguin Books, 1976.

紅野敏郎.,「志賀直哉」, 일본, 新潮社, 1991.

② 번역서

Barbéris, Pierre., *Balzac, une Mythologie Réaliste*,『발자크』, 배영달역, 화다, 1989.

Beauvoir Simone de., *Le Deuxième Sexe*,『제2의 성』, 조홍식역, 을유문화사, 1977.

Brett, R.L., *Fancy and Imagination*,『공상과 상상력』, 심명호역, 서울대 출판부, 1982.

Brooks, Cleanth & Warren, Robert Pen., *The Scope of Fiction*,『소설의 분석』, 안동림역,

현암사, 1993.
Carr, E.H., *Dostoevsky*, 『도스토예프스키』, 김병익·권영빈역, 홍성사, 1986.
Carter, C.C., *A Student's Guide To Literature*, 『문학개론』, 이재호·이명섭역, 을유문화사, 1980.
Chadwick, Charles., *Symbolism*, 『상징주의』, 박희진역, 서울대 출판부, 1982.
Cohen, B.B., *Writing About Literature*, 『문학작품 분석과 논문작성』, 박상용·이경우역, 학문사, 1983.
Dipple, Elizabeth., *Plot*, 『구성』, 문우상역, 서울대 출판부, 1979.
Durand, Gilbert., *l'imagination Symbolique*, 『상징적 상상력』, 진형준역, 문학과지성사, 1990.
Eliade, Mircea., *Cosmos And History*, 『우주와 역사』, 정진홍역, 현대사상사, 1979.
_____, *The Sacred and The Profane*, 『성과 속』, 이동하역, 학민사, 1983.
_____, *Patterns in Comparative Religion*, 『종교 형태론』, 이은봉역, 형설출판사, 1979.
Fortassier, Rose., *Le Roman Français au xixe siècle*, 『19세기 프랑스 소설』, 김미연역, 탐구당, 1986.
Freud., *Die Traumdeutung*, 『꿈의 해석』, 김대규역, 동서문화사, 1978.
____, *Vorlesungen Zur Einführung in Die Psychoanalyse*, 『정신분석입문』, 구인서역, 동서문화사, 1975.
Fromm, Erich., *Man for Himself*, 『자기를 찾는 인간』, 박갑성·최현철역, 종로서적, 1986.
Frye, Nothrop., *Anatomy of Criticism*, 『비평의 해부』, 임철규역, 한길사, 1987.
_____, *The Education Imagination*, 『신화문학론』, 김상일역, 을유문화사, 1978.
Goldmann, Lucien., *Le Dieu Caché*, 『숨은 신』, 송기형·정과리역, 연구사, 1986.
_____, *Towards A Sociology of The Novel*, 『소설사회학을 위하여』, 조경수역, 청하, 1986.
Grillet, Robbe-Alaine., *Pour Un Nouveau Roman*, 『누보 로망을 위하여』, 김치수역, 문학과지성사, 1986.
Hegel, G. W. F., *Poetik Von Hegel*, 『헤겔 시학』, 최동호역, 열음사, 1987.
Hinchliffe, Arnold P., *The Absurd*, 『부조리 문학』, 황동규역, 서울대 출판부, 1986.
Hübscher, Artur., *Von HEGEL Zu HEIDEGGER*, 『헤겔에서 하이데거로』, 김려수역,

삼성미술문화재단, 삼성문화문고 70, 1984.
James, Henry., *The Art of Fiction*,『소설예술론』, 윤기한역, 학문사, 1989.
Johnson, R.U., *Aestheticism*,『심미주의』, 이상옥역, 서울대학교 출판부, 1979.
Kiralyfalvi, Bela., *The Aesthetics of György Lukács*,『루카치 미학 연구』, 김태경역, 이론과 실천, 1986.
Lukács, Georg., *Die Theorie des Romans*,『소설의 이론』, 반성완역, 심설당, 1985.
_____, *Über die Besonderheit als Kategorie der Ästhetik*,『미와 변증법』, 여균동 역, 이론과 실천, 1987.
_____, *Wider den Mißverstandenen Realismus*,『현대 리얼리즘론』, 황석천역, 열음사, 1986.
Macy, John., *The Stories of World Literature*,『세계문학사』, 박준황역, 종로서적, 1987.
Muecke, D.C., *Irony*,『아이러니』, 문상득역, 서울대 출판부, 1984.
Muir, Edwin., *The Structure of The Novel*,『소설의 구조』, 안용철역, 정음사, 1979.
Peyre, Henri., *La Litterature Symboliste*,『상징주의 문학』, 윤영애역, 탐구당, 1990.
Porster, E.M., *Aspects of the Novel*,『소설의 양상』, 정병조역, 신양사, 단기4292년.
Read, Herbert., *The Philosophy of Modern Art*,『문학예술론』, 이병주・이택남역, 일신사, 1978.
Rimmon-Kenan Shlomith., *Narrative Fiction*,『소설의 시학』, 최상규역, 문학과지성사, 1985.
Sartre, Jean Paul., *Situations*,『문학이란 무엇인가』, 김붕구역, 문예출판사, 1972.
_____, *L'existetialisme est un Humanism*,『실존주의는 휴머니즘이다』, 방곤 역, 1977.
Steiner, George., *Tolstoy or Dostoevsky*,『톨스토이냐 도스토예프스키냐』, 윤지관역, 종로서적, 1983.
Terry, Eagleton., *Literary Theory : An Introduction*,『문학이론 입문』, 김명환・정남영・장남수 공역, 창작사, 1986.
Vahanian, Gabriel., *The Death of God*,『신의 죽음』, 김기석역, 청하, 1988.
Wellek, René & Warren, Austin., *Theory of Literature*,『문학의 이론』, 백철・김병철역, 신구문화사, 1982.
Wilfred L. Guerin & Earle G. Labor & Lee Morgan., *A Handbook of Critical Approaches to Literature*,『문학의 이해와 비평』, 정재완・김성곤역, 청록출판사, 1981.

WheelWright, Philip., *Metaphor and Reality*,『은유와 실재』, 김태옥역, 문학과지성사, 1991.
Zéraffa, Michel., *Roman et Société*,『소설과 사회』, 이동렬역, 문학과지성사, 1983.
아지자·올리비에리·스크트릭,『문학의 상징·주제사전 上』, 장영수역, 중앙일보사. 1986.
____·_____·_____,『문학의 상징·주제사전 下』, 장영수역, 문예중앙 제10권 봄호, 1987.
알베레스, R.M.,『현대소설의 역사』, 민희식역, 정음사, 1982.
Hauser, Arnold.,『문학과 예술의 사회사·현대편』, 백낙청·염무웅역, 창작과비평사, 1975.
Jung, C.G, 外.,『융심리학 해설』, 설영환역, 선명사, 1986.
Lunacharskii, A.V.,『사회주의 리얼리즘』, 김휴역, 일월서각, 1987.
Swingewood, Alan.,『문학의 사회학』, 정혜선역, 한길사, 1984.
스테판 코올,『리얼리즘의 역사와 이론』, 여균동역, 한밭출판사, 1982.
월리스 마틴,『소설이론의 역사』, 김문현역, 현대소설사, 1991.
Metscher, Thomas & Szondi, Peter.,『헤겔미학 입문』, 여균동·윤미애역, 종로서적, 1983.

ABSTRACT

A Study on the Works of Hwang, Sun-Won
-With emphasis on the development of his themes
and direction of his works

Chang, Hyun-Sook

This dissertation is to study the development of his themes and intention in the works of Hwang, Sun-Won. The motivation of this study is that despile the importance of the author's position in the history of intellectual as well as literary mind of our country, the study of author was deferred just because of the fact that he is still alive.

Hwang, Sun-Won has inferiorized his sense of the history and perception of the present days in his works, mediating his awarness of the society and the individual and his sense of the time and history. In this sense, contrary to the criticism voiced by some critics, his works is neither the literature escaping from the reality and history, nor the literature cut off from the society and history.

It is high time that his works should be studied in further depth and newer perspectives, since his works are the products of his active will in conflict with the historical situations as well as the results of his inferiorization of the reality and history.

With deep awareness of the need to approach his works in this perspective, I set my goal of this dissertation on analyzing the author's works and finding out the change of the author's consciousness and of his awareness of the reality as appeared in his works. Through the analysis of the aspects of development of his themes, I aimed at figuring out the author's literary direction in its totality.

To talk about the methodology of my dissertation, I approached his works in terms of five historical periods.

The first period of his literature(1930~1949) contains the works of the early period when the author started to write novels after the debut in the literary world with poems before the Independence of korea from Japan. It also contains works written after the Independence and before the Korean War.

During this period, his literature began to sprout and its base was formed and it can be the period where the aspects of Modernism as well as Realism coexisted together in his works.

The second period of the author's literature(1950~1955) contains the works written for about five years right after the occurrence of the Korean War. During this period, the author's literary world began to expand and his works showed the wounds of the war, conflicts of the division of the country, and the will to reconciliate the conflicts.

Therefore, this period of his literature is the period when the author presented various proposals to overcome the ideologies and conflicts caused by the division of the country.

The third period of the author's literature(1955-1964) is period when he actively searched for the ways to cure the wounds and conflicts caused by the divided country.
During this period, the auther showed his clear goal as an author and this goal can be characterized as his valuation of love as important factor in life, his inclination for the praise of life, and his pursuit of eternalization.

The fourth period of the author's literature(1964-1975) is the period when his consciousness was in the direction of philosophy and he had the realization of existential aspects of life and pursuited metaphysical aspects of life in his works.
During this period, he inferiorized his awareness of love and life in depth and delved into the problems concerning the existential self-consciousness and the death as well as redemption.

The fifth period of the author's literature(1976-2000) is the period of conclusion in the history of works. During this period, various problems related to the aging, death, unification of the country, and air pollution have been raised.
The works of this period suggest unchanging love as a way of human redemption and that of freedom and thus clearly prove that ultimate goal of Hwang, Sun-Won's literature is love as potential power for human redemption and freedom.

My study proves Hwang, Sun-Won as a very creative author who deals with metaphysical aspects of life with his emphasis on eternity, life, freedom and humanism, based on the historical as well as realistic issues.

Through my analysis of his works, he is clearly shown to write his works in experimentation of various artistic techniques and continuously go through the change of his own consciousness.

The fact that he is still writing is enough for us to place him at the pinnacle of korean literature.

In conclusion, I argue that the works of Hwang, Sun-Won is the product of the author's dialectical process of denial and toleration as well as that of pursuit of freedom ever attempting to experiment the new phenomena of life and art together.

The value of his works is that it is a product of history mediated in the author's consciousness and that it tried to pursuit korean spirit and embody uniqueness of korean language in the works.

찾아보기

■ 작품

〔ㄱ〕

「가랑비」 274, 435
「갈대」 64, 70, 189
「强한 女性」 62
「거리의 副詞」 16, 65, 70
「겨울개나리」 350
『曲藝師』 17, 40, 156, 158, 172, 434
「골목 안 아이」 166
「寡婦」 190, 435
「그」 174, 396
「그늘」 85, 91
「그림자풀이」 418
「그물을 거둔 자리」 415, 436
「기러기」 62, 77, 155
『기러기』 17, 39, 43, 70, 71, 107, 110, 128, 154, 434, 437

〔ㄴ〕

『나무들 비탈에 서다』 17, 179, 191, 263, 266, 284, 304, 435
「나무와 돌, 그리고」 366, 368, 371
「나의 꿈」 13

「나의 竹夫人傳」 424
「날개」 361, 364
「내 고향 사람들」 283
『내일』 189, 190, 254, 266, 435
「너와 나만의 時間」 276, 277, 435
「너와 나만의 時間」 284, 435
「노새」 83, 85
「논이야기」 146
「눈」 104, 179
「늪」 45, 48, 69, 189
『늪』 17, 39, 43, 45, 62, 69, 107, 154, 434, 437

〔ㄷ〕

「닥터 장의 境遇」 349
「달과 발과」 276
「닭祭」 66, 69
「담배 한 대 피울 동안」 137
「독 짓는 늙은이」 100, 103, 155
「돼지系」 63, 70
「두꺼비」 136
「두메」 176, 180, 190, 435

찾아보기 535

「땅울림」 429, 432

〔ㄹ〕

「링반데룽」 268

〔ㅁ〕

「마지막 잔」 382, 432
「幕은 내렸는데」 353
『말과 삶과 自由』 163
「盲啞院에서」 190
「머리」 78, 80
「메리 크리스마스」 163
「모든 榮光은」 179, 271, 275, 435
「帽子」 139
「목넘이마을의 개」 37, 148
『목넘이마을의 개』 17, 40, 132, 153, 155, 434
「목숨」 164
「몰이꾼」 141
「무서운 웃음」 165
「물 한 모금」 104

〔ㅂ〕

「配役들」 48, 49, 69
「별」 62, 72, 76, 155
『별과 같이 살다』 17, 111, 128, 131, 155, 220, 434
「병든 나비」 91, 96, 109

「불가사리」 241
「비늘」 283
「비바리」 249, 406
「뿌리」 352

〔ㅅ〕

「사나이」 189, 193, 195, 196
「사마귀」 56
「산골아이」 96, 98
「山」 244
「서울 1964년 겨울」 361
「세레나데」 81
「소나기」 435
「소라」 49, 69
「소리 그림자」 346
「소리」 247
「솔메마을에 생긴 일」 167
「송아지」 276
「수컷 退化說」 366
「술」 134
「숫자풀이」 374, 377
『神들의 주사위』 399, 406, 432, 436

〔ㅇ〕

「아내의 눈길」 348
「아버지」 151
「아이들」 164
「안개구름끼다」 276
「애」 100
「어둠속에 찍힌 版畵」 158

「어머니가 있는 六月의 對話」 350
「온기있는 破片」 372, 377
「왕모래」 75, 198
「雨傘을 접으며」 358
『움직이는 城』 37, 191, 382, 388, 393, 398, 406, 436
「原色오뚜기」 377
「園丁」 68, 69
「이날의 遲刻」 361, 366
「이리도」 166
『人間接木』 17, 156, 201, 229, 239, 435
『日月』 17, 37, 49, 315, 334, 336, 341, 406, 435
「잃어버린 사람들」 242
『잃어버린 사람들』 17, 240, 254, 435

〔ㅈ〕

「自然」 361
「저녁놀」 99
「조그만 섬마을에서」 352, 371
『죄와 벌』 222
「주검의 場所」 379
「지나가는 비」 59, 69
「집」 143

〔ㅊ〕

「차라리 내 목을」 356
「참외」 196, 202
『창創作』 16, 44

〔ㅋ〕

『카인의 後裔』 17, 156, 190, 201, 204, 210, 228, 435

〔ㅌ〕

「탈」 380
『탈』 344, 356, 381, 414, 435

〔ㅍ〕

「風俗」 53, 69
「피」 378
「피아노가 있는 가을」 61, 69

〔ㅎ〕

「鶴」 184, 186, 435
『鶴』 17, 156, 174, 196
「한 벤치에서」 283
「허수아비」 60, 69
「황소들」 142, 146
『황순원 대표작 선집』 18
『황순원문학 전집』 18
『황순원전집』 18
「黃老人」 99

■ 인명·용어

〔ㄱ〕

곽종원　17, 25
구인환　20, 22, 23
구창환　33, 34, 38
권경희　32
권영민　23, 25, 37
김경혜　34
김교선　23
김동선　21
김병익　18, 25, 26, 32
김상태　23
김선학　26
김성욱　17
김승옥　361
김용성　23
김우종　36
김윤식　24, 27, 30, 36
김인환　26, 33
김종회　19, 23, 34
김주연　29, 33
김치수　19, 23, 25, 34
김현　18, 23, 26, 31

〔ㄴ〕

노귀남　29

〔ㄷ〕

D.H. 로렌스　196

〔ㅁ〕

문영희　34

〔ㅂ〕

박양호　20, 22, 23, 29, 30
방용삼　33
배선미　34
백승철　23
백철　17, 35

〔ㅅ〕

서경희　23
성민엽　34
송상일　31
송하섭　26, 33, 38, 187
신동욱　19, 25, 34, 186

[ㅇ]

아니마(anima) 302
안영례 22, 31
양선규 20, 30
염무웅 18, 26, 27
오생근 19, 20, 25
오유권 21
우한용 20, 23, 31
원응서 21
원형갑 34
유종호 19, 29
이동하 30, 32, 34
이보영 18, 28, 34
이부영 31
이상 361, 364
이상섭 31
이용남 22
이재선 30
이재선은 37
이정숙 20, 23, 30, 31, 34
이태동 19, 25, 31
이형기 34
이호숙 23
이호철 21

[ㅈ]

장덕순 30, 36
장수자 30
장현숙 19, 20, 22, 33
전광용 37
정과리 26

정창훤 22
조남현 19, 22, 26, 187
조연현 29, 33, 35
진형준 19, 33

[ㅊ]

채만식 146
천이두 17, 18, 22, 26, 31, 33, 34, 162, 342
최동호 29
최정희 21

[ㅍ]

페르소나(persona) 302

[ㅎ]

한승옥 34
현길언 20, 26
홍정선 30
홍정운 34
휘트먼 196

장 현 숙

이화여고 졸업
경희대학교 국문과 및 동 대학원 졸업
「황순원소설연구」로 문학박사
현 가천대학교 국어국문학과 교수

저서
황순원 문학연구(1994, 시와시학사)
황순원 문학연구(2001, 형설출판사)
현실인식과 인간의 길(2004, 한국문화사)
황순원 다시 읽기(2004, 한국문화사)

논문
황순원 작품연구(1982)
황순원 초기 작품 연구(1986)
김동리소설의 민족의식과 허무의식(1988)
김동리의 「사반의 十字架」, 그 실상과 허상(1989)
황순원, 민족현실과 이상과의 괴리(1991)
황순원 소설에 나타난 현실인식과 지향성(1991)
해방 후 민족현실과 해체된 삶의 형상화(1993)
전쟁의 상흔과 인간긍정의 철학(1993)
김유정 문학 특질고(1996)
사랑의 탈신비화와 자아 찾기의 도정(1997)
타자와의 거리, 현실인식의 극대화(1998)
성, 자유로운 인간의 길(1999)
틀 벗어나기, 존재의 상징적 소멸(2000)
작품세계로 본 황순원 연보(2000)

황순원 문학 연구

2005년 2월 21일 1판 1쇄 인쇄
2005년 2월 25일 1판 1쇄 발행

지은이 • 장 현 숙
펴낸이 • 한 봉 숙
펴낸곳 • 푸른사상사

등록 제2-2876호
서울시 중구 을지로3가 296-10 장양B/D 202호
대표전화 02) 2268-8706(7) 팩시밀리 02) 2268-8708
메일 prun21c@yahoo.co.kr / prun21c@hanmail.net
홈페이지 //www.prun21c.com
편집•송경란/심효정/김수정 ; 기획영업•김두천/한신규/지순이
ⓒ 2004, 장현숙

값 30,000원
ISBN 89-5640-305-8-03810

☞ 잘못된 책은 구입한 곳이나 본사에서 교환하여 드립니다.
  저자와의 협의에 의해 인지는 생략합니다.